Schuldrecht I
Allgemeiner Teil

Ein Studienbuch

begründet von

Dr. Dres. h. c. Dieter Medicus †

weiland o. Professor an der Universität München

fortgeführt von

Dr. Stephan Lorenz

o. Professor an der Universität München
Mitglied des Bayerischen Verfassungsgerichthofs

23., neu bearbeitete Auflage 2026

C.H.BECK

Zitiervorschlag: Medicus/Lorenz SchuldR AT § 1 Rn. 1

beck.de

ISBN PRINT 978 3 406 84187 3

Dieser Titel ist auch als E-Book erhältlich.

Wilhelmstraße 9, 80801 München
info@beck.de
Druck und Bindung: Beltz Grafische Betriebe GmbH
Am Fliegerhorst 8, 99947 Bad Langensalza

Satz: Jung Crossmedia Publishing GmbH, Lahnau
Umschlag: Martina Busch, Grafikdesign, Homburg Saar

chbeck.de/nachhaltig
produktsicherheit.beck.de

Gedruckt auf säurefreiem, alterungsbeständigem Papier
(hergestellt aus chlorfrei gebleichtem Zellstoff)

Vorwort

Dieter Medicus ist am 6.6.2015 verstorben. Bereits vorher hatte er die Bearbeitung des gesamten Werks in meine Hände gelegt. Im Ganzen ist der Band jetzt auf dem Stand vom 1.6.2026 mit einigen Nachträgen.

Es war eine große Ehre und Freude, diesen Band über Jahre hinweg gemeinsam mit *Dieter Medicus* zu überarbeiten. Es ist eine Verpflichtung, dieses Werk in seinem Sinne fortzuführen. Was kann es Schöneres geben, als das Buch, mit dem man als Student selbst gelernt hat, weiterführen zu dürfen?

Ich möchte an dieser Stelle eine wichtige Anmerkung aus dem Vorwort von *Dieter Medicus* wiederholen: „Der Student soll die vielen hier angegebenen Entscheidungen ebenso wenig allesamt lesen wie die vermerkte Literatur; sonst würde das Studium endlos. Vielmehr dienen die Angaben mit ganz wenigen Ausnahmen nur zwei Zwecken: Soweit bei den Entscheidungen der Sachverhalt umschrieben wird, soll dadurch ein Einblick in den praktischen Anwendungsbereich der abstrakten Regelung vermittelt werden. Und soweit der Sachverhalt fehlt, sollen die Entscheidungs- wie auch die Literaturangaben dem an Einzelproblemen interessierten Leser den Weg zu einer Vertiefung zeigen. Das kommt zwar jeweils nur für einzelne Stellen in Betracht. Da ich aber nicht weiß, wohin das Interesse (etwa auch durch Hausarbeiten) gelenkt wird, müssen die Angaben umfassend sein. Stets gelesen werden sollen allein die Gesetzestexte!"

Meinen Mitarbeitern Dr. Lucas Bliesze, Annika Greese, Dr. Johannes Melchior, Noelle Krall, Lorenzo Schmidt, Lena Schwarz und Isabell Stielicke danke ich für wertvolle Diskussionen sowie für die sorgsame Hilfe beim Korrekturlesen des Manuskripts und der Erstellung des Registers.

Für Hinweise und Kritik aus dem Kreis der Leser bin ich jederzeit dankbar *(mail@stephan-lorenz.de).*

München, im Juni 2026 *Stephan Lorenz*

Inhaltsverzeichnis

Kurzlehrbücher
für das juristische Studium

Medicus/Lorenz
Schuldrecht I
Allgemeiner Teil

Abkürzungsverzeichnis

aA	andere(r) Ansicht/Auffassung
Abb.	Abbildung
Abs.	Absatz
AbzG	Abzahlungsgesetz
AcP	Archiv für die civilistische Praxis
aE	am Ende
AEG	Allgemeines Eisenbahngesetz
aF	alte Fassung
AG	Aktiengesellschaft; Amtsgericht
AGB	Allgemeine Geschäftsbedingungen
AGBG	Gesetz zur Regelung des Rechts der Allgemeinen Geschäftsbedingungen (AGB-Gesetz)
AGG	Allgemeines Gleichbehandlungsgesetz
allg.	allgemein
Alt.	Alternative
AMG	Gesetz über den Verkehr mit Arzneimitteln (Arzneimittelgesetz)
AnfG	Gesetz über die Anfechtung von Rechtshandlungen eines Schuldners außerhalb des Insolvenzverfahrens (Anfechtungsgesetz)
Art.	Artikel
AT	Allgemeiner Teil
Aufl.	Auflage
BAG	Bundesarbeitsgericht
BayHintG	Bayerisches Hinterlegungsgesetz
BayObLG	Bayerisches Oberstes Landesgericht
BB	Betriebs-Berater
BBankG	Gesetz über die Deutsche Bundesbank
BBesG	Bundesbesoldungsgesetz
Bd.	Band
BeckRS	beck-online.RECHTSPRECHUNG
Begr.	Begründung
BerlHintG	Berliner Hinterlegungsgesetz
BeurkG	Beurkundungsgesetz
BGB	Bürgerliches Gesetzbuch
BGBl.	Bundesgesetzblatt
BGH	Bundesgerichtshof
BGHZ	Entscheidungen des Bundesgerichtshofs in Zivilsachen
BImSchG	Gesetz zum Schutz vor schädlichen Umwelteinwirkungen durch Luftverunreinigungen, Geräusche, Erschütterungen und ähnliche Vorgänge (Bundes-Immissionsschutzgesetz)
BJagdG	Bundesjagdgesetz
BKR	Zeitschrift für Bank- und Kapitalmarktrecht
BSG	Bundessozialgericht
Bsp.	Beispiel
bspw.	beispielsweise
BT	Besonderer Teil
BT-Drs.	Bundestagsdrucksache
Buchst.	Buchstabe
BVerfG	Bundesverfassungsgericht
BVerfGE	Entscheidungen des Bundesverfassungsgerichts
BVerwG	Bundesverwaltungsgericht
BWHintG	Hinterlegungsgesetz Baden-Württemberg
bzgl.	bezüglich
bzw.	beziehungsweise

c. i. c. .... culpa in contrahendo

DAR .... Deutsches Autorecht
DB .... Der Betrieb
dh .... das heißt
DJT .... Deutscher Juristentag
DNotZ .... Deutsche Notar-Zeitschrift
DS-GVO .... Verordnung (EU) 2016/679 des Europäischen Parlaments und des Rates vom 27.4.2016 zum Schutz natürlicher Personen bei der Verarbeitung personenbezogener Daten, zum freien Datenverkehr und zur Aufhebung der Richtlinie 95/46/EG (Datenschutz-Grundverordnung)

EFZG .... Gesetz über die Zahlung des Arbeitsentgelts an Feiertagen und im Krankheitsfall (Entgeltfortzahlungsgesetz)
endg. .... endgültig
EG .... Europäische Gemeinschaft
EGBGB .... Einführungsgesetz zum Bürgerlichen Gesetzbuche
EnWG .... Gesetz über die Elektrizitäts- und Gasversorgung (Energiewirtschaftsgesetz)
ErbbauRG .... Gesetz über das Erbbaurecht (Erbbaurechtsgesetz)
EStG .... Einkommensteuergesetz
etc .... et cetera
EU .... Europäische Union
EuGH .... Gerichtshof der Europäischen Union
EuGVVO .... Verordnung (EU) Nr. 1215/2012 des Europäischen Parlaments und des Rates vom 12.12.2012 über die gerichtliche Zuständigkeit und die Anerkennung und Vollstreckung von Entscheidungen in Zivil- und Handelssachen
EUR .... Euro (bei Geldangaben)

f., ff. .... folgende/r
FamFG .... Gesetz über das Verfahren in Familiensachen und in den Angelegenheiten der freiwilligen Gerichtsbarkeit (Familienverfahrensgesetz)
FernAbsG .... Fernabsatzgesetz
FG .... Festgabe
Fn. .... Fußnote
FS .... Festschrift
FZV .... Verordnung über die Zulassung von Fahrzeugen zum Straßenverkehr (Fahrzeug-Zulassungsverordnung)

Gai. .... Gai institutiones
gem. .... gemäß
GenTG .... Gesetz zur Regelung der Gentechnik (Gentechnikgesetz)
Ges. Schriften .... Gesammelte Schriften
GG .... Grundgesetz für die Bundesrepublik Deutschland
ggf. .... gegebenenfalls
GmbHG .... Gesetz betreffend die Gesellschaften mit beschränkter Haftung
grds. .... grundsätzlich
GRUR .... Gewerblicher Rechtsschutz und Urheberrecht
GS .... Gedächtnisschrift
GWB .... Gesetz gegen Wettbewerbsbeschränkungen

HaustürWG .... Gesetz über den Widerruf von Haustürgeschäften und ähnlichen Geschäften
HGB .... Handelsgesetzbuch
HintG NRW .... Hinterlegungsgesetz Nordrhein-Westfalen
hM .... herrschende Meinung
HPflG .... Haftpflichtgesetz
Hrsg. .... Herausgeber
Hs. .... Halbsatz

idF . . . . in der Fassung
idR . . . . in der Regel
iE . . . . im Einzelnen
iErg . . . . im Ergebnis
IherJb. . . . . Iherings Jahrbücher der Dogmatik des bürgerlichen Rechts
iHv . . . . in Höhe von
InsO . . . . Insolvenzordnung
iRd . . . . im Rahmen des/der
iRv . . . . im Rahmen von
iSd . . . . im Sinne der/des
iSv . . . . im Sinne von
iÜ . . . . im Übrigen
iVm . . . . in Verbindung mit

JA . . . . Juristische Arbeitsblätter
JGG . . . . Jugendgerichtsgesetz
JR . . . . Juristische Rundschau
JURA . . . . Juristische Ausbildung
JuS . . . . Juristische Schulung
JZ . . . . Juristenzeitung

KAGB . . . . Kapitalanlagegesetzbuch
Kfz . . . . Kraftfahrzeug
KG . . . . Kommanditgesellschaft; Kammergericht
km . . . . Kilometer
krit. . . . . kritisch

lat. . . . . lateinisch
Lit. . . . . Literatur
LMK . . . . Kommentierte BGH-Rechtsprechung Lindenmaier-Möhring (ab 7/2005 Beck-online: Fachdienst Zivilrecht)
LPartG . . . . Gesetz über die Eingetragene Lebenspartnerschaft (Lebenspartnerschaftsgesetz)
Ls. . . . . Leitsatz
LuftVG . . . . Luftverkehrsgesetz

mAnm . . . . mit Anmerkung
MDR . . . . Monatsschrift für Deutsches Recht
Mio. . . . . Million
Mot. . . . . Motive zum BGB
Mrd. . . . . Milliarde
mwN . . . . mit weiteren Nachweisen
mWv . . . . mit Wirkung vom

n. Chr. . . . . nach Christus
nF . . . . neue Fassung
NJW . . . . Neue Juristische Wochenschrift
NJW-RR . . . . NJW-Rechtsprechungsreport Zivilrecht
Nr. . . . . Nummer
NZA . . . . Neue Zeitschrift für Arbeits- und Sozialrecht
NZG . . . . Neue Zeitschrift für Gesellschaftsrecht
NZM . . . . Neue Zeitschrift für Miet- und Wohnungsrecht
NZV . . . . Neue Zeitschrift für Verkehrsrecht

OEG . . . . Gesetz über die Entschädigung für Opfer von Gewalttaten (Opferentschädigungsgesetz)
OHG . . . . Offene Handelsgesellschaft
OLG . . . . Oberlandesgericht

PaPkG	Preisangaben- und Preisklauselgesetz
PBefG	Personenbeförderungsgesetz
PflVG	Gesetz über die Pflichtversicherung für Kraftfahrzeughalter (Pflichtversicherungsgesetz)
Pkw	Personenkraftwagen
PreisklG	Gesetz über das Verbot der Verwendung von Preisklauseln bei der Bestimmung von Geldschulden (Preisklauselgesetz)
ProdHaftG	Gesetz über die Haftung für fehlerhafte Produkte (Produkthaftungsgesetz)
ProstG	Gesetz zur Regelung der Rechtsverhältnisse der Prostituierten (Prostitutionsgesetz)
Prot.	Protokolle zum BGB
RabelsZ	Zeitschrift für ausländisches und internationales Privatrecht, begründet von Ernst Rabel
RDG	Gesetz über außergerichtliche Rechtsdienstleistungen (Rechtsdienstleistungsgesetz)
RegE	Regierungentwurf
RG	Reichsgericht
RGZ	Entscheidungen des Reichsgerichts in Zivilsachen
RL	Richtlinie
Rn.	Randnummer
Rspr.	Rechtsprechung
RVO	Reichsversicherungsordnung
s.	siehe
S.	Seite; bei Gesetzeszitaten Satz
SächsHintG	Gesetz über das Hinterlegungsverfahren im Freistaat Sachsen
ScheckG	Scheckgesetz
SchuldR	Schuldrecht
SE	Schadensersatz
SGB III	Sozialgesetzbuch (SGB), Drittes Buch (III) – Arbeitsförderung –
SGB VII	Siebtes Buch Sozialgesetzbuch, Gesetzliche Unfallversicherung
SGB X	Zehntes Buch Sozialgesetzbuch – Sozialverwaltungsverfahren und Sozialdatenschutz – (SGB X)
SGB XI	Sozialgesetzbuch (SGB), Elftes Buch (XI), Soziale Pflegeversicherung
SGB XIV	Sozialgesetzbuch Vierzehntes Buch, – Soziale Entschädigung – (Vierzehntes Buch Sozialgesetzbuch – SGB XIV)
sog.	sogenannt
StGB	Strafgesetzbuch
StPO	Strafprozeßordnung
str.	streitig
stRspr	ständige Rechtsprechung
StVG	Straßenverkehrsgesetz
StVO	Straßenverkehrs-Ordnung
ua	unter anderem
UmweltHG	Umwelthaftungsgesetz
UrhG	Gesetz über Urheberrecht und verwandte Schutzrechte (Urheberrechtsgesetz)
usw	und so weiter
uU	unter Umständen
UWG	Gesetz gegen den unlauteren Wettbewerb
v.	von/vom
VerbrKrG	Verbraucherkreditgesetz
VersR	Versicherungsrecht (Zeitschrift)
vgl.	vergleiche
VO	Verordnung
VVG	Gesetz über den Versicherungsvertrag (Versicherungsvertragsgesetz)

WEG . . . . Gesetz über das Wohnungseigentum und das Dauerwohnrecht (Wohnungseigentumsgesetz)
WG . . . . Wechselgesetz
WHG . . . . Gesetz zur Ordnung des Wasserhaushalts (Wasserhaushaltsgesetz)

ZAkDR . . . . Zeitschrift der Akademie für Deutsches Recht
zB . . . . zum Beispiel
ZEuP . . . . Zeitschrift für Europäisches Privatrecht
ZEV . . . . Zeitschrift für Erbrecht und Vermögensnachfolge
ZfPW . . . . Zeitschrift für die gesamte Privatrechtswissenschaft
ZGB . . . . Zivilgesetzbuch
ZGS . . . . Zeitschrift für das gesamte Schuldrecht
ZHR . . . . Zeitschrift für das gesamte Handelsrecht und Wirtschaftsrecht
ZIP . . . . Zeitschrift für Wirtschaftsrecht (früher: Zeitschrift für die gesamte Insolvenzpraxis, daher die Abkürzung)
ZKG . . . . Gesetz über die Vergleichbarkeit von Zahlungskontoentgelten, den Wechsel von Zahlungskonten sowie den Zugang zu Zahlungskonten mit grundlegenden Funktionen (Zahlungskontengesetz)
ZPO . . . . Zivilprozessordnung
ZRP . . . . Zeitschrift für Rechtspolitik
zT . . . . zum Teil
ZVG . . . . Gesetz über die Zwangsversteigerung und die Zwangsverwaltung
ZZP . . . . Zeitschrift für deutschen Zivilprozess

Weitere allgemeine Abkürzungen finden sich als Anlage 1 unter https://rsw.beck.de/verlag/redaktionsrichtlinie.

Verzeichnis der abgekürzten Literatur

BeckOK BGB . . .	Hau/Poseck, Beck'scher Online-Kommentar zum BGB, 78. Edition, 1.5. 2026
Köhler BGB AT . .	Köhler, BGB Allgemeiner Teil, 49. Aufl. 2025
Looschelders SchuldR AT	Looschelders, Schuldrecht Allgemeiner Teil, 23. Aufl. 2025
Medicus/Lorenz SchuldR BT	Medicus/Lorenz, Schuldrecht II, Besonderer Teil, 19. Aufl. 2025
Medicus/Petersen BGB AT	Medicus/Petersen, Allgemeiner Teil des BGB, 12. Aufl. 2024
Medicus/Petersen BürgerlR	Medicus/Petersen, Bürgerliches Recht, 30. Aufl. 2025
Mugdan	Mugdan, Die gesammten Materialien zum Bürgerlichen Gesetzbuch, 1899/1900
MüKoBGB/Bearbeiter	Säcker/Rixecker/Oetker/Limperg, Münchener Kommentar zum BGB, 10. Aufl. 2025
Neuner BGB AT . .	Neuner, Allgemeiner Teil des Bürgerlichen Rechts, 14. Aufl. 2026
Grüneberg/Bearbeiter	Grüneberg, Bürgerliches Gesetzbuch, 85. Aufl. 2026
Soergel/Bearbeiter	Soergel, Bürgerliches Gesetzbuch, 13. Aufl. 1999 ff.
Staudinger/Bearbeiter BGB . .	J. von Staudingers Kommentar zum BGB

1. Teil. Grundlagen

§ 1. Das Schuldverhältnis

Literatur: Grundlegend Coester-Waltjen, Schuldrecht und familienrechtliche Rechtsverhältnisse, FS Canaris, Bd. 1, 2007, 131; Gernhuber, Das Schuldverhältnis, 1989; Grigoleit, Leistungs- und Schutzpflichten, FS Canaris, Bd. 1, 2007, 275; Köhler, Vertragliche Unterlassungspflichten, AcP 190 (1990), 496; Krebs, Sonderverbindung und außerdeliktische Schutzpflichten, 2000; Kuhlmann, Leistungspflichten und Schutzpflichten, 1999; Medicus, Probleme um das Schuldverhältnis, 1987; Medicus, Zur Anwendbarkeit des Allgemeinen Schuldrechts auf Schutzpflichten, FS Canaris, Bd. 1, 2007, 1835.

I. Das Schuldverhältnis

Im Zentrum des Schuldrechts steht das **Schuldverhältnis.** Daher heißt das 2. Buch des BGB das „Recht der Schuldverhältnisse", und daher bestimmt gleich die erste Vorschrift dieses zweiten Buchs, nämlich § 241 Abs. 1 S. 1 BGB: „Kraft des Schuldverhältnisses ist der Gläubiger berechtigt, von dem Schuldner eine Leistung zu fordern." 1

1. Abgrenzung zum „Jedermann-Verhältnis"

Viele **Ge- und Verbote** der Rechtsordnung sind absolut, dh sie gelten für jedermann gegenüber jedermann. So darf man niemanden töten oder verletzen, keine fremden Sachen zerstören oder beschädigen (vgl. § 823 Abs. 1 BGB). Solche Verpflichtungen bestehen nicht nur im Verhältnis zwischen bestimmten Personen (wie zB Vertragsparteien). Solange keine Zuwiderhandlung hiergegen stattgefunden hat (oder wenigstens unmittelbar bevorsteht) und deshalb kein Schadensersatz- oder Unterlassungsanspruch entstanden ist, fehlt zwischen einer zu schützenden Person und dem Adressaten der Rechtsnorm (also jedem anderen) eine **besondere rechtliche Verbindung** in Form eines Schuldverhältnisses. 2

2. Das Schuldverhältnis als Sonderverbindung

Das ändert sich aber, wenn eine bestimmte Person gegen eine solche Rechtsnorm verstößt und etwa durch eine „unerlaubte Handlung" (vgl. §§ 823 ff. BGB) einer anderen Person Schaden zufügt. Dann sieht die Rechtsordnung nämlich unter gewissen weiteren Voraussetzungen (Rechtswidrigkeit, Verschulden) eine Schadensersatzpflicht des Täters gegenüber dem Opfer vor. Das Opfer (und nur dieses) kann jetzt von dem Täter (und nur von diesem) eine Leistung (§§ 249 ff., 842 ff. BGB) verlangen. Zwischen beiden besteht also das, was § 241 Abs. 1 S. 1 BGB als **Schuldverhältnis** bezeichnet: Es gibt einen **Gläubiger** (das Opfer), der von einem **Schuldner** (dem Täter) eine *Leistung* fordern kann. 3

3. Entstehensgründe

Solche Schuldverhältnisse können jedoch nicht bloß durch einen Verstoß gegen eine gesetzlich bestimmte allgemeine Verhaltenspflicht begründet werden. Vielmehr entstehen Schuldverhältnisse noch häufiger durch **Rechtsgeschäft,** im Regelfall durch **Vertrag** (s. § 311 Abs. 1 BGB). Wenn zwei Personen vereinbaren, dass die eine der anderen ein Kraftfahrzeug übereignen und die andere dafür 5.000 EUR bezahlen soll, sind die rechtlichen Beziehungen zwischen den Beteiligten („Vertragspartnern") aus dem Kaufvertrag enger als zwischen beliebigen anderen Personen. Auch hier besteht also wieder eine Sonderverbindung, ein **Schuldverhältnis.** 4

4. Unterlassungspflichten

5 In den bisher gebrachten Beispielen (→ Rn. 2) ging es um Leistungen, die in einem **positiven Tun** (Handeln) bestehen: Schadensersatz, Lieferung des Autos, Zahlung des Kaufpreises. Als Leistung, die Gegenstand eines Schuldverhältnisses sein kann, kommt aber nach § 241 Abs. 1 S. 2 BGB auch ein **Unterlassen** in Betracht. So liegt es etwa, wenn sich ein aus dem Dienst eines Arzneimittelherstellers ausscheidender Chemiker verpflichtet, seine dort erworbenen Kenntnisse weder selbst unternehmerisch zu verwerten noch sie einem Konkurrenten zur Verfügung zu stellen (Wettbewerbsverbot). Ebenso geht es um ein Unterlassen, wenn sich ein Grundstückseigentümer gegenüber dem um die Aussicht besorgten Nachbarn verpflichtet, sein eigenes Grundstück nicht zu bebauen.

6 Dagegen bedeutet die allgemeine Rechtspflicht zur Unterlassung unerlaubter Handlungen keine Verpflichtung, deren Erfüllung eine Leistung bildet und die daher den Inhalt eines Schuldverhältnisses darstellen könnte. Diese Unterlassung wird ohnehin von jedem gegenüber jedem geschuldet. Insoweit fehlt es also an einer **Sonderverbindung** zwischen einem bestimmten Gläubiger und einem bestimmten Schuldner.

Allerdings kann auch diese allgemeine Unterlassungspflicht zum Inhalt eines Schuldverhältnisses gemacht werden, nämlich wenn die Unterlassung noch besonders versprochen wird. So kann sich zB ein Grundstückseigentümer seinem Nachbarn gegenüber verpflichten, bestimmten Lärm zu unterlassen. Dieser Vertrag ist auch dann wirksam (dh er begründet ein Schuldverhältnis), wenn die Lärmerzeugung ohnehin nach §§ 1004, 906 BGB gesetzlich verboten sein sollte. Denn die Bestätigung des allgemeinen Unterlassungsgebots in einem solchen Vertrag ist für den Gläubiger sinnvoll (und daher rechtlich anzuerkennen, weil keine anderen Interessen entgegenstehen). Sie kann Streit darüber vermeiden, wo die Grenzen des allgemeinen Verbots liegen, sowie die Durchsetzung von Schadensersatzansprüchen beweismäßig erleichtern.

5. Leistungspflichten und Schutzpflichten

7 Die Leistungen, von denen § 241 Abs. 1 S. 1 BGB spricht, zielen im weitesten Sinne auf eine **Vermehrung des Vermögens,** indem etwa eine Sache übereignet, ein Werk ausgeführt oder eine Dienstleistung erbracht werden soll. Daneben kann es sich aber auch bloß darum handeln, die Rechtsgüter des anderen Teils vor einer Verschlechterung zu bewahren. Auch das kann Gegenstand einer Leistungspflicht sein, etwa beim Bewachungsvertrag. Man spricht hier auch von **Leistungspflichten.**

8 Neben den Leistungspflichten erwähnt § 241 Abs. 2 BGB aber auch die Pflicht zur **Rücksichtnahme auf die Rechte, Rechtsgüter und Interessen** des anderen Teils. Hier geht es nicht um die Vermehrung des Vermögens des anderen Teils, sondern um die Wahrung des bereits bestehenden Vermögens. Man spricht hier im Gegensatz zu den Leistungspflichten von **Schutzpflichten** (oder „weiteren Verhaltenspflichten"). Diese wahren nicht (wie die Leistungspflichten) **ein Leistungsinteresse** des Gläubigers, sondern sein **Integritätsinteresse** (→ § 13 Rn. 16 ff.). Der Schuldner wird hier nicht verpflichtet, das Vermögen des Gläubigers zu vermehren, sondern dazu, ihn nicht zu schädigen. Solche Pflichten entstehen nicht erst durch einen Vertragsschluss, sondern bereits durch die **Anbahnung von Verträgen** (§ 311 Abs. 2 BGB, → § 40 Rn. 1 ff.). Sie dauern während der Vertragsausführung an, können aber auch nach Erfüllung der Leistungspflichten noch fortwirken, bis die Beteiligten wirklich auseinandergegangen sind (die schuldhafte Verletzung wird dann auch *culpa post contractum finitum* genannt, → § 39 Rn. 3).

II. Die verschiedenen Sichtweisen für das Schuldverhältnis

1. Das Recht des Gläubigers

Das auf eine Leistung gerichtete Schuldverhältnis wird in § 241 Abs. 1 S. 1 BGB aus der **Sicht des Gläubigers** beschrieben. Dieser kann vom Schuldner eine Leistung verlangen, die auch in einem Unterlassen bestehen kann. Das ähnelt der Definition des **Anspruchs** in § 194 Abs. 1 BGB als dem Recht, von einem anderen (dem Schuldner) ein Tun oder ein Unterlassen zu verlangen. Der Standort dieser Definition des Anspruchs im Allgemeinen Teil des BGB hängt mit der Gliederung dieses Gesetzes zusammen, nämlich nach dem sog. „Klammerprinzip". Der Begriff „Anspruch" ist allgemeiner als der Begriff „Schuldverhältnis", weil er in allen Büchern des BGB vorkommt. 9

So begründet im **Allgemeinen Teil** etwa § 122 BGB einen Schadensersatzanspruch. Im **Sachenrecht** gibt es Ansprüche an vielen Stellen, insbesondere bei Störungen der dinglichen Zuordnung (§§ 894, 985, 1004 BGB). Im **Familienrecht** spielen vor allem die Unterhaltsansprüche eine erhebliche Rolle (zB §§ 1360 ff., 1569 ff., 1601 ff. BGB). Auch das **Erbrecht** kennt zahlreiche Ansprüche, zB gegen den Erbschaftsbesitzer (§§ 2018 ff. BGB) oder aus Vermächtnissen (§§ 2147 ff. BGB).

Andererseits passt aber das in § 241 Abs. 1 S. 1 BGB beschriebene Schuldverhältnis auch unter die Anspruchsdefinition von § 194 Abs. 1 BGB. Das Schuldrecht spricht dann oft von einer **Forderung.** So werden nach § 387 BGB „Forderungen" gegeneinander aufgerechnet, und nach §§ 398 ff. BGB werden „Forderungen" abgetreten. In dieser Sicht **bedeutet die Forderung den schuldrechtlichen Anspruch.** Dass das Schuldrecht von der spezielleren Forderung und nicht von dem allgemeinen Anspruch handelt, hat eine wichtige Konsequenz. Die schuldrechtlichen Vorschriften über Forderungen sind nicht ohne Weiteres auf die außerhalb des Schuldrechts geregelten Ansprüche anwendbar. So gelten nach § 413 BGB die Vorschriften über die Übertragung von Forderungen für die Übertragung anderer Rechte nur entsprechend und auch bloß bei Fehlen einer abweichenden Regelung. Insbesondere für die sog. dinglichen Ansprüche des Sachenrechts (vor allem §§ 894, 985, 1004 BGB) passt das Schuldrecht nicht ohne Weiteres.[1] 10

2. Die Pflicht des Schuldners

Wenn der Gläubiger kraft des Schuldverhältnisses vom Schuldner eine Leistung fordern darf, dann entspricht dem in umgekehrter Sicht eine **Pflicht des Schuldners.** Für sie erscheint mit gleichem Sinn auch der Ausdruck „Verbindlichkeit", oder es heißt, eine Person „schulde" die Leistung. Das ist gleichsam die Kehrseite von Forderung und Anspruch. 11

III. Schuldverhältnis in engerem und weiterem Sinn

Bisher war nur von dem in § 241 Abs. 1 S. 1 BGB beschriebenen, mit **Forderung** oder Verbindlichkeit gleichzusetzenden Sinn von „Schuldverhältnis" die Rede. Daneben kommt das Wort im Schuldrecht aber noch **in einem anderen, weiteren Sinn** vor. Das wird am deutlichsten aus der Überschrift des 8. Abschnitts vor § 433 BGB: **„Einzelne Schuldverhältnisse".** Denn die dort geregelten Rechtsverhältnisse (wie Kauf, Tausch, Schenkung, Miete) erschöpfen sich nicht in einer einzigen Forde- 12

[1] S. dazu etwa Croon-Gestefeld ZfPW 2022, 285 ff. sowie BGH NJW 2023, 3722 Rn. 23 ff.

rung (bzw. Verbindlichkeit). Vielmehr nennt allein § 433 BGB für den Sachkauf nicht weniger als vier verschiedene Leistungen, die den Gegenstand je einer Forderung bilden: Übergabe, Eigentumsverschaffung (beides mangelfrei), Kaufpreiszahlung und Sachabnahme. Dazu kommen in den folgenden Vorschriften noch zahlreiche weitere Leistungen, etwa die Pflicht zur Tragung von Erschließungskosten (§ 436 BGB) oder die Gewährleistungspflichten des Verkäufers (§§ 437 ff. BGB). Der als „Schuldverhältnis" bezeichnete Kauf besteht also offenbar aus einem ganzen **Bündel von Forderungen bzw. Pflichten.** Dabei ist für einige von ihnen der Käufer, für andere der Verkäufer Schuldner.

13 Zu diesen gesetzlich geregelten Pflichten treten noch zahlreiche weitere, die summarisch in § 241 Abs. 2 BGB erwähnt werden und sich letztlich aus Treu und Glauben (§§ 157, 242 BGB) ergeben. So muss der Verkäufer den Käufer vor den nicht ohne Weiteres erkennbaren Gefahren der Kaufsache warnen. Zu diesen das **Integritätsinteresse** wahrenden (→ Rn. 8) Schutz- oder weiteren Verhaltenspflichten → § 39 Rn. 1 ff.

14 Das **Schuldverhältnis im weiteren Sinn** ist also ein komplexes Gebilde, das vor allem aus einer Vielzahl von Forderungen oder Pflichten (= **Schuldverhältnissen im engeren Sinn)** besteht. Man hat es deshalb als „Gefüge", als „Organismus" oder auch als „Prozess" bezeichnet. Dabei sollen die beiden zuletzt genannten Namen außer der Komplexität noch eine andere Eigenschaft des Schuldverhältnisses im weiteren Sinn andeuten. Dieses beharrt nicht statisch im immer gleichen Zustand, sondern es zielt darauf ab, sich im Zeitablauf vielfältig zu ändern. Im Bild des „Organismus" gesprochen wird es geboren, es kann wachsen, altern und schließlich sterben. Allerdings sollte man den Erkenntniswert einer solchen Bildersprache nicht überbewerten.

15 Ob in einer Einzelvorschrift „Schuldverhältnis" im weiteren oder im engeren Sinn gemeint ist, ergibt sich regelmäßig aus dem Zusammenhang. Wesentliche Schwierigkeiten entstehen also aus der mehrdeutigen Gesetzessprache nicht. Im Folgenden soll das Wort „Schuldverhältnis" nur im weiteren Sinn verwendet werden, iÜ aber von „Forderung", „Verbindlichkeit" oder „Verpflichtung" gesprochen werden.

§ 2. Einteilungen der Schuldverhältnisse

1 Die Schuldverhältnisse im weiteren Sinn (→ § 1 Rn. 14) lassen sich unter den verschiedensten Gesichtspunkten einteilen. Die größte Bedeutung kommt den folgenden Unterscheidungen zu.

I. Nach dem Entstehungsgrund

2 Jedes Schuldverhältnis bringt Verpflichtungen und beschränkt so die allgemeine Handlungsfreiheit des Schuldners. Die hierfür nötige Rechtfertigung kann prinzipiell nur aus dem (rechtsgeschäftlichen) Einverständnis des Schuldners oder aus einer gesetzlichen Anordnung stammen. Demgemäß unterscheidet man **rechtsgeschäftliche** (meist nach dem Hauptfall „vertragliche" genannt) und **gesetzliche Schuldverhältnisse.**

II. Nach dem Einfluss des Zeitmoments

1. Dauerschuldverhältnisse

a) Zeitlich gestreckte Einzelschuldverhältnisse

Manche Schuldverhältnisse werden sofort erfüllt (zB ein Kaufvertrag in einem Supermarkt). Bei anderen Schuldverhältnissen dagegen kann zwischen der Entstehung und der Erledigung ein längerer Zeitraum vergehen, zB wenn für einen Kaufpreis Zahlung in mehreren Monatsraten vereinbart ist oder wenn das von einer Werft versprochene Schiff zunächst gebaut werden muss und erst in einem Jahr geliefert werden soll. Eine solche **längere Laufzeit** des Schuldverhältnisses erhöht seine Anfälligkeit für sog. **Leistungsstörungen** (zum Begriff → § 26 Rn. 1). So wächst mit der Zahl der Kaufpreisraten die Gefahr, dass der Schuldner eine von ihnen nicht bezahlt. Auch bei dem erst noch durchzuführenden Bau eines Schiffes können sich Hindernisse zB bei der Beschaffung von Einzelteilen ergeben, die beim Verkauf eines fertigen, sofort lieferbaren Schiffes wegfallen. Eine rechtliche Sonderbehandlung ist für solche Schuldverhältnisse meistens nicht nötig. Das gewöhnliche **Recht der Leistungsstörungen** genügt auch für die höhere Störanfälligkeit. Eine Ausnahme machen allerdings **komplexe Langzeitverträge,** zB über den Bau eines Supertankers oder eines Flughafens. Hier ergibt sich oft erst im Lauf der Arbeit, was zur Erfüllung nötig ist (etwa durch neue technische Erkenntnisse oder zusätzliche behördliche Auflagen). Daher bestimmt sich der genaue Inhalt der Schuldnerpflichten erst nach und nach. Unter Umständen sind dazu auch **Neuverhandlungen** nötig etwa darüber, wie ein unerwartetes Hindernis überwunden werden soll. 3

b) Echte Dauerschuldverhältnisse

Eine größere Rolle spielt die Zeit bei Schuldverhältnissen, indem sie den Umfang der zu erbringenden Leistung beeinflusst. Das wird deutlich bei der Miete: Der Vermieter leistet umso mehr, je länger er dem Mieter die Mietsache überlässt (entsprechend mehr Miete muss ja auch der Mieter zahlen). Ähnlich liegt es bei Pacht, Leihe, Verwahrung und außerhalb des BGB beim Versicherungsvertrag (der im VVG geregelt ist). Auch beim Darlehen leistet der Geber umso mehr, je länger der Darlehensnehmer das ihm überlassene Kapital nutzen kann (und dieser muss umso länger Zins zahlen). Schließlich gehören hierhin die auf eine dauernde Arbeitsleistung gerichteten Schuldverhältnisse (insbesondere der Arbeitsvertrag) und die Gesellschaft. Man spricht hier von **Dauerschuldverhältnissen.** 4

c) Sukzessivlieferungsverträge

Eine Unterart der Dauerschuldverhältnisse bilden die **Sukzessivlieferungsverträge.** Bei ihnen handelt es sich zwar um die Pflicht zur Lieferung von Waren. Es geht also um Kaufverträge (§ 433 BGB), die eigentlich keine Dauerschuldverhältnisse sind. Sukzessivlieferungsverträge haben aber die Besonderheit, dass die zu liefernde Menge nicht von vornherein feststeht, sondern sich im Lauf der Zeit (also „sukzessive") erhöht. Dazu gehören etwa die Bierlieferungsverträge, durch die ein Gastwirt seinen Bierbedarf bei einer bestimmten Brauerei deckt. Während sich bei den Bierlieferungsverträgen die jeweils abgenommene Menge nach dem Bedarf richtet, kann diese Menge auch für einen bestimmten Zeitraum feststehen. In beiden Fallgruppen findet sich die Eigenart der Dauerschuldverhältnisse wieder. Die Leistung (und entspre- 5 chend die Gegenleistung) wächst mit zunehmender Laufzeit des Vertrags, ohne dass eine Gesamtmenge von vornherein feststeht.

d) Bezugsverträge

6 Noch etwas anders liegt es bei den **Bezugsverträgen** über Strom, Wasser und Gas sowie auch bei den Verträgen über Telefon- und Internetdienstleistungen. Denn hier wird die Lieferung der vom Verbraucher abgenommenen Mengen ergänzt um die ständige Lieferbereitschaft des Versorgungsunternehmens. Dieses „leistet" also auch, wenn gerade nichts verbraucht wird. In der Tarifgestaltung findet sich diese zweifache Leistung häufig in der Aufteilung zwischen der Grundgebühr als dem Entgelt für die bloße Leistungsbereitschaft und dem Preis für die abgenommenen Einheiten.

e) Dauer der rechtlichen Bindung

7 Die rechtliche Regelung der Dauerschuldverhältnisse muss den Besonderheiten Rechnung tragen, die sich aus der **Bindung** der Parteien **für eine lange und oft sogar unbestimmte Zeit** ergeben. Während dieser Zeit können sich die für das Schuldverhältnis wesentlichen Umstände in unvorhergesehener Weise ändern. Vielfach setzen Dauerschuldverhältnisse auch ein besonderes Vertrauen voraus. Diese Vertrauensgrundlage kann wegfallen. Dauerschuldverhältnisse müssen deshalb für die Zukunft aus wichtigem Grund beendet (= gekündigt) werden können (s. dazu § 314 BGB und → § 52 Rn. 8 ff.).

2. Fixgeschäfte

8 Unter einem ganz anderen Gesichtspunkt erlangt die Zeit bei den **Fixgeschäften** Bedeutung. Meist ist die Zeit für die Leistung nur Nebensache. Zwar soll häufig zu einem bestimmten Zeitpunkt geleistet werden, doch bleibt die Leistung auch nach diesem Termin noch möglich. Demgegenüber sind manche Leistungen schon nach der Natur der Sache dergestalt an einen bestimmten Zeitpunkt gebunden, dass sie zu einer anderen Zeit nicht mehr dem Geschuldeten entsprechen und deshalb mit Ablauf des Termins schlicht unmöglich werden (→ § 34 Rn. 15). Das gilt vor allem bei Teamarbeit, die Gleichzeitigkeit oder doch eine bestimmte Reihenfolge erfordert. Wenn zB die Flötistin des Orchesters ihren Einsatz verpasst hat, kann sie die versäumten Töne nicht mehr „nachleisten"; eine solche Nachleistung – nämlich das Spiel an einer falschen Stelle – wäre vielmehr eine neue Leistungsstörung.

III. Nach der Art der Leistung

9 Erhebliche Bedeutung hat auch die Einteilung der Schuldverhältnisse nach der Art der geschuldeten Leistung. Das gehört in das in §§ 433–853 BGB geregelte **Besondere Schuldrecht.** Dort wird der Anspruchsinhalt jeweils am Anfang der Regelung der einzelnen Typenverträge in den „Definitionsnormen" genannt.

§ 3. Die Durchsetzung von Forderungen

Literatur: M. Fuchs, Naturalobligationen und unvollkommene Verbindlichkeiten im BGB, 1. FS Medicus, 1999, 123; O. von Gierke, Schuld und Haftung, 1910; Hadding, Schuldverhältnis, Forderung, rechtlicher Grund, FS Kroeschell, 1997, 293; Maultzsch, Die Grenzen des Erfüllungsanspruchs aus dogmatischer und ökonomischer Sicht, AcP 207 (2007), 530; Nehlsen-von Stryk, Grenzen des Rechtszwangs: Zur Geschichte der Naturalvollstreckung, AcP 193 (1993), 529; Schulze, Die Naturalobligation, 2008; Schulze, Nichterzwingbare Leistungsanforderungen im Zivilrecht, JuS 2011, 193.

Dass der Gläubiger aufgrund des Schuldverhältnisses (§ 241 Abs. 1 BGB) vom Schuldner die Leistung verlangen kann und daher einen Anspruch (§ 194 Abs. 1 BGB) gegen diesen hat, genügt als rechtliche Regelung nur für den problemlosen Fall, in welchem der Schuldner auf das Verlangen des Gläubigers hin leistet und auch später die Leistung nicht wieder zurückfordert. Für die anderen Fälle dagegen bedarf es weiterer Regeln, welche die Durchsetzung einer Forderung ermöglichen. 1

I. Die normale Forderung

1. Klagbarkeit

Wenn der Schuldner nicht freiwillig leistet, kann der Gläubiger auf die Erbringung der Leistung klagen. Das ist idR eine **Leistungsklage,** die zu einem Leistungsurteil führt. Dieses spricht eine Verurteilung auf die versprochene Leistung selbst aus („Der Beklagte wird verurteilt, dem Kläger den Pkw Marke …, Fahrgestell-Nr. … herauszugeben und zu übereignen") und nicht etwa nur auf Schadensersatz in Geld. Das ist das Prinzip der **Naturalerfüllung.** 2

Dieses für das kontinentaleuropäische Recht nahezu selbstverständliche Prinzip der Naturalerfüllung ist rechtsvergleichend keineswegs selbstverständlich. So unterliegt die Erfüllung in Natur im englischen *Common Law* (wo sie als *„specific performance"* bezeichnet wird) ganz erheblichen Einschränkungen.[1] Der Gläubiger kann hier im Regelfall die Erfüllung eines Vertrags nicht als solche gerichtlich durchsetzen, sondern lediglich Schadensersatz verlangen.

2. Vollstreckbarkeit

Mit dem auf die Leistungsklage hin erlangten Urteil kann der Gläubiger gegen den Schuldner im Wege der **Zwangsvollstreckung** vorgehen (§§ 704 ff. ZPO). Dass der Schuldner derart für seine Verbindlichkeit einstehen muss, nennt man auch „Haftung". Die Schuld ist also regelmäßig mit der Haftung verbunden. 3

Allerdings wird das Wort „haften" gelegentlich auch gleichbedeutend mit „schulden" oder „Vertretenmüssen" verwendet (zB wenn in §§ 276, 277 BGB von der „Haftung" gesprochen wird). Hier soll oft bloß die Wiederholung des Wortes „schulden" vermieden werden („der Schuldner schuldet …"). Wirkliche Haftung ohne Schuld gibt es vor allem im Sachenrecht, nämlich beim Pfandrecht an schuldnerfremden Sachen. Wenn also ein Dritter für die Schuld eines anderen an einer ihm gehörenden Sache ein Pfandrecht bestellt, kann der Gläubiger nur auf die mit dem Pfandrecht belastete Sache, nicht aber auf das übrige Vermögen des Dritten dieser Sache zugreifen.

In alten Rechten richtete sich die Vollstreckung gegen die Person des Schuldners **(Personalexekution).** Dieser wurde eingesperrt, in die Sklaverei verkauft oder sogar getötet, wenn er nicht leistete. Dagegen richtet sich heute die Vollstreckung in dem Sinn nur gegen das **Vermögen des Schuldners (Realexekution),** da sie regelmäßig auf die geschuldete Leistung im Vermögen des Schuldners zugreift. Soweit sich der Schuldner diesem Zugriff widersetzt (zB der Wegnahme der geschuldeten Sache durch den Gerichtsvollzieher, § 883 Abs. 1 ZPO), wird aber auch heute noch Gewalt gegen seine Person angewendet. Unvertretbare Handlungen des Schuldners (also solche, die nicht auch ein Dritter gleichwertig vorzunehmen vermag, zB die Erteilung einer Auskunft) können nach § 888 Abs. 1 ZPO sogar durch eine **Zwangshaft** herbeigeführt werden. Geschuldete Willenserklärungen (so etwa bei einer Verurteilung zur Übereignung, vgl. § 929 BGB) werden nach § 894 ZPO fingiert. Ebenso kann 4

[1] S. dazu Rösler/Tünger JuS 2002, 782.

nach § 889 Abs. 2 ZPO die eidesstattliche Versicherung des Schuldners, mit der dieser dem Gläubiger die für die Zwangsvollstreckung nötigen Kenntnisse verschaffen muss, durch dessen Verhaftung erzwungen werden. Insofern gibt es demnach auch heute noch Reste einer Personalexekution.

3. Eigenmächtige Durchsetzbarkeit

a) Selbsthilfe

5 Auf dem gerade geschilderten Weg kommt der Gläubiger **mit staatlicher Hilfe** (Gerichte, Vollstreckungsorgane) zu seinem Recht. Das verursacht Kosten und dauert geraume Zeit, uU mehrere Jahre. Deshalb kann es für den Gläubiger naheliegen, sich die ihm gebührende Leistung selbst zu holen (zB durch Wegnahme des geschuldeten Gegenstands). Eine solche eigenmächtige **Selbsthilfe** ist aber im Interesse des Rechtsfriedens nach § 229 BGB nur dann möglich, wenn staatliche („obrigkeitliche") Hilfe nicht rechtzeitig zu erlangen ist und ohne die Selbsthilfe die Verwirklichung des Anspruchs vereitelt oder wesentlich erschwert werden könnte. Das Vorliegen dieser Voraussetzungen muss der Gläubiger nach § 231 BGB aber auf eigene Gefahr beurteilen, dh er schuldet auch dann Schadensersatz, wenn er die Sachlage schuldlos falsch eingeschätzt hat. Ein Beispiel für eine solche Haftung bildet die sog. „kalte" (also nicht auf einen Räumungstitel gestützte) Räumung durch einen Wohnungsvermieter. Dieser haftet für Verluste des mit der Mietzahlung säumigen Mieters selbst dann, wenn dessen Aufenthalt unbekannt und der Mietvertrag beendet ist.[2]

Die Regelung der Selbsthilfe steht im Allgemeinen Teil, weil sie auch für die Durchsetzung anderer als schuldrechtlicher Ansprüche gilt (zB auch für den Herausgabeanspruch aus § 985 BGB).[3] Ein schuldrechtlicher Sonderfall der erlaubten Selbsthilfe steht dagegen in § 562b BGB. Danach darf der Vermieter von Wohnraum die Entfernung der seinem Pfandrecht unterliegenden Sachen des Mieters gewaltsam verhindern. Im Gegensatz zu § 229 BGB kommt es hier weder auf eine konkrete Gefährdung der Mietforderung noch darauf an, ob staatliche Hilfe zu spät käme; auch haftet der Vermieter nicht entsprechend § 231 BGB unabhängig von einem Verschulden.[4]

b) Aufrechnung

6 Daneben gibt es in Gestalt der **Aufrechnung** (§§ 387 ff. BGB) noch einen anderen, im Schuldrecht geregelten Weg, auf dem sich der Gläubiger ohne Klage, Urteil und Zwangsvollstreckung sein Recht verschaffen kann (→ § 24 Rn. 1 ff.). Sie setzt voraus, dass der Gläubiger dem Schuldner seinerseits eine gleichartige Leistung schuldet (§ 387 BGB). Aufgerechnet wird dann einfach durch Erklärung des Gläubigers oder auch des Schuldners (§ 388 BGB). Diese Art der eigenmächtigen Befriedigung kann unbedenklich zugelassen werden, weil sie sich lediglich auf der rechtlichen Ebene, dh ohne körperliche Gewalt vollzieht. Die Wirksamkeit der Aufrechnung wird aber gerichtlich überprüft werden, sobald der Aufrechnungsgegner seine angeblich durch die Aufrechnung getilgte Forderung einklagt. Wenn die Aufrechnung nicht wirksam war, bekommt er Recht.

---

[2] BGH NJW 2010, 3434.

[3] Zu Einzelheiten vgl. Köhler BGB AT § 19 Rn. 19 ff.

[4] Medicus/Lorenz SchuldR BT § 29 Rn. 9.

4. Die Verfügungsbefugnis

Während die eben genannte Befugnis zu eigenmächtiger Durchsetzung nur unter besonderen Voraussetzungen besteht, so hat der Gläubiger aber idR das Recht, über seine Forderung zu verfügen. Solche Verfügungen sind der **Erlass** (§ 397 BGB), die **Abtretung** (§§ 398 ff. BGB), die **Aufrechnung** (§§ 387 ff. BGB) und die **Verpfändung** (§§ 1273 ff., 1280 ff. BGB). Keine Verfügung über die Forderung ist hingegen nach hM die Einziehung durch Annahme der geschuldeten Leistung. Jedenfalls aber ist auch zur Einziehung idR nur der Gläubiger berechtigt (→ § 21 Rn. 10 ff.). 7

Verfügungen eines Nichtberechtigten über eine Forderung sind meist unwirksam, wenn ihnen der Gläubiger nicht zustimmt oder nicht ein anderer der in § 185 BGB geregelten Umstände eintritt. Einige Vorschriften gewähren aber **Vertrauensschutz.** Dann sind Verfügungen eines Nichtberechtigten entweder zugunsten des redlichen Schuldners (zB § 370 BGB, §§ 406 ff. BGB) oder zugunsten des redlichen Erwerbers (zB §§ 405, 2366 BGB) wirksam.

5. Rechtsgrund für das Behalten der Leistung

Wenn der Schuldner freiwillig oder gezwungenermaßen die geschuldete Leistung erbracht hat, darf der Gläubiger diese behalten. Das folgt rechtstechnisch daraus, dass die Forderung für die Leistung einen „rechtlichen Grund" iSv § 812 BGB bildet.[5] Eine Rückforderung nach dieser Vorschrift (und auch nach einer anderen) scheidet daher aus. 8

II. Unvollständige Forderungen

Von einer unvollständigen Forderung kann man sprechen, wenn dem Gläubiger nicht alle eben genannten Befugnisse zustehen. 9

1. Ausschluss einer Verbindlichkeit (Naturalobligationen)

Nach §§ 762 und 656 BGB begründen **Spiel** und **Wette** sowie das Versprechen eines Entgelts für Heiratsvermittlung „keine Verbindlichkeit". Allerdings kann das aus einem solchen Grund Geleistete nicht wegen des Fehlens einer Verbindlichkeit zurückgefordert werden. Bei diesen Rechtsverhältnissen kann also der „Gläubiger" Leistung nicht verlangen, es fehlen folglich insbesondere auch die Klagbarkeit (→ Rn. 2) und mit ihr die Vollstreckbarkeit (→ Rn. 3) sowie die Möglichkeit zu eigenmächtiger Durchsetzung (→ Rn. 4). Andererseits bilden diese Rechtsverhältnisse aber einen Rechtsgrund für das Behalten der Leistung (→ Rn. 8). Da die Möglichkeit des Gläubigers zu Verfügungen (→ Rn. 7) nicht ausgeschlossen ist, können solche Forderungen also zB abgetreten werden (was allerdings ihre Schwäche nicht behebt). 10

Der Grund für diese Behandlung der genannten Verhältnisse besteht in einer Missbilligung durch den Gesetzgeber. Durch Spiel und Wette soll sich niemand ruinieren. Bei der Ehevermittlung ist die Tragfähigkeit der rechtspolitischen Motivation zweifelhafter, aber noch verfassungsgemäß.[6] Die Rspr. hat diese Missbilligung sogar auf die bloße **Partnerschaftsvermittlung** erweitert.[7] Die betroffenen Vermittler können den § 656 BGB ausschalten, indem sie Vorauszahlung verlangen. § 656 BGB wandelt dann seine Funktion: Er bewirkt eine Art Übereilungsschutz, weil die Weggabe von Geld schwerer fällt als eine bloße Verpflichtung. Gleiches gilt bei Spiel und Wette (§ 762 BGB).[8]

---

[5] Medicus/Lorenz SchuldR BT § 65 Rn. 15 ff.
[6] BVerfG NJW 1966, 1211.
[7] S. dazu Medicus/Lorenz SchuldR BT § 50 Rn. 33.
[8] S. dazu Medicus/Lorenz SchuldR BT § 53 Rn. 1 ff.

2. Ausschluss der Klagbarkeit

a) Ausschluss kraft Gesetzes

11 Anders als in den §§ 656, 762 BGB drückt sich das BGB in § 1297 Abs. 1 BGB aus: Aus einem **Verlöbnis** kann nicht auf Eingehung der Ehe geklagt werden. § 120 Abs. 3 FamFG untersagt noch zusätzlich die Vollstreckung eines trotzdem (etwa im Ausland) ergangenen Urteils auf Eheschließung. Der Grund ist hier nicht etwa eine Missbilligung des Verlöbnisses (aus dem ja auch die §§ 1298 ff. BGB klagbare und vollstreckbare Ansprüche geben). Vielmehr will das Gesetz nur die Entscheidung über die Eheschließung freihalten, weil eine unter Zwang zustande gekommene Ehe die persönliche Freiheit verletzt (und auch sonst nichts Gutes erwarten lässt).

12 Im Ergebnis ähnlich, wenn auch in der Konstruktion anders ist die Situation bei **verjährten Ansprüchen.** Hier kann der Gläubiger zwar klagen. Er hat damit auch Erfolg, wenn der Schuldner sich nicht auf die Verjährung beruft (§ 214 Abs. 1 BGB), denn die Verjährung ist eine **Einrede,** dh ein Verteidigungsmittel, dessen Geltendmachung vom Willen des Schuldners abhängt. Gewisse Wirkungen hat die verjährte Forderung aber hinsichtlich der Sicherungsrechte (§ 216 BGB) und der Aufrechnung (§ 215 BGB). Schließlich kann nach § 214 Abs. 2 BGB auch das auf eine verjährte Forderung Geleistete nicht zurückgefordert werden, selbst wenn die Leistung in Unkenntnis der Verjährung erfolgt ist.

b) Ausschluss durch Vereinbarung

13 Ob die **Klagbarkeit auch durch Vereinbarung ausgeschlossen** werden kann (sog. *pactum de non petendo*), ist nicht unzweifelhaft. Die hM lässt das zu, soweit die Parteien über den Anspruch verfügen und insbesondere ihn auch erlassen können. Der Ausschluss der Klagbarkeit wird als Minus gegenüber dem Erlass angesehen. Die Gegenansicht macht geltend, schon die Vereinbarung eines Schiedsgerichts sei nur unter strengen Voraussetzungen möglich (§§ 1025 ff. ZPO); der völlige Ausschluss jeder Gerichtsbarkeit dürfe noch weniger möglich sein. Unbedenklich zulässig ist aber jedenfalls der Ausschluss der Klagbarkeit für eine beschränkte Zeit (wie etwa bei der Leistung erfüllungshalber → § 22 Rn. 8).

3. Ausschluss der Naturalvollstreckung

14 Noch weniger unvollständig als die bisher behandelten sind diejenigen Forderungen, auf deren Erfüllung zwar geklagt werden kann, deren Vollstreckung aber entweder überhaupt nicht oder doch jedenfalls nicht auf die geschuldete Leistung möglich ist (§ 888 Abs. 1 ZPO). Überhaupt nicht vollstreckt werden können Urteile auf **Herstellung des ehelichen Lebens** (§ 120 Abs. 3 FamFG). Sie sprechen die **Verpflichtung zur ehelichen Lebensgemeinschaft** (§ 1353 Abs. 1 S. 2 BGB) aus. Eine Vollstreckung muss hier schon deshalb unterbleiben, weil ebenso wie die Eingehung auch die Durchführung einer Ehe unter Zwang sinnlos ist.

15 Weiter untersagt § 888 Abs. 3 ZPO die Naturalvollstreckung der Verurteilung zur **Leistung von Diensten** aus einem Dienstvertrag. Bei solchen Forderungen kann der Gläubiger aber auf einen Schadensersatzanspruch übergehen (nach §§ 280 Abs. 1, 3, 281 BGB). Dieser ist auf Geld gerichtet und ohne Besonderheiten nach §§ 803 ff. ZPO vollstreckbar.

4. Ausschluss einzelner Verfügungsbefugnisse

Im **Insolvenzverfahren** verliert der Schuldner die Befugnis zur Verfügung über sein Vermögen (§ 80 InsO). Auch in der **Einzelzwangsvollstreckung** kann dem Schuldner die Verfügungsbefugnis – hier über einzelne Vermögensgegenstände – entzogen werden. In beiden Fällen wechselt aber die Verfügungsbefugnis bloß auf eine andere Person, die Forderung selbst wird dadurch nicht unvollkommen. Anders ist das jedoch bei **§ 399 Alt. 2 BGB:** Danach kann bei einer Forderung abweichend von § 137 BGB mit Wirkung gegen Dritte die Abtretung – also eine Art der Verfügung – ausgeschlossen werden (→ § 62 Rn. 13). 16

Solche **Abtretungsverbote** werden (auch von der öffentlichen Hand) nicht selten formularmäßig vereinbart, vor allem für Forderungen des Unternehmers aus einem Bauvertrag. Durch solche Verbote will der Schuldner die mit einem Gläubigerwechsel verbundene Belastung seiner Buchhaltung vermeiden. In der Zwangsvollstreckung wirkt das Verbot aber nicht, § 851 Abs. 2 ZPO. Der Gläubiger einer Forderung soll diese nicht durch eine Vereinbarung nach § 399 BGB dem Zugriff seiner eigenen Gläubiger entziehen können.

III. Die Relativität des Schuldverhältnisses

Literatur: Canaris, Die Verdinglichung obligatorischer Rechte, FS Flume, Bd. 1, 1978, 371; Coester-Waltjen, Der Dritte und das Schuldverhältnis, JURA 1999, 656; Harke, Drittbeteiligungen am Schuldverhältnis, 2010; Hauck, Die Verdinglichung obligatorischer Rechte am Beispiel einfacher immaterialgüterrechtlicher Lizenzen, AcP 211 (2011), 626; Henke, Die sog. Relativität des Schuldverhältnisses, 1990; Knops, Die Personalität des Schuldverhältnisses, 2011 (vertragliche Schuldverhältnisse); Martens, Rechtsgeschäft und Drittinteressen, AcP 177 (1977), 113; Medicus, Drittbeziehungen im Schuldverhältnis, JuS 1974, 613; Neuner, Der Schutz und die Haftung Dritter nach vertraglichen Grundsätzen, JuS 1999, 126; J. Schmidt, Die sog. Relativität des Schuldverhältnisses. Wie relativ ist eigentlich das Band zwischen Gläubiger und Schuldner? (Schriften zum Bürgerlichen Recht, Bd. 121) von Horst Eberhard Henke, Review, AcP 190 (1990), 650; Weitnauer, Verdinglichte Schuldverhältnisse, 2. FS Larenz, 1983, 705.

1. Grundsatz der Relativität

Die Forderung richtet sich nur gegen **eine bestimmte Person,** den **Schuldner.** Nur gegen ihn ist sie daher durchsetzbar. Auch das Schuldverhältnis im weiteren Sinn (→ § 1 Rn. 14) ist in diesem Sinn relativ: Es besteht zwar aus einer Mehrzahl von Rechten, aber sie alle richten sich im Regelfall jeweils nur gegen den anderen am Schuldverhältnis Beteiligten. 17

Faktisch hat zwar ein Schuldverhältnis häufig Auswirkungen auf das Zustandekommen eines anderen Schuldverhältnisses. Wenn zB V sein Grundstück gerade an K verkauft hat, wird er es vernünftigerweise nicht auch noch an L verkaufen. Wenn V das trotzdem tut, steht der erste Verkauf der Wirksamkeit des zweiten grds. nicht im Wege. V ist dann doppelt gebunden und muss auf diejenige Schuld, die er nicht erfüllen kann, Schadensersatz (nach § 280 Abs. 1, 3 BGB, § 283 BGB) leisten. Wenn V aber an einen der Käufer (zB an K) erfüllt, kann der andere (also L) von diesem das Grundstück grds. nicht herausverlangen, da sein Anspruch nur gegenüber V besteht. 18

Ein solcher Anspruch besteht nur ausnahmsweise nach § 826 BGB, nämlich wenn V das Grundstück an L leistet und beide durch ihr Zusammenwirken den K vorsätzlich und sittenwidrig schädigen.[9] Auch

[9] Medicus/Lorenz SchuldR BT § 82 Rn. 14.

dann hat aber der Verkauf V – K nicht etwa Drittwirkung gegen L. Vielmehr lässt das BGB ein neues (deliktisches) Schuldverhältnis K–L entstehen.

2. Durchbrechungen der Relativität

a) „Verdinglichung"

19 Ein ganzes Schuldverhältnis oder eine einzelne Forderung können mit **Wirkung gegen jeden Dritten** ausgestattet werden (sog. **„Verdinglichung"**). Für eine einzelne Forderung geschieht das am deutlichsten durch die **Vormerkung,** §§ 883–888 BGB, durch welche ein auf ein Grundstück bezogener schuldrechtlicher Anspruch gegenüber Dritten dadurch geschützt („verdinglicht") werden kann, dass eine zB Übereignung an einen Dritten dem Gläubiger gegenüber unwirksam ist (s. § 883 Abs. 2 BGB). Weiter gibt es Fälle, in welchen ganze Schuldverhältnisse gesetzlich auf einen Dritterwerber übergeleitet werden: §§ 566, 578, 581 Abs. 2, §§ 613a, 1056, 1059d, 1251 Abs. 2 BGB. Hier wird dieser Dritterwerber in das Schuldverhältnis einbezogen.

b) Einzelne Drittwirkungen

20 Eine Forderung oder ein Schuldverhältnis können auch **nur in einzelnen Beziehungen Drittwirkungen** entfalten. So liegt es insbesondere in folgenden zum Allgemeinen Schuldrecht gehörenden, an späterer Stelle noch ausführlicher zu behandelnden Fällen:

- Bei der **Drittschadensliquidation** wird dem Gläubiger der Schaden eines Dritten ersetzt (→ § 55 Rn. 29 ff.).
- Beim **Vertrag zugunsten Dritter** muss an einen Dritten geleistet werden (→ § 66 Rn. 1 ff.).
- Beim **Vertrag mit Schutzwirkung für Dritte** kann ein am Vertragsschluss unbeteiligter Dritter die ihm aus bestimmten Vertragsverletzungen entstandenen Schäden nach dem Recht der Sonderverbindung ersetzt verlangen (→ § 67 Rn. 1 ff.).
- Hierzu kommen noch einige Drittwirkungen einzelner Schuldverhältnisse, auf die im SchuldR BT einzugehen ist.[10]

§ 4. Das Schuldrecht im BGB

1 Dass das Schuldrecht ein eigenes Buch des BGB bildet, ist keineswegs selbstverständlich. Vielmehr zeigt ein Blick in die Rechtsgeschichte und in fremde Rechte auch andere Systeme, in denen das Schuldrecht nur einen untergeordneten Platz hat.

I. Die Eigenständigkeit des Schuldrechts

1. Das Institutionensystem

2 Der älteste noch heute nachwirkende Systematisierungsversuch für das Zivilrecht stammt von dem römischen Schuljuristen *Gaius.* Dieses System liegt den Institutionen des *Gaius* zugrunde (entstanden um 160 n. Chr.). Es ist dann 370 Jahre später in den Institutionen *Justinians* (dem ersten Teil des *Corpus Iuris Civilis*) kopiert worden. Es beruht auf einer Dreiteilung des Stoffes in *personae* (Personenrecht), *res* (Ver-

[10] S. zB Medicus/Lorenz SchuldR BT § 28 Rn. 42 zu § 546 Abs. 2 BGB.

mögensrecht) und *actiones* (Zivilprozessrecht). Das Schuldrecht *(obligationes)* erscheint hier (ebenso wie das Erbrecht) bloß als Teil des Vermögensrechts. Doch findet sich auch bei *Gaius* schon die Unterscheidung zwischen vertraglichen und deliktischen Schuldverhältnissen (*obligationes ex contractu* und *ex delicto,* Gai. 3, 88).

Dementsprechend widmen die älteren europäischen Zivilrechtskodifikationen wie das österreichische ABGB und der französische *Code Civil* dem Schuldrecht kein eigenes Buch.

2. Das Pandektensystem

Das Institutionensystem ist unter dem Einfluss des Naturrechts abgewandelt worden. 3
Das so entstandene neue System heißt **Pandektensystem.** Für dieses war maßgeblich der „Grundriß eines Systems des gemeinen Civilrechts zum Behuf von Pandekten-Vorlesungen" (1. Ausgabe 1807) von *Georg Arnold Heise.* Dort erscheint nicht bloß ein Allgemeiner Teil und damit der (auch im 1. Buch des BGB übernommene) Ansatz, allgemeine Lehren gleichsam „vor die Klammer zu setzen". Vielmehr finden sich dann als weitere Teile auch Sachen-, Schuld-, Familien- (dieses aber noch ua Namen) und Erbrecht.

Diese Vierteilung dessen, was gleichsam in der Klammer steht, beruht auf **zwei ganz** 4
verschiedenen Prinzipien (man spricht daher von einer „Kreuzeinteilung des BGB"). Für den Stoff des Familien- und Erbrechts ist entscheidend nicht die Gleichheit der Rechtsfolgen (diese sind vielmehr ganz verschieden), sondern die **Gleichheit der Tatbestände.** Das Familienrecht behandelt im Wesentlichen Ehe und Verwandtschaft, das Erbrecht die (vermögensrechtlichen) Folgen aus dem Tod eines Menschen.

Demgegenüber ist für die Verteilung des Stoffes auf Schuld- und Sachenrecht der Tat- 5
bestand unerheblich geblieben. Daher erscheinen einheitliche Lebenssachverhalte (wie der kaufweise Erwerb einer Sache) getrennt voneinander an ganz verschiedenen Stellen des BGB. Der Kaufvertrag wird als Verpflichtungsgeschäft im Schuldrecht geregelt (§§ 433 ff. BGB). Dagegen steht der Eigentumserwerb als Erfüllungsgeschäft in den §§ 873 ff., 925 ff. BGB (Grundstücke) und §§ 929 ff. BGB (bewegliche Sachen), also im Sachenrecht. Für diese Stoffanordnung ist maßgeblich die **Gleichheit der Rechtsfolgen.** Im Schuldrecht geht es um die auf Gläubiger und Schuldner beschränkten („relativen", vgl. → § 3 Rn. 17) Schuldverhältnisse, im Sachenrecht um **absolute,** dh gegen jedermann wirkende **dingliche Rechte.**

Dieses Pandektensystem hat auch andere neuere europäische Zivilrechtskodifikationen beeinflusst. So enthält der italienische Codice Civile von 1942 ein eigenes Buch über die Obligationen, und das schweizerische Zivilrecht regelt das Obligationenrecht sogar in einem besonderen Gesetz (von 1911) neben dem ZGB. Auch die (noch privaten) Entwürfe für ein einheitliches europäisches Vertragsrecht (→ § 6 Rn. 12) betreffen in erster Linie Schuldverträge.

II. Die innere Gliederung des Schuldrechts

Das 2. Buch des BGB ist seinerseits in **acht Abschnitte** gegliedert. Dabei wirkt das- 6
selbe Prinzip, auf dem schon der Allgemeine Teil im 1. Buch beruht, indem allgemein Geltendes „vor die Klammer" gezogen wird. Denn die ersten sieben Abschnitte (§§ 241–432 BGB) handeln ganz abstrakt von Schuldverhältnissen, Forderungen oder Schulden im Allgemeinen, ohne sie einem konkreten Schuldverhältnis zuzuordnen; erst der 8. Abschnitt regelt „Einzelne Schuldverhältnisse" (§§ 433–853 BGB).

Dementsprechend teilt man das Schuldrecht in einen **Allgemeinen Teil** und einen **Besonderen Teil.**

7 Aber auch innerhalb des Allgemeinen Schuldrechts gibt es noch Unterschiede hinsichtlich der Allgemeinheit. So handelt der **1. Abschnitt** (§§ 241–304 BGB) von **allen Arten von Schuldverhältnissen.** Dagegen betreffen der **2. Abschnitt** (§§ 305–310 BGB) und der **3. Abschnitt** (§§ 311–361 BGB) nur **Schuldverhältnisse aus Verträgen** (Ausnahme § 311 Abs. 2 und 3 BGB). Im 3. Abschnitt betreffen der Titel 2a (§§ 327–327u BGB) und Titel 5 (§§ 355–360 BGB) im Wesentlichen **Verbraucherverträge.** Der Titel 2 (§§ 320–326 BGB) ist den besonders wichtigen **gegenseitigen Verträgen** gewidmet.

8 Für das Verhältnis dieser Regelungen verschiedenen Allgemeinheitsgrades zueinander gilt: **Die speziellere Regel verdrängt die Allgemeinere.** Ehe man eine allgemeinere Norm (etwa aus den §§ 311 ff. BGB) anwendet, muss man also prüfen, ob es nicht eine speziellere gibt (etwa bei den §§ 433 ff. BGB).

Beispiel: V verkauft an K ein Grundstück „als Bauland“, das Grundstück ist aber unbebaubar. Dann sieht es nach § 311a Abs. 2 BGB so aus, als sei der Käufer auf einen Schadensersatzanspruch bei Kenntnis oder Kennenmüssen des Verkäufers angewiesen. Die §§ 434, 437 BGB ergeben aber, dass K wegen der Untauglichkeit der Kaufsache zu dem nach dem Vertrag vorausgesetzten Gebrauch unabhängig von einem Verschulden des Verkäufers Minderung verlangen oder den Rücktritt wählen kann.

§ 5. Schuldrecht außerhalb des BGB

1 Vorschriften über die Entstehung, den Inhalt oder das Erlöschen von Schuldverhältnissen finden sich nicht bloß im 2. Buch des BGB. Vielmehr kommen Regelungen für Zweipersonenverhältnisse auch in den anderen Büchern des BGB vor. So etwa die Schadensersatzpflicht des Vertreters ohne Vertretungsmacht in § 179 BGB oder das Eigentümer-Besitzer-Verhältnis in den §§ 987 ff. BGB. Darüber hinaus wurden (und werden teils immer noch) schuldrechtliche Fragen aber auch vielfach in Vorschriften außerhalb des BGB behandelt.

I. „Alte“ Regelungen

2 Schon als das BGB im Jahre 1900 in Kraft trat, gab es wichtige schuldrechtliche Regelungen auch in drei wichtigen anderen Gesetzen:

1. Handelsgesetzbuch

3 Das HGB enthielt damals und enthält heute noch überwiegend Schuldrecht. Dabei werden teils einige Vorschriften des BGB im Handelsrecht für unanwendbar erklärt (zB §§ 348–350, 352, 353 HGB). Teils bringt das HGB Ergänzungen, mit denen die Regelung des BGB der Sache nach geändert wird (zB muss nach § 377 HGB der Käufer die gekaufte Ware nach der Ablieferung untersuchen und dabei erkannte Mängel rügen, andernfalls die fehlerhafte Ware als genehmigt gilt. Das BGB kennt keine solche Obliegenheit). Teils regelt das HGB Materien, die im BGB überhaupt nicht oder allenfalls in ganz groben Umrissen geordnet sind (zB Kommission und Frachtgeschäft, §§ 383 ff. HGB, aber auch die Personenhandelsgesellschaften).

2. Abzahlungsgesetz 1894

Das AbzG von 1894 hatte schon sechs Jahre vor dem Inkrafttreten des BGB ein Stück dessen gebracht, was man heute Verbraucherschutz nennt. Der Käufer sollte vor bestimmten belastenden Abreden (vgl. § 4 AbzG) und insbesondere vor dem Verlust der Sache und des schon gezahlten Kaufpreisteils (vgl. § 1 AbzG) geschützt werden. Diese Regelung ist wegen ihrer sozialpolitischen Dringlichkeit dem damals schon weitgehend geförderten BGB vorausgeschickt worden. Zum 1.1.1991 ist das AbzG durch das umfassendere VerbrKrG ersetzt worden. Heute finden sich diese Regelungen in den §§ 358–360, 491 ff. BGB. 4

II. „Neue" Regelungen

Obwohl es also für schuldrechtliche Regelungen außerhalb des BGB keinen überzeugenden Grund gab, hatten diese seit 1900 noch stark zugenommen. Dabei handelte es sich nicht bloß um Recht zur Regelung einer vorübergehenden **Notsituation** (wie im Mietrecht während der beiden Weltkriege und danach). Vielmehr sind auch viele **auf Dauer gedachte Regelungen** außerhalb des BGB geschaffen worden. Als besonders wichtige Beispiele seien hier bloß genannt die **Haftung des Kraftfahrzeughalters** (§§ 7 ff. StVG) und das **Recht der Allgemeinen Geschäftsbedingungen** im AGBG von 1976 (das im Wesentlichen Schuldverträge betrifft). Seit dem 1.1.1991 waren hinzugetreten die Regelung des **Verbraucherkredits** durch das VerbrKrG und die (verschuldensunabhängige) Haftung für Verletzungen „durch eine Umwelteinwirkung" durch das **UmweltHG.** Diese zunehmende Rechtszersplitterung machte auch dem Fachmann zu schaffen. Er lief immer eher Gefahr, eine Spezialregelung außerhalb des BGB einfach zu übersehen. Zudem führte die Unterbringung in Spezialgesetzen dazu, das Verhältnis einer Spezialregelung zum allgemeinen bürgerlichen Recht ungeklärt zu lassen. 5

Daher ist es zu begrüßen, dass es später umgekehrt eine **Tendenz zur Aufnahme von Neuregelungen in das BGB** gegeben hat. Schon die Normierung des **Reisevertrags** war entgegen ursprünglich anderen Plänen im Jahre 1979 doch in die §§ 651a ff. BGB aufgenommen worden. Seit einem Gesetz vom 21.7.1999 steht im BGB auch eine Teilregelung bestimmter **Bankgeschäfte** (§§ 675c ff. BGB). Vollends hat die **Schuldrechtsmodernisierung** zum 1.1.2002 (→ § 6 Rn. 8) mehrere Nebengesetze mit schuldvertraglichem Inhalt in das BGB geholt. Zudem hat sie die Entstehung weiterer Nebengesetze (etwa über den Verbrauchsgüterkauf) vorerst verhindert. Dadurch ist zwar der Umfang der BGB-Regelungen angewachsen, andererseits wird aber der Anspruch des BGB als „Kodifikation" (dh als möglichst vollständige Normierung eines Sachgebiets) besser erfüllt. Freilich hat die Aufnahme mancher aus dem Zeitgeist geborener und daher wandelbarer Regeln Teile des BGB zu einer Dauerbaustelle gemacht. Auch geben EU-Richtlinien insbesondere im Bereich des Verbraucherschutzes Anlass zu häufigen Änderungen des BGB (zuletzt durch die Umsetzung der Warenkaufrichtlinie[1] und der Richtlinie über digitale Inhalte).[2] 6

---

[1] Richtlinie (EU) 2019/771 des Europäischen Parlaments und des Rates vom 20.5.2019 über bestimmte vertragsrechtliche Aspekte des Warenkaufs, zur Änderung der Verordnung (EU) 2017/2394 und der Richtlinie 2009/22/EG sowie zur Aufhebung der Richtlinie 1999/44/EG.

[2] Richtlinie (EU) 2019/770 des Europäischen Parlaments und des Rates vom 20.5.2019 über bestimmte vertragsrechtliche Aspekte der Bereitstellung digitaler Inhalte und digitaler Dienstleistungen.

§ 6. Funktion und Tendenzen des Schuldrechts

Literatur: Canaris, Wandlungen des Schuldrechts – Tendenzen zu seiner Materialisierung, AcP 200 (2000), 273; R. Stürner, Privatautonomie und Wettbewerb unter der Hegemonie der angloamerikanischen Rechtskultur?, AcP 210 (2010), 105; R. Stürner, Das Zivilrecht der Moderne und die Bedeutung der Rechtsdogmatik, JZ 2012, 10; R. Stürner, Die Bedeutung der Rechtsdogmatik am Beginn eines Jahrhunderts fortschreitender Internationalisierung, FS Hoffmann, 2012, 877.

I. Die Dynamik des Schuldrechts

1 Das Schuldverhältnis schafft durch die Leistungspflichten eine **Spannung zwischen Gläubiger und Schuldner.** Diese drängt auf Ausgleich durch **Erfüllung,** nämlich indem der Gläubiger die geschuldete Leistung erhält (§ 362 Abs. 1 BGB). Mithin zielt das Schuldrecht auf die **Bewegung** von Geld, Waren, anderen Gegenständen oder Dienstleistungen. Man hat es daher „dynamisch" genannt und dem als „statisch" aufgefassten Sachenrecht gegenübergestellt. Allerdings sollte man diesen Unterschied nicht als strenge Regel ohne Ausnahmen betrachten. Einerseits kann nämlich auch das Sachenrecht Wertbewegungen vermitteln: So gebühren dem Nießbraucher (§§ 1030 ff. BGB) die Früchte ganz ähnlich wie einem Pächter (§§ 581 ff. BGB). Und andererseits können Schuldverhältnisse eine Rechtslage sehr dauerhaft gegen Veränderungen sichern. Das gilt insbesondere für die Dauerschuldverhältnisse Wohnungsmiete und Arbeitsvertrag, bei denen die ordentliche Kündigung durch Vermieter und Arbeitgeber aus sozialen Gründen weitgehend erschwert ist (→ § 52 Rn. 4). Die Schutzpflichten nach § 241 Abs. 2 BGB dienen wiederum nur der Erhaltung der Güterlage.

II. Das Schuldrecht als Teil der Wirtschafts- und Sozialordnung

2 Besser als durch die angebliche Dynamik kann man das Schuldrecht durch die Rolle beschreiben, die ihm in der Wirtschafts- und Sozialordnung zukommt. Aber eine solche Beschreibung ergäbe nichts Konkretes. Denn das Schuldrecht als Ganzes ist außerordentlich vielfältig. Es umfasst einerseits so sozial empfindliche Materien wie das Verbraucherdarlehen, die Wohnungsmiete und mit dem Dienstvertrag auch die Grundlage des Arbeitsvertrags. Andererseits gehören zum Schuldrecht aber auch so farblos-rechtstechnische Regelungen wie die Anweisung, die Inhaberschuldverschreibung und das Bereicherungsrecht. Aussagen, die für alle diese verschiedenen Bereiche passen sollen, müssten von nichtssagender Allgemeinheit sein.

3 Bestimmtere Aussagen sind daher nicht für den „Gläubiger" oder den „Schuldner" im Allgemeinen, sondern nur für einzelne Institute des Schuldrechts möglich. Aber diese Institute bilden überwiegend einzelne **Vertragstypen** oder nur Unterarten von solchen. So gehören zB zu dem Typ „Miete" so verschiedene Verträge wie die Miete einer Familienwohnung, eines Ferienhauses, eines Hotelzimmers, eines Kleidungsstücks oder eines Fahrzeugs. Einheitliche Aussagen über die wirtschaftliche und soziale Bedeutung sind offenbar allenfalls für einen solchen Untertyp möglich, aber nicht für die Miete im Ganzen.

III. Tendenzen des Schuldrechts

4 Die Tendenzen der Entwicklung des Schuldrechts ergeben sich aus den seit 1900 erfolgten Änderungen (dazu sogleich) und insbesondere aus der zum 1.1.2002 eingeführten Reform.

1. Änderungen bis 2001

Bis 2001 haben am **Text der §§ 241–853 BGB** zwar etwa vierzig Änderungen stattgefunden. Größeren Umfang hatten diese Änderungen aber nur im Bereich der Wohnungsmiete (§§ 535 ff. BGB), des Dienstvertrags (§§ 611 ff. BGB), des Reisevertrags (§§ 651a ff. BGB) und der Gastwirtshaftung (§§ 701 ff. BGB) sowie durch die Teilregelung bestimmter Bankgeschäfte (§§ 676 ff. BGB). 5

Seit 1900 sind aber auch mehrere wichtige schuldrechtliche **Nebengesetze hinzugekommen.** So ist die Gefährdungshaftung entsprechend dem Zuwachs an Schädigungspotential und Schadensempfindlichkeit durch neue Spezialgesetze erweitert worden auf Schädigungen durch Kraftfahrzeuge, Luftfahrzeuge, Atomanlagen, Arzneimittel, Wasserverschmutzung, das Inverkehrbringen von Produkten, die gentechnische Veränderung von Organismen sowie durch Umwelteinwirkungen (→ § 32 Rn. 5). Von besonders großer Bedeutung war – obwohl sich nicht allein auf das Schuldrecht beziehend – das Gesetz über die Allgemeinen Geschäftsbedingungen (AGBG): Seine (heute in §§ 305 ff. BGB angesiedelten) Vorschriften hatten vor allem für Nichtkaufleute mehrere wichtige, sonst abdingbare Regeln insbesondere des Schuldrechts „AGB-fest" gemacht (→ § 11 Rn. 6). 6

Noch entschiedener schwindet der Eindruck einer Stabilität des Schuldrechts, wenn man außer den Neuerungen durch den Gesetzgeber auch diejenigen in Betracht zieht, die auf **Richterrecht** beruhen. Diese meist durch die Lit. angeregten und von den Gerichten durchgesetzten Regeln haben gerade im Schuldrecht eine überragende Bedeutung. 7

2. Reformen

a) Überarbeitung des Schuldrechts

Die Vermehrung der Nebengesetze zum Schuldrecht und vor allem die Zunahme des Richterrechts hatten dazu geführt, dass der Text der §§ 241–853 BGB das in der Praxis geltende Schuldrecht an vielen Stellen kaum mehr erahnen ließ. Statt des Gesetzestextes war ein Kommentar nötig. Auch dürfte die Entwicklung an manchen Stellen zu Unklarheiten und Widersprüchen geführt haben, aus denen sich die Praxis offenbar mit eigener Kraft nicht befreien konnte. Das deutlichste Beispiel hierfür war die Verjährung. Diese entwickelte statt der ihr vom Gesetz zugedachten streitvermeidenden Wirkung bisweilen geradezu die umgekehrte. Denn sie machte Rechtsverhältnisse unklar und daher streitträchtig, die ohne die Verjährung keinerlei Anlass zu einem Prozess boten. Auch ließen sich die mit Zahlen arbeitenden Vorschriften über die Dauer der Verjährungsfristen nicht durch richterliche Auslegung korrigieren. Hier konnte nur der Gesetzgeber helfen. 8

Daher hat sich etwa seit 1978 – nachdem die dringendsten Reformen im Familienrecht erledigt waren – auch das *Bundesjustizministerium* dem Gedanken einer „Überarbeitung des Schuldrechts" zugewendet. Hierzu waren 1981 vorerst in zwei Bänden 17 Gutachten zu einzelnen Fragenkreisen veröffentlicht worden; ein weiterer Gutachtenband ist 1983 erschienen; ein zusätzliches Heft von 1988 hat rechtsvergleichende Aspekte vertieft.[1] 9

---

[1] Bundesminister der Justiz (Hsrg.), Gutachten und Vorschläge zur Überarbeitung des Schuldrechts, Bd. I und II, 1981, Bd. III, 1983 und Zusatzgutachten Kaufrecht, 1988.

1992 ist der Abschlussbericht der für das Schuldrecht eingesetzten Kommission erschienen.[2]

10 Der 60. Deutsche Juristentag in Münster hatte am 23.9.1994 alle Grundzüge und viele Einzelheiten dieses Kommissionsentwurfs mit deutlicher Mehrheit gebilligt. Zunächst ist aber die Reform nicht sichtbar fortgeführt worden. Dann hat aber das BMJ unter dem 4.8.2000 – einigermaßen überraschend – einen umfangreichen „**Diskussionsentwurf** eines Schuldrechtsmodernisierungsgesetzes“ vorgelegt. Damit wurden insgesamt vier Ziele verfolgt: Die Vorschläge der Schuldrechtskommission sollten umgesetzt werden, EG-Richtlinien in das BGB eingearbeitet werden, Nebengesetze ins BGB aufgenommen werden und alle Paragrafen des BGB amtliche Überschriften erhalten. Das ist im Wesentlichen durch das am 29.11.2001 verkündete **Gesetz zur Modernisierung des Schuldrechts**[3] verwirklicht worden, das am 1.1.2002 in Kraft getreten ist.

b) Einzelne Reformvorhaben

11 Unabhängig von einer solchen „großen“ Lösung wurden auch einzelne Reformvorhaben mit einem engeren Ziel verfolgt und teils schon seit langem diskutiert. Zu nennen sind etwa die Beschränkungen der Vertragsfreiheit durch das von der EU geforderte GleichbehandlungsG v. 14.8.2006; die seit dem 1.8.2002 geltende Reform des Schadensrechts; erneute Reformen des Rechts der Wohnraummiete (§§ 535 ff. BGB); eine Neuregelung des Maklerrechts (§§ 652 ff. BGB), des medizinischen Behandlungsvertrags (§§ 630a ff. BGB), des Bauvertrags (§§ 650a ff. BGB) und zuletzt das Recht der digitalen Produkte (§§ 327 ff. BGB).

c) Einflüsse der EU

12 Bei der gesetzlichen Fortbildung des Schuldrechts wird der Einfluss der EU (früher: EG)[4] immer wichtiger. Viele der Neuerungen wie das ProdHaftG und das VerbrKrG gingen schon auf EG-Richtlinien zurück, und seit dem 1.7.2000 das Gesetz über Fernabsatzverträge und ähnliches, dh im Wesentlichen über Verträge unter Abwesenden bzgl. nicht präsenter Sachen, zB über das Internet. Die meisten dieser Vorschriften stehen seit dem 1.1.2002 im BGB. Auch die §§ 651a ff. BGB waren durch die EG beeinflusst. Diese Neuerungen erscheinen vielfach unter dem Stichwort **Verbraucherschutz.** Eine gegen Diskriminierung gerichtete Richtlinie ist (mit Verspätung) in Deutschland durch das AGG in nationales Recht umgesetzt worden. Auch das Verbrauchsgüterkaufrecht (§§ 474 ff. BGB) und das Recht der digitalen Produkte (§§ 327 ff. BGB) gehen auf EU-Richtlinien zurück.

Der Vorteil dieser Entwicklung liegt in der europäischen **Rechtsvereinheitlichung.** Diese beschränkt sich aber einstweilen auf wenige Bereiche vor allem des Vertragsrechts. Wirkliche Gleichheit der Ausgangspositionen für den Wettbewerb wird so folglich nicht erreicht. Einen – freilich überwindbaren – Nachteil kann es darstellen, dass einzelne von der EU vorgeschriebene Normen Fremdkörper in der nationalen Rechtsordnung bilden können.

---

[2] Bundesminister der Justiz (Hsrg.), Abschlußbericht der Kommission zur Überarbeitung des Schuldrechts, 1992.

[3] BGBl. 2001 I 3138.

[4] Mit Inkrafttreten des Vertrags von Lissabon am 1.12.2009 wurde die EG aufgelöst, ihre Rechtspersönlichkeit auf die EU übertragen.

Das gilt umso mehr, als die neueren Richtlinien dem Grundsatz der **Vollharmonisierung** folgen. Während frühere verbraucherschützende Richtlinien lediglich einen Mindeststandard von Verbraucherschutz setzten, den Mitgliedstaaten aber die Befugnis einräumten, ein höheres Verbraucherschutzniveau vorzusehen (sog. **Mindestharmonisierung**), müssen die Gesetzgeber der Mitgliedstaaten nunmehr grds. (dh sofern die Richtlinie nicht ausdrücklich Spielraum belässt) exakt den Schutzstandard der Richtlinie übernehmen und dürfen damit nicht nur kein niedrigeres, sondern auch kein höheres Verbraucherschutzniveau vorsehen. Das macht dem nationalen Gesetzgeber eine systemgerechte Umsetzung in nationales Recht häufig schwierig. 13

d) Weitere Vorhaben

Daneben gibt es noch drei weiterreichende Projekte, die aber nur den Rang von privaten Vorschlägen haben.[5] Sie umfassen das gesamte Schuldvertragsrecht und einige damit zusammenhängende Materien, die das BGB in das 1. Buch gestellt hat (zB den Irrtum oder die Stellvertretung). Es sind dies die Principles of International Commercial Law (Unidroit), die Vorschläge einer von dem dänischen Juristen *Lando* geführten Gruppe (Principles of European Contract Law)[6] und der von *Gandolfi* in Pisa betreute Code Européen des Contrats, 2001.[7] Inzwischen gibt es den Entwurf eines gemeinsamen Referenzrahmens (Principles, Definitions and Model Rules of European Privat Law, Hrsg. *v. Bar ua*).[8] Auch dieses Werk beschränkt sich im Wesentlichen auf das Schuldvertragsrecht; ob und wann es Geltung erlangen wird, ist noch völlig ungewiss. Gleiches gilt für einen *Draft Common Frame of Reference* (DCFR), der Modellregelungen für ein Europäisches Zivilgesetzbuch enthält. Das von der EU-Kommission massiv geförderte Projekt eines Gemeinsamen Europäischen Kaufrechts (GEKR, Common European Sales Law – CESL)[9] wird hingegen (vorerst) nicht weiterverfolgt. 14

---

5 Vgl. etwa Canaris in Basedow, Europäische Vertragsrechtsvereinheitlichung und deutsches Recht, 2000, S. 54 ff.

6 S. dazu v. Bar/R. Zimmermann, Grundregeln des Europäischen Vertragsrechts, 2002.

7 S. dazu Sturm JZ 2001, 1097; Dauner/Lieb NJW 2004, 1431; R. Schulte, Neues deutsches Schuldrecht und europäisches Vertragsrecht, in Sandrock/Großfeld/Luttermann/Schulze/Saenger (Hrsg.), Rechtsvergleichung als zukunftsträchtige Aufgabe, 2004, S. 77; Micklitz, Brauchen Konsumenten und Unternehmen eine neue Architektur des Verbraucherrechts? (= Gutachten A zum 69. DJT), 2012.

8 Vgl. dazu die Hefte 1 und 3 von ZEuP 2007 sowie Eidenmüller/Faust/Grigoleit/Jansen/Wagner/Zimmermann JZ 2008, 529; Ernst AcP 208 (2008), 248.

9 Vorschlag für eine Verordnung des Europäischen Parlaments und des Rates über ein Gemeinsames Europäisches Kaufrecht v. 11.10.2011, KOM(2011) 635 endg.; s. dazu Staudenmayer NJW 2011, 3491 sowie Kritik in JZ 2012, 269.

2. Teil. Die Entstehung von Schuldverhältnissen

§ 7. Überblick

Schuldverhältnisse entstehen aus Rechtsgeschäft oder aus Gesetz (→ § 2 Rn. 1). Die rechtliche Regelung unterscheidet sich für beide Kategorien wesentlich. 1

I. Rechtsgeschäftliche Schuldverhältnisse

Ein rechtsgeschäftliches Schuldverhältnis entsteht durch den (idR) gemeinsamen Willen der daran Beteiligten. Rechtsgeschäfte kommen nicht nur im Schuldrecht, sondern auch in allen anderen Materien des BGB vor (zB Allgemeiner Teil: Vereinsbeitritt; Sachenrecht: Übereignung; Familienrecht: Eheschließung; Erbrecht: Testamentserrichtung). Daher findet sich die Basis der Regeln über Rechtsgeschäfte im **Allgemeinen Teil** (§§ 104–185 BGB). Diese Vorschriften gelten wie in den anderen Büchern des BGB grds. auch im Schuldrecht. Dabei bedeutet „grundsätzlich" in der Rechtssprache: „Soweit keine Ausnahmen bestimmt sind". Solche Ausnahmen sind im Schuldrecht selten (viel häufiger sind sie zB im Familienrecht). Immerhin gibt es einige eigene Vorschriften über die Begründung rechtsgeschäftlicher Schuldverhältnisse, insbesondere in den §§ 311 ff. BGB über die Begründung durch Vertrag. Bedeutung haben in diesem Zusammenhang aber auch die **Definitionsnormen** (→ § 13 Rn. 33), die jeweils an der Spitze der Regelung der einzelnen rechtsgeschäftlichen Schuldverhältnisse im Besonderen Schuldrecht stehen. Diese Normen ergeben nämlich, was rechtsgeschäftlich (meist durch Vertrag) geregelt werden muss, weil insoweit kein ergänzendes Gesetzesrecht zur Verfügung steht. So folgt aus § 433 BGB, dass sich die Parteien beim Sachkauf über die Kaufsache und den Preis wenigstens in dem Sinn geeinigt haben müssen, dass der Inhalt der fraglichen Leistung noch bestimmt werden soll (§§ 315 ff. BGB). Andernfalls liegt kein wirksamer Vertrag vor. 2

II. Gesetzliche Schuldverhältnisse

Ganz anders verhält es sich bei den Vorschriften über die Entstehung **gesetzlicher Schuldverhältnisse.** Diese entstehen unabhängig vom Willen der beteiligten Personen durch gesetzliche Anordnung. Solche Vorschriften finden sich nur ausnahmsweise im Allgemeinen Teil oder im Allgemeinen Schuldrecht (zB § 311 Abs. 2, 3 BGB). Denn für diese Entstehung gibt es weithin keine allgemeinen Regeln, vielmehr gelten für jedes gesetzliche Schuldverhältnis besondere Entstehungsvoraussetzungen. Daher folgen die meisten Vorschriften hierüber erst im Besonderen Schuldrecht, nämlich jeweils bei der Regelung der einzelnen Schuldverhältnisse. Besonders wichtig sind hier vor allem die §§ 677 ff. BGB für die **Geschäftsführung ohne Auftrag,** §§ 812 ff. BGB für die **ungerechtfertigte Bereicherung** und §§ 823 ff. BGB für die **deliktische Schädigungen.** 3

Allerdings nehmen diese Vorschriften über die Entstehung der einzelnen gesetzlichen Schuldverhältnisse bisweilen auf allgemeinere, an früherer Stelle geregelte Merkmale Bezug. So spielt nach § 682 BGB die Geschäftsfähigkeit des Geschäftsführers für gegen ihn gerichtete Ansprüche aus Geschäftsführung ohne Auftrag eine Rolle. Für Bereicherungsansprüche verweist § 812 Abs. 1 BGB mit dem Tatbestandsmerkmal „ohne rechtlichen Grund" auf das Fehlen eines den Erwerb rechtfertigenden Rechtsverhältnisses. § 823 Abs. 1 BGB knüpft mit der „Rechtswidrigkeit" zB an die 4

§§ 226 ff. BGB und mit der „Fahrlässigkeit" bei § 276 Abs. 2 BGB an. Aber für die Entstehung eines gesetzlichen Schuldverhältnisses gelten diese allgemeineren Vorschriften nur kraft solcher Verweisung; für die rechtsgeschäftlichen Schuldverhältnisse dagegen gelten die Regeln über Rechtsgeschäfte schon dann, wenn sie nicht ausgeschlossen worden sind.

Beispiel: Für die Entstehung einer Bereicherungs- oder Deliktsverbindlichkeit spielt die Geschäftsfähigkeit keine Rolle; dagegen ist sie ohne Weiteres Voraussetzung für die (rechtsgeschäftliche) Verpflichtung aus einem Kaufvertrag.

III. Gesetzliche Schuldverhältnisse aufgrund rechtsgeschäftlichen Kontakts

5 Gewissermaßen zwischen vertraglichen und gesetzlichen Schuldverhältnissen liegt das durch **rechtsgeschäftlichen Kontakt** entstehende Schuldverhältnis aus §§ 311 Abs. 2, 3, 241 Abs. 2 BGB. Richtigerweise handelt es sich aber auch hier um ein **gesetzliches Schuldverhältnis,** weil sein Entstehen zwar von einem rechtsgeschäftlichen Kontakt, nicht aber vom Willen der Parteien abhängt (dazu eingehend → § 40 Rn. 1 ff.).

§ 8. Die Notwendigkeit des Vertrags

1 Gemäß § 311 BGB ist für die Begründung und Änderung eines nicht auf Gesetz, sondern auf dem Parteiwillen beruhenden Schuldverhältnisses grds. „ein Vertrag zwischen den Beteiligten erforderlich". Danach kann ein rechtsgeschäftliches Schuldverhältnis grds. weder durch einseitiges Versprechen begründet noch durch einseitigen Verzicht aufgehoben werden.

I. Der Grund für das Vertragserfordernis

2 Die Notwendigkeit eines Vertrags ergibt sich aus dem **Prinzip der Privatautonomie.** Das ist die jeder Person zustehende Freiheit, ihre privaten Rechtsverhältnisse nach ihrem Willen selbst zu gestalten (→ § 9 Rn. 1 ff.). Es soll also **Selbstbestimmung** herrschen, **nicht Fremdbestimmung.** Dem würde im einfachsten Fall die Wahrnehmung der Privatautonomie durch einseitiges Rechtsgeschäft entsprechen (so in der Tat zB beim Testament). Ein Schuldverhältnis umfasst jedoch (mindestens) zwei Personen. Könnte es einseitig begründet oder verändert werden, so würden die Interessen des anderen Beteiligten ohne dessen Mitwirkung geregelt. Dieser unterläge also einer Fremdbestimmung. Dem Gedanken der Privatautonomie beider Beteiligten entspricht daher beim Schuldverhältnis nur das **zweiseitige** Rechtsgeschäft, nämlich der **Vertrag.** In ihm müssen sich die **beiden Betroffenen einigen.** Dieses Erfordernis einer Einigung beschränkt zwar die Ausübung der Privatautonomie jedes Beteiligten insofern, als er nicht allein entscheiden kann: Wer eine Wohnung bestimmter Lage und Größe für 1.500 EUR monatlich mieten will, muss jemanden finden, der eine solche Wohnung hat und sie um diesen Preis zu vermieten bereit ist. Diese Beschränkung ist die notwendige Konsequenz der Anerkennung der Selbstbestimmung auch des anderen Beteiligten.

Das BGB führt das Vertragsprinzip im Schuldrecht sogar dann durch, wenn das Einverständnis des anderen Teils ohne Weiteres erwartet werden kann, weil dieser nur Nutzen hat. So bedürfen auch die Schenkung (§§ 516 Abs. 1, 518 Abs. 1 BGB) und der Erlass einer Forderung (§ 397 BGB, → § 25 Rn. 1 ff.) eines Vertrages. Auch der Beschenkte und der durch den Erlass von seiner Schuld Befreite müssen also mitwirken. Allerdings trägt bei der Schenkung § 516 Abs. 2 BGB der besonderen Interessenlage dadurch

Rechnung, dass unter besonderen Umständen schon das Schweigen des Beschenkten als Annahme gilt. Auch wird der Vertragsschluss in solchen Fällen häufig dadurch erleichtert, dass der **Zugang** einer Annahmeerklärung (nicht die Erklärung selbst!) nach § 151 BGB entbehrlich ist.

II. Ausnahmen

1. Auslobung

Eine von § 311 Abs. 1 BGB („... soweit nicht das Gesetz ein anderes vorschreibt.") 3
zugelassene Ausnahme vom Vertragsprinzip stellt die **Auslobung** nach §§ 657 ff. BGB dar (zB ein Geldversprechen für die Wiederbeschaffung gestohlener Sachen).[1] Hier stellt bereits die (einseitige) Auslobung als solche ein **Rechtsgeschäft** dar. Die Vornahme der Handlung, für welche die Belohnung ausgesetzt ist, stellt keine Willenserklärung da, sondern ist lediglich ein **Realakt.** Daher kann der Anspruch auf die Belohnung auch von einem Geschäftsunfähigen oder von jemandem erworben werden, der von der Belohnung nichts weiß. Das ist gerade der Grund der Ausnahmeregelung.

Korrigiert werden muss diese Regelung in den (seltenen) Fällen, in welchen dem Gläubiger der ohne seinen Willen erworbene Anspruch lästig ist. Wenn zB ein Automobilclub einen Preis für den Hersteller von Kraftfahrzeugen aussetzt, bei dessen Produkten es zu den meisten Reklamationen gekommen ist, wird der so „belohnte" Hersteller den Preis kaum annehmen wollen. Daher muss man in solchen Fällen in Analogie zu § 333 BGB ein Ablehnungsrecht annehmen.

2. Drittwirkungen

Vereinzelt kann eine Forderung auch ohne Willen erworben werden, weil das BGB 4
für das Entstehen eines Anspruchs zwar einen Vertrag verzichtet, aber aus diesem auch einen Dritten begünstigt. Das geschieht beim **(echten) Vertrag zugunsten Dritter** gem. § 328 BGB (→ § 66 Rn. 1 ff.). Der am Vertragsschluss unbeteiligte Dritte erwirbt hier aus dem Vertrag zwischen dem Versprechenden und dem Versprechensempfänger einen eigenen Anspruch. Allerdings kann er diesen nach § 333 BGB zurückweisen, weil sich niemand eine Forderung aufdrängen lassen muss.

Ähnlich drittbegünstigend wirkt die **befreiende Schuldübernahme** (→ § 64 5
Rn. 1 ff.), wenn sie nach § 414 BGB durch Vertrag zwischen dem Gläubiger und dem übernehmenden Dritten vereinbart wird. Hier erwirbt der Schuldner zwar keinen Anspruch, wird aber ohne sein Zutun von einer Schuld befreit. Ein Zurückweisungsrecht des Schuldners ist für diesen Fall vom Gesetz nicht vorgesehen. Denn schließlich kann der Schuldner ja auch durch die Leistung eines Dritten (auch gegen seinen Willen) von seiner Verbindlichkeit befreit werden (§§ 267 f. BGB, → § 15 Rn. 8 ff.).

3. Gestaltungsrechte

Nicht um die einseitige Begründung eines Schuldverhältnisses, aber doch um die ein- 6
seitige Einwirkung auf ein solches geht es bei den **Gestaltungsrechten:** Hier hat der Gestaltungsberechtigte die Macht, durch eine **empfangsbedürftige Willenserklärung** den Inhalt des Schuldverhältnisses zu ändern, insbesondere dieses zu **beenden.** Im Schuldrecht sind solche Gestaltungsrechte vor allem der **Rücktritt,** die **Kündigung,** die **Minderung** (§§ 441, 638 BGB), der **verbraucherschützende Widerruf**

[1] Medicus/Lorenz SchuldR BT § 45 Rn. 1 ff.

(§ 355 BGB) und zur Beendigung einzelner Forderungen die **Aufrechnung** (§§ 387 ff. BGB). Dazu kommen noch Wahl- und Bestimmungsrechte, etwa nach §§ 262 ff. und 315 ff. BGB.

Gestaltungsrechte gibt es auch außerhalb des Schuldrechts, etwa im **Allgemeinen Teil** (insbesondere die Anfechtung, §§ 119 ff., 142 f. BGB) und im **Familienrecht** (insbesondere die Ehescheidung, §§ 1564 ff. BGB, und die Anfechtung der Vaterschaft, §§ 1599 ff. BGB; beide sind aus Gründen der Rechtssicherheit gerichtlich geltend zu machen). Einzelheiten der Lehre von den Gestaltungsrechten gehören in den Allgemeinen Teil.[2]

§ 9. Die Vertragsfreiheit

Literatur: Baldus, Römische Privatautonomie, AcP 210 (2010), 2; A. Bruns, Die Vertragsfreiheit und ihre Grenzen in Europa und den USA ..., JZ 2007, 385; F. Bydlinski, Privatautonomie und objektive Grundlagen des verpflichtenden Rechtsgeschäftes, 1967; Flume, Rechtsgeschäft und Privatautonomie, in: Hundert Jahre Deutsches Rechtsleben, FS Deutscher Juristentag, Bd. 1, 1960, 135; Henrich, Parteiautonomie, Privatautonomie und kulturelle Identität, FS Jayme, 2004, 321; Hillgruber, Abschied von der Privatautonomie?, ZRP 1995, 6; Höfling, Vertragsfreiheit, 1991; Hönn, Kompensation gestörter Vertragsparität, 1982; S. Lorenz, Der Schutz vor dem unerwünschten Vertrag, 1997; Medicus, Abschied von der Privatautonomie?, 1993; Möslein, Dispositives Recht, 2011; Musielak, Die Vertragsfreiheit und ihre Grenzen, JuS 2017, 949; Singer, Vertragsfreiheit, Grundrechte und der Schutz des Menschen vor sich selbst, JZ 1995, 133; Singer, Selbstbestimmung und Verkehrsschutz im Recht der Willenserklärungen, 1995; Wagner-von Papp, Die privatautonomen Beschränkungen der Privatautonomie, AcP 205 (2005), 343; M.-P. Weller, Die Vertragstreue, 2009.

I. Inhalt der schuldrechtlichen Vertragsfreiheit

1 Der Abschluss und die Ausgestaltung der Verträge, die für die Begründung oder Veränderung von Schuldverhältnissen nötig sind, stehen den Beteiligten grds. frei. Im Schuldrecht herrscht also eine umfassende Vertragsfreiheit. Dabei ist zwischen der **Vertragsabschlussfreit** und der **Vertragsinhaltsfreiheit** zu unterscheiden.

1. Abschlussfreiheit

2 **Vertragsabschlussfreiheit** bedeutet zunächst, dass jeder selbst darüber entscheiden kann, ob und mit wem er einen Vertrag schließen will. Diese Freiheit wird nur in seltenen Fällen gesetzlich durch einen sog. **Kontrahierungszwang** eingeschränkt (→ § 10 Rn. 1 ff.).

2. Inhaltsfreiheit

3 **Vertragsinhaltsfreiheit** bedeutet, dass die Parteien den Inhalt des Vertrags grds., dh innerhalb der gesetzlichen Grenzen, selbst bestimmen können.

a) Typenfreiheit

4 Dazu gehört zunächst die **Typenfreiheit.** Das Schuldrecht kennt nämlich – anders als das Sachenrecht oder das Familienrecht – keinen geschlossenen Kreis (sog. *numerus clausus*) zulässiger Geschäfte, auf die das Wahlrecht der Vertragsschließenden beschränkt wäre **(= Typenzwang).** Daher können die Parteien auch schuldrechtliche Verträge „erfinden", die zu keinem der im Besonderen Teil vorgesehenen Typen passen, wenngleich diese Typen die weitaus meisten Bedürfnisse decken. Daher lassen sich viele Schuldverträge auf einen gesetzlichen Typ zurückführen oder sind **Kom-**

[2] Vgl. Köhler BGB AT § 17 Rn. 12; Neuner BGB AT § 20 Rn. 31 ff.

binationen mehrerer solcher Typen. Dennoch gibt es auch untypische Verträge wie zB den Garantievertrag. Zudem sind neue Vertragsschöpfungen zur Befriedigung künftig auftretender Bedürfnisse von großer Bedeutung.

b) Dispositiver Charakter der gesetzlichen Regelungen

Auch soweit die Parteien auf die gesetzlichen Typen zurückgreifen, können sie grds. 5
Abweichungen von der gesetzlichen Regelung vereinbaren. In gleicher Weise können die Beteiligten auch abweichende Vereinbarungen über die Entstehung und den Inhalt gesetzlicher Schuldverhältnisse treffen. Ein Beispiel hierfür sind die im Deliktsrecht häufigen vertraglichen Haftungsbeschränkungen. Das **Schuldrecht** ist also **grds. dispositiv** (dh es steht zur Disposition der Beteiligten, zu den Ausnahmen → § 11 Rn. 1 ff.). Anders ist das etwa im Sachenrecht und im Familienrecht. Dort können die Parteien keine vom Gesetz nicht vorgesehenen Rechte begründen.

3. Formfreiheit

Bestandteil der Vertragsfreiheit ist auch die **Formfreiheit.** Soweit nichts anderes be- 6
stimmt ist, bedürfen schuldrechtliche Verträge keiner Form. Das ergibt sich aus einem Umkehrschluss aus § 125 S. 1 BGB. Verträge können also mündlich abgeschlossen werden. Von dieser Regel gibt es aber zahlreiche und praktisch wichtige Ausnahmen. Soweit Formerfordernisse einen einzelnen Vertragstyp betreffen, sind sie im Besonderen Schuldrecht geregelt (zB § 518 Abs. 1 BGB für Schenkungsversprechen, § 766 BGB für die Bürgschaftserklärung). Andere Formvorschriften umfassen dagegen mehrere Vertragstypen und stehen deshalb im Allgemeinen Schuldrecht (so insbesondere § 311b Abs. 1 BGB für Verträge über das Grundstückseigentum, dazu → § 12 Rn. 2 ff.).

II. Die Funktionen der Vertragsfreiheit

1. Vereinfachung und Beschleunigung

Zunächst kann die Vertragsfreiheit dazu beitragen, den Schuldrechtsverkehr zu **ver-** 7
einfachen und zu **beschleunigen.** Das gilt insbesondere für die Formfreiheit. Denn das Erfordernis einer behördlichen oder notariellen Mitwirkung beim Vertragsabschluss würde diesen verzögern. Andererseits bringt die Zulässigkeit formloser Verträge die Gefahr der Übereilung sowie die Gefahr von Beweisschwierigkeiten.[1] Wo sich die Parteien nicht als vertrauenswürdig kennen, wird daher oft Schriftform vereinbart (vgl. § 127 BGB). Aber auch sonst vereinfacht das Vorhandensein einer (dispositiven) gesetzlichen Regelung den Vertragsabschluss ganz wesentlich. Wer etwa einen Kauf abschließt, braucht nicht für alle denkbaren Fragen eine Regelung zu treffen. Vielmehr kann er sich darauf verlassen, dass schon das Gesetz eine angemessene Regelung enthalten wird (etwa für Verzug, Sach- und Rechtsmängel). Daher genügt auch die Einigung über die sog. *essentialia negotii* (Parteien, Kaufsache, Preis).

2. Elastizität

Weiter dient die Vertragsfreiheit der Berücksichtigung individueller Bedürfnisse des 8
Einzelfalls: Vor allem die **Typenfreiheit** und die **Dispositivität** machen das Schuldrecht elastisch. So konnten neue Vertragsarten wie Leasing, Factoring oder der Internetprovidervertrag rasch weite Verbreitung finden, ohne dass das gesetzliche Schuld-

[1] S. dazu Neuner BGB AT § 44 Rn. 3 ff.

recht hätte geändert oder ergänzt werden müssen. Selbst juristische Personen des öffentlichen Rechts (zB eine Gemeinde) können mit privatrechtlichen Schuldverträgen Ziele erreichen, die mit öffentlichem Recht nicht durchgesetzt werden können.[2] Oft stehen auch privatrechtliche und hoheitliche Handlungsformen zur Wahl. Andererseits bringt diese Nachgiebigkeit aber auch Gefahren. In Ungleichgewichtslagen – also, wenn sich das Durchsetzungsvermögen beider Partner wesentlich unterscheidet – kann die stärkere Partei ihr Übergewicht dazu missbrauchen, sachlich unangemessene Abweichungen vom dispositiven Recht durchzusetzen. Um diese unsoziale Wirkung zu vermeiden, finden seit der stärkeren Betonung sozialstaatlicher Ziele einseitig zwingende Normen im Schuldrecht zunehmend Verbreitung.

3. Verfassungsrechtliche Zusammenhänge

9 Die Vertragsfreiheit hängt aber auch mit dem Menschen- und Gesellschaftsbild des Grundgesetzes und mit der geltenden Wirtschaftsordnung zusammen.

a) Verfassungsrechtlicher Schutz der Vertragsfreiheit

10 Art. 2 Abs. 1 GG gewährleistet jedem das Recht auf freie **Entfaltung seiner Persönlichkeit,** soweit nicht Rechte Dritter, die verfassungsmäßige Ordnung oder das Sittengesetz entgegenstehen. Das umfasst die Vereinigungsfreiheit (Art. 9 GG), die Wahl von Wohnsitz (Art. 11 GG) und Beruf (Art. 12 GG) sowie die Verfügung über vermögenswerte Privatrechte (Art. 14 Abs. 1 GG). Insbesondere zur Ausübung dieser spezielleren Grundrechte bedarf es des Abschlusses von Schuldverträgen (zB Gesellschafts-, Dienst-, Kauf- und Mietverträge). Wenn den Rechtssubjekten der Abschluss solcher Verträge verwehrt oder auch nur deren Inhalt zwingend vorgeschrieben wird, berührt das die Verwirklichung von Grundrechten. Solche Vorschriften mögen im Einzelfall aus den Schranken dieser Grundrechte begründet sein (zB die Beschränkungen für die Kündigung und Befristung der Wohnungsmiete aus Art. 14 Abs. 2 GG). Aber die Einschränkungen bedürfen als Ausnahmen besonderer Rechtfertigung, denn als **Grundsatz** fordert das Grundgesetz Vertragsfreiheit.

b) Vertragsfreiheit und Wirtschaftssystem

11 Weiter hängt die Vertragsfreiheit aber auch mit unserem **Wirtschaftssystem** zusammen. Wesentlich für unser System sind (neben anderem) Markt und Wettbewerb. Dabei bewirkt der Markt die Preisbildung über Angebot und Nachfrage und lenkt so die Produktion und deren Mittel. Ein staatlich festgesetzter Preis widerspräche diesem Modell. Der **Wettbewerb** soll ua dazu führen, dass der mit geringeren Kosten produzierende Unternehmer seine Produktion zu Lasten des teurer produzierenden Konkurrenten ausweitet. Das misslingt aber, wenn Rohstoffe, Energie und Arbeitskräfte nicht frei durch Vertrag beschafft werden können, sondern vom Staat zugeteilt werden (Planwirtschaft).

III. Vertragsfreiheit und Sozialstaat

1. Ungleichgewichtslagen

12 Gegen die Vertragsfreiheit wird häufig eingewendet, sie könne „gerechte“ Verträge nur in **Gleichgewichtslagen** – also unter gleichstarken Partnern – zustande bringen.

[2] Vgl. etwa BGHZ 93, 372 = NJW 1985, 1892: Bindung des Grundstückserwerbers an einen noch nicht bestandskräftigen Bebauungsplan.

Dagegen ermögliche sie es in **Ungleichgewichtslagen** dem Stärkeren, sein Übergewicht bei der Vertragsgestaltung rücksichtslos auszunutzen. Daher werden aus sozialstaatlichen Gründen – vor allem unter dem Stichwort „Verbraucherschutz" – zunehmend Eingriffe in die Vertragsfreiheit praktiziert und weitere Eingriffe gefordert.

Dem ist zuzugeben, dass die geschilderten Gefahren bestehen. Dazu kann auch der Wissensvorsprung eines Verhandlungspartners führen. Andererseits brächte aber auch die Abschaffung (abgesehen von der Frage nach der Verfassungswidrigkeit) oder eine weitreichende Einschränkung der Vertragsfreiheit erhebliche Probleme. 13

Schon der **Begriff der Gleichgewichtslage** ist höchst zweifelhaft: Man kann zB einen Autohersteller und einen großen Zulieferbetrieb idR als gleichgewichtig ansehen. Im Einzelfall kann es aber auch hier auf beiden Seiten zu Schwächen in der Verhandlungsposition kommen. Solche marktbedingten Ungleichgewichtslagen sind aber hinzunehmen. 14

Aber auch da, wo auf den ersten Blick eine Ungleichgewichtslage besteht, bedarf es nicht zwingend eines Eingriffs in die Vertragsfreiheit. So kann etwa der Wissensvorsprung eines Partners durch besondere Anstrengungen „verdient" sein. Wenn man ihn ohne Weiteres ausgleicht, kann das eine Prämie für Faulheit bedeuten: Wer lieber Freizeitaktivitäten nachgeht, statt sich die für den Vertragsschluss nötigen Kenntnisse zu verschaffen, bräuchte dann keinen Nachteil zu fürchten. Im Übrigen kann schon eine **Zusammenfassung der Teilnehmer der schwächeren Marktseite** ein Gegengewicht schaffen. Beispiele hierfür sind die Gewerkschaften der Arbeitnehmer, die Einkaufsverbände des Handels und nicht zuletzt die Verbraucherschutzverbände. Schließlich soll der Wettbewerb unangemessene Vertragsbedingungen verhindern. Auch die Förderung des (lauteren) Wettbewerbs durch das GWB (und das UWG) gehört in diesen Zusammenhang. 15

Speziell diskutiert wird das Problem der Vertragsfreiheit für Bürgschaften und Schuldbeitritte durch nahe Angehörige des Schuldners. Mehrere Senate des BGH hatten die Wirksamkeit solcher Geschäfte uneinheitlich beurteilt. In einem besonders krassen Fall hatte dann das BVerfG die Wirksamkeit einer Bürgschaft bezweifelt.[3] Diese Entscheidung wurde zT missinterpretiert, als habe das BVerfG einen eigenen verfassungsrechtlichen Nichtigkeitsgrund mangelnder Vertragsparität etabliert.[4] Tatsächlich ging es aber nur um die mangelnde Beachtung des zivilrechtlichen Instrumentariums durch den BGH, insbesondere der Generalklauseln (§§ 138, 242 BGB, zudem etwa auch § 123 BGB und § 311 Abs. 2, 3 BGB). Damit gehört die Problematik überwiegend in die allgemeine Rechtsgeschäftslehre.[5]

2. Allgemeines Gleichbehandlungsgesetz

Die EG (seit 2009: EU) hat seit Mitte 2000 vier Richtlinien erlassen, die Benachteiligungen aus bestimmten Gründen verbieten. Die Umsetzung in nationales Recht sollte für die erste Richtlinie bis zum 19.7.2003 erfolgt sein. Das ist in Deutschland durch das **Allgemeines Gleichbehandlungsgesetz (AGG)** geschehen. 16

Das AGG betrifft in erster Linie das **Arbeitsrecht** (§§ 6–18 AGG). Das **allgemeine Zivilrecht** wird vor allem durch § 2 Abs. 1 Nr. 8 AGG erfasst: Es geht dort um „den Zugang zu und die Versorgung mit Gütern und Dienstleistungen, die der Öffentlich- 17

[3] BVerfG NJW 1994, 36.
[4] So etwa von Adomeit NJW 1994, 2467.
[5] Vgl. dazu Neuner BGB AT § 46 Rn. 37 ff.; speziell für die Bürgschaft auch Medicus/Lorenz SchuldR BT § 54 Rn. 8 ff.

keit zur Verfügung stehen, einschließlich von Wohnraum". Ganz ausgeschlossen sind familien- und erbrechtliche Geschäfte (§ 19 Abs. 4 AGG). Einschränkungen gelten für Schuldverhältnisse, denen ein besonderes Nähe- oder Vertrauensverhältnis zugrunde liegt (§ 19 Abs. 5 S. 1 AGG), sowie für Vermietungen (§ 19 Abs. 5 S. 2, 3 AGG).

18 **Absolut verboten** ist eine Benachteiligung wegen der Rasse oder der ethnischen Herkunft des anderen Beteiligten. **Zusätzlich** nennt § 1 AGG noch das Geschlecht, die Religion oder Weltanschauung, eine Behinderung, das Alter oder die sexuelle Identität. (Bewusst) nicht verboten wird hingegen eine Ungleichbehandlung aufgrund politischer Überzeugung.[6] Die Problematik im Zusammenhang mit der Privatautonomie zeigt sich insbesondere am Rechtsfertigungsgrund des § 20 AGG. Danach ist eine Verletzung des Benachteiligungsverbots nicht gegeben, „wenn für eine unterschiedliche Behandlung wegen der Religion, einer Behinderung, des Alters, der sexuellen Identität oder des Geschlechts ein sachlicher Grund vorliegt".[7]

19 **Rechtsfolge** einer unerlaubten Benachteiligung sind Unterlassungs- und Beseitigungsansprüche (§ 21 Abs. 1 AGG). Bei (zu vermutendem) Vertretenmüssen des Benachteiligenden kann auch Schadensersatz einschließlich des Nichtvermögensschadens verlangt werden (§ 21 Abs. 2 AGG).[8] Zu beweisen braucht der Benachteiligte nur Indizien, die eine Benachteiligung nach § 1 AGG vermuten lassen, der Gegner muss dann das Fehlen einer verbotenen Benachteiligung beweisen (§ 22 AGG).

IV. Selbstbeschränkungen der Vertragsfreiheit

1. Vorvertrag

20 Durch den **Vorvertrag** wird die schuldrechtliche Verpflichtung zum Abschluss eines Vertrags (des Hauptvertrags) begründet. Aus ihm kann auf Annahme eines Antrags des Klägers geklagt werden.[9] Bei Unbestimmtheit des Vorvertrags kann der Kläger einen (bestimmten) Antrag des Beklagten fordern, dessen Annahme dann den Hauptvertrag zustande bringt.[10]

2. Optionsvertrag

21 Der **Optionsvertrag** gibt einem Vertragspartner das Recht, durch einseitige Erklärung einen inhaltlich bereits vereinbarten Vertrag zu begründen (zB den Kauf von Devisen oder Aktien) oder zu verlängern (zB einen befristeten Mietvertrag).[11] Die Option kann sich sowohl auf den Kauf (sog. *„call option"*) als auch auf den Verkauf (sog. *„put option"*) beziehen.

3. Kartellvertrag

22 Bedenklich ist dagegen der **Kartellvertrag,** durch den die Beteiligten zB durch Preis- oder Qualitätsabsprachen ihrer Gewerbefreiheit und insbesondere deren Ausübung

[6] BGH NJW 2012, 1725 Rn. 9 (Hausverbot für NPD-Vorsitzenden in einem „Wellness-Hotel").

[7] S. dazu etwa BGHZ 226, 145 (Weigerung der Beherbergung unter 16-jähriger in einem Wellness- und Tagungshotel „Adults only").

[8] Vgl. G. Wagner/Potsch JZ 2006, 1085.

[9] BGH NJW 1984, 479; 2001, 1272.

[10] BGHZ 98, 130 = NJW 1986, 2822.

[11] Vgl. dazu iE Neuner BGB AT § 36 Rn. 5 ff.; Köhler BGB AT § 8 Rn. 53 f.; Weber JuS 1990, 249; Casper, Der Optionsvertrag, 2005.

durch Vertrag selbst einschränken. Solche Absprachen werden durch das GWB weitestgehend verboten (s. § 1 GWB). Insoweit wird die Vertragsfreiheit durch das Wettbewerbsrecht gegen Selbstbeschränkung und werden auch Außenseiter gegen Diskriminierung geschützt.

§ 10. Der Kontrahierungszwang

Literatur: Bachmann, Optionsmodelle im Privatrecht, JZ 2008, 11; Bechtold, Die Grenzen zwingenden Vertragsrechts, 2010; Boemke, Kontrahierungszwang im Arbeitsrecht wegen Grundrechtsverletzung?, NJW 1993, 2083; Busche, Privatautonomie und Kontrahierungszwang, 1999; F. Bydlinski, Zu den dogmatischen Grundfragen des Kontrahierungszwanges, AcP 180 (1980), 1; F. Bydlinski, Kontrahierungszwang und Anwendung allgemeinen Zivilrechts, JZ 1980, 378; Kilian, Kontrahierungszwang und Zivilrechtssystem, AcP 180 (1980), 47; Lehner, Diskriminierungen im allgemeinen Privatrecht als Grundrechtsproblem, JuS 2013, 410; Payandeh, Rechtlicher Schutz vor rassistischer Diskriminierung, JuS 2015, 695.

I. Beschreibung

Den denkbar stärksten Eingriff in die Vertragsfreiheit bedeutet es, wenn jemand zum Abschluss eines Vertrags gezwungen wird. Denn dieser Zwang beschränkt sich notwendig nicht auf die **Abschlussfreiheit** (→ § 9 Rn. 2). Andernfalls könnte derjenige, der zum Abschluss gezwungen werden soll, diesem Zwang ohne Mühe ausweichen, indem er für den Abschluss Bedingungen stellt, die für den anderen Teil unannehmbar sind (zB einen astronomischen Preis). Daher wird durch den Kontrahierungszwang meist auch die **Vertragsinhaltsfreiheit** (→ § 9 Rn. 3) ausgeschlossen oder zumindest begrenzt. 1

II. Einzelne Anwendungsfälle

Im BGB kommt Kontrahierungszwang als ausdrückliche Regelung nicht vor. Außerhalb des BGB findet sich ein gesetzlicher Kontrahierungszwang vor allem dort, wo es um Güter geht, die zur sozialen und kulturellen Lebensführung essenziell sind. Das gilt etwa für Pflichtversicherungen bei der Zulassung eines Kfz (§ 1 PflVG), für Pflegeversicherungen (§ 110 Abs. 1 SGB XI), für Girokonten (§ 31 ZKG), aber auch für Energieversorger (§§ 18, 36 EnWG) und Personenbeförderungsunternehmer (§ 22 PBefG, § 10 AEG, § 21 Abs. 2 S. 3 LuftVG).[1] Auch das Wettbewerbsrecht kennt Fälle von Kontrahierungszwang zwischen Unternehmern bei marktbeherrschenden Stellungen oder überlegener Marktmacht. Ob das AGG (→ § 9 Rn. 16) zu einem Kontrahierungszwang führt, ist zweifelhaft.[2] 2

III. Allgemeiner Kontrahierungszwang

Außerhalb der ausdrücklich geregelten Fälle kommt ein Kontrahierungszwang auch aus § 826 BGB in Betracht, wenn die Abschlussverweigerung eine **vorsätzliche und sittenwidrige Schädigung** darstellt. Für die Frage der Sittenwidrigkeit spielen hier mittelbar die Grundrechte als Wertentscheidung eine bedeutende Rolle.[3] 3

---

[1] Zu den Einzelheiten s. etwa MüKoBGB/Busche Vor § 145 Rn. 12 ff.

[2] Vgl. Armbrüster NJW 2007, 1494; Thüsing/von Hoff NJW 2007, 21 sowie Wendt/Schäfer JuS 2009, 206.

[3] Vgl. dazu etwa Lehner JuS 2013, 410.

Ein Beispiel bildet der „Theaterkritiker-Fall“:[4] Die Bochumer Stadtverwaltung untersagte einem Theaterkritiker, dessen Kritiken ihr missfielen, den Besuch des städtischen Theaters. Weiter gehören hierhin etwa die Schulfälle, dass ein Bäcker einem Kunden kein Brot mehr verkaufen will, weil er mit dessen Ehegattin verfeindet ist, dass ein Gastwirt aus rassistischen Gründen die Bedienung eines Ausländers oder einer dunkelhäutigen Person ablehnt (vgl. dazu auch → § 9 Rn. 16) oder dass ein Wellness-Hotel einem Angehörigen einer politischen Partei grundlos die Beherbergung verweigert.[5]

4 Diesen Fällen ist gemeinsam, dass jemand eine Leistung zwar **allgemein anbietet,** sie aber dennoch **einer einzelnen Person vorenthält.** Die Beurteilung als sittenwidrig hängt vor allem von den **Gründen für diese Vorenthaltung** ab. Sie sind – zumal angesichts der Wertung in Art. 3 GG – sicher verwerflich in dem genannten Fall der Diskriminierung aufgrund der Hautfarbe. Doch besteht gerade hier gegen die Annahme von Kontrahierungszwang ein Bedenken: Wenn andere Gastwirtschaften leicht erreichbar sind, betrifft der Ausschluss den diskriminierten Gast nicht vermögensmäßig. Vielmehr wird diesem eine immaterielle Kränkung zugefügt. Zwar gibt es auch hiergegen Ansprüche auf Schadensersatz (nach § 249 BGB) sowie aus § 21 AGG und Beseitigung. Aber ein gerichtlich erzwungener Vertragsabschluss mit dem Gastwirt wird kaum dazu führen, dass sich der diskriminierte Gast wohlfühlt. Daher dürfte dieser Fall zivilrechtlich am ehesten durch die Zuerkennung einer Geldsumme an den diskriminierten Gast als Schadensersatz wegen einer **Persönlichkeitsverletzung** zu lösen sein (§ 21 AGG).[6] Noch weitaus wirkungsvoller kann das Verwaltungsrecht helfen, wenn es etwa die Frage nach der gaststättenrechtlichen Konzessionswürdigkeit des Gastwirts stellt. Endlich kommt auch das Strafrecht in Betracht, weil die grundlose Zurückweisung eines Gastes aus rassistischer Motivation als Beleidigung strafbar ist.[7]

5 Zugunsten des Theaterkritikers dagegen lässt sich der Kontrahierungszwang bejahen.[8] Hier versagt zwar das AGG, doch sprechen heute für die Sittenwidrigkeit der Abschlussverweigerung nicht nur die übliche Subventionierung des Theaters aus Steuermitteln, sondern auch die Gewährleistung der freien Meinungsäußerung und der Berufsfreiheit durch Art. 5 GG und 12 GG. Für den von dem Bäcker nicht belieferten Kunden wird man unterscheiden müssen. Wenn andere Bäcker in zumutbarer Entfernung zur Verfügung stehen, richtet sich die Nichtbelieferung letztlich nur gegen die Ehre; dann ist bei Vorliegen von § 826 BGB entsprechend zu entscheiden wie im Fall der Diskriminierung aufgrund der Hautfarbe. Dagegen ist ein Kontrahierungszwang zu bejahen, wenn dem Kunden eine zumutbare Ausweichmöglichkeit fehlt. Dabei sollte man es genügen lassen, wenn die erstrebte Leistung zum „Normalbedarf“ gehört, selbst wenn sie nicht lebenswichtig ist.[9] Der BGH hat im Fall der Verweigerung der Hotelaufnahme ähnlich entschieden.[10]

---

[4] RG 7.11.1931 – V 106/31, RGZ 133, 388.
[5] BGH NJW 2012, 1725 (Hausverbot für NPD-Vorsitzenden, Diskriminierung verneint).
[6] S. auch F. Bydlinski AcP 180 (1980), 44 f. Fn. 69.
[7] BayObLG NJW 1983, 2040; s. dazu auch Payandeh JuS 2015, 695 (698 f.).
[8] Anders noch RG 7.11.1931 – V 106/31, RGZ 133, 388.
[9] F. Bydlinski AcP 180 (1980), 37.
[10] BGH NJW 2012, 1725.

Ähnlich wie nach § 20 Abs. 5 GWB, der einen Aufnahmezwang für Wirtschafts- und Berufsverbände regelt, kann auch nach § 826 BGB uU die Aufnahme in einen Verein verlangt werden.[11]

IV. Die Durchsetzung des Kontrahierungszwangs

Die **Durchsetzung** des Kontrahierungszwangs erfolgt durch einen **Anspruch auf** 6 **Vertragsabschluss.** Für den allgemeinen Kontrahierungszwang ergibt sich dieser aus § 249 Abs. 1 BGB (Herstellung, dazu → § 54 Rn. 7). Es ist aber zulässig, die Klage auf den Vertragsabschluss mit derjenigen auf die aus diesem Vertrag geschuldete Leistung zu verbinden.

§ 11. Zwingende Schuldrechtsnormen

Literatur: Deinert, Zwingendes Recht, 2002; Möslein, Dispositives Recht, 2011.

I. Der Ausgangspunkt

Weniger tief als mit der Anordnung von Kontrahierungszwang greift das Gesetz in 1 die Regel der Vertragsfreiheit ein, wenn es nur einzelne Normen oder auch Normenkomplexe zum zwingenden Recht *(ius cogens)* erklärt. Beschränkt wird damit nur die **Inhaltsfreiheit.**

Dabei gibt es zwei Arten von zwingendem Recht: Solche Normen, von welchen auf 2 keinen Fall, dh auch nicht durch individuell ausgehandelte Vereinbarungen abgewichen werden darf, sowie Regelungen, die zwar grds. dispositiv sind, von denen aber nicht durch vorformulierte Allgemeine Geschäftsbedingungen (AGB) abgewichen werden darf.

II. Das gegenüber Individualvereinbarungen zwingende Recht

1. Ausdrückliche Regelungen

Das Gesetz kann den zwingenden Charakter **ausdrücklich bestimmen.** Im Schuld- 3 recht des BGB geschieht dies zT bei einzelnen Normen (zB in § 248 Abs. 1 BGB, § 276 Abs. 3 BGB, § 536 Abs. 4 BGB, § 574 Abs. 4 BGB), teils auch für ganze Gruppen von Normen (zB in § 312m BGB, § 327s BGB, § 476 Abs. 1 und 2 BGB, §§ 512, 651y BGB). Dabei werden Vorschriften oft nur **einseitig zwingend** gemacht, dh von ihnen darf bloß zum Nachteil der einen Partei nicht abgewichen werden, weil diese als schutzbedürftig erscheint. So liegt es etwa beim Verbrauchsgüterkauf, der Wohnungsmiete, dem Reisevertrag und dem Verbraucherkredit: Dort sind nur solche Abweichungen ausgeschlossen, die den Käufer (§ 476 BGB), Mieter (zB § 536 Abs. 4 BGB, § 574 Abs. 4 BGB), den Reisenden (§ 651y BGB) oder den Kreditnehmer belasten. Manchmal wird eine Abweichung auch nur unter besonderen Voraussetzungen erlaubt. So kann etwa nach § 552 Abs. 2 BGB ein Wegnahmerecht des Wohnungsmieters nur ausgeschlossen werden, wenn ein angemessener Ausgleich vorgesehen ist, nach § 478 Abs. 2 BGB sind Einschränkungen des Unternehmerregresses beim Verbrauchsgüterkauf nur zulässig, wenn der Lieferant dem Unternehmer einen „gleichwertigen Ausgleich" einräumt.[1]

---

[11] S. zB BGHZ 63, 282 = NJW 1975, 771 – Rad- und Kraftfahrerbund; BGHZ 93, 151 = NJW 1985, 1216 – IG Metall; vgl. auch BGHZ 105, 306 = NJW 1989, 1724.

[1] S. dazu Medicus/Lorenz SchuldR BT § 10 Rn. 22.

2. Normzweck

a) Schutzzweck der Norm

4 Sofern das Gesetz nicht ausdrücklich die Unabdingbarkeit einer Norm anordnet, kann deren Abdingbarkeit auch ihr **Schutzzweck** entgegenstehen. Ein Beispiel dafür bilden die dem Übereilungsschutz dienenden Formvorschriften (etwa § 311b Abs. 1 BGB, §§ 518, 766 BGB). Daraus darf man aber nicht folgern, dass alle Normen mit einer schuldnerfreundlichen Tendenz zwingend sind. Denn eine solche Tendenz findet sich etwa auch in § 262 BGB (bei der Wahlschuld ist im Zweifel der Schuldner wahlberechtigt) und § 269 BGB (der Leistungsort liegt im Zweifel beim Schuldner). Diese beiden Vorschriften machen selbst ihr Zurücktreten hinter Parteivereinbarungen deutlich: Das ergibt sich aus dem „im Zweifel" in § 262 BGB und dem „Ist ein Ort (…) weder bestimmt noch aus den Umständen zu entnehmen" in § 269 Abs. 1 BGB. Beide Vorschriften haben nämlich keinen Gerechtigkeitswert. So kann die Verlegung des Leistungsorts zum Gläubiger im Einzelfall zweckmäßiger und sachgerechter sein (zB beim Verkauf von Heizöl an den Verbraucher, der kaum in der Lage sein wird, dieses abzuholen). Die gesetzliche Regelung will hier im Grunde nur verhindern, dass mangels einer feststellbaren Einigung der Parteien über die Person des Wahlberechtigten oder über den Leistungsort der Vertrag unvollständig oder gar wegen Dissens nichtig ist. Wenn sich also keine deutlichen Kriterien für den zwingenden Charakter einer Norm finden lassen, ist von deren Abdingbarkeit auszugehen.

b) Andere Gründe

5 Außer wegen eines Schutzzwecks können Schuldrechtsnormen auch **aus anderen Gründen zwingend** sein. Das gilt etwa für § 275 Abs. 1 BGB, der den Erfüllungsanspruch auf eine unmögliche Leistung ausschließt. Ein auf Erfüllung lautendes Urteil brächte hier eine sinnlose Inanspruchnahme der staatlichen Vollstreckungsorgane. Der Gläubiger muss deshalb auf den vollstreckbaren Schadensersatzanspruch in Geld übergehen. § 326 Abs. 1 BGB, der im Falle der Unmöglichkeit den Anspruch auf die Gegenleistung ausschließt, ist hingegen dispositiv (→ § 35 Rn. 12).

III. Das gegenüber AGB zwingende Recht

6 Die Beständigkeit von Schuldrechtsnormen gegenüber AGB ist (seit 2002) in den §§ 305 ff. BGB geregelt (davor seit 1976 im AGBG). Da das AGB-Recht in erster Linie die Einigung der Parteien über den Vertragsinhalt betrifft, wird es im Allgemeinen Teil des BGB behandelt.[2] Hier sei daher nur kurz auf wenige Konsequenzen für das Allgemeine Schuldrecht hingewiesen.

1. AGB gegenüber Unternehmern

7 Für AGB, die **gegenüber Unternehmen, Personen des öffentlichen Rechts oder öffentlich-rechtlichen Sondervermögen** verwendet werden, finden nach § 310 Abs. 1 BGB die §§ 308, 309 BGB keine direkte Anwendung. Hier wird die Abdingbarkeit also grds. nur durch die Generalklausel § 307 BGB beschränkt. Allerdings dürfen bei der Anwendung der Generalklausel gem. § 310 Abs. 1 S. 2 BGB die meisten Wertungen der §§ 308, 309 BGB herangezogen werden. Die Rspr. geht sogar so weit, einem Verstoß gegen diese speziellen Klauselverbote Indizwirkung für einen

[2] Vgl. Neuner BGB AT § 47; Köhler BGB AT § 16; Medicus/Petersen BGB AT Rn. 394 ff.

Verstoß gegen § 307 BGB zukommen zu lassen.[3] In § 307 BGB wird auf das dispositive Recht insbesondere in Abs. 2 Nr. 1 Bezug genommen: Bestimmungen in AGB stellen im Zweifel eine unangemessene Benachteiligung dar und sind daher unwirksam, wenn sie „mit wesentlichen Grundgedanken der gesetzlichen Regelung, von der abgewichen wird, nicht zu vereinbaren" sind. Man bezeichnet das auch als die **Leitbildfunktion des dispositiven Rechts.** In ähnlichem Sinn verweist auch Abs. 2 Nr. 2 auf die „Natur des Vertrags" und den „Vertragszweck". Diese Nr. 2 passt insbesondere für atypische Verträge, für die es eine „gesetzliche Regelung" iSd Nr. 1 zumindest vor der Ausbildung von Gewohnheitsrecht nicht gibt.

2. Sonstige Fälle

Auf AGB, deren Verwendung nicht unter die persönlichen Ausnahmen von § 310 BGB fällt, sind außer § 307 BGB auch die §§ 308, 309 BGB unmittelbar anwendbar. Die dort einzeln aufgezählten unzulässigen Klauseln betreffen zum Großteil Regeln des Allgemeinen Schuldrechts. Hierauf ist iE bei der Behandlung dieser Regeln zurückzukommen. Insgesamt werden durch die §§ 308, 309 BGB nicht wenige wichtige Vorschriften des Allgemeinen Schuldrechts so verfestigt, dass sie durch AGB in weiten Bereichen nicht abbedungen werden können (so etwa durch § 309 Nr. 2, 3, 4, 7, 8 BGB). 8

3. Verbraucherverträge

Für **Verbraucherverträge** gelten die von einer EG-Richtlinie[4] stammenden Sondervorschriften nach § 310 Abs. 3 BGB: Hiernach wird vermutet, dass der Gegner des Verbrauchers sie in den Vertrag eingeführt hat, für die Anwendung der wichtigsten Vorschriften gilt entgegen § 305 Abs. 1 S. 1 BGB („Vielzahl") schon die Vorformulierung zur einmaligen Verwendung. Danach könnten Teile der §§ 305 ff. BGB sogar auf Verträge angewendet werden, die ein vom Gegner des Verbrauchers beauftragter Notar formuliert hat. 9

§ 12. Formvorschriften

Literatur: D. Eckardt, Die Aufhebung des Grundstückkaufvertrages, JZ 1996, 934; Krüger, Falsa demonstratio bei der Veräußerung von Grundstücken, ZNotP 2009, 2; Lickleder, Die Verpflichtung, das Eigentum an einem Grundstück zu erwerben, AcP 199 (1999), 629; Mertens, Die Reichweite gesetzlicher Formvorschriften im BGB, JZ 2004, 431; Neuner BGB AT § 44; Wais, Zentrale Form- und Heilungsvorschriften des BGB im Überblick, JuS 2020, 7.

I. Regelungen im Allgemeinen Teil und im Schuldrecht

Die gesetzlichen Formen (§§ 126–129 BGB) und die Folgen ihres Fehlens (§ 125 S. 1 BGB) sind im Allgemeinen Teil geregelt, weil Formen auch in allen folgenden Büchern des BGB vorgeschrieben werden. Speziell im Schuldrecht finden sich solche Vorschriften im Besonderen Teil bei mehreren einzelnen Schuldverhältnissen.[1] Das Allgemeine Schuldrecht enthält (abgesehen vom Verbraucherrecht) nur drei Formvorschriften in den Abs. 1, 3 und 5 von § 311b BGB (zu Abs. 5 → § 13 Rn. 27). 1

[3] BGH NJW 2007, 3774 Rn. 11; 2014, 3722 Rn. 32.
[4] Richtlinie 93/13/EWG des Rates vom 5.4.1993 über mißbräuchliche Klauseln in Verbraucherverträgen (Klausel-RL).
[1] §§ 492, 518, 550, 568, 650i, 761, 766, 780, 781, 783, 793 BGB.

II. Verträge über Grundstücke: § 311b Abs. 1 BGB

1. Anwendungsbereich

a) Verträge über das Eigentum an Grundstücken

2 Nach § 311b Abs. 1 BGB bedürfen **Verpflichtungsverträge** über das **Eigentum** (auch Miteigentumsanteile) an Grundstücken der notariellen Form. Gleich stehen nach § 4 Abs. 3 WEG das **Wohnungseigentum** und nach § 11 Abs. 2 ErbbauRG das **Erbbaurecht.** Die dingliche Einigung selbst (die Auflassung) fällt als **Verfügungsgeschäft** nicht unter § 311b Abs. 1 BGB, sondern unter § 925 BGB.

b) Verpflichtung zur Übertragung oder zum Erwerb

3 § 311b Abs. 1 BGB erfasst nur **Verpflichtungen zur Übertragung oder zum Erwerb** von Grundstückseigentum. Nicht unter die Vorschrift fallen daher Verpflichtungen zur Belastung des Grundstücks, etwa mit einem Nießbrauch, einer Hypothek oder einer Grundschuld. Nur für die Belastung des Eigentums mit einem Erbbaurecht gilt § 11 Abs. 2 ErbbauRG, für die Aufteilung von Wohnungseigentum gilt § 4 Abs. 3 WEG.

4 Keine Rolle spielt dabei der **Typ des Verpflichtungsvertrags** (daher steht § 311b Abs. 1 BGB ja auch im Allgemeinen Schuldrecht). Unter die Vorschrift fallen also nicht bloß Kauf, Tausch und Schenkung, sondern jeder Vertrag, der eine Verpflichtung zur Übertragung oder zum Erwerb von Grundstückseigentum begründet. Das kann zB auch ein Gesellschaftsvertrag sein, durch den sich ein Gesellschafter zur Einbringung eines Grundstücks in das Gesellschaftsvermögen verpflichtet, oder ein Vertrag über die Teilung eines Nachlasses, zu dem ein Grundstück gehört. Auch ein Auftrag zur Ersteigerung eines Grundstücks kann wegen der für den Beauftragten und auch für den Auftraggeber entstehenden Erwerbspflicht formbedürftig sein.[2] Gleiches gilt für einen Auftrag zum freihändigen Erwerb eines Grundstücks.[3] Nicht anwendbar ist § 311b Abs. 1 BGB, wenn der Vertrag nicht selbst eine solche Verpflichtung begründet, sondern lediglich mittelbar eine *gesetzliche Pflicht* zur Übereignung eines Grundstücks herbeiführt.[4] Zur Vertragsaufhebung → Rn. 9.

5 Für die Formbedürftigkeit des Vertrags muss die Verpflichtung zu Übertragung oder Erwerb eines Grundstücks **nicht schon unmittelbar begründet** werden. Daher genügt zB ein bedingter Vertrag oder ein bindender Antrag zum Abschluss eines Grundstückskaufs. Auch ein Maklervertrag fällt unter den Formzwang, wenn sich der Auftraggeber dem Makler gegenüber zum Verkauf des Grundstücks verpflichtet.[5]

6 Die Rspr. bringt schließlich unter die Vorschrift sogar Rechtsgeschäfte, die nur **indirekt Zwang** zur Übertragung oder zum Erwerb von Grundeigentum erzeugen.

So ist formpflichtig die Vereinbarung einer **Vertragsstrafe** für den Fall, dass der Versprechende ein Grundstück nicht verkauft (vgl. § 344 BGB). Der BGH rechnet hierhin auch die Vereinbarung, nach welcher ein Makler die Provision selbst dann verlangen kann, wenn der Verkauf wegen der Weigerung

---

[2] BGHZ 85, 245 = NJW 1983, 566.
[3] BGH NJW 1985, 730.
[4] S. etwa BGHZ 127, 168 = NJW 1994, 3346 für die Herausgabepflicht des Beauftragten nach § 667 S. 2 BGB.
[5] BGH NJW 1970, 1915.

des Auftraggebers nicht zustande kommt.[6] Formbedürftig ist auch eine Reservierungsvereinbarung, welche die Entschließungsfreiheit des Kaufbewerbers erheblich beschränkt[7], oder eine Verpflichtung zum Ersatz von Verdienstausfall beim Nichterwerb eines Grundstücks.[8] Eine **Vollmacht** zur Veräußerung und zum Erwerb eines Grundstücks bedarf (im Rahmen einer teleologischen Reduktion) entgegen § 167 Abs. 2 BGB der Form des § 311b Abs. 1 BGB, wenn sich diese Vollmacht „nur als das äußere Gewand darstellt, in Wirklichkeit aber als Teil eines einheitlichen, der Form des § 313 (also jetzt § 311b I) unterliegenden Geschäfts erscheint".[9] Das trifft auf die **unwiderrufliche Vollmacht** zu.

2. Umfang des Formerfordernisses

a) Gesamter Vertrag

Der Beurkundung bedarf nach § 311b Abs. 1 BGB der **gesamte Vertrag einschließlich aller Nebenabreden.** Das umfasst – wenn sie getrennt erklärt werden – Antrag und Annahme. Zum Vertrag gehören insbesondere auch die sich nicht auf die Grundstücksübertragung beziehenden Teile. Formbedürftig sind alle Vereinbarungen, die nach dem Willen auch nur einer Partei bloß zusammen mit der Verpflichtung zur Grundstücksübertragung gelten sollen.[10] Dem können die Parteien auch durch eine äußerliche Aufspaltung in mehrere Verträge nicht entgehen. 7

b) Scheingeschäft und verdecktes Geschäft (§ 117 BGB)

Der Beurkundung bedarf das, was die Parteien **wirklich vereinbart** haben. Wird etwas Abweichendes beurkundet (zB zur Ersparnis von Steuern und Gebühren ein geringerer Kaufpreis; sog. **„Schwarzkauf"**), dann ist das Beurkundete als Scheingeschäft nach § 117 Abs. 1 BGB nichtig. Der Gültigkeit des Gewollten steht zwar nach § 117 Abs. 2 BGB nicht entgegen, dass es nicht erklärt worden ist. Doch fehlt insoweit die Form, was zu der Nichtigkeitsfolge aus § 125 S. 1 BGB führt. Diese kann allerdings nach § 311b Abs. 1 S. 2 BGB geheilt werden (→ Rn. 12). 8

c) Vertragsänderung und Vertragsaufhebung

Sehr zweifelhaft ist die Formbedürftigkeit späterer **Vertragsänderungen.** Die Rspr. neigt dazu, Änderungen nur dann formfrei zuzulassen, wenn sie **nicht wesentlich** in die Vertragspflichten eingreifen, sondern bloß der Beseitigung einer unerwarteten Schwierigkeit bei der Vertragsabwicklung dienen.[11] Vertragsänderungen nach der Erfüllung des Vertrags sind zulässig, weil sie keine (weitere) Verpflichtung zum Erwerb oder zur Veräußerung eines Grundstücks begründen.[12] 9

Die **Aufhebung** des Vertrags ist formfrei möglich, solange er nicht vollzogen ist, weil er dann ja weder eine Verpflichtung zur Veräußerung noch zum Erwerb begründet, sondern eine solche lediglich aufhebt.[13] Ein **nach Erfüllung** geschlossener Aufhebungsvertrag ist dann formbedürftig, wenn die Parteien mit diesem Vertrag auch 10

[6] BGH NJW 1971, 557.

[7] OLG Düsseldorf NJW 1983, 181.

[8] OLG München NJW 1984, 243.

[9] RG 11.4.1922 – III 483/21, RGZ 104, 236 (237); s. auch BGHZ 132, 119 (124) = NJW 1996, 1467.

[10] Vgl. BGH NJW 1988, 3263.

[11] BGH NJW 2001, 1932; einschränkend für einen Teilerlass aber BGH NJW 1982, 434.

[12] BGH NJW 1985, 266; NJW-RR 2012, 18 Rn. 15.

[13] Vgl. MüKoBGB/Ruhwinkel § 311b Rn. 68: Bis zur Stellung des Eintragungsantrags nach der Auflassung.

eine Pflicht zu Rückübereignung und Rückerwerb begründen wollten. Beschränken sich die Parteien aber tatsächlich auf eine reine Aufhebung, ist der Aufhebungsvertrag nicht formbedürftig, weil sich die Rückübereignungspflicht dann nicht unmittelbar aus dem Vertrag, sondern aus dem Gesetz (nämlich aus Bereicherungsrecht, § 812 Abs. 1 S. 2 Alt. 1 BGB) ergibt. Es dürfte allerdings kaum dem Willen der Parteien entsprechen, die Rückabwicklung dem (vor allem wegen § 818 Abs. 3 BGB) „schwachen" Bereicherungsrecht zu überlassen. Deshalb ist regelmäßig davon auszugehen, dass ein vertraglicher Anspruch auf Rückübereignung zumindest konkludent vereinbart ist und der Aufhebungsvertrag der Form des § 311b Abs. 1 BGB bedarf.[14]

3. Folge des Formverstoßes

11 Der Verstoß gegen § 311b Abs. 1 BGB führt nach § 125 S. 1 BGB zur Nichtigkeit des Vertrags, sofern der Formverstoß nicht nach § 311b Abs. 1 S. 2 BGB geheilt wird.

4. Die Heilung nach § 311b Abs. 1 S. 2 BGB

12 Nach § 311b Abs. 1 S. 2 BGB wird ein formnichtiger Vertrag seinem ganzen Inhalt nach wirksam, wenn der Erwerber nach **Auflassung** (§ 925 BGB: Dingliche Einigung über den Eigentumserwerb) in das Grundbuch **eingetragen** wird. Diese Heilung betrifft nur den Formmangel, nicht auch andere Wirksamkeitshindernisse.

Nicht mit der Heilung nach § 311b Abs. 1 S. 2 BGB verwechselt werden dürfen die Fragen, unter welchen Voraussetzungen der Formmangel ausnahmsweise nach Treu und Glauben unbeachtlich ist oder inwieweit die Folgen des Formmangels durch Schadensersatzansprüche (etwa aus Verschulden bei Vertragsverhandlungen) abgemildert werden können. Beide Fragen sind genereller Natur und gehören daher in den Allgemeinen Teil.[15]

13 Praktisch ist die Heilungsmöglichkeit dadurch erheblich **eingeschränkt,** dass zur Auflassung (also zur förmlichen Erklärung der dinglichen Einigung, § 925 BGB) durch § 925a BGB die **Vorlage des formgerechten Kausalvertrags** (also zB des Kaufvertrags) verlangt wird. Mit einem bloß mündlichen oder privatschriftlichen Vertrag allein erreichen die Parteien also die Auflassung nicht, so dass ihnen auch die Heilung versagt bleibt. Wichtigster Anwendungsfall von § 311b Abs. 1 S. 2 BGB ist danach lediglich noch der → Rn. 8 erwähnte **Schwarzkauf:** Bei ihm gibt es ja einen – wenngleich nach § 117 Abs. 1 BGB nichtigen – notariellen Vertrag, der bei der Auflassung vorgelegt werden kann. Wenn dann auch noch die Eintragung folgt, werden der mündlich vereinbarte Preis (und auch der übrige Vertragsinhalt) wirksam, und zwar ohne Rückwirkung.[16]

14 Da keine der Parteien verpflichtet ist, an der Heilung mitzuwirken, kann die Heilung einseitig durch Nichtvornahme der Auflassung verhindert werden. Jede Partei kann bis zur Auflassung einer Heilung überdies durch **Widerruf** des (formnichtigen) Verpflichtungsgeschäfts die Grundlage entziehen.[17] Hat bei einem „Schwarzkauf" der Grundstückskäufer den wirklich vereinbarten Kaufpreis bezahlt, um den Verkäufer zur Übereignung (Auflassung und Eintragung) des Grundstücks zu veranlassen (→ Rn. 12) und verweigert der Verkäufer diese, so kann er das Gezahlte nach § 812

[14] BGHZ 127, 168 (173 ff.) = NJW 1994, 3346.

[15] Vgl. Neuner BGB AT § 44 Rn. 61 ff., 77; Köhler BGB AT § 12 Rn. 16 ff.

[16] BGH NJW 2011, 2953 Rn. 6.

[17] RG 7.3.1903 – Rep. V. 450/02, RGZ 54, 107 (109) (zu § 313 BGB aF); BGH NJW 1994, 3227 (3229) (zu § 15 Abs. 4 S. 2 GmbHG).

Abs. 1 S. 2 Alt. 2 BGB **(Zweckverfehlungskondiktion)** zurückfordern, ohne an der (nur für die Leistungskondiktion geltenden) Kondiktionssperre des § 814 BGB zu scheitern.[18]

III. Verträge über das gegenwärtige Vermögen

§ 311b BGB hängt zusammen mit dem Verbot von Verpflichtungsverträgen über das **künftige Vermögen** in § 311b Abs. 2 BGB (→ § 13 Rn. 24). Im Gegensatz dazu sind Verpflichtungsverträge über das **gegenwärtige Vermögen** oder einen Bruchteil davon möglich. Denn von solchen Verträgen bleibt ja der künftige Erwerb unberührt, weshalb der Grund des § 311b Abs. 2 BGB nicht zutrifft, dass der sein künftiges Vermögen Übertragende den Antrieb zum Erwerb verliert. Aber auch aus Verträgen über das gegenwärtige Vermögen oder einen Bruchteil davon drohen Gefahren. Zudem bereiten solche Verträge oft eine vorweggenommene Erbfolge vor; daher droht eine Umgehung der erbrechtlichen Formen (§§ 2231 ff., 2267 BGB).[19] Aus diesen Gründen verlangt § 311b Abs. 3 BGB die notarielle Form. Eine **Heilung des Formmangels** durch Vollzug ist (bewusst) **nicht vorgesehen,** eine solche ist auch nicht nach § 518 Abs. 2 BGB möglich, wenn die Übertragung schenkweise erfolgt.[20] 15

Allerdings erfasst die Vorschrift (im Gegensatz zu § 1365 BGB) nicht Verträge über Einzelgegenstände, selbst wenn diese das gesamte Vermögen bilden oder Verträge über einen einzelnen Vermögensgegenstand, der praktisch das ganze Vermögen des sich Verpflichtenden ausmacht. Vielmehr muss, damit § 311b Abs. 3 BGB eingreift, **das Vermögen als solches** oder ein Bruchteil davon Vertragsgegenstand sein. 16

---

[18] S. dazu Medicus/Lorenz SchuldR BT § 65 Rn. 10 f.

[19] BGH NJW 2017, 885 Rn. 8 = JuS 2017, 467 mAnm Wellenhofer.

[20] BGH NJW 2017, 885 Rn. 12 = JuS 2017, 467 mAnm Wellenhofer.

3. Teil. Der Inhalt von Schuldverhältnissen und Forderungen

§ 13. Überblick

I. Rechtsgeschäftliche und gesetzliche Schuldverhältnisse

1 Bereits unter → § 7 Rn. 1 ff. wurde erläutert, dass Schuldverhältnisse rechtsgeschäftlichen oder gesetzlichen Ursprungs sein können und dass das Entstehen rechtsgeschäftlicher Schuldverhältnisse nach § 311 Abs. 1 BGB idR einen Vertrag voraussetzt.

II. Arten vertraglicher Schuldverhältnisse

1. Einseitig und mehrseitig verpflichtende Verträge

2 Begründet ein Vertrag Verpflichtungen für nur eine Partei und gibt er der anderen lediglich ein Forderungsrecht, ohne sie gleichfalls zu einer Leistung zu verpflichten, spricht man von einem **einseitig verpflichtenden** Vertrag. **Mehrseitig** (idR zweiseitig) **verpflichtende Verträge** enthalten hingegen Verpflichtungen für alle Vertragsparteien.

So ist das **Schenkungsversprechen** (§ 518 BGB) ein einseitig verpflichtender Vertrag, weil nur eine Verpflichtung des Schenkers begründet wird. Ein **Kaufvertrag** ist hingegen ein zweiseitig verpflichtender Vertrag, weil er sowohl den Verkäufer (§ 433 Abs. 1 BGB: Übereignung und Übergabe) als auch den Käufer (§ 433 Abs. 2 BGB: Kaufpreiszahlung und Abnahme) verpflichtet.

2. Gegenseitige (synallagmatische) und unvollkommen zweiseitig verpflichtende Verträge: Das Synallagma

3 Stehen bei einem zweiseitig verpflichtenden Vertrag die jeweiligen Leistungspflichten der Parteien in einem Austauschverhältnis, weil sich eine Vertragspartei nur deshalb zu einer Leistung verpflichtet, weil die andere Vertragspartei für diese Leistung eine bestimmte Gegenleistung verspricht, handelt es sich um einen **gegenseitigen** oder **synallagmatischen Vertrag** (das griechische Wort „synallage" steht für Austausch, Ausgleich, Handelsverkehr). Voraussetzung ist stets, dass jede Partei die Leistung der jeweils anderen Partei als **Gegenwert für die eigene Leistung** ansieht *(„Ich gebe Dir, damit Du mir gibst" = do ut des).* So liegt es etwa beim Kauf: Der Käufer verpflichtet sich nur deshalb zur Preiszahlung, damit der Verkäufer die Lieferung der Kaufsache verspricht.

4 Trotz beiderseitiger Leistungspflicht fehlt aber die Gegenseitigkeit, wenn ein Auftraggeber dem Beauftragten nach § 670 BGB Aufwendungsersatz zu leisten hat (zB wenn der mit der Besorgung eines Gegenstandes Beauftragte Geld „auslegt"). Die Verpflichtung des Auftraggebers, Aufwendungsersatz zu leisten, wird vom Beauftragten nicht als „Gegenleistung" für sein Tätigwerden betrachtet, sie ist nicht der Grund, sich durch einen Auftrag zu verpflichten. Dieser bleibt nämlich als solcher unvergütet, weil der Auftrag unentgeltlich ist (s. § 662 BGB). Der Aufwendungsersatz soll nur verhindern, dass der Beauftragte über die unentgeltliche Besorgung des übernommenen Geschäfts hinaus noch weitere Opfer bringen muss. Ebenso wenig gewährt der Entleiher den Gebrauch des verliehenen Gegenstandes, „um" ihn gem. § 604 BGB nach Ablauf der Leihzeit zurückzuerhalten. Man spricht in diesem Zusammenhang auch von **unvollkommen zweiseitig verpflichtenden Verträgen.** Es

können zwar Pflichten beider Parteien entstehen, diese stehen aber nicht im Gegenseitigkeitsverhältnis.

5 Zu beachten ist weiter, dass nicht alle Pflichten aus gegenseitigen Verträgen auch zwingend im Gegenseitigkeitsverhältnis stehen müssen. Dies ist regelmäßig nur bei den sog. **Hauptleistungspflichten** der Fall (→ Rn. 10). So steht etwa die Gebrauchsüberlassungspflicht des Vermieters (§ 535 Abs. 1 BGB) in einem synallagmatischen Verhältnis zur Mietzahlungspflicht des Mieters (§ 535 Abs. 2 BGB), nicht aber zu dessen Verpflichtung, die Mietsache nach Ende der Mietzeit zurückzugeben (§ 546 Abs. 1 BGB). Im Übrigen kommt es entscheidend auf den durch Auslegung zu ermittelnden Parteiwillen an.

6 Der Gedanke des **Synallagma,** dh der Abhängigkeit des Leistungsversprechens vom Versprechen der Gegenleistung, kommt im Gesetz in mehrfacher Form zum Ausdruck. Zunächst setzt das **Zustandekommen** eines solchen Vertrags zwingend eine Einigung über die **Leistung und die Gegenleistung** voraus. Fehlt es an einem wirksamen Konsens über auch nur eine Leistungspflicht, kommt der Vertrag nicht zustande. Dieses bezeichnet man auch als **„genetisches Synallagma".**

7 Darüber hinaus ist der Gedanke aber auch bei der **Durchführung** eines wirksamen gegenseitigen Vertrags von Bedeutung. Jede Partei muss grds. die eigene Leistung nur **im Gegenzug zur Leistung der anderen Seite** erbringen (§ 320 BGB, dazu → § 20 Rn. 20 ff.). Wird eine Leistung **unmöglich,** entfällt grds. auch der **Anspruch auf die Gegenleistung** (§ 326 Abs. 1 BGB, → § 35 Rn. 8 ff.). Wird sie, obwohl möglich, nicht rechtzeitig erbracht, kann der Gläubiger nach § 323 BGB zurücktreten (→ § 37 Rn. 1 ff.). Diese Art der Abhängigkeit von Leistung und Gegenleistung auf der Ebene der **Vertragsdurchführung** ist das sog. **„funktionelle Synallagma".**

Schließlich wird der Gedanke der gegenseitigen Abhängigkeit von Leistung und Gegenleistung (in unterschiedlicher Form) auch in die **bereicherungsrechtliche Rückabwicklung** nichtiger oder unwirksamer gegenseitiger Verträge übertragen. In diesem Zusammenhang spricht man auch von einem **„faktischen Synallagma".**[1]

8 Die Unterscheidung zwischen gegenseitigen Verträgen und einseitig verpflichtenden und unvollkommen zweiseitig verpflichtenden Verträgen ist insbesondere im Leistungsstörungsrecht von Bedeutung. So stehen die §§ 320 ff. BGB unter dem Titel „Gegenseitiger Vertrag" und enthalten Sondervorschriften, die ausschließlich für diese Art von Verträgen gelten.

III. Einteilung der Pflichten aus Schuldverhältnissen

1. Leistungspflichten

9 Wichtigste Pflicht aus einem Schuldverhältnis ist die **Leistungspflicht.** Diese ist in § 241 Abs. 1 BGB angesprochen und betrifft die Erbringung einer „Leistung" des Schuldners an den Gläubiger. Leistungspflichten sind auf eine **Änderung der Güterlage des Gläubigers** gerichtet (so zB die Verpflichtung zur Zahlung eines Kaufpreises gem. § 433 Abs. 2 BGB), wobei es sich nicht ausschließlich um vermögenswerte Güter handeln muss. Die geschuldete Leistung kann, wie § 241 Abs. 1 BGB ausdrücklich anordnet, auch in einem Unterlassen bestehen.

[1] S. dazu Medicus/Lorenz SchuldR BT § 71.

a) Hauptleistungspflichten und Nebenleistungspflichten

Leistungspflichten können in Hauptleistungspflichten und Nebenleistungspflichten eingeteilt werden. **Hauptleistungspflichten** sind diejenigen Pflichten, welche dem Schuldverhältnis das charakteristische Gepräge geben und bei vertraglichen Schuldverhältnissen von den Parteien als Mindestinhalt *(essentialia negotii)* im Vertrag selbst bestimmt werden müssen. Hierzu zählen etwa die Pflicht des Verkäufers, einen bestimmten Gegenstand zu liefern (§ 433 Abs. 1 BGB) und die Pflicht des Käufers, einen bestimmten Kaufpreis zu bezahlen (§ 433 Abs. 2 BGB). Bei einem gegenseitigen Vertrag spricht man in Bezug auf die Hauptleistungspflichten auch von **synallagmatischen Pflichten** (→ Rn. 3). 10

Nebenleistungspflichten haben demgegenüber eine die Hauptleistung **unterstützende, ergänzende** Funktion. Sie dienen der **Vorbereitung**, der **ordnungsgemäßen Durchführung** sowie der **Sicherung einer Hauptleistung** und sind regelmäßig auch selbstständig einklagbar. Sie sind teilweise gesetzlich geregelt (s. zB §§ 402, 666 BGB), zum Großteil ergeben sie sich aber aus dem Schuldverhältnis selbst, insbesondere iRd (ergänzenden) **Vertragsauslegung** (§ 157 BGB) oder aus dem **Prinzip von Treu und Glauben** (§ 242 BGB). Aus Letzterem folgt insbesondere, dass der Schuldner alles Zumutbare tun und unterlassen muss, um den Leistungserfolg nicht zu gefährden. Nebenleistungspflichten können etwa sein das ordnungsgemäße Verpacken der Ware **(Vorbereitung der Hauptleistung)**, die Pflicht zur Unterweisung in die vertragsgemäße Nutzung einer verkauften Sache, das Unterlassen von Konkurrenz beim Verkauf einer Arztpraxis **(Durchführung der Hauptleistung)** oder das Vorhalten von Ersatzteilen beim Verkauf technischer Gegenstände **(Sicherung der Hauptleistung).** Ob eine Verpflichtung Haupt- oder Nebenleistungspflicht ist, bestimmen primär die Parteien selbst. Im Einzelfall ist dieser Parteiwille im Wege der Auslegung zu ermitteln. 11

So wird auch die **Abnahmepflicht des Käufers** (§ 433 Abs. 2 BGB) idR nur eine Nebenleistungspflicht sein, weil sie für den Kaufvertrag als Typus nicht wesensbestimmend ist und nur eine Nebenfunktion hat (Entlastung des Schuldners). Im Einzelfall kann sich aber aus dem Vertrag durchaus ergeben, dass die Abnahmepflicht Hauptpflicht sein soll (etwa beim Räumungsverkauf, durch den der Verkäufer seine Lager leerbekommen will).

Seit der Schuldrechtsreform 2002 hat die Unterscheidung zwischen Hauptleistungspflichten und Nebenleistungspflichten allerdings nicht mehr dieselbe Bedeutung wie nach früherem Schuldrecht. Insbesondere setzt das Rücktrittsrecht nach § 323 BGB zwar das Vorliegen eines gegenseitigen Vertrags, anders als die entsprechende Regelung im früheren Schuldrecht (§ 326 BGB aF) aber nicht mehr voraus, dass es sich bei der nicht rechtzeitig erbrachten Leistung um eine Hauptleistungspflicht aus einem solchen Vertrag handelt (→ § 37 Rn. 3; zur Einrede aus § 320 BGB → § 20 Rn. 21). Neben*leistungs*pflichten sind nicht zu verwechseln mit den das Integritätsinteresse betreffenden **Nebenpflichten** iSv § 241 Abs. 2 BGB (→ Rn. 16). 12

b) Erfolgsbezogene und handlungsbezogene Leistungspflichten

Leistungspflichten lassen sich weiter in **erfolgsbezogene** und **handlungsbezogene** Pflichten unterscheiden. Bei Ersteren ist der Schuldner zur Herbeiführung eines bestimmten **Leistungserfolgs** und nicht lediglich zur Vornahme einer Tätigkeit verpflichtet. Erbringt er diesen geschuldeten Erfolg nicht, so begeht er eine (objektive) 13

Pflichtverletzung iSv § 280 Abs. 1 BGB (→ § 27 Rn. 4 ff.). Das Risiko, dass seine Tätigkeit zum Erfolg führt, trägt dann der Schuldner.

Gelingt es zB der Kfz-Reparaturwerkstatt nicht, die vereinbarte Reparatur des Fahrzeugs durchzuführen (s. § 631 Abs. 1 BGB: Werkunternehmer ist zur Herstellung des versprochenen Werks verpflichtet, Gegenstand des Vertrags ist nach § 631 Abs. 2 BGB ein „herbeizuführender Erfolg"), so kann sie für ihre erfolglosen Bemühungen auch dann keinen Lohn verlangen, wenn sie dies nicht zu vertreten hat.[2]

14 Ist der Schuldner jedoch lediglich zu einer **Tätigkeit** verpflichtet, so fallen Leistungshandlung und Leistungserfolg zusammen. Zwar muss der Schuldner auch hier seine Leistung ordnungsgemäß erbringen, jedoch haftet er nicht für den Eintritt eines bestimmten Erfolges. Für die Feststellung einer Pflichtverletzung iSv § 280 Abs. 1 BGB muss daher nachgewiesen werden, dass die Handlung pflichtwidrig war.

So verpflichtet sich ein behandelnder Arzt idR nicht zur Herbeiführung eines Erfolges (Heilung), sondern nur zu fachgerechter ärztlicher Behandlung (Medizinischer Behandlungsvertrag als Unterart des Dienstvertrags, §§ 630b, 611 BGB). Er verdient seine Vergütung daher auch, wenn die Heilung nicht eintritt, haftet allerdings auf Schadensersatz bei nicht fachgerechter Behandlung.[3]

c) Primäre und sekundäre Leistungspflichten

15 Das Schuldverhältnis wird charakterisiert durch die **primären Leistungspflichten.** Sie stellen das eigentliche Ziel des Schuldverhältnisses dar (zB die Übereignung der Kaufsache durch den Verkäufer, § 433 Abs. 1 BGB). **Sekundäre Leistungspflichten** treten hingegen neben oder an die Stelle der primären Leistungspflichten, wenn deren Erfüllung in irgendeiner Weise gestört wird. Meist handelt es sich dabei um **Schadensersatzverpflichtungen.** So tritt etwa der **Schadensersatz statt der Leistung** (§§ 280 Abs. 3, 311a Abs. 2 BGB) an die Stelle einer nicht (mehr) erfüllbaren oder nicht rechtzeitig erbrachten Leistung oder es kann ein durch die Nichterfüllung entstandener sonstiger Schaden als Schadensersatz „neben der Leistung" nach § 280 Abs. 1 BGB verlangt werden. Aber auch **Wertersatzpflichten** (§§ 346 Abs. 2, 818 Abs. 2 BGB) oder Pflichten zur **Herausgabe eines Surrogats** (§ 285 BGB) sind solche sekundäre Leistungspflichten.

Von Bedeutung ist die Unterscheidung etwa im Zusammenhang mit der von § 275 Abs. 1 BGB angeordneten **Leistungsbefreiung** des Schuldners im Falle von **Unmöglichkeit:** Diese gilt nur für die Primärleistungspflicht, lässt aber, wie § 275 Abs. 4 BGB klarstellt, sekundäre Leistungspflichten unberührt (→ § 27 Rn. 57).

2. Schutz-, Obhuts- und Rücksichtnahmepflichten (nicht leistungsbezogene Nebenpflichten)

16 Schutz-, Obhuts- und Rücksichtnahmepflichten sind anders als Leistungspflichten nicht auf eine Änderung der Güterlage des Gläubigers, sondern auf die **Erhaltung seiner bestehenden Güterlage** gerichtet. Weil es also nicht darum geht, dass der Schuldner die Position des Gläubigers in irgendeiner Weise verbessert, sondern darum, dass er dessen Position nicht verschlechtert, spricht man auch vom **Integritätsinteresse** des Gläubigers (im Gegensatz zum sog. **Leistungs**- oder **Äquivalenzinteresse,** dazu → § 27 Rn. 14). Gesetzlich sind diese Pflichten, bei welchen es meist um Unterlassungspflichten geht, in § 241 Abs. 2 BGB verankert. Danach kann jedes

[2] S. dazu auch Medicus/Lorenz SchuldR BT § 39 Rn. 5.

[3] S. dazu auch Medicus/Lorenz SchuldR BT § 38 Rn. 21 ff.

(vertragliche und gesetzliche) Schuldverhältnis neben Leistungspflichten auch die Pflicht enthalten, auf die Rechte, Rechtsgüter und Interessen des anderen Teils **Rücksicht zu nehmen** (zu den Einzelheiten → § 39 Rn. 1 ff.).

Beispiel: S. dazu das **Beispiel** bei → Rn. 13: Der Kfz-Mechaniker, der das Polster des zu reparierenden Kfz verschmutzt, verletzt keine Leistungspflicht, sondern eine Schutzpflicht aus § 241 Abs. 2 BGB.

Durch das Wort „kann" in § 241 Abs. 2 BGB wird dabei lediglich zum Ausdruck gebracht, dass die **Intensität** dieser Pflichten je nach Art des Schuldverhältnisses unterschiedlich stark ausgeprägt ist. Charakteristikum solcher Nebenpflichten ist, dass sie im Regelfall nicht isoliert einklagbar sind (str., dazu → § 39 Rn. 8), ihre Verletzung aber **sekundäre Leistungspflichten** gem. § 280 Abs. 1 BGB **(Schadensersatz)** oder andere Sanktionen wie etwa ein **Rücktrittsrecht** (§ 324 BGB) nach sich ziehen kann (zu den Einzelheiten → § 39 Rn. 1 ff.). Auch **Unterlassungsklagen** sind denkbar, wenn solche Verletzungen drohen. Durch den Begriff **„Interessen"** wird klargestellt, dass sich die Schutzpflichten nicht nur auf vermögensrechtliche Positionen beziehen, sondern auch andere Interessen, wie zB die rechtsgeschäftliche Entscheidungsfreiheit, Gegenstand von Schutzpflichten sein können. Das ist insbesondere iRd Haftung aus *culpa in contrahendo* (§§ 280 Abs. 1, 311 Abs. 2, 241 Abs. 2 BGB) von Bedeutung, wo sich im Rahmen eines Schadensersatzanspruchs auch ein **Anspruch auf Aufhebung** eines aufgedrängten Vertrags ergeben kann (→ § 40 Rn. 22 ff.). 17

Trotz der Unterscheidung zwischen Leistungspflichten und nicht leistungsbezogenen Nebenpflichten stehen diese in einem Schuldverhältnis nicht beziehungslos nebeneinander. So kann auch die Verletzung einer nicht leistungsbezogenen Pflicht dazu führen, dass dem Gläubiger die Annahme der Leistung nicht mehr **zumutbar** ist. In einem solchen Fall sind Schadensersatz statt der Leistung (§ 282 BGB), Kündigung (§ 314 BGB) und Rücktritt (§ 324 BGB) denkbar, zu den Einzelheiten → § 39 Rn. 10 ff. 18

Schließlich kann es auch Schuldverhältnisse **ohne primäre Leistungspflichten** geben. Auf nicht leistungsbezogene Nebenpflichten beschränkt sich insbesondere das **Rechtsverhältnis der Vertragsanbahnung** (*culpa in contrahendo,* § 311 Abs. 2 BGB iVm § 241 Abs. 2 BGB). Dieses zeigt darüber hinaus, dass die genannten Schutz- und Obhutspflichten nicht erst mit Vertragsschluss entstehen, sondern dass bereits **mit der Aufnahme rechtsgeschäftlichen Kontakts,** insbesondere der Vertragsanbahnung, ein auf **Schutzpflichten** iSv § 241 Abs. 2 BGB beschränktes Rechtsverhältnis entsteht (→ § 40 Rn. 1 ff.). 19

3. Abgrenzung: Obliegenheiten

Obliegenheiten unterscheiden sich von Rechtspflichten dadurch, dass sie keine Forderung des Gläubigers gegen den Schuldner begründen. Sie knüpfen aber an ein bestimmtes Tun oder Unterlassen, zu welchem der Schuldner aber nicht verpflichtet ist, negative Konsequenzen für diesen. Sie sind daher „Verhaltensanforderungen von geringerer Intensität"[4], weil der Schuldner frei ist, einer Obliegenheit zuwider zu handeln und dafür auch anders als bei einer Pflichtverletzung nicht auf Schadensersatz in Anspruch genommen werden kann. Er hat dann aber auch die für ihn nachteiligen gesetzlichen Konsequenzen seines Verhaltens zu tragen. 20

4 Looschelders SchuldR AT § 1 Rn. 26.

Obliegenheiten sind etwa die Schadensminderungspflicht eines Geschädigten (§ 254 Abs. 2 BGB, dazu → § 59 Rn. 3) oder das Erfordernis einer Fristsetzung zur Nacherfüllung für die Geltendmachung kauf- oder werkvertragsrechtlicher Gewährleistungsansprüche (§§ 323, 281 BGB). Auch die kaufmännische Untersuchungs- und Rügepflicht nach § 377 HGB ist eine solche Obliegenheit: Bei einem beiderseitigen Handelskauf hat der Käufer eine gelieferte Ware zu untersuchen und Mängel zu rügen, Konsequenz aus dem Unterlassen ist aber lediglich der Verlust seiner Gewährleistungsansprüche infolge einer Genehmigungsfiktion (§ 377 Abs. 2 HGB).

21 Obliegenheiten können sich nicht nur aus dem Gesetz, sondern auch aus einer **vertraglichen Regelung** ergeben. Insbesondere dann ist die Unterscheidung zwischen Pflicht und Obliegenheit nicht immer einfach. Ob eine Verhaltensanforderung Pflicht oder Obliegenheit ist, ist dem Gesetz bzw. der vertraglichen Absprache der Parteien im Wege der (gegebenenfalls ergänzenden) Vertragsauslegung (§ 157 BGB) zu entnehmen, auch aus § 242 BGB (Treu und Glauben) können sich im Einzelfall Obliegenheiten ergeben.

So wird etwa die Belehrungspflicht des Unternehmers über ein verbraucherschützendes Widerrufsrecht (§ 356 Abs. 3 BGB) von der Rspr. nicht nur als Obliegenheit, sondern als echte Rechtspflicht qualifiziert.[5] Die Pflicht des Vermieters von Wohnraum zur Begründung einer Kündigung des Mietverhältnisses (§ 573 Abs. 3 BGB) ist hingegen bloße Obliegenheit, deren Verletzung keinen Schadensersatzanspruch nach § 280 Abs. 1 BGB nach sich zieht.[6]

IV. Schranken der Inhaltsfreiheit

22 Die Parteien können den Inhalt der zu einem Schuldverhältnis gehörenden Forderungen grds. nach ihrem Belieben gestalten (→ § 9 Rn. 3 f.). Insbesondere können sie auch Leistungspflichten vereinbaren, an deren Erfüllung kein vermögensrechtliches Interesse besteht. Davon gibt es aber einige allgemeine und spezielle Ausnahmen.

1. Verbotsgesetze und gute Sitten

23 Nach §§ 134, 138 BGB ist ein Rechtsgeschäft nichtig, das gegen ein **Verbotsgesetz** oder gegen die **guten Sitten** verstößt. Ein solcher Verstoß liegt insbesondere dann vor, wenn ein Rechtsgeschäft zu einer verbotenen oder sittenwidrigen Leistung verpflichten soll. Daher können Forderungen auf eine solche Leistung nicht durch Rechtsgeschäft begründet werden (zB zur Schwarzarbeit oder zu einer dienstpflichtwidrigen Handlung eines Beamten). Die Problematik gehört in den Allgemeinen Teil und soll hier nicht weiter erörtert werden.[7]

2. Konkrete Beschränkungen für Schuldverträge

a) Vertrag über das künftige Vermögen

24 Nach § 311b Abs. 2 BGB kann sich ein Vertragsteil nicht verpflichten, sein **künftiges Vermögen** ganz oder zT zu übertragen oder mit einem Nießbrauch (das ist ein umfassendes Nutzungsrecht, vgl. §§ 1030 ff. BGB) zu belasten. Denn solche Verträge brächten den Schuldner in eine zu weitgehende Abhängigkeit. Die Motive zum BGB sagen dazu, die öffentliche Ordnung erlaube es nicht, „daß Jemand sich gewissermaßen seiner Erwerbsfähigkeit begibt und damit zugleich allen Antrieb zum

[5] S. dazu BGH NJW 2007, 357 (zu § 355 Abs. 2 BGB aF).
[6] S. BGH NJW 2011, 914 Rn. 11.
[7] S. dazu etwa Köhler BGB AT § 3 Rn. 10 ff.

Erwerbe verliert".[8] Diese Begründung passt jedoch nicht für die Verpflichtung zur Übertragung nur eines (womöglich bloß kleinen) Vermögensbruchteils. Hier wird man den Gesetzesgrund darin sehen müssen, dass der Umfang des künftigen Vermögens (und damit auch der Wert des Bruchteils) notwendig unbestimmt ist.[9]

Nicht unter § 311b Abs. 2 BGB fällt dagegen ein Vertrag, durch den sich jemand so hoch verschuldet, dass er voraussichtlich seinen ganzen künftigen Erwerb für die Erfüllung aufwenden muss.[10] Hier ist die Verpflichtung auf einen bestimmten Betrag begrenzt, und der Schuldner zahlt nicht in ein „Fass ohne Boden". Solche Verträge können aber als sog. **Knebelungsverträge** nach § 138 BGB nichtig sein. 25

b) Vertrag über den Nachlass eines lebenden Dritten

Nach § 311b Abs. 4 BGB sind Schuldverträge nichtig, die sich auf den erbrechtlichen Erwerb aus dem **Vermögen eines noch lebenden Dritten** beziehen. Hierzu gehört etwa die Verpflichtung, eine erwartete Erbschaft zu übertragen, aber auch sie anzunehmen oder auszuschlagen; ebenso die Verpflichtung, keine Pflichtteilsansprüche geltend zu machen. Die Nichtigkeit erstreckt sich zudem auf die entsprechenden Verfügungen (Vollzugsgeschäfte).[11] 26

Für § 311b Abs. 4 BGB werden vom Gesetzgeber zwei Gründe angegeben.[12] Die in solchen Verträgen liegende Spekulation auf den Tod des Dritten erscheint als anstößig. Zudem soll verhindert werden, dass jemand leichtsinnig künftigen erbrechtlichen Erwerb verschleudert. Allerdings können nach § 311b Abs. 5 BGB künftige **gesetzliche Erben** untereinander über ihren gesetzlichen Erbteil in notarieller Form kontrahieren. Das soll **vorweggenommene Erbauseinandersetzungen** ermöglichen. Nach dem Erbrecht sind auch **Erbverträge** (§§ 2274 ff. BGB) und **Erbverzichtsverträge** (§§ 2346 ff. BGB) möglich. Diese werden aber im Gegensatz zu den von § 311b Abs. 4 BGB erfassten Verträgen stets **mit dem Erblasser selbst** geschlossen, was sie als deutlich weniger bedenklich erscheinen lässt. 27

c) Unmögliche Leistungen

Eine weitere Beschränkung für Verpflichtungen zu einer **unmöglichen Leistung** enthält § 275 BGB. Hier fällt zwar ein Erfüllungsanspruch weg, jedoch führt auch die anfängliche Unmöglichkeit einer Leistung nicht zur Unwirksamkeit des Vertrags (§ 311a Abs. 1 BGB). Dieser bleibt also weiterhin Grundlage von (Sekundär-)Ansprüchen auf Schadensersatz (→ § 35 Rn. 1 ff.). 28

V. Typische Forderungsinhalte

1. Geldschuld

Von den Sachschulden sind **Geldschulden** zu unterscheiden (→ § 16 Rn. 1 ff.). Bei der Geldschuld ergeben sich – anders als bei Sachschulden – keine Probleme aus der Beschaffenheit selbst (Geld kann nicht mangelhaft sein), sondern vor allem aus 29

[8] Mot. II 186 = Mugdan II 102.
[9] Medicus ZIP 1989, 817 (818).
[10] BGHZ 107, 92 = NJW 1989, 1276; 1991, 2015 (2016) (zum gleichlautenden § 310 BGB aF).
[11] BGHZ 37, 319 (325) = NJW 1962, 1910.
[12] Mot. II 184 = Mugdan II 101.

dem inflationsbedingten **Wertverlust.** Weiter kann eine Geldschuld nicht bloß durch die Übereignung körperlicher Geldzeichen (also von „Bargeld") erfüllt werden, sondern auch durch die Verschaffung von Forderungen („Buchgeld", → § 16 Rn. 6 f.).

2. Sachschulden

30 In dem für die Sachschuld verbleibenden Bereich kann man zunächst danach unterscheiden, ob eine Sache **übereignet** (so zB Kauf, Schenkung) oder nur **zu Besitz übertragen** werden soll (so zB Miete, Leihe). Dann kann weiter unterschieden werden, wie die geschuldete Sache bestimmt ist. Sie kann **individuell bezeichnet** sein, zB ein konkretes Kfz durch Fabrikat, Typ, Fahrgestell- und Motornummer. Hier spricht man von einer **Stückschuld** (Speziesschuld). Diese kann grds. nur mit dem einen geschuldeten Stück erfüllt werden. Konsequenzen hat das vor allem für die **Unmöglichkeit** (§ 275 BGB, dazu → § 34 Rn. 1 ff.). Denkbar und häufig ist aber auch, dass der Schuldinhalt nur **abstrakt** durch Angabe von Art und Zahl oder Maß der zu leistenden Sache bestimmt wird, zB ein fabrikneuer Pkw Typ X. Hier spricht man von einer **Gattungsschuld;** dazu → § 17 Rn. 1 ff.

3. „Rechtsschulden"

31 Statt einer Sache können auch **Rechte** (zB Forderungen) geschuldet werden. So behandelt etwa § 453 Abs. 1 BGB den **Rechtskauf,** § 581 Abs. 1 S. 1 BGB bezeichnet das Pachtobjekt als „Gegenstand" (was außer den Sachen auch die Rechte umfasst). Hier gelten ähnliche Unterscheidungen wie bei Sachen: Auch bei Rechten kann die **Übertragung** (zB beim Forderungskauf) oder lediglich die bloße **Überlassung zur Nutzung** geschuldet sein,[13] wobei wiederum eine individuelle oder eine bloß gattungsmäßige Beschreibung des Geschuldeten möglich ist.

4. Schulden anderen Inhalts

32 Bei den nicht auf Geld, Sachen oder andere Gegenstände gerichteten Forderungen kann man zunächst danach unterscheiden, ob ein **positives Tun** oder ein **Unterlassen** (§ 241 Abs. 1 S. 2 BGB) geschuldet wird.[14] Positives Tun kommt in den verschiedensten Formen in Betracht. Geschuldet werden kann etwa die Errichtung eines Hauses, die Durchführung eines Transports, die Erteilung von Unterricht, die Vermittlung eines Vertragsschlusses, die Reinigung eines Teppichs, die Reparatur eines Kfz. Rechtliche Bedeutung hat vor allem die Unterscheidung danach, ob nur die **Tätigkeit** (zB das Reinigen) oder auch ihr **Erfolg** geschuldet wird (zB die Entfernung des Flecks). Davon hängt insbesondere ab, wann der Schuldner erfüllt und beim gegenseitigen Vertrag die Gegenleistung verdient hat. Diese Unterscheidung ist insbesondere bei dem Gegensatzpaar Dienstvertrag (Tätigkeit) – Werkvertrag (Erfolg) von Bedeutung.

VI. Den Forderungsinhalt betreffende Vorschriften

1. Definitionsnormen

33 Im Besonderen Schuldrecht beginnt die gesetzliche Regelung der einzelnen Typenverträge regelmäßig mit einer **Definitionsnorm.** Diese gibt an, welche Voraussetzun-

[13] So zB bei einer Lizenz, Medicus/Lorenz SchuldR BT § 27 Rn. 5.

[14] Vgl. Köhler AcP 190 (1990), 496.

gen erfüllt sein müssen, damit ein konkreter Vertrag gerade zu dem dort geregelten Typ gehört. Das Gesetz benutzt also den Inhalt der von den Parteien vereinbarten Leistungen zur Einordnung des Schuldverhältnisses. Von dieser Einordnung hängt dann ab, welches (ergänzende) Gesetzesrecht für das Schuldverhältnis gilt.

Wenn etwa vereinbart ist, dass A dem B für vier Wochen einen Pkw überlässt, während B dem A dafür 500 EUR zahlen soll, liegen die Voraussetzungen von § 535 Abs. 1 S. 1 BGB (Mietvertrag) vor. Diese rechtliche Einordnung ist unabhängig von dem Namen, den die Parteien selbst ihrem Vertrag gegeben haben. Auch wenn sie von „Leihe" sprechen, bleibt der Vertrag rechtlich Miete (denn bei der Leihe ist die Sachüberlassung nach § 598 BGB unentgeltlich). Die Vertragsfreiheit umfasst somit nur die Freiheit der Wahl der Rechtsfolgen, die Bestimmung des sich aus diesem Parteiwillen ergebenden Vertragstyps ist hingegen eine **objektive Rechtsfrage,** die nicht in der Hand der Vertragsparteien liegt.[15] Aus der Einordnung als Miete folgt dann gem. § 536a BGB, dass bei anfänglichen Mängeln ohne Verschulden und bei nachträglichen Mängeln schon bei einfacher Fahrlässigkeit gehaftet wird, wohingegen A bei einer Leihe gem. § 600 BGB nur bei arglistigem Verschweigen haftet.

Bei Schuldverträgen ergeben sich also die den Vertragstyp bestimmenden Ansprüche oder Pflichten aus der Vereinbarung selbst. In dem eben gebrachten Beispiel (→ Rn. 33) schuldet demnach B die Miete primär nicht aus § 535 Abs. 2 BGB. Vielmehr liegt umgekehrt ein Mietvertrag vor, weil eine Mietzahlung vereinbart worden ist. Ein Verkäufer schuldet die Übereignung der Kaufsache nicht aus § 433 Abs. 1 S. 1 BGB, sondern der Vertrag stellt erst deshalb einen Kauf dar, weil Sachübereignung versprochen worden ist. Allerdings werden die Definitionsnormen oft wie Anspruchsgrundlagen zitiert. Das ist unschädlich, wenn man den logischen Vorrang der Parteivereinbarungen berücksichtigt. 34

2. Vorschriften über den Forderungsinhalt

Während die in → Rn. 33 genannten Vorschriften nur an den durch Rechtsgeschäft bestimmten Forderungsinhalt anknüpfen, legen andere Vorschriften selbst den **Inhalt von Forderungen** fest. Dabei geht es im Allgemeinen Schuldrecht meist um Einzelheiten der von den Parteien vereinbarten Forderungen. So ergibt etwa § 271 Abs. 1 BGB, dass Forderungen im Zweifel sofort fällig sind (zB die Forderung des Mieters auf Überlassung des Mietobjekts) und aus § 269 BGB ergibt sich, wo eine Forderung zu erfüllen ist. Teils werden auch zusätzlich zu den verabredeten Forderungen weitere bestimmt. So regelt § 439 Abs. 2 BGB die Pflicht des Verkäufers, mit der Nacherfüllung zusammenhängende Kosten zu tragen. Teils geht es um die Bestimmung des **Inhalts gesetzlicher Schuldverhältnisse.** So regeln die §§ 818 ff. BGB den Inhalt von Verbindlichkeiten aus ungerechtfertigter Bereicherung (§§ 812 ff. BGB) oder die §§ 842 ff. BGB (neben den §§ 249 ff. BGB) den Inhalt deliktischer Schadensersatzpflichten. 35

Die beiden letztgenannten Arten von Vorschriften, die sich auf einzelne Schuldverhältnisse beziehen, finden sich im Besonderen Schuldrecht. Im Allgemeinen Schuldrecht geht es in erster Linie um die allgemeineren, für (fast) alle Schuldverhältnisse geltenden Vorschriften. 36

[15] BGH NJW 2002, 3317; 2005, 973.

§ 14. Treu und Glauben als allgemeines Prinzip

Literatur: Auer, Materialisierung, Flexibilisierung, Richterfreiheit, 2005; Canaris, Die Vertrauenshaftung im deutschen Privatrecht, 1971; Dette, Venire contra factum proprium nulli conceditur, 1985; Emmert, Auf der Suche nach den Grenzen vertraglicher Leistungspflichten, 2001; Gadow, Die Einrede der Arglist, IherJb. 84 (1934), 174; Gernhuber, § 242 BGB – Funktionen und Tatbestände, JuS 1983, 764; Hedemann, Die Flucht in die Generalklauseln, 1933; Horn, Neuverhandlungspflicht, AcP 181 (1981), 255; Kamanabrou, Die Interpretation zivilrechtlicher Generalklauseln, AcP 202 (2002), 662; Mader, Rechtsmißbrauch und unzulässige Rechtsausübung, 1994; Ohly, Generalklausel und Richterrecht, AcP 201 (2001), 1; Pawlowski, Verfassungsrechtlicher Vorgaben für die Auslegung des § 242 BGB?, JZ 2002, 627; Singer, Das Verbot widersprüchlichen Verhaltens, 1993; R. Weber, Entwicklung und Ausdehnung des § 242 BGB zum königlichen Paragraphen, JuS 1992, 631; R. Weber, Einige Gedanken zur Konkretisierung von Generalklauseln durch Fallgruppen, AcP 192 (1992), 516.

I. Entwicklung

1. Römisches Recht

1 Treu und Glauben gehen zurück auf die *bona fides* (gute Treue) des **römischen Rechts.** Diese hat – spätestens im 3. Jh. v. Chr. – zunächst zur **Begründung** von Klagen aus den gesetzlich nicht geregelten Verkehrsgeschäften wie Kauf, Miete, Gesellschaft, Auftrag und ähnlichen gedient. Später wurden Gültigkeit und Klagbarkeit dieser Geschäfte nicht mehr für weiter begründungsbedürftig gehalten. Damit wurde die *bona fides* für eine andere Funktion frei. Sie bestimmte jetzt (seit kurz vor Christi Geburt) den **Maßstab für die Einzelpflichten** aus jenen Rechtsverhältnissen. Diese traten damit als *iudicia bonae fidei* anderen, strengrechtlichen Rechtsverhältnissen (den *iudicia stricti iuris*) gegenüber, insbesondere denjenigen aus der *stipulatio* einer *certa res.* Solche Verpflichtungen strengsten Rechts richteten sich allein auf den versprochenen Gegenstand, während bei den *iudicia bonae fidei* die näheren Umstände der Leistung und mancherlei Nebenpflichten nach Treu und Glauben bestimmt wurden.

2. Die Regelung in § 242 BGB

2 Das BGB hat den Grundsatz von Treu und Glauben an die **Spitze des Schuldrechts** gestellt: Alle Schuldverhältnisse sollten diesem Grundsatz unterstehen. Die Funktion des § 242 BGB schien sich damit auf die Bestimmung von Einzelheiten der Leistungspflicht zu beschränken. Für deren Begründung schienen Treu und Glauben durch die Bindung an Verträge (§ 311 Abs. 1 BGB) und die umfassende Kodifizierung der gesetzlichen Schuldverhältnisse unnötig. Doch auch die Inhaltsbestimmung konnte angesichts der gerade erfolgten umfassenden gesetzlichen Regelung zunächst nur nebensächliche Bedeutung haben.

3 Aber noch vor dem 1. Weltkrieg hat die Rspr. die Funktion des § 242 BGB **wesentlich erweitert:** In der Entscheidung des RG v. 26.5.1914[1] ging es um die Frage, ob mit einer Forderung aus einer vorsätzlich begangenen Straftat entgegen dem Wortlaut des § 394 BGB auch gegenüber einer unpfändbaren Forderung aufgerechnet werden kann (→ § 24 Rn. 16). Das RG hat das mit folgenden Worten bejaht:

„Der § 394 S. 1 BGB ist ein Glied im Organismus des einheitlichen geschlossenen Rechtssystems; er darf nicht für sich allein, sondern nur als Stück des in allen seinen Teilen untrennbar zusammenhängenden

[1] RG 26.5.1914 – Rep. III. 62/14, RGZ 85, 108.

Ganzen betrachtet werden. Das System des BGB wird durchdrungen von dem Grundsatze von Treu und Glauben mit Rücksicht auf die Verkehrssitte und von dem Grundsatze der Zurückweisung jeder Arglist im weitesten Sinne. Die §§ 157, 226, 242, 826 erscheinen nur als besondere Ausprägungen eines allgemeinen Prinzips. Die §§ 242 und 394 stehen sich nicht als zwei gleich zwingende und gleich kräftige Rechtssätze gegenüber, in deren Zusammentreffen § 394 als die lex specialis die Oberhand behalten müsste; sondern das allgemeine Prinzip beherrscht alle Einzelbestimmungen und muss gerade in ihnen lebendige Wirkung üben, zur Klärung, Erweiterung, Ergänzung oder Beschränkung des vereinzelten Wortlauts. Dem in § 394 zum öffentlichen Wohl und im Staatsinteresse verfolgten Zwecke der Sicherung des Lebensunterhalts und eines darüber hinaus genügenden Einkommensteils darf keine Durchführung und Erfüllung zugestanden werden, die auf dem Irrwege eines unfreien formalistischen Haftens am Wortlaute der Arglist zum Siege verhelfen würde. Darüber will und kann der § 394 selbst nichts besagen; das ergibt sich aus dem Grundgedanken des BGB. Von diesem Standpunkt aus ist der vorliegende Fall und die zu beantwortende Frage zu prüfen."

Hier erscheint § 242 BGB also nicht mehr bloß als Mittel, um die gesetzliche oder vertragliche Regelung in Einzelheiten zu ergänzen. Auch beschränkt sich die Bedeutung der Vorschrift hier nicht mehr auf Schuldverhältnisse. Vielmehr versteht das RG Treu und Glauben als ein den einzelnen Rechtsvorschriften **übergeordnetes Prinzip,** und zwar auch gegenüber Vorschriften des zwingenden Rechts, zu denen § 394 BGB gehört. 4

Diese Funktion des § 242 BGB hat die allergrößte Bedeutung in und nach dem 1. Weltkrieg erlangt und zwar hauptsächlich in zwei Beziehungen: Das RG hat mit § 242 BGB die schlimmsten Unbilligkeiten aus der **Inflation** von 1919–1923 mildern wollen. Es hat entgegen der gesetzlichen Regel „Mark gleich Mark" (sog. Nominalismus) die Befugnis des Schuldners verneint, seine in vollwertigem Geld begründeten Verbindlichkeiten mit demselben Betrag in wertloser Papiermark zu tilgen. So ist letztlich die Aufwertung erzwungen worden.[2] Weiter hat das RG mit § 242 BGB – nämlich mit den (nunmehr in § 313 BGB ebenfalls gesetzlich geregelten) Grundsätzen über den **Wegfall der Geschäftsgrundlage** – die durch den Krieg und die Kriegsfolgen tiefgreifend gestörten langfristigen Verträge zu heilen versucht.[3] 5

Nach dem 2. Weltkrieg sind zwar noch größere Massenkalamitäten aufgetreten. Doch ist die Bedeutung von § 242 BGB für ihre Bewältigung eher geringer gewesen, weil nach 1945 der Gesetzgeber (oder die jeweilige Besatzungsmacht) schneller eingegriffen hat. Allerdings ist der Vorschrift nach 1948 eine neue Funktion zugewachsen: § 242 BGB steht an erster Stelle unter denjenigen Generalklauseln, mit deren Hilfe die **Wertungen des Grundgesetzes** in das bürgerliche Recht Eingang finden.[4] 6

II. Abgrenzungen

1. § 157 BGB

Nach Wortlaut und Stellung bestimmt § 242 BGB die Geltung von „Treu und Glauben mit Rücksicht auf die Verkehrssitte" für **alle Schuldverhältnisse** ohne Rücksicht auf ihren Entstehungsgrund, also gleich, ob sie auf Rechtsgeschäft oder Gesetz beruhen. Die Formulierung „Treu und Glauben mit Rücksicht auf die Verkehrssitte" fin- 7

[2] Vgl. etwa RG 28.11.1923 – V 31/23, RGZ 107, 78 (85).
[3] Vgl. etwa RG 13.10.1930 – IV 48/30, RGZ 100, 130.
[4] Vgl. Köhler BGB AT § 3 Rn. 32 f.; Neuner BGB AT § 5 Rn. 13 ff.

det sich aber auch in § 157 BGB wieder. Diese Vorschrift betrifft **Verträge.** Sie erscheint damit einerseits enger als § 242 BGB, weil sie gesetzliche Rechtsverhältnisse nicht erfasst, und andererseits weiter, weil sie sich auch auf andere als schuldrechtliche Verträge bezieht. Doch ist eine scharfe Trennung zwischen § 157 BGB und § 242 BGB nicht möglich, zumal § 242 BGB als **allgemeines Prinzip** über das Schuldrecht hinaus angewendet wird. Beide Vorschriften werden daher oft gemeinsam zitiert. Eine scharfe Trennung ist aber angesichts der Gleichheit des Regelungsziels, nämlich die Erheblichkeit von Treu und Glauben mit Rücksicht auf die Verkehrssitte vorzuschreiben, auch gar nicht nötig. Denn § 157 BGB hat dieselbe Eigenart wie § 242 BGB: Beide Vorschriften enthalten keine konkrete Rechtsfolgenanordnung (und § 242 BGB auch keinen bestimmten Tatbestand). Sie eignen sich daher nicht zur Anwendung durch schlichte Subsumtion.

2. Gute Sitten

8 Dem Gebot, sich nach Treu und Glauben zu verhalten, ähnelt das Verbot eines Verstoßes gegen die **guten Sitten,** das im BGB vor allem in den §§ 138, 826 BGB ausgedrückt wird. Dabei wird die Abgrenzung so versucht: Die guten Sitten bedeuteten das **gegenüber jedermann** zu beachtende „rechtsethische Minimum", während § 242 BGB für **Sonderverbindungen** (= Schuldverhältnisse) einen strengeren Maßstab aufstelle.

9 Seinem Wortlaut nach („Der Schuldner …") ist § 242 BGB auf bestehende Schuldverhältnisse beschränkt. Doch hat man die Vorschrift in der weiteren Entwicklung auch dazu verwendet, Schuldverhältnisse erst zu begründen oder absolute Rechte einzuschränken (etwa im Nachbarrecht). Damit lässt sich für § 242 BGB das Tatbestandsmerkmal „Sonderverbindung" nur noch aufrechterhalten, wenn man es bloß ganz undeutlich formuliert.[5] Damit verschwimmt auch die Abgrenzung zwischen Treu und Glauben und den guten Sitten.

III. § 242 BGB als Rechtsnorm

10 Eine Rechtsnorm, die nicht bloß definiert (und darauf beschränkt § 242 BGB sich unzweifelhaft nicht), besteht regelmäßig aus **Tatbestand und Rechtsfolge.** Wenn die Voraussetzungen des Tatbestandes vorliegen (zB bei § 985 BGB Eigentum des einen und Besitz des anderen Teils), treten die Rechtsfolgen ein (bei § 985 BGB die Herausgabepflicht des Besitzers). Dieses Schema trifft aber für § 242 BGB nicht zu. Denn der Vorschrift fehlt ein abgrenzbarer Tatbestand. Weiter spricht § 242 BGB auch keine konkrete Rechtsfolge aus. Zwar könnte man die **„Verkehrssitte"** noch objektiv feststellen (so wie die „im Handelsverkehre geltenden Gewohnheiten und Gebräuche" von § 346 HGB). Aber § 242 BGB sagt ja nur, dass für Treu und Glauben auf die Verkehrssitte Rücksicht genommen werden solle. Damit ist die Maßgeblichkeit der Verkehrssitte keine eigenständige Rechtsfolge. **Treu und Glauben** selbst aber entziehen sich einer allgemeingültigen konkreten Fassung, sondern sind vielmehr eine Frage der Beurteilung des jeweiligen Einzelfalls.

---

[5] So MüKoBGB/Schubert § 242 Rn. 123: „qualifizierter sozialer Kontakt"; anders Staudinger/Looschelders, 2024, BGB § 242 Rn. 128.

IV. Fallgruppen

Entzieht sich der Grundsatz von Treu und Glauben einer allgemeingültigen, abstrakten Definition, so müssten zu seiner Erläuterung alle diejenigen Konkretisierungen, Ergänzungen und Änderungen dargestellt werden, die nach Treu und Glauben an anderen Normen vorgenommen worden sind. Eine solche Darstellung würde aber nicht nur weit aus dem Schuldrecht herausführen. Vielmehr wäre sogar der Rahmen des bürgerlichen Rechts zu überschreiten, weil Treu und Glauben anerkanntermaßen auch im Prozessrecht und im öffentlichen Recht anzuwenden sind. Auch im Recht der Europäischen Union ist dieser Grundsatz als ungeschriebenes Recht anerkannt.[6] Demgegenüber scheint es im Rahmen eines Lehrbuchs allein sachgerecht und möglich, bei der Behandlung der einzelnen Schuldrechtsnormen diejenigen Ergebnisse zu nennen, zu denen die Auslegung dieser Normen mit Rücksicht auf § 242 BGB geführt hat, sowie die wichtigsten generalisierbaren Fallgruppen aufzuzeigen. Denn gesetzliche Generalklauseln wie § 242 BGB bedürfen nicht nur zu ihrer praktischen Anwendbarkeit, sondern auch aus Gründen der Rechtssicherheit einer solchen **Fallgruppenbildung,** die sich an den **Funktionsweisen** des Prinzips von Treu und Glauben orientiert. 11

1. Ausfüllung und Ergänzung des Schuldverhältnisses

Die nach seinem Wortlaut und systematischer Stellung primäre Aufgabe von § 242 BGB ist der **Inhalt der Leistungspflicht** selbst. In diesem Bereich hat die Regelung also **Konkretisierungs**- und **Ergänzungsfunktion.** So ist etwa eine Leistung zur Unzeit oder an unpassendem Ort ebenso treuwidrig wie deren Forderung unter diesen Umständen. Eine wichtige Ergänzungsfunktion kommt § 242 BGB im Bereich der **leistungsbezogenen Nebenpflichten** zu, die sich häufig weder aus dem Gesetz noch unmittelbar aus dem Vertrag entnehmen lassen (→ § 13 Rn. 11). 12

2. Beschränkung von Rechten (unzulässige Rechtsausübung)

a) Fehlendes Interesse

Die wohl wichtigste Funktion von § 242 BGB ist seine **Schrankenfunktion.** Nach § 242 BGB muss nicht nur der Schuldner bei seiner Leistung, sondern auch der **Gläubiger** oder **Rechtsinhaber** bei der Geltendmachung eines Anspruchs oder eines Rechts Rücksicht auf Treu und Glauben sowie die Verkehrssitte nehmen. Konstruktiv lässt sich das mit dem nur den Schuldner betreffenden Wortlaut von § 242 BGB durchaus vereinbaren. Der Schuldner muss die Leistung eben auch nur so erbringen, wie es Treu und Glauben mit Rücksicht auf die Verkehrssitte erfordern. Unter die Schrankenfunktion fallen etwa Situationen, in welchen der Gläubiger kein **schutzwürdiges Interesse** an der Leistung des Schuldners hat, weil er sie ihm ohnehin sofort oder zumindest alsbald zurückerstatten müsste (*„dolo agit qui petit quod statim redditurus est“*; sinngemäß: *„Arglistig handelt, wer etwas verlangt, was er augenblicklich wieder zurückgeben muss“*).[7] In der Kurzform wird auch schlicht von der *„dolo agit*-Einrede“ gesprochen. 13

[6] S. etwa BGH NJW 2005, 1045.
[7] S. etwa BGH NJW 2005, 2991, 2993.

Beispiel: V hat dem K sein Fahrrad geliehen. Noch während der Leihe verkauft V dem K das Fahrrad. Wenn V jetzt das Fahrrad aus Leihe zurückverlangt (§§ 604, 985 BGB) kann K dem V aus § 242 BGB entgegenhalten, dass V ihm das Fahrrad ohnehin übereignen muss (was nach § 929 S. 2 BGB durch bloße Einigung über den Eigentumsübergang erfolgen kann).

b) Widersprüchliches Verhalten

14 Unzulässige Rechtsausübung liegt auch vor im Falle **widersprüchlichen Verhaltens** *(venire contra factum proprium).* Diese Fallgruppe ist dadurch gekennzeichnet, dass ein Berechtigter durch seine Erklärung oder durch sein Verhalten bewusst oder unbewusst eine (uU nur scheinbare) Sach- bzw. Rechtslage geschaffen hat, auf die sich der andere Teil verlassen durfte und auch verlassen hat, und sich der Berechtigte später mit seinen früheren Erklärungen bzw. seinem früheren Verhalten in Widerspruch setzt.[8]

So ist es vom BGH zu Recht für treuwidrig gehalten worden, dass sich ein Verbraucher, der beim Kauf eines gebrauchten Pkw dem Händler vorgespiegelt hatte, selbst ein Unternehmer (§ 14 BGB) zu sein, auf die Unwirksamkeit eines vereinbarten Gewährleistungsausschlusses gem. § 476 Abs. 1 BGB beruft.[9]

c) Unredliche Ausübung von Rechtspositionen

15 Nach § 242 BGB ist es dem Gläubiger verwehrt, sich auf unredlich erworbene Rechtspositionen zu berufen. Es gilt der Grundsatz, dass niemand einen Anspruch aus eigenem gesetz- oder sittenwidrigen Verhalten herleiten darf (*nemo auditur turpitudinem suam allegans;* sinngemäß: Niemand wird gehört, der sich auf sein eigenes sittenwidriges Handeln beruft). Häufig finden sich hier spezialgesetzliche Ausformungen dieses Grundsatzes, die einen Rückgriff auf § 242 BGB entbehrlich machen (zB §§ 162, 817 S. 2 BGB). In die Fallgruppe der unredlichen Ausübung von Rechtspositionen gehören auch der **Missbrauch der Vertretungsmacht,**[10] die Grundsätze der sog. **treuwidrigen Berufung auf die Formnichtigkeit** eines Rechtsgeschäfts[11] sowie die Verhinderung der Wirksamkeit eines Vertrags etwa durch die **arglistige Vereitelung des Zugangs** einer Willenserklärung.[12] Hier kann auch auf den Rechtsgedanken des § 162 BGB zurückgegriffen werden.

d) Verwirkung

16 Die **Verwirkung** einer Rechtsposition bedeutet, dass deren Inhaber nach Treu und Glauben an ihrer Geltendmachung gehindert ist. Das setzt ein **Zeitmoment** sowie ein **Umstandsmoment** voraus: Ein Recht ist verwirkt, wenn seit der Möglichkeit seiner Geltendmachung **längere Zeit** verstrichen ist **(= Zeitmoment)** und **besondere Umstände** hinzutreten, die die verspätete Geltendmachung als Verstoß gegen Treu und Glauben erscheinen lassen **(= Umstandsmoment).** Letzteres wird von der Rspr. angenommen, wenn der Verpflichtete aus dem Verhalten des Berechtigten entnehmen durfte, dass dieser sein Recht nicht mehr geltend machen werde und sich dergestalt darauf eingerichtet hat, dass ihm durch die verspätete Durchsetzung des Rechts ein unzumutbarer Nachteil entstünde.[13] Dabei geht es um eine rein objektive

---

[8] BGH NJW 2006, 54 Rn. 34.

[9] BGH NJW 2005, 1045.

[10] S. dazu Köhler BGB AT § 11 Rn. 63.

[11] S. dazu Köhler BGB AT § 12 Rn. 17.

[12] S. dazu BGHZ 137, 205 = NJW 1998, 976: nicht abgeholter Einschreibebrief.

[13] Vgl. dazu BGH NJW 2014, 1230 Rn. 13; NJW-RR 2014, 195 Rn. 11, jeweils mwN.

Beurteilung aus der Sicht des Schuldners. Es kommt daher nicht darauf an, ob der Gläubiger selbst Kenntnis von seiner Berechtigung hatte.[14] Im Mittelpunkt steht allein der Schutz berechtigten Vertrauens des Schuldners, welches sich aber in **konkreten Vertrauensdispositionen** niedergeschlagen haben muss.

Der Unterhaltsschuldner, gegen den rückständiger Unterhalt über längere Zeit nicht eingefordert wird, pflegt „erfahrungsgemäß seine Lebensverhältnisse an die ihm zur Verfügung stehenden Einkünfte anzupassen, so dass er bei unerwarteten Unterhaltsnachforderungen nicht auf Rücklagen zurückgreifen kann und dadurch regelmäßig in Bedrängnis gerät“.[15]

Verwirkungsfähig sind **alle subjektiven Rechte,** darüber hinaus auch jede andere **Rechtsposition,** die gegenüber einem anderen geltend gemacht werden kann (zB die Berufung auf die Nichtigkeit eines Vertrags).[16] 17

Insbesondere angesichts der Tatsache, dass die Einschränkung der Rechtsausübung durch Zeitablauf durch das **Verjährungsrecht** (§§ 194 ff. BGB) besonders geregelt ist, ist die Verwirkung als Ausnahmetatbestand besonders restriktiv zu handhaben und kann keinesfalls allein mit dem Verstreichen eines bestimmten Zeitraums begründet werden. Auch an den Nachweis konkreter Vertrauensdispositionen des Schuldners werden hohe Anforderungen gestellt. 18

So verwirkt etwa nicht seine Gewährleistungsrechte, wer ein mangelhaftes Fahrzeug zunächst weiterbenutzt,[17] ebenso wenig verwirkt ein Mieter, der auf ein unberechtigtes Mieterhöhungsverlangen des Vermieters zunächst eine erhöhte Miete zahlt, seinen Rückforderungsanspruch.[18] Ein Gläubiger verwirkt einen rechtskräftig ausgeurteilten Zahlungsanspruch (Verjährung gem. § 197 Abs. 1 Nr. 3 BGB: 30 Jahre!) nicht allein dadurch, dass er über einen Zeitraum von 13 Jahren keinen Vollstreckungsversuch unternimmt.[19]

e) Unzumutbarkeit

Weitestgehend durch die Leistungsverweigerungsrechte nach § 275 Abs. 2, 3 BGB (→ § 34 Rn. 20 ff.) sowie durch § 313 BGB (Geschäftsgrundlage, → § 42 Rn. 1 ff.) werden heute die Fälle der **Unzumutbarkeit** der Leistung aus **wirtschaftlichen oder persönlichen Gründen** erfasst, so dass ein Rückgriff auf § 242 BGB insoweit nicht mehr erforderlich sein dürfte. 19

3. Korrekturfunktion von Gesetzen und Verträgen

Die problematischste Funktion des § 242 BGB ist diejenige der **Korrektur des Gesetzesrechts** und der **Korrektur von Verträgen.** Das deutlichste Beispiel für eine solche Gesetzeskorrektur ist die Durchbrechung des Grundsatzes „Mark gleich Mark“ durch das RG in der großen Inflation 1923 (→ Rn. 5). Aus neuerer Zeit kann die Durchbrechung des § 253 Abs. 1 BGB bei der Gewährung eines Geldersatzes wegen Persönlichkeitsverletzung genannt werden.[20] 20

---

[14] BGH NJW 2007, 2183 Rn. 8.
[15] BGH NJW 2007, 1273 Rn. 23.
[16] S. aber BGH NJW 2004, 3330 für formnichtige Verträge: Vorrang der ebenfalls auf § 242 BGB basierenden Grundsätze über die arglistige Berufung auf Formmängel.
[17] BGH NJW 2004, 160.
[18] BGH NJW-RR 2005, 1464; s. auch BGH NJW 2010, 1292: Keine Verwirkung des Anspruchs auf Mängelbeseitigung aus § 535 Abs. 1 S. 2 BGB.
[19] BGH NJW-RR 2014, 195.
[20] Vgl. Medicus/Lorenz SchuldR BT § 77 Rn. 9.

21 Vor allem bei dieser dritten Funktion ist aber größte Vorsicht nötig.[21] Keinesfalls darf der Richter einfach seine eigenen subjektiven Wertungen an die Stelle des vom Gesetzgeber oder von den Parteien Gewollten setzen. Vielmehr bedarf es zur Rechtfertigung einer solchen Korrektur eines „Rechtsnotstandes". Dieser darf nicht schon dann angenommen werden, wenn er selbst das rechtspolitisch Wünschenswerte oder Nötige anders beurteilt als der Gesetzgeber, die gesetzliche Lösung also subjektiv für „ungerecht" hält. Dies würde gegen das **Rechtsstaatsprinzip** (Art. 20 Abs. 3 GG) verstoßen.[22] Vielmehr muss sich der Richter hierüber eines breiten Konsenses und insbesondere auch der Zustimmung eines erheblichen Teils der Rechtswissenschaft sicher sein. Darauf weist auch die von § 242 BGB geforderte „Rücksicht auf die Verkehrssitte" hin. In normalen Zeiten kann ein solcher Rechtsnotstand wohl nur eintreten, wenn der parlamentarische Gesetzgeber auf ein anerkanntes neues Bedürfnis noch nicht reagieren konnte, oder wenn ihm durch außerrechtliche Gründe die Hände gebunden sind. Ein Beispiel für das Letztgenannte war die Rücksichtnahme der politischen Parteien auf die Presse, derentwegen die Regelung eines Geldersatzes wegen Persönlichkeitsverletzung unterblieben ist.[23] Ähnliche unselige Rücksichten hemmen die Gesetzgebung noch viel weitergehender im Arbeitsrecht (vor allem bei einer Regelung von Streik und Aussperrung).

22 Auch die Fälle der **Korrektur von Verträgen** sind heute weitestgehend durch spezielle Normen geregelt, die einen Rückgriff auf § 242 BGB erübrigen. Hierzu zählen die Regelungen über die **Inhaltskontrolle** von AGB (§§ 305 ff. BGB), die Anpassung von Verträgen bei **Störungen der Geschäftsgrundlage** nach § 313 BGB sowie das **außerordentliche Kündigungsrecht** nach § 314 BGB. Die Inhaltskontrolle von Individualverträgen oder von AGB-Bestimmungen, die aus dem Anwendungsbereich der §§ 305 ff. BGB ausgenommen sind (s. § 307 Abs. 3 BGB, § 310 Abs. 1, 2, 4 BGB), beruht hingegen weiterhin auf § 242 BGB.[24] Die Korrektivfunktion von § 242 BGB spielt insbesondere im Arbeits- und Gesellschaftsrecht, aber auch bei Eheverträgen eine wichtige Rolle.[25]

V. Einwendung oder Einrede?

23 Hinzuweisen bleibt noch auf die **prozessuale Seite:** Nach der ganz hM ist ein Verstoß gegen Treu und Glauben von Amts wegen zu berücksichtigen. § 242 BGB ist also **Einwendung,** nicht Einrede.[26] Die Ausnahmefälle, in welchen Teile der Lit. früher eine einredeweise Geltendmachung des Verstoßes gegen Treu und Glauben verlangten (etwa eine Unzumutbarkeit der Leistung aus Gewissensgründen oder der Wegfall der Geschäftsgrundlage) sind jetzt ohnehin weitestgehend gesetzlich als Einrede (§ 275 Abs. 3 BGB), als Anspruch oder als Gestaltungsrecht (§ 313 BGB) ausgestaltet. Str. ist die Frage weiterhin bei der **Verwirkung.** Richtigerweise sollte man auch hier von einer (rechtshemmenden) Einwendung ausgehen.[27] Die praktische Relevanz dieser Frage ist gering, weil im Prozess jedenfalls entsprechender Tatsachenvortrag erfolgen muss.

[21] Vgl. insbes. Neuner, Die Rechtsfindung contra legem, 2. Aufl. 2005.

[22] S. etwa BGH NJW 2006, 3200 Rn. 15.

[23] Vgl. Diedrichsen, Die Flucht des Gesetzgebers aus der politischen Verantwortung im Zivilrecht, 1974, S. 56 ff.

[24] S. dazu Coester-Waltjen AcP 190 (1990), 1.

[25] S. dazu MüKoBGB/Schubert § 242 Rn. 520 ff. mwN. Für Eheverträge s. etwa BGHZ 158, 81.

[26] Vgl. zB BGHZ 3, 94 (103 f.) = NJW 1951, 917; BGHZ 37, 147 (152) = NJW 1962, 1344.

[27] Staudinger/Looschelders/Olzen, 2024, BGB § 242 Rn. 320 ff. mwN.

§ 15. Einzelheiten der Leistungserbringung

Im Anschluss an die allgemeine Vorschrift des § 242 BGB regelt das BGB zunächst einzelne typische Schuldinhalte. Wichtig sind dabei die Gattungsschuld (§ 243 BGB), die Geldschuld (§§ 244–248 BGB) und die Schadensersatzschuld (§§ 249–255 BGB). Eher selten ist die Wahlschuld (§§ 262–265 BGB). Die §§ 266 ff. BGB beziehen sich hingegen nicht auf Verbindlichkeiten eines bestimmten Inhalts, sondern regeln bestimmte **Einzelheiten der Leistungserbringung** wie zB Ort, Zeit und Art der Leistungserbringung und die Person des Leistenden. 1

Die **praktische Bedeutung** dieser Regelungen liegt insbesondere in ihrer **Tatbestandsfunktion** im Rahmen anderer Regelungen, insbesondere von Anspruchsgrundlagen des **Leistungsstörungsrechts.** So kann insbesondere die Frage nach einer Pflichtverletzung iSv § 280 Abs. 1 BGB nur beantwortet werden, wenn die hier zu erörternden Einzelheiten der Leistungspflicht des Schuldners feststehen.

I. Teilleistungen

Teilleistungen eignen sich nur dann zur Erfüllung, wenn sie in ihrer Gesamtheit die geschuldete Leistung ergeben können, dh die Leistung teilbar ist. So kann, wer eine lebende Kuh schuldet, nicht zwei Hälften liefern. Dagegen sind viele andere Leistungen in dem Sinne teilbar, dass man die geschuldete Gesamtleistung ohne Wertminderung aus Teilen zusammensetzen kann. Das gilt insbesondere für Forderungen auf Geld, größere Warenmengen oder Sachgesamtheiten (etwa eine aus verschiedenen Komponenten bestehende Einbauküche). Nach § 266 BGB muss der Gläubiger Teilleistungen **nicht annehmen.** Er wird so vor den Belästigungen geschützt, die für ihn mit einer mehrfachen Leistung verbunden sein können. Daher gerät der Gläubiger durch die Zurückweisung einer Teilleistung nicht in Gläubigerverzug (→ § 41 Rn. 1 ff.) und vermeidet zugleich bestimmte Einschränkungen seiner Rechtsbehelfe im Falle einer Teilleistung (§ 281 Abs. 1 S. 2, 3 BGB sowie § 323 Abs. 5 BGB, → § 37 Rn. 19 sowie → § 38 Rn. 15). 2

Eine Teilleistung liegt dabei nicht nur dann vor, wenn der Schuldner zu wenig leistet **(quantitative Teilleistung, Mankolieferung),** sondern auch dann, wenn der (zB nach § 433 Abs. 1 S. 2 BGB) zur mangelfreien Leistung verpflichtete Schuldner eine mangelhafte Leistung anbietet **(qualitative Teilleistung).** So kann also etwa der Käufer die Annahme einer mangelhaften Sache nach § 266 BGB verweigern, wenn der Mangel behebbar ist.[1]

Keine Teilleistung iSv § 266 BGB liegt hingegen vor, wenn im Falle **teilweiser Unmöglichkeit** (und damit auch im Falle eines unbehebbaren Mangels) der Schuldner den noch möglichen Teil der Leistung anbietet: Der Schuldner ist dann nämlich von dem unmöglichen Teil der Leistungspflicht nach § 275 Abs. 1 BGB („soweit") befreit, so dass der noch mögliche Teil der Leistung keine Teilleistung, sondern die ganze (noch) geschuldete Restleistung darstellt.[2] Der Gläubiger kann in einem solchen Fall die Restleistung zwar nicht nach § 266 BGB ablehnen, aber unter den Voraussetzungen der § 326 Abs. 5 BGB, § 323 Abs. 5 S. 1 BGB vom gesamten Vertrag zurücktreten (→ § 35 Rn. 13). 3

§ 266 BGB kann durch **Vereinbarung** abbedungen werden. So bedeutet zB die Verabredung von Ratenzahlungen, dass jede Rate die (zu diesem Termin geschuldete) 4

[1] S. dazu Medicus/Lorenz SchuldR BT § 7 Rn. 97 f.
[2] Dazu S. Lorenz NJW 2003, 3097.

ganze Leistung darstellt. In anderen Fällen ergibt sich die Zulässigkeit von Teilleistungen aus dem **Gesetz,** so bei (heute kaum noch gebräuchlichen) Wechsel und Scheck (Art. 39 Abs. 2 WG, Art. 34 Abs. 2 ScheckG). Auch in der **Zwangsvollstreckung** (vgl. § 757 Abs. 1 ZPO) und bei der **Aufrechnung** (vgl. § 389 BGB *„soweit* sie sich decken") sind Teilleistungen zulässig. Weiter müssen sich die Insolvenzgläubiger nach § 187 Abs. 2 InsO mit Abschlagszahlungen zufriedengeben. Ähnlich zwingt § 497 Abs. 3 S. 2 BGB beim Verbraucherkredit den Kreditgeber zur Annahme solcher Teilzahlungen, die sich nicht mit den vereinbarten Raten decken. Schließlich kann der Gläubiger auch aus **Treu und Glauben** (§ 242 BGB) zur Annahme einer Teilleistung gehalten sein: Wenn jemand 50 Mehlsäcke schuldet, mit großer Mühe 49 ablädt und dann feststellt, dass er den fünfzigsten vergessen hat, braucht er die 49 Säcke nicht wieder mitzunehmen. Er darf nach § 242 BGB den fünfzigsten nachbringen.

5 Insbesondere bei **Geldforderungen** wird der Gläubiger auch gegen Teilleistungen nichts einzuwenden haben. Problematisch ist aus dem Bereich von § 266 BGB im Wesentlichen nur die folgende Situation: Zwischen Gläubiger und Schuldner besteht Streit über die Höhe der Forderung. Der Schuldner will nur den geringeren Betrag zahlen, den er seiner Ansicht nach schuldet. Kann hier der Gläubiger diesen Betrag zurückweisen, um den Schuldner auf den ganzen nach seiner – des Gläubigers – Ansicht geschuldeten Betrag zu verklagen mit der Folge, dass der Schuldner auch hinsichtlich des Teils, den er zu zahlen bereit war, die Prozesskosten tragen muss (§ 91 ZPO)? Wäre das möglich, so gäbe § 266 BGB dem Gläubiger ein Mittel, um den Schuldner hinsichtlich streitiger Spitzenbeträge zum Nachgeben zu zwingen. Die Frage spielt insbesondere für Schadensersatzforderungen eine Rolle, deren genaue Höhe sehr häufig umstritten ist.

6 Die hM **schränkt hier § 266 BGB** unter Berufung auf Treu und Glauben (§ 242 BGB) sehr **weitgehend ein.** So muss der Gläubiger eine Teilleistung annehmen, wenn der Schuldner der Meinung sein darf, er schulde nicht mehr, oder wenn der Schuldner zu vollständiger Leistung außerstande ist. In Schadensersatzsachen unterscheidet man zudem die einzelnen Schadensposten (zB Reparaturkosten, Arztkosten, Verdienstausfall, Schmerzensgeld) und beurteilt die Vollständigkeit der Leistung für jeden Posten gesondert.[3]

II. Leistung durch Dritte

1. Allgemeines

7 Das Allgemeine Schuldrecht bestimmt nicht, unter welchen Voraussetzungen der Schuldner **in Person leisten muss.** Lediglich das Besondere Schuldrecht sieht für bestimmte Fälle die **persönliche Leistungspflicht** vor. Das gilt etwa für **Dienstleistungen** (§ 613 BGB), für den **Beauftragten** (§ 664 BGB), den **geschäftsführenden Gesellschafter** (§ 713 BGB) und den **Verwahrer** (§ 691 BGB). Aber selbst hier gilt die persönliche Leistungspflicht nur „im Zweifel". Umgekehrt kann sich durch Auslegung auch bei anderen Typenverträgen eine **persönliche Leistungspflicht** ergeben (zB bei manchen Werkverträgen, etwa über wissenschaftliche Gutachten, die Anfertigung eines Gemäldes). Entscheidend ist stets, ob der Gläubiger erkennbar auf Leistung gerade durch den Schuldner Wert legt.

[3] Vgl. etwa MüKoBGB/Krüger § 266 Rn. 16 mwN.

Hiervon ist die weitere Frage zu unterscheiden, inwieweit der Schuldner zur Unterstützung seiner eigenen Tätigkeit **Erfüllungsgehilfen** (§ 278 BGB, → § 31 Rn. 11 ff.) einsetzen darf. Das ist ihm für die Vorbereitung der Leistung und für Nebenleistungen oft selbst dann gestattet, wenn iÜ persönliche Leistungspflicht besteht. So muss zwar ein Chirurg, der sich zu einer Operation verpflichtet hat, diese selbst vornehmen.[4] Er darf aber die technische Vorbereitung dem Hilfspersonal überlassen und muss sogar zu den Nebenleistungen bei der Operation Hilfspersonen heranziehen.

2. Die Drittleistung (§ 267 BGB)

Wenn der Schuldner nicht in Person zu leisten hat, kann nach § 267 Abs. 1 BGB ein 8
Dritter die Leistung bewirken. Dabei ist Dritter nur derjenige, den der Schuldner nicht in die Erfüllung eingeschaltet hat. Denn eine solche Einschaltung macht die betreffende Person zum **Erfüllungsgehilfen,** dessen Leistung rechtlich eine Leistung **des Schuldners** selbst darstellt. Eine Drittleistung liegt damit nur dann vor, wenn der Dritte in eigener Person für den Schuldner an den Gläubiger leistet. Dies muss er gegenüber dem Gläubiger auch erkennbar machen, indem er eine sog. **Tilgungsbestimmung** auf die (fremde) Verbindlichkeit setzt.[5] Denn wenn die Leistung des Dritten als Leistung auf dessen vermeintlich eigene Schuld erscheint, befreit sie den wirklichen Schuldner nicht. Vielmehr bewirkt dann die Leistung des Dritten keine Erfüllung und das dadurch Erlangte kann nach § 812 Abs. 1 S. 1 Alt. 1 BGB zurückverlangt werden, wenn der Dritte dem Gläubiger selbst nichts schuldete. Leistet der Dritte als Erfüllungsgehilfe des Schuldners, setzt er keine eigene Tilgungsbestimmung, sondern übermittelt diejenige des Schuldners nach § 362 Abs. 1 BGB (→ § 21 Rn. 23).[6]

Beispiel: G behauptet, von dem Hund des B gebissen worden zu sein. B leistet dem G Schadensersatz. Später stellt sich heraus, dass in Wahrheit der Hund des S den G gebissen hat. Dann hat B durch seine Zahlung, da er erkennbar nicht für S leisten wollte, den S nicht befreit. Vielmehr muss G an B (aus § 812 Abs. 1 S. 1 Alt. 1 BGB) zurückzahlen und kann weiter von S Leistung verlangen.

Der Schuldner kann die Leistung durch einen Dritten nicht allein verhindern. Wenn 9
er widerspricht, **kann** der Gläubiger nach § 267 Abs. 2 BGB die Leistung des Dritten **ablehnen.** Diese Situation ist nicht eben häufig. Meist findet sich schon niemand, der fremde Schulden begleichen will. Und wenn sich jemand findet, wird der Schuldner oft froh darüber sein und nicht widersprechen. Daraus kann sich für den Gläubiger eine unangenehme Konsequenz ergeben. Er muss, wenn der Schuldner nicht widerspricht, die Leistung des Dritten annehmen, um nicht in Gläubigerverzug zu geraten (→ § 41 Rn. 1 ff.). Wenn aber der Dritte schlecht erfüllt, haftet der Schuldner für ihn mangels Einschaltung nicht nach § 278 BGB. Hier kann also gleichsam **außerhalb der Verantwortung des Schuldners** geleistet werden. Ist die Leistung des Dritten **mangelhaft,** so tritt (auch im Kaufrecht) keine Erfüllungswirkung ein.[7] Für Verletzungen nicht leistungsbezogener Nebenpflichten kann eine Haftung des Dritten unter bestimmten Voraussetzungen auf §§ 311 Abs. 3, 241 Abs. 2 BGB gestützt werden (→ § 40 Rn. 1 ff.). Ein besonderes **Rückgriffsrecht** gegen den befreiten Schuldner hat der Dritte bei § 267 BGB nicht. Allerdings kann sich ein Rückgriff aus anderen Vorschriften ergeben, insbesondere aus §§ 683, 670 BGB (berechtigte

[4] Vgl. BGH NJW 2016, 3523 Rn. 15 mwN.
[5] S. etwa BGH DNotZ 2008, 923 Rn. 28.
[6] BGH ZIP 2008, 1922 Rn. 28.
[7] S. dazu BeckOK BGB/Lorenz § 267 Rn. 14 mwN.

Geschäftsführung ohne Auftrag) oder § 812 Abs. 1 S. 1 Alt. 2 BGB (Rückgriffskondiktion).

3. Ablösungsrecht (§ 268 BGB)

10 § 268 BGB verbessert die Rechtsstellung des Dritten, wenn dieser ein **besonderes Interesse** an der Befriedigung des Gläubigers hat. Das ist nach § 268 Abs. 1 BGB der Fall, wenn der Dritte Gefahr läuft, durch die Zwangsvollstreckung des Gläubigers **ein Recht zu verlieren,** oder wenn dem Dritten durch die Vollstreckung **Besitzverlust** droht. Dabei meint die erste Fallgruppe den Inhaber eines nachrangigen Rechts an einer Sache, dessen Recht durch die Vollstreckung eines vorrangig Berechtigten erlischt (vgl. § 1242 Abs. 2 BGB, §§ 91, 52, 44 ZVG). Bei der zweiten Fallgruppe geht es vor allem um Mieter und Pächter eines Grundstücks oder einer Wohnung. Sie laufen durch die Zwangsvollstreckung Gefahr, den Mietbesitz zu verlieren, weil ihnen der Ersteher des Grundstücks nach § 57a ZVG kündigen kann.

11 In einer solchen Situation ist die Stellung des Ablösungsberechtigten in mehrfacher Hinsicht gegenüber einem Drittleistenden nach § 267 BGB verbessert. Anders als nach § 267 Abs. 2 BGB kann der Gläubiger die Leistung des Ablösungsberechtigten sogar bei Widerspruch des Schuldners nicht ablehnen. Der Ablösungsberechtigte kann dann nach § 268 Abs. 2 BGB auch durch **Hinterlegung** (→ § 23 Rn. 1 ff.) und **Aufrechnung** (→ § 24 Rn. 1 ff.) leisten. Der wohl wichtigste Unterschied zu § 267 BGB besteht aber darin, dass die Forderung durch die Drittleistung nicht erlischt, sondern auf den **Ablösungsberechtigten übergeht** (§ 268 Abs. 3 S. 1 BGB).

Einen solchen Übergang kraft Gesetzes nennt man eine **Legalzession** (*cessio legis,* dazu → § 62 Rn. 31). Sie verschafft dem Ablösungsberechtigten einen gesicherten **Rückgriff** gegen den befreiten Schuldner. Nach § 268 Abs. 3 S. 2 BGB darf der Übergang der Forderung nicht zum Nachteil des Gläubigers geltend gemacht werden. Das kann von Bedeutung sein, wenn der Ablösungsberechtigte den Gläubiger nur teilweise befriedigt. Ein etwaiger, nach §§ 268 Abs. 3 S. 1, 412, 401 BGB erworbener Pfandrechtsteil des Ablösungsberechtigten ist dann nachrangig gegenüber demjenigen des Gläubigers.

III. Leistungs- und Erfüllungsort

1. Grundbegriffe

12 Der **Leistungsort** ist derjenige Ort, an dem der Schuldner die (abschließende) **Leistungshandlung** vorzunehmen hat. Dagegen ist der **Erfolgsort** derjenige Ort, an dem der **Erfüllungserfolg** eintreten soll. Der im Gesetz (zB in §§ 447, 644 Abs. 2 BGB) und häufig auch in Verträgen verwendete Begriff **„Erfüllungsort“** ist dagegen missverständlich, da für die „Erfüllung“ allein der Leistungserfolg und nicht die Leistungshandlung maßgeblich ist (→ § 21 Rn. 16). Gemeint ist aber jeweils der **Leistungsort.**

Im nationalen wie im internationalen **Zivilprozessrecht** hat der Erfüllungsort eine wichtige Bedeutung für die **örtliche** und **internationale Zuständigkeit** der Gerichte. So bestimmt sich die örtliche Zuständigkeit gem. § 29 ZPO ua über den Erfüllungsort. Für die internationale Zuständigkeit gilt Art. 7 Nr. 1b EuGVVO (Verordnung (EU) Nr. 1215/2012 des Europäischen Parlaments und des Rates vom 12. 12. 2012 über die gerichtliche Zuständigkeit und die Anerkennung und Vollstreckung von Entscheidungen in Zivil- und Handelssachen), der allerdings eine eigene („autonome“) Definition des Erfüllungsortes enthält.[8]

[8] S. dazu etwa EuGH NJW 2011, 3018.

Je nachdem, ob Leistungs- und Erfolgsort beim Gläubiger oder beim Schuldner liegen, ergeben sich die folgenden drei Schuldtypen: 13

a) Holschuld

Bei einer **Holschuld** liegen sowohl Leistungs- als auch Erfolgsort beim **Schuldner.** Für die Leistungspflicht des Verkäufers einer beweglichen Sache bedeutet das etwa (§ 433 Abs. 1 S. 1 BGB), dass der Käufer die Sache beim Verkäufer abholen muss. Dort werden nicht nur die Leistungshandlungen vorgenommen (Übergabe und Einigung nach § 929 BGB), sondern es tritt auch der geschuldete Erfolg dort ein (Besitz- und Eigentumserwerb durch den Käufer). Leistungsort und Erfolgsort stimmen dann überein. 14

b) Bringschuld

Bei einer **Bringschuld** liegen hingegen sowohl Leistungsort als auch Erfolgsort übereinstimmend beim **Gläubiger.** Ist eine Bringschuld vereinbart, muss zB ein Verkäufer die Kaufsache zum Käufer bringen und sie ihm dort übergeben und übereignen. 15

c) Schickschuld

Gleichsam zwischen Hol- und Bringschuld liegt die **Schickschuld.** Bei ihr fallen Leistungs- und Erfolgsort auseinander. Denn der Leistungsort befindet sich beim **Schuldner,** der zB die geschuldete Sache abschicken muss **(Leistungshandlung).** Besitz- und damit Eigentumserwerb **(Leistungserfolg)** treten aber erst ein, wenn die Sache beim Käufer ankommt. Die Frage, welche Partei welches Risiko des Verlusts oder der Verschlechterung zwischen Leistungshandlung und Leistungserfolg trägt (zB beim Abhandenkommen einer versendeten Ware), nennt man auch **Gefahrtragung** (→ Rn. 22 ff.) 16

Von einer **qualifizierten Schickschuld** sprich man, wenn die gesetzliche Regelung einer Schickschuld besondere Regelungen über die **Gefahrtragung** oder die **Kosten des Transports** enthält (so etwa § 270 Abs. 1 BGB für Geldschulden, §§ 355 Abs. 3 S. 4, 357 Abs. 6 BGB für das verbraucherschützende Widerrufsrecht).

2. Die Regelung

a) Parteiwille und Umstände

Wie sich aus dem Eingangssatz von § 269 Abs. 1 BGB ergibt, bestimmen den Leistungs- und den Erfolgsort in erster Linie die **Parteien selbst.** Fehlt ein solcher Parteiwille, so ist auf die **Umstände des Einzelfalles,** insbesondere auf die Natur des Schuldverhältnisses abzustellen. Da diese Orte oft nicht ausdrücklich vereinbart werden, gehen hier der durch Auslegung zu ermittelnde Parteiwille und die „Umstände" häufig fließend ineinander über. Abzustellen ist insbesondere auch auf eine entsprechende **Verkehrssitte.** 17

So ist bei der Wohnungsmiete die Schuld des Vermieters da zu erfüllen, wo sich die Wohnung befindet. Der zur Reparatur einer Wasserleitung verpflichtete Handwerker muss zu der Leitung kommen. Heizöl ist regelmäßig zum Käufer zu bringen (weil dieser keine eigene Transportmöglichkeit hat). Für **kaufrechtliche Gewährleistungsansprüche,** also etwa für die **Nacherfüllungspflicht** (§ 439 BGB) ist nicht auf den ursprünglichen Leistungsort der Lieferpflicht abzustellen, sondern auf eine (wohl selten vorhandene) Parteiabrede bzw. die Verkehrsanschauung. Nach der neueren Rspr. des BGH ist dabei bei typischen

Ladengeschäften Leistungsort der Sitz des Verkäufers, bei Gegenständen, die der Käufer ein- oder aufgebaut hat, der Sitz des Käufers.[9]

18 Nicht selten findet sich in Verträgen, insbesondere in AGB, aber auch im Gesetz eine Bestimmung über den **Erfüllungsort.** Was damit gemeint ist, muss durch Auslegung ermittelt werden. Das kann (so in §§ 447, 644 Abs. 2 BGB und in § 29 ZPO) der Leistungsort sein. Unter Kaufleuten wird aber häufig bloß eine Gerichtsstandvereinbarung beabsichtigt (so wenn in einem Mietvertrag steht: „Erfüllungsort ist das Amtsgericht in Münster"). Der Gerichtsstand kann auch gegenüber einem Nichtkaufmann gemeint sein, jedoch sind solche Vereinbarungen dann nach den §§ 38, 40 ZPO weithin unwirksam (s. auch § 29 Abs. 2 ZPO).

b) Fehlen einer Parteivereinbarung

19 § 269 BGB greift tatbestandlich erst ein, wenn den Parteivereinbarungen und den Umständen keine Ortsbestimmung entnommen werden kann. Leistungsort ist der **Wohnsitz** (Abs. 1) oder die **gewerbliche Niederlassung** (Abs. 2) des Schuldners. Damit liegt im Zweifel eine **Holschuld** vor. Nach dem (wichtigen) § 269 Abs. 3 BGB wird der Empfangsort nicht allein dadurch zum Leistungsort, dass der Schuldner die Kosten der Versendung übernommen hat. Die Schuld wird also durch die Kostenübernahme für den Versand nicht zur Bringschuld, sondern allenfalls zur **Schickschuld.** Das gilt erst recht, wenn der Schuldner die Kosten der Versendung nicht übernimmt. Von besonderer Bedeutung ist dies im Zusammenhang mit den Gefahrtragungsregelungen für den **Versendungskauf** und den **Versendungswerkvertrag,** weil die einschlägigen Normen (§§ 447, 644 Abs. 2 BGB) voraussetzen, dass „an einen anderen Ort als den Erfüllungsort" (gemeint ist dabei der Leistungsort iSv § 269 BGB, → Rn. 12) versandt wird.

c) Geldschulden

20 Für die **Geldschuld** bringt § 270 BGB eine Sonderregelung: Hier muss der Schuldner grds. die Kosten und die Gefahr der Übermittlung zum Wohnsitz (Abs. 1) oder zur gewerblichen Niederlassung (Abs. 2) des Gläubigers tragen. Danach könnte man die Geldschuld für eine Bringschuld halten. Nach § 270 Abs. 4 BGB bleiben aber durch diese Regelung die Vorschriften über den Leistungsort unberührt. Gemeint ist damit § 269 BGB, wonach der Leistungsort regelmäßig beim Schuldner liegt. Damit ist die Geldschuld nach hM **(qualifizierte) Schickschuld** (mit einer besonderen Regelung der **Leistungsgefahr**).

Unter anderen im Hinblick auf die Rspr. des EuGH, der im Zusammenhang mit Art. 3 Abs. 1 Buchst. c RL 2000/35/EG (Zahlungsverzugsrichtlinie)[10] festgestellt hat, dass nicht bereits die rechtzeitige Absendung eines Geldbetrags, sondern erst dessen Gutschrift auf dem Empfängerkonto den Eintritt des Verzugs (§ 286 BGB) verhindere oder diesen beende, wird in der Lit. vertreten, die Geldschuld generell (dh über den nur Unternehmer erfassenden persönlichen Anwendungsbereich der Zahlungsverzugsrichtlinie hinaus) nicht mehr als qualifizierte Schickschuld, sondern als (modifizierte) Bringschuld anzuse-

[9] S. BGH NJW 2011, 2278 = JuS 2011, 748 (Faust); eingehend Medicus/Lorenz SchuldR BT § 7 Rn. 10.

[10] Richtlinie 2000/35/EG des Europäischen Parlaments und des Rates v. 29.6.2000 zur Bekämpfung von Zahlungsverzug im Geschäftsverkehr, ABl. L 200, 35, mWv 16.3.2013 aufgehoben durch die Richtlinie 2011/7/EU des Europäischen Parlaments und des Rates vom 16.2.2011 zur Bekämpfung von Zahlungsverzug im Geschäftsverkehr (Neufassung), ABl. L 48, 1.

hen.[11] Der Vorbehalt des § 270 Abs. 4 BGB hätte dann nur noch für den Gerichtsstand des Erfüllungsorts Bedeutung, dh der Gläubiger muss den Geldschuldner an dessen Wohnsitzgericht verklagen. Indes nötigen weder die (nur im Verhältnis zwischen Unternehmern geltende) Zahlungsverzugsrichtlinie noch das Urteil des EuGH zu einer solchen Sichtweise.[12] Ausreichend ist es vielmehr, diese Frage iRd Verzugs (§ 286 BGB) zu berücksichtigen (→ § 36 Rn. 14).

d) Schuldverhältnisse mit mehreren Pflichten

Begründet ein Schuldverhältnis mehrere Pflichten, so ist der Leistungsort für jede Pflicht eigens festzustellen. Das gilt insbesondere auch beim gegenseitigen Vertrag. Hier können sich also für die Leistungs- und die Gegenleistungspflicht jeweils **verschiedene Leistungs- und Erfolgsorte** ergeben. So liegen nach § 269 BGB für die Lieferungsschuld des Verkäufers Leistungs- und Erfolgsort regelmäßig bei diesem **(Holschuld).** Dagegen ist die Geldschuld des Käufers nach § 270 BGB **Schickschuld** (Leistungsort beim Käufer, Erfolgsort beim Verkäufer). Für die örtliche Zuständigkeit nach § 29 ZPO (Gerichtsstand des Erfüllungsorts) kommt es ebenfalls auf die jeweils streitige Verpflichtung an (anders bei der internationalen Zuständigkeit nach Art. 7 Nr. 1 Buchst. b EuGVVO: Einheitlicher Gerichtsstand für Leistung und Gegenleistung beim Verkauf beweglicher Sachen und bei Dienstleistungen). 21

Wegen dieser Verschiedenheit eignet sich der „Erfüllungsort" (meist als Leistungsort verstanden) auch schlecht als Anknüpfungspunkt für die international-privatrechtliche Einordnung eines Vertrags: Die verschiedenen Pflichten würden dadurch häufig verschiedenen Rechtsordnungen unterfallen (zB die Übereignungspflicht nach deutschem, die Zahlungspflicht nach französischem Recht zu beurteilen sein). Dementsprechend bevorzugt Art. 4 Rom I-VO[13] eine für den ganzen Vertrag einheitliche Regelung ohne Anknüpfung an den Erfüllungsort.

3. Die Bedeutung von Leistungs- und Erfolgsort: Gefahrtragung

Die vertragliche oder gesetzliche Regelung von Leistungs- und Erfolgsort bedeutet nicht, dass die Schuld wirklich in der sich daraus ergebenden Weise abgewickelt werden müsste. Vielmehr kann zB der Bringschuldner die geschuldete Sache auch schicken, der Gläubiger kann bei der Holschuld um Zusendung der Sache bitten. Wesentlich ist aber die mit der örtlichen Einordnung der Schuld verbundene **Verteilung der Gefahr.** 22

a) Leistungsgefahr (Sachgefahr)

Die **Leistungsgefahr** betrifft die Frage, wer bei Unmöglichkeit der Leistung das Risiko trägt, die Leistung nicht zu bekommen. Denn wenn die vom Schuldner für die Leistung vorgesehene Sache vor dem Eintritt des **Leistungserfolgs** untergeht, ist der Schuldner auch bei einer Schickschuld (wenn er also alles seinerseits zur Erfüllung Erforderliche getan hat, → Rn. 16) noch nicht nach § 362 Abs. 1 BGB durch Erfüllung befreit, solange nicht der Leistungserfolg eingetreten ist. Es stellt sich daher die Frage, ob er Ersatz besorgen muss. Diese Frage beantwortet § 275 Abs. 1 BGB: Wenn die Leistung **unmöglich** ist, ist der Schuldner befreit. 23

---

11 So etwa Herresthal ZGS 2008, 259; Grüneberg/Grüneberg BGB § 270 Rn. 1; Gsell GPR 2008, 165 (168 ff.); Hilbig JZ 2008, 991 (992 ff.).

12 So zutreffend MüKoBGB/Krüger § 270 Rn. 17; M. Schwab NJW 2011, 2833 ff.; Heyers JZ 2012, 398 (400); Looschelders SchuldR AT § 12 Rn. 20; ebenso BGH NJW 2017, 1596 Rn. 28 ff.

13 Verordnung (EG) Nr. 593/2008 des Europäischen Parlaments und des Rates vom 17.6.2008 über das auf vertragliche Schuldverhältnisse anzuwendende Recht (Rom I).

Beispiel: V verkauft an K seinen Gebrauchtwagen. Vor der Lieferung des Fahrzeugs wird dieses vollständig zerstört. V ist damit nach § 275 Abs. 1 BGB von seiner Verpflichtung aus dem Kaufvertrag (§ 433 Abs. 1 BGB) befreit.

24 Damit besteht eine Verpflichtung des Schuldners, Ersatz zu besorgen, nur bei der **Gattungsschuld** (und der Geldschuld). Für die **Gattungsschuld** folgt die Verteilung der **Leistungsgefahr** aus § 243 Abs. 2 BGB. Diese geht mit der **Konkretisierung** (dh der Vornahme der nötigen **Leistungshandlungen** durch den Schuldner) auf den Gläubiger über, weil die Gattungsschuld dann zur Stückschuld geworden ist (→ § 17 Rn. 8 ff.). Der Schuldner schuldet dann nur noch den konkretisierten Leistungsgegenstand und wird demzufolge bei dessen Untergang nach § 275 Abs. 1 BGB befreit. Eine **Geldschuld** hat der Schuldner nach § 270 Abs. 1 BGB „auf seine Gefahr" an den Gläubiger zu übermitteln. Kommt es nicht an, muss der Schuldner also neues absenden.

Hier unterscheiden sich Gattungs- und Geldschuld. Wenn die Gattungsschuld Schickschuld ist, hat der Schuldner mit der Absendung das zur Leistung seinerseits Erforderliche getan, womit die Leistungsgefahr auf den Gläubiger übergegangen ist. Dagegen trägt der Schuldner die Leistungsgefahr bei der Geldschuld (die ja gleichfalls Schickschuld ist, → Rn. 20) auch nach der Absendung noch bis zur Ankunft beim Gläubiger.

b) Verspätungsgefahr

25 Die örtliche Einordnung der Schuld ergibt auch, wonach die **Rechtzeitigkeit** der Leistung des Schuldners beurteilt wird. So genügt bei der Schickschuld die rechtzeitige Absendung. Aus diesem Grund beendet grds. auch die Vornahme der Leistungshandlung den Schuldnerverzug (§ 286 BGB, → § 36 Rn. 36). Bei der Geldschuld trägt hingegen – zumindest im Verhältnis zwischen Unternehmern – der Schuldner das Verzögerungsrisiko (→ Rn. 20). Insoweit trägt also der Schuldner die Gefahr, dass das rechtzeitig abgesendete Geld beim Gläubiger verspätet ankommt.[14]

c) Gegenleistungsgefahr (Preisgefahr)

26 Die **Gegenleistungsgefahr** (beim Kauf spricht man auch gleichbedeutend von **Preisgefahr**) betrifft die Frage, ob der Schuldner einer unmöglich gewordenen Leistung eine ihm geschuldete Gegenleistung weiterhin fordern darf. Da es um das Schicksal der **Gegenleistung** geht, tritt diese Frage nur beim **gegenseitigen Vertrag** auf. Die Grundregel des § 326 Abs. 1 BGB besagt hier, dass auch der Gegenleistungsanspruch untergeht (dazu sowie zu den Ausnahmen → § 35 Rn. 7 ff.).

Beispiel: Im **Beispiel** unter → Rn. 23 kann daher V gem. § 326 Abs. 1 S. 1 Hs. 1 BGB nicht mehr den Kaufpreis verlangen.

4. Die Leistungsstelle

27 Leistungs- und Erfolgsort bezeichnen eine politische Gemeinde. Haben Schuldner und Gläubiger aber den Wohnsitz in derselben Gemeinde (sog. „Platzgeschäft"), stellt sich die Frage, wo genau innerhalb der Gemeinde die Leistung zu erbringen ist. Auf diese sog. **Leistungsstelle** wird § 269 BGB analog angewendet. Aber auch sonst kann sich die Notwendigkeit ergeben, den Leistungsort innerhalb einer Gemeinde zu

[14] Gegen die von einer starken Literaturansicht vorgeschlagenen Ausweitung dieser richtlinienkonformen Auslegung auf den nicht unternehmerischen Bereich zutr. Faust JuS 2009, 81 (83).

präzisieren. So waren in einem Fall[15] fehlerhafte Dachziegel geliefert und vom Käufer zum Dachdecken verwendet worden; dann „wandelte" der Käufer wegen des Mangels (damals §§ 459, 462, 467 BGB aF, jetzt Rücktritt nach § 437 Nr. 2 BGB, §§ 323, 346 BGB). Hier ergab sich wegen der Kosten die Frage, wo der Verkäufer die mangelhaften Ziegel zurückzunehmen hatte: auf dem Dach oder auf ebener Erde. Der BGH hat diese „Leistungsstelle" ähnlich wie den Leistungsort bestimmt (nämlich auf dem Dach, weil sich die Ziegel dort aufgrund des Vertrags befanden).[16]

IV. Leistungszeit

1. Grundbegriffe

Die Frage, wann der Schuldner leisten muss oder darf, ist allgemein in § 271 BGB 28
geregelt. Für den **Verbrauchsgüterkauf** besteht in § 475 Abs. 1 BGB eine Sonderregelung.[17] Eine ganz ähnliche Sonderregelung gilt gem. § 327b Abs. 2 BGB für die Leistungszeit bei **Verträgen über digitale Produkte** (→ § 46 Rn. 3). Alle genannten Vorschriften unterscheiden zwischen der **Fälligkeit** und der **Erfüllbarkeit. Fälligkeit** beschreibt den Zeitpunkt, zu welchem der Schuldner leisten **muss, Erfüllbarkeit** beschreibt den Zeitpunkt, zu welchem der Schuldner leisten **darf.** Die Erfüllbarkeit kann also schon vor der Fälligkeit eintreten. Hintergrund dieser (abdingbaren) Regelung ist, dass der Gläubiger im Regelfall nichts dagegen haben wird, eine Leistung früher als geschuldet zu erhalten (→ Rn. 31).

2. Die Regelung

a) Parteiwille und Umstände

Ebenso wie der Leistungsort ist auch die Zeit der Leistung gem. § 271 Abs. 1 BGB in 29
erster Linie **durch Vereinbarung oder aus den Umständen** zu bestimmen. Eine ausdrückliche Vereinbarung besteht häufig für die **Fälligkeit.** So wird etwa vereinbart, wann ein verkauftes Auto zu liefern, ein versprochener Hausbau fertigzustellen oder der vereinbarte Preis (ggf. in Raten) zu zahlen ist. Wenn der Schuldner den Umfang seiner Verpflichtung nicht kennen kann, wird diese idR erst mit der Rechnungserteilung fällig. Der Zeitpunkt der Fälligkeit kann auch zunächst offenbleiben und erst nachträglich durch eine Kündigung bestimmt werden. Das ist insbesondere bei Forderungen der Fall, die sich aus der Beendigung von Dauerschuldverhältnissen (→ § 2 Rn. 1) ergeben: so etwa §§ 542, 546 Abs. 1 BGB für die Miete, § 488 Abs. 1 S. 2 BGB für das Gelddarlehen und §§ 608, 607 Abs. 1 S. 2 BGB für das Sachdarlehen. Möglich ist auch, dass dem Schuldner die Bestimmung der Fälligkeit nach § 315 BGB überlassen wird.[18]

Grenzen für Parteivereinbarungen setzt (in Umsetzung der Neufassung der EU- 30
Richtlinie zur Bekämpfung von Zahlungsverzug im Geschäftsverkehr[19]) die Regelung des § 271a BGB. Danach müssen Vereinbarungen, welche die Fälligkeit einer Entgeltforderung über mehr als 60 Tage nach Empfang der Gegenleistung hinausschieben, **ausdrücklich** geschlossen werden. Sie sind überdies **unwirksam,** wenn sie „im

[15] BGHZ 87, 104 = NJW 1983, 1479.
[16] BGHZ 87, 104 (111) = NJW 1983, 1479; s. zur Abgrenzung aber BGH NJW 2009, 1660 Rn. 21.
[17] S. dazu Medicus/Lorenz SchuldR BT § 11 Rn. 19.
[18] Vgl. BGH NJW 1983, 2934.
[19] Richtlinie 2011/7/EU des Europäischen Parlaments und des Rates vom 16.2.2011 zur Bekämpfung von Zahlungsverzug im Geschäftsverkehr, ABl. 2011 L 48, 1 ff.

Hinblick auf die Belange des Gläubigers (...) grob unbillig" sind. Ähnliches gilt, wenn eine für die Fälligkeit erforderliche Überprüfung oder Abnahme der Gegenleistung (so im Werkvertragsrecht nach § 641 Abs. 1 BGB)[20] mehr als 30 Tage hinausgeschoben wird. Ist der Schuldner ein **öffentlicher Auftraggeber** iSv § 99 Nr. 1–3 GWB, so sind die Fristen nach Abs. 2 noch kürzer: Eine vereinbarte Zahlungsfrist von über 30 Tagen nach Empfang der Leistung ist dann nur wirksam, wenn sie ausdrücklich getroffen wird und „aufgrund der besonderen Natur oder der Merkmale des Schuldverhältnisses sachlich gerechtfertigt ist". Die Vereinbarung einer Frist von mehr als 60 Tagen durch einen öffentlichen Auftraggeber ist in jedem Fall unwirksam.

Wird eine solche verlängerte Zahlungs- oder Abnahmefrist in **AGB** vereinbart, gilt auch unterhalb der Grenze des § 271a BGB nach § 308 Nr. 1, 2 BGB ein **strengerer Maßstab.** Danach sind „unangemessen lange" Fristen unwirksam. Dabei ist gegenüber einem unternehmerischen Verwender eine Zahlungsfrist von mehr als 30 Tagen nach Empfang der Gegenleistung und einer allfälligen Rechnung oder Zahlungsaufstellung im Zweifel unangemessen lang. Bei Vereinbarung einer Überprüfungs- oder Abnahmefrist ist nach § 308 Nr. 1 BGB im Zweifel eine Frist von über 15 Tagen als unangemessen lang anzusehen.

31 Ist vertraglich eine Zeit nur für die Fälligkeit, nicht aber für die **Erfüllbarkeit** vereinbart, so darf der Schuldner nach § 271 Abs. 2 BGB „im Zweifel" auch **vor Eintritt der Fälligkeit** leisten. Denn häufig wird der Gläubiger nichts dagegen haben, die Leistung schon früher als geschuldet zu erhalten.

Dabei handelt es sich allerdings lediglich um eine **Auslegungsregel** („im Zweifel"). Die Parteien können daher ausdrücklich oder konkludent vorrangige Vereinbarungen auch über die Erfüllbarkeit treffen. Auch kann sich ein Verbot vorfälliger Leistungen aus dem **Vertragszweck** und der **Interessenlage der Parteien** ergeben. Das gilt insbesondere bei der Verwahrung und beim verzinslichen Darlehen (vgl. aber § 500 Abs. 2 S. 1 BGB für das Verbraucherdarlehen). Hier tritt die Erfüllbarkeit nach dem Parteiwillen erst mit der Fälligkeit ein, denn der Darlehensgeber will ja seine Zinsen verdienen. Will der Schuldner dennoch vor Fälligkeit leisten (weil er etwa ein Darlehen frühzeitig zurückzahlen will), muss er dies mit dem Gläubiger vereinbaren. Banken gewähren eine solche Möglichkeit häufig nur gegen Zahlung einer sog. „Vorfälligkeitsentschädigung", s. dazu auch § 490 Abs. 2 BGB, § 502 BGB.[21] Auch bei Angabe eines „unverbindlichen Liefertermins" kann eine vorfällige Leistung ausgeschlossen sein, wenn der Gläubiger für die Verwendung der Leistung bestimmte Vorbereitungen zu treffen hat, sich also erst auf die Leistung „einrichten" muss.[22]

b) Fehlen einer Parteivereinbarung

32 Fehlt eine Parteivereinbarung über die Fälligkeit und die Erfüllbarkeit und ergeben sich deren Zeitpunkte auch nicht aus den Umständen des Vertrags, so treten sowohl Fälligkeit als auch Erfüllbarkeit nach § 271 Abs. 1 BGB **sofort** ein (anders § 475 Abs. 1 BGB für die Fälligkeit der Forderungen aus einem Verbrauchsgüterkauf sowie § 327b Abs. 2 BGB für die Bereitstellung digitaler Produkte: unverzüglich, dazu → § 37 Rn. 2 sowie → § 46 Rn. 3).[23]

Der daraus und aus dem Recht des Schuldners zu vorfälliger Leistung resultierenden Gefahr für den Gläubiger, durch die Nichtannahme einer unangekündigten Leistung in **Gläubigerverzug** (§§ 293 ff. BGB) zu geraten, beugt dabei § 299 BGB vor, wonach der Gläubiger bei einer **vorübergehenden Annahmeverhinderung** nicht in Verzug gerät, wenn die Leistung nicht in angemessener Zeit vorher angekündigt wurde.

---

[20] S. Medicus/Lorenz SchuldR BT § 41 Rn. 12.
[21] S. dazu Medicus/Lorenz SchuldR BT § 34 Rn. 16.
[22] S. BGH NJW 2007, 1198 Rn. 10 f. (Lieferung einer Einbauküche).
[23] Medicus/Lorenz SchuldR BT § 11 Rn. 19; Medicus/Lorenz SchuldR BT § 21 Rn. 4.

Bei der vorzeitigen Zahlung einer unverzinslichen Schuld darf der Schuldner aber gem. § 272 BGB nicht die Zinsen abziehen, die der Gläubiger bis zum Zeitpunkt der Fälligkeit mit der Leistung erwirtschaften kann (sog. **Zwischenzinsen**). Ausnahmen hiervon regeln § 1133 S. 3 BGB, § 1217 Abs. 2 S. 2 BGB, § 41 Abs. 2 InsO, § 46 InsO, § 111 ZVG. Über den Wortlaut hinaus gilt dies auch bei verzinslichen Darlehen, jedoch schuldet der Darlehensnehmer bei (berechtigter) vorzeitiger Leistung keine Zinsen mehr.[24] 33

§ 16. Die Geldschuld

Literatur: Grothe, Fremdwährungsverbindlichkeiten, 1999; Harman, Neue Instrumente des Zahlungsverkehrs: PayPal & Co, BKR 2018, 475; Heyers, Rechtsnatur der Geldschuld und Überweisung ..., JZ 2012, 398; H. Honsell, Vier Rechtsfragen des Geldes, FS Canaris, Bd. I, 2007, 461; Horn, Geldwertveränderungen, Privatrecht und Wirtschaftsordnung, 1975; Kindler, Gesetzliche Zinsansprüche im Zivil- und Handelsrecht, 1996; Kirchhoff, Das Verbot der Wertsicherungsklauseln im neuen Preisklauselgesetz, DNotZ 2007, 913; Kratzmann, Das Geld: Vertragsobjekt, Rechtskonstrukt und ökonomische Größe, 2004; Martens, Grundfälle zu Geld und Geldschulen, JuS 2014, 105; Meder, Die Erfüllung einer Geldschuld im Einzugsermächtigungsverfahren, JZ 2005, 1089; Medicus, Ansprüche auf Geld, JuS 1983, 897; Medicus, „Geld muß man haben“, AcP 188 (1988), 489; Ohler, Die hoheitlichen Grundlagen der Geldordnung, JZ 2008, 317; Omlor, Digitaler Zahlungsverkehr, JuS 2019, 289; Schön, Prinzipien des bargeldlosen Zahlungsverkehrs, AcP 198 (1998), 401; Strobel, Die rechtliche Konstruktion des E-Geldes, BKR 2023, 90; M. Schwab, Geldschulden als Bringschulden?, NJW 2011, 2833.

I. Regeln und Regelungslücken

Die BGB-Regeln für Schuldverhältnisse sind vor allem an der **Sachschuld** in der Form der Stückschuld orientiert (→ § 13 Rn. 30). Demgegenüber wird die **Geldschuld** mit wenigen Vorschriften abgetan (im Allgemeinen Schuldrecht vor allem die §§ 244–248, 270, 272, 288–291, 301 BGB). Dabei ist die Geldschuld besonders häufig. Bei gegenseitigen Verträgen richtet sich regelmäßig die Leistungspflicht der einen Partei auf Geld (Kaufpreis, Miete, Dienstlohn usw), beim verzinslichen Gelddarlehen gilt das sogar für die Leistungspflichten beider Parteien. Zudem können auch alle zunächst auf einen anderen Gegenstand gerichteten Verbindlichkeiten in einen auf Geld gerichteten Schadensersatz- (§ 249 Abs. 2 BGB, §§ 251, 253 Abs. 2 BGB) oder Wertersatzanspruch (§ 346 Abs. 2 BGB, § 818 Abs. 2 BGB) übergehen. 1

Der BGB-Gesetzgeber hat Geld noch als einen relativ problemlosen Leistungsgegenstand ansehen, bei dem zB Unmöglichkeitsfragen und die Schwierigkeiten der Mängelhaftung (insbes. §§ 437 ff. BGB) nicht auftreten: Geld war eben Geld (und damals gleichwertig mit einer bestimmten Menge Gold). Diese Situation ist jedoch inzwischen durch die Lösung der Bindung des Geldes an ein Edelmetall, durch zwei große Inflationen und eine schleichende, fast nicht unterbrochene Geldentwertung gründlich verändert worden. Eine bestimmte Geldsumme vor zehn Jahren ist derselben Summe heute keineswegs gleichwertig. Dieser Geldwertschwund hat auch Bedeutung für die Zinshöhe insofern, als der Gläubiger in dem Zins einen Ausgleich für den Schwund suchen wird. 2

[24] MüKoBGB/Krüger § 272 Rn. 3.

II. Die normale Geldschuld

3 Eine Geldschuld verpflichtet den Schuldner dazu, dem Gläubiger die Verfügungsmacht über den durch den Nennbetrag der Schuld ausgedrückten Vermögenswert zu verschaffen. Die Geldschuld ist daher eine **Wertverschaffungsschuld** (sog. **Geldsummenschuld**) und keine Sachschuld, damit auch keine Gattungsschuld.

1. Die Währung

4 Den Normalfall der Geldschuld bildet die in **inländischer Währung** zu erfüllende Schuld. Diese Währung ist seit dem 1.1.2002 der Euro.

2. Barzahlung

5 Der BGB-Gesetzgeber hat, obgleich er das nirgendwo ausdrücklich sagt, bei der Erfüllung von Geldschulden an die Übereignung von Geldzeichen, also **Barzahlung** gedacht. Das zeigt etwa die Erwähnung des Geldes als bewegliche Sache in den § 935 Abs. 2 BGB, § 1006 Abs. 1 S. 2 BGB und § 1007 Abs. 2 S. 2 BGB. Diese Barzahlung bildet heute jedoch nicht einmal mehr bei den kleineren Geschäften des täglichen Lebens die Regel. Hier steht dem Schuldner die Wahl der Geldzeichen grds. frei. Auf Euro lautende **Banknoten** sind **unbeschränkte gesetzliche Zahlungsmittel** (§ 14 Abs. 1 S. 2 BBankG). Bei Zahlung durch Geldmünzen ist niemand verpflichtet, mehr als 50 Münzen bei einer einzelnen Zahlung anzunehmen (Art. 11 Verordnung (EG) Nr. 974/98 über die Einführung des Euro). Allerdings kann faktisch durch die Aufstellung bestimmter Automaten die Wahl von Zahlungsmitteln (zB nur bestimmte Münzen in Parkuhren) vorgegeben werden. Auch sind abweichende Vereinbarungen zulässig (wenn etwa durch Aushang an der Zapfsäule einer Tankstelle oder an der Kasse eines Ladengeschäfts, dh vor Vertragsschluss, darauf hingewiesen wird, dass keine 500 Euro-Banknoten angenommen werden).

Für bestimmte Geschäfte (Immobilienkauf und Kauf von Anteilen an immobilienhaltenden Gesellschaften) besteht seit 1.4.2023 gem. § 16a GWG ein grundsätzliches **Barzahlungsverbot.**

3. Zahlung durch Buchgeld

6 Neben dem Bargeld steht heute mit erheblich größerer Bedeutung das **Buchgeld.** Dieses besteht aus **Bankguthaben,** also aus Forderungen gegen Banken. In Buchgeld wird gezahlt, wenn der Schuldner dem Gläubiger ein solches Guthaben verschafft (oder eine Schuld des Gläubigers gegenüber seiner Bank, dessen Konto auf einen negativen Betrag lautet, vermindert). Das geschieht häufig durch Überweisung von einem Konto des Schuldners auf ein Konto des Gläubigers. Eine solche Zahlung durch Überweisung hat nur Erfüllungswirkung, wenn dies **vertraglich vereinbart** wird, was häufig konkludent (etwa durch Angabe der Bankverbindung) geschieht. **Erfüllungswirkung** tritt jedenfalls erst dann ein, wenn der Betrag auf dem angegebenen Empfängerkonto zur freien Verfügung **gutgeschrieben** wird.[1] Die Überweisung auf ein anderes als das angegebene Konto hat keine Erfüllungswirkung.[2] Im Geschäftsverkehr wird der Zahlungsverzug (§ 286 BGB) ebenfalls erst durch die Gutschrift auf dem Empfängerkonto, also durch Eintritt des Leistungserfolgs beendet.[3]

---

[1] BGH NJW 1999, 210 f.
[2] BGHZ 98, 24 (30) = NJW 1986, 2428.
[3] EuGH NJW 2008, 1935.

Die Überweisung ist gesetzlich in den §§ 675c ff. BGB iRd sog. „Zahlungsdienste“ geregelt.[4] Die Überweisung ist ein Geschäftsvorgang (idR ein unselbstständiger „Zahlungsauftrag“ [§§ 675n ff. BGB] im Rahmen eines „Zahlungsdiensterahmenvertrags“ [§ 675f Abs. 2 BGB]), den eine Bank auf Veranlassung einer Person durchführt, um dem Empfänger einen Geldbetrag zur Gutschrift auf dessen Konto zur Verfügung zu stellen. Sie setzt sich zusammen aus der Abbuchung vom Konto des Überweisenden, der Weiterleitung an die Bank des Begünstigten und die Gutschrift auf dessen Konto. Ähnlich funktionieren andere moderne Zahlungssysteme (E-Geld), insbesondere online-Bezahlsysteme wie etwa „PayPal“ oder dessen europäischen Alternative „Wero“.[5]

Geldschulden werden kaum noch durch die Übergabe oder Übersendung eines **Schecks** beglichen, den der Gläubiger seiner Bank zur Gutschrift auf seinem Konto einreicht. Die Zahlung stellt eine Anweisung des Ausstellers an die bezogene Bank dar, dem Inhaber einen bestimmten Betrag (Barscheck) bar oder durch Gutschrift (Verrechnungsscheck) zu bezahlen. Die Scheckhingabe stellt daher gem. § 364 Abs. 2 BGB eine **Leistung erfüllungshalber** dar (→ § 22 Rn. 7 ff.). Erfüllungswirkung tritt also erst mit Gutschrift des Schecks zugunsten des Scheckberechtigten ein. 7

Aus der Scheckzahlungsabrede der Parteien ergibt sich für den Schuldner ein Leistungsverweigerungsrecht bzgl. der Forderung bis zur Rückgabe des unbezahlten Schecks, so dass der Gläubiger das Risiko des Verlustes des Schecks und der Einlösung durch einen Nichtberechtigten trägt.[6]

Ebenso stellt die – heute gegenüber der Scheckzahlung viel häufigere – Zahlung mit **Kreditkarte** (auch über Zahlungssysteme wie Apple Pay oder Google Pay) oder **electronic cash-Karte** lediglich eine **Leistung erfüllungshalber** dar. Das Kreditkartenunternehmen garantiert dem Vertragsunternehmen, welches die Zahlung durch Karte akzeptiert, im Rahmen eines abstrakten Schuldversprechens (§ 780 BGB)[7] die Zahlung des belasteten Betrages.[8] Damit übernimmt – anders als im Falle einer Scheckzahlung oder Überweisung – das die Karte ausgebende Unternehmen das Risiko der Zahlungsunfähigkeit des Karteninhabers und im Verhältnis zum Gläubiger in bestimmten Ausmaß auch das Missbrauchsrisiko (zu den Einzelheiten s. §§ 675u ff. BGB). 8

4. Weitere Probleme

Weitere Probleme zur Geldschuld sind an anderen Stellen behandelt: die Möglichkeit von Teilleistungen (→ § 15 Rn. 2), Leistungs- und Erfüllungsort (→ § 15 Rn. 12), die Verspätungs- und Leistungsgefahr (→ § 15 Rn. 23 f. sowie die Haftung bei Geldmangel (→ § 32 Rn. 13). 9

III. Besondere Arten der Geldschuld

1. Fremdwährungsschulden

Nach § 244 Abs. 1 BGB kann eine nicht in Euro ausgedrückte Geldschuld, die im Inland zu zahlen ist, bei Fehlen einer abweichenden Vereinbarung (einer sog. „Effektivklausel“) in inländischer Währung gezahlt werden. Man spricht hier von einer **unechten Valutaschuld** (im Gegensatz zur echten, die wegen der Effektivklausel zwingend in der vereinbarten ausländischen Währung zu zahlen ist). Hier will § 244 BGB die 10

[4] S. dazu Medicus/Lorenz SchuldR BT § 49 Rn. 6 ff.
[5] Zur Zahlung durch PayPal s. BGH JuS 2018, 379 (Omlor).
[6] S. BGH NJW-RR 2007, 1118.
[7] Dazu Medicus/Lorenz SchuldR BT § 56 Rn. 2.
[8] BGHZ 150, 286 = NJW 2002, 2234.

Erfüllbarkeit insbesondere gegen Hindernisse sichern, die durch die Devisengesetzgebung des Auslandsstaats geschaffen werden könnten (zB ein Ausfuhrverbot für Devisen). Dagegen würden Hindernisse aus der inländischen Devisengesetzgebung dem Zivilrecht ohnehin vorgehen (zB über § 134 BGB).

2. Geldsortenschuld

11 Ähnlich wie § 244 BGB die Erfüllbarkeit einer (unechten) Valutaschuld sichert, gewährleistet § 245 BGB die Erfüllbarkeit der auf eine **bestimmte** (in- oder ausländische) **Münzsorte** lautenden Geldschuld: Wenn sich diese Münzsorte (zB 5-Euro-Stücke) zur Zeit der Zahlung nicht im Umlauf befindet, wird die Sortenklausel gestrichen, der Schuldner kann also in beliebigen Geldzeichen erfüllen.

12 § 245 BGB ist jedoch insofern nachgiebig, als die Parteien die Zahlung in der vereinbarten Sorte auch unbedingt verabreden können **(„eigentliche Geldsortenschuld").** Dann liegt keine Geldschuld mehr vor, sondern eine **Gattungsschuld.** Das Verschwinden der Gattung führt dann zur Unmöglichkeit der Leistung.

3. Geldherausgabeschuld

13 Gegenstand der **Geldherausgabeschuld** ist die **Übereignung bestimmter Geldzeichen** (Scheine, Münzen). Es geht also nicht – wie bei einer Geldwertschuld – um die Zahlung einer bestimmten Geldsumme. So schuldet etwa der Kellner eines Restaurants seinem Arbeitgeber nicht Zahlung einer bestimmten Geldsumme, sondern nur die Herausgabe des von den Gästen für Speisen und Getränke empfangenen Geldes. Das gilt selbst dann, wenn erhaltenes Buchgeld weiterzuleiten ist, obwohl hier von „Herausgabe" bestimmter Geldzeichen eigentlich nicht die Rede sein kann.

14 In einem solchen Fall einer Herausgabepflicht (meist aus §§ 675, 667 Alt. 2 BGB) kann es anders als bei einer Geldsummenschuld auch zur **Unmöglichkeit** (§ 275 Abs. 1 BGB) kommen (so etwa, wenn der Kellner bestohlen wird oder das treuhänderisch empfangene Buchgeld wegen Insolvenz der Bank, bei welcher es der Herausgabepflichtige angelegt hat, verloren geht[9]). Eine Zahlungspflicht des Schuldners kann sich dann nur noch aus einem (vom Vertretenmüssen abhängigen) Anspruch auf Schadensersatz statt der Leistung aus §§ 280 Abs. 1, 3, 283 BGB ergeben (so etwa, wenn der Kellner das Geld fahrlässig verliert oder der Treuhänder die später insolvente Bank unsorgfältig ausgewählt hat). Damit trägt im Falle einer Geldherausgabeschuld der **Gläubiger** das **Verlustrisiko.**

Obwohl die Geldherausgabeschuld keine Geldschuld ist, wendet die Rspr. aber auf sie dennoch § 288 BGB (Verzugszinsen, → Rn. 18) analog an.[10]

IV. Zinsen

15 Zinsen sind im BGB nicht definiert. Man versteht darunter eine nach der Dauer der Überlassung eines Kapitals berechnete Vergütung, die idR in einem Prozentsatz dieses Kapitals ausgedrückt wird. Praktisch kommen Zinsen fast nur bei der Überlassung von Geld vor.

---

[9] BGHZ 165, 298 = NJW 2006, 986.
[10] BGH NJW 2005, 3709.

1. Die Verzinsungspflicht

Eine allgemeine gesetzliche Verzinsungspflicht gibt es im bürgerlichen Recht nicht. 16
Vielmehr kann sich eine Verzinsungspflicht nur aus einer **Vereinbarung** oder bei Vorliegen eines besonderen Grundes aus dem **Gesetz** ergeben. Solche Gründe sind insbesondere der Schuldnerverzug (§ 288 BGB), die Rechtshängigkeit (§ 291 BGB) und die eigennützige Verwendung von Geld, das einem anderen gebührt (§§ 668, 698 BGB). Im Handelsrecht gibt es nach § 353 HGB auch **allgemeine Fälligkeitszinsen.**

2. Die Zinshöhe

a) Gesetzlich festgelegte Zinssätze

Ist nichts anderes bestimmt, gilt der **gesetzliche Zinssatz.** Dieser beträgt nach § 246 17
BGB 4% und nach § 352 HGB bei beiderseitigen Handelsgeschäften (vgl. §§ 343 f. HGB) 5%.

Für den **Verzug** (und für die Rechtshängigkeit, § 291 S. 2 BGB) gilt der gespaltene 18
Zinssatz des § 288 Abs. 1 und 2 BGB. Grundlage ist der in § 247 BGB geregelte **Basiszins.** Dieser richtet sich nach der jüngsten Hauptrefinanzierungsoperation der EZB und wird jeweils zum 1.1. und 1.7. angepasst, was die Bundesbank nach § 247 Abs. 2 BGB bekannt zu geben hat.[11] In Niedrigzinsphasen kann der Basiszinssatz auch negativ sein (so durchgehend von 2013–2022). Zum 1.1.2026 betrug er 1,27%. Dazu kommen dann aber nach § 288 Abs. 1 BGB noch **5 Prozentpunkte** und nach § 288 Abs. 2 BGB, wenn an dem Geschäft kein Verbraucher (gleichviel ob als Gläubiger oder Schuldner) beteiligt ist, sogar **9 Prozentpunkte.** Der Verzugs- und Rechtshängigkeitszins beträgt also zum 1.1.2026 bei Verbraucherbeteiligung 6,27%, ohne Verbraucherbeteiligung 10,27%.

Nach § 288 Abs. 4 BGB ist jedoch die Geltendmachung eines weiteren Schadens 19
nicht ausgeschlossen. Das gilt insbesondere für **gewerbliche Unternehmen.** Diese arbeiten fast immer mit Bankkredit und können daher von einem Schuldner im Verzug nach § 288 Abs. 4 BGB, §§ 286, 280 BGB als Verzugsschaden denjenigen Satz verlangen, den sie selbst für ihre eigene Finanzierung zahlen müssen. Dagegen könnten die schuldenfreien Gläubiger bei Fehlen einer Vereinbarung mehr als die gesetzlichen Sätze nur unter dem Gesichtspunkt des entgangenen Gewinns (§ 280 Abs. 2 BGB, §§ 286, 252 BGB) verlangen. Dazu müssten sie aber nachweisen, dass sie das rechtzeitig gezahlte Geld mit dem als Ersatz geforderten höheren Ertrag angelegt hätten.

b) Zinseszinsverbot

§ 248 Abs. 1 BGB verbietet eine im Voraus getroffene **Vereinbarung von Zinseszins** 20
(also die Verzinsung von Zinsschulden). Ausnahmen finden sich § 248 Abs. 2 BGB, § 355 HGB. Auch Verzugszinsen werden als solche nicht verzinst, § 289 S. 1 BGB. Diese Vorschriften wollen den Schuldner vor einer in Progression wachsenden Belastung schützen. Dagegen kommen Zinsen von Zinsen als Ersatz von Verzugsschaden (§§ 286, 280 Abs. 2 BGB, § 289 S. 2 BGB) ohne Weiteres in Betracht.[12]

---

[11] S. etwa https://www.bundesbank.de/de/ (zuletzt abgerufen am 1.6.2026).

[12] BGH NJW 1993, 1260.

V. Die Geldentwertung

21 Seit vielen Jahrzehnten vermindert sich die Kaufkraft des Geldes durch **Inflation.** Trotz der derzeit relativ niedrigen Geldentwertung von jährlich zwischen 0,5–2% wird der Schwund wohl auch in der Zukunft andauern. Dieser Kaufkraftschwund schadet dem Gläubiger aber nicht, wenn dessen Forderung statt auf einen bestimmten Geldbetrag auf diejenige Summe lautet, die für einen gewissen Zweck erforderlich ist. Eine solche **Geldwertforderung** stellt zB der **Unterhaltsanspruch** dar. Wenn die Kaufkraft sinkt, steigt auch der für den Unterhalt nötige Betrag. Hier gibt es also keine materiell-rechtlichen Schwierigkeiten, sondern nur das prozessuale Problem einer Anpassung von Urteilen und anderen Vollstreckungstiteln (die ja stets beziffert sein müssen), vgl. § 323 ZPO. Die meisten Geldforderungen dagegen sind auf einen bestimmten **Betrag** festgelegt (zB Kaufpreis; Rückzahlung der als Darlehen erhaltenen Summe). Bei solchen **Geldsummenforderungen** trägt primär der Gläubiger die Last der Geldentwertung.

1. Schutz durch Ausgleichsklauseln?

22 Angesichts dessen liegt der Versuch umso näher, die Kaufkraft vertraglicher Geldsummenforderungen durch Ausgleichsklauseln zu erhalten. Solche Klauseln zielen letztlich darauf ab, die Geldsummenforderungen den Geldwertforderungen anzunähern. Dem steht jedoch zunächst § 1 Abs. 1 PreisklG entgegen. Danach darf der Betrag von Geldschulden „nicht unmittelbar und selbsttätig durch den Preis oder Wert von anderen Gütern oder Leistungen bestimmt werden, die mit den vereinbarten Gütern oder Leistungen nicht vergleichbar sind" **(Gleitklausel).** Die §§ 2–8 PreisklG enthalten dann aber zahlreiche Ausnahmen von diesem Verbot, die vor allem langfristige Verträge betreffen. Grundsätzlich zulässig sind insbesondere **Leistungsvorbehalte** (§ 1 Abs. 2 Nr. 1 PreisklG), die nicht zu einer automatischen Änderung der Geldschuld führen, sondern die Parteien verpflichten bzw. eine Partei ermächtigen (s. § 315 BGB), die Gegenleistung anders zu bestimmen, und **Spannungsklauseln,** nach denen sich der für ein bestimmtes Gut oder eine bestimmte Leistung geschuldete Eurobetrag in demselben Verhältnis ändern soll, wie der Preis oder der Wert gleichartiger oder vergleichbarer Güter oder Leistungen (§ 1 Abs. 2 Nr. 2 PreisklG). Zulässig sind auch **Kostenelementeklauseln** (§ 1 Abs. 2 Nr. 3 PreisklG), in welchen der geschuldete Betrag von den Kosten, die für die Herstellung des zu bezahlenden Gutes entstehen, abhängig gemacht wird. Mit diesen gesetzlichen Ausnahmen hat der Gesetzgeber letztlich die bisherige Rspr. zu den Vorgängerregelungen des 2007 in Kraft getretenen PreisklG (WährungsG sowie PaPkG) kodifiziert.

23 Soweit als Schutzgut dieser Regelung die **Preisstabilität** bezeichnet wird, bestehen angesichts der Übertragung des Währungsrechts auf die EU erhebliche Bedenken gegen die Kompetenz des nationalen Gesetzgebers.[13] Daneben dient das Gesetz verbraucherschützenden Zielen sowie dem Interessenausgleich zwischen privaten Geschäftsparteien, insbesondere durch die in § 2 PreisklG niedergelegten Bestimmtheits- und Angemessenheitserfordernisse.

[13] S. dazu die Nachw. bei BeckOGK/Leidner PreisklG § 1 Rn. 25 ff.

2. Nachträglicher Schutz

Wenn ein über längere Zeit laufender Vertrag ohne einen die Geldentwertung ausgleichenden Zins und ohne eine wirksame Ausgleichsklausel abgeschlossen worden ist, bleibt die Frage nach einer nachträglichen Hilfe durch eine Vertragskorrektur. Diese wird bei gegenseitigen Verträgen nach Treu und Glauben in sehr engen Grenzen unter dem Gesichtspunkt eines Wegfalls der Geschäftsgrundlage (Äquivalenzstörung, § 313 BGB) gewährt (→ § 42 Rn. 1 ff.). Bei Dauerschuldverhältnissen kommt eine Kündigung aus wichtigem Grund (etwa nach § 314 BGB, → § 52 Rn. 8) in Betracht. 24

§ 17. Gattungsschuld, Wahlschuld, Ersetzungsbefugnis

Literatur: Canaris, Die Einstandspflicht des Gattungsschuldners und die Übernahme eines Beschaffungsrisikos nach § 276 BGB, FS Wiegand, 2005, 179; Gsell, Beschaffungsnotwendigkeit und Leistungspflicht, 1998; Hammen, Die Gattungshandlungsschulden, 1995; Hönn, Zur Dogmatik der Risikotragung im Gläubigerverzug bei Gattungsschulden, AcP 177 (1977), 385; U. Huber, Zur Konzentration beim Gattungskauf, FS Ballerstedt, 1975, 327; Jahnke, Die Durchsetzung von Gattungsschulden, ZZP 93 (1980), 43; Medicus, Die konkretisierte Gattungsschuld, JuS 1966, 297; Pöschke, Die elektive Konkurrenz, JZ 2010, 349; Samhat, Die Abgrenzung der Wahlschuld von der elektiven Konkurrenz nach dem BGB, 2012; Ziegler, Die Wertlosigkeit der allgemeinen Regeln des BGB über die sogenannte Wahlschuld (§§ 262–265 BGB), AcP 171 (1971), 193.

I. Unterschiede in der Bestimmtheit der Leistung

Bei der **Stückschuld** wird ein von Anfang an konkreter, dh genau identifizierbarer Einzelgegenstand geschuldet, also etwa der Pkw mit einer bestimmten Fahrgestell-Nr., die Forderung des G gegen den S aus einem bestimmten Darlehen etc. Sehr häufig wird aber auf eine solche individuelle Bestimmung des Leistungsgegenstandes verzichtet und dieser nur **nach Art und Menge abstrakt beschrieben,** also etwa 10 Tonnen Stahl einer bestimmten Qualität, ein Neufahrzeug aus einer bestimmten Modellreihe eines Herstellers. Eine individuelle Beschreibung ist hier oft noch gar nicht möglich, weil der Schuldner den Gegenstand noch gar nicht hat oder dieser noch gar nicht hergestellt ist. Meist ist eine individualisierende Beschreibung aber auch überflüssig, weil der Gläubiger nicht an bestimmten Stücken interessiert ist, weil es sich um ein gleichartiges Naturprodukt handelt oder wegen der Serienfabrikation typischerweise alle Stücke gleich ausfallen. 1

Eine solche Schuld, deren Gegenstand bloß gattungsmäßig bestimmt ist, bezeichnet man als **Gattungsschuld.** § 243 Abs. 1 BGB spricht von einer „nur der Gattung nach bestimmten Sache", beschreibt die Gattungsschuld also als Sachschuld. Diese Beschränkung der Gattungsschuld ist aber nicht zutreffend. Eine Gattungsschuld kann also auch auf Rechte und insbesondere auf Forderungen gerichtet sein (zB auf die – meist sicherungshalber erfolgende – Verpflichtung zur Übertragung bestimmter Kundenforderungen bis zu einem bestimmten Betrag). Auch eine Gebrauchsüberlassungsschuld wie zB die Miete ist als Gattungsschuld denkbar (so etwa die Miete eines PKW einer bestimmten Typenklasse bei einer Autovermietung). Sogar wenn Handlungen geschuldet werden, kann man von einer Gattungs(-handlungs-)schuld sprechen.[1] Ob 2

[1] Vgl. Hammen, Die Gattungshandlungsschulden, 1995.

eine Gattungsschuld oder eine Stückschuld vorliegt, bestimmen allein die Vertragsparteien.

Von dem Begriffspaar Stückschuld – Gattungsschuld ist zu unterscheiden das andere Begriffspaar **unvertretbare – vertretbare Sachen** (§ 91 BGB).[2] Über die Art der Schuld entscheiden die **Parteien,** über die Vertretbarkeit von Sachen entscheidet die **Verkehrsanschauung.** Allerdings werden Gegenstand einer Gattungsschuld regelmäßig vertretbare Sachen sein. Nur weil wie bei diesen ein Stück durch ein anderes ersetzt werden kann, fehlt das Interesse an der Individualisierung des Schuldgegenstandes. Aber es kann auch einmal eine Gattungsschuld über unvertretbare Sachen begründet werden. Umgekehrt kann sich auch eine Stückschuld ohne Weiteres auf vertretbare Sachen beziehen (was sehr häufig geschieht).

II. Die gesetzliche Regelung der Gattungsschuld

3 Die BGB-Regelung geht von der Modellvorstellung der Stückschuld aus. Für die Gattungsschuld gibt es nur **einige Spezialvorschriften,** die überwiegend die gattungsmäßig bestimmte Sachschuld betreffen. Es sind dies im Allgemeinen Schuldrecht die §§ 243, 276 Abs. 1 S. 1 BGB (Übernahme eines Beschaffungsrisikos) und § 300 Abs. 2 BGB (zum Gläubigerverzug). Im Besonderen Schuldrecht tritt hinzu § 524 Abs. 2 BGB über die Gattungsschenkung.[3] Zudem gibt es im Erbrecht noch Vorschriften über das Gattungsvermächtnis (§§ 2155, 2182 Abs. 1 BGB, § 2183 BGB). Nicht berücksichtigt ist dagegen eine gattungsmäßige Bestimmung des Leistungsgegenstandes bei anderen Rechtsverhältnissen (so beim Kauf und bei der Miete).

4 Der Verzicht des BGB auf eine besondere gesetzliche Regelung des Gattungskaufs bedeutet aber nicht, dass die Unterscheidung zwischen Stück- und Gattungsschuld irrelevant wäre. Im Kaufrecht ist die Unterscheidung insbesondere im Zusammenhang mit der Ausgestaltung des Nacherfüllungsanspruchs (§ 439 Abs. 1 BGB) von Bedeutung.[4]

III. Die beschränkte Gattungsschuld (Vorratsschuld)

1. Gattungsbegriff und Parteiwille

5 Die **Bestimmung** der Gattung, aus der geleistet werden soll, **liegt bei den Parteien.** Man spricht daher auch von einem „relativen Gattungsbegriff".[5] Haben die Parteien die Gattung in keiner Weise in Bezug auf ihre Herkunft eingeschränkt, liegt eine sog. **„marktbezogene Gattungsschuld"** vor. Der Schuldner ist dann verpflichtet, sich die geschuldete Sache woher auch immer zu besorgen. Nach § 275 Abs. 1 BGB wird der Schuldner damit erst dann von der Leistungspflicht befreit, wenn die geschuldete Sache nirgends auf dem Markt zu besorgen ist. Die Parteien können aber durch eine Häufung von Bestimmungsmerkmalen die Gattung immer weiter **einengen.** Hierfür eignen sich Merkmale der verschiedensten Art: zB Beschaffenheitsangaben, Herstellungstoleranzen, das Jahr der Herstellung (zB bei Kraftfahrzeugen), Herkunft (zB Weizen aus eigenem Anbau), aber auch der Preis (zB ein Doppelzimmer zu 160,00 EUR). Nur muss die Gattung immer noch mindestens ein Stück mehr umfassen, als geschuldet werden soll. Denn wenn sich die Schuld auf alle Stücke der Gattung erstreckt, liegt eine Stückschuld vor.

[2] Vgl. Köhler BGB AT § 23 Rn. 6; Medicus/Petersen BGB AT Rn. 1180 f.
[3] S. Medicus/Lorenz SchuldR BT § 26 Rn. 15.
[4] S. dazu Medicus/Lorenz SchuldR BT § 7 Rn. 14 f.
[5] BGH NJW 1975, 2011.

Eine Stückschuld begründet also etwa der Verkauf der ganzen Produktion eines Unternehmens, einer ganzen Schiffsladung, aber auch der nächsten zu fördernden 35 Tonnen Erz aus einer bestimmten Grube.[6] Dagegen liegt eine Gattungsschuld vor, wenn von 50 Tonnen Kohle 40 Tonnen versprochen werden. Hieraus wird aber eine Stückschuld, wenn 10 Tonnen verbraucht oder an einen anderen Gläubiger geliefert werden.

2. Beschränkte Gattungsschuld

Als Gattungsmerkmal kommt insbesondere auch die **Zugehörigkeit zu einem bestimmten Vorrat** oder die Herkunft aus einer bestimmten Produktion in Betracht. 6
Man spricht dann von einer **„beschränkten Gattungsschuld"** oder von einer **„Vorratsschuld".** Meist handelt es sich dabei um den Vorrat oder die Produktion des Schuldners selbst. Der wirtschaftliche Sinn dieser Beschränkung ist, dass der Schuldner nicht zur Beschaffung am Markt verpflichtet sein will. Wer also Weizen aus eigener Ernte veräußert, wird nach § 275 Abs. 1 BGB schon dann von seiner Leistungspflicht frei, wenn die eigene Ernte ausfällt oder vernichtet wird. Er muss sich dann nicht anderswo eindecken.

Geht nur ein Teil des Vorrats unter, reicht der verbleibende Rest aber nicht zur Befriedigung aller vorhandenen Gläubiger aus, sind deren Interessen in gleicher Weise schutzwürdig. Der Schuldner ist dann nach § 242 BGB verpflichtet, seine Gläubiger gleich zu behandeln, dh er muss sie aus dem verbliebenen Vorrat anteilig befriedigen. Tut er dies, hat er jedenfalls aus diesem Grund gegenüber keinem der Beteiligten die (teilweise) Unmöglichkeit zu vertreten und haftet demgemäß nicht auf Schadensersatz statt der Leistung nach § 280 Abs. 1, 3 BGB, § 283 BGB.[7]

Häufig ergibt sich die Beschränkung auf den eigenen Vorrat oder die eigene Produktion des Schuldners im Wege der Auslegung. „Verkauft ein Fabrikant Ware, die er selbst herstellt, so werden, auch ohne, dass es besprochen wird, die Umstände nicht selten die Annahme nahelegen, dass nur die Erzeugnisse der eigenen Fabrik den Vertragsgegenstand bilden sollen".[8] Entsprechendes gilt, wenn ein Landwirt Agrarprodukte[9] oder ein Kaufhaus „Restposten" einer bestimmten Ware verkauft. Nahe liegt auch die Beschränkung auf einen Vorrat, wenn der Gläubiger diesen besichtigt und geprüft hat. 7

IV. Der Übergang zur Stückschuld: Die Konkretisierung bei der Gattungsschuld

Auch bei der Gattungsschuld können immer nur individuell bestimmte Stücke geleistet werden. Zu einem bestimmten Zeitpunkt muss sich also das Schuldverhältnis **auf bestimmte Exemplare aus der Gattung beschränken,** um die zunächst bestehende Unbestimmtheit zu beseitigen. § 243 BGB überträgt die Auswahl konkreter Stücke dem Schuldner. Mit der Konkretisierung geht die Gattungsschuld gem. § 243 Abs. 2 BGB in eine Stückschuld über, dh es wird jetzt nur noch ein bestimmter, individualisierter Gegenstand geschuldet. Diesen Vorgang bezeichnet man als **Konkretisierung** der Gattungsschuld. Dies setzt aber voraus, dass die jeweiligen Auswahlkriterien erfüllt sind. 8

---

[6] RG 9.3.1918 – Rep. I. 235/17, RGZ 92, 369.

[7] So RG 3.2.1914 – Rep. II. 625/13, RGZ 84, 125; RG 22.10.1920 – III 138/20, RGZ 100, 134; vgl. auch MüKoBGB/Emmerich § 243 Rn. 17 mwN.; zur Gegenansicht s. BeckOGK/Beurskens BGB § 243 Rn. 52 ff.

[8] RG 30.10.1916 – Rep. II. 263/16, RGZ 88, 287 (288).

[9] RG 7.12.1917 – Rep. II. 266/17, RGZ 91, 312.

1. Auswahlkriterien

9 Nach § 243 Abs. 1 BGB ist „eine Sache von **mittlerer Art und Güte**" zu leisten (§ 360 HGB: „Handelsgut mittlerer Art und Güte"). Der Schuldner braucht also nicht die besten Stücke zu leisten, er darf aber auch nicht die schlechtesten Stücke liefern. Dabei richtet sich der Qualitätsstandard nach der (vereinbarten) Gattung. Das gilt insbesondere auch bei der Vorratsschuld: Umfasst die Gattung oder der Vorrat, aus dem zu leisten ist, überwiegend schlechte Stücke (etwa beim Verkauf von „B-Ware"), so kann der Schuldner mit solchen Stücken erfüllen. Wenn der Vorrat dagegen aus besonders guten Stücken besteht, dh nach dem Parteiwillen Spitzenqualität geschuldet ist, werden Stücke solcher Art geschuldet.

Leistet der Schuldner bessere Stücke, als er schuldet, verneint die hM ein Rückforderungsrecht. Auch diese Ware sei eben erfüllungstauglich und damit nicht „rechtsgrundlos" iSv § 812 Abs. 1 S. 1 Alt. 1 BGB geleistet.[10] Man wird aber dem Schuldner die Anfechtung nach § 119 Abs. 1 BGB gestatten müssen, wenn er sich bei der rechtsgeschäftlichen Erfüllungshandlung in einem beachtlichen Irrtum befunden hat (zB wenn er sich bei der Auswahl des Gegenstands vergriffen hat).

2. Voraussetzungen der Konkretisierung

10 Nach § 243 Abs. 2 BGB setzt die Konkretisierung voraus, dass „der Schuldner das zur Leistung einer solchen Sache **seinerseits Erforderliche** getan" hat. Damit muss der ausgewählte Gegenstand den **Qualitätsanforderungen** von § 243 Abs. 1 BGB entsprechen, also „mittlerer Art und Güte" sein (→ Rn. 9). Was weiter zur Leistung durch den Schuldner erforderlich ist, richtet sich nach der Art der Schuld. Bei der **Holschuld** (→ § 15 Rn. 14) muss der Schuldner ein Stück **aussondern** und für den Gläubiger **bereitstellen** und ihn zur Abholung **auffordern.** Bei der **Bringschuld** (→ § 15 Rn. 15) muss der Schuldner ein nach § 243 Abs. 2 BGB erfüllungstaugliches Stück aussondern, es zum Gläubiger bringen und es ihm zu einer Zeit anbieten, zu welcher er leisten darf (→ § 15 Rn. 31). Bei der **Schickschuld** (→ § 15 Rn. 16) reicht es, dass der Schuldner ein Stück aussondert und richtig verpackt, adressiert und ggf. frankiert an den Gläubiger abschickt.

3. Rechtsfolgen der Konkretisierung

11 Mit der Konkretisierung beschränkt sich die Forderung gem. § 243 Abs. 2 BGB auf das ausgesuchte Stück, dh die Gattungsschuld wird mit der Konkretisierung zur **Stückschuld.** Das hat vor allem Bedeutung für den Übergang der **Leistungsgefahr auf den Gläubiger.** Denn wenn das nunmehr allein geschuldete Stück untergeht, wird der Schuldner nach § 275 Abs. 1 BGB frei und braucht kein neues mehr zu beschaffen (→ § 15 Rn. 24).

Hat der Versandhändler ordnungsgemäße Ware abgeschickt, so muss er bei Verlust auf dem Transport nicht noch einmal leisten.[11] Das gilt auch beim Versendungsverkauf zwischen Unternehmern und Verbrauchern, denn die von § 475 Abs. 2 BGB für den Regelfall herbeigeführte Nichtanwendbarkeit von § 447 BGB[12] betrifft nur die **Gegenleistungsgefahr,** dh die Frage, ob der Verbraucher bei Untergang der Ware auf dem Transport den Kaufpreis noch schuldet (→ § 15 Rn. 26).[13]

---

[10] S. nur MüKoBGB/Emmerich § 243 Rn. 21 mwN.
[11] S. etwa BGH NJW 2003, 3341.
[12] S. dazu Medicus/Lorenz SchuldR BT § 11 Rn. 20.
[13] S. BGH NJW 2003, 3341.

Sehr str. ist, ob diese Folge **auch gegen den Schuldner** wirkt, dh ob dieser an die Konkretisierung gebunden ist oder ob er sie widerrufen kann.[14] 12

Beispiel: Dabei geht es einmal um den Fall, dass das ausgesuchte Stück nach der Konkretisierung untergegangen ist. Darf der Schuldner dann noch mit einem anderen Stück erfüllen, um sich die Gegenleistung zu verdienen? Typisch ist auch folgende Problematik: Der Schuldner trifft den Gläubiger nicht an oder dirigiert auf dem Transport befindliche Ware auf dem Weg zum Gläubiger um und liefert die zunächst für diesen bestimmte und bereits konkretisierte Waren an andere Kunden. Darf der Gläubiger Ersatzware ablehnen (und gem. § 285 BGB den Verkaufserlös als Surrogat[15] oder Schadensersatz statt der Leistung nach § 280 Abs. 1, 3 BGB, § 283 BGB verlangen)?[16]

Eine vordringende Meinung gesteht dem Schuldner das Recht zu, bis zur Erbringung der Leistung die einseitig bewirkte Konkretisierung **rückgängig** zu machen, dh mit anderen Stücken erfüllen zu dürfen.[17] Begründet wird dies mit dem Argument, § 243 Abs. 2 BGB solle nur den Schuldner schützen. Der Gläubiger habe nie ein rechtlich schutzwürdiges Interesse daran, gerade die vom Schuldner zur Erfüllung bestimmten Stücke zu bekommen. 13

Die wohl hM nimmt dagegen zwar grds. eine **Bindung** des Schuldners an die eingetretene Konkretisierung an, lässt aber im Einzelfall **Ausnahmen nach § 242 BGB** zu.[18] So dürfe sich der Gläubiger dann nicht auf § 243 Abs. 2 BGB berufen, wenn er die angebotene Leistung zurückgewiesen habe (Gedanke des *venire contra factum proprium,* dazu → § 14 Rn. 14). Für diese Ansicht spricht neben dem Willen des historischen Gesetzgebers insbesondere, dass nur durch sie ausgeschlossen wird, dass der Schuldner auf Kosten des Gläubigers spekulieren kann. 14

Eine dritte Ansicht geht schließlich ebenfalls von der freien Widerruflichkeit der Konkretisierung aus, will aber wiederum zu Lasten des Schuldners nach § 242 BGB korrigierend eingreifen, um berechtigte Interessen des Gläubigers zu schützen. 15

Im praktischen Ergebnis sind, wie *Canaris*[19] zutreffend betont, diese Ansichten deutlich weniger weit voneinander entfernt, als es den Anschein haben will. Eine Rücknahme der Konkretisierung ist jedenfalls spätestens dann ausgeschlossen, wenn der Schuldner dem Gläubiger die Ware in einer Weise angeboten hat, die es letzterem ermöglicht, im Wirtschaftsverkehr über diese zu disponieren.[20] Das wird regelmäßig dann der Fall sein, wenn er ihm den die Konkretisierung auslösenden Vorgang (Aussonderung oder Absendung der Ware) angezeigt hat.[21] 16

Nach Leistungserbringung ist eine Rücknahme der Konkretisierung auf keinen Fall mehr möglich.[22] Hat der Schuldner also nicht lediglich Sachen „mittlerer Art 17

---

[14] S. dazu Canaris JuS 2007, 793.

[15] Dazu → § 35 Rn. 2 ff.

[16] Dazu → § 35 Rn. 47 ff.

[17] Medicus/Petersen BürgerlR Rn. 262; Hager AcP 190 (1990), 332; diff. Canaris JuS 2007, 793: bis zum Übergang der Gegenleistungsgefahr nach §§ 326 Abs. 2, 447 BGB.

[18] Looschelders SchuldR AT § 13 Rn. 18 f.; BGH NJW 1982, 873; OLG Köln NJW 1995, 3128; Grüneberg/Grüneberg BGB § 243 Rn. 7; MüKoBGB/Emmerich § 243 Rn. 31 ff. mwN.

[19] Canaris JuS 2007, 793 (794).

[20] MüKoBGB/Emmerich § 243 Rn. 33.

[21] Canaris JuS 2007, 793 (796), der dann allerdings nicht die Konkretisierung als solche, sondern deren Anzeige als den eigentlichen Grund der Bindung ansieht.

[22] BGH NJW 1982, 873.

und Güte", sondern Spitzenware aus der geschuldeten Gattung geliefert, kann er diese Konkretisierung nicht einseitig zurücknehmen und die Ware austauschen; → Rn. 9.

V. Die Wahlschuld

1. Wahlschuld und elektive Konkurrenz

18 Bei der **Wahlschuld** (§ 262 BGB) werden mehrere Leistungen nur **alternativ** geschuldet. Da es dafür im BGB keine gesetzlichen Anwendungsfälle gibt, ist die Wahlschuld nur kraft **Vereinbarung** möglich.[23] Das kommt etwa vor bei Fahrkarten, die dem Kunden die Wahl zwischen mehreren Zielorten lassen, bei Mahlzeiten mit mehreren Wahlmöglichkeiten; bei Automaten, in denen für denselben Preis eine von mehreren Leistungen gewählt werden kann; bei Reiseverträgen, bei welchen ein Reiseveranstalter das Hotel bestimmen darf und dafür einen Preisnachlass gewährt.[24] Allerdings eignet sich die gesetzliche Regelung in den §§ 262–265 BGB hierfür nur schlecht.[25] Schon § 262 BGB, nach dem das Wahlrecht im Zweifel dem **Schuldner** zustehen soll, passt nämlich kaum zur Vertragswirklichkeit (wo überwiegend dem Gläubiger das Wahlrecht eingeräumt wird). So sind die §§ 262–265 BGB häufig als vertraglich abbedungen angesehen worden; auch hat die Rspr. bisweilen statt einer Wahlschuld eine **Ersetzungsbefugnis** (→ Rn. 20) oder sog. **elektive Konkurrenz** angenommen.

Als **elektive (alternative) Konkurrenz** bezeichnet man das wahlweise Zusammentreffen mehrerer Ansprüche oder von Ansprüchen und Gestaltungsrechten derart, dass die Ausübung eines Rechts die übrigen erlöschen lässt.[26] Wichtige Anwendungsfälle sind die Wahlmöglichkeiten bei § 249 BGB, das Wahlrecht des Gläubigers zwischen Erfüllung, Rücktritt und Schadensersatz statt der Leistung im Falle der Verspätung der Leistung nach Ablauf der gesetzten Frist (§§ 281, 323 BGB, → § 37 Rn. 28),[27] das Wahlrecht zwischen Erfüllung und Vertragsstrafe (§ 340 BGB, → § 44 Rn. 16) und schließlich nach hM auch das Wahlrecht des Käufers zwischen Mängelbeseitigung und der Lieferung mangelfreier Ware (§ 439 Abs. 1 BGB).[28] Der Begriff ist relativ unscharf und dient letztlich nur zur Abgrenzung von der Wahlschuld und der Ersetzungsbefugnis. Zur Beantwortung der Frage, in welchem Verhältnis die Rechtsbehelfe zueinanderstehen und wie weit die Wahlmöglichkeit (das sog. *ius variandi*) des Gläubigers sachlich (zB durch Kombinationsmöglichkeiten, s. zB § 325 BGB) oder zeitlich reicht, trägt er als solcher nicht viel bei. Er beschreibt also nur eine Problemlage, gibt aber noch keine Lösungen vor. Diese sind vielmehr dem Gesetz selbst zu entnehmen. Sieht dieses keine ausdrückliche Regelung vor (so aber zB in § 281 Abs. 4 BGB), ist die Lösung in einer wertenden Betrachtungsweise dem Gesamtzusammenhang des Gesetzes zu entnehmen.[29]

2. Einzelheiten

19 Die Wahl, die nach § 262 BGB im Zweifel dem Schuldner zusteht, wird nach § 263 Abs. 1 BGB durch **rechtsgestaltende, empfangsbedürftige Willenserklärung** ausgeübt. Nach § 263 Abs. 2 BGB wirkt die Wahl dann auf den Zeitpunkt des Vertragsschlusses zurück. § 265 S. 1 BGB beseitigt jedoch die wichtigste denkbare Konsequenz aus dieser Rückwirkung. Wenn eine der wählbaren Leistungen unmöglich

---

[23] Vgl. Ziegler AcP 171 (1971), 194.
[24] Vgl. LG Frankfurt a. M. NJW 1985, 143.
[25] Ziegler AcP 171 (1971), 194 (197, 209 ff.).
[26] Vgl. etwa Neuner BGB AT § 21 Rn. 3.
[27] Umfassend zuletzt Bachmann, Die elektive Konkurrenz, 2010; s. auch Pöschke JZ 2010, 349.
[28] BGH NJW 2018, 292 Rn. 45 mwN.
[29] BeckOK BGB/Lorenz BGB § 262 Rn. 5; Pöschke JZ 2010, 349 (350).

ist oder wird, könnte sich uU der wahlberechtigte Schuldner durch die Wahl gerade dieser Leistung seiner Leistungspflicht entziehen (§ 275 Abs. 1 BGB). § 265 S. 1 BGB beschränkt das Schuldverhältnis dann aber auf die übrigen Leistungen, so dass die unmögliche nicht mehr gewählt werden kann. § 264 BGB regelt den Fall, dass der Wahlberechtigte die Wahl verzögert. Hier kann der Gläubiger durch Fristsetzung das Wahlrecht auf sich überleiten.

VI. Die Ersetzungsbefugnis

1. Rechtsnatur

Bei der Ersetzungsbefugnis besteht – anders als bei der Wahlschuld – zunächst kein Zustand der Ungewissheit. Vielmehr wird von Anfang an **nur eine Leistung geschuldet.** An die Stelle dieser Leistung kann aber kraft einer Vereinbarung der Parteien durch Ausübung der Ersetzungsbefugnis eine andere treten (als **Leistung an Erfüllungs statt** iSv § 364 Abs. 1 BGB, → § 22 Rn. 11). Bis zu dieser Ersetzung wird das Schuldverhältnis aber allein durch die zunächst geschuldete Leistung bestimmt. Wird diese unmöglich, so befreit das den Schuldner endgültig, weil es danach nichts mehr zu ersetzen gibt. Nach der Ausübung dagegen kommt es nur noch auf die ersetzende Leistung an. Das Schicksal der ursprünglich geschuldeten spielt dann keine Rolle mehr. 20

Die Ersetzungsbefugnis kann **dem Schuldner oder dem Gläubiger** zustehen. Ein gesetzliches Beispiel für das erste ist § 251 Abs. 2 S. 1 BGB: Der Schadensersatzschuldner kann statt der unverhältnismäßig teuren Herstellung Geldersatz leisten. Eine Ersetzungsbefugnis des Gläubigers kommt etwa in § 249 Abs. 2 BGB vor: Der Geschädigte kann statt der Herstellung durch den Schädiger den dazu erforderlichen Geldbetrag wählen. Ein praktisch bedeutender Fall einer vertraglichen Ersetzungsbefugnis ist die „Inzahlunggabe" von Kraftfahrzeugen beim Kauf eines Neuwagens, dazu → § 22 Rn. 16.

2. Bindung an die Ersetzungserklärung?

Umstritten ist die **Bindung an die Ersetzungserklärung.** Während die hM unter Berufung auf den gestaltenden Charakter der Ersetzungserklärung[30] eine solche Bindung bejaht, unterscheidet die Gegenauffassung zwischen Schuldner- und Gläubigerseite und sieht den Schuldner erst mit der Erbringung der ersetzenden Leistung als gebunden an.[31] Der Gläubiger dürfe hingegen, sofern nicht Unwiderruflichkeit bestimmt ist, eine Ausübung seiner Ersetzungsbefugnis so lange widerrufen, bis der Schuldner im Vertrauen auf die Ersetzung Dispositionen getroffen hat. Richtigerweise ist aus Rechtssicherheitsgründen grds. (dh vorbehaltlich § 242 BGB) von einer Bindung an die Ersetzungserklärung auszugehen.[32] Eine hiervon zu unterscheidende (Auslegungs-)Frage ist es allerdings, wann eine verbindliche Erklärung des Schuldners vorliegt. In vielen Fällen dürfte diese erst mit der Leistungserbringung selbst verbunden sein. Im Falle einer vertraglichen Ersetzungsbefugnis kann auch die Auslegung des Vertrags ergeben, dass der Schuldner eine Ersetzungserklärung „widerrufen" (dh durch eine weitere Ersetzungserklärung ersetzen) darf. 21

[30] Zur Qualifikation der Ersetzungserklärung als Gestaltungsrecht s. BGH NJW 1970, 992.
[31] So zB MüKoBGB/Krüger § 263 Rn. 10.
[32] So auch Looschelders SchuldR AT § 13 Rn. 30.

§ 18. Andere Leistungsinhalte

I. Aufwendungsersatz

1 Aufwendungsersatz kann aus vielfältigen Gründen geschuldet sein, etwa bei **Gläubigerverzug** nach § 304 BGB, oder bei Ausführung eines **Auftrags** bzw. einer **Geschäftsführung ohne Auftrag** gem. §§ 670, 683, 684 S. 2 BGB, aber auch aufgrund einer vertraglichen Vereinbarung. Die §§ 256, 257 BGB regeln eine solche Pflicht nicht, sondern setzen sie voraus und **konkretisieren deren Inhalt.**

1. Verzinsung

2 Gemäß § 256 BGB schuldet der für Aufwendungen Ersatzpflichtige auch **Zinsen,** also insbesondere schon bevor er mit dem Ersatz in Schuldnerverzug geraten (§ 288 BGB) oder deswegen verklagt worden ist (§ 291 BGB). Nur so lange dem Ersatzberechtigten die Nutzungen des Gegenstandes bleiben, auf den die Aufwendungen gemacht worden sind, wird keine Verzinsung geschuldet. Sonst erhielte der Ersatzberechtigte die Nutzungen ja zweimal.

2. Anspruch auf Befreiung von Verbindlichkeiten

3 § 257 BGB regelt den Sonderfall, dass die zu ersetzenden Aufwendungen in der **Eingehung einer Verbindlichkeit** bestehen (zB Übernahme einer Bürgschaft; Kauf einer Sache im eigenen Namen als Treuhänder; Beauftragung eines Handwerkers für einen Dritten). Hier muss der Ersatzberechtigte nicht erst selbst die geschuldete Leistung erbringen und diese dann vom Aufwendungsersatzpflichtigen (zB vom Auftraggeber) nach § 670 BGB zurückfordern, sondern er kann nach § 257 S. 1 BGB auch direkt **Befreiung von der Verbindlichkeit** (oder vor deren Fälligkeit Sicherstellung, § 257 S. 2 BGB) verlangen (die der Aufwendungsersatzpflichtige dann nach § 267 BGB als Dritter erfüllt).

Dieser **Befreiungsanspruch**[1] (auch **Freistellungsanspruch**) verjährt selbstständig, dh unabhängig von der Drittforderung. Da er bereits vor deren Fälligkeit entsteht (s. § 257 S. 2 BGB), kann dies für den Gläubiger zur misslichen Situation führen, dass der Befreiungsanspruch schon vor Fälligkeit der Drittforderung verjährt ist. Es ist beim Verjährungsbeginn (§ 199 BGB) daher grds. nicht auf die Fälligkeit des Befreiungsanspruchs, sondern auf diejenige der Drittforderung abzustellen.[2]

4 Wie der Ersatzverpflichtete die Befreiung bewirkt (etwa durch Zahlung an den dritten Gläubiger oder befreiende Schuldübernahme), ist seine Sache.[3]

Der Befreiungsanspruch ist an sich als höchstpersönlicher Anspruch gem. § 399 Alt. 1 BGB **nicht abtretbar** (und auch nicht pfändbar). Eine Ausnahme hiervon ist aber für den Fall anerkannt, dass die Abtretung gerade an den Gläubiger jener Verbindlichkeit erfolgt, von welcher der Zedent Befreiung beanspruchen kann.[4] Der Befreiungsanspruch wandelt sich dabei in einen Anspruch auf die dem Gläubiger geschuldete Leistung um.[5] Ist also ein Beauftragter (B) in Ausführung des Auftrags im eigenen Namen eine rechtsgeschäftliche Verpflichtung gegenüber C eingegangen, kann er vom Auftraggeber (A) nach § 257 BGB **Befreiung** von der Verbindlichkeit verlangen. Diesen Anspruch kann er (nur) an C abtreten, der dann seinerseits **Zahlung** von A verlangen kann. Dem Schuldner geschieht hierdurch kein Unrecht,

---

[1] S. dazu Görmer JuS 2009, 7 sowie C. Mayer ZfPW 2015, 226.
[2] BGH NJW 2018, 1873 Rn. 21 ff.; s. dazu auch BeckOK BGB/Lorenz § 257 Rn. 11.
[3] S. BGHZ 91, 73 (77) = NJW 1984, 2151.
[4] Vgl. Grüneberg/Grüneberg BGB § 399 Rn. 4.
[5] BGHZ 12, 136 (141) = NJW 1954, 795; BGHZ 41, 203 (205) = NJW 1964, 1272.

weil der Inhalt der von ihm zu erbringenden Leistung unverändert bleibt (daher liegt auch kein Abtretungsausschluss nach § 399 Alt. 1 BGB vor).

II. Wegnahmerecht

Wenn ein Mieter in der Mietwohnung Einrichtungen angebracht hat (zB eine Einbauküche), so darf er sie nach § 539 Abs. 2 BGB auch nach Ende des Mietverhältnisses wegnehmen. Gleiches gilt nach § 997 Abs. 1 BGB für den Besitzer gegenüber dem Eigentümer. 5

Nach § 258 S. 1 BGB muss dann der Wegnahmeberechtigte die Sache auf seine Kosten wieder in den vorigen Stand versetzen. Hat zB der Mieter in der Mietwohnung ein Waschbecken eingebaut, so darf er dieses beim Auszug nicht einfach abschrauben. Vielmehr muss er auch die Rohrleitungen entfernen, die Löcher in der Wand verschließen und den Anstrich wiederherstellen. Die Kosten der Wegnahme können so höher sein als deren Nutzen. Daher sind Ansprüche auf Aufwendungs- oder Wertersatz regelmäßig wertvoller als ein Wegnahmerecht. 6

§ 258 S. 2 BGB regelt den Sonderfall, dass die Sache mit der wegzunehmenden Einrichtung schon in den Besitz des Herausgabegläubigers gekommen ist (zB die Wohnung mit dem vom Mieter eingebauten Waschbecken ist schon an den Vermieter herausgegeben worden). Dann verwandelt sich das Wegnahmerecht in einen Anspruch gegen diesen Gläubiger auf Gestattung der Wegnahme. Der zur Gestattung Verpflichtete kann Sicherheitsleistung wegen des mit der Wegnahme verbundenen Schadens verlangen. 7

III. Rechenschafts- und Auskunftspflichten

Die §§ 259–261 BGB regeln Inhalt und Durchsetzung einer **Pflicht zu Rechenschaft oder Auskunft.** Dem Grunde nach sind solche Pflichten im Schuldrecht angeordnet in den § 666 BGB, § 675 Abs. 1 BGB, § 681 S. 2 BGB, § 687 Abs. 2 BGB, § 713 BGB. Die Gemeinsamkeit dieser Anwendungsfälle besteht darin, dass es sich um die (berechtigte oder unberechtigte) Wahrnehmung fremder Vermögensangelegenheiten handelt. Weitere solche Pflichten folgen nicht selten aus § 242 BGB. Dabei meint in § 259 BGB „Rechenschaftslegung" eine übersichtliche schriftliche Zusammenstellung der Einnahmen und Ausgaben. Die „Auskunft" (§ 260 BGB) richtet sich nach ihrem Gegenstand (zB über einen erzielten Kaufpreis). In beiden Fällen wird auch die Überlassung der zugehörigen Belege geschuldet. 8

Das eigentliche Problem bei Rechenschaft und Auskunft besteht darin, dass der Gläubiger meist nur in sehr engen Grenzen prüfen kann, ob die Angaben des Schuldners vollständig und richtig sind. Daher muss der Schuldner, wenn Grund zu Zweifeln besteht, nach § 259 Abs. 2 BGB, § 260 Abs. 2 BGB seine Angaben durch eine **Versicherung an Eides statt** bestätigen (Einzelheiten dazu in § 261 BGB). Dadurch unterliegt der Schuldner den **Strafdrohungen** von § 156 StGB (Vorsatz), § 163 StGB (Fahrlässigkeit). Auch kann der Gläubiger, wenn der Verdacht einer solchen Straftat auftaucht, durch eine Strafanzeige gegen den Schuldner polizeiliche und staatsanwaltschaftliche Ermittlungen in Gang bringen. Hierdurch werden Aufklärungsmittel nutzbar, die dem Gläubiger privatrechtlich nicht zur Verfügung stehen (zB Hausdurchsuchung, Beschlagnahme von Unterlagen des Schuldners). 9

§ 19. Nachträgliche Leistungsbestimmung

Literatur: Jesgarzewski, Die Grenze formularmäßiger Vereinbarung einseitiger Leistungsbestimmungsrechte, 2005; Joussen, Das Gestaltungsrecht des Dritten nach § 317 BGB, AcP 203 (2003), 429; Kornblum, Die Rechtsnatur der Bestimmung der Leistung in den §§ 315–319 BGB, AcP 168 (1968), 450; Kronke, Zu Funktion und Dogmatik der Leistungsbestimmung nach § 315 BGB, AcP 183 (1983), 113; Lukes, § 315 BGB bei dem Energielieferungsvertrag …, BB 1985, 2258; Neumann-Duesberg, Gerichtliche Ermessensentscheidungen nach §§ 315 BGB, JZ 1952, 705; Rieble/Gutfried, Spezifikationskauf und BGB-Schuldrecht, JZ 2008, 593.

1 Fälle einer nachträglichen Leistungsbestimmung sind schon erwähnt worden: die Konkretisierung bei der Gattungsschuld, die Ausübung von Wahl- oder Ersetzungsrechten bei der Wahlschuld und die Ausübung der Ersetzungsbefugnis. Bei der Gattungsschuld ist die Leistung allerdings zumindest gattungsmäßig bestimmt und durch § 243 Abs. 1 BGB in ihrer Qualität festgelegt (→ § 17 Rn. 9). Bei der Wahlschuld und der Ersetzungsbefugnis handelt es sich nur um eine beschränkte Zahl von Wahlmöglichkeiten (→ § 17 Rn. 18).

2 Demgegenüber betreffen die §§ 315–319 BGB Fälle, in welchen die Bestimmung der geschuldeten Leistung erst **nach Vertragsschluss** durch eine Vertragspartei (§§ 315, 316 BGB) oder einen Dritten (§§ 317–319 BGB) getroffen werden. Das rechtspolitische Hauptproblem ist die **Kontrolle** solcher nachträglicher Leistungsbestimmungen, denen sich ja eine Partei oder auch beide Parteien zunächst fast blind unterworfen haben.

I. Abgrenzung

3 Dass Vertragsparteien die Bestimmung einer Leistung oder deren Modalitäten ungeregelt lassen, bedeutet keineswegs immer eine Ermächtigung zur Bestimmung nach §§ 315 ff. BGB.

1. Gesetzliche Leistungsbestimmung

4 Häufig bedeutet die Nichtregelung durch die Parteien, dass diese sich insoweit auf das **dispositive Gesetzesrecht** verlassen. Daher unterbleiben zumeist Vereinbarungen etwa über den Leistungsort oder die Folgen von Leistungsstörungen einschließlich der Sachmängel beim Kauf.

2. (Stillschweigende) Vereinbarung

5 Allerdings enthält das BGB gerade für sehr wesentliche Vertragspunkte keine Regelung. So ist zB beim Kauf für den Kaufgegenstand und den Preis nichts bestimmt. Über die *essentialia negotii* sind also individuelle Vereinbarungen unentbehrlich. Trotzdem wird über den Preis häufig nicht gesprochen, etwa bei Arztbesuchen, Taxifahrten, Einkäufen beim Bäcker, in der Apotheke usw. Den Parteien ist aber klar, dass die Leistung weder unentgeltlich noch zu einer beliebigen, vom Schuldner oder Gläubiger willkürlich zu bestimmenden Gegenleistung erfolgen soll. Solche Verträge bedeuten daher meist, dass die **allgemein festgesetzte oder die übliche Vergütung** geschuldet werden soll. Das bestimmen ausdrücklich die § 612 Abs. 1, 2 BGB (Dienstvertrag), § 632 Abs. 1, 2 BGB (Werkvertrag) und § 653 Abs. 1, 2 BGB (Maklervertrag), jedoch gilt Ähnliches auch bei anderen Vertragstypen. Wer zB in einer Gaststätte ein Bier bestellt, will nicht etwa dem Wirt im Nachhinein die Bestimmung

des Preises überlassen. Vielmehr soll der Gastwirt nur denjenigen Preis fordern können, der auf seiner Speisekarte steht, selbst wenn dieser nicht vorab zur Kenntnis genommen wird. Der Preis ist also in diesen Fällen jedenfalls **objektiv bestimmbar.**

Gibt es weder eine taxmäßige noch eine übliche Vergütung, so helfen auch Normen wie § 632 Abs. 2 BGB nicht weiter. Es liegt dann entweder ein **offener Dissens** oder aber ein Fall von §§ 315, 316 BGB vor. 6

3. Offener Dissens

Möglich ist weiter, dass die Parteien einen Punkt zwar regeln wollen, eine solche **Regelung** aber **noch nicht getroffen** haben. Dann ist nach § 154 Abs. 1 S. 1 BGB der Vertrag im Zweifel nicht geschlossen **(offener Dissens).**[1] Dabei genügt es für das Regelungsbedürfnis, dass nach der Erklärung auch nur einer Partei eine Regelung getroffen werden sollte, selbst wenn dispositives Gesetzesrecht zur Verfügung steht: Sagt zB der Verkäufer, über den Liefertermin müsse noch gesprochen werden, so ist vor einer Einigung über diesen Termin der Vertrag im Zweifel nicht wirksam geschlossen, auch wenn über alle anderen Punkte Einverständnis herrscht. 7

4. Anwendungsbereich der §§ 315 ff. BGB

Die §§ 315 ff. BGB greifen also nicht schon dann ein, wenn die Parteien einen Punkt offengelassen haben. Ihre Anwendung setzt voraus, dass einer Partei oder einem Dritten **vertraglich** das **Gestaltungsrecht eingeräumt** wird, den offenen Punkt **einseitig** zu regeln. Dieses Recht wird – wie andere Gestaltungsrechte auch – gem. § 315 Abs. 2 BGB, § 318 Abs. 1 BGB durch einseitige empfangsbedürftige Willenserklärung ausgeübt. Die entsprechende Erklärung ist grds. nicht formbedürftig, aber als Gestaltungsrecht idR **unwiderruflich.** Wer die Leistung zu bestimmen hat, bleibt den Parteien überlassen. Handelt es sich um eine **Gegenleistung,** ist gem. § 316 BGB im Zweifel deren **Gläubiger** bestimmungsberechtigt. 8

II. Bestimmungsrecht einer Partei

1. Billiges Ermessen

Nach § 315 Abs. 1 BGB muss die Leistungsbestimmung im Zweifel nach **billigem Ermessen** getroffen werden. Dieser Begriff „Billiges Ermessen" impliziert, dass es **nicht lediglich eine einzige richtige Entscheidung** gibt, sondern der Bestimmungsberechtigte einen gewissen **Ermessensspielraum** hat. Andererseits ist dieser Spielraum aber **durch die Billigkeit beschränkt.** Daher ist nicht jede denkbare Entscheidung richtig, wie das etwa bei freiem Ermessen der Fall wäre. Nach § 315 Abs. 3 BGB ist vielmehr eine nicht der Billigkeit entsprechende Bestimmung für den anderen Teil unverbindlich. Die Bestimmung wird dann vom Gericht durch **Gestaltungsurteil** getroffen (§ 315 Abs. 3 S. 2 BGB). Gleiches gilt, wenn die Bestimmung verzögert wird. 9

Die §§ 315 f. BGB gelten nicht nur für die Leistung und deren Umfang als solche, sondern auch für die **Modalitäten** der Leistung. So kann etwa dem Schuldner das Recht eingeräumt werden, lediglich den Zeitpunkt der ansonsten vertraglich festgelegten Leistung einseitig zu bestimmen.[2] Nicht unter die §§ 315 f. BGB einzuord- 10

[1] S. dazu Köhler BGB AT § 8 Rn. 38 ff.

[2] BGH NJW 2005, 1772; 2006, 3271; NZM 2006, 313.

nen ist hingegen die dem Schuldner überlassene Bestimmung von **untergeordneten Modalitäten der Leistung** (zB die Art der Versendung und die Stunde der Leistung), denn hierfür ist nicht erst nach § 315 Abs. 2 BGB eine Erklärung gegenüber dem anderen Teil nötig. Im Rahmen von § 242 BGB kann der Schuldner einfach in der von ihm beabsichtigten Weise leisten. Wenn die Leistung Treu und Glauben nicht entspricht, ist sie nicht die geschuldete und führt daher nicht zur Erfüllung.

2. Belieben

11 Statt der Maßgeblichkeit des billigen Ermessens können die Parteien die Leistungsbestimmung grds. auch in das **„freie Ermessen"** einer Partei stellen. § 315 BGB ist dann unanwendbar, so dass insbesondere eine gerichtliche Überprüfung nach § 315 Abs. 3 BGB ausscheidet. Wird dagegen die Höhe der Leistung ganz in das **Belieben** des Gläubigers gestellt, so kann das eine sittenwidrige Knebelung des Schuldners bedeuten und nach § 138 BGB nichtig sein.

12 **Unbedenklich** ist das **„Belieben"** danach wohl nur, wenn die Bestimmung nicht die Äquivalenz von Leistung und Gegenleistung berührt. So etwa, wenn bei Versorgungsverträgen (→ § 2 Rn. 6) der Kunde die abzunehmende Menge von Strom, Gas und Wasser bestimmen darf.

Einen anderen Anwendungsfall bildet der **Bestimmungskauf** nach § 375 HGB, bei welchem dem Käufer „die nähere Bestimmung über Form, Maß oder ähnliche Verhältnisse vorbehalten" ist. Die Besonderheit bei § 375 HGB besteht weiter darin, dass der Käufer hier nicht nur berechtigt, sondern auch **verpflichtet** ist, die Bestimmung zu treffen. Kommt er damit in Verzug, kann der Verkäufer nach § 375 Abs. 2 HGB (nach erfolgloser Fristsetzung) die Bestimmung selbst vornehmen, aber auch nach § 375 Abs. 2 HGB iVm § 280 Abs. 1, 3 BGB, § 283 BGB Schadensersatz statt der Leistung verlangen und/oder nach § 323 BGB vom Vertrag zurücktreten.

III. Bestimmungsrecht eines Dritten

1. Unterscheidungen

a) Schiedsrichter

13 Der Dritte kann durch **Schiedsvertrag** zum **Schiedsrichter** bestellt werden. Dann soll er einen Streit zwischen den an dem Rechtsverhältnis Beteiligten anstelle des staatlichen Gerichts entscheiden. Ein solcher **Ausschluss der staatlichen Gerichtsbarkeit** ist nur nach den §§ 1025 ff. ZPO möglich. Die (praktisch wichtigen) Einzelheiten gehören ins Zivilprozessrecht. Dem Schiedsrichter obliegt im Gegensatz zu den §§ 317–319 BGB aber nicht eine Gestaltung der Rechtslage nach seinem Ermessen, sondern dessen rechtliche Beurteilung.

b) Schiedsgutachter

14 Davon ist zu unterscheiden der **Schiedsgutachter:** Auch er wird bei einem Streit oder einer Ungewissheit zwischen den an einem Rechtsverhältnis Beteiligten tätig. Aber er soll nicht wie das staatliche Gericht oder der Schiedsrichter die Rechtsfolgen aussprechen. Vielmehr soll er nur aufgrund seiner besonderen Sachkunde einzelne Tatbestandselemente feststellen, zB die Größe eines Grundstücks, die Mangelhaftigkeit einer Kaufsache, ihren verhältnismäßigen Minderwert oder den Verkehrswert eines Pkw.

c) Leistungsbestimmung durch einen Dritten

Bei der in den §§ 317–319 BGB geregelten **Leistungsbestimmung** durch einen Dritten wird der Dritte gestaltend und nicht bloß erkennend tätig. Die Praxis spricht auch hier bisweilen vom „Schiedsgutachter" (in einem weiteren Sinn). 15

2. Leistungsbestimmung nach billigem Ermessen

Ebenso wie die Leistungsbestimmung durch eine Partei (§ 315 Abs. 1 BGB) soll auch die Bestimmung durch einen Dritten sich im Zweifel gem. § 317 Abs. 1 BGB nach **billigem Ermessen** richten. Da dieses Ermessen einen Spielraum lässt, kann die Entscheidung beim Bestimmungsrecht mehrerer Personen verschieden ausfallen. Geht es um Bestimmung eines Betrages ist dann nach § 317 Abs. 2 BGB im Zweifel der Durchschnitt maßgebend. Wenn eine solche rechnerische Lösung unmöglich ist, verlangt § 317 Abs. 2 BGB im Zweifel die Übereinstimmung aller. Wenn diese nicht zu erreichen ist, geschieht die Bestimmung nach § 319 Abs. 1 S. 2 BGB durch gerichtliches Urteil. 16

Für die **Unverbindlichkeit** und die gerichtliche Ersetzung der Bestimmung des Dritten weicht § 319 Abs. 1 BGB von § 315 Abs. 3 BGB ab. Denn während die Bestimmung durch eine Partei „der Billigkeit entsprechen" muss (→ Rn. 9), ist die Bestimmung durch den Dritten nur unverbindlich, wenn sie „offenbar unbillig" ist. Dieser großzügigere Maßstab bei der Kontrolle der Drittbestimmung erklärt sich daraus, dass der Dritte im Gegensatz zur Partei selbst idR kein eigenes Interesse am Inhalt der Bestimmung hat und daher die Missbrauchsgefahr geringer ist. 17

3. Leistungsbestimmung nach freiem Belieben

Wenn der Dritte die Bestimmung nach **freiem Belieben** treffen soll, findet nach § 319 Abs. 2 BGB keine Billigkeitskontrolle statt. Es kommt dann allenfalls die Nichtigkeit der Bestimmung nach §§ 134, 138 BGB in Betracht. Gemäß § 319 Abs. 2 BGB findet dann auch keine ersatzweise Bestimmung durch das Gericht statt, wenn der Dritte die Bestimmung nicht trifft. Der Vertrag ist dann vielmehr unwirksam. 18

4. Anfechtung

Die Bestimmung des Dritten kann durch Willensmängel beeinflusst sein, insbesondere durch eine arglistige Täuschung oder durch einen Irrtum. Nach allgemeinen Regeln stünde das deswegen etwa gegebene Anfechtungsrecht dem Dritten zu. Da dieser aber von seiner Erklärung nicht betroffen wird – sie gestaltet ja ein für ihn fremdes Rechtsverhältnis – gewährt § 318 Abs. 2 BGB das Anfechtungsrecht den Parteien des Schuldverhältnisses: Die von dem Willensmangel benachteiligte Partei kann hier also eine fremde Willenserklärung anfechten. 19

§ 20. Die Verknüpfung von Leistungspflichten (Zurückbehaltungsrechte)

Literatur: Derleder/Karabulut, Schuldnerverzug und Zurückbehaltungsrechte des Allgemeinen Schuldrechts, JuS 2014, 102; Kaiser, Unsicherheitseinrede des Vorleistungspflichtigen nach § 321 I BGB, NJW 2010, 1254; Keller, Das Zurückbehaltungsrecht nach § 273 BGB, JuS 1982, 665; Oesterle, Die Leistung Zug um Zug, 1980; K. J. Partsch, Das Zurückbehaltungsrecht, 1938; Schur, Die Verknüpfung wechselseitiger Leistungen, JuS 2006, 673.

I. Das allgemeine Zurückbehaltungsrecht (§ 273 BGB)

1. Grundlagen

1 Stehen zwei Personen gegeneinander (= wechselseitig) Forderungen zu, so erscheint es als unbillig, wenn eine von ihnen ihre Forderung geltend machen kann, ohne zugleich die gegen sie gerichtete fällige Forderung der anderen zu erfüllen. Aus diesem Grund gestattet es § 273 Abs. 1 BGB dem Schuldner, seine Leistung so lange zu verweigern, bis sein eigener Anspruch erfüllt oder zumindest für ihn Sicherheit geleistet ist. Ein solches **Zurückbehaltungsrecht** vernichtet den Gegenanspruch nicht, sondern verhindert lediglich dessen Durchsetzbarkeit.

2. Voraussetzungen

a) Wechselseitige Forderungen

2 § 273 Abs. 1 BGB setzt voraus, dass der vom Gläubiger in Anspruch genommene Schuldner einen **fälligen Gegenanspruch** gegen den Gläubiger hat. Hier müssen also ebenso wie bei der Aufrechnung (§ 387 BGB) zwei Personen **einander** Leistungen schulden, dh jede Person muss sowohl Gläubiger wie Schuldner sein (sog. **Wechselseitigkeit**). Nicht ausreichend ist ein Anspruch gegen einen Dritten. Der Gläubiger einer Forderung muss sich von seinem Schuldner grds. nicht entgegenhalten lassen, der Schuldner habe noch einen Anspruch gegen einen Dritten.

Ausnahmen vom Grundsatz der Wechselseitigkeit bestehen ua im Fall der **Abtretung,** wo der Schuldner der abgetretenen Forderung ein bereits entstandenes Zurückbehaltungsrecht gem. § 404 BGB auch dem neuen Gläubiger entgegenhalten kann. Die ohne Mitwirkung des Schuldners mögliche Abtretung soll nämlich dessen Stellung nicht verschlechtern (→ § 63 Rn. 5). Auch beim echten **Vertrag zugunsten Dritter** ergibt sich aus § 334 BGB die Drittwirkung eines Zurückbehaltungsrechts (→ § 66 Rn. 20).

b) Konnexität der Forderungen

3 Nach § 273 Abs. 1 BGB muss die Gegenforderung des Schuldners „aus demselben rechtlichen Verhältnis" stammen, „auf dem seine Verbindlichkeit beruht". Man nennt dieses Erfordernis **„Konnexität"** (von lat. *connectere* = verbinden).

4 **aa) Begriff des „rechtlichen Verhältnisses".** Diese Konnexität wird allgemein **weiter** verstanden, als es der Wortlaut von § 273 Abs. 1 BGB erscheinen lässt. Erforderlich ist nämlich nicht ein einheitliches „rechtliches" Rechtsverhältnis, sondern lediglich „ein innerlich zusammengehöriges einheitliches **Lebensverhältnis,** das es als wider Treu und Glauben erscheinen lässt, wenn der eine Anspruch ohne Rücksicht auf den anderen geltend gemacht oder verwirklicht werden soll".[1] Das „rechtliche Verhältnis" des Gesetzestextes wird also nicht als „Rechtsverhältnis" interpretiert, sondern als „innerlich zusammenhängendes einheitliches **Lebensverhältnis**".[2] Die Rspr. lässt es deshalb genügen, wenn beide Ansprüche „aus Rechtsgeschäften hervorgegangen sind, die in einem solchen natürlichen und wirtschaftlichen Zusammenhang stehen, dass es gegen Treu und Glauben verstoßen würde, wenn der eine Anspruch ohne Rücksicht auf den der anderen Seite zustehenden geltend gemacht und durchgesetzt werden könnte".[3] Die beiden Ansprüche brauchen daher nicht auf

[1] BGHZ 47, 157 (167) = NJW 1967, 1275.
[2] BGH NJW 2004, 3484.
[3] BGH NJW 2004, 3484 mwN.

demselben Vertrag oder demselben gesetzlichen Schuldverhältnis beruhen. Erst recht müssen sie nicht in gegenseitiger (synallagmatischer) Abhängigkeit stehen, weil sonst § 320 BGB anzuwenden wäre (→ Rn. 20 ff.). Die Konnexität ist damit ein sehr **weiter Begriff,** der nur selten verneint wird.

Konnexität besteht zB bei Ansprüchen aus einer **laufenden Geschäftsverbindung,** bei Bereicherungsansprüchen aus einem nichtigen oder später unwirksam gewordenen Vertrag,[4] bei wechselseitigen Ansprüchen aus **ehelicher Lebensgemeinschaft** oder in Bezug auf Herausgabeansprüche aus Eigentum gegenüber schuldrechtlichen Ansprüchen auf Übereignung. Verneint wurde die Konnexität bei Ansprüchen aus mehreren selbstständigen Stromlieferungsverträgen: Der Stromlieferant darf also den Strom für den Privathaushalt nicht sperren, weil die (auf einem anderen Vertrag beruhende) Stromrechnung für den Gewerbebetrieb des Schuldners noch nicht bezahlt wurde.[5]

bb) Verwendungsersatzansprüche. Eine Sonderregelung für die Konnexität enthält § 273 Abs. 2 BGB. Danach besteht diese immer zwischen Ansprüchen auf Herausgabe eines Gegenstandes und Gegenansprüchen wegen der **Verwendungen** auf diesen Gegenstand oder wegen der durch ihn verursachten Schäden. § 273 Abs. 2 BGB begründet aber solche Ansprüche auf Verwendungs- oder Schadensersatz nicht, sondern regelt nur ihre Verknüpfung mit dem Herausgabeanspruch. Als Anspruchsgrundlagen kommen etwa die §§ 304, 670, 693 f., 970 BGB in Betracht. 5

Beispiel: E kann seinen Hund nicht auf eine Auslandsreise mitnehmen und vertraut ihn daher seinem Freund F an. Dann kann F, wenn zwischen ihm und E überhaupt ein Rechtsverhältnis und nicht bloß eine gesellschaftliche Gefälligkeit vorliegt, für die Fütterungskosten und die durch den Hund angerichteten Schäden nach §§ 693 f. BGB Ersatz verlangen. Diese Ansprüche kann F dem Herausgabeanspruch des E aus § 695 BGB (und aus § 985 BGB) nach § 273 Abs. 2 BGB ohne Weiteres entgegenhalten.

Wenn der Eigentümer eine Sache aus § 985 BGB herausverlangt, zu deren Besitz der Besitzer kein Recht hatte, liegt ein **Eigentümer-Besitzer-Verhältnis** vor. Für dieses ist der Verwendungsersatz in den §§ 994 ff. BGB eigens geregelt. Die §§ 1000–1003 BGB regeln dafür ein eigenes, besonders ausgestaltetes Zurückbehaltungsrecht. Für das Zurückbehaltungsrecht nach § 1000 BGB ist – anders als nach § 273 Abs. 1 BGB – die Fälligkeit des Verwendungsersatzanspruchs des Herausgabepflichtigen nicht erforderlich. Das liegt daran, dass der Verwendungsersatzanspruch gem. § 1001 BGB erst fällig wird, wenn der Eigentümer die Sache wiedererlangt oder die Verwendungen genehmigt. Ein Zurückbehaltungsrecht nach § 273 BGB würde hier also regelmäßig scheitern. 6

c) Durchsetzbarkeit

aa) Fälligkeit. § 273 Abs. 1 und 2 BGB verlangen die **Fälligkeit des Anspruchs,** mit dem das Zurückbehaltungsrecht begründet werden soll. Man kann also ein Zurückbehaltungsrecht nur mit einer Forderung begründen, deren Erfüllung man verlangen könnte. Dabei genügt es aber, dass der die Zurückbehaltung begründende Gegenanspruch im Augenblick der Leistung entstehen würde.[6] So ergibt zB sich der Anspruch auf Quittung (§ 368 BGB) erst mit der Leistung; daher ist die Leistung nur Zug um Zug (→ Rn. 17) gegen die Quittung zu erbringen. 7

---

[4] S. dazu aber Medicus/Lorenz SchuldR BT § 71 Rn. 6 zur Saldotheorie.

[5] BGHZ 115, 99 (103 f.) = NJW 1991, 2645.

[6] RG 11.3.1913 – Rep. II. 644/12, RGZ 82, 25 (27); BGHZ 116, 244 = NJW 1992, 556.

Die Forderung, gegen die sich das Zurückbehaltungsrecht richtet, wird ohnehin fällig sein. Denn andernfalls kann die Leistung schon mangels Fälligkeit verweigert werden. Fehlende Fälligkeit würde im Zivilverfahren auch zur Abweisung der Klage (als „derzeit unbegründet") führen, während die Geltendmachung eines Zurückbehaltungsrechts zu einer Verurteilung zur Leistung Zug-um-Zug führt.

8 **bb) Durchsetzbarkeit.** Der Anspruch, mit welchem das Zurückbehaltungsrecht begründet wird, muss auch **durchsetzbar** sein. Die Durchsetzbarkeit fehlt, wenn dem Anspruch eine Einrede entgegensteht. Auch muss der Anspruch klagbar sein, so dass zB ein Zurückbehaltungsrecht nicht auf eine Wettschuld gestützt werden kann (§ 762 BGB). Besonderes gilt nach § 215 BGB für die **Verjährungseinrede:** Eine inzwischen verjährte Forderung berechtigt dann zur Zurückbehaltung, wenn die verjährte Forderung der abzuwehrenden Forderung einmal unverjährt gegenübergestanden hat. Dann taugt die verjährte Forderung für deren Inhaber zumindest noch als **Verteidigungsmittel.**

d) Ungleichartigkeit der Leistungen

9 Ein ungeschriebenes Tatbestandsmerkmal des § 273 BGB ist die **Ungleichartigkeit** des Inhalts von Forderung und Gegenforderung.[7] Denn gleichartige Forderungen kann man nach § 387 BGB idR **aufrechnen.** Eine Zurückbehaltung von 100 EUR wegen eines Gegenanspruchs auf 100 EUR wäre ebenso sinnlos wie ein auf einen solchen Leistungsaustausch lautendes Urteil. Die Berufung des Schuldners auf ein Zurückbehaltungsrecht kann aber in einem solchen Fall nach § 140 BGB in eine Aufrechnungserklärung umgedeutet werden.[8]

Einen **Ausnahmefall** stellt folgende Entscheidung des BGH dar:[9] Dort hatte der auf Zahlung in Anspruch genommene Schuldner die ebenfalls auf Zahlung gerichtete Gegenforderung abgetreten, konnte aber noch Leistung an den Zessionar verlangen. Da er hier mangels Gegenseitigkeit nicht aufrechnen konnte, verblieb ihm trotz Gleichartigkeit der Forderung das Zurückbehaltungsrecht aus § 273 BGB.

e) Kein Ausschluss des Zurückbehaltungsrechts

10 **aa) Vertragliche Vereinbarungen und gesetzliche Ausnahmen.** Über das Zurückbehaltungsrecht sind **Vereinbarungen** möglich. Diese können das Zurückbehaltungsrecht **erweitern** (zB durch das Abbedingen der Konnexität). Häufiger aber wird das Zurückbehaltungsrecht **ausgeschlossen** oder **beschränkt,** um die Durchsetzung von Ansprüchen zu erleichtern. Das ist grds. zulässig (vgl. aber § 556b Abs. 2 BGB), jedoch bestehen iRv AGB bestimmte Grenzen (§ 309 Nr. 2b BGB).

11 Nach § 570 BGB hat ein **Mieter** von Wohnraum **kein Zurückbehaltungsrecht** gegen den Anspruch des Vermieters auf Rückgabe der Mietsache. Entsprechendes bestimmt § 175 BGB für einen Anspruch des Vollmachtgebers auf Rückgabe der Vollmachtsurkunde. Beides ist ein kodifizierter Ausdruck des Verhältnismäßigkeitsprinzips: Das Grundstück ist typischerweise unverhältnismäßig wertvoll, das Behalten der Vollmachtsurkunde birgt die unverhältnismäßig große Gefahr einer missbräuchlichen Verwendung.

---

[7] BGH NJW 2000, 278.
[8] BGH NJW 2000, 278.
[9] BGH NJW 2000, 278.

bb) Natur und Zweck des Schuldverhältnisses. Nach § 273 Abs. 1 BGB besteht das Zurückbehaltungsrecht nur, „sofern nicht aus dem Schuldverhältnis **sich ein anderes ergibt**". Diese Worte weisen über die sich von selbst verstehende Abdingbarkeit des schuldrechtlichen Zurückbehaltungsrechts hinaus noch besonders auf eine **zweckgerechte Auslegung** hin. Diese wird regelmäßig ergeben, dass das Zurückbehaltungsrecht die Forderung, gegen die es sich richtet, **nicht vereiteln darf.** Daher kommt gegenüber Unterlassungsansprüchen (hier bestünde das Zurückbehalten im Zuwiderhandeln) und gegenüber Forderungen aus **absoluten Fixgeschäften** (→ § 34 Rn. 15) meist keine Zurückbehaltung nach § 273 Abs. 1 BGB in Betracht.[10] Gleiches gilt für **Unterhaltsansprüche.** Auch ein anderer vom Gesetz missbilligter Erfolg der Zurückbehaltung macht diese unzulässig. Das gilt insbesondere für die Zurückbehaltung gegenüber **unpfändbaren Ansprüchen,** soweit diese gem. § 394 BGB gegen eine Aufrechnung schützt. 12

cc) Treu und Glauben. Schließlich kann ein Zurückbehaltungsrecht auch nach **Treu und Glauben** ausgeschlossen sein. Dabei kann aber nicht allein auf die Wertverhältnisse der jeweiligen Leistungen abgestellt werden. Das Zurückbehaltungsrecht würde nämlich seinen Zweck, auf den Schuldner Druck auszuüben, verfehlen, wenn es nur dann ausgeübt werden könnte, wenn das Wertverhältnis in etwa ausgeglichen ist.[11] Nach § 242 BGB kann die Ausübung eines Zurückbehaltungsrechts aber unzulässig sein, wenn der Zurückbehaltende wegen seiner Gegenforderung schon anderweitig (etwa durch eine Bankbürgschaft) ausreichend gesichert ist. Für Unzulässigkeit spricht es weiter, wenn der Gegner des Zurückbehaltenden seine Pflicht ohne den zurückbehaltenen Gegenstand nicht erfüllen kann.[12] Auch können gegen einen Herausgabeanspruch keine Aufwendungen eingewendet werden, die erst durch die Verzögerung der Herausgabe entstanden sind.[13] 13

dd) Vorsätzliche unerlaubte Handlung. Nach § 273 Abs. 2 BGB darf ein Gegenstand nicht zurückbehalten werden, der durch eine **vorsätzlich begangene unerlaubte Handlung** erlangt worden ist (ebenso § 1000 S. 2 BGB). Die Vorschrift will eine Art **eigenmächtiger Pfandnahme** verhindern. Nach hM bezieht sich diese Ausnahme nur auf die in § 273 Abs. 2 BGB genannten Ansprüche auf Verwendungs- und Schadensersatz, nicht aber auch auf das parallel dazu bestehende Zurückbehaltungsrecht aus § 273 Abs. 1 BGB (str.).[14] Allerdings kann man hier durch eine analoge Anwendung des Aufrechnungsverbots in § 393 BGB zu einem Ausschluss des Zurückbehaltungsrechts kommen.[15] 14

Beispiel: Der Gläubiger nimmt eigenmächtig einen Gegenstand des Schuldners an sich, um damit ein Druckmittel für die Begleichung einer offenen Schuld zu haben. In analoger Anwendung von § 393 BGB kann sich der Gläubiger gegenüber dem Herausgabeanspruch des Schuldners (aus § 985 BGB) nicht auf § 273 Abs. 1 BGB berufen.

---

[10] Zur Arbeitsleistung vgl. Heiderhoff JuS 1998, 1087 zu BAG NJW 1997, 274.
[11] BGH NJW 2012, 528 Rn. 17.
[12] BGHZ 92, 194 (199) = NJW 1985, 189.
[13] BGH NJW 2004, 3484.
[14] MüKoBGB/Krüger § 273 Rn. 87 mwN.
[15] So etwa Looschelders SchuldR AT § 15 Rn. 11.

f) Geltendmachung der Einrede

15 § 273 BGB begründet keine ohne Weiteres zu beachtende Einschränkung des Anspruchs, sondern nur eine dilatorische (verzögernde) **Einrede.** Das ergibt der Wortlaut von § 273 Abs. 1 BGB („Hat der Schuldner …, so **kann** er … die geschuldete Leistung **verweigern**"). Der Schuldner muss also seinen Willen, wegen einer bestimmten Gegenforderung die Leistung zu verweigern, deutlich machen. Unterlässt er das, so wird er im Prozess vorbehaltlos verurteilt. Wenn der Schuldner (zB in Unkenntnis seiner Gegenforderung) leistet, ist das Zurückbehaltungsrecht erloschen. Er kann dann seine Leistung auch nicht im Hinblick auf das Zurückbehaltungsrecht zurückfordern. Der hierfür allein in Betracht kommende § 813 Abs. 1 S. 1 BGB verlangt für eine Kondiktion nämlich eine dauernde Einrede, die § 273 BGB gerade nicht gibt.[16]

Im Gegensatz zur Einrede aus § 320 BGB verhindert auch noch nicht das bloße Bestehen, sondern erst die **Geltendmachung der Einrede** aus § 273 BGB den Eintritt des **Schuldnerverzugs** (§ 286 BGB), das Entstehen eines **Rücktrittsrechts** nach § 323 BGB sowie eines Anspruchs auf **Schadensersatz statt der Leistung** nach §§ 280 Abs. 1, 3, 281 BGB.

g) Abwendung durch Sicherheitsleistung

16 Nach § 273 Abs. 3 BGB kann der Gläubiger die Ausübung des Zurückbehaltungsrechts durch **Sicherheitsleistung** (§§ 232 ff. BGB) **abwenden.** Dabei genügt anders als nach § 232 Abs. 2 BGB die Stellung eines Bürgen nicht. § 273 Abs. 3 BGB bedeutet eine wesentliche Schwächung des Zurückbehaltungsrechts. Die Sicherheitsleistung schaltet dieses aus, obwohl sie nur das Geldinteresse des Berechtigten an der ihm geschuldeten Leistung deckt, aber nicht auch deren Erbringung selbst gewährleisten kann.

3. Rechtsfolgen

a) Verurteilung zur Erfüllung Zug um Zug

17 Nach § 274 Abs. 1 BGB führt die Erhebung der Einrede des Zurückbehaltungsrechts nicht zur Klageabweisung. Vielmehr wird der Schuldner „zur Leistung gegen Empfang der ihm gebührenden Leistung **(Erfüllung Zug um Zug)**" verurteilt. Der Gläubiger kann jedoch gem. § 274 BGB aus diesem Urteil auch dann vollstrecken, wenn der Schuldner in **Annahmeverzug** mit der vom Gläubiger geschuldeten Leistung ist (→ § 41 Rn. 22) ist. Im Einzelnen richtet sich die Zwangsvollstreckung nach den §§ 756, 765, 894 Abs. 1 S. 2 ZPO.

b) Insolvenz

18 Im **Insolvenzverfahren** gewährt das Zurückbehaltungsrecht aus § 273 BGB ein **Absonderungsrecht** nur nach § 51 Nr. 2 InsO, also bloß hinsichtlich der noch nützlichen (und daher den Wert der Insolvenzmasse erhöhenden) Verwendungen auf die zurückbehaltene Sache.

4. Das kaufmännische Zurückbehaltungsrecht

19 Sind die Beteiligten eines Schuldverhältnisses Kaufleute iSv §§ 1 ff. HGB, greifen die Sonderregelungen des **kaufmännischen Zurückbehaltungsrechts** nach §§ 369 ff.

[16] S. dazu Medicus/Lorenz SchuldR BT § 65 Rn. 7.

HGB ein. Der Schuldner wird hier in mehrfacher Weise gegenüber § 273 BGB begünstigt. Zwar wird hier ein Zurückbehaltungsrecht nur an **beweglichen Sachen** und **Wertpapieren** begründet, jedoch besteht kein Erfordernis der Konnexität. Außerdem erlangt der Schuldner an dem zurückbehaltenen Gegenstand ein pfandähnliches **Befriedigungsrecht** (§ 371 HGB).

II. Das Zurückbehaltungsrecht beim gegenseitigen Vertrag (§ 320 BGB)

Ein gegenseitiger (synallagmatischer) Vertrag ist, wie bei → § 13 Rn. 3 ff. dargelegt, 20
ein Vertrag in welchem die gegenseitigen Leistungspflichten sowohl bei ihrer Entstehung („genetisches Synallagma") als auch bei ihrer Durchführung („funktionelles Synallagma") voneinander abhängen. Ausdruck dieses **funktionellen Synallagma** ist neben den Regelungen über die Leistungsstörungen (§§ 323, 326 BGB) das Zurückbehaltungsrecht des § 320 BGB, welches sich in wesentlichen Punkten vom allgemeinen Zurückbehaltungsrecht des § 273 BGB unterscheidet.

1. Voraussetzungen

a) Fälliger synallagmatischer Gegenanspruch

Ein Zurückbehaltungsrecht aus § 320 BGB setzt voraus, dass der in Anspruch ge- 21
nommene Schuldner aus **demselben (wirksamen) gegenseitigen Vertrag** (und nicht nur aus demselben „rechtlichen Verhältnis" wie bei § 273 Abs. 1 BGB) einen **wirksamen** und **fälligen Gegenleistungsanspruch** hat. Gemäß § 215 BGB schließt aber – wie bei § 273 BGB – auch hier die Verjährung des Anspruchs das Zurückbehaltungsrecht nicht aus, wenn die Verjährung erst nach Entstehung des Leistungsverweigerungsrechts entstanden ist.

Weiter muss es sich bei dem Gegenleistungsanspruch auch um einen im Gegenseitig- 22
keitsverhältnis stehenden (synallagmatischen) Anspruch, also um eine **Hauptleistungspflicht** handeln.

Beispiel: Beim Kaufvertrag stehen sich die Übergabe und Eigentumsverschaffungspflicht des Verkäufers (§ 433 Abs. 1 S. 1 BGB) und die Zahlungspflicht des Käufers (§ 433 Abs. 2 BGB) als Hauptpflichten gegenüber. Der Käufer kann somit nach § 320 BGB die Zahlung verweigern, solange der Verkäufer nicht liefert. Gleiches gilt im Fall mangelhafter Leistung, dh wenn der Verkäufer seine Pflicht zu mangelfreier Leistung aus § 433 Abs. 1 S. 2 nicht erfüllt (→ Rn. 31).

Bloße **Nebenleistungspflichten** (→ § 13 Rn. 11) begründen damit nach hM kein 23
Zurückbehaltungsrecht nach § 320 BGB (wohl aber nach § 273 BGB).[17] Den Parteien bleibt es aber unbenommen, Pflichten, die typischerweise Nebenpflichten sind, den Charakter von synallagmatischen Pflichten zu geben. Letztlich hängt also die Einstufung von den Parteien ab.

Auf Rückabwicklungsansprüche aus einem **unwirksamen gegenseitigen** Vertrag ist § 320 BGB nicht anwendbar.[18] Hier kann ein Zurückbehaltungsrecht hinsichtlich der jeweils erbrachten Leistungen nur auf § 273 BGB gestützt werden. Freilich führt hier meist die von der Rspr. praktizierte **Saldotheorie** dazu, dass der Bereicherungsgläubiger die selbst erbrachte Leistung nach § 812 Abs. 1 S. 1 Alt. 1 BGB grds. ohnehin nur zurückfordern kann, wenn er zugleich die Rückerstattung der selbst erhaltenen Leistung anbietet, ohne dass es der Erhebung einer Einrede des Schuldners bedarf.[19] Im Falle eines Rücktritts sieht

[17] S. BGHZ 161, 241 (251 f.) = NJW 2005, 884 sowie MüKoBGB/Emmerich § 320 Rn. 36 mwN.

[18] BGHZ 161, 241 (251) = NJW 2005, 884.

[19] BGH NJW 2001, 1127 (1129); S. Lorenz JuS 2015, 109 (110 f.) sowie Medicus/Lorenz SchuldR BT § 68 Rn. 6.

aber § 348 BGB ebenfalls eine Erfüllung Zug-um-Zug vor und erklärt iÜ § 320 BGB für entsprechend anwendbar.

b) Fehlende Vorleistungspflicht

24 Demjenigen, der (gesetzlich oder vertraglich) zu Vorleistung verpflichtet ist, steht die Einrede aus § 320 Abs. 1 S. 1 BGB nicht zu. Solche **Vorleistungspflichten** können sich aus Gesetz oder Vertrag ergeben. Die Leistung kann dann nur im Fall des § 321 BGB verweigert werden (→ Rn. 32).

Insbesondere bei **Dauerschuldverhältnissen** (→ § 2 Rn. 3 ff.) lässt sich ein Leistungsaustausch Zug um Zug nicht durchführen. Sonst müsste zB der Mieter, der ja dauernd die Leistung des Vermieters erhält, auch ständig kleinste Teile der Gegenleistung (Miete) zahlen. Dies wird durch die Bildung von Abrechnungsperioden vermieden, indem eine wöchentliche, monatliche oder sonst nach Zeiträumen bemessene Mietzahlung vereinbart wird. Ebenso liegt es etwa bei der Zinszahlung für ein Darlehen oder der Lohnzahlung in einem Arbeitsverhältnis. Innerhalb solcher Perioden muss dann notwendig eine Partei vorleisten. Das BGB regelt solche Vorleistungspflichten in den § 488 Abs. 2 BGB, § 556b Abs. 1 BGB, § 579 Abs. 1 BGB, §§ 609, 614 BGB. Vertragliche Vorleistungspflichten finden sich insbesondere beim Ratenkauf.

c) Eigene Vertragstreue

25 Die Einrede des nichterfüllten Vertrags setzt weiter **eigene Vertragstreue** des Schuldners voraus. Dieses ungeschriebene Tatbestandsmerkmal, das auf Treu und Glauben (§ 242 BGB) beruht, besagt, dass ein auf Leistung in Anspruch genommener Schuldner sich nicht auf § 320 BGB berufen kann, wenn er seine eigene Vertragspflicht grundlos ablehnt, also letztlich deren Erfüllung endgültig verweigern will.[20] Wer ernsthaft und endgültig die Erfüllung eines Vertrags ablehnt, darf sich hierzu nicht der Einrede aus § 320 BGB bedienen.[21]

2. Rechtsfolgen: Leistung Zug um Zug

26 Ebenso wie bei § 273 BGB führt die Berufung auf § 320 BGB im Prozess gem. § 322 BGB nicht zur Klageabweisung, sondern zur Verurteilung des Beklagten zur **Erfüllung Zug um Zug gegen Erbringung der Gegenleistung.** Für die Zwangsvollstreckung verweist § 322 Abs. 3 BGB auf § 274 Abs. 2 BGB, wonach **Annahmeverzug** des Schuldners in Bezug auf die Gegenleistung genügt (zur Feststellung des Annahmeverzugs im Urteil für Zwecke der **Zwangsvollstreckung** → § 41 Rn. 22). Nach Treu und Glauben begründete Ausnahmen von § 273 BGB (→ Rn. 13) kommen bei § 320 BGB gleichfalls in Betracht.[22]

3. Unterschiede zum allgemeinen Zurückbehaltungsrecht

a) Keine Abwendung durch Sicherheitsleistung

27 Das allgemeine Zurückbehaltungsrecht kann nach § 273 Abs. 3 BGB durch Sicherheitsleistung abgewendet werden. Das gilt bei § 320 BGB nicht (§ 320 Abs. 1 S. 3 BGB). Im gegenseitigen Vertrag soll eben der Partner nicht bloß Sicherheit erhalten,

---

[20] BGHZ 50, 175 (178) = NJW 1968, 1873.

[21] BGH NJW-RR 2013, 1458.

[22] Vgl. etwa BAG DB 1985, 763 (Arbeitsverweigerungsrecht wegen Lohnrückständen); BAG NJW 1983, 2896 (bei einem Wettbewerbsverbot soll § 320 BGB regelmäßig nicht zum Zuwiderhandeln berechtigen) sowie BGH JuS 2008, 86 mAnm Emmerich (unangemessen hohe Zurückbehaltung der Miete bei Mangel der Mietsache).

sondern gerade die versprochene Leistung. Diese muss demjenigen, der die Gegenleistung verlangt, idR **tatsächlich angeboten** werden.[23]

b) Teilleistungen

Nach § 320 BGB kann der Schuldner auch dann die geschuldete Leistung voll verweigern, wenn er bereits eine Teilleistung erhalten hat und damit nur noch ein Teil der Gegenleistung aussteht. Das ergibt sich im Umkehrschluss aus § 320 Abs. 2 BGB, der das Recht zur vollen Leistungsverweigerung voraussetzt, indem er es nur nach Treu und Glauben einschränkt. Auch hierin zeigt sich wieder, dass § 320 BGB mehr beabsichtigt als bloße Sicherung, sondern durch das Zurückbehaltungsrecht auch Druck auf den Schuldner ermöglicht werden soll. Derselbe Gedanke zeigt sich auch in § 320 Abs. 1 S. 2 BGB: Wer mehreren Personen schuldet, kann jedem Gläubiger die diesem zustehende Teilleistung bis zur Bewirkung der ganzen Gegenleistung vorenthalten. 28

c) Geltendmachung der Einrede

Nach der sog. **„Austauschtheorie"** wird bei § 320 BGB (anders als bei § 273 BGB) nicht erst durch die Ausübung des Zurückbehaltungsrechts eine Verbindung zwischen Anspruch und Gegenanspruch hergestellt. Vielmehr wird nur eine dem Anspruch von vornherein innewohnende Begrenzung geltend gemacht. Denn der Schuldner hat die Leistung nicht bedingungslos versprochen, sondern nur gegen die Gegenleistung (Gedanke des **Synallagma**). Daraus wird teilweise gefolgert, dass sich der Schuldner nicht auf § 320 BGB berufen muss. Allerdings übergeht das die Tatsache, dass § 320 BGB nun einmal als Einrede formuliert ist („kann die Leistung verweigern"). Auch § 322 Abs. 1 BGB ist so formuliert („Geltendmachung des Rechts, die Leistung zu verweigern"). Für diese Gestaltung war ein auch heute noch einleuchtender Grund maßgeblich. Der Kläger soll im Prozess nicht darlegen müssen, seinerseits schon erfüllt zu haben, weil das praktisch nicht selten vergessen werde.[24] Daher wird auch im Versäumnisverfahren (§§ 330 ff. ZPO) der nicht erschienene Beklagte ohne Einschränkungen zur Leistung verurteilt, wenn nicht vorgetragen worden ist, dass er die Einrede wenigstens vor dem Prozess erhoben hat. An dieser sog. **„Einredetheorie"** ist weiterhin festzuhalten.[25] 29

Wenn also § 320 BGB keine prozessuale Besonderheit gegenüber § 273 BGB aufweist, bleiben nur noch **materiell-rechtliche Besonderheiten** möglich. Sie zeigen sich beim **Schuldnerverzug** (§ 286 BGB) sowie beim **Rücktritt** (§ 323 BGB) und beim **Schadensersatz statt der Leistung** (§ 280 Abs. 1, 3 BGB, § 281 BGB). Dort hindert bereits das **Bestehen der Einrede** den Verzug und den Eintritt der Tatbestandsvoraussetzungen von § 323 BGB und § 281 BGB.[26] Auch bei der **Aufrechnung** schließt schon das Bestehen der Einrede die Aufrechnung aus (§ 390 BGB). 30

4. Mangelhafte Leistung

§ 320 BGB gilt nicht nur im Falle von quantitativen Teilleistungen (→ Rn. 28), sondern auch dann, wenn die Leistung **nicht wie geschuldet** erbracht wird, dh im Falle 31

[23] BGHZ 116, 244 (249) = NJW 1992, 556.
[24] Mot. II 204 = Mugdan II 112.
[25] So etwa BGH NJW 1999, 53.
[26] S. etwa BGH NJW 2010, 1272 Rn. 23 mwN.

einer **mangelhaften Leistung.** So kann etwa der Käufer im Falle der Lieferung einer mangelhaften Sache die Kaufpreiszahlung grds. (Grenze: § 320 Abs. 2 BGB) **vollständig** verweigern, solange nicht eine nach § 433 Abs. 1 S. 2 BGB geschuldete mangelfreie Leistung oder – nach Gefahrübergang – die nach 439 BGB geschuldete Nacherfüllung erbracht ist (Mängeleinrede).[27] Die Einrede setzt aber das Bestehen eines Anspruchs auf mangelfreie Leistung voraus. Ist der andere Teil hiervon zB nach § 275 Abs. 1 BGB befreit (so im Fall eines unbehebbaren Sachmangels), begründet § 320 BGB keine Mängeleinrede.[28] Im Werkvertragsrecht gilt im Falle einer mangelhaften Leistung in Gestalt von § 641 Abs. 3 BGB eine § 320 Abs. 2 BGB konkretisierende Sonderregelung.[29]

5. Unsicherheitseinrede (§ 321 BGB)

32 Ist der Schuldner (gesetzlich oder vertraglich) abweichend von § 320 BGB zu Vorleistung verpflichtet, so gewährt er durch diese Vorleistung seinem Partner einen – regelmäßig nicht oder nur wenig gesicherten – Kredit. § 321 BGB mildert (ähnlich wie § 490 Abs. 1 BGB beim Darlehen) in einem solchen Fall die Bindung an eine solche Zusage, wenn **nach dem Vertragsabschluss** erkennbar[30] wird, dass der **Anspruch auf die Gegenleistung gefährdet ist.** Dann kann der Vorleistungspflichtige nach § 321 Abs. 1 BGB die ihm obliegende Leistung einredeweise verweigern, bis die Gegenleistung bewirkt oder für sie Sicherheit geleistet wird. Die Gefährdung des Gegenleistungsanspruchs braucht dabei nicht auf einer Verschlechterung der Vermögensverhältnisse des Vorleistungsberechtigten zu beruhen. Auch sonstige drohende Leistungshindernisse begründen die Einrede, wenn sie geeignet sind, die Erbringung der Gegenleistung zu verhindern oder vertragswidrig zu verzögern, oder wenn eine vertragswidrige Beschaffenheit der Gegenleistung von einigem Gewicht zu erwarten ist.[31] Die hM hält § 321 BGB für einen speziell geregelten Fall des Wegfalls der Geschäftsgrundlage und damit für eine *lex specialis* zu § 313 BGB.

Wenn der Vorleistungspflichtige schon voll geleistet hat, kann er aus § 321 BGB keine Rechte mehr herleiten.[32] Insbesondere handelt es sich auch bei § 321 BGB nicht um eine peremptorische (= dauernde) Einrede, welche nach § 813 S. 1 BGB zur Rückforderung berechtigen könnte.

33 Bei Vorliegen der Voraussetzungen von § 321 Abs. 1 BGB wird die Vorleistungspflicht aber nicht völlig beseitigt. Vielmehr bestimmt § 321 Abs. 2 BGB ein Verfahren, nach dem der Vertrag abgewickelt werden kann. Der Vorleistungspflichtige kann eine angemessene Frist für eine Abwicklung Zug um Zug oder gegen eine Sicherheitsleistung bestimmen. Nach erfolglosem Fristablauf hat der Vorleistungspflichtige ein Rücktrittsrecht. Eine Teilleistung, die der Vorleistungspflichtige schon erbracht hat und die der andere Teil ungehindert nutzt, ist weiterhin zu vergüten.[33]

27 BGH NJW 2017, 1100.
28 S. dazu Medicus/Lorenz SchuldR BT § 5 Rn. 11 sowie Medicus/Lorenz SchuldR BT § 7 Rn. 97 f.
29 S. Medicus/Lorenz SchuldR BT § 43 Rn. 40 ff.
30 Die Gefährdung selbst kann bereits vor Vertragsschluss entstanden sein, vgl. BGH NJW 2010, 1272 Rn. 15.
31 BGH NJW 2010, 1272 Rn. 15; bei (voraussichtlich) vorübergehenden Leistungshindernissen aA Kaiser NJW 2010, 1254 (1256).
32 BGHZ 112, 279 (287) = NJW 1991, 102.
33 BGH NJW 1985, 2696.

Auch bei § 321 BGB hindert bereits das Bestehen der Einrede (und nicht erst deren Geltendmachung) den Verzug (§ 286 BGB) des Schuldners.[34] Geht der Gläubiger, ohne zu wissen, dass der Vorleistungspflichtige die Leistung wegen § 321 Abs. 1 BGB zurückbehält, wegen der Leistung nach § 323 BGB vor, so kann er aber nach Ablauf der hiernach gesetzten Frist trotz Bestehens der Einrede vom Vertrag zurücktreten, sofern nicht der Vorleistungspflichtige vor Fristablauf darauf hinweist, dass er die Leistung wegen § 321 Abs. 1 BGB zurückbehält. Dem Vorleistungspflichtigen ist es dann nämlich nach § 242 BGB verwehrt, sich nachträglich auf die Einrede aus § 321 BGB zu berufen.[35] 34

[34] BGH NJW 2010, 1272 Rn. 23 mwN; aA Kaiser NJW 2010, 1254 (1255).
[35] BGH NJW 2010, 1272 Rn. 24; krit. dazu Kaiser NJW 2010, 1254.

4. Teil. Erfüllung und Erfüllungssurrogate

Das Ziel und damit das Erlöschen der Forderung wird dadurch erreicht, dass der Gläubiger die geschuldete Leistung erhält **(Erfüllung).** Eine Forderung kann aber auch durch andere Mechanismen erlöschen (zB durch Erbringung einer anderen als der geschuldeten Leistung, durch Hinterlegung, Aufrechnung oder Erlass). Da diese Vorgänge die Erfüllung ersetzen, bezeichnet man sie als **Erfüllungssurrogate.** 1

§ 21. Die Erfüllung

Literatur: Gernhuber, Die Erfüllung und ihre Surrogate, 2. Aufl. 1994; Grigoleit, Die Leistungszweckbestimmung zwischen Erfüllung und Bereicherungsausgleich, 2. FS Medicus, 2009, 125; Looschelders/Erm, Die Erfüllung – dogmatische Grundlagen und aktuelle Probleme, JA 2014, 161; S. Lorenz, Grundwissen – Zivilrecht: Erfüllung (§ 362 BGB), JuS 2009, 109.

I. Grundlagen

Nach § 362 Abs. 1 BGB erlischt das Schuldverhältnis (im engeren Sinne, dh die **Forderung** → § 1 Rn. 10), wenn **die geschuldete Leistung an den Gläubiger** bewirkt wird, dh der **Leistungserfolg** eingetreten ist. Besteht diese Leistung in einem tatsächlichen Handeln (zB der Erbringung einer Dienstleistung), bedarf es zur Erfüllung keines Rechtsgeschäfts, sondern lediglich eines Realakts, dh einer tatsächlichen Handlung. Besteht die geschuldete Leistung zB in der Übereignung einer Sache, ist zur Herbeiführung des Leistungserfolgs (auch) rechtsgeschäftliches Handeln (zB eine Übereignung nach § 929 BGB) erforderlich. 1

II. Die Person des Leistenden

In der passivischen Fassung des § 362 Abs. 1 BGB bleibt die Person des Leistenden offen. Das hängt damit zusammen, dass nach § 267 Abs. 1 BGB auch ein Dritter die Leistung bewirken kann, wenn der Schuldner nicht in Person zu leisten hat. Wenn aber die Leistungspflicht entweder kraft Vereinbarung oder kraft Gesetzes (zB §§ 664, 691, 713 BGB) **höchstpersönlich** ist, muss die Leistung gerade vom Schuldner bewirkt werden (→ § 15 Rn. 7). 2

III. Der Leistungsempfänger

1. Die Regel

Grundsätzlich muss die Leistung **an den (tatsächlichen) Gläubiger** bewirkt werden. Die Leistung an einen Dritten befreit also idR nicht. Wurde an einen Dritten geleistet, so kann der Leistende die Leistung mit einem Bereicherungsanspruch (§ 812 Abs. 1 S. 1 Alt. 1 BGB) zurückverlangen. 3

Keine Leistung an einen Dritten, sondern befreiende Leistung an den Gläubiger selbst liegt aber vor, wenn an eine vom Gläubiger dazu ermächtigte **Hilfsperson** oder an eine **Zahlstelle des Gläubigers** (so bei einer Banküberweisung) geleistet wird.

2. Befreiende Leistung an einen Nichtgläubiger

a) Empfangsermächtigung

4 Ausnahmsweise kann aber auch die Leistung an einen **Nichtgläubiger** befreiende Wirkung haben. So befreit gem. §§ 362 Abs. 2, 185 Abs. 1 BGB die Leistung an einen Dritten, wenn der Gläubiger dazu vorher seine Einwilligung erteilt hat. Dabei heißt die dem Dritten erteilte Einwilligung **„Empfangsermächtigung“** (zur **Einziehungsermächtigung** → § 62 Rn. 30).

Die Ermächtigung zur Leistung an einen Dritten kann diesem oder dem Schuldner gegenüber ausgesprochen werden (§ 182 Abs. 1 BGB). Vom Vertrag zugunsten Dritter (§§ 328 ff. BGB) unterscheidet sich dies dadurch, dass bei diesem der Schuldner nicht bloß an einen Dritten leisten darf, sondern dazu **verpflichtet** ist. Beim **echten Vertrag zugunsten Dritter** hat der Dritte sogar einen eigenen Anspruch. Statt des Gläubigers sind **kraft Gesetzes** zur Geltendmachung berechtigt der Nießbraucher (§ 1074 BGB) und nach Pfandreife auch der Pfandgläubiger (§ 1282 BGB) einer Forderung.

b) Rechtsschein

5 Die Leistung an einen Nichtgläubiger kann den Schuldner auch dann befreien, wenn der **Nichtgläubiger durch einen Rechtsschein legitimiert** ist. Im Recht der Erfüllung ist nur ein einziger solcher Fall geregelt, nämlich in § 370 BGB: Der Überbringer einer (echten) Quittung gilt bei Redlichkeit des leistenden Schuldners kraft Gesetzes als empfangsermächtigt. Denn wenn der Gläubiger eine solche Quittung schon vor dem Empfang der Leistung ausstellt, schafft er damit die Gefahr eines Missbrauchs durch Dritte. Darum wird der Schuldner geschützt, der gutgläubig auf die Quittung hin zahlt.

6 Weitere Fälle, in denen die Leistung an einen Nichtgläubiger befreiend wirkt, finden sich bei der **Forderungsabtretung** (§§ 407–409 BGB, → § 63 Rn. 17), im **Deliktsrecht** (§ 851 BGB), im **Sachenrecht** (§ 893 BGB) und im **Erbrecht** (§ 2366 BGB) sowie im Recht der **Wert- und Legitimationspapiere.** Wer gutgläubig an den durch ein solches Papier als Gläubiger ausgewiesenen leistet, wird frei (§ 793 Abs. 1 S. 2 BGB, §§ 807, 808 Abs. 1 S. 1 BGB;[1] zudem insbesondere bei Wechsel und Scheck). Keine legitimierende Wirkung hat dagegen der einfache Schuldschein, → Rn. 39.

c) Nachträgliche Genehmigung

7 Liegt keiner der genannten Tatbestände vor, kann der Gläubiger nach § 362 Abs. 2 BGB, § 185 Abs. 2 BGB die Leistung an den Nichtgläubiger nachträglich **genehmigen.** Vorteilhaft kann das für ihn zB dann sein, wenn er dadurch einen Anspruch gegen den Empfänger aus § 816 Abs. 2 BGB erwirbt (→ Rn. 9). Das kann dann sinnvoll sein, wenn der Anspruch aus § 816 Abs. 2 BGB gegen den nichtberechtigten Empfänger (zB durch Aufrechnung) leichter realisierbar ist als ein fortbestehender Anspruch gegen den (möglicherweise insolventen) Schuldner.

d) Folgen im Verhältnis des Gläubigers zum Dritten

8 Die Folgen, welche eine befreiende Leistung des Schuldners an einen Dritten (Nichtgläubiger) im Verhältnis zwischen dem Gläubiger und diesem Dritten hat, bestimmen sich zunächst nach einer eventuellen vertraglichen Absprache zwischen beiden. So kann etwa die Leistung des Schuldners an den Nichtgläubiger kraft einer Verein-

[1] S. dazu Medicus/Lorenz SchuldR BT §§ 57, 58.

barung zwischen Gläubiger und Schuldner Tilgungswirkung in Bezug auf eine Forderung des Dritten gegen den Gläubiger haben.

Beispiel: Ein Händler verkauft an einen Kunden eine Ware, die er seinerseits von einem Hersteller kauft. Er weist den Hersteller an, die Ware direkt an den Kunden zu liefern (**Erfüllungsübernahme,** § 329 BGB). Dann wird der Hersteller durch Übereignung an den Kunden § 362 Abs. 2 BGB, § 185 Abs. 1 BGB von seiner Verpflichtung gegenüber dem Händler befreit, zugleich tritt im Verhältnis Händler/Kunde nach § 362 Abs. 1 BGB Erfüllung ein, weil der Händler die dem Käufer geschuldete Leistung über den Hersteller als Leistungsmittler an den Käufer erbracht hat.

Ist der Dritte nicht nach § 362 Abs. 2 BGB, § 185 BGB zur Entgegennahme der Leistung ermächtigt, hat die Leistung an ihn aber dennoch wegen eines der in → Rn. 5 genannten Rechtsscheintatbestände befreiende Wirkung, kann der Gläubiger von dem Dritten, an welchen befreiend geleistet wurde, nach § 816 Abs. 2 BGB das Geleistete herausverlangen.[2] Gleiches gilt im Fall der nachträglichen Genehmigung, weil auch dann die Leistung an den Nichtberechtigten „dem Berechtigten gegenüber wirksam ist". 9

Beispiel: G hat seine Forderung gegen S an D abgetreten. In Unkenntnis dieser Abtretung leistet S an G. Hier wird S zwar nicht nach § 362 Abs. 1 BGB befreit, weil er die Leistung nicht an den wahren Gläubiger D bewirkt hat, jedoch tritt Befreiung nach § 362 Abs. 1 BGB iVm § 407 Abs. 1 BGB ein. D kann dann von G nach § 816 Abs. 2 BGB, § 818 BGB Herausgabe des von S Gezahlten verlangen.

3. Nichtbefreiende Leistung an den Gläubiger – fehlende Empfangszuständigkeit

In bestimmten Ausnahmefällen kann aber auch einer Leistung an den wahren Gläubiger die Erfüllungswirkung fehlen. Das ist dann der Fall, wenn der Gläubiger kraft besonderer gesetzlicher Bestimmung **über die Forderung nicht verfügen kann** und damit auch nicht **empfangszuständig** ist. Diese Empfangszuständigkeit ist grds. mit der Inhaberschaft der Forderung verbunden und fehlt nur in Ausnahmefällen. Neben den → Rn. 4 genannten Fällen der §§ 1074, 1282 BGB ist das vor allem wichtig in der **Insolvenz des Gläubigers** und bei **Leistung an einen Minderjährigen.** 10

a) Insolvenz des Gläubigers

Im Insolvenzverfahren verliert der Insolvenzschuldner gem. § 80 Abs. 1 InsO die Verwaltungs- und Verfügungsbefugnis über sein Vermögen. Das beinhaltet auch die Fähigkeit der schuldbefreienden Entgegennahme einer Leistung von einem Drittschuldner (dh einem Schuldner des Insolvenzschuldners). Eine befreiende Leistung eines Drittschuldners an den Insolvenzschuldner als Forderungsinhaber ist damit mangels Empfangszuständigkeit nicht mehr möglich. Der Drittschuldner wird dann bei einer Leistung an den Insolvenzschuldner nur befreit, wenn er bei der Leistung die Eröffnung des Insolvenzverfahrens nicht kannte (§ 82 InsO). 11

b) Leistung an Minderjährige

Problematisch ist auch, ob die **Leistung an einen minderjährigen Gläubiger** befreiende Wirkung haben kann. Ist die Forderung des Minderjährigen auf die Übereignung einer Sache oder Zahlung von Geld gerichtet, so könnte der Minderjährige an der Übereignung (§ 929 BGB) mitwirken, da diese für ihn **lediglich rechtlich vorteilhaft** iSv § 107 BGB ist. Wenn hierdurch aber zugleich die Forderung des Minder- 12

[2] S. dazu Medicus/Lorenz SchuldR BT § 68 Rn. 18.

jährigen nach § 362 Abs. 1 BGB erlöschen würde, hätte die Leistung eine rechtlich nachteilige Folge, so dass an einen Minderjährigen nicht geleistet werden könnte.

13 Die ganz hM trennt aber den **Eigentumserwerb** von der **Erfüllung.**[3] Dazu kann man – mit einer älteren, heute nicht mehr vertretenen Ansicht – die Erfüllung selbst als Vertrag ansehen, bei welchem sich die Parteien neben der tatsächlichen Leistungserbringung noch über das Erlöschen der Forderung einigen müssen (sog. **Vertragstheorie,** dazu → Rn. 31). Da ein solcher Vertrag für einen Minderjährigen rechtlich nachteilig wäre, könnte er zwar die Leistung wirksam entgegennehmen (indem er sich etwa die geschuldete Sache übereignen lässt), nicht aber sich über das Erlöschen der Forderung einigen.

14 Heute löst man auch diese Frage mit dem Begriff der **Empfangszuständigkeit,** die analog zu den Regeln über die Geschäftsfähigkeit zu behandeln ist und daher dem minderjährigen Gläubiger fehlt.[4] Daher kann man den **Eigentumserwerb** bejahen, da er (als solcher) dem Minderjährigen nur Vorteil bringt, gleichzeitig aber die Erfüllungswirkung verneinen. Die Erfüllung – und folglich auch der Forderungsverlust des Minderjährigen – treten erst ein, wenn der gesetzliche Vertreter in die Leistung an den Minderjährigen eingewilligt, diese genehmigt oder den geleisteten Gegenstand bekommen hat. Ist dies nicht der Fall, ist der Minderjährige zwar Eigentümer des geleisteten Gegenstands geworden, muss ihn aber nach § 812 Abs. 1 S. 1 Alt. 1 BGB zurückerstatten.

Beispiel: Der minderjährige M hat gegen S einen auf Geld gerichteten Anspruch auf Schadensersatz wegen einer Beschädigung seines Fahrrads (§ 823 Abs. 1 BGB, § 249 Abs. 1, 2 S. 1 BGB). S zahlt ohne Einwilligung der Eltern des M an diesen. M erwirbt zwar gem. § 929 BGB Eigentum an den übereigneten Geldscheinen (rechtlich lediglich vorteilhaftes Rechtsgeschäft iSv § 107 BGB), jedoch tritt **keine Erfüllungswirkung** ein. Nach der „Vertragstheorie" deshalb, weil M den zusätzlich erforderlichen Erfüllungsvertrag wg. § 107 BGB nicht wirksam schließen konnte, nach der herrschenden **Theorie der realen Leistungsbewirkung** (→ Rn. 32 f.), weil ihm analog § 107 BGB die **Empfangszuständigkeit** fehlte. Die Eltern des M können daher als gesetzliche Vertreter (in dessen Namen) nochmals Zahlung verlangen. M muss den erhaltenen Betrag nach § 812 Abs. 1 S. 2 Alt. 2 BGB an S zurückzahlen, jedoch kann dieser Anspruch zB an § 818 Abs. 3 BGB scheitern, wenn M das Geld zwischenzeitlich verprasst hat.

15 Haben die gesetzlichen Vertreter für einen Vertragsabschluss eines Minderjährigen ihre Einwilligung erteilt, dürfte die für die Erfüllung an den Minderjährigen notwendige Einwilligung der gesetzlichen Vertreter (§ 107 BGB) idR mitenthalten sein.

Beispiel: Der minderjährige M verkauft und übereignet mit Einwilligung seiner Eltern sein Fahrrad an K. K bezahlt den Kaufpreis direkt an M. Da davon auszugehen ist, dass sich die Einwilligung der Eltern auch auf die Entgegennahme der Gegenleistung bezieht, ist die Kaufpreisforderung des M nach § 362 Abs. 1 BGB erloschen.

IV. Bewirken der geschuldeten Leistung

1. Leistungserfolg

16 Nach § 362 Abs. 1 BGB muss die Leistung **„bewirkt"** werden. Soweit der Schuldner dazu verpflichtet ist, einen **Erfolg** herbeizuführen, muss auch dieser **eingetreten** sein. Es genügt dann also nicht schon, dass der Schuldner die für diesen Erfolg nötigen **Leistungshandlungen** vorgenommen hat. Wer zB Geld schuldet, erfüllt noch nicht,

[3] Köhler BGB AT § 10 Rn. 18; Neuner BGB AT § 34 Rn. 35.
[4] Vgl. Neuner BGB AT § 34 Rn. 36.

wenn er den Betrag abschickt, seiner Bank einen Überweisungsauftrag zur Gutschrift auf das Konto des Empfängers erteilt hat[5] oder etwa ein Kuvert mit Bargeld in den Briefkasten des Gläubigers wirft.[6] Auch die vereinbarte Überweisung eines Kaufpreises auf das Treuhandkonto eines Notars genügt idR nicht.[7] Erfüllung tritt hier vielmehr erst ein, wenn die Geldsumme auf dem Empfängerkonto vorbehaltlos gutgeschrieben ist.[8]

Dass der Schuldner die nötigen **Leistungshandlungen** vornimmt, kann zwar zur Konkretisierung einer Gattungsschuld führen (→ § 17 Rn. 10) und Schuldnerverzug verhindern oder beenden (→ § 36 Rn. 36). Wenn sich dann herausstellt, dass der Leistungsgegenstand verloren gegangen ist, hängen die Rechtsfolgen von der Verteilung der **Leistungsgefahr** ab (→ § 15 Rn. 23). Trägt diese der Gläubiger, so wird der Schuldner nicht nach § 362 Abs. 1 BGB, sondern nach § 275 Abs. 1 BGB wegen Unmöglichkeit frei. Liegt die Leistungsgefahr dagegen beim Schuldner, so muss dieser erneut leisten. Insbesondere bei der Geldschuld lässt § 270 Abs. 1 BGB die Leistungsgefahr beim Schuldner: Dieser muss also neues Geld absenden, sobald der Verlust der ersten Sendung feststeht (→ § 15 Rn. 24).

Leistet der Schuldner unter dem **Vorbehalt der Rückforderung,** so kann dies zweier- 17
lei bedeuten: Will er lediglich vermeiden, dass seine Leistung als Anerkenntnis iSv § 212 Abs. 1 Nr. 1 BGB verstanden wird (was zum Neubeginn der Verjährung führen würde) sowie sich die Möglichkeit erhalten, trotz § 814 BGB das Geleistete zurückzufordern, wenn ihm der Nachweis gelingt, dass die vom Gläubiger geltend gemachte Forderung tatsächlich nicht besteht[9], hat die Leistung Erfüllungswirkung. Er kann aber auch einen **„Totalvorbehalt"** des Inhalts erklären, dass er (zB unter dem Druck einer drohenden Zwangsvollstreckungsmaßnahme oder einer anderen Notlage) nur unter der Bedingung des Bestehens der Forderung leistet und damit auch in einem Rückforderungsprozess dem Gläubiger die Beweislast für das Bestehen der Forderung auferlegen will. Dann tritt **keine Erfüllungswirkung** ein.[10] Welcher Art der Vorbehalt des Schuldners ist, ist eine Frage der Auslegung (§§ 133, 157 BGB). Im Regelfall wird der Schuldner wegen der für ihn riskanten Folgen eines „Totalvorbehalts" lediglich Ersteres wollen, da er andernfalls in Verzug (§ 286 BGB) gerät bzw. diesen nicht beendet.[11] Der Gläubiger kann seinerseits die unter einem „Totalvorbehalt" angebotene Leistung ablehnen, ohne in Annahmeverzug zu geraten (→ § 41 Rn. 3).

2. „Bewirken" durch den Schuldner

„Bewirken" bedeutet, dass es für die Erfüllung nicht genügt, wenn der geschuldete 18
Erfolg **anders als durch Leistung** (also etwa durch Zufall) eingetreten ist. Daher bleibt die Erfüllung aus, wenn das abzuschleppende Schiff durch ein Hochwasser von selbst freikommt oder der zu behandelnde Patient plötzlich von allein gesund wird. Auch hier braucht zwar der Schuldner nicht mehr zu leisten, jedoch ist er nicht durch Erfüllung frei geworden, sondern nach § 275 Abs. 1 BGB durch **Unmöglichkeit** (meist in der Sonderform der **Zweckerreichung,** → § 34 Rn. 3).

[5] BGH NJW 1999, 210.
[6] AG Köln NJW 2006, 1600.
[7] Vgl. BGH NJW 1994, 1403.
[8] BGH NJW 2018, 537 Rn. 19 mwN.
[9] S. dazu Medicus/Lorenz SchuldR BT § 66 Rn. 6.
[10] S. BGH NJW 2007, 1269 (1270).
[11] Anders bei Zahlungen zur Abwendung der Zwangsvollstreckung aus einem vorläufig vollstreckbaren Urteil, s. BGH NJW 2012, 1717 Rn. 11.

V. Die Ermittlung der erfüllten Forderung

1. Die Regelfälle

19 In den meisten Fällen besteht kein Zweifel darüber, welche Forderung nach dem Willen des Schuldners durch dessen Leistung getilgt werden soll. Wenn zwischen dem Gläubiger und dem Schuldner nur eine einzige Forderung besteht, wird idR auf diese geleistet werden. Wenn der Schuldner einem einzigen Gläubiger aus mehreren Schuldverhältnissen verpflichtet ist und das Geleistete zur Tilgung aller Verbindlichkeiten ausreicht, bestehen ebenfalls keine Probleme der Zuordnung. Eine rechtsgeschäftliche Einigung der Parteien oder eine einseitige Tilgungsbestimmung des Schuldners ist in solchen Fällen nicht notwendig.[12]

20 Aber auch wenn mehrere Forderungen vorhanden sind, wird sich meist schon aus dem Inhalt der Leistung ergeben, welche Forderung der Schuldner erfüllen will. Wenn jemand einem Gläubiger Dienste und die Rückzahlung eines Darlehens schuldet, dann bezieht sich eine Geldüberweisung offenbar auf die Darlehensforderung. Wenn aus Darlehen 1.000 EUR und als Kaufpreis 57,80 EUR geschuldet werden, dann dient eine Überweisung von 57,80 EUR erkennbar der Erfüllung der Kaufpreisschuld.

2. Anrechnungsbestimmungen

21 Ist der Bezug einer Leistung zu einer bestimmten Forderung nicht ohne Weiteres ersichtlich (etwa wenn im vorigen Beispielsfall 30 EUR überwiesen werden, → Rn. 20), stellt sich die Frage, auf welche Forderung die Leistung angerechnet werden soll.[13]

22 Diese Frage ist nicht etwa deshalb irrelevant, weil der Schuldner ja letzten Endes doch alles zahlen muss. Denn die verschiedenen Forderungen können verschieden gesichert oder verschieden zu verzinsen sein. Auch hinsichtlich der Verjährung können Unterschiede bestehen. Weiter kann eine Forderung bestritten sein, während die andere unbestritten oder glatt durchsetzbar ist.

a) Tilgungsbestimmung durch den Schuldner

23 In solchen Fällen überlässt § 366 Abs. 1 BGB grds. dem Schuldner die Bestimmung der zu tilgenden Forderung (sog. **Tilgungsbestimmung**).[14]

Das ist von entscheidender Bedeutung für das **Bereicherungsrecht.** Nur durch die Tilgungsbestimmung wird die Zuwendung mit einer Verpflichtung verknüpft und damit zur „Leistung" iSv § 812 Abs. 1 S. 1 Alt. 1 BGB.[15] Erst dies erlaubt die Feststellung, ob die Leistung mit oder ohne Rechtsgrund erfolgt ist und im letzteren Falle zurückgefordert werden kann.

24 Bestimmt werden kann ausdrücklich (zB durch Angabe der Rechnungsnummer auf dem Überweisungsträger), aber auch konkludent. Die Bestimmung kann auch noch nachträglich erfolgen, wenn sich die Leistung vorher nicht eindeutig zuordnen lässt.[16]

---

12 BGH NJW 2007, 3488 Rn. 17.

13 Dazu Avenarius AcP 203 (2003), 511.

14 Zur Abdingbarkeit durch Allgemeine Geschäftsbedingungen vgl. BGHZ 91, 375 = NJW 1984, 2404.

15 S. dazu Medicus/Lorenz SchuldR BT § 65 Rn. 2 f.

16 BGHZ 51, 157 (160 f.) = NJW 1969, 840.

Die Tilgungsbestimmung ist nach zutr. Ansicht zwar kein (einseitiges) Rechtsgeschäft, aber eine **rechtsgeschäftsähnliche Handlung,** auf welche die Vorschriften über Willenserklärungen entsprechende Anwendung finden. Maßgeblich ist damit nicht allein der innere Wille des Schuldners, sondern der objektive Empfängerhorizont des Zuwendungsempfängers (§ 157 BGB). Bei Vorliegen eines rechtserheblichen Irrtums kann die Tilgungsbestimmung daher analog § 119 BGB angefochten werden.[17]

Möglich ist auch eine **mehrfache Tilgungsbestimmung,** so etwa, wenn zB der Schuldner eines Kredits, der zu dessen Sicherung eine Grundschuld (§ 1191 BGB) bestellt hat, sowohl auf die persönliche Forderung als auch auf die Grundschuld leistet.[18] 25

§ 366 BGB gilt analog, wenn eine einheitliche Forderung (etwa durch teilweise Abtretung) zwischen mehreren Gläubigern aufgeteilt ist. Auch in einem solchen Fall ist eine Tilgungsbestimmung sogar noch nachträglich möglich.[19] Eine Tilgungsbestimmung des Schuldners kann auch erforderlich sein, wenn ein und dieselbe Leistung mehreren Gläubigern geschuldet ist. 26

Ein Subunternehmer verpflichtet sich vertraglich zugleich gegenüber dem Hauptunternehmer und dem Besteller zur Erbringung ein und derselben Werkleistung.[20]

b) Vertragliche Tilgungsvereinbarung

Obwohl die einseitige Tilgungsbestimmung kein Rechtsgeschäft ist, ist eine (auch vor der Leistung getroffene) rechtsgeschäftlich bindende **Tilgungsvereinbarung** der Parteien möglich (und etwa bei längerfristigen Bankkrediten durch sog. „Tilgungspläne" gängige Praxis). Das ergibt sich aus dem dispositiven Charakter von § 366 Abs. 1 BGB. Liegt eine solche Vereinbarung vor, ist ein einseitiges Leistungsbestimmungsrecht des Schuldners nach § 366 Abs. 1 BGB von vorneherein ausgeschlossen.[21] 27

c) Gesetzliche Anrechnungsbestimmung

Trifft der Schuldner keine Bestimmung, so sieht § 366 Abs. 2 BGB eine **Anrechnungsreihenfolge** vor. An erster Stelle steht die **fällige Schuld.** Sind mehrere Schulden fällig, wird die Leistung auf diejenige angerechnet werden, die dem Gläubiger die **geringere Sicherheit** bietet. Dabei ist ein wirtschaftlicher Maßstab anzulegen. Eine durch eine letztrangige Hypothek gesicherte Forderung kann weniger sicher sein als eine Forderung, für die sich eine Großbank verbürgt hat. Auch dass eine Forderung eher **verjährt,** wird unter dem Gesichtspunkt der Sicherheit berücksichtigt. Daher ist die Zahlung durch einen mit mehreren Mietraten rückständigen Mieter zunächst auf die älteste Rate anzurechnen.[22] Nächstes Kriterium ist die **Lästigkeit** für den Schuldner (zB wegen der höheren Zinsen oder einer Vertragsstrafe). Schließlich stellt § 366 Abs. 2 BGB auf das (nach der Entstehungszeit zu bestimmende) **Alter der Schuld** ab, soweit dieses nicht schon unter dem Gesichtspunkt der Sicherheit wegen der Verjährung zu einem Rangunterschied führt. Wenn alle diese Kriterien versagen (was aber kaum je vorkommen dürfte), schreibt § 366 Abs. 2 BGB aE schließlich die **verhältnismäßige Tilgung** aller gleichberechtigten Schulden vor. 28

[17] BGHZ 106, 163 (166) = NJW 1989, 1792.
[18] BGHZ 105, 154 (157) = NJW 1988, 2730.
[19] BGHZ 167, 337 = NJW 2006, 2845; 2008, 985.
[20] Dazu BGH NJW 2007, 3488 mAnm S. Lorenz.
[21] BGHZ 91, 375 (379) = NJW 1984, 2404.
[22] BGH NJW 1965, 1373.

d) Verhältnis Hauptleistung – Zinsen – Kosten

29 § 367 Abs. 1 BGB bestimmt insofern eine Ausnahme von § 366 BGB, als im Verhältnis **Hauptleistung – Zinsen – Kosten** eine besondere Reihenfolge gilt und das Bestimmungsrecht des Schuldners beschränkt ist. Eine Leistung wird danach zunächst auf die Kosten, dann auf die Zinsen und erst an letzter Stelle auf die Hauptleistung bezogen. Trifft der Schuldner eine andere Bestimmung, so darf der Gläubiger nach § 367 Abs. 2 BGB die Leistung ablehnen (und kommt durch die Ablehnung auch nicht in Gläubigerverzug). Nimmt er sie aber an, so gilt die Anrechnungsbestimmung des Schuldners.

e) Verbraucherdarlehen

30 Für **Verbraucherdarlehen**[23] bestimmt § 497 Abs. 3 BGB zwingend (§ 512 S. 1 BGB) eine andere Reihenfolge. Zahlungen sollen zunächst auf die Kosten der Rechtsverfolgung, dann auf den übrigen geschuldeten Betrag und erst in letzter Linie auf die nach Verzugseintritt angefallenen Zinsen angerechnet werden. Das begünstigt den Schuldner, weil der Zinsrückstand unverzinslich ist (§ 289 S. 1 BGB) und auch nur eine beschränkte Schadensersatzpflicht nach sich zieht (§ 497 Abs. 2 S. 2 BGB). Es bleibt also der den Schuldner am wenigsten belastende Posten bis zuletzt offen.

VI. Rechtsnatur der Erfüllung

1. Vertragstheorie

31 Die heute nicht mehr vertretene **Vertragstheorie** hatte für die Erfüllungswirkung eine **vertragliche Einigung** zwischen Gläubiger und Schuldner darüber verlangt, dass die Leistung eine bestimmte Forderung erfüllt (dazu bereits → Rn. 13). Neben der Leistungsbewirkung als solcher (die uU ein **Erfüllungsgeschäft** wie zB eine Übereignung erfordert) sollte danach also noch ein vom Erfüllungsgeschäft zu unterscheidender **besonderer Erfüllungsvertrag** oder eine zumindest vertragsähnliche Einigung darüber erforderlich sein, dass durch das Bewirken der Leistung die Forderung erlöschen soll. Diese Theorie sowie – meist abgeschwächte – Spielarten sind heute zurückgedrängt. Schon § 366 BGB widerspricht nämlich dem angeblichen Erfordernis einer vertraglichen Einigung über die Erfüllungswirkung, weil § 366 Abs. 1 BGB eine **einseitige Leistungsbestimmung** durch den Schuldner genügen lässt, die nach § 366 Abs. 2 BGB sogar entbehrlich sein kann.

2. Theorie der realen (finalen) Leistungsbewirkung

32 Heute herrschend ist vielmehr die **Theorie der realen Leistungsbewirkung.**[24] Soweit sich nach §§ 366, 367 BGB die Leistung auf eine bestimmte Forderung bezieht, genügt die tatsächliche Herbeiführung des Leistungserfolgs durch den Schuldner. Dazu können Rechtsgeschäfte nötig sein, zB nach § 929 BGB für die Übereignung beweglicher Sachen oder nach § 398 BGB für die Übertragung von Forderungen. Die **Erfüllungswirkung als solche** tritt aber als deren Folge automatisch ein, ohne dass es neben der genannten Zweckbestimmung einer weiteren vertraglichen Einigung der Parteien über das Erlöschen der Forderung bedarf.

---

[23] Medicus/Lorenz SchuldR BT § 34 Rn. 29 ff.

[24] Vgl. BGH NJW 2014, 547 Rn. 21 mwN; MüKoBGB/Fetzer § 362 Rn. 9 ff. mwN.

Auch für die Frage, ob an einen Minderjährigen befreiend geleistet werden kann, ist die Vertragstheorie nicht notwendig. Dieses Problem wird über die **Empfangszuständigkeit** gelöst (→ Rn. 14).

Das Erfordernis der in § 366 Abs. 1 BGB, § 367 Abs. 2 BGB vorgesehenen und für das Bereicherungsrecht unentbehrlichen **Zweckbestimmung** (→ Rn. 22) betont die **Theorie der finalen Leistungsbewirkung.** Nach ihr genügt die reale Leistungsbewirkung allein nicht. Vielmehr muss der Leistende seine Leistung „final" (= zielgerichtet) durch eine Zweckbestimmung auf eine Schuld beziehen. Hier wird aber nur mit anderen Worten ausgedrückt, was auch die hM mit ihrer Theorie der realen Leistungsbewirkung meint. Auch danach ist der Wille des Leistenden für die Frage relevant, auf welche Schuld sich eine Leistung bezieht (→ Rn. 203). Die Theorie der finalen Leistungsbewirkung übersieht allerdings, dass eine Leistungsbestimmung entbehrlich ist, wenn nur eine einzige Schuld im Raum steht und sich daher die Zuordnung bereits objektiv ergibt und auch sonst bei fehlender Tilgungsbestimmung eine rechtliche Zuordnung nach § 366 Abs. 2 BGB stattfindet.[25] Die Theorie der realen Leistungsbewirkung ist daher vorzugswürdig, wenngleich die Unterschiede letztlich rein theoretischer Natur sind (und daher in der Klausur nicht diskutiert werden müssen). 33

VII. Nebenfragen der Erfüllung

1. Beweislast

Die Erfüllung ist eine **rechtsvernichtende Einwendung,** die den Schuldner begünstigt. Nach der allgemeinen (ungeschriebenen) Regel, dass derjenige, der sich auf eine ihm günstige Rechtsfolge beruft, deren Voraussetzungen nachzuweisen hat, trägt damit der **Schuldner** die Beweislast für die Erfüllung. 34

Vor allem beim Kauf- und Werkvertrag stellt sich häufig die Frage, ob ein Mangel schon im Zeitpunkt der Leistung vorgelegen hat (so dass er dem Schuldner zur Last fällt) oder ob er erst später entstanden ist (so dass er den Gläubiger belastet). Diese Frage der **ordnungsgemäßen Erfüllung** regelt § 363 BGB. 35

Hat der Gläubiger aber die Leistung **„als Erfüllung angenommen",** trifft ihn gem. § 363 BGB die Beweislast, dass die Leistung mangelhaft war. Eine solche „Annahme als Erfüllung" liegt aber noch nicht allein in der körperlichen Entgegennahme. Hinzukommen muss vielmehr eine Annahme als „im Wesentlichen vertragsgemäße Leistung".[26] Diese nicht notwendig ausdrückliche Billigung der Leistung setzt voraus, dass der Gläubiger in der Lage ist, die Qualität der Leistung zu überprüfen. Maßgeblich ist, ob das Gesamtverhalten des Gläubigers **objektiv** als eine solche Billigung der Leistung ausgelegt werden kann. Das ist insbesondere dann nicht der Fall, wenn der Gläubiger eine verpackte Sache erhält und die Verpackung eine Prüfung hindert.[27] Der Gläubiger kann bei der Annahme auch einen Vorbehalt in Bezug auf bestimmte Qualitätsmerkmale erklären. Durch einen pauschalen Vorbehalt bei der Entgegennahme der Leistung kann der Gläubiger aber die Beweislast nicht zu seinen Gunsten verändern.[28] 36

[25] Looschelders SchuldR AT § 17 Rn. 20.
[26] BGH NJW 2007, 2394 Rn. 25; NJW-RR 2013, 1232 Rn. 37.
[27] S. Medicus/Lorenz SchuldR BT § 6 Rn. 50.
[28] BGH NJW 2007, 2394 Rn. 25.

37 Im Umkehrschluss *(argumentum e contrario)* aus § 363 BGB ergibt sich, dass bis zu dem Zeitpunkt der „Annahme als Erfüllung" der Schuldner die Mangelfreiheit nachzuweisen hat.

Beispiel: Der Käufer, der sein neues Kfz beim Händler abholen will, bezweifelt dessen Mangelfreiheit (§ 434 BGB). Hier muss der Händler nachweisen, dass das Kfz mangelfrei ist.

38 § 363 BGB betrifft nur die **Beweislast,** dh die Frage, wem es schaden soll, wenn sich eine bestrittene Behauptung nicht beweisen lässt. Dagegen verändert § 363 BGB nicht die materielle Rechtslage. Der Gläubiger kann also jeden Mangel auch nachträglich noch geltend machen, wenn er nur nachweist, dass dieser schon ursprünglich vorhanden war.

2. Quittung und Schuldschein

39 Um dem Schuldner den ihm obliegenden Beweis der Erfüllung zu erleichtern, gibt ihm § 368 BGB einen **Anspruch auf ein schriftliches Empfangsbekenntnis** des Gläubigers **(Quittung),** deren Kosten er nach § 369 BGB selbst zu tragen hat. Dieses erleichtert dem Schuldner den Beweis der Erfüllung, wenn er nochmals auf Leistung in Anspruch genommen werden sollte. Selbstverständlich lässt sich die Leistung aber auch anders beweisen (etwa durch Zeugen, Bankauszüge usw). Aber auch der Beweis durch die Quittung ist widerleglich. Insbesondere ist deren Beweiswert eingeschränkt, wenn der Schuldner die Quittung bereits verlangt, ehe er sich überhaupt um die Leistung kümmert.

40 Ist über eine Forderung ein **Schuldschein** ausgestellt worden, erleichtert dieser dem Gläubiger den Beweis des Bestehens seiner Forderung. Daher kann der Schuldner den Schein bei der Erfüllung gem. § 371 S. 1 BGB zurückverlangen. Behauptet der Gläubiger, den Schuldschein nicht zurückgeben zu können, kann der Schuldner gem. § 371 S. 2 BGB ein öffentlich beglaubigtes (§ 129 BGB) **Anerkenntnis** des Gläubigers über das Nichtbestehen der Schuld verlangen (§ 397 Abs. 2 BGB, dazu → § 25 Rn. 5). Dieses kann der Schuldner dann einem erneuten Leistungsverlangen des Gläubigers entgegenhalten, welches dieser mit dem wiedergefundenen Schuldschein beweisen will.

§ 22. Leistung erfüllungshalber und an Erfüllungs statt

Literatur: S. die Angaben zu → § 21.

I. Funktion und Abgrenzung

1. Zwecke der Hingabe einer anderen als der geschuldeten Leistung

1 Wenn der Schuldner eine andere als die geschuldete Leistung erbringt, kann das folgendes bedeuten:

a) Leistung sicherheitshalber

2 Der andere Gegenstand kann **sicherheitshalber** hingegeben werden. Dann bleibt die ursprüngliche Forderung (zB aus Kauf, Darlehen) unberührt und muss auch weiter erfüllt werden. Nur wenn das nicht geschieht, hat der Gläubiger das Recht, sich durch die Verwertung des ihm überlassenen anderen Gegenstandes das geschuldete Geld zu verschaffen. Mittel einer solchen Hingabe sicherheitshalber sind die **Ver-**

pfändung und die **Sicherungsübertragung** (Übereignung bei Sachen, Zession bei Forderungen).

b) Leistung erfüllungshalber

Der andere Gegenstand kann **erfüllungshalber** hingegeben werden (→ Rn. 7 f.). 3
Dann bleibt die ursprüngliche Forderung ebenfalls erhalten. Der Gläubiger soll sie aber zunächst nicht gegen den Schuldner geltend machen, sondern versuchen, sich aus dem ihm erfüllungshalber überlassenen Gegenstand zu befriedigen. Diese Leistung erfüllungshalber ist im BGB zwar angedeutet (§ 364 Abs. 2 BGB), aber nicht iE geregelt.

c) Leistung an Erfüllungs statt

Der andere Gegenstand kann auch **an Erfüllungs statt** hingegeben werden (§§ 364 f. 4
BGB). Dann tritt kraft einer Vereinbarung zwischen den Parteien dieser andere Gegenstand an die Stelle der gesamten oder eines Teils der geschuldeten Leistung. Die ursprüngliche Forderung erlischt dann, wie sie nach § 362 BGB durch das Bewirken der primär geschuldeten Leistung erlöschen würde. Über § 365 BGB kann aber die ursprüngliche Forderung wieder wirksam werden, wenn der ersatzweise geleistete Gegenstand mangelhaft ist.

2. Die Zweckvereinbarung

Wenn die geschuldete Leistung tatsächlich bewirkt wird, bedarf es nach hM zur Er- 5
füllung keiner zusätzlichen Vereinbarung über das Erlöschen der Forderung (→ § 21 Rn. 31 ff.). Wenn aber die Erbringung einer anderen als der geschuldeten Leistung (ein sog. *aliud*) Erfüllungswirkung haben soll, bedarf es hierzu einer **Einigung der Parteien.** Fehlt diese, so erfolgt die andere Leistung ohne rechtlichen Grund und kann daher nach § 812 Abs. 1 S. 1 Alt. 1 BGB zurückgefordert werden. Im Kauf- und Werkvertragsrecht wird eine *aliud*-Leistung überdies gem. § 434 Abs. 3 BGB, § 633 Abs. 2 S. 3 BGB einer **mangelhaften Leistung gleichgestellt.**[1]

Welchen der oben genannten Zwecke die Parteien im Einzelfall verfolgen, muss 6
durch **Auslegung der Zweckvereinbarung** festgestellt werden. Hierfür enthält § 364 Abs. 2 BGB eine Auslegungsregel: Wenn der Schuldner zur Befriedigung des Gläubigers diesem gegenüber eine **neue Verbindlichkeit** übernimmt, soll das im Zweifel keine Leistung an Erfüllungs statt bedeuten (also nicht den Fall von → Rn. 4). Es kann aber auch keine bloße Sicherung (→ Rn. 2) gemeint sein, weil diese nicht der „Befriedigung des Gläubigers" dient. Übrig bleibt demnach nur die **Leistung erfüllungshalber** (→ Rn. 3). Sie liegt also insbesondere vor, wenn ein Geldschuldner Wechsel oder Schecks gibt. Gleiches gilt bei der heute weit mehr verbreiteten Zahlung über EC-Karte, Geldkarte, Kreditkarte oder Zahlungen über Internet-Bezahlsysteme wie zB PayPal[2] etc.

Tritt der Schuldner dem Gläubiger einen Anspruch ab, den er selbst gegen einen Dritten hat, gilt die Auslegungsregel des § 364 Abs. 2 BGB nicht direkt (es wird ja keine neue Forderung begründet, sondern le-

---

[1] S. dazu Medicus/Lorenz SchuldR BT § 6 Rn. 35 ff.

[2] Zu PayPal s. auch BGH NJW 2018, 537, wo die Frage offen gelassen wurde. Für Gleichstellung mit der Banküberweisung etwa Omlor JuS 2018, 379 (380); s. dazu auch BeckOGK/Foerster BGB § 675c Rn. 319 sowie MüKoBGB/Casper § 675f Rn. 143 ff.

diglich eine bestehende Forderung abgetreten). Dennoch ist in einem solchen Fall nach der Interessenlage der Parteien nicht von einer Leistung an Erfüllungs statt auszugehen. Der Gläubiger wird erkennbar kaum bereit sein, das Bonitätsrisiko der abgetretenen Forderung zu tragen, sondern auf den Schuldner zurückkommen wollen, wenn sich die abgetretene Forderung nicht realisieren lässt.[3]

II. Die Leistung erfüllungshalber

7 Bei der Leistung erfüllungshalber vereinbaren Schuldner und Gläubiger, dass letzterer zunächst aus einem vom Schuldner überlassenen Gegenstand die Befriedigung seiner Forderung versuchen soll.

1. Ursprüngliche Forderung

8 Die ursprüngliche Forderung erlischt dabei nicht, sondern ist vorerst **gestundet.** Gelingt es dem Gläubiger, aus dem erfüllungshalber überlassenen Gegenstand Befriedigung seiner Forderung zu erlangen (zB aus der Einlösung eines Schecks, der Überweisung eines Geldbetrags vom Kreditkartenausgeber oder vom elektronischen Zahlungsmittler, aus der Zahlung durch den Schuldner der erfüllungshalber abgetretenen Forderung), so wird außer der erfüllungshalber begründeten oder abgetretenen Forderung auch die alte Schuld getilgt, dh es tritt Erfüllung (§ 362 BGB) ein.[4] Gelingt das dagegen nicht (weil zB die bezogene Bank die Scheckeinlösung mangels Deckung verweigert), so kann der Gläubiger wieder auf seine alte Forderung zurückgreifen.

2. Erfüllungshalber überlassener Gegenstand

9 Zweifelhaft ist auch die Rechtsstellung des Gläubigers hinsichtlich des ihm erfüllungshalber überlassenen Gegenstandes. Manche nehmen an, der Gläubiger sei bloß zur Veräußerung dieses Gegenstandes bevollmächtigt (bei Veräußerung im Namen des Schuldners) oder ermächtigt (bei Veräußerung im eigenen Namen). Dann könnten aber andere Gläubiger des Schuldners in diese Rechtsposition im Wege der Zwangsvollstreckung durch Pfändung eingreifen. Daher dürfte idR eine **treuhänderische Übertragung des Vollrechts** anzunehmen sein.[5]

10 Der Gläubiger ist dann zur Sorgfalt bei Aufbewahrung und Verwertung des ihm überlassenen Gegenstandes verpflichtet und kann ihn verwerten. Einen seine Forderung übersteigenden Erlös hat er analog § 667 BGB an den Schuldner herauszugeben. Für zu vertretende Pflichtverletzungen haftet er aus Unmöglichkeit oder Verletzung einer sonstigen Pflicht nach § 280 BGB.[6] Welche Bemühungen der Gläubiger zur Durchsetzung einer erfüllungshalber übernommenen Forderung machen muss, lässt sich nicht allgemein sagen. Wenn sich diese Forderung gegen einen Dritten als Schuldner richtet, wird der Gläubiger diesen idR nicht verklagen und damit das Prozessrisiko tragen müssen.[7]

---

[3] BGH NJW 2014, 1239 Rn. 11.
[4] BGH NJW 2014, 1239 Rn. 12.
[5] Köhler WM 1977, 246 f.
[6] BGH NJW-RR 2007, 1118 (Einlösung eines übersandten Schecks durch einen untreuen Angestellten des Gläubigers).
[7] Köhler WM 1977, 250.

III. Die Leistung an Erfüllungs statt

1. Erlöschen der Forderung

Eine Leistung an Erfüllungs statt liegt nach § 364 Abs. 1 BGB vor, wenn der Gläubiger eine **andere als die geschuldete Leistung als Erfüllung** annimmt. Dazu ist eine entsprechende Vereinbarung zwischen Gläubiger und Schuldner erforderlich. 11

Diese Vereinbarung kann auch **konkludent** erfolgen, wenn etwa der Gläubiger widerspruchslos einen anderen Gegenstand als Leistung akzeptiert. Sie kann weiter auch dann vorliegen, wenn dies durch zwei äußerlich getrennte Verträge geschieht.[8] Nach der heute wohl überwiegend vertretenen Auffassung handelt es sich bei dieser Vereinbarung weder um eine Änderung des ursprünglichen Vertrags noch um einen rechtlich selbstständigen Austauschvertrag, sondern um eine sog. **Erfüllungsvereinbarung** mit dem Inhalt, dass die hingegebene Leistung als Erfüllung der Schuld gelten soll.[9] Eine solche Vereinbarung muss nicht zeitgleich mit der Erfüllung geschlossen werden, sondern kann ihr auch zeitlich vorangehen oder nachträglich erfolgen.

Erhält der Schuldner die Befugnis (aber nicht die Pflicht), mit einer anderen Leistung zu erfüllen, spricht man von einer **Ersetzungsbefugnis** (→ Rn. 16). 12

Durch die Annahme einer anderen Leistung an Erfüllungs statt **erlischt die Forderung** auf die ursprünglich geschuldete Leistung nach § 364 Abs. 1 BGB. Der Gläubiger trägt dann das Risiko und zugleich die Chance, dass der an Erfüllungs statt geleistete Gegenstand weniger bzw. mehr wert ist als die ursprünglich geschuldete Leistung. 13

2. Mängel des Gegenstandes

Probleme entstehen jedoch, wenn der an Erfüllungs statt überlassene **Gegenstand sich als fehlerhaft** oder als mit Rechten Dritter belastet erweist (so etwa, wenn das in Zahlung gegebene Altfahrzeug einen Sachmangel iSv § 434 BGB aufweist). In einem solchen Fall entfällt nicht etwa die Leistung an Erfüllungs statt, sondern der Schuldner hat **„wie ein Verkäufer Gewähr zu leisten“.** 14

Diese Verweisung auf die kaufrechtliche Mängelhaftung führt dazu, dass der Gläubiger (ggf. nach Ablauf einer dem Schuldner zu setzenden Nacherfüllungsfrist) gem. § 437 Nr. 2 BGB, § 323 BGB oder § 326 Abs. 5 BGB zurücktreten kann. Der Rücktritt betrifft dann aber lediglich die **Erfüllungsvereinbarung** selbst. Aufgrund des Rücktritts hat somit der Schuldner nach § 346 Abs. 1 BGB **die ursprüngliche Forderung wieder zu begründen,** wobei die Rspr. dem Gläubiger zugesteht, im Rechtsstreit unmittelbar auf Erfüllung dieses neu zu begründenden Anspruchs zu klagen.[10] Soweit der Gläubiger danach Schadensersatz statt der Leistung verlangen kann (§ 437 Nr. 3 BGB), wird in der Lit. vertreten, dass der Schuldner auch im Wege des Schadensersatzes lediglich die ursprüngliche Forderung wiederbegründen muss (§ 249 Abs. 1 BGB).[11] Das Äquivalenzinteresse des Gläubigers, der den Anspruch auf die ursprüngliche Leistung gegen den an Erfüllungs statt geschuldeten Gegenstand eingetauscht hat, bezieht sich allerdings auf diesen Gegenstand selbst, weil ihm ja auch ein Mehrwert des mangelfreien Gegenstandes zugestanden hätte. Richtigerweise ist 15

[8] BGH NJW 2005, 51 (Mietvertrag und Forderungsabtretung zur Begleichung der Mietforderung).
[9] BGHZ 89, 126 (133) = NJW 1984, 429.
[10] BGHZ 46, 338 (343) = NJW 1967, 553.
[11] MüKoBGB/Fetzer § 365 Rn. 3; Grüneberg/Grüneberg BGB § 365 Rn. 2.

ihm deshalb im Wege des Schadensersatzes statt der Leistung die Differenz zwischen dem tatsächlichen Wert des Gegenstandes und dem Wert des mangelfreien Gegenstandes oder Ersatz des Gesamtwertes in mangelfreiem Zustand gegen Rückgabe des Gegenstandes zuzubilligen.[12] Im Falle der Minderung (§ 437 Nr. 2 BGB, § 441 BGB) ist die Forderung nur zu einem dem Minderwert entsprechenden Teil wiederherzustellen,[13] dafür darf der Gläubiger den ihm überlassenen minderwertigen Gegenstand behalten.

Dass der Schuldner nach § 365 BGB „wie ein Verkäufer" für Mängel des Gegenstandes haftet, kann insbesondere dann fragwürdig sein, wenn die ursprüngliche Forderung aus einem **Schenkungsversprechen** stammt. Da der Schuldner für Mängel des geschenkten Gegenstandes nur nach §§ 523 f. BGB, dh grds. nur im Falle arglistigen Verschweigens eines Mangels gehaftet hätte,[14] erscheint es fragwürdig, ihn bei einer Leistung an Erfüllungs statt der strengeren Verkäuferhaftung nach § 437 BGB zu unterwerfen. In einem solchen Fall sollte § 365 BGB im Wege einer **teleologischen Reduktion** unangewendet bleiben mit der Folge, dass für Mängel des an Erfüllungs statt geleisteten Gegenstandes ebenfalls nur nach Schenkungsrecht gehaftet wird.[15] Denkbar ist auch, in diesen Schenkungsfällen von einem **stillschweigenden Ausschluss** von § 365 BGB auszugehen.[16]

3. Inzahlunggabe von Kraftfahrzeugen (Ersetzungsbefugnis)

16 Die häufig vorkommende **Inzahlunggabe eines gebrauchten Kraftfahrzeugs** beim Kauf oder Leasing eines neuen ist jedenfalls dann Leistung an Erfüllungs statt (nämlich statt eines Teiles des Kaufpreises für den Neuwagen), wenn ein fester Anrechnungsbetrag vereinbart wird.[17] Das gilt nach hM auch dann, wenn über den Altwagen ein besonderer Kaufvertrag abgeschlossen und der Kaufpreis mit demjenigen für den Neuwagen verrechnet wird.[18]

Da der Neuwagenkäufer für Mängel des in Zahlung gegebenen Altfahrzeugs nach § 365 BGB „wie ein Verkäufer" haftet (→ Rn. 14 f.), neigt die Rspr. in diesen Fällen zur Annahme eines **stillschweigenden Gewährleistungsausschlusses** für Verschleißmängel des Altfahrzeugs.[19] Allerdings unterliegt dieser selbstverständlich denselben Beschränkungen wie ein ausdrücklicher Gewährleistungsausschluss. Wenn also der Neuwagenkäufer bestimmte Beschaffenheiten des Altwagens ausdrücklich vereinbart, so haftet er bei deren Fehlen nach §§ 365, 437 BGB, weil ein Gewährleistungsausschluss regelmäßig hinter einer Beschaffenheitsvereinbarung zurücktritt.[20]

17 Meist ist der Käufer in einem solchen Fall aber nicht verpflichtet, sondern nur **berechtigt,** einen Teil des Kaufpreises durch Übereignung des Altfahrzeuges zu begleichen (dem Verkäufer dürfte nämlich im Regelfall mit einer vollständigen Geldzahlung mehr gedient sein). Dann liegt zugleich eine **Ersetzungsbefugnis** vor (→ § 17 Rn. 20).

[12] Wie hier Staudinger/Kern, 2026, BGB § 365 Rn. 16, 27; BeckOGK/Looschelders BGB § 365 Rn. 27.

[13] Anders Staudinger/Kern, 2026, BGB § 365 Rn. 28: Unmittelbare Begründung eine Forderung in Höhe des Minderungsbetrags.

[14] S. dazu Medicus/Lorenz SchuldR BT § 26 Rn. 15 ff.

[15] MüKoBGB/Fetzer § 365 Rn. 1; Grüneberg/Grünberg BGB § 365 Rn. 1.

[16] S. Looschelders SchuldR AT § 17 Rn. 28 f.

[17] BGHZ 128, 111 = NJW 1995, 518; zum Leasing s. BGH NJW 2003, 504.

[18] BGHZ 83, 334 = NJW 1982, 1700.

[19] BGHZ 83, 334 = NJW 1982, 1700.

[20] BGH NJW 2013, 1733 Rn. 15. S. dazu Medicus/Lorenz SchuldR BT § 8 Rn. 11.

Die Ersetzungsbefugnis stellt ein Gestaltungsrecht dar. Daher ist die Ausübung der Befugnis für den Schuldner grds. **bindend,** sofern sich nicht im Wege der Auslegung der Vereinbarung oder aus Treu und Glauben (§ 242 BGB) etwas anderes ergibt.[21] 18

Beispiel: K kauft beim Autohändler V einen Neuwagen für 30.000 EUR. Dabei vereinbaren sie, dass K seinen Gebrauchtwagen im Anrechnungswert von 6.000 EUR in Zahlung gibt. Hier wird V idR kein besonderes Interesse an dem Gebrauchtwagen haben, so dass die Auslegung der Vereinbarung ergibt, dass K die Wahl hat, 24.000 EUR zu bezahlen und seinen Gebrauchtwagen zu übereignen oder diesen zu behalten und den gesamten Kaufpreis von 30.000 EUR zu bezahlen. Hat er erklärt, den Gebrauchtwagen leisten zu wollen, ist er daran grds. gebunden. Hat V allerdings noch keine Dispositionen über den Gebrauchtwagen getroffen (indem er ihn zB bereits weiterverkauft hat), verstößt er gegen Treu und Glauben, wenn er bei einem Sinneswandel des K auf dessen Lieferung besteht.

Kann der Käufer die Ersetzungsbefugnis nicht wahrnehmen, weil das in Zahlung zu gebende Fahrzeug zerstört, veräußert oder abhandengekommen ist, hat er nach hM den **gesamten Kaufpreis** zu zahlen. Dies wird damit begründet, dass dieses Risiko aus der Sphäre des Schuldners herrührt.[22] Das ist deshalb nicht unbedenklich, weil der Käufer möglicherweise den Vertrag ohne die Inzahlunggabe nicht geschlossen hätte (weil er sich etwa den Neuwagen sonst nicht hätte leisten können). Aus diesem Grund legt eine Mindermeinung die Abrede über die Inzahlunggabe als typengemischten Vertrag aus Kauf und Tausch aus. Wird die Inzahlunggabe unmöglich, entfallen dann die beiderseitigen Vertragspflichten nach § 275 Abs. 1 BGB bzw. § 326 Abs. 1 BGB.[23] 19

Kommt es in einem Fall der Inzahlungnahme zur **Rückabwicklung** des Kaufvertrags zB infolge eines Rücktritts des Käufers wegen eines Sachmangels des Neufahrzeugs, hat der Verkäufer nach § 346 Abs. 1 BGB nicht etwa den angerechneten Geldbetrag, sondern lediglich den erhaltenen Gegenstand selbst herauszugeben.[24] Kann er dies nicht, kommt Wertersatz nach § 346 Abs. 2 BGB in Betracht. 20

In der Praxis wird diese Inzahlunggabe seit der Einführung von § 476 BGB, der dem Kfz-Händler beim Weiterverkauf des in Zahlung gegebenen Kfz an einen Verbraucher die Möglichkeit nimmt, einen umfassenden Gewährleistungsausschluss zu vereinbaren, nicht selten durch eine sog. **„Agenturlösung“** ersetzt: Dabei veräußert der Händler den in Zahlung genommenen Gebrauchtwagen nicht in eigenem Namen, sondern aufgrund eines Geschäftsbesorgungsvertrags (§ 675 Abs. 1 BGB) als Stellvertreter (§ 164 Abs. 1 BGB) des Kunden weiter. Wenn der Kunde Verbraucher ist, ist dann bei einem Weiterverkauf der Anwendungsbereich des Verbrauchsgüterkaufrechts nicht eröffnet (s. § 474 Abs. 1 BGB). In dem so (zwischen dem Kunden und dem Gebrauchtwagenkäufer) abgeschlossenen Kaufvertrag kann dann die Gewährleistung vertraglich ausgeschlossen werden.[25] Dann liegt im Verhältnis zwischen dem Kunden und dem Kfz-Händler idR keine Annahme an Erfüllungs statt vor, sondern es wird lediglich der Kaufpreis für den Neuwagen in der vereinbarten Höhe bis zum Weiterverkauf des Gebrauchtwagens gestundet. Ein Mindererlös ist also vom Kunden abzudecken, sofern der Händler keine Mindestverkaufspreisgarantie gibt (die dann letztlich ein versteckter Rabatt ist). Etwaige Mehrerlöse fallen häufig dem Händler als Provision zu.

---

[21] Looschelders SchuldR AT § 13 Rn. 30.

[22] BGHZ 89, 126 (129) = NJW 1984, 429; zust. Looschelders SchuldR AT § 13 Rn. 30.

[23] Medicus/Petersen BürgerlR Rn. 756; Faust NJW 2009, 3696 (3697).

[24] BGH NJW 2003, 504. Anders iRd „großen“ Schadensersatzes: BGHZ 128, 111 = NJW 1995, 518.

[25] S. dazu sowie zur Umgehungsproblematik Medicus/Lorenz SchuldR BT § 11 Rn. 44 f.

§ 23. Hinterlegung und Selbsthilfeverkauf

Literatur: S. die Angaben zu → § 21 sowie Fest, Die Hinterlegung zum Zweck der Sicherheitsleistung und der Erfüllung, JA 2009, 258.

I. Allgemeines

1. Zwecke von Hinterlegung und Selbsthilfeverkauf

1 Häufig ist der Schuldner zur Erfüllung, also zur Herbeiführung des Leistungserfolgs auch auf eine Mitwirkung des Gläubigers angewiesen. So muss etwa der Gläubiger zur Übereignung einer beweglichen Sache den Besitz annehmen und mit dem Schuldner über den Eigentumsübergang einig sein (§ 929 BGB). Damit der Schuldner leisten kann, muss er also idR wissen, wer sein Gläubiger ist und wo er sich befindet.

2 In vielen Fällen – vor allem bei ungesicherten Geldschulden – wird dem Schuldner kein Nachteil daraus erwachsen, wenn sich der Gläubiger nicht rührt. In anderen Fällen kann der Schuldner zumindest seine Haftung abmildern, indem er den die Mitwirkung verweigernden Gläubiger in Gläubigerverzug setzt (§ 300 BGB, dazu → § 41 Rn. 1 ff.). Aber auch das erfordert meist das Wissen von Person und Aufenthalt des Gläubigers. Überdies genügen die Rechtsfolgen des Gläubigerverzugs dem Schuldner nicht. So etwa, wenn ihm die Aufbewahrung der geschuldeten Sache lästig ist und er sie deshalb loswerden will. Die §§ 372 ff. BGB erlauben dem Schuldner, die Sache zu **hinterlegen** oder – wenn sich die Sache nicht zur Hinterlegung eignet – durch einen **Selbsthilfeverkauf** zu Geld zu machen und dann den **Erlös** zu hinterlegen.

Die §§ 372 ff. BGB betreffen nur die **Hinterlegung als Erfüllungssurrogat.** Unanwendbar sind diese Vorschriften dagegen, wenn die Hinterlegung selbst die geschuldete Leistung darstellt, so dass der Gläubiger sie verlangen kann (zB nach § 432 Abs. 1 S. 2 BGB, § 660 Abs. 2 BGB, § 1077 Abs. 1 S. 2 BGB, § 1281 S. 2 BGB, § 2039 S. 2 BGB). In diesen Fällen wird der Schuldner mit der Hinterlegung schon nach § 362 Abs. 1 BGB durch Erfüllung befreit. Unanwendbar sind die §§ 372 ff. BGB auch auf die Hinterlegung zur Sicherheitsleistung nach §§ 232 ff. BGB. Diese letzte Hinterlegungsart überwiegt in der Praxis bei weitem.

2. Verfahrensrecht

3 Die **Voraussetzungen** einer Hinterlegung sowie deren **Rechtsfolgen** sind im BGB geregelt. Das **Hinterlegungsverfahren** ist in den Hinterlegungsgesetzen der Bundesländer geregelt. Danach ist die Hinterlegung als **öffentlich-rechtliches Verwahrungsverhältnis** ausgestaltet: Zuständig sind idR die Amtsgerichte als Hinterlegungsstellen und (bei Geld) eine zentralisierte Landes- oder Justizkasse (s. zB Art. 2 BayHintG, § 1 BWHintG; § 1 BerlHintG: § 1 SächsHintG usw).

Abweichendes gilt nach § 373 Abs. 1 HGB für den **Handelskauf.** Hier kann bei Annahmeverzug des Käufers die Ware statt bei Gericht auch „in einem öffentlichen Lagerhaus oder sonst in sicherer Weise" hinterlegt werden.

II. Voraussetzungen der Hinterlegung als Erfüllungssurrogat

4 Eine Hinterlegung kann nur erfolgen, wenn die geschuldete Sache **hinterlegungsfähig** ist und ein **Hinterlegungsgrund** besteht.

1. Hinterlegungsfähige Sachen

Hinterlegungsfähig sind nach § 372 S. 1 BGB **Geld, Wertpapiere, sonstige Urkunden** und **Kostbarkeiten.** Was Kostbarkeiten sind, bestimmt sich danach, was Hinterlegungsstellen sinnvoll aufbewahren können. Der Wert muss im Verhältnis zu Gewicht und Umfang hoch sein; die Sachen müssen unverderblich sein und dürfen keine Pflege nötig haben. 5

Wird eine bewegliche Sache geschuldet, die diesen Anforderungen nicht genügt, ist der **Selbsthilfeverkauf** möglich (→ Rn. 13 ff.). Wird dagegen ein Grundstück oder eine Dienst- oder Werkleistung geschuldet, kommt Hinterlegung von vorneherein nicht in Betracht.

2. Hinterlegungsgrund

Hinterlegen darf der Schuldner nach § 372 BGB zunächst im Falle des **Gläubigerverzugs** (→ § 41 Rn. 1 ff.). Hinterlegt werden kann auch, wenn der Schuldner aus einem anderen in der Person des Gläubigers liegenden Grund **nicht oder nicht mit Sicherheit erfüllen kann.** Das kann zB dann der Fall sein, wenn der Aufenthalt des Gläubigers unbekannt ist, oder der Gläubiger nicht voll geschäftsfähig ist und noch keinen gesetzlichen Vertreter hat und daher Erfüllung nicht eintreten kann (→ § 21 Rn. 12 ff.). Weiterer Hinterlegungsgrund ist eine **Ungewissheit über die Person des Gläubigers,** die nicht auf Fahrlässigkeit des Schuldners beruht. Dies kommt vor allem in Betracht, wenn der Gläubiger verstorben ist und die Erbfolge unklar ist. Es können aber auch zB bei einem Schadensersatzanspruch aus § 823 Abs. 1 BGB Zweifel darüber bestehen, wer bei Beschädigung der Sache deren Eigentümer war. Im Fall der Abtretung einer Forderung können Zweifel über die Wirksamkeit der Abtretung bestehen. Dabei dürfen die Anforderungen an die Prüfungspflicht des Schuldners in einem solchen **„Prätendentenstreit"** (mehrere Personen behaupten, Forderungsinhaber zu sein) nicht streng sein.[1] Diese Hinterlegungsbefugnis wird auch nicht durch die Möglichkeit einer befreienden Leistung an den Nichtgläubiger ausgeschlossen (→ § 21 Rn. 4 ff.).[2] 6

Die Hinterlegungsgründe des § 372 BGB sind iÜ **dispositiv,** dh die Parteien können eine Vereinbarung über abweichende Hinterlegungsgründe treffen.[3] In einem solchen Fall wird aber wohl meist bereits die Hinterlegung selbst zum primär geschuldeten Leistungserfolg, so dass Erfüllung schon nach § 362 Abs. 1 BGB eintritt.

III. Wirkungen der Hinterlegung

1. Erfüllungswirkung (§ 378 BGB)

a) Voraussetzungen

Die **Hauptwirkung der Hinterlegung** hängt davon ab, ob der Schuldner noch zur Rücknahme berechtigt ist. Ist er das nicht, weil er etwa auf dieses Recht verzichtet hat (→ Rn. 10), wird er gem. § 378 BGB durch die Hinterlegung ebenso wie durch die Leistung an den Gläubiger (also wie nach § 362 Abs. 1 BGB) **befreit.** Die Erfüllungswirkung tritt aber nur dann ein, wenn die Hinterlegung rechtmäßig war, dh ins- 7

---

[1] BGH NJW-RR 2004, 656.
[2] BGH NJW-RR 2004, 656.
[3] BGH NJW 1993, 55.

besondere ein Hinterlegungsgrund nach § 372 BGB vorlag[4], und der Gegenstand zumindest auch zugunsten des wahren Gläubigers hinterlegt wurde.[5]

b) Auseinandersetzung zwischen mehreren Hinterlegungsbeteiligten

8 Ist der Gegenstand zugunsten mehrerer Forderungsprätendenten mit Erfüllungswirkung hinterlegt, ist der Schuldner „aus dem Spiel". Diejenigen, die ein Recht an der Forderung für sich in Anspruch nehmen **(Forderungsprätendenten)** müssen sich anschließend über die Inhaberschaft der Forderung auseinandersetzen. Die Hinterlegungsstelle darf den Gegenstand nur mit Einwilligung aller Personen, zu deren Gunsten hinterlegt wurde, oder aufgrund eines gegen alle Beteiligten wirkenden rechtskräftigen Urteils aushändigen (s. zB Art. 20 BayHintG, § 22 BWHintG, § 20 HintG NRW, § 22 SächsHintG). Der wahre Rechtsinhaber hat gegen die anderen Prätendenten einen Anspruch aus § 812 Abs. 1 S. 1 Alt. 2 BGB auf **Einwilligung in die Freigabe,** denn diese haben durch das vom Schuldner gewählte Vorgehen auf Kosten des wahren Gläubigers „in sonstiger Weise" rechtsgrundlos die Stellung von Hinterlegungsbeteiligten erlangt.[6] Das gilt auch dann, wenn er bei der Hinterlegung nicht als (möglicher) Berechtigter genannt wurde.[7] Bei verzögerter Freigabe eines Geldbetrages ist § 288 BGB (Verzugszinsen) analog anzuwenden.[8]

2. Einrede (§ 379 BGB)

9 Hat der Schuldner auf das Rücknahmerecht nicht verzichtet, so kann er auch nicht endgültig befreit sein, weil die Hinterlegung selbst noch nicht endgültig ist. Der Schuldner darf den Gläubiger aber gem. § 379 Abs. 1 BGB auf die hinterlegte Sache verweisen. Der Schuldner hat also eine **Einrede** gegen das Erfüllungsverlangen des Gläubigers. Letzterer trägt auch die Gefahr und kann weder Zinsen noch Nutzungsersatz verlangen (§ 379 Abs. 2 BGB). Bei Rücknahme der hinterlegten Sache gilt die Hinterlegung gem. § 379 Abs. 3 BGB als nicht erfolgt, dh ihre Wirkungen fallen rückwirkend weg. Insbesondere muss der zur Zahlung von Zinsen verpflichtete Schuldner diese rückwirkend zahlen. Nach § 381 BGB trägt er auch die Hinterlegungskosten.

Bei Hinterlegung wegen Gläubigerverzugs bleiben aber dessen Folgen trotz der Rücknahme erhalten. So entfällt zB die Verzinsungspflicht für die Dauer des Gläubigerverzugs nach § 301 BGB.

10 Nach § 376 BGB ist der Schuldner zur **Rücknahme berechtigt,** wenn er darauf nicht **verzichtet** hat und solange weder der Gläubiger die Annahme erklärt hat, noch der Hinterlegungsstelle ein rechtskräftiges Urteil vorgelegt worden ist, das im Verhältnis zwischen Gläubiger und Schuldner die Hinterlegung für rechtmäßig erklärt. Nach § 382 BGB kann der Schuldner aber auch nach einem Verzicht noch zurücknehmen, wenn der Gläubiger sich nicht binnen 30 Jahren bei der Hinterlegungsstelle gemeldet hat und spätestens dadurch sein Anspruch verjährt ist. Das gilt auch für die Sachhinterlegung, obwohl § 382 BGB nur vom hinterlegten „Betrag" spricht.

---

[4] BGH NJW 2012, 1718 Rn. 44.
[5] BGH NJW-RR 2005, 712 (713).
[6] BGH NJW-RR 2007, 845 Rn. 9.
[7] BGH NJW 2015, 1678 Rn. 8.
[8] BGH NJW 2006, 2398.

3. Zug-um-Zug-Leistung

Für den wichtigen Fall einer **Leistungspflicht aus gegenseitigem Vertrag** erlaubt § 373 BGB dem Schuldner, das Recht des Gläubigers zum Empfang der hinterlegten Sache von der **Bewirkung der Gegenleistung** abhängig zu machen. Der Gläubiger kann dann die hinterlegte Sache nur bei Nachweis dieser Gegenleistung herausverlangen. Dem Nachweis dient eine entsprechende Erklärung des Schuldners, zu deren Abgabe dieser nach Erhalt der Gegenleistung gem. § 380 BGB verpflichtet ist. 11

4. Sonstige Pflichten des Schuldners

Auch nach der Hinterlegung muss der Schuldner den Gläubiger noch dabei unterstützen, dass ihm die hinterlegte Sache ausgehändigt wird. So muss der Schuldner dem Gläubiger die Hinterlegung soweit möglich **anzeigen** (§ 374 Abs. 2 BGB). Zudem muss der Schuldner diejenigen Erklärungen abgeben, die der Gläubiger zum Nachweis seiner Empfangsberechtigung gegenüber der Hinterlegungsstelle benötigt (§ 380 BGB). Der Schuldner kann diesem Anspruch dieselben Einwendungen entgegenhalten wie dem ursprünglichen Leistungsanspruch. 12

IV. Der Selbsthilfeverkauf

1. Zulässigkeit

Ist die geschuldete Sache nicht hinterlegungsfähig, kann sie der Schuldner gem. § 383 BGB **versteigern lassen** und den **Erlös hinterlegen,** wenn der Gläubiger im Annahmeverzug ist oder die geschuldete Sache verderblich oder ihre Aufbewahrung mit unverhältnismäßigen Kosten verbunden ist. Dieser **Selbsthilfeverkauf** bewirkt im Gegensatz zur Hinterlegung, dass der Gläubiger die geschuldete Sache einbüßt und nur den (meist im Wert geringeren) Verkaufserlös bekommt. Daher muss gem. § 384 BGB der Selbsthilfeverkauf dem Gläubiger – soweit möglich – vorher angedroht werden. 13

2. Verfahren

Der Selbsthilfeverkauf erfolgt gem. § 383 Abs. 2 BGB grds. durch eine **öffentliche Versteigerung** der geschuldeten Sache. Diese Vorschrift enthält die auch anderswo (etwa in § 966 Abs. 2 S. 1 BGB, § 1219 Abs. 1 BGB, § 1235 Abs. 1 BGB, § 373 HGB) maßgebliche Definition der öffentlichen Versteigerung. Dabei genügt nicht Öffentlichkeit iSd Zugänglichkeit für jedermann. Vielmehr muss die Versteigerung durch bestimmte qualifizierte Personen vorgenommen werden und vorab öffentlich bekanntgemacht werden. Sachen mit einem Börsen- oder Marktpreis können nach § 385 BGB durch bestimmte Personen auch außerhalb einer öffentlichen Versteigerung („freihändig") verkauft werden, jedoch nur mindestens zum „laufenden Preis" (also dem Durchschnittspreis am Ort und Tag des Verkaufs). 14

3. Hinterlegung des Erlöses

Nach § 383 Abs. 1 S. 1 BGB kann der Schuldner den im Selbsthilfeverkauf erzielten **Erlös hinterlegen.** Dann treten die gewöhnlichen Hinterlegungsfolgen ein (→ Rn. 7 ff.), und zwar selbst dann, wenn der Erlös hinter dem Wert des ursprünglich geschuldeten Gegenstandes zurückbleibt. Der Rechtszustand vor dieser Hinterlegung ist nicht direkt geregelt. Analog § 1247 BGB verwandelt sich der Anspruch 15 des Gläubigers auf die ursprünglich geschuldete Leistung in einen Anspruch auf den Verkaufserlös.

16 Die dem Schuldner günstigen Wirkungen hat aber nur der **rechtmäßige Selbsthilfeverkauf.** Diese Rechtmäßigkeit ist analog § 1243 BGB zu beurteilen. Fehlt sie, so ist dem Schuldner die Leistung durch den Verkauf idR unmöglich geworden. Wenn er das zu vertreten hat (§§ 276, 278 BGB, bei Gläubigerverzug aber § 300 Abs. 1 BGB), schuldet er nach den §§ 280 Abs. 1, 3, 283 BGB Schadensersatz. Hinzukommen (unabhängig vom Vertretenmüssen) die Rechtsfolgen des § 326 BGB.

Sondervorschriften für den Selbsthilfeverkauf beim **Handelskauf** enthält § 373 Abs. 2–5 HGB. Diese Vorschriften stimmen weithin mit denen des BGB überein. Die wichtigste Abweichung besteht darin, dass der Selbsthilfeverkauf nach dem HGB auch bei hinterlegungsfähigen Sachen möglich ist.

§ 24. Die Aufrechnung

Literatur: Buß, Prozessaufrechnung und materielles Recht, JuS 1994, 147; P. Bydlinski, Die Aufrechnung mit verjährten Forderungen, AcP 196 (1996), 276; Coester-Waltjen, Die Aufrechnung im Prozess, JURA 1990, 27; Coester-Waltjen, Die Aufrechnung, JURA 2003, 246; Coester-Waltjen, Aufrechnung bei Abtretung, JURA 2004, 391; Habermeier, Grundfragen der Aufrechnung, JuS 1997, 1057; Höhn/Kaufmann, Die Aufrechnung in der Insolvenz, JuS 2003, 751; M. Huber, Grundwissen Zivilprozessrecht: Prozessaufrechnung des Beklagten, JuS 2008, 1050; S. Lorenz, Grundwissen – Zivilrecht: Aufrechnung (§§ 387 ff. BGB), JuS 2008, 951; G. C. Schwarz, Zum Schuldnerschutz bei der Aufrechnung abgetretener Forderungen, AcP 203 (2003), 241; R. Zimmermann, Die Aufrechnung – eine rechtsvergleichende Skizze zum Europäischen Vertragsrecht, 1. FS Medicus, 1999, 707.

I. Funktion und Terminologie

1 Die Aufrechnung dient zunächst der Vereinfachung wirtschaftlicher Vorgänge: Wenn S dem G 100 EUR als Rückzahlung eines fälligen Darlehens schuldet, G dem S wiederum aus einem Kaufvertrag 50 EUR schuldet, müsste für eine Erfüllung beider Forderungen nach § 362 Abs. 1 BGB S an G 100 EUR zahlen und umgekehrt G an S 50 EUR. Anstelle eines solchen Hin und Her ist es wesentlich sinnvoller, wenn S an G 50 EUR (also die Differenz der Forderungsbeträge) zahlt und in Höhe der restlichen 50 EUR die Forderungen G – S und S – G gegeneinander aufgehoben werden. Dies wird durch die **Aufrechnung** erreicht. Diese geschieht nach der Lösung des BGB allerdings nicht von selbst, dh automatisch kraft Gesetzes, sondern erst durch eine **rechtsgestaltende Willenserklärung** (§ 388 BGB, → Rn. 21 ff.).

Der deutsche Gesetzgeber hat sich im Gegensatz zum römischen Recht und einigen ausländischen Rechtsordnungen (zB Frankreich), die dem Prinzip der **Vonselbstaufrechnung** *(ipso iure compensatur)* folgen, insbesondere aus Gründen der Rechtssicherheit dafür entschieden, für die Aufrechnung eine solche rechtsgestaltende Erklärung des Aufrechnenden zu verlangen. Von den sonstigen Konsequenzen einer Vonselbstaufrechnung wollte er allerdings nicht abweichen. Daraus erklärt sich etwa, dass die Aufrechnung auf den Zeitpunkt, in welchem sich die Forderungen aufrechenbar gegenüberstanden (sog. **Aufrechnungslage) zurückwirkt** (§ 389 BGB, → Rn. 25) und auch mit einer **verjährten Forderung** aufgerechnet werden kann, wenn diese zur Zeit des Entstehens der Aufrechnungslage noch unverjährt war (§ 215 BGB, → Rn. 11).

2 Die Aufrechnung bedeutet aber nicht lediglich eine Vereinfachung der Erfüllung. Vielmehr erlaubt die Aufrechnung jedem Beteiligten zugleich, seine Forderung gegen den anderen ohne Klage, Urteil und staatliche Zwangsvollstreckung selbst durchzusetzen. Diese Durchsetzung kann nach §§ 94 ff. InsO dem Gläubiger sogar im In-

solvenzverfahren des Schuldners helfen (weil er dann seine Forderung ganz und nicht nur in Höhe der Insolvenzquote befriedigen kann).[1] Daher stellt die **Möglichkeit zur Aufrechnung** (die sog. **Aufrechnungslage) einen Vermögenswert** dar, der dem Gläubiger nicht ohne sein Zutun entzogen werden kann (zur **Zession** → Rn. 6, zur **Verjährung** → Rn. 11, zur **Pfändung** → Rn. 15).

Die gegen den aufrechnenden Schuldner **(= Aufrechnender)** gerichtete Forderung, welche durch die Aufrechnung zum Erlöschen gebracht wird, bezeichnet man als **Passivforderung** oder **Hauptforderung.** Die **Gegenforderung** des Schuldners, mit welcher er gegen den Gläubiger der Passivforderung **(= Aufrechnungsgegner)** aufrechnet, nennt man **Aktivforderung** oder **Gegenforderung.** Die Situation, in welcher die Voraussetzungen einer Aufrechnung vorliegen, bezeichnet man als **Aufrechnungslage.** 3

4

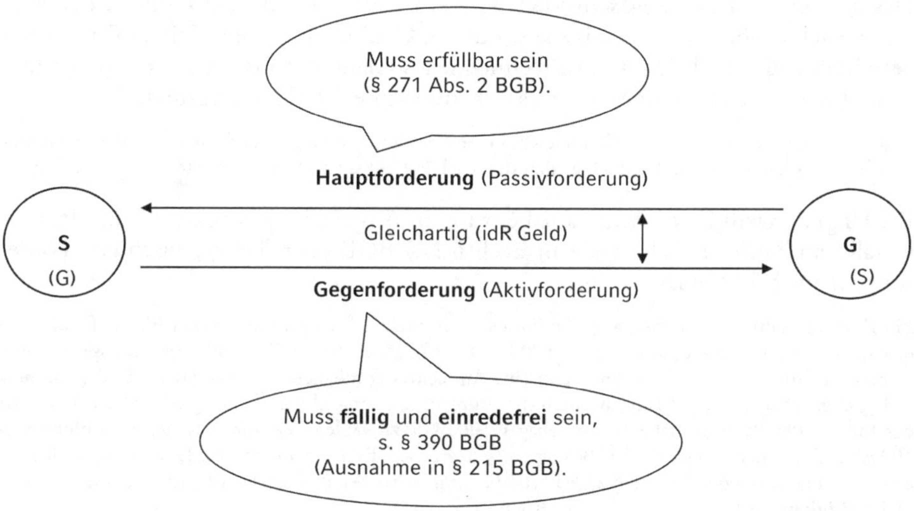

Abb. 1: Aufrechnungslage

II. Voraussetzungen der Aufrechnung (Aufrechnungslage)

1. Wechselseitige Forderungen

Nach § 387 BGB müssen **„zwei Personen einander“**, dh wechselseitig Leistungen schulden. Beide Personen müssen also sowohl Gläubiger wie Schuldner des jeweils anderen sein. Denn die Aufrechnung bedeutet, dass der Aufrechnende dem Aufrechnungsgegner dessen Forderung entzieht, um sich hierdurch eigenmächtig zu befriedigen. Befriedigen darf sich der Gläubiger aber nur aus dem Vermögen seines Schuldners. 5

Häufig wird dieses Erfordernis auch als „Gegenseitigkeit“ bezeichnet. Da es aber mit der Gegenseitigkeit iSd §§ 320 ff. BGB (→ § 20 Rn. 21 ff.) nichts zu tun hat, ist es vorzugswürdig, wie bei § 273 BGB (→ § 20 Rn. 2) von **„Wechselseitigkeit“** zu sprechen.

[1] S. Höhn/Kaufmann JuS 2003, 751.

6 Nach § 268 Abs. 2 BGB kann aber ein **ablösungsberechtigter Dritter** (→ § 15 Rn. 10) auch mit einer ihm zustehenden Forderung aufrechnen. Hier wird also im Interesse dieses Dritten ausnahmsweise auf die Wechselseitigkeit verzichtet. Eine Ausnahme vom Erfordernis der Wechselseitigkeit enthält auch das **Zessionsrecht** in § 406 BGB: Ist die Forderung abgetreten, kann der Schuldner unter bestimmten Voraussetzungen auch gegenüber dem neuen Forderungsinhaber (Zessionar) mit einer Forderung gegen den früheren Gläubiger (Zedent) aufrechnen. Hier genügt also (aus Gründen des Schuldnerschutzes), dass die Wechselseitigkeit in der Vergangenheit bestanden hat (→ § 63 Rn. 11).

2. Gleichartigkeit der Forderungsgegenstände

7 Nach § 387 BGB müssen die einander wechselseitig gegenüberstehenden Forderungen „ihrem Gegenstande nach gleichartig“ sein, dh sie müssen denselben Inhalt haben. Das ist nicht nur bei **Geldschulden,** sondern auch bei Gattungsschulden denkbar, wenngleich es aber in der Praxis meist nur um Geldschulden geht. Dieses Erfordernis besteht deshalb, weil sich der Aufrechnende als Gläubiger aus dem Vermögen seines Schuldners nur das nehmen darf, was ihm kraft seiner Forderung zusteht.

In der Insolvenz können zwar Forderungen auf einen bestimmten Gegenstand in Geldforderungen umgerechnet werden (§ 45 InsO), jedoch genügt dies nach § 95 Abs. 1 S. 2 InsO nicht für eine Aufrechnung.

8 Bei **Ungleichartigkeit** hat der auf Leistung in Anspruch genommene Schuldner allenfalls ein Zurückbehaltungsrecht nach § 273 BGB oder (bei gegenseitigen Forderungen) aus § 320 BGB.

Ein Zurückbehaltungsrecht lässt aber die Forderungen nicht erlöschen, sondern bewirkt bloß eine Verurteilung zur **Leistung Zug um Zug** (→ § 20 Rn. 17, 26). Da es aber im Regelfall kein Interesse an einem Zurückbehaltungsrecht geben kann, wenn eine Aufrechnung möglich ist, wird das Zurückbehaltungsrecht bei gleichartigen Forderungen durch die Aufrechnungsmöglichkeit verdrängt. Denn ein Urteil zB des Inhalts, der Beklagte habe an den Kläger 100 EUR zu zahlen Zug um Zug gegen Zahlung von 100 EUR durch den Kläger an den Beklagten (§ 274 Abs. 1 BGB), wäre sinnlos. Daraus ergibt sich für ein Zurückbehaltungsrecht aus § 273 BGB die (ungeschriebene) Tatbestandsvoraussetzung der **Ungleichartigkeit** der Forderungen, → § 20 Rn. 9.

9 **Nicht ausgeschlossen** wird die Gleichartigkeit nach § 391 Abs. 1 BGB durch **Verschiedenheit der Leistungs- und Ablieferungsorte** der beiden Forderungen. Allerdings muss der Aufrechnende dem Aufrechnungsgegner den Schaden ersetzen, den dieser etwa dadurch erleidet, dass er die Leistung nicht an dem bestimmten Ort erhält oder bewirken kann (was aber unter den Voraussetzungen des § 391 Abs. 1 BGB bei Geld fast nie eine Rolle spielt). Zu § 391 Abs. 2 BGB → Rn. 13.

10 Auch die **Verschiedenheit des Forderungsumfangs** hindert nicht die Gleichartigkeit. Die Aufrechnungswirkung tritt gem. § 389 BGB ein, **„soweit“** die Forderungen sich decken. Wenn einer Forderung G–S auf 100 EUR eine Forderung S–G auf nur 50 EUR gegenübersteht, kann die Aufrechnung durch S also bloß in Höhe von 50 EUR wirken. Das bedeutet zugleich eine Ausnahme von der Unzulässigkeit einer Teilleistung nach § 266 BGB (→ § 15 Rn. 4).

3. Durchsetzbarkeit der Forderung des Aufrechnenden

11 Dass die **Gegenforderung** des Aufrechnenden **(Aktivforderung) fällig** sein muss, ergibt sich bereits aus § 387 BGB („sobald er die ihm gebührende Leistung fordern“

kann).[2] Nach § 390 muss sie weiter **einredefrei** sein. Nach § 215 BGB schließt jedoch die **Verjährung** der Gegenforderung die Aufrechnung nicht aus, wenn diese Forderung beim Eintritt der **Aufrechnungslage** (→ Rn. 5) noch unverjährt war. Damit bleibt dem Gläubiger eine einmal entstandene Aufrechnungsmöglichkeit erhalten (→ Rn. 1).

4. Erfüllbarkeit der Forderung gegen den Aufrechnenden

12 Die Forderung **gegen** den Aufrechnenden (**Hauptforderung** oder **Passivforderung**), die durch die Aufrechnung getilgt werden soll, muss hingegen nicht durchsetzbar sein. Denn insoweit ist der Aufrechnende ja Schuldner. Als solchem steht es ihm frei, auch einredebehaftete und noch nicht fällige Forderungen zu erfüllen. Erforderlich ist lediglich **Erfüllbarkeit** (§§ 271, 327b Abs. 2, 475 Abs. 1 S. 3 BGB, dazu → § 15 Rn. 31). Auch gegen eine verjährte Forderung kann man aufrechnen (man kann ja auf sie auch durch Erfüllung leisten).

5. Aufrechnungsverbote

a) Rechtsgeschäftliche Aufrechnungsverbote; Treu und Glauben

13 Die Parteien eines Schuldverhältnisses können die Aufrechenbarkeit der daraus resultierenden Forderung **vertraglich ausschließen.** Diese Bedeutung hat nach § 391 Abs. 2 BGB im Zweifel die Verabredung der Leistung zu einer bestimmten Zeit an einem bestimmten Ort. Dann darf nicht mit einer Forderung aufgerechnet werden können, für die ein anderer Leistungsort besteht. In diesem Fall soll die Leistung idR gerade in der bestimmten Weise zur Verfügung stehen (zB als Reisegeld). Die Aufrechnung würde einem solchen Vertragszweck entgegenstehen. Auch sonst kann sich durch Auslegung ein Aufrechnungsverbot ergeben, zB bei **Treuhandvereinbarungen** oder aus der Klausel „netto Kasse gegen Rechnung und Verladepapiere".[3]

14 Nach § 309 Nr. 3 BGB lässt sich jedoch gegenüber einem Nichtunternehmer die Aufrechnung mit einer unbestrittenen oder rechtskräftig festgestellten Forderung **nicht durch AGB ausschließen.** Noch stärker werden Aufrechnungsverbote – auch solche durch Individualvertrag – gegenüber dem Wohnungsmieter in § 556b Abs. 2 BGB eingeschränkt.

Nahe an einem (konkludent) vereinbarten Aufrechnungsverbot liegen Fälle, in welchen die Aufrechnung nach **Treu und Glauben** (§ 242 BGB) ausgeschlossen ist, weil sie mit der **Natur des jeweiligen Rechtsverhältnisses** unvereinbar ist. So verbietet es zB Sinn und Zweck eines Auftrags (§ 662 BGB) dem Beauftragten gegen den Anspruch des Geschäftsherrn auf Herausgabe des Erlangten (§ 667 BGB) mit Gegenforderungen aufzurechnen, die nicht aus dem Auftrag selbst herrühren.[4] Wechselt zB jemand Geld, so widerspricht es Sinn und Zweck des Rechtsgeschäfts, wenn der andere anstelle der Auszahlung des Wechselgeldes die Aufrechnung erklärt.

b) Beschlagnahme der Hauptforderung

15 Ein Aufrechnungshindernis begründet auch die in § 392 BGB erwähnte **Beschlagnahme der Hauptforderung.** Dabei ist vor allem die Pfändung der Forderung durch einen Dritten gemeint. Diese Pfändung beinhaltet das Gebot an den Gläubiger dieser

[2] Die mit der Eröffnung eines Insolvenzverfahrens nach § 41 Abs. 1 InsO eintretende Fälligkeit einer Forderung gegen den Insolventen genügt hierfür gem. § 95 Abs. 1 S. 2 InsO nicht.
[3] BGHZ 14, 61 = NJW 1954, 1561.
[4] BGH NJW 2003, 140.

Forderung, sich jeder Verfügung darüber zu enthalten (§ 829 Abs. 1 S. 2 ZPO) und das Verbot an den Forderungsschuldner, an den Gläubiger zu zahlen (§ 829 Abs. 1 S. 1 ZPO). Diese Anordnungen sind deshalb nötig, weil die Leistung (nach Überweisung der Forderung, § 835 ZPO) an den Pfändenden und nicht an den alten Gläubiger gelangen soll. § 392 BGB setzt voraus, dass ebenso wie die Zahlung auch die Aufrechnung durch die Beschlagnahme unzulässig wird. Dieses Verbot wird durch die Vorschrift aber eingeschränkt, indem eine vor der Beschlagnahme bestehende **Aufrechnungslage aufrechterhalten** wird.

c) Vorsätzliche unerlaubte Handlung

16 Nach § 393 BGB kann **gegen** eine Forderung aus einer **vorsätzlich begangenen unerlaubten Handlung** nicht aufgerechnet werden. Das soll eine Art „Privatrache" an einem zahlungsunfähigen Schuldner verhindern. Der Gläubiger der uneinbringlichen Forderung könnte sonst nämlich gegen seinen Schuldner Delikte begehen (zB diesen verprügeln oder dessen Eigentum zerstören) und dann gegen den hieraus entstandenen Ersatzanspruch des Schuldners mit der uneinbringlichen Forderung aufrechnen. **Mit** einer Forderung aus vorsätzlich unerlaubter Handlung als Aktivforderung kann aber aufgerechnet werden. Der Verprügelte kann also mit seiner Schadensersatzforderung gegen eine Forderung seines prügelnden Gläubigers aufrechnen, sofern diese nicht selbst unter § 393 BGB fällt.

Das Aufrechnungsverbot nach § 393 BGB gilt nämlich auch, wenn die Forderung des Aufrechnenden gleichfalls aus einem vorsätzlich begangenen Delikt stammt.[5] Die Gegenauffassung, die in einem solchen Fall entgegen dem Wortlaut von § 393 BGB mangels Schutzbedürftigkeit einer Partei die Aufrechnung jedenfalls dann zulassen will, wenn die gegenseitigen deliktischen Ansprüche aus einem einheitlichen Lebensverhältnis (zB einer Schlägerei) herrühren[6], ist mit dem klaren Gesetzeswortlaut nicht vereinbar. Gegen sie spricht auch, dass sie zu einer nicht hinnehmbaren Rechtsunsicherheit führen würde. Es müsste dann nämlich in jedem Einzelfall geprüft werden, ob ein einheitlicher Lebensvorgang vorliegt.[7]

17 Verboten ist die Aufrechnung auch für eine juristische Person, die für die vorsätzlich unerlaubte Handlung eines verfassungsmäßig berufenen Vertreters nach § 31 BGB haftet.[8] Dagegen betrifft § 393 BGB nicht Forderungen aus vorsätzlicher Vertragsverletzung, die nicht zugleich eine unerlaubte Handlung darstellt.[9]

d) Unpfändbare Forderung

18 Nach § 394 BGB kann **gegen eine unpfändbare Forderung** grds. nicht aufgerechnet werden. Die Unpfändbarkeit (§§ 850 ff. ZPO) bezweckt nämlich, dem Vollstreckungsschuldner das **Existenzminimum** zu belassen. Wenn der Vollstreckungsgläubiger dem Schuldner dieses Minimum nehmen könnte, müsste der Sozialstaat helfen. Von diesem Grundgedanken her dürfen Forderungen auf das Minimum auch durch Aufrechnung nicht beeinträchtigt werden.

Der wichtigste Anwendungsfall des § 394 BGB besteht darin, dass der Arbeitgeber mit Schadensersatzforderungen (zB aus Beschädigung einer Maschine) nur gegen den pfändbaren Teil der Lohnforderung des schuldigen Arbeitnehmers aufrechnen kann.

---

[5] BGH NJW 2009, 3508 m. umfangreichen Nachw. auch zur Gegenansicht.
[6] So Deutsch NJW 1981, 735.
[7] BGH NJW 2009, 3508 Rn. 6.
[8] BGHZ 172, 169 = NJW 2007, 2490.
[9] BGH NJW 1975, 1119.

§ 394 BGB wird jedoch unter Berufung auf Treu und Glauben eingeschränkt. Insbesondere kann eine Forderung aus **vorsätzlich begangener unerlaubter Handlung** auch gegen eine **unpfändbare Forderung** aufgerechnet werden, wenn beide Forderungen demselben Lebensverhältnis entstammen (zB dem Arbeitsverhältnis). Für das Beamtenrecht ist das sogar kodifiziert worden (§ 11 Abs. 2 S. 2 BBesG). Fraglich ist, ob zur Überwindung der Unpfändbarkeit schon eine Forderung aus vorsätzlicher Vertragsverletzung genügt.[10] Allerdings wird eine vorsätzliche Vertragsverletzung häufig unter § 826 BGB fallen und damit zugleich ein Delikt darstellen. Jedenfalls muss dem Schädiger als Aufrechnungsgegner auch dann das Existenzminimum bleiben.[11] 19

e) Fehlende Kassenidentität

Nach § 395 BGB kann gegen eine Forderung des Bundes, eines Landes, einer Gemeinde oder eines Kommunalverbandes nur aufgerechnet werden, wenn der Aufrechnende an **dieselbe Kasse** zu zahlen hat, aus der auch seine Forderung zu berichtigen wäre. So kann also nicht eine Verpflichtung aus einer gebührenpflichtigen Verwarnung wegen falschen Parkens durch Aufrechnung mit einer Forderung auf Rückzahlung überzahlter Steuern getilgt werden. Der Grund (die Verrechnung zwischen den beteiligten Kassen verursacht Arbeitsaufwand) trifft aber, wenn er in Zeiten der Digitalisierung überhaupt noch von Bedeutung ist, ebenso auch auf Privatunternehmen mit mehreren Kassen zu. § 395 BGB bildet also ein kaum zu rechtfertigendes **Fiskusprivileg,** das abgeschafft werden sollte. 20

6. Aufrechnungserklärung

Die Aufrechnung erfolgt gem. § 388 S. 1 BGB durch eine **Aufrechnungserklärung.** Dabei handelt es sich um eine **empfangsbedürftige Willenserklärung** des Aufrechnenden, aus der sich der Wille zur Aufrechnung ergibt. Da der Aufrechnende auch seine eigene Forderung verliert, kann ein beschränkt Geschäftsfähiger ohne Einwilligung seiner gesetzlichen Vertreter nicht wirksam aufrechnen (§ 107 BGB). Eine nachträgliche Genehmigung durch die gesetzlichen Vertreter ist nicht möglich (§ 111 BGB). 21

Die Aufrechnungserklärung ist, weil sie die Forderungen in Höhe der Aufrechnung unmittelbar zum Erlöschen bringt, ein **Gestaltungsrecht** (→ § 8 Rn. 6). Nach § 388 S. 2 BGB ist die Erklärung **bedingungs- und befristungsfeindlich,** dh sie ist **unwirksam,** wenn sie unter einer Bedingung oder Befristung abgegeben wird. Wenn schon der Gestaltungsgegner die Gestaltung ohne seinen Willen über sich ergehen lassen muss, soll er wenigstens sofort wissen, woran er ist. 22

Dieses Regelungsmotiv ergibt zugleich einige Ausnahmen von der Bedingungsfeindlichkeit im Wege **teleologischer Reduktion.** Der wichtigste Fall ist die Zulässigkeit der **Eventualaufrechnung im Prozess.** Wenn ein Beklagter die gegen ihn geltend gemachte Forderung für unbegründet hält, wird er zunächst einmal Klageabweisung beantragen und nicht im Wege der Aufrechnung eine Gegenforderung opfern wollen, um die Abweisung der Klage zu erreichen. Er wird vielmehr nur hilfsweise, dh bedingt für den Fall die Aufrechnung erklären wollen, dass das Gericht die Forderung 23

[10] Bejahend BAG NJW 1960, 1589 (1591); verneinend BGHZ 30, 36 (39) = NJW 1959, 1275.

[11] BGHZ 123, 49 = NJW 1993, 2105; BAG ZIP 1997, 935.

des Klägers für begründet hält. Diese Art der bedingten Aufrechnung ist zulässig, weil es sich um eine Bedingung handelt, die im Prozess zwingend geklärt wird und bei der Rechtsunsicherheit nicht eintreten kann (sog. **innerprozessuale Bedingung**). Die weitere Besonderheit der Prozessaufrechnung besteht darin, dass die Entscheidung über das Bestehen oder Nichtbestehen der Aktivforderung an der (materiellen) Rechtskraft teilnimmt (§ 322 Abs. 2 ZPO).[12]

7. Aufrechnungsvertrag

24 Die Vertragsfreiheit gestattet den Beteiligten auch den Abschluss eines **Aufrechnungsvertrags.** Dadurch können sie die Voraussetzungen für eine Aufrechnung kraft Gesetzes abbedingen und dem Gläubiger oder Schuldner eine weitergehende Aufrechnungsbefugnis einräumen, als dies nach den §§ 387 ff. BGB der Fall ist.

Von praktischer Bedeutung ist etwa die sog. **Konzernverrechnungsklausel,** durch welche der Schuldner mit einer Forderung gegen einen anderen, zum Konzern des Gläubigers gehörenden Schuldner aufrechnen kann (Abbedingung des Wechselseitigkeitserfordernisses).[13] Der Kontokorrentvertrag enthält einen in die Zukunft wirkenden Aufrechnungsvertrag: Die künftigen Forderungen erlöschen, sobald sie einander gegenübertreten.

III. Wirkungen der Aufrechnung

1. Erlöschen der Forderungen

25 Gemäß § 389 BGB bewirkt die Aufrechnung das Erlöschen von Haupt- und Gegenforderung, soweit beide sich decken. Da die Forderungen „als in dem Zeitpunkt erloschen gelten, in welchem sie zur Aufrechnung geeignet einander gegenübergetreten sind“, wirkt die Aufrechnung auf den Zeitpunkt der **Aufrechnungslage** (→ Rn. 1) zurück. Damit erlöschen auch die seit dem Entstehen der Aufrechnungslage schon entstandenen Ansprüche auf Zinsen und auf den Ersatz von Verzugsschäden (§§ 288, 280, 286 BGB).

2. Forderungsmehrheit

26 Wenn der eine oder der andere Teil mehrere zur Aufrechnung geeignete Forderungen hat, taucht eine entsprechende Frage auf wie die → § 21 Rn. 19 ff. zur Erfüllung behandelte. Auf welche konkrete Forderung soll sich die Aufrechnung beziehen? § 396 BGB beantwortet das ähnlich, wie die §§ 366 f. BGB für die Erfüllung: In erster Linie bestimmt der Aufrechnende, gegen welche Forderung er aufrechnen will (§ 396 Abs. 1 S. 1 BGB); Besonderheiten gelten aber für das Verhältnis Hauptleistung – Zinsen – Kosten (§ 396 Abs. 2 BGB). Fehlt eine erkennbare Bestimmung des Schuldners, so gilt nach § 396 Abs. 1 S. 2 BGB die in § 366 Abs. 2 BGB angeordnete Reihenfolge (→ § 21 Rn. 28).

27 Allerdings enthält § 396 Abs. 1 S. 2 BGB noch eine Besonderheit gegenüber dem Recht der Erfüllung. Der Aufrechnungsgegner kann die gesetzliche Reihenfolge von § 366 Abs. 2 BGB auch gegenüber einer abweichenden Bestimmung des Aufrechnenden durchsetzen, wenn er dieser Bestimmung unverzüglich widerspricht. Damit soll der Aufrechnungsgegner die Möglichkeit haben, die Aufrechnung auf eine inzwischen verjährte, bei Eintritt der Aufrechnungslage aber noch unverjährte (§ 215 BGB, vgl.

---

[12] S. dazu M. Huber JuS 2008, 1050 f.
[13] S. BGH NJW 2004, 3185.

→ Rn. 11) Forderung umzulenken.[14] Denn eine solche Forderung könnte anders als durch die Aufrechnung überhaupt nicht mehr nutzbar gemacht werden; sie wäre also für den Aufrechnungsgegner ohne § 396 Abs. 1 S. 2 BGB praktisch verloren.

§ 25. Erlass, Vergleich, Novation, Konfusion

Literatur: Bork, Der Vergleich, 1988; Frings, Annahme des Erlassangebots durch Scheckeinlösung?, BB 1996, 809; Gernhuber, Handbuch des Schuldrechts in Einzeldarstellungen, Bd. 3: Die Erfüllung und ihre Surrogate, 2. Aufl. 1994, § 16 (Erlass); § 18 (Novation); Häsemeyer, Zur materiellrechtlich-prozeßrechtlichen Doppelnatur des außergerichtlichen Vergleichs und des deklaratorischen Schuldanerkenntnisses, ZZP 108 (1995), 289; M. Huber, Grundwissen Zivilprozessrecht: Prozessvergleich, JuS 2017, 1058; Michel, Der Prozessvergleich in der Praxis, JuS 1986, 41; Peter, Verzicht auf Rechte und Befugnisse, insbesondere im Obligationenrecht, AcP 200 (2000), 149; A. M. Schäfer, Das Abstraktionsprinzip beim Vergleich, 1992; Wacke, Die Konfusion: Schuldtilgungsgrund oder bloßer Wegfall der Klagbarkeit?, 2. FS Medicus, 2009, 543; G. Wagner, Prozessverträge, 1998.

I. Erlass

1. Verfügung über die Forderung

a) Erlassvertrag

Der Erlass ist nach § 397 Abs. 1 BGB ein (formfreier) **Vertrag zwischen Gläubiger und Schuldner.** Dieser Vertrag bewirkt das rückwirkende Erlöschen der Forderung. Er ist also eine **Verfügung über die Forderung.** Seine Wirksamkeit setzt daher neben einer Einigung auch **Verfügungsbefugnis** der Vertragsparteien voraus (→ § 21 Rn. 10). 1

Damit kann ein Erlass auch nicht im Wege eines Vertrags zugunsten Dritter erfolgen, da § 328 BGB nur verpflichtende, nicht aber verfügende Verträge zugunsten Dritter zulässt (→ § 66 Rn. 2).[1] Ein solcher Vertrag kann aber nach § 140 BGB in eine mögliche **drittbegünstigende schuldrechtliche Verpflichtung** umgedeutet werden, die Forderung nicht geltend zu machen.[2] Ein schlichter Verzicht auf eine Forderung durch einseitiges Rechtsgeschäft ist nicht möglich. 2

Von der **Vertragsaufhebung** (→ § 48 Rn. 1 ff.) unterscheidet sich der Erlass dadurch, dass er lediglich die Forderung, nicht aber den gesamten Vertrag aufhebt.

Ähnlich wie bei der Abtretung wird ein Erlass noch vor dem Entstehen der Forderung (also der Erlass einer künftigen Forderung) für möglich gehalten.[3] Allerdings ist ein solcher Erlass bei vielen Unterhaltsansprüchen unwirksam, § 1614 Abs. 1 BGB, § 1360a Abs. 3 BGB, § 1615l Abs. 3 S. 1 BGB. Nicht im Voraus erlassen werden können auch bestimmte Forderungen aus einem Arbeitsverhältnis[4], ebenso in Analogie zu § 400 BGB unpfändbare Forderungen. Auch auf Ansprüche wegen vorsätzlicher Schädigung kann nicht im Voraus verzichtet werden (§ 276 Abs. 3 BGB). 3

---

[14] MüKoBGB/Schlüter § 396 Rn. 3.

[1] BGH NJW 2010, 64 Rn. 16.

[2] BGH NJW 2010, 64 Rn. 16.

[3] BGHZ 40, 326 (330) = NJW 1964, 648, str.; die Gegenansicht arbeitet mit der Vorstellung, die künftige Rechtslage werde gestaltet, vgl. Gernhuber Handbuch des Schuldrechts in Einzeldarstellungen, Bd. 3: Die Erfüllung und ihre Surrogate, 2. Aufl. 1994, S. 376 ff.

[4] S. dazu MüKoBGB/Schlüter § 397 Rn. 20.

4 An das Vorliegen eines Erlasswillens sind **strenge Anforderungen** zu stellen. Wenn feststeht, dass eine Forderung entstanden ist, darf selbst bei einer eindeutig erscheinenden Erklärung des Gläubigers ein Verzicht nicht angenommen werden, ohne dass bei der Auslegung der Erklärung sämtliche Begleitumstände berücksichtigt werden.[5]

Das gilt verstärkt im Zusammenhang mit der Frage einer konkludenten Erklärung, wie sie sich etwa im Zusammenhang mit der Problematik der sog. **„Erlassfalle“**[6] stellt: Der Schuldner übersendet dem Gläubiger einen Scheck über einen Teilbetrag der Forderung mit dem Hinweis, dass er im Falle der Einlösung des Schecks auch den Rest der Forderung als erlassen betrachten werde (= Angebot auf Abschluss eines Erlassvertrags). Wenn der Gläubiger damit nicht einverstanden ist, den Scheck aber ohne erkennbaren Vorbehalt dennoch einlöst, stellt sich die Frage, ob dies aus dem Empfängerhorizont des Schuldners (§ 157 BGB) als (konkludente) Annahme des Angebots verstanden werden darf (deren Zugang idR nach § 151 BGB entbehrlich wäre). Das ist jedenfalls dann nicht der Fall, wenn keine Vergleichsverhandlungen vorausgegangen sind und der durch den Scheck erfüllte Teilbetrag so gering ist, dass der Schuldner trotz Einlösung des Schecks vernünftigerweise nicht mit dem Einverständnis des Gläubigers rechnen darf.[7]

b) Negatives Schuldanerkenntnis

5 Dem Erlass stellt § 397 Abs. 2 BGB das sog. **„negative Schuldanerkenntnis“** gleich. Dabei handelt es sich um ein (ebenfalls formfreies) vertragsmäßiges Anerkenntnis des Gläubigers, keine Forderung mehr zu haben. Die Aussage des Anerkenntnisses ist hier anders als beim Erlass nicht konstitutiv („hiermit erlasse ich“), sondern deklaratorisch („die Forderung besteht jedenfalls jetzt nicht mehr“), wobei offenbleibt, ob sie früher einmal bestanden hat und wann sie erloschen ist. Daher eignet sich das negative Anerkenntnis besonders zur **vergleichsweisen Beilegung** eines Streits. Sofern die Forderung bei dem negativen Anerkenntnis noch bestanden hat, erlischt sie wie durch einen Erlass. Dann verändert also das negative Anerkenntnis die Rechtslage. Ein wichtiger Anwendungsfall ist die **Ausgleichsquittung** im Arbeitsrecht. Sie stellt die regelmäßig bei Beendigung des Arbeitsverhältnisses abgegebene Erklärung des Arbeitnehmers dar, er habe keine weiteren Ansprüche gegen den Arbeitgeber.[8]

2. Verhältnis zum Rechtsgrund

a) Erlass als abstraktes Verfügungsgeschäft

6 Der Erlass (und ebenso das die Rechtslage verändernde negative Anerkenntnis) bedarf als **Verfügung** eines Rechtsgrundes, also einer **Kausalabrede.** Dabei handelt es sich häufig um eine **Schenkung** (die nach § 516 BGB gleichzeitig durch den Erlass vollzogen wird, so dass die Form von § 518 BGB nicht erforderlich ist). Es kommen aber auch andere Rechtsgründe in Betracht, die auch außerhalb des Schuldrechts liegen, wie zB ein **Vermächtnis** (§§ 2147 ff. BGB, **Befreiungsvermächtnis**), welches dem Bedachten gegen den mit dem Vermächtnis Beschwerten (idR den Erben) einen Anspruch auf Abschluss eines Erlassvertrags verschafft. Der Rechtsgrund kann auch ein entgeltlicher sein, etwa wenn ein Vermieter auf den Rest einer Mietforderung verzichtet und der Mieter sich verpflichtet, zu einem bestimmten Zeitpunkt auszuziehen.

[5] BGH NZG 2012, 1342 Rn. 22.
[6] BGH NJW 2001, 2324.
[7] BGH NJW 2001, 2324; s. auch Schönfelder NJW 2001, 492.
[8] S. MüKoBGB/Schlüter § 397 Rn. 15.

b) Einfluss des Abstraktionsprinzips

Fehlt ein wirksames Grundverhältnis oder fällt es später weg, so bleibt der Erlass wegen des **Abstraktionsprinzips**[9] wirksam. Er kann aber als rechtsgrundlose Leistung nach § 812 Abs. 1 BGB zurückverlangt werden. Zu diesem Zweck stellt § 812 Abs. 2 BGB klar, dass auch das negative Anerkenntnis eine „Leistung" darstellt, die bei Fehlen des Rechtsgrundes kondiziert werden kann. Die dann geschuldete „Herausgabe" (so § 812 Abs. 1 S. 1 BGB) des Erlasses kann dann nur in der (vertraglichen) **Wiederbegründung der erloschenen Forderung** bestehen. Eine bloße Aufhebung des Erlassvertrags ist wegen dessen verfügenden Charakters ausgeschlossen, → § 48 Rn. 1). 7

II. Vergleich

1. Funktion

Der Vergleich wird in § 779 Abs. 1 BGB definiert als „Vertrag, durch den der Streit oder die Ungewissheit der Parteien über ein Rechtsverhältnis im Wege gegenseitigen Nachgebens beseitigt wird". § 779 Abs. 2 BGB stellt zusätzlich klar, dass schon die Ungewissheit über die Verwirklichung eines Anspruchs genügt. 8

Vergleiche kann man als **außergerichtliche** (außerhalb eines Prozesses) und als **gerichtliche** (in einem Prozess, vgl. § 127a BGB) abschließen. Der **gerichtliche Vergleich** hat eine **Doppelfunktion.** Er regelt nicht bloß materiell-rechtlich die Ungewissheit, sondern beendet als **Prozessvertrag** auch unmittelbar den Rechtstreit **(Doppelnatur des Prozessvergleichs).**[10] 9

2. Das „gegenseitige Nachgeben"

Nach § 779 Abs. 1 BGB ist ein Vergleich durch „gegenseitiges Nachgeben" gekennzeichnet. Wenn die eine Partei den Standpunkt der anderen voll anerkennt, liegt damit kein Vergleich, sondern ein Schuldanerkenntnis vor. Allerdings wird das „Nachgeben" **großzügig beurteilt.** Es genügt schon, dass jeder Beteiligte dem anderen irgendwelche Zugeständnisse macht, die sich weder auf das streitige Rechtsverhältnis beziehen noch gleichwertig sein müssen.[11] Irrelevant ist auch, ob eine Partei objektiv tatsächlich etwas aufgibt, vielmehr genügt auch die Aufgabe eines nur behaupteten Standpunkts.[12] 10

3. Der Irrtum über die Vergleichsbasis

§ 779 Abs. 1 BGB enthält außer der Definition des Vergleichs noch eine Sondervorschrift über dessen Unwirksamkeit. Diese liegt vor, „wenn der nach dem Inhalt des Vertrags als feststehend zugrunde gelegte Sachverhalt der Wirklichkeit nicht entspricht und der Streit oder die Ungewissheit bei Kenntnis der Sachlage nicht entstanden sein würde". Damit ist zu unterscheiden zwischen den Umständen, von denen die Parteien als gewiss ausgehen **(Vergleichsgrundlage)** und solchen, derentwegen sich die Parteien streiten oder in Ungewissheit befinden **(Vergleichsgegenstand).** Nur auf diese Umstände bezieht sich der Vergleich, nicht aber die Vergleichsgrund- 11

[9] Köhler BGB AT § 5 Rn. 15 f.; speziell zu den abstrakten schuldrechtlichen Verfügungsgeschäften s. S. Lorenz JuS 2009, 489 f.

[10] S. dazu Huber JuS 2017, 1058.

[11] BGHZ 39, 60.

[12] Vgl. MüKoBGB/Habersack § 779 Rn. 28 mwN.

lage.[13] Nach § 779 Abs. 1 BGB macht (nur) ein Irrtum der Parteien über die Vergleichsgrundlage den Vergleich unwirksam, wenn erst dieser Irrtum den Streit verursacht hat. § 779 Abs. 1 BGB ist damit eine spezialgesetzliche Regelung des Fehlens der **Geschäftsgrundlage** (§ 313 Abs. 1, 2 BGB).

Beispiel: G fordert von S 100 EUR als Schadensersatz, weil dessen Hund ihn – den G – gebissen habe. S hält 50 EUR für ausreichend. Schließlich einigt man sich auf 70 EUR. Später stellt sich heraus, dass nicht der Hund des S den G gebissen hat, sondern der Hund eines Dritten. Hier war streitig nur die Schadenshöhe; der Grund für die Ersatzpflicht des S gehört also zur Vergleichsgrundlage. Auch hätten sich S und G bei Kenntnis der Wirklichkeit nicht über die Schadenshöhe gestritten (diese war für S nämlich irrelevant, wenn er für den Schaden nicht aufzukommen hatte). Daher ist der Vergleich nach § 779 Abs. 1 BGB unwirksam. Hat tatsächlich der Hund des S den G gebissen und hätte der Schaden des G tatsächlich nur 60 EUR betragen, wäre der Vergleich nicht nach § 779 Abs. 1 BGB unwirksam, da kein Irrtum über die Vergleichsgrundlage vorgelegen hätte.

12 Daneben gelten für den Vergleich auch die **allgemeinen Unwirksamkeitsgründe.** So kann ein Vergleich nach § 138 BGB nichtig sein[14] oder wegen arglistiger Täuschung nach § 123 BGB angefochten werden. Auch § 313 BGB (Geschäftsgrundlage) bleibt anwendbar, da § 779 Abs. 1 BGB nur einen Ausschnitt aus diesem Bereich besonders regelt.[15] Auch kann das Festhalten an einem Vergleich gegen **Treu und Glauben** verstoßen, wenn sich die Regelung des streitigen Punktes als grob unangemessen erweist (zB ein geringfügiger Abfindungsbetrag für eine Körperverletzung, aus der unerwartet dauernde Schädigungen zurückbleiben).

4. Wirkung des Vergleichs

13 Der Vergleich ist ein **kausaler Schuldvertrag,** dh er enthält zunächst schuldrechtliche Verpflichtungen, die keines weiteren Rechtsgrundes bedürfen. Soweit er zur Vornahme sachenrechtlicher Verfügungen oder von Verfügungen gegenüber Dritten verpflichtet, müssen diese Verfügungen besonders ausgeführt werden. Das gilt etwa für die Übereignung von Sachen, die Bestellung einer Hypothek, die Zession an einen Dritten. Bei Unwirksamkeit des Vergleichs bleiben diese Verfügungen nach dem **Abstraktionsprinzip** wirksam. Sie müssen dann nach § 812 Abs. 1 S. 1 Alt. 1 BGB rückgängig gemacht werden.

14 In aller Regel enthält ein Vergleich aber auch Regelungen für das bestehende Schuldverhältnis zwischen den Parteien, indem er etwa die Höhe einer Forderung und ihren Inhalt feststellt und deren Fälligkeit bestimmt (zB durch Einräumung von Ratenzahlung). Darüber hinaus enthält er einen Erlass oder ein negatives Anerkenntnis (→ Rn. 5).

Grundsätzlich liegt in einem Vergleich keine Novation (→ Rn. 16). Ein Vergleich gibt also der geregelten Forderung **keinen neuen Rechtsgrund,** sondern ändert das Schuldverhältnis nur insoweit, als in ihm streitige oder ungewisse Punkte geregelt werden. Im Übrigen lässt er aber dessen Inhalt und Rechtsnatur unberührt.[16] So hat zB der Verletzte, der sich mit dem Schädiger über den Schadensersatzanspruch verglichen hat, weiterhin einen Anspruch aus § 823 Abs. 1 BGB und nicht etwa einen Anspruch aus dem Vergleich. Doch können die Parteien, wie zudem noch § 782 BGB ergibt, kraft ihrer Gestaltungsfreiheit in dem Vergleich auch einen neuen Anspruch schaffen. Zu vermuten ist das aber nicht.

---

[13] Zur Abgrenzung vgl. BGH NJW 1984, 115.
[14] S. zB BAG NJW 1985, 2661.
[15] BGH NJW 2000, 2497 (2498).
[16] BGH NJW 2010, 2652 Rn. 15 mwN.

Die wichtigste Wirkung des **Prozessvergleichs** (zur Doppelnatur → Rn. 9) ist neben der unmittelbaren Beendigung des Rechtsstreits seine **Vollstreckbarkeit.** Er kann wie ein rechtskräftiges Urteil zwangsweise durchgesetzt werden (§ 794 Abs. 1 Nr. 1 ZPO). Der Anspruch aus dem Vergleich unterliegt dann gem. § 197 Abs. 1 Nr. 4 BGB einer 30-jährigen Verjährung. 15

III. Novation

1. Begründung einer neuen Forderung

Die **Novation** (von lat. *novare* = verändern, erneuern) oder **Schuldersetzung** ist im Allgemeinen Schuldrecht nicht besonders geregelt. Ihre Zulässigkeit folgt aber aus der Vertragsfreiheit (§ 311 Abs. 1 BGB). Die Novation besteht darin, dass die Parteien durch Vertrag an die Stelle der bestehenden Forderung eine andere setzen. Einen früher in § 607 Abs. 2 BGB aF geregelten, aber auch jetzt noch durch Vertrag herbeizuführenden Anwendungsfall bildet das **Vereinbarungsdarlehen.** Wer Geld aus einem anderen Rechtsgrund (zB aus Kauf) schuldet, kann diese Schuld durch Vertrag mit dem Gläubiger in eine Darlehensschuld umwandeln. Auf die neue Schuld sind dann die §§ 488 ff. BGB anwendbar; zudem beginnt eine neue Verjährung.[17] 16

Nicht verwechselt werden sollte aber in solchen Fällen das Verhältnis zur **Stundung.** Wenn ein Käufer mit dem Verkäufer nachträglich Ratenzahlung vereinbart, wird man nach dem Parteiwillen kaum ein Vereinbarungsdarlehen annehmen. Dann würde der Käufer nämlich den Restkaufpreis als Darlehen schulden und könnte dagegen keine Einwendungen aus dem Kaufvertrag (zB die Mangelhaftigkeit der Kaufsache) einwenden. Eine Umwandlung der Kaufpreisforderung in ein Darlehen wäre daher nicht interessengerecht.

2. Abgrenzungen

Von der Novation zu unterscheiden ist zunächst der **Änderungsvertrag.** Hier werden, was § 311 Abs. 1 BGB erlaubt, Inhalt und Eigenschaften einer Forderung durch Vertrag geändert, ohne dass die Identität der Forderung berührt wird (so zB, wenn die Parteien eines Kaufvertrags den Kaufpreis herabsetzen). So verhält es sich regelmäßig beim **(Prozess-)Vergleich.** Für die Verjährung ist dann § 212 Abs. 1 Nr. 1 BGB zu beachten. Da in der Änderung zugleich eine Anerkennung der Forderung zu sehen ist, beginnt die Verjährung erneut. Weiter kann eine neue Forderung auch **neben** die alte gesetzt werden **(Leistung erfüllungshalber).** Eine solche Gestaltung wird nach § 364 Abs. 2 BGB sogar vermutet, wenn der Schuldner zur Befriedigung des Gläubigers diesem gegenüber eine neue Verbindlichkeit übernimmt. Dann hat der Gläubiger beide Forderungen (und nicht wie bei der Novation bloß die neue), die zueinander in dem → § 22 Rn. 8 ff. geschilderten Verhältnis stehen. 17

IV. Konfusion

Eine Forderung kann auch dadurch erlöschen, dass sich Forderung und Schuld in ein und derselben Person vereinigen. Diesen Vorgang bezeichnet man als **Konfusion** (Vereinigung). Das kann etwa geschehen, wenn der Schuldner den Gläubiger (allein) beerbt. Dann geht die Forderung des Gläubigers nach § 1922 Abs. 1 BGB auf ihn 18

[17] Medicus/Lorenz SchuldR BT § 34 Rn. 11.

über mit der Folge, dass er sich selbst etwas schulden würde. Das wird für denklogisch unmöglich gehalten.[18]

Gesetzlich ist die Konfusion nicht allgemein geregelt, wird aber zB von § 429 Abs. 2 BGB für die besondere Konstellation der Gesamtgläubigerschaft (→ § 68 Rn. 7) als selbstverständlich vorausgesetzt. Der Schuldner/Gläubiger hat durch die Konfusion gleichsam an sich selbst als Gesamtgläubiger erfüllt, muss aber den anderen nach § 430 BGB Ausgleich leisten.

19 Das Erlöschen der Forderung ist aber keineswegs eine zwingende logische Folge des Satzes, dass sich niemand selbst etwas im Rechtssinne schulden kann. Richtigerweise erlischt die Forderung nur dann durch Konfusion, wenn kein rechtliches Bedürfnis an ihrem Fortbestand existiert.[19] Haben zB Dritte ein Recht an der Forderung (zB ein Pfandrecht, §§ 1273 ff. BGB), so bleibt die Forderung bestehen.[20] All diese Probleme vermeidet man, wenn man im Fall der Konfusion lediglich von einer Unklagbarkeit der Forderung ausgeht.[21]

---

18 Der Gesetzgeber ging davon aus, dass sich das Erlöschen der Forderung „aus dem Wesen der Obligation selbst ergebe“, s. Prot. I S. 376. S. auch BGH BeckRS 2010, 12351 Rn. 3, wonach im Schuldrecht der „unumstößliche Grundsatz gilt, dass niemand gegen sich selbst eine Forderung haben kann“.

19 So Bosak JA 2009, 596 (599).

20 Zu weiteren Ausnahmen s. etwa Staudinger/Olzen, 2026, BGB Einl. zu §§ 362 ff. Rn. 29 ff sowie MüKoBGB/Fetzer Vor § 362 Rn. 4.

21 So Wacke 2. FS Medicus, 2009, 543.

5. Teil. Die Leistungsstörungen

1. Abschnitt. Das System

Literatur: Grundlegend auch **nach der Schuldrechtsreform 2002:** Canaris, Die Reform des Rechts der Leistungsstörungen, JZ 2001, 499; Canaris, Das Allgemeine Leistungsstörungsrecht im Schuldrechtsmodernisierungsgesetz, ZRP 2001, 392; Canaris, Schadensersatz wegen Pflichtverletzung, anfängliche Unmöglichkeit und Aufwendungsersatz im Entwurf des Schuldrechtsmodernisierungsgesetzes, DB 2001, 1815; Canaris, Die Neuregelung des Leistungsstörungs- und des Kaufrechts – Grundstrukturen und Problemschwerpunkte, in E. Lorenz (Hrsg.), Karlsruher Forum 2002: Schuldrechtsmodernisierung, 2003; Fliegner, Der Leistungsbegriff der §§ 280 ff. BGB und Fragen des Haftungsausschlusses, JR 2003, 314; Gieseler, Die Struktur des Leistungsstörungsrechts beim Schadensersatz und beim Rücktritt, JR 2004, 133; Grundmann, Der Schadensersatzanspruch aus Vertrag, AcP 204 (2004) 569; U. Huber, Leistungsstörungen, 1999; U. Huber, Allgemeine Haftungsprinzipien des Rechts der Leistungsstörungen in der höchstrichterlichen Rechtsprechung, in 50 Jahre BGH, FG aus der Wissenschaft, 2000, 251; U. Huber, Die Unmöglichkeit der Leistung im Diskussionsentwurf eines Schuldrechtsmodernisierungsgesetzes, ZIP 2000, 2137; U. Huber, Die Pflichtverletzung als Grundtatbestand der Leistungsstörung im Diskussionsentwurf eines Schuldrechtsmodernisierungsgesetzes, ZIP 2000, 2273; S. Lorenz, Schadensersatz wegen Pflichtverletzung – ein Beispiel für die Überhastung der Kritik an der Schuldrechtsreform, JZ 2001, 742; S. Lorenz, Schuldrechtsreform 2002: Problemschwerpunkte drei Jahre danach, NJW 2005, 1889; S. Lorenz, Schuldrechtsmodernisierung – Erfahrungen seit dem 1. Januar 2002, in E. Lorenz (Hrsg.), Karlsruher Forum 2005: Schuldrechtsmodernisierung, 2006; S. Lorenz, 5 Jahre „neues" Schuldrecht im Spiegel der Rechtsprechung, NJW 2007, 1; Medicus, Die Leistungsstörungen im neuen Schuldrecht, JuS 2003, 521; Schulze/Ebers, Streitfragen im neuen Schuldrecht, JuS 2004, 265; 2004, 366; 2004, 462; Stoll, Notizen zur Neuordnung des Rechts der Leistungsstörungen, JZ 2001, 589; Zimmer, Das neue Recht der Leistungsstörungen, NJW 2002, 1.

§ 26. Überblick

Wenn eine geschuldete Leistung gar nicht, nicht rechtzeitig oder nicht ordnungsgemäß erbracht wird und auch keine Surrogation der Erfüllung eintritt (→ §§ 21 ff. Rn. 1 ff.), spricht man von einer **Leistungsstörung.** Der Gesetzgeber kann die Rechtsfolgen solcher Leistungsstörungen für bestimmte vertragliche und gesetzliche Schuldverhältnisse speziell regeln (so etwa im Mietrecht, s. § 536 ff. BGB). Dann spricht man auch vom **„besonderen Leistungsstörungsrecht".** 1

Das **allgemeine Leistungsstörungsrecht** ist eines der Kernstücke nicht nur des Allgemeinen Schuldrechts, sondern mittelbar auch des Besonderen Schuldrechts, da seine Regelungen zwar nicht in allen, aber in weiten und insbesondere praktisch bedeutsamen Bereichen des Besonderen Schuldrechts Anwendung finden. Das zeigt sich besonders deutlich an den Verweisungsregelungen in § 437 BGB (für das Kaufrecht) und § 634 BGB (für das Werkvertragsrecht), welche in Bezug auf die Rechte des Käufers bzw. Bestellers im Fall einer mangelhaften Leistung weitestgehend auf die Regelungen des allgemeinen Leistungsstörungsrechts verweisen.[1] Dabei handelt es sich nach dem eindeutigen Wortlaut dieser Regelungen („... wenn die Voraussetzungen der folgenden Vorschriften vorliegen ...") jeweils um **Rechtsgrundverweisungen,** dh die Tatbestandsvoraussetzungen der verwiesenen Normen müssen vorliegen. Auch in anderen Bereichen des Besonderen Schuldrechts kommt das allgemeine Leistungsstörungsrecht zur Anwendung, sofern und soweit keine vorrangige spezial- 2

[1] S. dazu Medicus/Lorenz SchuldR BT § 5.

gesetzliche Regelung besteht. Das gilt etwa für das **Dienstvertragsrecht** der §§ 611 ff. BGB, in welchem sich keine speziellen Regelungen über die Schlechtleistung finden.[2]

Diese Rückführung der Rechtsbehelfe des Käufers und Bestellers auf das Allgemeine Leistungsstörungsrecht war eines der zentralen Anliegen der Schuldrechtsreform des Jahres 2002. Das allgemeine Leistungsstörungsrecht betrifft aber nicht nur das **Vertragsrecht,** sondern grds. auch **gesetzliche Schuldverhältnisse,** sofern und soweit diese keine abschließenden Spezialregelungen vorsehen.

I. Die Systematik der gesetzlichen Regelung

3 Regelungen des Leistungsstörungsrechts finden sich in den §§ 275–304 BGB, §§ 320–326 BGB sowie in den § 311 Abs. 2, 3 BGB, §§ 311a, 313 und 314 BGB. Dabei gelten die §§ 275–304 BGB für **jede Art von Leistung,** gleichviel ob die Leistungspflicht einem Rechtsgeschäft oder dem Gesetz entstammt. Sie betreffen also das Schuldverhältnis im engeren Sinne, wie es § 241 Abs. 1 BGB beschreibt. Die §§ 320 ff. BGB stehen hingegen unter der Titelüberschrift „Gegenseitiger Vertrag". Die dort anzutreffenden Regelungen treten im Falle eines gegenseitigen Vertrags aber nicht etwa an die Stelle der §§ 275 ff. BGB, sondern **ergänzen** diese Regelungen für den (praktisch wohl wichtigsten) Fall, dass die gestörte Forderung einem gegenseitigen Vertrag entstammt.

Wird etwa ein verschenkter Gegenstand vor seiner Übereignung zerstört, so regelt § 275 Abs. 1 BGB, dass der Schenker von der Leistungspflicht befreit wird. Ob der Schenker zum Schadensersatz verpflichtet ist, unterliegt den Regelungen der §§ 280 ff. BGB. Da der Gläubiger (der Beschenkte) keine Gegenleistung zu erbringen hat, die Schenkung also kein gegenseitiger Vertrag ist, stellen sich in Bezug auf die Gegenleistungspflichten des **Gläubigers** keine weiteren Fragen, weil es eine solche bei der Schenkung nicht gibt. War der Gegenstand hingegen verkauft, ist der Fall mit der ebenfalls § 275 Abs. 1 BGB zu entnehmenden Rechtsfolge, dass der Verkäufer von seiner Leistungspflicht befreit wird, noch nicht vollständig aufgearbeitet. Es stellt sich vielmehr die weitere Frage, ob der Käufer dennoch bezahlen muss. Diese Frage, welche Konsequenz die Befreiung auf die Gegenleistungspflicht des Käufers, dh die Verpflichtung zur Kaufpreiszahlung hat, ist ein spezielles Problem des gegenseitigen Vertrags und daher in den §§ 320 ff. BGB (hier: § 326 Abs. 1 BGB) geregelt.

4 Seit dem 1.1.2022 finden sich in § 327c BGB für **Verbraucherverträge über digitale Produkte** spezielle Regelungen des allgemeinen Leistungsstörungsrechts. Diese sind weitgehend dem allgemeinen Leistungsstörungsrecht angeglichen, weshalb sie erst im Anschluss daran erörtert werden (→ § 46 Rn. 1 ff.).

II. Arten von Leistungsstörungen

1. Ausbleiben der Leistung

5 Eine Leistungsstörung liegt zunächst vor, wenn eine Leistung ganz oder teilweise **nicht oder nicht wie geschuldet erbracht** wird. Das kann zwei verschiedene Gründe haben: Entweder **kann** der Schuldner die Leistung nicht erbringen, weil sie ihm **unmöglich** ist, oder aber die Leistung ist dem Schuldner zwar möglich, er erbringt sie aber dennoch nicht. Auf beide Arten von Leistungsstörungen reagiert das Gesetz unterschiedlich, indem es bestimmte Rechtsbehelfe wie Rücktritt oder Schadensersatz statt der Leistung im Falle der Verspätung der Leistung erst gewährt, wenn dem Schuldner erfolglos eine **Frist** gesetzt wurde (§§ 281, 323 BGB), was im Falle der Unmöglichkeit gänzlich sinnlos wäre, weil eine Fristsetzung am Ausblieben der Leistung nichts ändern kann.

[2] S. dazu Medicus/Lorenz SchuldR BT § 31 Rn. 13 ff.

2. Verspätung der Leistung

6 Die Leistungspflicht ist aber auch dann gestört, wenn der Schuldner die geschuldete Leistung **zu spät erbringt** und dadurch beim Gläubiger Schäden eingetreten sind. Wird etwa die geschuldete Maschine zu spät geliefert und hat der Käufer deshalb einen Betriebsausfall erlitten, so stellt sich die Frage, ob und unter welchen Voraussetzungen der Verkäufer, selbst wenn er die Maschine noch liefert (oder der Käufer seinen Anspruch auf Leistung im Wege der Zwangsvollstreckung durchsetzt), den aufgrund der Verspätung entstandenen Betriebsausfall ersetzen muss.

3. Schlechtleistung

7 Ebenfalls eine Störung der Leistungspflicht liegt vor, wenn die Leistung vom Schuldner zwar (rechtzeitig) erbracht wird, jedoch nicht der **geschuldeten Qualität** entspricht. Auch das kann wiederum darauf beruhen, dass die Leistung in der geschuldeten Qualität unmöglich ist (zB wenn der „als unfallfrei" verkaufte Gebrauchtwagen tatsächlich einen Vorunfall hatte) oder aber darauf, dass der Schuldner die ihm noch mögliche Leistung in der geschuldeten Qualität nicht rechtzeitig erbringt (zB wenn der Verkäufer eines Gebrauchtwagens diesen mit mangelhaften, aber reparablen Bremsen liefert).

4. Verletzung von Nebenpflichten (Schutz- und Obhutspflichten)

8 Von einer Leistungsstörung kann man schließlich auch dann sprechen, wenn der Schuldner die geschuldete Leistung zwar rechtzeitig und ordnungsgemäß erbringt, dabei aber bestimmte **Sorgfaltspflichten** in Bezug auf andere, nach § 241 Abs. 2 BGB geschützte Rechtsgüter des Gläubigers verletzt (→ § 13 Rn. 16).

Verschmutzt etwa der Automechaniker bei der Reparatur eines Fahrzeugs (Werkvertrag, § 631 BGB) dessen Polster, so mag er seine eigentliche Leistungspflicht (Reparatur) wie geschuldet erbracht haben, jedoch hat er dabei die aus dem Werkvertrag nach § 241 Abs. 2 BGB resultierende Pflicht verletzt, auf die sonstigen Rechtsgüter seines Vertragspartners Rücksicht zu nehmen.

5. Gläubigerverzug (Annahmeverzug)

9 Schließlich kann eine Leistungsstörung auch darin liegen, dass der Schuldner die Leistung rechtzeitig und ordnungsgemäß anbietet, der **Gläubiger diese aber nicht annimmt** oder – was dem gleichsteht – nicht bereit ist, gleichzeitig die gem. § 320 BGB Zug-um-Zug geschuldete Gegenleistung (→ § 20 Rn. 20) zu erbringen (§ 298 BGB). Dann liegt Gläubiger- oder (gleichbedeutend sog. Annahmeverzug) vor, der die Stellung des Schuldners in verschiedener Hinsicht verbessert (s. §§ 293–304, 323 Abs. 6 Alt. 2, 326 Abs. 2 S. 1 Alt. 2 BGB).

6. Leistungserschwerung/Unzumutbarkeit

10 Im Grenzbereich der Unmöglichkeit gibt es Fälle, die meist anderen Rechtsinstituten zugewiesen werden. So wird von einer **Zweckstörung** gesprochen, wenn die geschuldete Leistung zwar noch erbracht werden kann, aber ihren im Vertrag gemeinten Sinn verloren hat (→ § 34 Rn. 3; → § 42 Rn. 10). So etwa, wenn das abzuschleppende Schiff von selbst wieder flott geworden ist oder der zu bewässernde Garten bei einer Überschwemmung ohnehin unter Wasser steht. Mit dem Institut der **Geschäftsgrundlage** (§ 313 BGB) bringt man Fälle in Verbindung, in welchen die geschuldete Leistung den Schuldner erheblich mehr belastet als vertraglich vorausgesetzt, etwa

weil für die Beschaffung ein viel höherer Preis aufgewendet werden muss oder die Gegenleistung durch die Inflation entwertet worden ist (sog. **Äquivalenzstörung**). Ähnliches gilt für die Unzumutbarkeit des Festhaltens an einem Dauerschuldverhältnis, die zu einem außerordentlichen Kündigungsrecht führt, § 314 BGB.

§ 27. Die Systematik der Pflichtverletzung (§ 280 BGB)

Literatur: S. die Angaben vor → § 26.

1 Zentralbegriff des Leistungsstörungsrechts ist die **Pflichtverletzung.** Nach § 280 Abs. 1 S. 1 BGB kann der Gläubiger Schadensersatz verlangen, wenn der Schuldner „eine Pflicht aus dem Schuldverhältnis" verletzt. Nach § 280 Abs. 1 S. 2 BGB gilt dies nicht, wenn der Schuldner die Pflichtverletzung nicht zu vertreten hat. Aus der negativen Formulierung ergibt sich, dass das Vertretenmüssen vom Gesetz widerleglich **vermutet** wird, dh der **Schuldner** hat den Negativbeweis zu führen, dass er die (grds. vom Gläubiger zu beweisende) Pflichtverletzung nicht zu vertreten hat. Im Rücktrittsrecht wird der Begriff der Pflichtverletzung in § 323 Abs. 3 und 5 S. 2 BGB wieder aufgenommen, beim Kündigungsrecht findet er sich in § 314 Abs. 2 BGB.

2 Das Grundanliegen der Einführung des Begriffs der Pflichtverletzung im Jahr 2002 war es, das dem früheren Schuldrecht zugrunde liegende System der Ausdifferenzierung unterschiedlicher Arten von Leistungsstörungen (Unmöglichkeit, Verzug, besonderes Leistungsstörungsrecht) mit jeweils eigenständigen Rechtsfolgen durch einen **einheitlichen Tatbestand der Leistungsstörung** und ein grds. **einheitliches System der Rechtsfolgen** (Schadensersatz und Rücktritt) zu ersetzen. Dieses idealtypische System konnte und wollte der Reformgesetzgeber aber nicht vollständig umsetzen. Bei den Voraussetzungen eines Rücktrittsrechts oder eines Schadensersatzanspruchs ist, wie die § 280 Abs. 2, 3 BGB, §§ 281–283, 286 und 323 f., 326 BGB zeigen, weiterhin nach der **Art der Pflichtverletzung** und ihrer Ursache (nämlich **Unmöglichkeit** oder **Verzögerung der Leistung** bzw. einer **Nebenpflichtverletzung**) sowie dem geltend gemachten Schaden (Schadensersatz „statt der Leistung" und Schadensersatz „neben der Leistung") zu differenzieren.

3 Die folgenden Ausführungen begnügen sich zunächst bewusst mit einer schematischen Darstellung des Systems der Pflichtverletzung (s. auch den grafischen Überblick bei → Rn. 40). Eine Detailerörterung der einzelnen Problemfelder zur Ausfüllung dieses Systems erfolgt in den späteren Abschnitten.

I. Begriff der Pflichtverletzung; Abgrenzung zum Vertretenmüssen

1. Pflichtverletzung

4 § 280 Abs. 1 BGB spricht von der Verletzung einer Pflicht aus dem **Schuldverhältnis.** Erste Voraussetzung eines Schadensersatzanspruchs ist damit das Bestehen eines Schuldverhältnisses im engeren Sinne, dh eines **Anspruchs** (→ § 1 Rn. 10). Dieser kann einem **rechtsgeschäftlichen** (also idR vertraglichen), aber auch einem **gesetzlichen Schuldverhältnis** entstammen (→ § 2 Rn. 2).[1]

[1] Zur analogen Anwendung der §§ 275, 280 ff. BGB auf öffentlich-rechtliche Schuldverhältnisse s. BGH NVwZ 2007, 1221 Rn. 9 sowie BGH NJW 2014, 2577 Rn. 14.

Wie bereits → § 1 Rn. 7 f. dargelegt, unterteilt § 241 BGB die Pflichten aus dem Schuldverhältnis in **Leistungspflichten** (§ 241 Abs. 1 BGB) und **Schutzpflichten** (§ 241 Abs. 2 BGB). Als **Leistungspflicht** kann der Eintritt eines bestimmten **Erfolgs** wie etwa bei der Pflicht zur Übergabe und Übereignung einer (mangelfreien) Sache gem. § 433 Abs. 1 S. 1, 2 BGB oder die Vornahme einer bestimmten **Tätigkeit** wie bei einem Dienstvertrag (zB ärztlicher Behandlungsvertrag, vgl. § 630b BGB) geschuldet sein. Bei Ersterem kann man die geschuldete Leistungshandlung vom dadurch zu bewirkenden Leistungserfolg trennen. Bei Letzterem ist ein bestimmtes Ergebnis der Leistungshandlung **nicht** Teil des Pflichtenprogramms (→ § 13 Rn. 13), die Vornahme der geschuldeten Tätigkeit ist damit zugleich der geschuldete Leistungserfolg. **Schutzpflichten** wiederum halten den Schuldner dazu an, neben seiner Leistungspflicht auch auf Rechtsgüter und Interessen des Gläubigers Rücksicht zu nehmen. Auch hierbei handelt es sich um **Verhaltenspflichten:** Geschuldet wird nicht, dass der Gläubiger keine Schäden erleidet, sondern dass sich der Schuldner rücksichtsvoll verhält (dazu bereits → § 13 Rn. 16). 5

a) Begriff, Abgrenzung zum Vertretenmüssen

Eine **Pflichtverletzung** liegt nach der Konzeption des Gesetzgebers immer dann vor, wenn das Verhalten des Schuldners vom objektiven Pflichtenprogramm des Schuldverhältnisses abweicht.[2] Ist der Schuldner also zur Erreichung eines bestimmten **Erfolgs** verpflichtet (wie etwa der Verkäufer zu Übergabe und Übereignung einer mangelfreien Sache, § 433 Abs. 1 BGB), so genügt zur Feststellung der Pflichtverletzung, dass der geschuldete Erfolg **ausgeblieben** ist (der Käufer also zB nicht oder nicht rechtzeitig Eigentum und Besitz an der Kaufsache erhalten hat oder die Sache mangelhaft war).[3] 6

Dies gilt auch im Falle der **Unmöglichkeit:** Trotz der Tatsache, dass § 275 Abs. 1 BGB den Schuldner dann von der Leistungspflicht befreit, bleibt – wie § 275 Abs. 4 BGB mit seinem Verweis ua auf § 280 BGB klarstellt – die Nichtleistung dennoch eine **objektive Pflichtverletzung.**[4] Die Leistungsbefreiung nach § 275 Abs. 1 BGB bezieht sich damit nur auf die **Primärleistungspflicht** (dh die eigentlich geschuldete Leistung), sagt aber nichts darüber aus, ob an die Stelle der entfallenen Primärleistungspflicht eine **Sekundärleistungspflicht** (zB eine Schadensersatzpflicht) tritt (zu dieser Unterscheidung → § 13 Rn. 15). Alles andere, dh die Frage, **warum** es zur Unmöglichkeit gekommen ist, ist hingegen eine Frage des Vertretenmüssens, hinsichtlich derer sich gem. § 280 Abs. 1 S. 2 BGB grds. der Schuldner entlasten muss. 7

Ist der Schuldner nicht zur Bewirkung eines bestimmten Leistungserfolgs in Form eines Zustandes verpflichtet, sondern besteht der geschuldete Erfolg lediglich in einem bestimmten **Tätigwerden** (etwa im Rahmen eines Dienst- oder Arbeitsvertrags), besteht kein Unterschied zwischen einer erfolgs- oder verhaltensbezogenen Sichtweise. Die Pflichtverletzung kann hier nur darin bestehen, dass sich der Schuldner nicht **so verhalten hat, wie geschuldet** (so etwa bei einer fehlerhaften ärztlichen 8

[2] BT-Drs. 14/6040, 135 f.

[3] S. dazu auch S. Lorenz JuS 2007, 213; Looschelders SchuldR AT § 22 Rn. 1.

[4] Looschelders SchuldR AT § 22 Rn. 23; bedenklich deshalb BGH NJW 2007, 3777 Rn. 32: Nichterfüllung des Vertrags noch keine Pflichtverletzung.

Behandlung). Das geschuldete Verhalten wiederum bestimmt sich nach dem Maß verkehrserforderlicher Sorgfalt, welches zugleich Maßstab des Verschuldens in § 276 Abs. 2 BGB ist. In einer solchen Situation fallen somit objektive Pflichtwidrigkeit und Verschuldensvorwurf weitgehend zusammen. Ist die Pflichtverletzung nachgewiesen (etwa ein Kunstfehler des Arztes), ist idR zugleich auch der Nachweis des Vertretenmüssens geführt, so dass eine Entlastung des Schuldners nach § 280 Abs. 1 S. 2 BGB nur in seltenen Fällen (etwa im Falle der Schuldunfähigkeit, § 276 Abs. 1 S. 2 BGB, §§ 827, 828 BGB) in Betracht kommt.

9 Gleiches gilt für die Verletzung von **Nebenpflichten** (§ 241 Abs. 2 BGB). Auch hier fallen mangels geschuldeten Erfolgs Pflichtverletzung und Vertretenmüssen in der geschilderten Weise zusammen, weil der Schuldner nicht einen Erfolg in Gestalt des Ausbleibens einer Beschädigung, sondern lediglich sorgsames Verhalten schuldet.

b) Beweislast

10 Für die Beweislast bzgl. der Pflichtverletzung gilt die ungeschriebene allgemeine Regel, dass derjenige, der sich auf eine ihm günstige Rechtsfolge beruft, das Vorliegen der dafür erforderlichen Tatbestandsvoraussetzungen nachzuweisen hat. Damit liegt die Beweislast für die Pflichtverletzung grundsätzlich beim **Gläubiger** des Schadensersatzanspruchs. Bei einer erfolgsbezogenen Pflicht genügt hierfür der Nachweis, dass die Leistung ausgeblieben ist.

11 Die **Schutzpflichten** nach § 241 Abs. 2 BGB verpflichten den Schuldner hingegen (nur) dazu, auf Rechtsgüter und Interessen des Gläubigers Rücksicht zu nehmen. Es handelt sich dabei um bloße **Verhaltenspflichten** (→ Rn. 5). Hier erfolgt nach der Rspr. eine **Beweislastverteilung nach Gefahrenbereichen.** Steht fest, dass als Schadensursache nur eine solche aus dem **Obhuts- und Gefahrenbereich des Schuldners** in Betracht kommt, wird auch das Vorliegen einer Pflichtverletzung vermutet.[5]

2. Vertretenmüssen (§ 276 BGB)

12 Setzt also der (objektive) Begriff der Pflichtverletzung keine subjektive Verantwortlichkeit des Schuldners im Sinne einer Vorwerfbarkeit voraus, ist Letzteres allein eine Frage des **Vertretenmüssens.** Mit diesem Begriff wird die **Zurechenbarkeit** der (objektiven) Pflichtverletzung an den Schuldner, dh dessen **Verantwortlichkeit** für die Pflichtverletzung beschrieben. Erst beide Elemente gemeinsam begründen die **Schadensersatzverpflichtung** des Schuldners nach § 280 Abs. 1 BGB.

13 Anders als die **Pflichtverletzung** (→ Rn. 6) wird das Vertretenmüssen des Schuldners nach der negativen Formulierung des § 280 Abs. 1 S. 2 („Dies gilt nicht, wenn …") widerleglich **vermutet.** Die Unterscheidung zwischen Pflichtverletzung und Vertretenmüssen ist damit vor allem hinsichtlich der **Beweislastverteilung** wichtig. Durch die Vermutung des Vertretenmüssen zu Lasten des Schuldners kommt der Gläubiger nicht in die missliche Situation, Vorgänge nachweisen zu müssen, die sich regelmäßig allein in der Sphäre des Schuldners abspielen und ihm daher typischerweise unzugänglich sind. Lediglich bei Verletzungen **arbeitsvertraglicher Pflichten** durch

[5] S. dazu zuletzt BGH NJW 2025, 435 Rn. 24 mwN (Beschädigung eines Kfz in einer Waschanlage); BGH NJW-RR 2017, 622 Rn. 13.

einen Arbeitnehmer bleibt die Beweislast beim **Gläubiger** (Arbeitgeber), s. § 619a BGB.

Allerdings setzen nicht alle Rechtsbehelfe des Leistungsstörungsrechts Vertretenmüssen seitens des Schuldners voraus. **Nicht erforderlich** ist Vertretenmüssen etwa für den **Rücktritt** (§§ 323, 324, 326 Abs. 5 BGB), die **Kündigung von Dauerschuldverhältnissen** aus wichtigem Grund (§ 314 BGB) sowie für den **Wegfall der Gegenleistungsverpflichtung** im Falle von Unmöglichkeit (§ 326 Abs. 1 S. 1 BGB). In diesem Zusammenhang kann wiederum die **Verantwortlichkeit des Gläubigers** eine Rolle spielen (§ 326 Abs. 2 BGB).

II. Arten der Pflichtverletzung

Pflichten aus einem Schuldverhältnis lassen sich, wie bei → § 13 Rn. 16 dargelegt, in **leistungsbezogene** und **nicht leistungsbezogene** Pflichten aufteilen. **Leistungsbezogene Pflichten** werden in § 241 Abs. 1 BGB als das Recht des Gläubigers definiert, eine Leistung zu fordern. Es geht also um Verpflichtungen, deren Inhalt im weitesten Sinne darin besteht, die Stellung des Gläubigers zu verbessern, dh ihm etwas „zu geben" **(Leistungs- oder Äquivalenzinteresse).** Hierunter fallen etwa die Pflicht des Verkäufers, die Sache zu übergeben und zu übereignen (§ 433 Abs. 1 S. 1 BGB) sowie die Pflicht des Käufers zur Kaufpreiszahlung (§ 433 Abs. 2 BGB). Eine solche Pflicht kann auch in einem Unterlassen bestehen (§ 241 Abs. 1 S. 2 BGB), zB im Unterlassen von Konkurrenz oder anderen Tätigkeiten. **Nicht leistungsbezogene Pflichten,** wie sie in § 241 Abs. 2 BGB beschrieben werden, haben hingegen keine Verbesserung der Position des Gläubigers zum Gegenstand, vielmehr geht es allein um die Verpflichtung des Schuldners, den Gläubiger nicht an seinen bereits vorhandenen Rechtsgütern zu schaden, dh um die Wahrung seines *status quo* **(Integritätsinteresse).** 14

1. Die Verletzung leistungsbezogener Pflichten

a) Ausbleiben der Leistung zum Fälligkeitszeitpunkt

Eine leistungsbezogene Pflicht kann dadurch verletzt werden, dass der Schuldner die Leistung zum Fälligkeitszeitpunkt nicht (oder nicht vollständig) erbringt (Bsp.: Das verkaufte Kfz wird zum vereinbarten Termin nicht oder nicht mangelfrei übergeben). Das kann wiederum nur auf zwei Ursachen beruhen: Entweder der Schuldner **kann** die Leistung endgültig nicht (mehr) erbringen (Bsp.: Das verkaufte Kfz ist zerstört), oder aber der Schuldner erbringt sie aus anderen Gründen nicht (Bsp.: Der Verkäufer will das Kfz zunächst noch selbst benutzen, hat es vermietet, vergisst die Lieferung oder ist selbst noch nicht beliefert worden). 15

aa) Unmöglichkeit der Leistung (§ 275 Abs. 1–3 BGB). Ist dem Schuldner die Leistung **unmöglich** (§ 275 Abs. 1 BGB) oder liegt ein der Unmöglichkeit gleichgestellter Tatbestand von § 275 Abs. 2, 3 BGB vor, so wird er nach diesen Regelungen von der Leistungspflicht **befreit.** Vertretenmüssen spielt insoweit keine Rolle: Das Gesetz reagiert damit lediglich darauf, dass eine unmögliche Leistung nun einmal tatsächlich nicht erbracht werden kann. § 275 Abs. 4 BGB stellt dann aber durch den Verweis ua auf § 280 BGB klar, dass die Befreiungswirkung nur in Bezug auf die **Primärleistungspflicht,** dh die Leistung *in natura,* eintritt (zum Begriff → § 13 Rn. 15). Damit ist klargestellt, dass die bloße Tatsache der Nichtleistung auch im Falle der Unmöglichkeit eine (objektive) **„Pflichtverletzung"** iSv § 280 Abs. 1 BGB darstellt, 16 aus der sich **sekundäre Leistungspflichten** wie zB Schadensersatzansprüche ergeben können. Die Gründe, die zur Unmöglichkeit geführt haben, sind dagegen eine Frage des Vertretenmüssens, welches nach § 280 Abs. 1 S. 2 BGB zugunsten des Gläubigers vermutet wird.

17 Zwar mag es sprachlogisch zweifelhaft erscheinen, von einer Pflichtverletzung bzgl. einer Pflicht zu sprechen, von deren Erfüllung der Schuldner nach § 275 Abs. 1–3 BGB befreit wurde, jedoch hat der Gesetzgeber durch § 275 Abs. 4 BGB (und § 283 BGB) klar zu erkennen gegeben, dass die Nichterbringung der Leistung auch im Falle von Unmöglichkeit als Pflichtverletzung iSd § 280 Abs. 1 BGB **gilt.**[6] Wichtig ist das für die unter → Rn. 10 erörterte Frage der Beweislast: Wenn im Falle der Unmöglichkeit nicht schon die Nichtleistung eine Pflichtverletzung wäre, käme als solche nur deren Herbeiführung als Pflichtverletzung in Betracht. Diese aber hätte dann der Gläubiger zu beweisen, was ihn in erhebliche Beweisschwierigkeiten brächte und damit dem Sinn der Beweislastumkehr in § 280 Abs. 1 S. 2 BGB widersprechen würde.

18 Ist dem Schuldner die Leistung unmöglich, so sind wiederum nur zwei tatsächliche Konstellationen denkbar: Die Leistung kann bereits **bei Vertragsschluss** unmöglich gewesen sein **(anfängliche Unmöglichkeit)** oder aber die Unmöglichkeit ist **nach Vertragsschluss** eingetreten **(nachträgliche Unmöglichkeit).**

19 Im Falle **nachträglicher Unmöglichkeit** (Bsp.: Die verkaufte Sache wird nach Vertragsschluss, aber vor Übergabe zerstört) stellt die bloße Tatsache, dass die geschuldete Leistung endgültig ausbleibt, eine **objektive Pflichtverletzung** dar. War die für 4.000 EUR verkaufte Sache tatsächlich 5.000 EUR wert, so kann der Gläubiger (Käufer) den ihm entgangenen Gewinn als Schadensersatz „statt der Leistung" nach § 280 Abs. 3 BGB nur unter den „zusätzlichen Voraussetzungen" der §§ 281, 282 oder 283 BGB verlangen. Im Fall der Unmöglichkeit ist § 283 BGB einschlägig, der aber, sieht man zunächst von dem Verweis in § 283 S. 2 BGB ab, keine weiteren Tatbestandsvoraussetzungen enthält. Der Gläubiger kann damit ohne Weiteres Schadensersatz statt der Leistung verlangen, sofern der Verkäufer nicht den Entlastungsbeweis nach § 280 Abs. 1 S. 2 BGB führt. Hierzu muss er darlegen und beweisen, dass er den Umstand, der die Unmöglichkeit herbeigeführt hat, nicht iSv § 276 BGB „zu vertreten" hat. Ist das Kfz etwa bei einem Autounfall zerstört worden, muss er nachweisen, dass er diesen weder vorsätzlich noch fahrlässig verursacht hat.

20 Im Falle **anfänglicher Unmöglichkeit** (Bsp.: Das verkaufte Kfz war bereits zur Zeit des Vertragsschlusses zerstört) besteht die Besonderheit, dass wegen § 275 Abs. 1 BGB eine Leistungspflicht des Schuldners **zu keinem Zeitpunkt** bestanden hat. Dies beeinflusst, wie § 311a Abs. 1 BGB klarstellt, die Wirksamkeit des Vertrags aber in keiner Weise. Es bleibt damit dabei, dass die bloße Nichterbringung der Leistung eine objektive Pflichtverletzung darstellt.[7] In Bezug auf den Schadensersatz statt der

[6] S. auch Looschelders SchuldR AT § 23 Rn. 23 (Fiktion einer Pflichtverletzung durch § 283 S. 1 BGB). Im Vorfeld der Schuldrechtsreform wurde auch vorgeschlagen, anstelle des Begriffs der Pflichtverletzung denjenigen der „Nichterfüllung" zu verwenden, der dies wohl klarer zum Ausdruck gebracht hätte, s. dazu BT-Drs. 14/6040, 134 mwN.

[7] Vgl. aA Looschelders SchuldR AT § 20 Rn. 16.

Leistung enthält aber § 311a Abs. 2 BGB eine gegenüber § 280 Abs. 1, 3 BGB, § 283 BGB **spezielle Anspruchsgrundlage.**

Beispiel: Im **Beispiel** des bereits vor Vertragsschluss zerstörten Kfz kann der Gläubiger (Käufer) den ihm entgangenen Gewinn als Schadensersatz „statt der Leistung" daher nicht auf der Grundlage von § 280 BGB, sondern nur nach § 311a Abs. 2 BGB verlangen.

Diese (nur für den Schadensersatz statt der Leistung geltende) Sonderregelung hat ihren Grund im **Bezugspunkt des Vertretenmüssens,** regelmäßig also im Verschuldensvorwurf: Da der Schuldner im Falle der anfänglichen Unmöglichkeit gem. § 275 Abs. 1 BGB **zu keinem Zeitpunkt** zur Primärleistung verpflichtet war, konnte nach Ansicht des Gesetzgebers das Vertretenmüssen, dh der dem Schuldner zu machende Vorwurf einer Sorgfaltspflichtverletzung, nicht an die Herbeiführung der Unmöglichkeit angeknüpft werden. Wenn nämlich zB ein Verkäufer mit der noch nicht verkauften Sache unsorgsam umgegangen ist, und diese deshalb vor Vertragsschluss zerstört wurde, lag zu diesem Zeitpunkt kein vorwerfbares Verhalten des späteren Schuldners gegenüber dem späteren Gläubiger vor. Denn zu einem Zeitpunkt, in welchem er noch nicht zur Leistung verpflichtet war, durfte der (spätere) Schuldner mit der Sache umgehen, wie er wollte (s. § 903 S. 1 BGB). § 311a Abs. 2 BGB knüpft deshalb die Schadensersatzpflicht an einen **anderen Verschuldensvorwurf.** Da der Schuldner danach auf Schadensersatz statt der Leistung haftet, sofern er nicht nachweist, dass er „das Leistungshindernis bei Vertragsschluss nicht kannte und seine Unkenntnis auch nicht zu vertreten hat", wird ihm nicht vorgeworfen, sich nicht leistungsbereit gehalten zu haben. Der Vorwurf an den Schuldner lautet vielmehr, einen Vertrag geschlossen zu haben, obwohl er wusste oder fahrlässig verkannt hat, dass er ihn nicht wird erfüllen können. 21

Typologisch gesehen liegt damit ein Fall vorvertraglichen Verschuldens (*culpa in contrahendo,* § 280 Abs. 1 BGB, § 311 Abs. 2 BGB, § 241 BGB; dazu → § 40 Rn. 1 ff.) vor, an den der Gesetzgeber aber eine Ersatzpflicht auf das **Erfüllungsinteresse** geknüpft hat. Diese Spezialregelung schließt nach zutreffender Ansicht einen Rückgriff auf die Haftung aus *culpa in contrahendo* aus.[8] 22

Letztere könnte für den Gläubiger gegenüber einem Anspruch aus § 311a Abs. 2 BGB vorteilhaft sein, wenn sein Vertrauensschaden größer ist als der aufgrund der Unmöglichkeit entgangene Gewinn. So etwa, wenn der Gläubiger im Vertrauen auf die Möglichkeit der Leistung ein anderes, lukrativeres Geschäft unterlassen hat.

Hat der Schuldner die Unmöglichkeit weder gekannt noch seine Unkenntnis zu vertreten, soll er nach einer beachtlichen Mm. in der Lit. analog § 122 BGB zumindest auf das **negative Interesse** des Gläubigers haften (dh für den Schaden, den jener dadurch erleidet, dass er auf die Möglichkeit der Leistung vertraut).[9] Die wohl hM lehnt dies allerdings ab. Eine analoge Anwendung von § 122 BGB widerspreche der bewussten Entscheidung des Gesetzgebers für das Verschuldensprinzip sowie der Gleichbehandlung von anfänglicher und nachträglicher Unmöglichkeit.[10] 23

---

[8] Grüneberg/Grüneberg BGB § 311a Rn. 14; MüKoBGB/Ernst § 311a Rn. 22 mwN.

[9] Canaris JZ 2001, 499 (505); BeckOGK/Herresthal BGB § 311a Rn. 87; grds. zustimmend wohl auch BT-Drs. 14/6040, 166.

[10] MüKoBGB/Ernst § 311a Rn. 43; Staudinger/Feldmann, 2023, BGB § 311a Rn. 51; Grüneberg/Grüneberg BGB § 311a Rn. 15; Looschelders SchuldR AT § 28 Rn. 18.

24 § 280 Abs. 1, 3 BGB iVm § 283 BGB einerseits und § 311a Abs. 2 BGB andererseits unterscheiden sich damit vor allem durch die dem Schuldner auferlegten **Sorgfaltspflichten** im Zusammenhang mit dem **Vertretenmüssen: Vor Vertragsschluss** hat sich der Schuldner über seine Fähigkeit zur Leistung zu informieren, **nach Vertragsschluss** hat er für die Bewirkung der versprochenen Leistung zu sorgen.[11]

25 **bb) Verspätung der Leistung.** Ist der Schuldner nicht nach § 275 BGB wegen Unmöglichkeit von der Leistungspflicht befreit, so liegt, wenn er nicht rechtzeitig leistet, ein Fall der **Verspätung der fälligen Leistung** vor. Darin liegt eine Pflichtverletzung iSv § 280 Abs. 1 BGB.

26 Würde sich das Gesetz mit der in § 280 Abs. 1 BGB enthaltenen Regelung begnügen, könnte der Gläubiger im Fall der Verspätung unmittelbar jede Art von Schaden ersetzt verlangen. Würde also zB eine gekaufte Sache nicht rechtzeitig geliefert, könnte der Käufer unmittelbar aufgrund der Verzögerung (unter Verzicht auf die Vertragsdurchführung) den entgangenen Gewinn iHv 1.000 EUR verlangen, obwohl dieser Schaden noch gar nicht endgültig eingetreten ist (der Verkäufer könnte ja noch liefern!).

27 Da es in Bezug auf den Grundsatz *pacta sunt servanda* nicht gerechtfertigt ist, dem Gläubiger bereits aufgrund einer Verzögerung der Leistung unmittelbar die Möglichkeit zu geben, unter Verzicht auf die Leistung Schadensersatz zu wählen und es dem Schuldner dadurch zu verwehren, seine Leistung *in natura* zu erbringen und sich die Gegenleistung zu verdienen, kann **Schadensersatz statt der Leistung** nach § 280 Abs. 3 BGB nur unter den zusätzlichen Voraussetzungen der §§ 281–283 BGB verlangt werden. Im Falle der Verzögerung der Leistung ist § 281 BGB einschlägig, da die Primärleistung hier, weil möglich, weiterhin „fällig" iSv § 281 Abs. 1 BGB ist. Der Gläubiger kann danach Schadensersatz statt der Leistung grds. erst dann verlangen, wenn er dem Schuldner erfolglos eine **angemessene Frist** gesetzt hat. Dem Schuldner muss somit eine **letzte Chance** eingeräumt werden, die Leistung zu erbringen (und sich damit eine vereinbarte Gegenleistung zu verdienen). Erst wenn er diese nicht nutzt, ist es gerechtfertigt, ihn statt der Leistung zum Schadensersatz zu verpflichten. Für das (allerdings vom Vertretenmüssen unabhängige) **Rücktrittsrecht** gilt nach § 323 BGB derselbe Grundsatz.

28 Ähnliches gilt für den **Verzögerungsschaden:** Nimmt sich der Käufer eines Kfz wegen der verspäteten Lieferung zwischenzeitlich einen Mietwagen, so wäre auch dieser Schaden aufgrund der Pflichtverletzung eingetreten und unmittelbar nach § 280 Abs. 1 BGB ersetzbar. Der Vorbehalt des § 280 Abs. 3 BGB hinsichtlich zusätzlicher Tatbestandsvoraussetzungen der §§ 281–283 BGB gilt insoweit nicht, weil der in Gestalt der Mietwagenkosten eingetretene Schaden keinen Schadensersatz **statt** der Leistung darstellt: Der Käufer will ja auch die Leistung weiterhin (dazu bei → § 28 Rn. 2 ff.). Es handelt sich allerdings um einen Schaden, der (allein) **aufgrund der Verzögerung** der Leistung eingetreten ist. Für solche Schäden sieht § 280 Abs. 2 BGB vor, dass sie nur unter den **weiteren Voraussetzungen** des § 286 BGB **(Verzug)** zu ersetzen sind. Dieser wiederum setzt idR eine **Mahnung** seitens des Gläubigers (hier: des Käufers) voraus. Sinn dieses Vorbehalts ist es, den Schuldner vor der Scha-

[11] BGH NJW 2007, 3777 Rn. 37.

densersatzpflicht zu warnen. Für Verspätungsschäden, die vor Verzugseintritt entstanden sind (im Beispiel also die bis zur Mahnung angefallenen Mietwagenkosten), haftet der Schuldner nicht. Folgerichtig ist eine Mahnung nach § 286 Abs. 2 BGB dann entbehrlich, wenn der Schuldner bereits aufgrund anderer Umstände (zB aufgrund einer vereinbarten festen Leistungszeit) einer solchen zusätzlichen Warnung nicht mehr bedarf (→ § 36 Rn. 10 ff.).

b) Nicht vertragsgemäße Leistung: Die Schnittstelle zum Gewährleistungsrecht

Wenn der Schuldner die Leistung erbringt, diese aber nicht der geschuldeten Qualität 29
entspricht, liegt ebenfalls eine Pflichtverletzung vor. Das Gesetz spricht dann davon, dass der Schuldner die Leistung **„nicht wie geschuldet"** (s. § 281 Abs. 1 BGB) oder **„nicht vertragsgemäß"** (§ 323 Abs. 1 BGB) Sofern das Gesetz für diesen Fall bei den einzelnen Vertragsarten des Besonderen Teils des Schuldrechts spezielle Regelungen für eine Schlechtleistung vorsieht, haben diese allerdings Vorrang vor dem allgemeinen Leistungsstörungsrecht.

Das gilt zB für das Mietrecht oder das Reisevertragsrecht. Hier sieht das Gesetz besondere Regelungen über die Rechtsbehelfe bei der Mangelhaftigkeit der Mietsache bzw. der Reise vor (s. §§ 536 ff., 651i ff. BGB). Ein Rückgriff auf die §§ 280 ist dann weder erforderlich noch möglich.

Sofern dies aber, wie insbesondere im **Kauf-** und **Werkvertragsrecht,** nicht der Fall 30
ist, finden auch dort die Regelungen des allgemeinen Leistungsstörungsrechts Anwendung. So verweisen § 437 BGB für das Kaufrecht und § 634 BGB für das Werkvertragsrecht im Rahmen einer **Rechtsgrundverweisung** ausdrücklich auf die Regelungen des allgemeinen Leistungsstörungsrechts. Damit ist auch die mangelhafte Leistung stets ein Fall entweder von **Unmöglichkeit** oder von **Verzögerung der (mangelfreien) Leistung.** Ausgangspunkt und damit Schnittstelle zu den Regelungen des Allgemeinen Leistungsstörungsrechts ist, dass § 433 Abs. 1 S. 2 BGB den Verkäufer verpflichtet, dem Käufer die Sache „frei von Sach- und Rechtsmängeln zu verschaffen". Die gleiche Verpflichtung trifft nach § 633 Abs. 1 BGB den Werkunternehmer. Liegt ein Sach- oder Rechtsmangel vor, stellt dies demzufolge eine Pflichtverletzung iSv § 280 Abs. 1 BGB dar.[12]

aa) Qualitative Unmöglichkeit. Wird zB ein Kfz als ein unfallfreies Fahrzeug ver- 31
kauft, hatte es aber tatsächlich einen Vorunfall, so kann der Verkäufer zwar die Verpflichtung zur Lieferung aus § 433 Abs. 1 S. 1 BGB, nicht aber die aus § 433 Abs. 1 S. 2 BGB resultierende Verpflichtung zu mangelfreier Leistung erfüllen. Dieser Konflikt wird durch das Wort „soweit" in § 275 Abs. 1 BGB aufgelöst: Der Verkäufer wird nach § 275 Abs. 1 BGB (nur) von diesem Teil seiner Verpflichtung befreit, so dass ein Fall **teilweiser Unmöglichkeit** (in Bezug auf die **Qualität der Leistung**) vorliegt. Damit treten grds. auch die weiteren Rechtsfolgen der Unmöglichkeit ein: Im Falle eines anfänglich unbehebbaren Mangels haftet der Verkäufer auf Schadensersatz statt der Leistung nach § 437 Nr. 3 BGB, § 311a Abs. 2 BGB. Er schuldet (ohne das Erfordernis einer Fristsetzung) Schadensersatz statt der Leistung (also zB den mangelbedingten Minderwert des Fahrzeugs), wenn er den Mangel und dessen Unbehebbarkeit kannte bzw. seine Unkenntnis zu vertreten hat. Im Falle eines nach Vertragsschluss eingetretenen unbehebbaren Mangels haftet er nach § 437 Nr. 3 BGB, § 280

---

[12] S. dazu Medicus/Lorenz SchuldR BT § 5 Rn. 2 ff.

Abs. 1, 3 BGB, § 283 BGB, wenn er die Unbehebbarkeit des Sachmangels zu vertreten hat (zu den Einzelheiten → §§ 34, 35).

32 Allerdings sieht das Gesetz für diesen Fall im Detail bestimmte **Sonderregelungen** vor. So wird etwa der automatische Wegfall der Gegenleistungsverpflichtung im Falle von Unmöglichkeit nach § 326 Abs. 1 S. 2 BGB ausgeschlossen und durch ein **Rücktrittsrecht** (§ 437 Nr. 2 BGB, § 326 Abs. 5 BGB) und ein daran anknüpfendes **Minderungsrecht** (§ 437 Nr. 2 BGB, § 441 BGB) ersetzt bzw. ergänzt (→ § 35 Rn. 21 ff.). Das Rücktrittsrecht und das Recht zum Schadensersatz statt der Leistung werden bei **unerheblichen Mängeln** ausgeschlossen bzw. eingeschränkt (§ 280 Abs. 1, 3 BGB, § 283 S. 2 BGB oder § 311a Abs. 2 S. 3 BGB iVm § 281 Abs. 1 S. 3 BGB bzw. § 326 Abs. 5 BGB iVm § 323 Abs. 5 S. 2 BGB; dazu → § 35 Rn. 24, 52).

33 Diese Sonderregelungen, die man immer daran erkennt, dass das Gesetz davon spricht, dass der Schuldner die Leistung „nicht wie geschuldet" (§ 281 Abs. 1 S. 3 BGB) oder „nicht vertragsgemäß" bewirkt hat (s. § 326 Abs. 1 S. 2 BGB, § 323 Abs. 5 S. 2 BGB) haben dazu geführt, dass man insoweit auch von **qualitativer Unmöglichkeit** (als einem besonders geregelten Fall teilweiser Unmöglichkeit) spricht.[13] Im Werkvertragsrecht gilt das gleiche System (s. § 634 BGB).

34 **bb) Qualitative Verspätung der Leistung.** Ist im Falle der mangelhaften Leistung der Mangel behebbar, ist der Schuldner von der Pflicht zur mangelfreien Leistung nicht nach § 275 Abs. 1 BGB befreit. Es besteht also weiter ein **Erfüllungsanspruch auf vertragsgemäße Leistung.** Damit liegt ein Fall teilweiser Verspätung der Leistung vor, auf welche – wiederum modifiziert – die Regelungen über die Verspätung der (fälligen) Leistung anwendbar sind. Weist also das gelieferte Kfz einen behebbaren Sachmangel (etwa schadhafte Bremsen) auf, so hat der Käufer weiterhin einen Anspruch auf mangelfreie Leistung, der allerdings durch das Kaufrecht in Form des Nacherfüllungsanspruchs (§ 437 Nr. 1 BGB, § 439 BGB) in gewisser Weise modifiziert wird.[14] **Schadensersatz statt der Leistung** (in Gestalt der Mängelbeseitigungskosten oder des mangelbedingten Minderwerts) kann der Käufer dann grds. erst nach Ablauf einer dem Verkäufer gesetzten Nacherfüllungsfrist verlangen (§ 437 Nr. 3 BGB, § 280 Abs. 1, 3 BGB, § 281 BGB), gleiches gilt für das Rücktrittsrecht (§ 437 Nr. 2 BGB, § 323 BGB) sowie für das an die Rücktrittsvoraussetzungen angekoppelte Minderungsrecht (§ 437 Nr. 2 BGB, § 441 BGB).

35 Auch hier werden aber die Regelungen über die Rechtsfolgen der Verzögerung der Leistung in bestimmter Hinsicht modifiziert: Im Kauf- und Werkvertragsrecht tritt der **Nacherfüllungsanspruch** (§§ 439, 635 BGB) an die Stelle des ursprünglichen Erfüllungsanspruchs, die Fristsetzungserfordernisse werden teilweise abgemildert (§§ 440, 636 BGB), das Rücktrittsrecht und das Recht zum Schadensersatz statt der „ganzen Leistung" werden unter denselben Voraussetzungen wie im Falle der Unmöglichkeit bei unerheblichen Mängeln ausgeschlossen bzw. eingeschränkt (§ 281 Abs. 1 S. 3 BGB, § 323 Abs. 5 S. 2 BGB). Aus diesem Grunde kann man analog dem

[13] S. Lorenz JZ 2001, 742 (743); zu dem Begriff s. bereits BGHZ 127, 297 (314). Dagegen Heyers/Heuser NJW 2010, 3057, vgl. hiergegen aber zutr. Schall NJW 2011, 343.

[14] S. dazu Medicus/Lorenz SchuldR BT § 7 Rn. 3 ff.

oben Dargelegten von **qualitativer Verspätung** der Leistung sprechen. Wiederum gilt Gleiches im Werkvertragsrecht.

2. Die Verletzung nicht leistungsbezogener Pflichten

Nicht leistungsbezogene Pflichten sind Schutz-, Obhuts- und Rücksichtnahmepflichten, die den Schuldner dazu verpflichten, dem Gläubiger keinen Schaden zuzufügen. 36

a) Schutz-, Obhuts- und Rücksichtnahmepflichten bei einem bestehenden Schuldverhältnis

Wie § 241 Abs. 2 BGB klarstellt, „kann" ein (gesetzliches wie vertragliches) Schuldverhältnis „nach seinem Inhalt jeden Teil zur Rücksicht auf die Rechte, Rechtsgüter und Interessen des anderen Teils verpflichten." Gegenstand dieser Pflichten ist also nicht das Leistungsinteresse, sondern das **Integritätsinteresse** des Gläubigers. 37

Beispiel: Verschmutzt etwa der Automechaniker bei der Reparatur eines Kfz (Werkvertrag, § 631 BGB) die Polster des Fahrzeugs, so liegt die Verletzung einer Pflicht iSv § 241 Abs. 2 BGB vor. Nach § 280 Abs. 1 BGB (iVm §§ 249 ff. BGB) haftet der Automechaniker auf Schadensersatz, sofern es ihm nicht gelingt, die Vermutung des Vertretenmüssens aus § 280 Abs. 1 S. 2 BGB zu widerlegen.

§ 282 BGB und § 324 BGB eröffnen dem Gläubiger unter bestimmten Voraussetzungen („Unzumutbarkeit") auch bei der Verletzung nicht leistungsbezogener Nebenpflichten die Möglichkeit, Schadensersatz statt der Leistung geltend zu machen oder vom Vertrag zurückzutreten (→ § 39 Rn. 12 ff.). 38

b) Schutz- und Obhutspflichten bei der Vertragsanbahnung *(culpa in contrahendo)*

Schließlich ergibt sich aus § 311 Abs. 2 BGB iVm § 241 Abs. 2 BGB weiter, dass die genannten Schutz- und Obhutspflichten nicht erst mit Vertragsschluss entstehen, sondern dass bereits **mit der Aufnahme rechtsgeschäftlichen Kontakts,** insbesondere der **Vertragsanbahnung,** ein auf Schutzpflichten beschränktes Rechtsverhältnis entsteht. Das seit langem anerkannte und heute in § 311a Abs. 2, 3 BGB gesetzlich verankerte Rechtsinstitut des **Verschuldens bei der Vertragsanbahnung** *(culpa in contrahendo)* kodifiziert (→ § 40 Rn. 1 ff.). Der Schadensersatzanspruch wegen einer Verletzung solcher vorvertraglicher Schutzpflichten ergibt sich immer unmittelbar aus § 280 Abs. 1 BGB iVm § 311 Abs. 2 BGB, § 241 Abs. 2 BGB. Schadensersatz wegen Verzögerung der Leistung oder statt der Leistung (§ 280 Abs. 2, 3 BGB) sind nicht denkbar, weil es im vorvertraglichen Stadium noch keine vertraglichen Leistungspflichten geben kann. 39

Beispiel: Inspiziert also im **obigen Beispiel** (→ Rn. 37) der zu beauftragende Automechaniker vor Vertragsschluss das Kfz des potenziellen Bestellers zum Zweck der Erstellung eines Kostenvoranschlags und verschmutzt er dabei das Polster, verletzt er die Pflicht aus §§ 311 Abs. 2, 241 Abs. 2 BGB und schuldet, sofern er die Vermutung des Vertretenmüssens (§ 280 Abs. 1 S. 2 BGB) nicht widerlegen kann, Ersatz des entstandenen Schadens nach Maßgabe der §§ 249 ff. BGB.

40

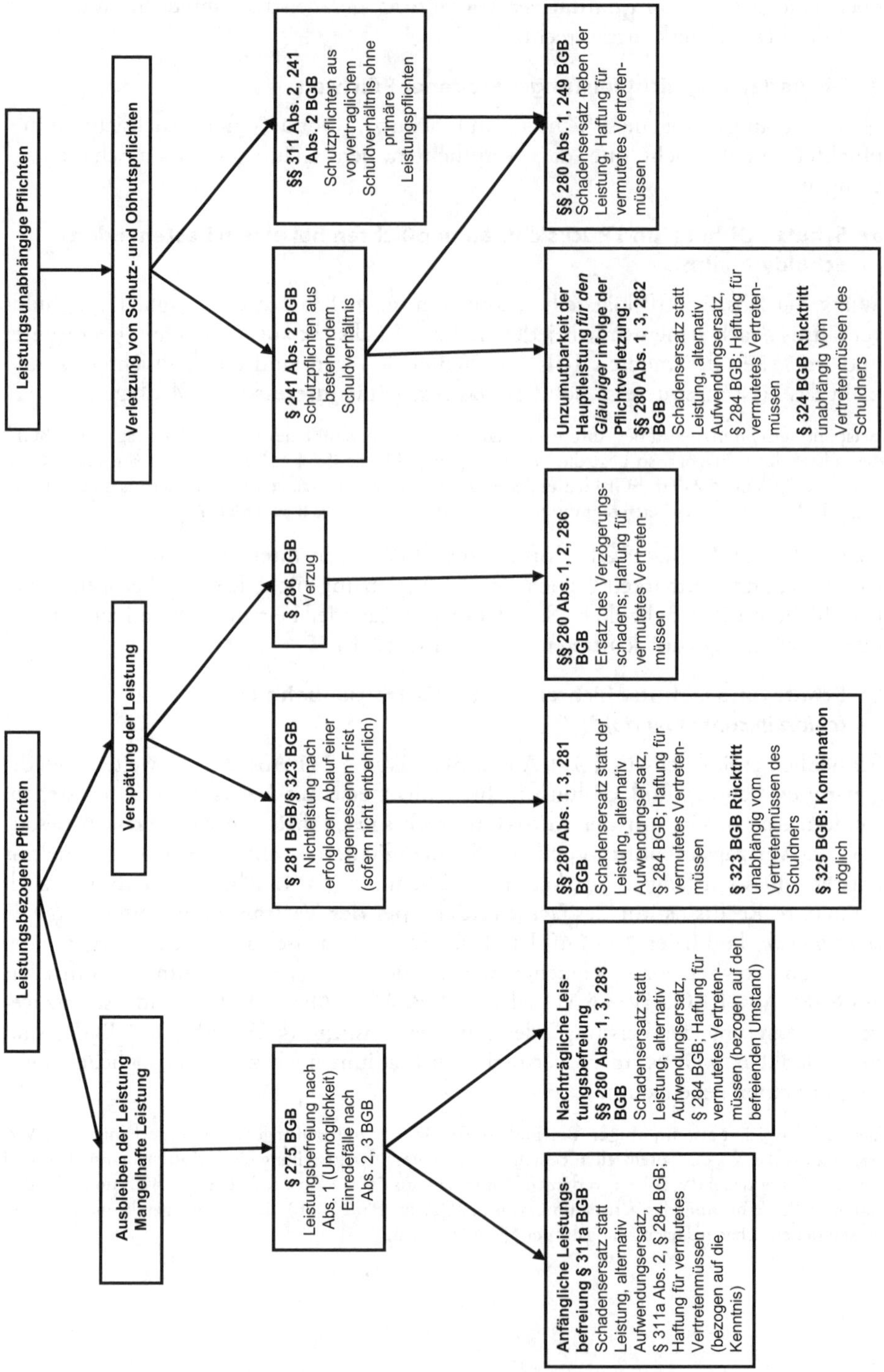

Abb. 2: Haftung für Pflichtverletzung (§ 280 BGB)

2. Abschnitt. Grundprobleme

§ 28. Die Schadensarten (§ 280 Abs. 1–3 BGB)

Literatur: Grigoleit/Riehm, Die Kategorien des Schadensersatzes im Leistungsstörungsrecht, AcP 203 (2003), 727; Grigoleit/Riehm, Der mangelbedingte Betriebsausfallschaden im System des Leistungsstörungsrechts, JuS 2004, 745; S. Lorenz, Schadensarten bei der Pflichtverletzung (§ 280 Abs. 2, 3 BGB), JuS 2008, 203; S. Lorenz, Das Deckungsgeschäft im System der Schadensarten, FS Leenen, 2012, 147; J. Teichmann, Die Abgrenzung der Schadensarten und ihre Bedeutung, 2011. Im Übrigen s. die Angaben vor → § 26.

I. Die Bedeutung der Unterscheidung

§ 280 Abs. 1–3 BGB macht die Voraussetzungen eines Schadensersatzanspruchs vom Charakter des geltend gemachten Schadens abhängig, indem er für die Geltendmachung von **Schadensersatz wegen Verspätung der Leistung** (§ 280 Abs. 2 BGB) und von **Schadensersatz statt der Leistung** (§ 280 Abs. 3 BGB) weitere, dh über die Voraussetzungen von § 280 Abs. 1 BGB hinausgehende Tatbestandselemente setzt. Weiter enthält § 311a Abs. 2 BGB im Falle **anfänglicher Leistungsbefreiung** für den Anspruch auf **Schadensersatz statt der Leistung** (und nur für diesen!) eine spezielle Sonderregelung. § 284 BGB gibt dem Gläubiger die Möglichkeit, **anstelle** des Anspruchs auf Schadensersatz statt der Leistung (aber neben anderen Schäden!) **Aufwendungsersatz** geltend zu machen. Die Unterscheidung zwischen (einfachem) Schadensersatz (§ 280 Abs. 1 BGB), Schadensersatz wegen Verzögerung der Leistung (§ 280 Abs. 2 BGB) und Schadensersatz statt der Leistung (§ 280 Abs. 3 BGB, § 311a Abs. 2 BGB) ist also nicht nur für die Wahl der richtigen Anspruchsgrundlage und damit für die erforderlichen zusätzlichen Tatbestandsvoraussetzungen von Bedeutung, sondern auch für die **Kombinationsmöglichkeit** von Rechtsbehelfen des Gläubigers. 1

II. Schadensersatz „statt der Leistung" und Schadensersatz „neben der Leistung"

Die entscheidende Abgrenzung der Schadensarten liegt in der Definition des Schadensersatzes „statt der Leistung". Hierbei handelt es sich um den Schadensersatz, der das ursprüngliche **Erfüllungsinteresse** (beim gegenseitigen Vertrag auch **„Äquivalenzinteresse"**) des Gläubigers abdeckt. Es geht damit um den Schaden, der **allein** darauf zurückzuführen ist, dass die Leistung **endgültig nicht** oder **nicht ordnungsgemäß** erbracht wird. Gegenstand des Schadensersatzes statt der Leistung ist damit derjenige Schaden, der sich aus dem **endgültigen** Ausbleiben der Leistung ergibt. Die Leistung bleibt endgültig aus, wenn der Schuldner die Leistung **nicht mehr erbringen kann** (§ 275 Abs. 1–3 BGB) oder sie trotz Möglichkeit der Leistungserbringung **nicht mehr erbringen darf,** weil der Gläubiger statt ihrer (berechtigt) Schadensersatz geltend macht (was dann gem. § 281 Abs. 4 BGB zum Wegfall des Anspruchs auf die Leistung und damit auch der Leistungspflicht führt) oder vom Vertrag **zurückgetreten** ist.[1] 2

Damit ist – umgekehrt – jeder Schaden, der vor diesem Zeitpunkt **endgültig eingetreten** ist und deshalb auch dann noch bestehen würde, wenn die geschuldete Leis- 3

[1] BGH NJW 2010, 2426 Rn. 13.

tung erbracht werden würde, nicht Schadensersatz „statt der Leistung", sondern Schadensersatz **„neben der Leistung".** Daran ändert sich auch nichts, wenn später (etwa nach einem Fristablauf) ein Anspruch auf Schadensersatz statt der Leistung entsteht, dazu → § 38 Rn. 8).

4 Die **„Testfrage"** zur Abgrenzung lautet also: Ist der geltend gemachte Schaden zu einem Zeitpunkt entstanden, in welchem die Leistung noch hätte erbracht werden können, und wäre er entfallen, wenn die geschuldete Leistung noch erbracht worden wäre? Ist die Frage zu bejahen, fällt der geltend gemachte Schaden unter die Kategorie des **Schadensersatzes statt der Leistung.**

Beispiel:[2] Ein verkaufter Zuchtkater leidet unter einer Pilzinfektion und steckt dabei bereits vorhandene Tiere des Käufers an. Der Käufer verlangt Ersatz der Tierarztkosten für die Behandlung aller Tiere (einschließlich des gekauften Katers). Der Schaden in Gestalt der Tierarztkosten für eine Behandlung des verkauften Tieres ist Bestandteil des **Schadensersatzes statt der Leistung,** denn der in der Infektion des gekauften Tieres bestehende Schaden würde entfallen, wenn die vom Verkäufer geschuldete Leistung (Lieferung eines mangelfreien Tieres bzw. Nacherfüllung im Wege der Heilung des Tieres, § 439 Abs. 1 BGB) erfolgen würde. Damit sind diese Kosten gem. §§ 437 Nr. 3, 280 Abs. 1, 3 BGB iVm § 281 BGB grds. nur dann als Schadensersatz statt der Leistung ersetzbar, wenn der Käufer dem Verkäufer zuvor fruchtlos eine Frist zur Nacherfüllung gesetzt hat (sofern dies nicht im Einzelfall nach § 281 Abs. 2 BGB – etwa aus Gründen des Tierschutzes – entbehrlich war). Die Tierarztkosten für die Behandlung der infizierten anderen Tiere des Käufers fallen hingegen unter den **Schadensersatz neben der Leistung.** Denn selbst wenn die geschuldete Leistung (Lieferung eines gesunden Tieres oder Heilung des kranken) jetzt noch erfolgen würde, würde dieser Schaden fortbestehen (weil die bereits vorhandenen Tiere dadurch nicht geheilt würden). Er ist also endgültig eingetreten (so dass auch eine Fristsetzung durch den Käufer sinnlos wäre). Er betrifft das sog. **Integritätsinteresse** des Gläubigers (Bestand seiner vorhandenen Rechtsgüter) und nicht das **Erfüllungsinteresse** (= die geschuldete Leistung) aus dem Kaufvertrag (hier: Lieferung eines gesunden Katers).

5 Ob ein bestimmter Schadensposten unter den Schadensersatz statt der Leistung fällt, kann auch vom **Zeitpunkt seiner Geltendmachung** abhängen. Ein und derselbe Schaden kann, je nach Fallkonstellation und Zeitpunkt der Geltendmachung, Schadensersatz „statt der Leistung" oder Schadensersatz „neben der Leistung" darstellen. Das gilt etwa für den Schaden in Form eines entgangenen Gewinns aus einem Weiterverkauf. Wird der geschuldete Gegenstand nicht rechtzeitig geliefert und entgeht – wie etwa bei Saisonware – dem Käufer deshalb der Gewinn aus einem Weiterverkauf endgültig, so ist der entgangene Gewinn nicht Bestandteil des Schadensersatzes „statt der Leistung". Auch hier hilft die obige **Testfrage** (→ Rn. 4) weiter: Wäre der Schaden behoben, wenn jetzt die Leistung noch käme? Im Beispielsfall (→ Rn. 4) ist die Frage zu verneinen. Die Antwort kann aber, je nachdem zu welchem Zeitpunkt ein solcher Schadensersatz geltend gemacht wird, unterschiedlich ausfallen. Macht zB der Käufer den entgangenen Gewinn bereits zu einem Zeitpunkt geltend, in welchem er diesen, würde geliefert, noch erzielen könnte, ist der Schaden noch nicht endgültig eingetreten und damit als Schadensersatz statt der Leistung zu qualifizieren. Er wird (sofern nicht die Fristsetzung nach § 281 Abs. 2 BGB ausnahmsweise entbehrlich war) gem. § 281 Abs. 1 BGB nur ersetzt, wenn der Käufer zuvor fruchtlos eine Frist gesetzt hat. Der Verkäufer bekommt so eine Chance, durch die Leistung einem Schadensersatzanspruch zu entgehen (was gerade auch Sinn des Fristsetzungserfordernisses ist).

[2] BGH NJW 2007, 2619.

III. Schadensersatz „neben der Leistung" und Schadensersatz wegen „Verzögerung der Leistung" (§ 280 Abs. 2 BGB)

Aus der dargelegten Kategorisierung ergibt sich, dass auch der **Schadensersatz wegen Verzögerung der Leistung** (§ 280 Abs. 2 BGB) einen Unterfall des Schadensersatzes „neben der Leistung" darstellt (s. auch den grafischen Überblick bei → Rn. 7): Er ist stets endgültig eingetreten und durch die Erbringung der Leistung nicht mehr zu beheben. Beruht aber – wie im oben genannten Fall der verspäteten Lieferung einer Saisonware – der endgültig entgangene Gewinn (allein) auf einer Verzögerung der Leistung, so ist er gem. § 280 Abs. 2 BGB nur unter den weiteren Voraussetzungen des § 286 BGB (Verzug) ersetzbar. Das bedeutet insbesondere, dass vor Verzugseintritt entstandene Verzögerungsschäden nicht ersatzfähig sind. Während es also bei dem Fristsetzungserfordernis für den Schadensersatz statt der Leistung im Falle der Verzögerung der Leistung (§ 281 BGB) „nur" darum geht, ob das Erfüllungsinteresse des Gläubigers *in natura* (dh durch die geschuldete Leistung) oder an deren Stelle durch **Schadensersatz in Geld** befriedigt wird, geht es bei der Abgrenzung zwischen „einfachem" Schadensersatz neben der Leistung und Schadensersatz wegen Verzögerung der Leistung darum, ob das Interesse des Gläubigers überhaupt befriedigt wird. 6

Beispiel: Liefert der Verkäufer ein Kfz zum Fälligkeitszeitpunkt nicht und nimmt sich der Käufer unmittelbar einen Mietwagen, so sind diese Mietwagenkosten Bestandteil des **Schadensersatzes wegen Verzögerung der Leistung:** Der Schaden ist endgültig eingetreten und fällt somit nicht unter den Schadensersatz „statt der Leistung". Da er aber allein auf einer Verspätung der Leistung beruht, handelt es sich um einen Verzögerungsschaden. Anspruchsgrundlage für dessen Ersatz sind damit §§ 280 Abs. 1, 2, 286 BGB. Mahnt der Käufer erst nach einer Woche, sind die bis dahin angefallenen Mietwagenkosten schlicht nicht ersetzbar, weil die „zusätzlichen Voraussetzungen" des § 286 BGB zum Zeitpunkt des Schadenseintritts (noch) nicht vorlagen. Hieran sieht man deutlich die **Warnfunktion** der für den Verzug grds. erforderlichen Mahnung (→ § 36 Rn. 6).

IV. Grafischer Überblick

7

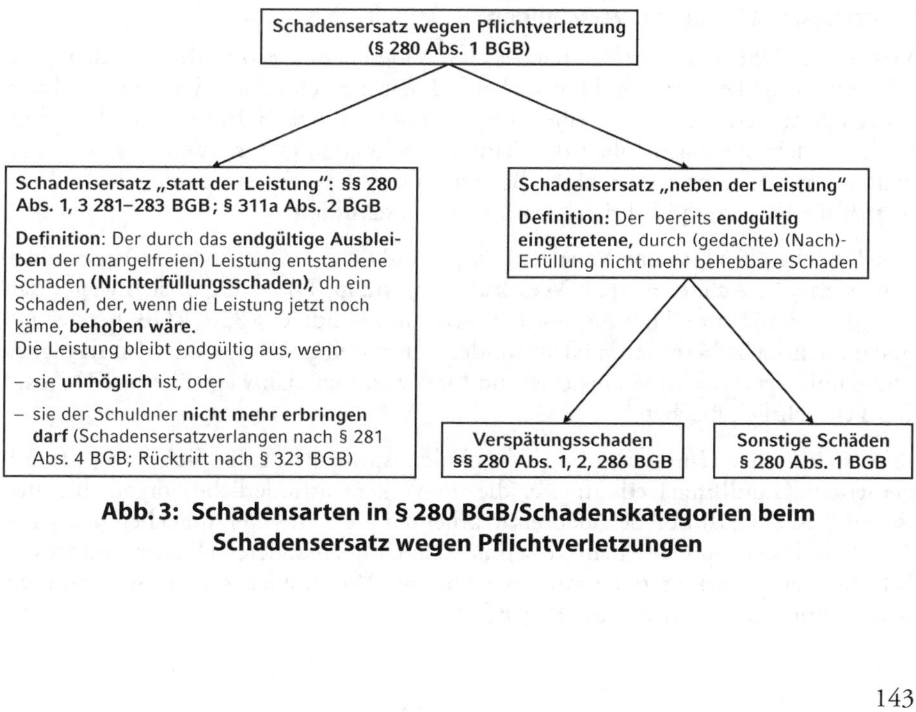

Abb. 3: Schadensarten in § 280 BGB/Schadenskategorien beim Schadensersatz wegen Pflichtverletzungen

§ 29. Vertretenmüssen (§§ 276–278 BGB)

Literatur: Grundlegend R. von Ihering, Das Schuldmoment im römischen Privatrecht, 1867. In neuerer Zeit Deutsch, Fahrlässigkeit und erforderliche Sorgfalt, 2. Aufl. 1995, U. Huber, Leistungsstörungen, Bd. 1, 1999, § 27 II; § 56 IV. Weiter etwa U. Huber, Die Fahrlässigkeit im neuen Schuldrecht, AcP 202 (2002), 889. Rechtsvergleichend von Caemmerer, Das Verschuldensprinzip in rechtsvergleichender Sicht, RabelsZ 42 (1978), 5. Spezieller etwa J. Baumann, Schuldtheorie und Verbotsirrtum im Zivilrecht?, AcP 155 (1956), 495; Brandes, Die Haftung für Organisationspflichtverletzung, 1994; A. Bruns, Haftungsbeschränkung und Mindesthaftung, 2003 (dazu M. Schwab, JZ 2004, 239; Looschelders, AcP 204 (2004), 136); Koziol, Objektivierung des Fahrlässigkeitsmaßstabs im Schadensersatzrecht?, AcP 196 (1996), 593; Larenz, Über Fahrlässigkeitsmaßstäbe im Zivilrecht, FS Wilburg, 1965, 119; Meder, Schuld, Zufall, Risiko (1993); Pellegrino, Subjektive oder objektive Vertragshaftung?, ZEuP 1997, 41; Räcke, Haftungsbeschränkungen zu Gunsten und zu Lasten Dritter, 1995; Schlechtriem, Organisationsverschulden als zentrale Zurechnungskategorie, FS Heiermann, 1995, 281; Schur, Leistung und Sorgfalt, 2001 (dazu Reichard AcP 203 (2003), 464); S. Lorenz, Grundwissen – Zivilrecht: Vertretenmüssen (§ 276 BGB), JuS 2007, 611; Stathopoulos, Bemerkungen zum Verhältnis von Fahrlässigkeit und Rechtswidrigkeit im Zivilrecht, 2. FS Larenz, 1983, 631; Vollkommer, Haftungserweiterung durch Neufassung des § 276 BGB?, in Dauner-Lieb/Konzen/K. Schmidt (Hrsg.), Das neue Schuldrecht in der Praxis, 2003, S. 123.

I. Pflichtverletzung und Vertretenmüssen

1 Bereits unter → § 27 Rn. 6 f. wurde dargelegt, dass **Pflichtverletzung** (§ 280 Abs. 1 S. 1 BGB) als jede **objektive** Abweichung des Verhaltens des Schuldners vom geschuldeten Pflichtenprogramm definiert wird, während das Erfordernis des **Vertretenmüssens** die **Zurechenbarkeit** der (objektiven) Pflichtverletzung an den Schuldner, dh dessen **Verantwortlichkeit** für die Pflichtverletzung bezeichnet. Erst beide Elemente gemeinsam begründen die Schadensersatzverpflichtung des Schuldners. Auch der Schuldnerverzug setzt nach § 286 Abs. 4 BGB Vertretenmüssen voraus.

II. Vertretenmüssen und Verschulden

2 Was der Schuldner zu vertreten hat, regelt das Gesetz in § 276 BGB unter dem Titel „Verantwortlichkeit des Schuldners". Danach hat der Schuldner „**Vorsatz** und **Fahrlässigkeit** zu vertreten, wenn eine strengere oder mildere Haftung weder bestimmt noch aus dem sonstigen Inhalt des Schuldverhältnisses, insbesondere aus der Übernahme einer Garantie oder eines Beschaffungsrisikos, zu entnehmen ist." **Oberbegriff** für Vorsatz und Fahrlässigkeit ist das **Verschulden.**

3 Die Tatsache, dass Haftung Vertretenmüssen und dieses wiederum grds. Verschulden voraussetzt, bezeichnet man als **Verschuldensprinzip.** Dieses ergibt sich weiter daraus, dass bestimmte Haftungsnormen wie insbesondere § 823 BGB bereits tatbestandlich nicht Vertretenmüssen, sondern unmittelbar Vorsatz oder Fahrlässigkeit und damit Verschulden voraussetzen und insoweit den „Umweg" über § 276 Abs. 1 BGB entbehrlich machen.

4 Rechtspolitischer Hintergrund des Verschuldensprinzips ist die **Sicherung der allgemeinen Handlungsfreiheit:** Wer die im Verkehr erforderliche Sorgfalt beachtet (§ 276 Abs. 2 BGB), soll Schadensersatzpflichten nicht fürchten brauchen. Da § 276 Abs. 1 BGB jedoch neben dem Verschulden auch noch andere Fälle der Verantwortlichkeit kennt, darf Vertretenmüssen nicht mit Verschulden gleichgesetzt werden: Vertretenmüssen ist der **weitere Begriff.**

III. Erforderlichkeit des Vertretenmüssens; Beweislast

Ob ein Anspruch Vertretenmüssen voraussetzt, ergibt sich aus der haftungsbegründenden Norm selbst. Setzt diese weder Vertretenmüssen noch eine Form des Verschuldens (Vorsatz, Fahrlässigkeit) voraus, spricht man von einer **objektiven Haftung** (die ihrerseits auf einem immanenten gesetzlichen Zurechnungsgrund wie etwa einer erlaubten Gefährdung anderer beruht). Für solche Tatbestände der Gefährdungshaftung, wie etwa die Halterhaftung im Straßenverkehr nach § 7 StVG oder die Tierhalterhaftung nach § 833 Alt. 1 BGB, gilt das sog. **„Enumerationsprinzip"**, dh es handelt sich um nicht analogiefähige, eng auszulegende Ausnahmetatbestände.[1] 5

Der haftungsbegründenden Norm ist auch zu entnehmen, wer die **Darlegungs- und Beweislast** für das Vertretenmüssen trägt. Formuliert die Norm, wie etwa § 280 Abs. 1 S. 2 BGB, § 311a Abs. 2 S. 2 BGB, § 651f Abs. 1 BGB negativ das fehlende Vertretenmüssen als **Haftungsausschlusstatbestand,** so wird das Vertretenmüssen vermutet, dh der Schuldner muss sich entlasten. Formuliert sie hingegen positiv das Vertretenmüssen bzw. Verschulden als Haftungsvoraussetzung, wie etwa § 536a Abs. 1 BGB für die Haftung des Vermieters oder § 619a BGB für die Haftung des Arbeitnehmers, so muss der Gläubiger des Schadensersatzanspruchs dieses darlegen und beweisen. 6

§ 30. Verschulden des Schuldners

Literatur: S. die Nachw. zu → § 29.

I. Verschuldensvoraussetzungen

1. Pflichtwidrigkeit

Die klassische Strafrechtslehre prüft das Vorliegen einer Straftat in drei Stufen: Tatbestandsmäßigkeit, Rechtswidrigkeit und Schuld. Ähnliches gilt, wenngleich weniger ausgeprägt, auch im Zivilrecht. Das Verschulden als **subjektiver Tatbestand** setzt das Vorliegen eines **objektiven Tatbestandes** voraus. Denn Verschulden bedeutet subjektive Verantwortlichkeit. Nach ihr kann aber erst dann sinnvoll gefragt werden, wenn es objektiv etwas zu verantworten gibt. Darüber entscheidet das Vorliegen des objektiven Tatbestands einer **Pflichtverletzung.** Dieser Tatbestand bestimmt regelmäßig zugleich auch, worauf sich das Verschulden beziehen muss. 1

Dieser Stufenaufbau findet im Zivilrecht seine deutlichste Parallele bei den Delikten, etwa bei § 823 Abs. 1 BGB: Erst muss zB eine Eigentumsverletzung festgestellt werden. Danach geht es um die Rechtswidrigkeit, also darum, ob die Verletzung verboten war. Erst auf dieser Grundlage einer rechtswidrigen Tatbestandserfüllung kann man schließlich fragen, ob der Verletzer das Verbotene, das er getan hat, auch persönlich verantworten muss.[1]

Bei **Sonderverbindungen** (Schuldverhältnissen) entfällt zwar die Rechtswidrigkeit als eigene Prüfungsstufe. Die Verletzung besonderer Pflichten als solche bedeutet eben keinen Verstoß gegen ein allgemeines Rechtsgebot, der die Rechtswidrigkeit herbeiführt. Stattdessen ist aber bei Sonderverbindungen die **Verletzung einer der** 2

[1] BGHZ 169, 109 Rn. 42 = NJW 2007, 357.

[1] Vgl. dazu Medicus/Lorenz SchuldR BT § 75 Rn. 1.

besonderen Pflichten (etwa der Vertragspflichten) Voraussetzung für die Frage, ob der Schuldner dafür auch verantwortlich ist.

Beispiel: Wenn zB der Verkäufer V die verkaufte Ware nicht liefert, weil er sie wegen einer Einfuhrbeschränkung nicht beschaffen konnte, muss man zunächst fragen, ob der Vertrag zur Beschaffung trotz der Beschränkung verpflichtet. Wenn man schon das verneint, ist die Frage nach einer persönlichen Verantwortung des V für die Nichtbeschaffung irrelevant. Erst nach Bejahung der Beschaffungspflicht kann man weiter fragen, ob V nicht aus besonderen Gründen entschuldigt ist (weil er etwa von dem Beschaffungshindernis oder einer trotz der Einfuhrbeschränkung bestehenden Beschaffungsmöglichkeit nichts wissen konnte). Wenn ein Vermieter vom Mieter wegen einer Beschädigung des Mietobjekts Schadensersatz verlangt, muss zunächst geprüft werden, ob die Beschädigung nicht bloß auf dem vertragsmäßigen Gebrauch beruht (§ 538 BGB). Ist das der Fall, fehlt es bereits an einer Pflichtverletzung.[2] Erst wenn eine andere Ursache in Betracht kommt, kann man nach einem Verschulden des Mieters hieran fragen.

2. Verschuldensfähigkeit

3 § 276 Abs. 1 S. 2 BGB verweist auf die §§ 827, 828 BGB. Diese Vorschriften, die sich nach ihrer Stellung im Gesetz zunächst bloß auf das Deliktsrecht beziehen (daher spricht man von **„Deliktsfähigkeit"**), gelten also auch im Recht der Schuldverhältnisse. Bestimmte Personen sollen auch aus Sonderverbindungen nicht für ihr eigenes Handeln verantwortlich gemacht werden können. Dabei ist zwischen verschiedenen Graden der Verschuldensfähigkeit zu unterscheiden.

a) Fehlende Verschuldensfähigkeit

4 Die **Verschuldensfähigkeit fehlt** grds. dem in §§ 827, 828 Abs. 1 BGB genannten Personenkreis. Das sind Bewusstlose und Personen ohne freie Willensbestimmung (§ 827 S. 1 BGB) sowie Kinder bis zur Vollendung des 7. Lebensjahres (§ 828 Abs. 1 BGB). Eine Ausnahme macht § 827 S. 2 BGB jedoch für Personen, die ihre freie Willensbestimmung durch Alkohol „oder ähnliche Mittel" (zB Drogenkonsum) verloren haben. Sie haften, als ob ihnen Fahrlässigkeit zur Last fiele. Ausgeschlossen ist ihre Verantwortlichkeit nur, wenn sie ohne Verschulden in den Zustand der Alkoholisierung usw gekommen sind. Das ist aber angesichts des strengen Fahrlässigkeitsbegriffs im Zivilrecht (→ Rn. 11 ff.) nur ganz ausnahmsweise denkbar, zB bei einem unvorhersehbaren Zusammenwirken von Alkohol und Medikamenten.

Das ist anders, wenn es um die **Wirksamkeit einer Willenserklärung** geht. Für diese Frage unterscheidet § 105 Abs. 2 BGB nicht, wie es zu der Störung der Geistestätigkeit gekommen ist. Verschulden kann eben den für eine Willenserklärung nötigen Willen nicht ersetzen.

5 Für nicht vorsätzlich herbeigeführte Schäden aus Unfällen mit einem Kraftfahrzeug, einer Schienenbahn oder einer Schwebebahn wird nach § 828 Abs. 2 BGB die Verschuldensfähigkeit auch verneint für Jugendliche, die noch nicht das 10. Lebensjahr vollendet haben. Dem liegt zugrunde, dass die besonderen Gefahren der genannten Verkehrsbereiche etwa für jüngere Kinder noch nicht überschaubar sind. Zudem sind sie, wenn sie selbst einen Schaden erleiden, gegen den Vorwurf eines mitwirkenden Verschuldens (§ 254 BGB) geschützt. Dieser **Schutz von Jugendlichen als Opfer** ist sogar der wesentliche Zweck des § 828 Abs. 2 BGB. Die Norm setzt jedoch nach der Rspr. nach ihrem Sinn und Zweck eine „typische Überforderungssituation"

[2] Weshalb § 538 BGB auch ungenau formuliert, weil es dort gerade nicht um das „Vertretenmüssen" iSv § 276 BGB geht, s. dazu Medicus/Lorenz SchuldR BT § 28 Rn. 33.

im Straßenverkehr voraus. Das Privileg ist deshalb auf den fließenden Verkehr beschränkt; es gilt also zB nicht, wenn ein Kind mit seinem Roller ein ordnungsgemäß geparktes Auto beschädigt,[3] wohl aber, wenn ein verkehrsbedingt haltendes Fahrzeug beschädigt wird.[4]

b) Beschränkte Verschuldensfähigkeit

Beschränkt verschuldensfähig sind die in § 828 Abs. 3 BGB genannten Personen: 6
Kinder und Jugendliche zwischen dem vollendeten 7. und dem 18. Lebensjahr. Für sie wird die Verantwortlichkeit individuell bestimmt. Es kommt darauf an, ob der Täter „bei der Begehung der schädigenden Handlung die zur Erkenntnis der Verantwortlichkeit erforderliche Einsicht hat“. Das hängt von dem Reifegrad des Täters und von der Art der schädigenden Handlung ab. Dass man niemanden mit dem Fahrrad anfahren darf, weiß schon ein achtjähriges Kind; dass eine feuchte Drachenleine eine Hochspannungsleitung kurzschließen kann, dagegen wohl noch nicht. Nach § 828 Abs. 3 BGB kommt es nur auf die Einsicht an **(Einsichtsfähigkeit),** nicht aber auch darauf, ob der Täter dieser Einsicht zu folgen vermag **(Steuerungsfähigkeit).** Dieses zusätzliche Erfordernis enthält für die strafrechtliche Verantwortlichkeit der § 3 JGG. Der BGH hat es aber abgelehnt, das Erfordernis auch in § 828 BGB zu übernehmen.[5]

c) Billigkeitshaftung

Im **Deliktsrecht** gibt es nach § 829 BGB unter besonderen Umständen auch für den 7
Verschuldensunfähigen die Möglichkeit einer **Billigkeitshaftung.**[6] Diese Vorschrift wird in der Verweisung durch § 276 Abs. 1 S. 2 BGB nicht genannt. Trotzdem wenden manche § 829 BGB auch bei Sonderverbindungen entsprechend an.[7] Gegen eine analoge Anwendung spricht aber entscheidend der systemwidrige Ausnahmecharakter der Regelung.[8]

d) Verschulden des gesetzlichen Vertreters

Wenn der Schädiger selbst mangels Verschuldensfähigkeit nicht für sein eigenes 8
Handeln haftet, kann er doch iRd Schuldverhältnisses nach § 278 BGB für ein Verschulden seiner **gesetzlichen Vertreter** einstehen müssen (→ § 31 Rn. 27). **Aufsichtspersonen** können in eigener Person nach § 832 BGB deliktisch verantwortlich sein.[9]

II. Verschuldensformen

1. Vorsatz

Vorsatz wird im BGB nicht ausdrücklich definiert. Er besteht im „Wissen und Wol- 9
len eines pflichtwidrigen Erfolgs“.[10] Der Handelnde muss den rechtswidrigen Erfolg

[3] BGH NJW 2005, 354.
[4] BGH NJW 2007, 2113. S. dazu auch Medicus/Lorenz SchuldR BT § 75 Rn. 30.
[5] BGH NJW 1970, 1038; 1984, 1958; vgl. dazu MüKoBGB/Wagner § 828 Rn. 11 mwN.
[6] Medicus/Lorenz SchuldR BT § 75 Rn. 32 ff.
[7] Etwa Staudinger/Caspers, 2025, BGB § 276 Rn. 103; MüKoBGB/Grundmann § 276 Rn. 166; Grüneberg/Grüneberg BGB § 276 Rn. 6.
[8] S. dazu BeckOK BGB/Lorenz § 276 Rn. 6 mwN.
[9] Medicus/Lorenz SchuldR BT § 83 Rn. 25.
[10] S. etwa BGH NJW 2009, 681 Rn. 30 sowie bereits Mot. I S. 280.

vorausgesehen und in seinen Willen aufgenommen haben. **Absicht** ist hierfür nicht erforderlich, ausreichend ist die billigende Inkaufnahme des Erfolges (sog. **bedingter Vorsatz oder Eventualvorsatz;** *dolus eventualis;* zur Abgrenzung gegenüber der Fahrlässigkeit → Rn. 24).

10 Anders als im Strafrecht muss der Vorsatz aber auch das **Bewusstsein der Pflichtwidrigkeit** des Erfolges umfassen (sog. **Vorsatztheorie**).[11] Wer also in irrtümlicher Annahme eines Rechtfertigungsgrundes handelt, handelt im Zivilrecht nicht – wie im Strafrecht – lediglich schuldlos (s. § 17 StGB), sondern bereits ohne Vorsatz und damit allenfalls fahrlässig. Ein Rechtsirrtum ist aber nur in den seltenen Fällen seiner Unvermeidbarkeit nicht fahrlässig.[12] Im Zivilrecht ist diese Abgrenzung zwischen Vorsatz und Fahrlässigkeit zudem von ungleich geringerer Bedeutung als im Strafrecht. Dort sind grds. nur vorsätzliche Handlungen strafbar (s. § 15 StGB), während im Zivilrecht in den meisten Fällen bereits Fahrlässigkeit ausreichend ist (s. aber etwa § 826 BGB).

2. Fahrlässigkeit

a) Verkehrserforderliche Sorgfalt

11 **(Einfache) Fahrlässigkeit** definiert § 276 Abs. 2 BGB als die Außerachtlassung der im Verkehr erforderlichen Sorgfalt. Der Fahrlässigkeitsvorwurf setzt damit **Vorhersehbarkeit der Gefahr** und **Vermeidbarkeit** des schädigenden Erfolges voraus. Durch das Abstellen auf die „erforderliche" und nicht auf die „übliche" Sorgfalt soll die Unerheblichkeit eines „im Verkehr eingerissenen Schlendrians"[13] klargestellt werden.

So hatte sich in einem vom RG entschiedenen Fall[14] ein Teilnehmer an einer Treibjagd als unvorsichtiger Schütze erwiesen. Der verklagte Jagdherr hatte ihn aber weiter an der Jagd teilnehmen lassen, der Kläger war dann durch eben diesen Jagdgast schwer verletzt worden. Der Jagdherr wollte sich mit der „in Jägerkreisen herrschenden Übung" entschuldigen, einen Jagdgast nicht wieder auszuladen. Das RG hält demgegenüber diese Übung als „Verkehrsunsitte" für unbeachtlich und verweist auf den Wortlaut von § 276 BGB.[15]

12 Die Definition der Fahrlässigkeit stellt nicht auf das individuelle Maß an Sorgfalt ab, dass der jeweilige Schuldner aufzubringen vermag. Der Fahrlässigkeitsbegriff des Zivilrechts ist vielmehr – anders als derjenige des Strafrechts, wo es um individuelle, strafwürdige Schuld geht – **objektiv.** Es kommt daher nicht darauf an, welche Fähigkeiten und Fertigkeiten gerade der Schuldner selbst besitzt. Maßstab für das Verschulden ist vielmehr, welche Sorgfalt von „einem verständigen, umsichtigen, vorsichtigen und gewissenhaften Angehörigen des betreffenden Verkehrskreises",[16] dh einem **durchschnittlichen Schuldner in der konkreten Situation** erwartet werden kann.[17]

---

[11] BGH NJW 2017, 2463 Rn. 17.
[12] S. dazu etwa BGH NJW 2008, 840 (Vertrauen auf st. Rspr.) sowie BGH NJW 2017, 2463 (zum Vertrauen auf anwaltlichen Rat).
[13] Prot. II S. 604.
[14] RG 17.3.1930 – VI 418/29, RGZ 128, 39.
[15] RG 17.3.1930 – VI 418/29, RGZ 128, 39 (44).
[16] BGH NJW 2025, 2027 Rn. 18; 2021, 1818 Rn. 32.
[17] BGH NJW 2000, 2812 (2813).

So entschuldigen nicht der Mangel an Erfahrung eines Kraftfahrers, der den Führerschein erst seit einem Tag hat,[18] oder die Überbeanspruchung eines operierenden Arztes,[19] ebenso wenig dessen mangelhafte Ausbildung[20] oder die mangelhafte Schulung eines Tankwagenfahrers.[21]

In vielen Fällen einer individuellen Unzulänglichkeit kann man zwar auch zu einem persönlichen Schuldvorwurf gelangen, indem man dessen Gegenstand verschiebt: Man wirft dem Schuldner nicht vor, er habe die übernommene Tätigkeit falsch ausgeführt, sondern er habe diese übernommen, obwohl ihm die zu der Tätigkeit nötigen Fähigkeiten fehlten. Dieses **Übernahmeverschulden** hilft aber nicht in allen Fällen weiter, denn möglicherweise konnte der Schuldner nicht einmal erkennen, welche Fähigkeiten die übernommene Tätigkeit erforderte oder hatte keine Einsicht in seine Schwächen.[22] 13

Hier wollen manche den Schuldner als entlastet ansehen, weil persönliche Schuld erfordere, dass das Verlangte vom Schuldner auch geleistet werden könne. Die hM sowie die Rspr. halten aber zu Recht an der objektiven Fahrlässigkeit fest.[23] Denn im Zivilrecht geht es weniger als im Strafrecht um persönliche Schuld (ohne sie wird ja zB auch nach § 278 BGB für Erfüllungsgehilfen und gesetzliche Vertreter gehaftet, → § 31 Rn. 1 ff.). Entscheidend sind vielmehr die Leichtigkeit und Sicherheit des Verkehrs und damit der **Schutz des Opfers.** Diese verlangen eine Typisierung der Sorgfaltsanforderungen. Das wird besonders im Straßenverkehr deutlich: Man muss sich darauf verlassen können, dass andere Verkehrsteilnehmer die für sie maßgeblichen Verkehrsregeln beherrschen. Wenn es durch einen persönlich unfähigen Teilnehmer zu einem Unfall kommt, dann steht dieser Teilnehmer der Schadenstragung näher als derjenige, der sich fehlerfrei verhalten hat. 14

b) Abstufung nach Verkehrskreisen

Der Sorgfaltsmaßstab der objektiven Fahrlässigkeit wird in zwei Richtungen **abgestuft.** Das geschieht zunächst nach **Verkehrskreisen,** in denen sich derjenige bewegt, dessen Verhalten zu beurteilen ist. So schuldet der Kraftfahrer die Sorgfalt eines ordentlichen Kraftfahrers, der Fußgänger die (geringere) Sorgfalt eines ordentlichen Fußgängers usw. In diesem Sinn fordert § 347 Abs. 1 HGB die „Sorgfalt eines ordentlichen Kaufmanns“. Aber auch die Typisierung nach Verkehrskreisen orientiert sich nicht an dem, was der Einzelne leisten kann. Wenn zB ein Arzt eine schwierige, Spezialkenntnisse erfordernde Behandlung übernimmt, muss er die Sorgfalt eines entsprechenden Facharztes aufbringen.[24] Dagegen schuldet ein Heilpraktiker nur gerin- 15

---

18 BGH VersR 1958, 268.

19 BGH VersR 1953, 338.

20 BGH NJW 2003, 2311 (2313).

21 BGH NJW 1995, 1150 (1151).

22 Vgl. BGH JZ 1984, 330 mAnm Giesen: Berufsanfänger führt auf Weisung seines Chefs eine schwierige Operation durch, s. auch BGH NJW 1988, 2298: Assistenzärztin am Anfang ihrer Facharztausbildung.

23 Vgl. MüKoBGB/Grundmann § 276 Rn. 54; Staudinger/Caspers, 2025, BGB § 276 Rn. 29; BeckOGK/Schaub BGB § 276 Rn. 72; BeckOK BGB/Lorenz § 276 Rn. 20 ff.; U. Huber, Leistungsstörungen, Bd. I, 1999, S. 671; Unberath, Die Vertragsverletzung, 2007, S. 312; krit. Koziol AcP 196 (1996), 593.

24 Vgl. BGH NJW 2001, 1786.

gere Kenntnisse als ein Arzt,[25] ein Sporttrainer bei der Erste-Hilfe-Leistung nicht die Sorgfalt eines professionellen Unfallsanitäters.[26]

16 Eine gewisse Anpassung an das persönliche Leistungsvermögen findet sich jedoch bei der zweiten neben dem Gesetzeswortlaut anerkannten Abstufung. Diese privilegiert drei Gruppen, nämlich jugendliche Personen, diejenigen in hohem Alter sowie Behinderte (vgl. § 3 Abs. 2a StVO). Solche Personen sollen nur diejenige Sorgfalt aufzubringen haben, die typischerweise von Angehörigen dieser Altersstufe oder dieser Behinderung erwartet werden kann. Ein gegenüber dem Gruppenstandard geringeres Leistungsvermögen einer Einzelperson entschuldigt aber auch hier nicht.

17 Danach wird die Jugendlichkeit aufbaumäßig an zwei Stellen berücksichtigt: bei der Feststellung der Verschuldensfähigkeit nach § 828 Abs. 3 BGB und bei der Prüfung der Fahrlässigkeit nach § 276 Abs. 2 BGB.[27]

c) Grobe und leichte (einfache) Fahrlässigkeit

18 Die wichtigste **graduelle Einteilung** der Fahrlässigkeit ist die Unterscheidung zwischen **grober** und **leichter Fahrlässigkeit.** Denn manche Schuldner haften nach dem Gesetz nur für Vorsatz und grobe Fahrlässigkeit: der **Schenker** (§ 521 BGB), der **Verleiher** (§ 599 BGB) und der **Notgeschäftsführer** (§ 680 BGB), sowie generell der Schuldner bei **Gläubigerverzug** (§ 300 Abs. 1 BGB).[28] Daraus lässt sich allerdings keine allgemeine Haftungsbeschränkung für Gefälligkeiten herleiten.[29] Auch im Sachenrecht spielt die grobe Fahrlässigkeit iRd bösen Glaubens eine bedeutende Rolle (zB § 932 BGB, § 937 Abs. 2 BGB, § 990 Abs. 1 S. 1 BGB, § 1007 BGB). Noch wichtiger ist die Unterscheidung zwischen grober und leichter Fahrlässigkeit wegen § 309 Nr. 7 Buchst. b BGB: Für grobe Fahrlässigkeit kann die Haftung durch AGB nicht abbedungen werden. Zudem vermindert grobe Fahrlässigkeit nach § 81 Abs. 2 VVG häufig (Ausnahme die Haftpflichtversicherung, § 103 VVG) die Einstandspflicht einer privatrechtlichen Schadensversicherung (§ 81 Abs. 2 VVG).

19 Der **Begriff** der „groben Fahrlässigkeit“ ist vom Gesetz nicht näher definiert. Nach der Rspr. handelt grob fahrlässig, wer „die im Verkehr erforderliche Sorgfalt nach den gesamten Umständen in ungewöhnlich hohem Maß verletzt und unbeachtet lässt, was im gegebenen Fall jedem einleuchten müsse“. Im Gegensatz zur einfachen Fahrlässigkeit muss es sich „um ein **auch in subjektiver Hinsicht unentschuldbares Fehlverhalten** handeln, das ein gewöhnliches Maß erheblich übersteigt“.[30] Es kommt hier – anders als bei der einfachen Fahrlässigkeit – also auch auf das **persönliche Leistungsvermögen** des Schuldners an. Auch ein objektiv grober Pflichtenverstoß rechtfertigt deshalb für sich allein noch nicht den Schluss auf ein entsprechend gesteigertes persönliches Verschulden, nur weil ein solches häufig damit einherzugehen pflegt.[31]

---

[25] BGH VersR 1991, 469 (470).
[26] BGH NJW 2021, 1818 Rn. 27.
[27] Vgl. dazu die in Medicus/Lorenz SchuldR BT § 75 Rn. 39 zu § 829 BGB besprochene Entscheidung BGHZ 39, 281 = NJW 1963, 1609 – Ritterspiel.
[28] Zur Frage der Erstreckung von Haftungsmilderungen auf konkurrierende Ansprüche → § 33 Rn. 5.
[29] BGH NJW 1992, 2474 (2475) (keine analoge Anwendung von § 599 BGB auf die „Gefälligkeitsleihe“.
[30] Vgl. etwa BGH NJW 2007, 2988; 2009, 681 Rn. 35.
[31] BGH NJW 2009, 681 Rn. 35 (Schneeballwurf im Schulhof trotz entsprechenden Verbots).

Für grob fahrlässig sind zB gehalten worden das Überholen bei dichtem Nebel[32], das Fehlen jeder Sicherung der Schlüssel fremder Kraftfahrzeuge,[33] das Rückwärtsblicken eines mit 120 km/h fahrenden Kraftfahrzeugführers über längere Zeit,[34] das Rauchen im Bett[35] und die Handybenutzung am Steuer eines Kraftfahrzeugs. Nicht von vorneherein grob fahrlässig ist aber etwa das Einnicken am Steuer (hier kommt es auf den Grund an)[36] oder das Abstellen eines Lkw-Anhängers über Nacht auf einem ungesicherten Parkplatz[37] oder das Wegwerfen von Zigarettenresten.[38] Auch ein „Augenblicksversagen" wird häufig nicht grob fahrlässig sein,[39] doch gilt das nicht ausnahmslos.[40] Nicht einmal die vorsätzliche Nichtbeachtung eines Verkehrszeichens muss zwingend eine grob fahrlässige Herbeiführung eines Schadens bedeuten.[41]

Für grobe Fahrlässigkeit und Vorsatz verwendet das Gesetz den Oberbegriff des **groben Verschuldens** (s. § 309 Nr. 7 Buchst. b BGB). 20

d) Sorgfalt in eigenen Angelegenheiten *(diligentia quam in suis)*

Innerhalb der Fahrlässigkeit wird weiter die Haftung für diejenige **Sorgfalt, die der Schuldner in eigenen Angelegenheiten anzuwenden pflegt** (lat.: *diligentia quam in suis rebus adhiberi solet,* gebräuchliche Kurzform: *diligentia quam in suis*) unterschieden. Dieser Maßstab findet sich im Schuldrecht in § 346 Abs. 3 S. 1 Nr. 3 BGB **(Rücktritt)** und in § 690 BGB **(unentgeltlicher Verwahrer),** weiter in § 1359 BGB **(Ehegatten),** § 1664 Abs. 1 BGB **(Eltern)** und § 2131 BGB **(Vorerben).** Der Maßstab der eigenüblichen Sorgfalt stellt aber keine generelle Haftungsmilderung für den Schuldner dar, sondern besagt, dass bestimmte Schuldner wie unentgeltliche Verwahrer, Eltern, Ehegatten usw wegen fremder Rechtsgüter nicht zu besonderer Vorsicht gezwungen sein sollen. Sie sollen also einerseits keine größere Sorgfalt wahren müssen als mit eigenen Rechtsgütern, andererseits aber auch die fremden Rechtsgüter nicht schlechter behandeln dürfen als die eigenen (zB nicht das eigene Fahrrad in die Garage stellen und das fremde draußen stehen lassen). Ist jemand auch in eigenen Angelegenheiten stets sorgfältig, haftet er auch iRd *diligentia quam in suis* für **jede Fahrlässigkeit.** Stets gehaftet wird aber nach § 277 BGB für **grobe Fahrlässigkeit,** sogar wenn der Schuldner auch in eigenen Angelegenheiten grob fahrlässig zu sein pflegt. Ein Mindestmaß an Vorsicht soll er eben auf die fremden Angelegenheiten verwenden müssen. 21

Nach der Rspr. des BGH sind die Haftungsprivilegierungen der §§ 708, 1359, 1664 BGB bei der **Teilnahme am Straßenverkehr nicht anwendbar.** Eine Haftung lediglich für die Sorgfalt in eigenen Angelegenheiten passe nicht zur Gleichberechtigung aller Teilnehmer des Straßenverkehrs. Weiter seien Schäden im Straßenverkehr im Regelfall durch die Kfz-Haftpflichtversicherung abgedeckt, deren Schutz nicht der Zweck der Haftungsprivilegierung sei.[42]

---

32 BAG NJW 1972, 1388.
33 BGH NJW 1974, 900.
34 OLG Köln VersR 1983, 575.
35 LG Duisburg VersR 1985, 827.
36 BGH NJW 1974, 948.
37 BGH MDR 1959, 373.
38 BGH NJW-RR 1988, 920.
39 BGH VersR 1989, 582; Haberstroh VersR 1998, 943.
40 BGHZ 119, 147 = NJW 1992, 2418.
41 BGH NJW 2005, 2923 (2926).
42 BGHZ 46, 313 = NJW 1967, 558; BGHZ 53, 352 = NJW 1970, 1271.

e) Sonderfall: Arbeitnehmerhaftung bei betrieblich veranlasster Tätigkeit

22 Eine weitere, durch die Rspr. des BAG entwickelte Unterscheidung findet sich im **Arbeitsrecht.** Dort haftet ein Arbeitnehmer für Schäden, die er bei **betrieblich veranlassten Tätigkeiten** dem Arbeitgeber zufügt, im Falle „leichtester Fahrlässigkeit" nicht, im Falle einfacher, dh „normaler" Fahrlässigkeit kommt es zu einer Schadensteilung und nur bei grober Fahrlässigkeit haftet der Arbeitnehmer grds. vollumfänglich.[43] Arbeitnehmer kommen überdies in den Genuss der Beweislastumkehr nach § 619a BGB → § 27 Rn. 13.

3. Die Abgrenzung zwischen Vorsatz und Fahrlässigkeit

a) Begrenzung der Haftung auf Vorsatz

23 **Nur für Vorsatz** wird nach der gesetzlichen Regelung der Sonderverbindungen nur in seltenen Fällen gehaftet, etwa nach § 523 Abs. 1 BGB, § 524 Abs. 1 BGB (arglistiges Verschweigen durch den Schenker). Jedoch kann nach § 276 Abs. 3 BGB die Haftung durch Individualvertrag (sonst § 309 Nr. 7 Buchst. b BGB) auch in anderen Fällen auf Vorsatz des Schuldners beschränkt werden. Noch wichtiger ist die in § 826 BGB geregelte Vorsatzhaftung im Deliktsrecht.[44]

Ähnliche Bedeutung hat die Sonderstellung des Vorsatztäters im Versicherungsrecht (so zB bei der Leistungsfreiheit des Versicherers nach § 81 Abs. 1 VVG, und der Haftung des Unternehmers und anderer Personen bei der gesetzlichen Unfallversicherung nach §§ 104 ff. SGB VII).

b) Bedingter Vorsatz und bewusste Fahrlässigkeit

24 In diesen (seltenen) Fällen, in welchen der Schuldner nur für Vorsatz haftet, wird die Frage nach der **Abgrenzung zwischen Vorsatz und Fahrlässigkeit** relevant. Sie ist (nur) abstrakt leicht zu beantworten: Der Vorsatztäter will die Verwirklichung des Tatbestandes, der Fahrlässigkeitstäter will sie nicht. Praktische Abgrenzungsschwierigkeiten bestehen aber zwischen **bedingtem Vorsatz** (Eventualvorsatz = *dolus eventualis*) und **bewusster Fahrlässigkeit.** In beiden Fällen erkennt der Täter die Möglichkeit der Tatbestandsverwirklichung. Das Unterscheidungskriterium ist dann, ob er diese billigend in Kauf nimmt, dh die Tatbestandsverwirklichung zwar nicht unbedingt bezweckt, mit dem Fall ihres Eintritts aber einverstanden ist[45] (Formel: „na wenn schon") oder aber darauf vertraut, das als möglich Erkannte werde nicht eintreten (Formel: „Es wird schon gutgehen"). Regelmäßig wird nur Fahrlässigkeit anzunehmen sein, schon weil sich die für den Eventualvorsatz nötige Billigung der Tatbestandsverwirklichung kaum je erweisen lässt. Demjenigen, der zB bewusst betrunken ein Kraftfahrzeug steuert, wird kaum nachzuweisen sein, er habe auch einen Unfall gebilligt. Nur bei § 826 BGB (und ähnlichen Normen, wie etwa den §§ 123, 444 BGB) neigt die Rspr. dazu, bei Rücksichtslosigkeit oder grober Leichtfertigkeit die Vorsatz- bzw. Arglisthaftung auch ohne diesen Nachweis der Billigung zu bejahen (zB bei leichtfertig erstellten Gutachten „ins Blaue hinein").[46]

---

[43] S. BAG NJW 2004, 2469: Beschädigung eines Dienstfahrzeugs durch einen Arbeitnehmer; s. aber auch BAG NJW 1999, 966: Haftungserleichterung auch bei grober Fahrlässigkeit bei Missverhältnis zwischen dem Verdienst und dem Schadensrisiko der Tätigkeit.

[44] Medicus/Lorenz SchuldR BT § 82 Rn. 1 ff.

[45] Vgl. BGHZ 7, 311 (313) = NJW 1952, 1291.

[46] Medicus/Lorenz SchuldR BT § 81 Rn. 9.

III. Der Gegenstand von Vorsatz und Fahrlässigkeit

Worauf sich Vorsatz und Fahrlässigkeit beziehen müssen, wird idR durch den **Tatbestand** der Haftungsnorm bestimmt. So geht es bei § 280 Abs. 1 S. 2 BGB um die Pflichtverletzung und bei § 286 Abs. 4 BGB um den Umstand, infolgedessen die rechtzeitige Leistung unterbleibt. Im Deliktsrecht stellt § 823 Abs. 1 BGB auf die Verletzung von Leben, Körper usw ab und § 823 Abs. 2 BGB auf den Verstoß gegen das Schutzgesetz. Ein absichtlicher Schneeballwurf begründet damit noch keinen Vorsatz bzgl. einer dadurch zugefügten Verletzung, wenn keine Verletzung eines in § 823 Abs. 1 BGB genannten Rechtsguts beabsichtigt war.[47] **Nicht** Gegenstand des Verschuldens ist hingegen grds. der **eingetretene Schaden.** Er muss also (anders als manche andere europäischen Rechtsordnungen das im Bereich der Vertragshaftung verlangen) auch nicht vorhersehbar gewesen sein. Die Tatsache eines außergewöhnlichen Schadensverlaufes kann daher allenfalls iRd **haftungsausfüllenden Kausalität,** dh im Zusammenhang mit § 249 BGB (dort insbes. iRd sog. Adäquanztheorie, → § 55 Rn. 7) oder aber als Mitverschulden Berücksichtigung finden (s. § 254 Abs. 2 S. 1 BGB). Nur wenn der Schaden zum **Tatbestand** der Haftung gehört (so etwa in § 826 BGB, der eine **vorsätzliche** (sittenwidrige) **Schädigung** voraussetzt, oder bei einer Haftung aus § 823 Abs. 2 BGB iVm § 263 StGB), muss sich das Verschulden auch auf diesen beziehen. 25

IV. Abweichende Parteivereinbarungen

Die Haftung für Vorsatz und Fahrlässigkeit gilt nach § 276 Abs. 1 BGB nur dann, wenn eine strengere oder mildere Haftung weder bestimmt noch aus dem sonstigen Inhalt des Schuldverhältnisses zu entnehmen ist. Unter „Bestimmung" sind sowohl **gesetzliche** als auch **vertragliche Regelungen** zwischen den Parteien des Schuldverhältnisses zu verstehen (selbst im Wege des Vertrags zugunsten Dritter bzw. mit Schutzwirkung für Dritte ist eine solche Haftungsmilderung denkbar, dazu → § 67 Rn. 6). Damit lässt das Gesetz haftungsausschließende Vereinbarungen grds. zu (zu haftungsverschärfenden Vereinbarungen → § 32 Rn. 9 ff.). Lediglich die **Haftung für Vorsatz** kann dem Schuldner nicht im Voraus erlassen werden (§ 276 Abs. 3 BGB). Deutlich engere Grenzen setzt hier aber das **AGB-Recht:** Nach § 309 Nr. 7 Buchst. a BGB ist jede Begrenzung der Haftung für Schäden aus der **vorsätzlichen oder fahrlässigen Verletzung** von **Leben, Körper und Gesundheit** durch den Verwender, seinen gesetzlichen Vertreter oder seinen Erfüllungsgehilfen unwirksam. Für sonstige Schäden ist nach § 309 Nr. 7 Buchst. b BGB ein Haftungsausschluss **nur für einfache Fahrlässigkeit** möglich.[48] 26

§ 31. Verantwortlichkeit für fremdes Verschulden

Literatur: U. Huber, Leistungsstörungen, Bd. 1, 1999, § 27 II 6; § 56 IV 6; E. Lorenz, Die Haftung für Erfüllungsgehilfen, in: 50 Jahre BGH, Festgabe aus der Wissenschaft, 2000, 295; S. Lorenz, Haftung für den Erfüllungsgehilfen (§ 278 BGB), JuS 2007, 983; Mansel, Zulieferer als Erfüllungsgehilfen des Ver-

---

47 BGH NJW 2009, 681.

48 Zu den Konsequenzen dieser Klauselverbote iRd Verbots geltungserhaltender Reduktion s. BGH NJW 2007, 674; zur Geltung auch im kaufmännischen Verkehr s. BGH NJW 2007, 3774. S. dazu auch Medicus/Lorenz SchuldR BT § 8 Rn. 13.

käufers?, FS Dauner-Lieb, 2025, 681; Peters, Die Erfüllungsgehilfen des Verkäufers neu hergestellter Sachen, ZGS 2010, 24; E. Schmidt, Zur Dogmatik des § 278 BGB, AcP 170 (1970), 502.

I. Grundgedanken

1 In der Regel muss der Schuldner die Erfüllungshandlungen nicht selbst vornehmen (→ § 15 Rn. 7), sondern kann Gehilfen einsetzen, was in einer arbeitsteiligen Wirtschaft auch weithin erforderlich ist. So braucht der Käufer den Verkäufer nie zu Gesicht zu bekommen. Die Kaufsache übergeben kann ein Besitzdiener (§ 855 BGB) des Verkäufers, und dieser Besitzdiener kann auch zugleich als Bote einen Antrag des Verkäufers zur dinglichen Einigung über die Eigentumsübertragung (§ 929 BGB) als Bote überbringen oder die Einigung als Stellvertreter des Verkäufers selbst aussprechen. Bei einer Taxifahrt weiß der Fahrgast oft nicht einmal, ob derjenige, der ihn fährt, sein Vertragspartner (also der Inhaber des Taxiunternehmens) ist oder ein angestellter Fahrer.

2 Müsste der Schuldner nur für eigenes Verschulden einstehen, so könnte er sich der Haftung für Leistungsstörungen weitgehend entziehen. Statt selbst zu leisten, bräuchte er nur Gehilfen einzusetzen. Wenn er diese sorgfältig ausgesucht und angeleitet hat, so dass ihn auch insoweit kein Eigenverschulden bei der Auswahl trifft, käme eine eigene Haftung nach § 276 BGB mangels Vertretenmüssens nicht in Betracht. Dabei würden auch die Gehilfen selbst wegen der Leistungsstörung nicht haften (sondern lediglich aus Delikt, dh §§ 823 ff. BGB): Die Gehilfen sind ja nicht Partei des gestörten Schuldverhältnisses und schulden daher dessen Gläubiger nichts, weshalb auch keine Haftung aus § 280 BGB in Betracht kommt.

3 Noch deutlicher tritt die eben geschilderte Situation auf, wenn der Schuldner selbst etwa wegen seines geringen Alters nicht handlungsfähig ist. Dann muss sein **gesetzlicher Vertreter** für ihn handeln (zB die Treppe in dem von einem Minderjährigen geerbten Mietshaus reparieren lassen). Auch hier träfe den Schuldner selbst keinerlei Haftung, wenn er nicht für den gesetzlichen Vertreter einstehen muss; der Gläubiger wäre also ungeschützt.

II. Abgrenzungen

1. Erfüllungsgehilfe und Verrichtungsgehilfe

4 Die genannten Beispiele (→ Rn. 1) betreffen das Tätigwerden von Hilfspersonen bei der Erfüllung einer Verpflichtung aus einem **Schuldverhältnis,** dh einer Sonderverbindung. Genau dies regelt § 278 BGB, der voraussetzt, dass sich der Schuldner **„zur Erfüllung seiner Verbindlichkeit“** einer anderen Person bedient. Aus diesem Grund spricht man im Zusammenhang mit § 278 BGB auch vom **Erfüllungsgehilfen.**

5 Die Verletzung einer Sonderverbindung kann zugleich eine deliktische Schädigung nach § 823 BGB darstellen.

Beispiel 1: Wenn ein angestellter Taxifahrer durch unvorsichtiges Fahren den Fahrgast verletzt, kommen sowohl ein Schadensersatzanspruch gegen den Taxiunternehmer wegen einer Pflichtverletzung aus dem Beförderungsvertrag (§ 280 Abs. 1 BGB, § 241 Abs. 2 BGB iVm § 278 BGB) als auch ein Anspruch aus § 831 BGB in Betracht.

Delikte unter Mitwirkung von Hilfspersonen können aber auch unabhängig von einem bestehenden Schuldverhältnis vorkommen. Diese Deliktsfälle werden in Bezug auf den Geschäftsherrn von der Regelung des § 831 BGB erfasst. Der Gehilfe ist hier im Verhältnis zum Geschädigten nicht in Erfüllung einer Verbindlichkeit gegenüber dem Geschädigten eingeschaltet, sondern „zu einer Verrichtung bestellt". Diese Gehilfen nennt man daher **Verrichtungsgehilfen.** 6

Beispiel 2: Wenn der angestellte Taxifahrer durch unvorsichtiges Fahren nicht den Fahrgast, sondern einen unbeteiligten Passanten verletzt, kommt eine Haftung des Taxiunternehmers gegenüber dem Verletzten nur nach § 831 BGB in Betracht. Für eine Haftung aus § 280 Abs. 1 BGB fehlt es an einem Schuldverhältnis zwischen den Beteiligten.

Eine Person kann auch zugleich Erfüllungs- und Verrichtungsgehilfe sein. So ist der angestellte Taxifahrer in **Beispiel 1** (→ Rn. 5) für die Vertragsansprüche des Fahrgastes Erfüllungsgehilfe und für dessen Deliktsansprüche Verrichtungsgehilfe, im Verhältnis zu Passanten (**Beispiel 2;** → Rn. 6) dagegen ausschließlich Verrichtungsgehilfe. 7

Dabei bestehen zwischen § 831 BGB und § 278 BGB erhebliche Unterschiede. § 278 BGB stellt auf ein **Handeln** und ein **Verschulden des Erfüllungsgehilfen** ab und nicht auf eines des Schuldners selbst, ist also lediglich eine **Zurechnungsnorm für fremdes Handeln und Verschulden** (die überdies keine Entlastungsmöglichkeit für den Schuldner vorsieht). § 831 BGB ist hingegen eine **eigene Anspruchsgrundlage gegen den Geschäftsherrn,** bei welcher es um eigenes Tun oder Unterlassen des Geschäftsherrn selbst geht. Denn dieser haftet nach § 831 BGB nicht für ein Verschulden seines Gehilfen, sondern für eigenes Tun oder Unterlassen bei dessen Auswahl, Instruktion und Überwachung. Daher muss auch das Verschulden gem. § 831 Abs. 1 S. 2 BGB **beim Geschäftsherrn** liegen. Der Geschäftsherr kann seine Haftung durch den Nachweis abwenden, dass er bei der Auswahl des Gehilfen usw „die im Verkehr erforderliche Sorgfalt beobachtet" hat, also nicht fahrlässig gewesen ist. Er haftet also nicht für fremdes Verschulden, sondern für **eigenes Auswahl- und Überwachungsverschulden.** Dieses Verschulden wird aber **vermutet,** dh der Geschäftsherr muss sich insoweit entlasten. Das ist die sog. **„Exkulpation".**[1] 8

2. Amtshaftung und Repräsentantenhaftung

Eine deliktische Haftung für ein Verschulden von Gehilfen findet sich in zwei Sonderfällen: nach § 839 BGB, Art. 34 GG für Amtsträger (insbesondere, aber nicht nur für Beamte),[2] und in § 3 HPflG für die Tötung oder eine Körperverletzung durch einen Betriebsleiter oder eine ähnlich qualifizierte Person (einen „Repräsentanten") in bestimmten Unternehmen. 9

3. Organhaftung

In §§ 31, 86, 89 BGB geht es um die Haftung von juristischen Personen für ihre **Organe.** Diese Vorschriften betreffen den **eingetragenen Verein,** die **Stiftung,** den **Fiskus** (dh als privatrechtlich handelnde jur. Person) usw. Gleiches gilt aber nach hM auch bei allen **Handelsgesellschaften,** dem **nichtrechtsfähigen Verein** und auch für die **BGB-Gesellschaft.** Diese Organe müssen einem Dritten durch eine „zum Scha- 10

[1] Zu Einzelheiten Medicus/Lorenz SchuldR BT § 83 Rn. 9 ff.
[2] Medicus/Lorenz SchuldR BT § 89 Rn. 1 ff.

densersatz verpflichtende Handlung" Schaden zugefügt haben. Der Haftungstatbestand wird also zunächst durch das Organ verwirklicht, die Haftung wird dann auf die juristische Person erstreckt. Das passt sicher weithin für das Deliktsrecht: Die Organperson begeht das Delikt und haftet nach den §§ 823 ff. BGB meist selbst; die §§ 31 ff. BGB usw begründen dann eine identische Haftung der juristischen Person. Die hM wendet § 31 BGB auch auf die Verletzung einer Sonderverbindung an, also auf die Leistungsstörungen. § 31 BGB wird also als vorrangige *lex specialis* **zu § 278 BGB** verstanden.[3] Praktische Bedeutung hat dieser nur insoweit, als die Haftung wegen Vorsatzes bei Organen nicht nach § 278 S. 2 BGB iVm § 276 Abs. 3 BGB ausgeschlossen werden kann.

III. Haftung für den Erfüllungsgehilfen

1. Das Erfordernis eines Schuldverhältnisses – Abgrenzung zu § 831 BGB (Verrichtungsgehilfe)

11 Nach § 278 BGB hat der Schuldner ein Verschulden von Personen, „deren er sich zur Erfüllung einer Verbindlichkeit bedient, in gleichem Umfang zu vertreten wie eigenes Verschulden". Durch die Schlüsselbegriffe **„Schuldner"** und **„Verbindlichkeit"** wird klargestellt, dass § 278 BGB das Bestehen eines Schuldverhältnisses voraussetzt. Die Zurechnung des Verschuldens einer Hilfsperson kommt damit nur in Betracht, wenn bereits in dem Zeitpunkt, in welchem sich ihre schadensbegründende Handlung auswirkt, ein Schuldverhältnis, dh eine rechtliche Sonderverbindung, zwischen der Person, der das Verschulden wie eigenes zugerechnet werden soll, und dem Gläubiger besteht.

12 Dieses Schuldverhältnis muss nicht notwendig vertraglicher Natur sein. Ausreichend ist jede rechtliche Sonderverbindung, gleichgültig auf welcher Rechtsgrundlage sie beruht. So kommt eine Zurechnung insbesondere auch iRd **vorvertraglichen Rechtsverhältnisses der Vertragsanbahnung** *(culpa in contrahendo)* nach § 311 Abs. 2 BGB, § 241 Abs. 2 BGB (→ § 40 Rn. 12) sowie bei **gesetzlichen Schuldverhältnissen** in Betracht.[4] In öffentlich-rechtlichen Schuldverhältnissen wird § 278 BGB entsprechend angewendet.[5]

13 Wird das Schuldverhältnis aber erst durch eine Handlung der Hilfsperson **begründet,** kann diese nicht Erfüllungsgehilfe, sondern allenfalls Verrichtungsgehilfe iSv § 831 BGB sein. Verursacht der angestellte Taxifahrer eines Taxiunternehmers schuldhaft einen Verkehrsunfall und wird dabei ein Insasse des Taxis verletzt, so bestand bereits vor dieser Schädigung ein **Schuldverhältnis** zwischen dem Unternehmer und dem Fahrgast aus einem (im Wege der Stellvertretung) geschlossenen Beförderungsvertrag (Werkvertrag, § 631 BGB). Aus diesem Schuldverhältnis ist der Unternehmer nicht nur zur Beförderung, sondern gem. § 241 Abs. 2 BGB auch dazu verpflichtet, den Gläubiger (Fahrgast) nicht in seiner körperlichen Integrität zu verletzen. Im Rahmen dieses bestehenden Schuldverhältnisses setzt er damit „zur Erfüllung seiner Verbindlichkeit" aus § 241 Abs. 2 BGB eine Hilfsperson (Taxifahrer) ein mit der Folge, dass

[3] BGHZ 90, 86 (95) = NJW 1984, 2087; BGHZ 109, 327 (330) = NJW 1990, 975; MüKoBGB/Grundmann § 278 Rn. 10; Looschelders SchuldR AT § 23 Rn. 37.

[4] S. zB BGH NJW 2014, 1653 für das Rechtsverhältnis zwischen den Mitgliedern einer Wohnungseigentümergemeinschaft nach dem WEG.

[5] BGH NJW-RR 2007, 457.

er sich nach § 278 BGB das Verschulden des Taxifahrers „wie eigenes Verschulden" zurechnen lassen muss. Wird bei dem Unfall hingegen ein zufälliger Passant verletzt, so bestand vor dem schädigenden Ereignis gerade kein Schuldverhältnis zwischen dem Taxiunternehmer und dem Passanten. Es geht vielmehr um die Frage, ob und zwischen welchen Personen durch die Handlung des Taxifahrers ein (gesetzliches) Schuldverhältnis entstanden ist. Zwar ergibt sich aus § 823 Abs. 1 BGB, dass man niemanden an den dort genannten Rechtsgütern verletzen darf, jedoch handelt es sich dabei um eine **gegenüber jedermann bestehende allgemeine Pflicht,** nicht aber um ein „Schuldverhältnis", dh eine sog. „Sonderverbindung", die über ein „jedermann-Verhältnis" hinausgeht. Ein solches entsteht gem. § 823 Abs. 1 BGB erst durch die verletzende Handlung selbst (als gesetzliches Schuldverhältnis). Gegenüber dem Passanten kommt damit eine Haftung des Taxiunternehmers nur nach § 831 BGB in Betracht (mit dem Nachteil, dass der Taxiunternehmer diese durch den in § 831 BGB vorgesehenen Entlastungsbeweis abwenden kann).

2. Die Person des Erfüllungsgehilfen

a) Tätigkeit mit Willen des Schuldners

Erfüllungsgehilfe ist jede Person, die **„mit Willen des Schuldners rein tatsächlich bei der Erfüllung einer diesem obliegenden Verbindlichkeit tätig wird".**[6] Unerheblich sind dabei die Art der Tätigkeit sowie das Rechtsverhältnis zwischen Gehilfen und Schuldner. Auch eine gegenüber dem Schuldner aus Gefälligkeit handelnde Person kann im Verhältnis zum Gläubiger Erfüllungsgehilfe des Schuldners sein. Die Hilfsperson muss nicht einmal von ihrer Gehilfeneigenschaft wissen. Anders als der Begriff des Verrichtungsgehilfen iSv § 831 BGB setzt die Eigenschaft als Erfüllungsgehilfe auch nicht Weisungsabhängigkeit voraus.[7] Auch ein selbstständiger Unternehmer kann damit Erfüllungsgehilfe sein.[8] 14

b) Handeln im Rahmen einer Verbindlichkeit des Schuldners

Wenn es also entscheidend darauf ankommt, ob die betreffende Person zur Erfüllung einer Verbindlichkeit des Schuldners handelt, setzt die Feststellung der Eigenschaft als Erfüllungsgehilfe eine genaue Analyse von Inhalt und Reichweite der Schuldnerverpflichtung voraus. So schuldet etwa im Rahmen eines **Versendungskaufs** (Schickschuld) der Verkäufer lediglich das Absenden, nicht aber den Transport, so dass der Transporteur insoweit nicht sein Erfüllungsgehilfe ist und er sich dessen Verschulden etwa bei einer Zerstörung der Kaufsache nicht zurechnen lassen muss (anders nach hM beim Transport durch eigene Leute).[9] 15

Auch wird der **Hersteller** einer Sache von der Rspr. und der überwiegenden Meinung in der Lit.[10] **nicht** als Erfüllungsgehilfe des **Verkäufers** angesehen.[11] 16

---

[6] S. etwa BGH NJW 2007, 428.

[7] S. zu dieser Unterscheidung etwa BGH NJW 2013, 1002 Rn. 15 f.

[8] S. BGH NJW 2012, 1083 Rn. 14 (Haftung der Deutsche Bahn AG für ein von ihr mit der Schneeräumung am Bahnsteig beauftragtes Unternehmen).

[9] S. Medicus/Lorenz SchuldR BT § 4 Rn. 17 ff.

[10] BGH NJW 2024, 1262 Rn. 19; 2020, 3312 Rn. 18; 2018, 291 Rn. 24 jeweils mwN; Staudinger/Caspers, 2019, BGB § 278 Rn. 37.

[11] S. Medicus/Lorenz SchuldR BT § 7 Rn. 78.

Dieses (zutreffende) Ergebnis ist allerdings nicht ganz einfach zu begründen, weil der Verkäufer nach § 433 Abs. 1 S. 2 BGB zu mangelfreier Leistung verpflichtet ist und sich zur Erfüllung dieser Verpflichtung zweifellos des Herstellers bedient. Zudem ist es iRv § 278 BGB irrelevant, ob die Person, derer sich der Schuldner zu Erfüllung seiner Verbindlichkeit bedient, vor oder nach Vertragsschluss mit dem Gläubiger tätig wird. Daher haben sich in jüngerer Zeit in der Lit. Stimmen erhoben, die eine Erfüllungsgehilfeneigenschaft des Herstellers im Verhältnis zum Verkäufer aus den eben genannten Gründen bejahen wollen.[12] Richtigerweise ergibt sich aber ein Ausschluss der Erfüllungsgehilfeneigenschaft des Herstellers aus einer historischen Auslegung.[13] Der Gesetzgeber des Schuldrechtsmodernisierungsgesetzes 2002 hatte sich nämlich seinerzeit detailliert mit den Folgen der Einführung eines Erfüllungsanspruchs auf mangelfreie Leistung befasst. Er war damals ausdrücklich davon ausgegangen, dass der Hersteller **nicht** Erfüllungsgehilfe des Verkäufers sei und es durch die Einführung des Erfüllungsanspruchs auf sachmangelfreie Leistung nach § 433 Abs. 1 S. 2 BGB nicht „auf dem Umweg über die Gehilfenhaftung zu einer grundlegenden Ausweitung von Schadensersatzpflichten des Verkäufers komme".[14] Selbst wenn man also zugesteht, dass die gesetzliche Systematik eine Zurechnung des Herstellerverschuldens an den Verkäufer erlaubt, muss man angesichts einer so evidenten Fehlleistung des Gesetzgebers beim gesetzgeberischen Ausdruck seines eindeutigen Regelungswillens einer historischen Auslegung den Vorzug geben. Zumindest aber muss eine Haftung des Verkäufers für Herstellerverschulden im Wege einer **teleologischen Reduktion** ausgeschlossen werden.[15] Gleiches gilt für Werkvertrag (§ 631 BGB) und Werklieferungsvertrag (§ 651 BGB): Auch hier ist der Hersteller des vom Werkunternehmer zur Erstellung des Werks verwendeten Materials nicht dessen Erfüllungsgehilfe.[16]

17 Wichtig ist die Unterscheidung auch für die Abgrenzung zwischen Werk- bzw. Dienstvertrag und **Werk**- bzw. **Dienstverschaffungsvertrag.** Wer im Rahmen einer geschuldeten Werk- oder Dienstleistung eine Hilfsperson einsetzt, haftet nach § 278 BGB für deren Verschulden. Schuldet er hingegen lediglich die **Vermittlung** einer Person, welche eine bestimmte Werk- oder Dienstleistung erbringen soll, schuldet er nicht die Werk- oder Dienstleistung selbst. Er haftet dann nicht für ein Verschulden der vermittelten Person, wohl aber für eigenes Verschulden bei deren Auswahl (s. dazu auch § 664 Abs. 1 S. 2 BGB).[17] So ist etwa eine Fluggesellschaft als sog. „Leistungserbringer" (§ 651b Abs. 1 BGB) Erfüllungsgehilfe des Reiseveranstalters[18], nicht aber des die Reise lediglich vermittelnden Reisebüros (s. dazu auch § 651b Abs. 1 BGB).[19] Das Reisebüro kann allerdings in Bezug auf Informationspflichten etc Erfüllungsgehilfe des Reiseveranstalters sein.[20]

18 Gleiches gilt, wenn der Schuldner die **Ausführung des Vertrags im Ganzen** einem Dritten übertragen darf **(Substitution).** Der Schuldner haftet dann nicht nach § 278 BGB für die Tätigkeit dieses Substituten (weil er sie dann nicht mehr schuldet), sondern nur für die sorgfältige Auswahl (also bloß für eigenes Verschulden).[21]

---

[12] Peters ZGS 2010, 24; Schroeter JZ 2010, 495; J.-E. Schirmer AcP 222 (2022) 572 (600 f.); MüKo-BGB/Grundmann § 278 Rn. 31; M. Weller NJW 2012, 2312 (2315).

[13] So zutr. BGH NJW 2014, 2183 Rn. 32.

[14] S. BT-Drs. 14/6040, 210.

[15] S. Lorenz NJW 2013, 207.

[16] BGH NJW 2014, 2183 Rn. 32 f.

[17] S. dazu auch Medicus/Lorenz SchuldR BT § 37 Rn. 6.

[18] BGH NJW 2005, 1420.

[19] S. auch BGH NJW-RR 2007, 1501: Maßgeblichkeit des Empfängerhorizonts sowie Medicus/Lorenz SchuldR BT § 46 Rn. 7 f.

[20] S. BGH NJW 2006, 2321.

[21] Vgl. Medicus/Lorenz SchuldR BT § 48 Rn. 18.

Für die Tätigkeit haftet der Substitut dem Gläubiger in aller Regel selbst: Entweder direkt, wenn der Schuldner ihn im Namen des Gläubigers verpflichtet hat, oder aber über den „Umweg" einer Drittschadensliquidation (→ § 55 Rn. 29 ff.).[22]

Eine solche Substitution wird in § 664 Abs. 1 S. 2 BGB für den Auftrag und in § 691 S. 2 BGB für die Verwahrung erwähnt, jedoch ist sie dort im Zweifel gerade nicht erlaubt. 19

Im Übrigen aber bezieht sich § 278 BGB nicht nur auf das Verschulden bei der Erfüllung von **Leistungspflichten,** sondern auch auf dasjenige bei der Erfüllung von **Schutz- und Sorgfaltspflichten** iSv § 241 Abs. 2 BGB.[23] Für diese genügt, dass der Schuldner einer für ihn tätigen Person die **Möglichkeit zu einer Einwirkung auf die Rechtsgüter des Gläubigers gibt.** Er setzt ihn dann als Erfüllungsgehilfen für seine Rücksichtnahmepflichten aus § 241 Abs. 2 BGB ein. 20

Beispiel: So haftet der Mieter dem Vermieter für die Möbeltransporteure, die ihm Möbel bringen und dabei die Treppe des Mietshauses beschädigen.[24] Ebenso genügt es, wenn ein Mieter oder Entleiher einem Dritten die Nutzung einer Sache des Gläubigers überlässt (s. dazu auch § 540 Abs. 2 BGB). Ein Vermieter haftet der Wohnungseigentümergemeinschaft, wenn sein Mieter den Haustürschlüssel verliert und deshalb die Schließanlage ausgetauscht werden muss. Str. ist, ob der Vermieter für das Verschulden eines Mieters gegenüber einem anderen Mieter nach § 278 BGB einzustehen hat.[25] Diese Frage taucht etwa auf, wenn der Mieter M den Anschlussschlauch seiner Waschmaschine nicht hinreichend sichert, so dass dieser sich löst und das Wasser in die Räume des darunter wohnenden Mieters N läuft und dort dessen Teppich verdirbt. Hier soll der gemeinsame Vermieter nicht aus § 278 BGB für M (und daher mangels eigenen Verschuldens überhaupt nicht) einzustehen haben. N hat nur Deliktsansprüche gegen M wegen Eigentumsverletzung, § 823 Abs. 1 BGB.

Auch in **vorvertragliche Verhaltenspflichten** aus dem Schuldverhältnis der Vertragsanbahnung kann ein Erfüllungsgehilfe einbezogen werden. Wer sich also bei Vertragsanbahnung einer Hilfsperson bedient, bedient sich ihrer zugleich zur Erfüllung seiner vorvertraglichen Schutzpflichten aus §§ 311 Abs. 2, 241 Abs. 2 BGB und muss sich daher deren Verschulden nach Maßgabe von § 278 BGB zurechnen lassen.[26] Man spricht in diesem Zusammenhang auch vom sog. **„Verhandlungsgehilfen".** Dieser Begriff bezeichnet aber keine eigenständige Rechtsfigur, sondern lediglich die Tatsache, dass die Hilfsperson iRd gesetzlichen Schuldverhältnisses der Vertragsverhandlungen und nicht bei der Erfüllung eines bereits bestehenden Vertragsverhältnisses tätig wird. Eine hiervon zu unterscheidende Frage ist, ob der Verhandlungsgehilfe dem Dritten auch selbst aus vorvertraglichem Verschulden haftet (s. dazu § 311 Abs. 3 BGB sowie → § 40 Rn. 31). 21

Nach § 254 Abs. 2 S. 2 BGB findet § 278 BGB auch iRd **Mitverschuldens** eines Geschädigten sowohl bei der Haftungsbegründung als auch bei der Haftungsausfüllung Anwendung. Hier wird der Erfüllungsgehilfe nicht zur Erfüllung einer Verbindlichkeit eingeschaltet, sondern nimmt die Obliegenheit des Geschädigten wahr, Schäden an eigenen Rechtsgütern zu verhindern oder zu minimieren. § 254 Abs. 2 S. 2 BGB wird dabei überwiegend als auch für § 254 Abs. 1 BGB geltende **Rechtsgrundverweisung** aufgefasst (→ § 59 Rn. 15 ff.). 22

---

22 S. dazu MüKoBGB/Seiler § 664 Rn. 17 mwN.
23 S. BGH NJW 2012, 1083.
24 RG 2.1.1923 – III 151/22, RGZ 106, 133.
25 Verneinend BGH VersR 1969, 754; anders MüKoBGB/Grundmann § 278 Rn. 30.
26 Grundlegend RG 7.12.1911 – Rep. VI. 240/11, RGZ 78, 239 – „Linoleumrollen-Fall".

c) Handeln „in Erfüllung" einer Verbindlichkeit des Schuldners

23 Für die Zurechnung des Verhaltens sowie des Verschuldens nach § 278 BGB genügt jedoch nicht jedwedes Verhalten der Hilfsperson. Voraussetzung für die Zurechnung nach § 278 BGB ist nach der Rspr. vielmehr ein „**unmittelbarer sachlicher Zusammenhang** zwischen dem schuldhaften Verhalten der Hilfsperson und den Aufgaben, die ihr im Hinblick auf die Vertragserfüllung zugewiesen waren."[27] Das schuldhafte Handeln des Erfüllungsgehilfen muss also **„bei Erfüllung"** und nicht lediglich **„bei Gelegenheit der Erfüllung"** erfolgen. Damit scheidet eine Zurechnung aus, wenn die Handlung des Gehilfen lediglich aus Anlass der Erfüllung geschah, dh lediglich ein äußerer oder zeitlicher Zusammenhang bestand.[28] Als Beispiel für ein Handeln bloß „bei Gelegenheit" wird etwa genannt, dass der mit dem Einsetzen einer Fensterscheibe beauftragte Lehrling beim Kunden einen Diebstahl begeht. Eine Schädigung noch „bei Erfüllung" wird dagegen angenommen, wenn der Lehrling durch ungeschickten Umgang mit einer Leiter weitere Scheiben zerstört.

Beispiel:[29] So hat etwa der BGH die Anwendung von § 278 BGB noch in folgendem Fall bejaht: Beim Kläger waren Wasserleitungen eingefroren, wobei auch eine Elektropumpe beschädigt wurde. Mit der Reparatur der Pumpe wurde der Beklagte beauftragt. Dieser betraute seinen Gehilfen mit der Montage eines Schutzschalters. Nach Erfüllung dieser Aufgabe wollte der Gehilfe von sich aus eine der eingefrorenen Leitungen mit einer Lötlampe auftauen. Dabei erwischte er jedoch ein leeres Rohr, so dass es zu einem Brand kam. Den hierdurch entstandenen Schaden musste der Beklagte ersetzen, weil der BGH einen örtlichen und sachlichen Zusammenhang aller Arbeiten zur Behebung der Frostschäden bejaht hat.

24 Die Abgrenzung danach, ob die Hilfsperson in Erfüllung oder nur „bei Gelegenheit" der Verbindlichkeit gehandelt hat, ist aber nicht nur im Einzelfall äußerst unsicher, sondern auch generell ungerechtfertigt. § 278 BGB liegt der Gedanke der **Risikoerhöhung** zugrunde. Der Schuldner erweitert mit der Einschaltung eines Gehilfen seinen Geschäftskreis im eigenen Interesse und muss folglich das mit der Arbeitsteilung verbundene Personalrisiko tragen.[30] Dieser *ratio* entspricht es, wenn in der neueren Lit. zutreffend darauf abgestellt wird, ob dem Gehilfen erst durch die übertragene Tätigkeit die Gelegenheit gegeben wurde, auf die Rechtsgüter des Gläubigers einzuwirken, sich also gerade die vom Schuldner geschaffene Risikoerhöhung verwirklicht hat. So gilt für den Diebstahlsfall (→ Rn. 23), dass der Lehrling die Gelegenheit zur Wegnahme erst durch seinen Einsatz bei der Erfüllung erhalten hat. Daher muss der Schuldner auch für den Diebstahl haften. Man wird also eine Zurechnung nach § 278 BGB für alle diejenigen Schädigungen zu bejahen haben, die dem Gehilfen durch die übertragene Tätigkeit erheblich erleichtert worden sind.[31] Das trifft etwa zu für den Diebstahl von Sachen des Auftraggebers, zu denen der Gehilfe erst durch die ihm übertragene Tätigkeit Zugang erhalten hat.[32] Entsprechend lässt der BGH den Mieter nach § 540 Abs. 2 BGB sogar für eine Brandstiftung durch den Untermieter haften.[33] Nicht einzustehen braucht der Schuldner nur für diejeni-

[27] BGH BeckRS 2012, 6834 Rn. 19.
[28] S. zB BGH NJW-RR 2005, 756.
[29] BGHZ 31, 358 (365 f.) = NJW 1960, 669.
[30] BGH NJW 1996, 451.
[31] Ebenso Looschelders SchuldR AT § 23 Rn. 39.
[32] So iErg auch BGH VersR 1981, 732 f., vgl. weiter BGH NJW 1991, 3208 (3209 f.).
[33] BGH NJW 1991, 490.

gen Schädigungen, für die es an einer solchen Erleichterung fehlt (zB wenn der Lehrling ein vor dem Haus abgestelltes Fahrrad des Kunden stiehlt).

3. Rechtsfolge

Nach § 278 BGB hat der Schuldner das Verschulden seines Erfüllungsgehilfen (und seines gesetzlichen Vertreters) „in gleichem Umfang zu vertreten wie eigenes Verschulden". Es geht dabei entgegen dem zu engen Wortlaut der Norm nicht lediglich um eine Zurechnung des Verschuldens im engen Sinne, sondern gerade auch um eine Zurechnung des **Verhaltens.** Maßstab ist, ob das Verhalten des Erfüllungsgehilfen, gedacht als ein Verhalten des Schuldners eine rechtswidrige und schuldhafte Pflichtverletzung darstellen würde. Ob eine bestimmte Verhaltensweise fahrlässig iSv § 276 Abs. 2 BGB ist, bemisst sich damit nicht an der Person des Gehilfen, sondern grds. an derjenigen des Schuldners.[34] Angesichts des im Zivilrecht geltenden **objektiven Fahrlässigkeitsmaßstabs** (→ § 30 Rn. 12) ist das erst dann von Bedeutung, wenn der Schuldner selbst über eine höhere Qualifikation als der Erfüllungsgehilfe verfügt. Ist der Gehilfe hingegen besser qualifiziert als der Schuldner, so sind die Fähigkeiten des Gehilfen als Maßstab für die Fahrlässigkeit heranzuziehen, wenn seine gegenüber dem Normalmaß gesteigerten Fähigkeiten den Vertragsschluss beeinflusst haben.[35] Eine abweichende Literaturansicht will hingegen den Standard zugrunde legen, der für die fachmännische Durchführung der jeweils geschuldeten Tätigkeit erforderlich ist.[36] Dann müsste sich der Schuldner, der einen Gehilfen einsetzt, nicht am Maßstab der eigenen, uU höheren Fähigkeiten messen lassen. Strittig ist auch die Frage der **Verschuldensfähigkeit.** Richtigerweise ist aus dem Wortlaut von § 278 BGB zu schließen, dass der Gehilfe **schuldfähig** iSd §§ 827, 828 BGB iVm § 276 Abs. 1 S. 2 BGB sein muss. Ist er dies nicht, haftet der Schuldner idR schon wegen eigenen Auswahlverschuldens persönlich, so dass sich Schutzlücken nicht ergeben dürften. 25

4. Abweichende Parteivereinbarung

Anders als für eigenes Verschulden kann die Haftung für Handlungen eines Erfüllungsgehilfen gem. § 278 S. 2 BGB grds. auch für den Fall des Vorsatzes ausgeschlossen werden. Im Rahmen von AGB gelten aber die bereits geschilderten Begrenzungen durch § 309 Nr. 7 Buchst. a, b BGB (→ § 30 Rn. 26). 26

IV. Haftung für den gesetzlichen Vertreter

Nach § 278 BGB haftet der Schuldner auch für seinen **gesetzlichen Vertreter** (zB Eltern, Vormünder, aber zB auch Insolvenzverwalter; zur Haftung für Organe → Rn. 10). Das ist nicht begrenzt auf den Fall der Abgabe oder des Empfangs von Willenserklärungen. Vielmehr haftet der Schuldner auch für bloße **Tathandlungen** seines Vertreters. Dabei genügt schon das Verschulden eines von mehreren Vertretungsberechtigten.[37] Es kommt also nicht darauf an, ob die Vertretungsmacht nur mehreren Personen gemeinschaftlich zusteht (Gesamtvertretung, so zB nach § 1629 Abs. 1 S. 2 BGB idR den Eltern). Unerheblich ist, ob der Schuldner (zB ein Kind) selbst deliktsfähig ist (§ 276 Abs. 1 S. 2 BGB iVm §§ 827, 828 BGB). 27

---

[34] BGHZ 114, 263 (272) = NJW 1991, 2556.
[35] BGHZ 114, 263 (272) = NJW 1991, 2556.
[36] Looschelders SchuldR AT § 23 Rn. 41 mwN.
[37] RG 30.1.1925 – VI. 301/24, RGZ 110, 145; BGHZ 98, 148 (151) = NJW 1986, 2941.

28 Wenn der gesetzlich vertretene Schuldner in diesen Fallkonstellationen (wie häufig, zB bei einem Kind) nicht oder nur beschränkt deliktsfähig ist (→ § 30 Rn. 3) ist ihm nicht nur das Verhalten seines gesetzlichen Vertreters, sondern auch dessen **Verschuldensfähigkeit** zuzurechnen.

29 § 278 S. 2 BGB dürfte auf den gesetzlichen Vertreter **nicht anzuwenden** sein. Diese Vorschrift erklärt § 276 Abs. 3 BGB für unanwendbar und erlaubt damit einen vertraglichen Ausschluss der Haftung auch für Vorsatz. Das ist hinsichtlich von Erfüllungsgehilfen sinnvoll, weil der Schuldner dann immerhin noch für eigenen Vorsatz haftet. Wenn ein gesetzlicher Vertreter vorhanden ist, kommt dagegen ein haftbar machender eigener Vorsatz des Schuldners idR nicht in Betracht. Wenn hier die Haftung für Vorsatz des gesetzlichen Vertreters ausgeschlossen werden könnte, käme es also gerade zu derjenigen Unverbindlichkeit des Schuldverhältnisses, die § 276 Abs. 3 BGB verhindern will. Folglich muss entgegen § 278 S. 2 BGB für den gesetzlichen Vertreter § 276 Abs. 3 BGB in Geltung bleiben.[38]

V. Haftung für Maschinenversagen und beim Einsatz künstlicher Intelligenz (KI)

30 Statt der Hilfe eines Menschen kann der Schuldner sich zur Erfüllung auch der Hilfe von Maschinen bedienen. Man kann daher fragen, ob der Schuldner auch für ein Versagen solcher Maschinen analog § 278 BGB soll einstehen müssen.[39] Allerdings lässt sich der Verschuldensbegriff nicht ohne Weiteres auf Maschinen übertragen. Auch kann man sich oft den Schuldner nicht gut in der Rolle der Maschine denken, zB eines Kraftfahrzeugs oder eines Weckers: Hier geht es eben nicht um *menschliche* Tätigkeiten. Eine Analogie zu § 278 BGB ist auch unnötig. Denn regelmäßig wird das Maschinenversagen auf menschliches Verschulden zurückgehen (vor allem mangelhafte Bedienung oder Wartung). Das Fehlen eines solchen Zusammenhangs müsste dann der Schuldner beweisen, was ihm vielfach nicht gelingen wird. Bei Mängeln der Maschine hilft dem Gläubiger meist auch die Haftung des Herstellers oder des Halters (→ § 32 Rn. 5 ff.). Auch könnte man den Schuldner kaum für jede Maschine schlechthin haften lassen. Soll er stets verantwortlich sein, wenn sein Auto nicht anspringt oder sein Wecker versagt? Kriterien für eine sinnvolle Abgrenzung sind hier schwer erkennbar. Beim Einsatz von **künstlicher Intelligenz (KI)** wird eine Haftung des Schuldners für eigene Fahrlässigkeit schon dann begründet sein, wenn er das Ergebnis der KI ungeprüft übernimmt oder die Ausführung einer KI-gesteuerten Tätigkeit nicht hinreichend überwacht. Fehler von dritten KI-Dienstleistern können wiederum nach § 278 Abs. 1 BGB zurechenbar sein. Es besteht daher kein Bedürfnis zu einer analogen Anwendung von § 278 BGB auf autonome KI-Systeme.[40]

§ 32. Verantwortlichkeit ohne Verschulden

Literatur: Grundlegend Esser, Grundlagen und Entwicklung der Gefährdungshaftung, 2. Aufl. 1969; Esser, Grundfragen der Reform des Schadensersatzrechts, AcP 148 (1943), 121; Esser, Die Zweispurigkeit unseres Haftpflichtrechts, JZ 1953, 129; von Bar, Verkehrspflichten, 1980, S. 128; Canaris, Die Ein-

[38] Ebenso MüKoBGB/Grundmann § 278 Rn. 51.

[39] Bejahend M. Wolf JuS 1989, 899.

[40] So zutreffend BeckOGK/Schaub BGB § 278 Rn. 17 mwN; zur Gegenansicht s. nur S. Arnold FS P. Bydlinski, 2022, 25 ff.

standspflicht des Gattungsschuldners und die Übernahme eines Beschaffungsrisikos nach § 276 BGB, FS Wiegand, 2005, 179; Kramer, Das Prinzip der objektiven Zurechnung im Delikts- und Vertragsrecht, AcP 171 (1971), 422; Laufs, Deliktische Haftung ohne Verschulden? – eine Skizze, FS Gernhuber, 1993, 259; S. Lorenz, Grundwissen Zivilrecht: Grundlagen der Gefährdungshaftung, JuS 2021, 307; Meder, Höhere Gewalt als Entlastungsgrund – ein Beispiel für die Konvergenz zweier Haftungsprinzipien, JZ 1994, 485; Medicus, „Geld muss man haben", AcP 188 (1988), 489; H. Roth, Zur Reichweite des Beschaffungsrisikos bei der Gattungsschuld, 2. FS Medicus, 2009, 371; H. P. Westermann, Der säumige Geldschuldner, FS Gernhuber, 1993, 529.

I. Verschuldensunabhängige Haftung und Verschuldenshaftung

Die Übergänge zwischen einer Verschuldenshaftung und einer verschuldensunabhängigen Haftung sind in mehrfacher Hinsicht fließend. 1

1. Haftung für Verschulden

Zunächst stellt bereits der von der hM vertretene **objektive Fahrlässigkeitsmaßstab** (→ § 30 Rn. 12) ein Abgehen von einem strengen Verschuldensprinzip im Sinne einer individuellen Vorwerfbarkeit dar. Der Schuldner ist für das Vorliegen der verkehrserforderlichen Fähigkeiten ohne Rücksicht auf die Grenzen seines eigenen Könnens verantwortlich. Noch weiter entfernt sich die in § 278 BGB bestimmte Haftung von der persönlichen Vorwerfbarkeit. Der Schuldner muss iErg das Funktionieren seiner Gehilfen und gesetzlichen Vertreter garantieren. 2

2. Haftung für vermutetes Verschulden

Eine weitere Einschränkung des strengen Verschuldensprinzips erfolgt durch die Regelung der **Beweislast.** Wo, wie etwa in § 280 Abs. 1 S. 2 BGB, § 311a Abs. 2 S. 2 BGB oder in § 831 Abs. 1 BGB, das Verschulden vermutet wird, haftet der Schuldner schon dann, wenn ihm der Nachweis fehlenden Verschuldens misslingt. Je strenger die Anforderungen an den Entlastungsbeweis sind, desto mehr nähert sich die Haftung für vermutetes Verschulden im praktischen Ergebnis einer verschuldensunabhängigen Haftung an. 3

II. Gründe für eine verschuldensunabhängige Haftung außerhalb des Leistungsstörungsrechts

Die für den Schuldner strengste Art der Haftung ist eine **verschuldensunabhängige** Haftung. Eine solche Haftung kann **aufgrund Gesetzes** oder **aufgrund Parteiwillens** eintreten. 4

1. Gefährdungshaftung

Die wichtigste Gruppe der gesetzlich angeordneten verschuldensunabhängigen Haftung stellen die sog. **Gefährdungshaftungstatbestände** dar. Ihnen ist gemeinsam, dass eine Person eine potenziell gefährliche, aber erlaubte Einrichtung betreibt oder potenziell gefährliche, aber erlaubte Handlungen vornimmt, die typische Gefahren mit sich bringen. Als Ausgleich dafür, dass er den Nutzen aus dem Betrieb dieser Einrichtung oder aus der Vornahme dieser Handlung zieht, soll der Halter oder Betreiber einer gefährlichen Einrichtung bzw. derjenige, der die Handlung vornimmt aber auch für die Realisierung der daraus entspringenden Gefahr ohne Rücksicht auf Verschulden haften. Das gilt etwa für **Kraftfahrzeuge** (§ 7 StVG), **Schienen- und Schwebebahnen** (§ 1 HaftPflG), **Flugzeuge** (§ 22 LuftVG), **Strom- und Rohrleitungsanlagen** (§ 2 HaftPflG) und andere technische Anlagen, aber auch für bestimmte **Tiere** 5

(§ 833 BGB).[1] Weiter haften Inhaber bestimmter Anlagen für Verletzungen durch **Umwelteinwirkungen** (§ 1 UmweltHG). Gefährdungshaftungstatbestände für gefährliche Handlungen sind zB die Haftung für **irrtümliche Selbsthilfe** (§ 231 BGB, vgl. → § 3 Rn. 5), für die **Vollstreckung** aus einer noch nicht endgültigen und später aufgehobenen Gerichtsentscheidung (§ 302 Abs. 4 S. 3 BGB, § 600 Abs. 2 BGB, § 717 Abs. 2 BGB, § 945 BGB, § 1065 Abs. 2 S. 2 ZPO), für die Einleitung schädlicher **Abwässer** in ein Gewässer (§ 22 Abs. 1 WHG). Nach § 84 AMG haftet ein pharmazeutischer Unternehmer für bestimmte Schäden aus den von ihm in den Verkehr gebrachten **Arzneimitteln.** Das ProdHaftG bestimmt eine verschuldensunabhängige Haftung des Produzenten, Importeurs oder Händlers für Verletzungen durch das Inverkehrbringen **fehlerhafter Produkte.**[2] § 32 GenTG lässt den Betreiber für Verletzungen haften, die von Eigenschaften eines Organismus ausgehen, die „auf **gentechnischen Arbeiten** beruhen".

Für die deliktische Gefährdungshaftung gibt es keine Generalklausel, sondern ausschließlich spezielle Haftungstatbestände, welche die Haftung abschließend regeln und auch nicht im Wege der Analogie erweitert werden können (sog. **Enumerationsprinzip**).

2. Aufopferungsansprüche

6 Neben den gerade erwähnten auf erlaubter Gefährdung beruhenden Haftungsgründen gibt es noch einen andersartigen Haftungsgrund. Wenn jemand die Ausübung eines Rechts zur Wahrung fremder übergeordneter Interessen unterlassen und damit sein Recht gleichsam „aufopfern" muss,[3] muss er von demjenigen entschädigt werden, gegen den sich die Rechtsausübung richten würde. Der allgemeinste Anwendungsfall hiervon ist § 904 BGB: Der Eigentümer muss eine Einwirkung auf seine Sache dulden, wenn durch diese Einwirkung ein unverhältnismäßig großer Schaden vermieden wird (zu dulden ist zB die Zerstörung der Gartenanlagen durch Feuerlöscharbeiten am Nachbarhaus); der Eigentümer wird aber für dieses Opfer entschädigt. Spezielle Anwendungsfälle sind etwa § 906 Abs. 2 S. 2 BGB (wesentliche, aber duldungspflichtige Beeinträchtigung durch Immissionen vom Nachbargrundstück),[4] § 14 BImSchG (Entschädigung für zu duldende Immissionen aus genehmigtem Gewerbebetrieb) und § 29 Abs. 1, 2 BJagdG (Ersatz von Wildschaden, weil der Grundeigentümer das schädigende Wild nach § 26 BJagdG nur verscheuchen, aber nicht gefährden oder verletzen darf).[5]

III. Verschuldensunabhängige Haftung im Leistungsstörungsrecht

7 Die bisher aufgeführten Gründe einer verschuldensunabhängigen Haftung knüpfen nicht an ein vorbestehendes Schuldverhältnis an und spielen daher im Leistungsstörungsrecht keine Rolle. Im **Leistungsstörungsrecht** bedeutet verschuldensunabhängige Haftung, dass der Schuldner für den Eintritt des Leistungserfolges zu **garantieren** hat.

---

[1] Vgl. dazu Medicus/Lorenz SchuldR BT § 84 Rn. 1 ff.
[2] Medicus/Lorenz SchuldR BT § 16 Rn. 25 ff.
[3] Vgl. Schmitt-Kammler JuS 1995, 473; Brünning JuS 2003, 2.
[4] Vgl. Neuner JuS 2005, 487 (490).
[5] Medicus/Lorenz SchuldR BT § 87 Rn. 11.

1. Gesetzliche Garantiehaftung

Eine gesetzliche Garantiehaftung ordnet im Bereich des Leistungsstörungsrecht § 287 S. 2 BGB an. Ist der Schuldner im Verzug, haftet er „wegen der Leistung auch für Zufall" (→ § 36 Rn. 32). Auch die Haftung des Geschäftsführers bei schuldhaft unberechtigter Geschäftsführung ohne Auftrag (§ 678 BGB)[6] gehört hierher sowie die Haftung für die finanzielle Leistungsfähigkeit (→ Rn. 13). 8

2. Rechtsgeschäftliche Garantiehaftung

Nach § 276 Abs. 1 BGB kann sich eine verschuldensunabhängige Haftung auch aus dem „Inhalt des Schuldverhältnisses, insbesondere aus der Übernahme einer Garantie oder eines Beschaffungsrisikos" ergeben. 9

a) Garantie

Die Übernahme einer **Garantie** setzt voraus, dass der Schuldner sich vertraglich verpflichtet, für alle Folgen einer Leistungsstörung unbedingt, dh **ohne Verschulden** einzustehen. Eine solche Garantie liegt dabei nicht bereits in dem vertraglichen Leistungsversprechen als solchem: Wer sich zu einer Leistung verpflichtet, will damit noch nicht ohne Weiteres erklären, unabhängig vom Verschulden auch auf Schadensersatz zu haften, wenn er die Leistung unverschuldet nicht oder nicht wie versprochen erbringt. Eine Garantie setzt vielmehr über die vertragliche Leistungsverpflichtung hinaus voraus, dass sich der Schuldner in **vertragsmäßig bindender Weise** verpflichtet, **für alle Folgen** einer Nicht- oder Schlechterfüllung auch dann einzustehen, wenn ihn kein Verschulden trifft. An das Vorliegen eines solchen Garantiewillens sind angesichts der weitreichenden Folgen für den Schuldner **strenge Anforderungen** zu stellen. Damit ist insbesondere im **Kaufrecht** die **Beschaffenheitsgarantie** von der bloßen **Beschaffenheitsvereinbarung** abzugrenzen: Macht ein Verkäufer Angaben über die Beschaffenheit der verkauften Sache, so begründet deren Fehlen zwar einen Sachmangel iSv § 434 Abs. 2 Nr. 1 BGB mit der Folge, dass der Käufer die vom Vertretenmüssen unabhängigen Rechtsbehelfe Nacherfüllung, Rücktritt und Minderung (s. § 437 Nr. 1, 2 BGB) hat, nicht aber schon eine Beschaffenheitsgarantie mit der Folge, dass der Verkäufer unabhängig von Verschulden zum Ersatz aller Schäden verpflichtet wäre, die sich aus der Mangelhaftigkeit des Kaufgegenstandes ergeben.[7] Zu Recht betont daher der BGH,[8] dass mit Rücksicht auf deren weitreichende Folgen bei der Annahme einer stillschweigenden Übernahme einer solchen unbedingten Einstandspflicht „Zurückhaltung geboten ist". 10

b) Beschaffungsrisiko

Neben der Übernahme einer Garantie erwähnt § 276 Abs. 1 BGB noch die Übernahme eines **Beschaffungsrisikos.** Dieses ist insbesondere bei der **Gattungsschuld** (→ § 17 Rn. 1 ff.) von Bedeutung. Bei dieser steht es dem Schuldner frei, iRv § 243 Abs. 1 BGB beliebige Stücke zu liefern. Häufig muss er sich diese erst auf dem Markt beschaffen. Das bis zum 1. 1. 2002 geltende Recht sah hier noch eine **gesetzliche Garantiehaftung** vor: Nach § 279 BGB aF hatte der Schuldner, „solange die Leistung 11

---

[6] Medicus/Lorenz SchuldR BT § 63 Rn. 30.
[7] S. BGHZ 170, 86 = NJW 2007, 1346; Medicus/Lorenz SchuldR BT § 8 Rn. 23 f.
[8] BGHZ 170, 86 Rn. 20 = NJW 2007, 1346.

aus der Gattung möglich ist, sein Unvermögen zur Leistung auch dann zu vertreten, wenn ihm ein Verschulden nicht zur Last fällt". Das hat der Gesetzgeber im Jahr 2002 bewusst abgeschafft. Eine verschuldensunabhängige Haftung setzt demnach jetzt eine **vertragliche Übernahme eines Beschaffungsrisikos** seitens des Schuldners voraus. Ob eine solche vorliegt und wie weit sie reicht, ist häufig eine Auslegungsfrage (§§ 133, 157 BGB). § 276 Abs. 1 BGB regelt nämlich nicht, wann ein Beschaffungsrisiko übernommen wird, sondern setzt die vertraglich bindende Übernahme eines solchen voraus.[9] In der Regel sichert der Schuldner bei der Übernahme einer Gattungsschuld durch sein Leistungsversprechen zugleich konkludent zu, zur Beschaffung in der Lage zu sein, also den nötigen Marktzugang, die nötigen Kenntnisse und auch die nötigen Geldmittel zu haben. Vollumfänglich wird man das aber nur bei einer unbeschränkten, also **„marktbezogenen"** Gattungsschuld sagen können (→ § 17 Rn. 5). Verpflichtet sich der Schuldner, nur aus einem bestimmten Vorrat zu leisten **(beschränkte Gattungsschuld, Vorratsschuld),** will er über diese Quelle hinaus kein Beschaffungsrisiko übernehmen. Auch wird der Schuldner selbst bei Übernahme eines Beschaffungsrisikos im Regelfall **keine Garantie für die Mängelfreiheit** des gelieferten Exemplars übernehmen wollen.[10] Die Auslegung des Leistungsversprechens wird im Regelfall weiter ergeben, dass der Schuldner die Garantie für den Beschaffungserfolg nur für den Fall übernehmen will, dass gerade er persönlich zur Beschaffung außerstande ist. Dagegen wird er nicht auch für den Fall garantieren wollen, dass die Beschaffung niemandem gelingen kann, etwa weil die ganze Gattung untergegangen ist, nicht (mehr) produziert wird oder weil alle erfüllungstaugliche Ware vom Markt verschwindet, etwa wegen einer staatlichen Beschlagnahme. Weiter wird der Schuldner im Regelfall nur für typische und vorhersehbare Beschaffungshindernisse garantieren wollen. Auszuscheiden ist daher etwa eine Garantiehaftung für eine die Leistungshandlung hindernde Krankheit des Schuldners. Ein anderes Beispiel bildet die Vertreibung durch feindliche Truppen[11]: Das hierdurch geschaffene Leistungshindernis hat mit den Eigenarten einer Beschaffungspflicht nichts zu tun. Da sich die Übernahme eines Beschaffungsrisikos aus dem Parteiwillen ergeben muss, sind **einschränkende Klauseln** wie etwa „Selbstbelieferung vorbehalten" oder „freibleibend entsprechend unserer Verfügbarkeit" rechtlich keine Haftungsausschlussklauseln, die etwa einer AGB-rechtlichen Inhaltskontrolle nach den §§ 307 ff. BGB standhalten müssten. Es handelt sich dann vielmehr schlicht um die von der negativen Vertragsfreiheit garantierte Nichtvereinbarung einer Garantiehaftung. Denn der Schuldner ist ja nicht verpflichtet, ein Beschaffungsrisiko zu übernehmen.

12 Auch für den Fall des **anfänglichen Unvermögens** (zum Begriff → § 34 Rn. 8) enthielt das frühere Recht eine (in ihrem Ausmaß iE umstrittene) gesetzliche Garantiehaftung des Schuldners. Konnte der Verkäufer dem Käufer kein Eigentum an der verkauften Sache verschaffen, weil diese einem (nicht zur Veräußerung bereiten) Dritten gehörte oder bestanden Rechtsmängel, so haftete er nach hM verschuldensunabhängig. Beides ist seit 2002 nicht mehr der Fall: § 311a Abs. 2 BGB setzt positive Kennt-

[9] S. aber Canaris FS Wiegand, 2005, 179 (215), wonach § 276 Abs. 1 BGB für Beschaffungsschulden eine Auslegungsregel zugunsten der Übernahme eines Beschaffungsrisikos enthalte; ähnl. H. Roth 2. FS Medicus, 2009, 371 (386 f.).

[10] S. Lorenz NJW 2002, 2497 (2503 f.); ebenso H. Roth 2. FS Medicus, 2009, 371 (389 f.).

[11] RG 12.3.1920 – II 362/19, RGZ 99, 1.

nis oder zu vertretende Unkenntnis des Leistungshindernisses voraus, so dass eine Haftung ohne Verschulden wiederum nur bei der (vertraglichen) Übernahme einer Garantie bzw. eines Beschaffungsrisikos in Betracht kommt. Allein aus dem bloßen Leistungsversprechen lässt sich seit dem 1.1.2002 auch hier keine vertragliche Garantieübernahme ableiten.[12]

Danach verstößt die vertragliche Auferlegung einer Garantiehaftung für Rechtsmängel in AGB auch unter Unternehmern in AGB gegen die Generalklausel des § 307 Abs. 1, 2 Nr. 1 BGB, weil sie von wesentlichen Grundgedanken des Haftungsrechts, nämlich dem Verschuldensprinzip, abweicht.[13]

3. Garantiehaftung für Geldschulden und die finanzielle Leistungsfähigkeit

Die Geldschuld (→ § 16 Rn. 1 ff.) ist keine Gattungsschuld. Das ergibt sich schon daraus, dass bei einer echten Geldsummenschuld (objektive) Unmöglichkeit nicht vorstellbar ist. Dass der Schuldner das geschuldete Geld nicht hat, führt also nicht zur Unmöglichkeit der Leistung und damit auch nicht zur Leistungsbefreiung nach § 275 Abs. 1 BGB (anders aber, wenn der Beauftragte erlangtes Geld nach § 667 BGB herauszugeben hat, sog. **Geldherausgabeschuld,** → § 16 Rn. 13 f.). Bei der Geldschuld geht es nur darum, ob der Schuldner durch die Nichtleistung in (zu vertretenden, § 286 Abs. 4 BGB) Schuldnerverzug gerät und daher zusätzlich zu dem geschuldeten Geld noch Verzugszinsen zahlen und den Verzögerungsschaden ersetzen muss (§ 288 BGB, § 280 Abs. 1, 2 BGB, § 286 BGB, vgl. → § 36 Rn. 26 ff.). Dagegen kommt es beim gegenseitigen Vertrag für ein Rücktrittsrecht des Geldgläubigers aus § 323 BGB auf ein Vertretenmüssen des Schuldners ohnehin nicht an. 13

Man ist sich weitgehend einig, dass der Schuldner nicht nur für Geldschulden, sondern für seine **finanzielle Leistungsfähigkeit** grds. immer **verschuldensunabhängig** einzustehen hat. Es gilt der (ungenaue, aber plakative) Merksatz **„Geld muss man haben“.**[14] Die Rspr. hat diesen Grundsatz für Geldschulden früher ua § 279 BGB aF entnommen, dabei aber immer auch auf das der geltenden Wirtschaftsordnung zugrunde liegende, im Zwangsvollstreckungs- und Insolvenzrecht niedergelegte Prinzip der **unbeschränkten Vermögenshaftung** hingewiesen,[15] auf welches die verschuldensunabhängige Einstandspflicht für die finanzielle Leistungsfähigkeit eigentlich zurückzuführen ist. Im Rahmen von § 276 Abs. 1 BGB kann die unbedingte Einstandspflicht für Geldschulden auch aus dem „Inhalt des Schuldverhältnisses“ hergeleitet werden.[16] 14

Aus der Existenz des Zwangsvollstreckungs- und Insolvenzrechts ergibt sich, dass dem Schuldner nicht mehr weggenommen werden kann, als er besitzt. Zudem verbleiben ihm die unpfändbaren Sachen (§§ 811 ff. ZPO) und der unpfändbare Teil seines Arbeitseinkommens (§§ 850 ff. ZPO). Im Insolvenzrecht ist zwar ein besonderes Verfahren zu einer **Restschuldbefreiung** für natürliche Personen vorgesehen (§§ 286 ff. InsO). Der Schuldner kann hier bei Wohlverhalten nach sechs Jahren Befreiung vom Rest seiner Schulden erlangen. Das ändert aber nichts daran, dass es auf 15

[12] S. dazu BGH NJW 2007, 3777.
[13] BGHZ 164, 196 (210 f.) = NJW 2006, 47.
[14] S. dazu insbes. Medicus AcP 188 (1988), 489.
[15] S. BGHZ 107, 92 (102) = NJW 1989, 1276 sowie zuletzt BGH NJW 2015, 1296 Rn. 18 mwN.
[16] Canaris JZ 2001, 499 (519).

ein Verschulden des Schuldners an dem die Insolvenz begründenden Geldmangel nicht ankommt.

16 Garantiert der Geldschuldner für sein Leistungsvermögen wie ein Gattungsschuldner, weil er durch die Übernahme einer Zahlungsverpflichtung zugleich seine finanzielle Leistungsfähigkeit zusichert, so gilt auch eine ähnliche Begrenzung wie dort. Sofern nicht die finanzielle Leistungsfähigkeit, sondern **andere Gründe** für die Nichtleistung in Frage stehen, ist nicht von einer Garantieübernahme auszugehen. Es bleibt dann vielmehr bei einer Verschuldenshaftung. So kann der Schuldner die Nichtleistung von Geld etwa dann nicht zu vertreten haben, wenn er durch Krankheit oder ähnliche Gründe an der Übermittlung gehindert ist, er sich in einem entschuldbaren Irrtum über das Bestehen der Schuld befindet[17] oder ihm die Geldscheine, mit welchen er zahlen wollte, auf dem Weg zum Gläubiger aus einem von ihm nicht zu vertretenden Grund abhandengekommen (zB gestohlen) worden sind. Das befreit ihn zwar nicht von der Schuld, verhindert aber mangels Vertretenmüssen den Schuldnerverzug (§ 286 Abs. 4 BGB).

17 Die verschuldensunabhängige Einstandspflicht für das finanzielle Leistungsvermögen betrifft nicht nur Geldschulden, sondern auch die Erfüllung von **anderen Verpflichtungen,** sofern deren Erfüllung an mangelnder finanzieller Leistungsfähigkeit scheitern. Derjenige, der eine Leistung verspricht, übernimmt das Risiko dafür, dass er sich die zur Erfüllung erforderlichen finanziellen Mittel beschaffen kann. So haftet idR auch der Stückschuldner verschuldensunabhängig, wenn er bei der Bringschuld den Transport zum Gläubiger nicht bezahlen kann. Der Verkäufer, der den Nacherfüllungsanspruch des Käufers (§ 439 Abs. 1 BGB) nicht erfüllen kann, weil er die Nacherfüllung bei einem Dritten durchführen lassen müsste, haftet ohne Rücksicht auf Verschulden auf Schadensersatz, wenn er das hierfür notwendige Geld nicht aufbringt.

§ 33. Konkurrenzfragen

Literatur: Grundlegend Eichler, Die Konkurrenz der vertraglichen und deliktischen Haftung im deutschen Recht, AcP 162 (1963), 401; Georgiades, Die Anspruchskonkurrenz im Zivilrecht und Zivilprozessrecht, 1968; L. Horn, Die Lehre vom Streitgegenstand, JuS 1992, 680; Rimmelspacher, Materiellrechtlicher Anspruch und Streitgegenstandsprobleme im Zivilprozeß, 1970; Schlechtriem, Vertragsordnung und außervertragliche Haftung, 1972; P. Schlosser, Konkurrenzen im bilateralen Verhältnis, JURA 1982, 477, ausführlich auch Gsell, Substanzverletzung und Herstellung, 2003, 319.

I. Anspruchskonkurrenz und Anspruchsnormenkonkurrenz

1 Dass sich aus einem Vorgang mehrere Ansprüche gleichen Inhalts ergeben, kann in den verschiedensten Rechtsgebieten vorkommen. Daher lässt sich die Frage nach dem Verhältnis mehrerer Ansprüche oder Anspruchsgrundlagen zueinander im Allgemeinen Teil unterbringen.[1] In das Zivilprozessrecht gehört hingegen die Problematik des **Streitgegenstandes,** also die Frage, wie eine Mehrheit materiell-rechtlicher Ansprüche oder Anspruchsgrundlagen prozessual zu behandeln ist (also etwa, ob sie alle mit einer einzigen Klage rechtshängig werden, ob über sie in einem einzigen Urteil entschieden wird, etc). Hier sollen daher nur wenige Punkte behandelt werden,

[17] S. zB BGH NJW 2007, 428.
[1] Vgl. etwa Neuner BGB AT § 21 Rn. 2 ff.

an denen sich materiell-rechtliche Konkurrenzprobleme speziell für das Recht der Leistungsstörungen auswirken können.

Eine Leistungsstörung stellt nicht selten **zugleich ein Delikt** dar: So kann ein ärztlicher Kunstfehler zugleich eine Verletzung des Behandlungsvertrags wie auch ein Delikt bedeuten (Körperverletzung, § 823 Abs. 1 BGB), eine schuldhafte Beschädigung der Mietsache durch den Mieter eine Vertragsverletzung und ein Delikt (Eigentumsverletzung, § 823 Abs. 1 BGB) darstellen. In solchen Fällen bestehen nach hM zwei unterschiedliche materiell-rechtliche Ansprüche, obwohl der Schuldner nur einmal Schadensersatz leisten muss. Man spricht dann von **Anspruchskonkurrenz.** 2

Demgegenüber will eine neuere Lehre hier nur einen einzigen materiell-rechtlichen Anspruch anerkennen, der mehrfach (aus Vertrag und Delikt) begründet ist.[2] Dafür wird die Bezeichnung **Anspruchsnormenkonkurrenz** (Mehrheit von **Anspruchsgrundlagen**) vorgeschlagen. Diese neuere Lehre kann zwar zu einer Vereinheitlichung des materiell-rechtlichen und des prozessualen Anspruchsbegriffs beitragen. Sie stößt aber innerhalb des materiellen Rechts auf erhebliche Schwierigkeiten. Denn Vertrags- und Deliktsansprüche haben in mehrfacher Hinsicht verschiedene Eigenschaften. So ist für Gehilfen vertraglich nach § 278 BGB und deliktisch nach § 831 BGB einzustehen (→ § 31 Rn. 4 ff.). Vertragsansprüche verjähren in unterschiedlichen Fristen (s. etwa §§ 438, 548, 634a BGB); für Deliktsansprüche dagegen gelten die §§ 195, 199 BGB. In der Regel führen nur Delikte zu Ansprüchen hinterbliebener Angehöriger, §§ 844 ff. BGB. Dagegen sind bestimmte Fälle der Beweislastumkehr (§ 280 Abs. 1 S. 2 BGB, § 286 Abs. 4 BGB) auf Vertragsansprüche beschränkt.

Die traditionelle Annahme von Anspruchskonkurrenz unterscheidet Vertrags- und Deliktsansprüche. Daher kann sie jeden dieser Ansprüche nach den Regeln desjenigen Rechtsgebiets beurteilen, dem er entstammt. Dagegen führt die Annahme von Anspruchsnormenkonkurrenz nur zu einem einzigen Anspruch. Es ist nicht ersichtlich, wie man die Eigenschaften dieses Einheitsanspruchs nach Vertrags- oder Deliktsrecht bestimmen will. Daher ist weiter an der traditionellen Ansicht festzuhalten: Aus jeder Anspruchsgrundlage, deren Voraussetzungen erfüllt sind, erwächst ein eigener materiell-rechtlicher Anspruch. Hieraus ergibt sich die Frage nach dem Verhältnis dieser konkurrierenden Ansprüche zueinander.

II. Einflüsse der Ansprüche aufeinander

1. Grundregel

Auszugehen ist von der Regel, dass sich konkurrierende vertragliche und deliktische Ansprüche nicht gegenseitig beeinflussen.[3] 3

2. Ausnahmen

Diese Regel gilt ausnahmslos für die Frage, ob Deliktsansprüche vertragliche Ansprüche beeinflussen können. Solche Einwirkungen gibt es nicht. Dagegen wird in einigen Fallgruppen eine Veränderung der deliktischen Haftung **durch das konkurrierende Vertragsrecht** angenommen, weil dieses spezieller ist. 4

a) Gesetzliche Haftungsmilderungen

Gesetzliche Haftungsmilderungen (→ § 30 Rn. 18: Haftung nur für grobe Fahrlässigkeit; → § 30 Rn. 20: Haftung nur für die eigenübliche Sorgfalt) gelten nach richtiger Ansicht **auch für konkurrierende Ansprüche** aus Delikt oder Schutzpflichtverletzung (§ 241 Abs. 2 BGB, → § 39 Rn. 1 ff.), wenn diese in einem **sachlichen** 5

[2] So etwa Georgiades, Die Anspruchskonkurrenz im Zivilrecht und Zivilprozessrecht, 1968; ebenso Neuner BGB AT § 21 Rn. 8.

[3] Etwa BGHZ 96, 221 (229) = NJW 1986, 922; VersR 1992, 589 (590).

Zusammenhang mit dem Grund der Haftungsprivilegierung stehen. Denn diese Milderungen sollen den Schädiger wegen der Uneigennützigkeit seines Handelns oder wegen des Vorliegens einer besonderen Situation (zB einer Notlage) begünstigen. Diese Begünstigung wäre weitgehend entwertet, wenn sie nicht auch für konkurrierende Ansprüche gelten würde. Deshalb ist es zutreffend, diese Haftungsmilderungen bei Vorliegen eines Sachzusammenhanges auch auf den konkurrierenden Anspruch anzuwenden.

So wenn jemand bei der Bergung eines verletzten Verkehrsopfers durch Ungeschicklichkeit weiteren Schaden verursacht: Das Haftungsprivileg aus § 680 BGB gilt dann auch für den konkurrierenden Anspruch des Verletzten aus § 823 Abs. 1 BGB.[4]

b) Vertragliche Haftungsmilderungen

6 Bei vereinbarten Haftungsmilderungen ist es eine Frage der **Auslegung,** ob sich die Vereinbarung auch auf einen konkurrierenden Deliktsanspruch bezieht. Das ist dann anzunehmen, wenn die Milderung sonst praktisch wirkungslos bliebe (etwa, weil es typischerweise zu konkurrierenden Deliktsansprüche kommt). Für Haftungsmilderungen durch AGB verlangt die Rspr. aber, dass die Erstreckung auf Deliktsansprüche deutlich ausgedrückt wird.[5] Das entspricht auch § 305c Abs. 2 BGB. Im Übrigen sind bei Haftungsmilderungen durch AGB § 309 Nr. 7 Buchst. a, b BGB zu beachten. So kann in AGB keine Haftungsmilderung für Schäden an Leben, Körper oder Gesundheit vereinbart oder die Haftung für grobes Verschulden sowie Vorsatz eines Erfüllungsgehilfen ausgeschlossen werden. Eine vertragliche oder gesetzliche Haftungsmilderung kann unter den Voraussetzungen des Vertrags mit Schutzwirkung für Dritte auch auf Dritte erweitert werden (→ § 67 Rn. 6).

c) Verjährung

7 Am zweifelhaftesten ist die Rechtslage bei der **Verjährung:** Wann soll eine kürzere vertragliche Verjährung auch für den konkurrierenden Deliktsanspruch gelten? Die Rspr. hat eine solche Geltung bejaht, wenn neben dem vertraglichen Ersatzanspruch regelmäßig auch ein deliktischer besteht und die kurze vertragliche Verjährung „praktisch bedeutungslos" wäre, wenn sie nicht auch für den normalerweise nach §§ 195, 199 BGB verjährenden Deliktsanspruch gelten würde.[6] Eine Erstreckung einer den Schuldner privilegierenden Verjährungsregel auf den konkurrierenden Deliktsanspruch ist insbesondere bei § 548 BGB (und für die Leihe bei § 606 BGB) angenommen worden: Wenn der Mieter die Mietsache verschlechtert habe, bedeute das fast immer zugleich eine unter § 823 Abs. 1 BGB fallende Eigentumsverletzung; § 548 BGB müsse daher auch den Deliktsanspruch erfassen.[7]

---

[4] BGH NJW 1972, 475; allg. BGHZ 46, 313 (316) = NJW 1967, 558. Eingehend dazu Medicus/Lorenz SchuldR BT § 26 Rn. 16 (Schenkung); Medicus/Lorenz SchuldR BT § 33 Rn. 6 (Leihe) und Medicus/Lorenz SchuldR BT § 52 Rn. 11 (Verwahrung) sowie → § 39 Rn. 11.

[5] Vgl. etwa BGH NJW 1979, 2148.

[6] BGHZ 55, 392 (397 f.) = NJW 1971, 1131.

[7] BGHZ 54, 264 = NJW 1970, 1736; BGHZ 61, 227 = NJW 1973, 2059; NJW-RR 2004, 1566. s. dazu Medicus/Lorenz SchuldR BT § 28 Rn. 41 f.; für die Leihe s. Medicus/Lorenz SchuldR BT § 33 Rn. 13 Zur Ausweitung von § 548 BGB auch auf Deliktsansprüche gegen Dritte, die in den Schutzbereich des Mietvertrags einbezogen sind, s. Medicus/Lorenz SchuldR BT § 28 Rn. 41 und BGH NJW 2006, 2399.

3. Abschnitt. Die Unmöglichkeit der Leistung und gleichgestellte Tatbestände

§ 34. Die Leistungsbefreiung (§ 275 BGB)

Literatur: Arnold, Die vorübergehende Unmöglichkeit nach der Schuldrechtsreform, JZ 2002, 866; Beuthien, Zweckerreichung und Zweckstörung im Schuldverhältnis, 1969; Canaris, Die Behandlung nicht zu vertretender Leistungshindernisse nach § 275 Abs. 2 beim Stückkauf, JZ 2004, 214; Canaris, Die Bedeutung des Kriteriums der Unteilbarkeit der Leistung oder der Gegenleistung im modernisierten Leistungsstörungsrecht, 2. FS Medicus, 2009, 17; Däubler, Die vorübergehende Unmöglichkeit der Leistung, FS Heldrich, 2005, 55; Gsell, Zeitweilige Unmöglichkeit und prozessuale Durchsetzung des Leistungsanspruchs, FS Buchner, 2009, 267; Köhler, Unmöglichkeit und Geschäftsgrundlage bei Zweckstörungen im Schuldverhältnis, 1971; Kohler, Bestrittene Leistungsunmöglichkeit und ihr Zuvertretenhaben bei § 275 BGB – Prozesslage und materielles Recht, AcP 205 (2005), 93; Lobinger, Die Grenzen rechtsgeschäftlicher Leistungspflichten, 2004; Looschelders, „Unmöglichkeit" und Schadensersatz statt der Leistung, JuS 2010, 849; Medicus, Bemerkungen zur „vorübergehenden Unmöglichkeit", FS Heldrich, 2005, 347; Picker, Schuldrechtsreform und Privatautonomie – Zur Neuregelung der Schuldnerpflichten bei zufallsbedingter Leistungsstörung nach § 275 Abs. 2 und § 313 BGB, JZ 2003, 1035 (s. dazu Canaris, JZ 2004, 214); Scholl, Die Unzumutbarkeit der Arbeitsleistung nach § 275 Abs. 3 BGB, JURA 2006, 283; Schwarze, „Steht und fällt" – Das Rätsel der relativen Fixschuld, AcP 207 (2007), 437.

I. Regelungszweck und Reichweite

§ 275 Abs. 1–3 BGB regeln die Befreiung des Schuldners von der Leistungspflicht 1
in Fällen, in welchen er die Leistung nicht erbringen kann (§ 275 Abs. 1 BGB) oder in welchen ihm die Leistung aus bestimmten Gründen nicht zugemutet werden kann (§ 275 Abs. 2, 3 BGB), s. dazu den grafischen Überblick bei → Rn. 34. Die dort angeordnete Rechtsfolge, dass der Anspruch auf Leistung ausgeschlossen ist (§ 275 Abs. 1 BGB) bzw. der Schuldner die Leistung verweigern kann (§ 275 Abs. 2, 3 BGB), bezieht sich dabei lediglich auf das Recht des Gläubigers, die Leistung *in natura* zu verlangen **(Primärleistungspflicht)** und ist deshalb grds. unabhängig vom Vertretenmüssen (s. aber § 275 Abs. 2 BGB, wo das Vertretenmüssen des Leistungshindernisses zumindest ein Abwägungsgrund ist). Die Frage, welche **weiteren Rechtsfolgen** sich aus der Leistungsbefreiung bzw. der Geltendmachung eines Leistungsverweigerungsrechts in Bezug auf etwaige Gegenleistungsansprüche ergeben (s. § 326 BGB) oder ob an die Stelle der Primärleistungspflicht eine andere Pflicht, etwa auf Herausgabe eines Surrogats (s. § 285 BGB) oder eine Schadensersatzpflicht (s. §§ 280, 283, 311a Abs. 2 BGB) als **sekundäre Leistungspflicht** tritt, ist in § 275 BGB nicht geregelt, sondern vielmehr von § 275 Abs. 4 BGB ausdrücklich vorbehalten. Deshalb ist auch im Falle einer Leistungsbefreiung nach § 275 Abs. 1 BGB die Nichtleistung als solche Pflichtverletzung iSv § 280 Abs. 1 BGB (→ § 27 Rn. 7).

II. „Echte" Unmöglichkeit (§ 275 Abs. 1 BGB)

1. Physische Unmöglichkeit

Physische (tatsächliche) Unmöglichkeit liegt vor, wenn die geschuldete Leistung 2
nach den Naturgesetzen nicht erbracht werden kann. Das liegt zB vor, wenn die geschuldete Sache unwiederbringlich vernichtet worden ist, die Forderung, deren Abtretung geschuldet wird, erloschen ist[1] oder die geschuldete Werkleis-

[1] BGH JuS 2024, 788 (Omlor).

tung technisch nicht realisierbar ist oder bereits von einem Dritten erbracht wurde.[2]

Im Falle von **Gattungsschulden** (§ 243 BGB) tritt eine solche Unmöglichkeit erst ein, wenn entweder die gesamte Gattung nicht existiert oder untergegangen ist (Bsp.: Die gesamte Ernte, aus der geliefert werden sollte, wird vernichtet) oder aber bereits Konkretisierung eingetreten war und der Gegenstand untergegangen ist, auf den sich nunmehr das Schuldverhältnis nach § 243 Abs. 2 BGB beschränkt (→ § 17 Rn. 1 ff.).

3 Auch die sog. **„Zweckerreichung"** oder **„Zweckverfehlung"** ist ein Fall physischer Unmöglichkeit. Sie liegt dann vor, wenn die Leistung zwar physisch noch erbracht werden könnte, aber sinnlos geworden ist, weil der (geschuldete oder durch die Tätigkeit bezweckte) Leistungserfolg bereits **anderweitig eingetreten** ist oder **nicht mehr eintreten kann.** So liegt etwa Unmöglichkeit vor, wenn das abzuschleppende Pannenfahrzeug bereits wieder angesprungen ist, die vom Chefarzt persönlich geschuldete Operation bereits erfolgreich durch einen Assistenzarzt vorgenommen wurde[3] oder der Käufer die vom Verkäufer nach § 439 BGB geschuldete Nacherfüllung eines mangelhaften Kaufgegenstandes bereits selbst vorgenommen hat oder diese nicht mehr vorgenommen werden kann, weil der Kaufgegenstand zerstört ist. Von Zweckverfehlung kann man auch im Fall des sog. **absoluten Fixgeschäfts** sprechen (→ Rn. 15).

Einen Grenzfall bildet die Verpflichtung zur Beratung auf astrologischer oder parapsychologischer Basis. Hier ist zunächst genau zu ermitteln, was Gegenstand der vertraglichen Verpflichtung sein soll. So hat der BGH bei einer Verpflichtung zur Lebensberatung aufgrund magischer Kräfte des Kartenlegens eine im Rechtssinn unmögliche Leistung angenommen, weil der (naturwissenschaftlich unmögliche) Einsatz magischer Kräfte vereinbart gewesen sei.[4] Eine Pflicht zur Zahlung des Honorars hat der BGH aber dennoch aufgrund der Auslegung des Vertrags bejaht (konkludente Abbedingung von § 326 Abs. 1 S. 1 BGB, dazu → § 35 Rn. 12).

Ist hingegen nur astrologisches Kartenlegen nach den dafür geltenden Regeln geschuldet oder handelt es sich bei den angebotenen Leistungen um bloße Jahrmarktvergnügungen, ist die Leistung als solche nicht unmöglich (sondern nützt eben nur nichts). Gleiches gilt bei einer Verpflichtung zur Lebensberatung, bei welcher lediglich irgendwelche esoterischen Handlungen vorgenommen werden, nicht aber der – unmögliche – Einsatz magischer Kräfte versprochen wird.[5] Letztlich gerät man hier schon an die Wertungsfrage, ob solche Verträge Rechtsschutz verdienen.[6] In einem der Vertragsfreiheit verpflichteten System ist das aber grds. zu bejahen.

2. Rechtliche Unmöglichkeit

4 Rechtliche Unmöglichkeit liegt vor, wenn die Vornahme der versprochenen Leistung aus Rechtsgründen nicht herbeigeführt werden kann oder nicht herbeigeführt werden darf.[7] Häufig (aber nicht zwingend) wird dann schon nach § 134 BGB Vertragsnichtigkeit gegeben sein (zB bei der Verpflichtung zur Begehung einer Straftat). Rechtliche Unmöglichkeit liegt aber vor, wenn die Leistung an anderen rechtlichen Hindernissen wie etwa dem *numerus clausus* dinglicher Rechte scheitert (so scheitert

[2] So etwa in BGH NJW 2010, 1282.
[3] OLG Koblenz NJW 2008, 1679.
[4] BGHZ 188, 71 = NJW 2011, 756 = JuS 2011, 359 (Faust); s. dazu auch Schermaier JZ 2011, 633 sowie Bartels ZGS 2011, 355.
[5] BGHZ 188, 71 Rn. 11 = NJW 2011, 756.
[6] Vgl. auch BGHZ 115, 69 = NJW 1992, 232 – „keltisches Horoskop".
[7] BGH NJW 2013, 152 Rn. 33; NJW-RR 2024, 862 Rn. 17.

etwa die Verpflichtung zur Bestellung eines vererblichen Nießbrauchs an § 1061 BGB). Auch kann ein (vertraglicher oder gesetzlicher) Auskunftsanspruch an **datenschutzrechtlichen Verboten** scheitern.[8] Fälle rechtlicher Unmöglichkeit begründeten auch die **behördlichen Beherbergungsverbote** oder die Schließung von Lokalen und Fitnessstudios und anderen Einrichtungen während der Covid-19-Pandemie.[9]

Allein der Umstand, dass der Schuldner sich gegenüber zwei Gläubigern verpflichtet hat, eine Leistung zu erbringen, die er nur einmal erbringen kann (zB beim **Doppelverkauf** einer Sache), führt hingegen nicht zu rechtlicher Unmöglichkeit. Diese kann erst dann eintreten, wenn der Schuldner nach Erfüllung einer der Verpflichtungen (also im Fall des Doppelverkaufs nach Übereignung an einen der Käufer) mangels Verfügungsmacht über den Gegenstand nicht mehr in der Lage ist, die andere zu erfüllen (subjektive Unmöglichkeit, → Rn. 8).[10] 5

Unmöglichkeit ist auch im Falle des Erfordernisses einer **behördlichen Zustimmung** zu privatrechtlichen Verträgen denkbar. Soweit sich dieses Erfordernis – wie meist – bereits auf den Schuldvertrag selbst erstreckt, braucht man die Rechtsfigur der Unmöglichkeit nicht, weil die Verpflichtung mangels Zustimmung schon gar nicht erst entsteht. 6

Dann ergibt sich nur die nach Treu und Glauben zu entscheidende Frage, welche Anstrengungen die Parteien unternehmen müssen, um die Zustimmung herbeizuführen. Die Rspr. hat sogar vereinzelt eine Pflicht zur Mitwirkung an solchen Vertragsänderungen bejaht, die den Vertrag genehmigungsfähig machen können.[11] Unmöglichkeit kommt nur in Betracht, wenn der Abschluss des Schuldvertrags zustimmungsfrei ist, aber seine Ausführung einer Zustimmung bedarf, die endgültig verweigert wird.

3. Anfängliche und nachträgliche Unmöglichkeit

§ 275 Abs. 1 BGB unterscheidet nicht danach, ob das Leistungshindernis bereits bei Vertragsschluss bestand oder nachträglich eingetreten ist. Da im Falle **anfänglicher Unmöglichkeit** ein Erfüllungsanspruch zu keinem Zeitpunkt bestand, ist in § 275 Abs. 1 BGB richtigerweise auch nicht vom „Erlöschen" eines Anspruchs die Rede, sondern von einem „Ausschluss". Die Unterscheidung zwischen anfänglicher und nachträglicher Unmöglichkeit ist erst bei der Frage der **Schadensersatzverpflichtung** des Schuldners von Bedeutung (s. §§ 280 Abs. 1, 3, 283 BGB einerseits und § 311a Abs. 2 BGB andererseits, dazu → § 35 Rn. 47 ff.). 7

4. Objektive und subjektive Unmöglichkeit

§ 275 Abs. 1 BGB unterscheidet auch nicht danach, ob die Leistung generell, also **für jedermann** unmöglich ist (**objektive Unmöglichkeit,** zB der Verkauf einer nicht existenten Sache) oder ob die Leistung **nur für den Schuldner** unmöglich ist **(subjektive Unmöglichkeit, Unvermögen),** sondern stellt beide Fälle ausdrücklich gleich. Subjektive Unmöglichkeit darf allerdings nicht vorschnell angenommen werden: So führt etwa der Verkauf einer dem Verkäufer nicht gehörenden Sache noch nicht allein deshalb zu subjektiver Unmöglichkeit, weil der Verkäufer nicht Eigentümer der Sache ist und sie zunächst nicht übereignen kann. Denn möglicherweise 8

[8] BGH NJW 2014, 2651 Rn. 9.
[9] BGH NJW-RR 2024, 862; NJW 2022, 2024; NJW-RR 2023, 965.
[10] BGH NJW 2013, 152 Rn. 33.
[11] Etwa BGH NJW 1973, 1498.

kann er die Sache ja erwerben oder den Eigentümer veranlassen, diese an den Käufer zu übereignen. Subjektive Unmöglichkeit setzt daher voraus, dass der Schuldner (Verkäufer) auch nicht in der Lage ist, sich die Sache wieder zu beschaffen oder den Verfügungsberechtigten zur Leistung an den Gläubiger zu veranlassen.[12]

Dies kann aber den Gläubiger in Beweisnot bringen. Denn wie soll er zB im Rahmen eines Schadensersatzanspruchs nach § 280 Abs. 1, 3 BGB, § 283 BGB beweisen, dass der Schuldner nicht in der Lage ist, sich den Gegenstand zu beschaffen? Hier hilft die Rspr. mit einer **Beweislastumkehr.** Bei Schuldverhältnissen, die auf die Verschaffung des Eigentums an einer Sache gerichtet sind (also insbesondere bei Kaufverträgen), begründet danach der Umstand, dass der Schuldner nicht die rechtliche Verfügungsmacht über die Sache hat (also zB nicht Eigentümer der verkauften Sache ist), sein Unvermögen zur Leistung, solange er nicht behauptet und beweist, dass er zur Erfüllung des Vertrags durch Wiedererwerb der Sache willens und in der Lage ist.[13]

9 Ist dies nur unter extremem Aufwand möglich, kommt aber ein Leistungsverweigerungsrecht nach § 275 Abs. 2 BGB in Betracht (→ Rn. 20 ff.).

5. Vollständige und teilweise Unmöglichkeit; qualitative Unmöglichkeit

10 Die Unmöglichkeit kann die ganze geschuldete Leistung, aber auch nur einen Teil derselben betreffen. Liegt eine solche **Teilunmöglichkeit** vor, so ergibt sich aus der Formulierung „soweit" in § 275 Abs. 1 BGB, dass der Schuldner auch nur von dem unmöglichen Teil der Leistung befreit ist, den Rest der Leistung aber erbringen muss, der Gläubiger sie also verlangen kann und grds. auch annehmen muss. Eine Gegenleistungspflicht des Gläubigers wird dann nach § 326 Abs. 1 S. 1 Hs. 2 BGB reduziert, dazu → § 35 Rn. 13.

11 Teilunmöglichkeit setzt aber voraus, dass die geschuldete Leistung tatsächlich oder rechtlich **teilbar** ist. Die Frage der Teilbarkeit bestimmt sich primär aus dem Parteiwillen, iÜ nach der Verkehrsanschauung.[14] Ist die Leistung nicht teilbar, liegt **vollständige Unmöglichkeit** vor. Letztere ist immer dann anzunehmen, wenn der **vertraglich festgelegte oder vorausgesetzte Verwendungszweck** des Gläubigers auch nicht teilweise erreicht werden kann, dh dem Gläubiger „nur mit der vollen Leistung gedient ist".[15] Um dies zu ermitteln, ist danach zu fragen, ob der Vertrag mutmaßlich auch über den noch möglich gebliebenen Teil der Leistung zustande gekommen wäre.[16] Teilunmöglichkeit ist hingegen denkbar, wenn nur ein Bruchteil der Leistung erbracht und sinnvoll verwendet werden kann (zB von den bestellten fünf Maschinen können nur zwei geliefert werden, weil nach deren Herstellung die Fabrik abgebrannt ist).

12 Teilunmöglichkeit kann auch vorliegen, wenn eine **einheitliche Leistung nur unvollständig erbracht** werden kann (zB das verkaufte Hausgrundstück nur ohne das inzwischen abgebrannte Haus).[17] Gleiches gilt, wenn von **mehreren** miteinander zusammenhängenden, aber **verschiedenartigen Leistungen eine** unmöglich wird.

---

[12] BGHZ 141, 179 (181) = NJW 1999, 2034; BGHZ 199, 123 Rn. 26 = NJW 2014, 782.

[13] BGH NJW 2007, 2841 Rn. 10; 2015, 1516 Rn. 25.

[14] S. dazu etwa BGH NJW 1990, 3011 (3012): Lieferung von Hard- und Software; LG Rottweil NJW 2003, 3139: Kauf einer Einbauküche.

[15] RG 27.5.1933 – I 16/33, RGZ 140, 378 (383).

[16] Was zB nicht der Fall ist, wenn von einem verkauften zwölfbändigen Lexikon zwei Bände zerstört sind.

[17] BGH NJW 1995, 1737.

So schuldet etwa ein Verkäufer nach § 433 Abs. 1 S. 1 BGB Übergabe und Übereignung sowie nach § 433 Abs. 1 S. 2 BGB **Sachmängelfreiheit.** Ist die Kaufsache (unbehebbar) mangelhaft, kann der Verkäufer zwar Eigentum und Besitz verschaffen, nicht aber sachmangelfrei leisten. Damit liegt ein Fall teilweiser Unmöglichkeit vor.[18] Diese sog. **qualitative Unmöglichkeit** ist wegen der dafür bestehenden Sonderregelungen in Bezug auf die Rechte des Gläubigers (→ § 35 Rn. 21) ein besonders geregelter Unterfall teilweiser Unmöglichkeit.

Von der teilweisen Leistungsbefreiung des Schuldners ist die Frage zu unterscheiden, 13
ob der Gläubiger den noch möglichen Teil der Leistung annehmen **muss.** Das ist nach §§ 326 Abs. 5 BGB iVm 323 Abs. 5 S. 1 BGB dann nicht der Fall, wenn **Interessefortfall** vorliegt. Dann kann der Gläubiger nämlich vom „Restvertrag" zurücktreten. Dabei ist maßgeblich, ob der Gläubiger mit der verbliebenen Teilleistung seine Vertragsziele zumindest noch teilweise verwirklichen kann (dazu sowie zur Problematik der Unteilbarkeit der **Gegenleistung** → § 35 Rn. 20 ff.).

Da der Gläubiger dies selbst am besten beurteilen kann, ist mit *Canaris* für die Abgrenzung zwischen vollständiger und teilweiser Unmöglichkeit grds. nicht darauf abzustellen, ob die Leistung rechtlich oder technisch sinnvoll teilbar ist, sondern allein darauf, dass sie faktisch geteilt ist.[19] Dem Gläubiger bleibt es dann unbenommen, trotz „Unteilbarkeit" die restliche Leistung anzunehmen (und die ggf. geschuldete Gegenleistung anteilig zu erbringen), oder aber sich vom gesamten Vertrag (unter der Voraussetzung des Interessefortfalls) zu lösen. Die Kriterien, welche die hM im Erfordernis der Teilbarkeit verankert, werden damit in dasjenige des Interessefortfalls nach § 323 Abs. 5 S. 1 BGB verlagert: Bei Unteilbarkeit liegt stets auch Interessefortfall vor, der den Gläubiger nach § 326 Abs. 5 BGB, § 323 Abs. 5 S. 1 BGB zum Gesamtrücktritt **berechtigt,** aber nicht verpflichtet.[20]

Das hat gegenüber der hM unter im Wesentlichen identischen Kriterien den Vorteil, dass dem Gläubiger, der uU ein Interesse am noch möglichen Teil der (an sich unteilbaren) Leistung hat, die Restleistung nicht nach § 275 Abs. 1 BGB vorenthalten wird. Warum soll der Käufer des 12-bändigen Lexikons nicht die noch vorhandenen 10 Bände verlangen können, wenn er ein Interesse daran hat (weil er etwa die verlorenen 2 Bände nicht benötigt oder sich anderweitig beschaffen kann)? Damit bleiben für das Erfordernis der Teilbarkeit nur noch Fälle übrig, in welchen die Vertragszwecke des **Schuldners** durch eine Teilleistung nicht erreicht werden können (zB so etwa, wenn im Falle der Schenkung eines denkmalgeschützten Hausgrundstücks zum Zwecke seiner Erhaltung durch den Erwerber das Haus vor der Übereignung abbrennt. Soll hier der Schenker jetzt zur Übereignung von Bauland verpflichtet sein?). Will man mit Canaris auch hier nicht am Kriterium der Teilbarkeit festhalten, sind die Schuldnerinteressen über § 313 BGB (Wegfall der Geschäftsgrundlage) oder eine analoge Anwendung von § 139 BGB zu berücksichtigen (was insofern näherliegt, als es dann nicht darauf ankommt, ob das Haus vor oder nach Vertragsschluss abbrennt).

6. Einstweilige (vorübergehende) und endgültige Unmöglichkeit

§ 275 Abs. 1 BGB setzt eine **dauernde** Unmöglichkeit voraus. Steht dies nicht fest 14
(zur Beweislast → Rn. 33), liegt also uU eine nur **einstweilige Unmöglichkeit** vor (manche sprechen hier auch von **„vorübergehender Unmöglichkeit"**), entfällt die Leistungspflicht grds. nicht endgültig. Einig ist man sich aber darüber, dass der Gläubiger, solange der Schuldner die Leistung nicht erbringen kann, diese auch nicht fordern kann. Der Erfüllungsanspruch ist damit für diesen Zeitraum analog § 275

---

[18] S. dazu Medicus/Lorenz SchuldR BT § 5 Rn. 5, § 7 Rn. 84.

[19] Canaris 2. FS Medicus, 2009, 17.

[20] Abweichend Canaris 2. FS Medicus, 2009, 31, der die Kriterien als nicht vollständig deckungsgleich ansieht, weil sich Teilbarkeit, nicht aber Interessefortfall auch aufgrund des Parteiwillens ergeben könne. Die Unteilbarkeit der Leistung sei aber stets ein hinreichender Grund für den Gesamtrücktritt.

Abs. 1 BGB **gehemmt,**[21] so dass auch eine Verjährung nach § 199 Abs. 1 Nr. 1 BGB noch nicht beginnt[22] und Schuldnerverzug (§ 286 BGB) nicht eintreten kann bzw. gleichfalls gehemmt ist (→ § 36 Rn. 4). Eine Klage wäre als „derzeit unbegründet" abzuweisen[23], eine etwaige Gegenleistung kann nach § 320 BGB verweigert werden.

a) Absolutes Fixgeschäft

15 Die Leistungszeit kann aber nach der Vereinbarung der Parteien so wesentlich sein, dass die Leistung nur zu einer bestimmten Zeit oder innerhalb eines bestimmten Zeitraums erbracht werden kann. Mit der Verfehlung dieses Zeitpunktes wird die Leistung also ebenfalls dauernd unmöglich. Dann spricht man von einem **absoluten Fixgeschäft.** Ein solches erfordert nicht nur die Festlegung einer genauen Leistungszeit, sondern darüber hinaus Einigkeit der Parteien darüber, dass der Vertrag mit der Einhaltung oder Nichteinhaltung der Leistungszeit „stehen oder fallen" solle. Der Leistungszeitpunkt muss nach Sinn und Zweck des Vertrags und nach der Interessenlage der Parteien so wesentlich sein, dass eine verspätete Leistung keine Erfüllung mehr darstellt, weil sie für den Gläubiger absolut sinnlos ist.[24]

16 Ob die Parteien der vereinbarten Leistungszeit eine so weitgehende Bedeutung beimessen wollten, ist unter Berücksichtigung aller Umstände durch Auslegung zu ermitteln. Beispiele sind etwa die für einen bestimmten Zeitpunkt gebuchte Reise[25], ein für einen bestimmten Zeitraum gebuchter Hotelaufenthalt oder der Kauf eines Weihnachtsbaums, der eben nur an Weihnachten Sinn macht. Auch **Arbeitsleistungen** haben, da eine bestimmte Tätigkeit geschuldet wird, die nicht nachholbar ist, idR absoluten Fixschuldcharakter. Im Zweifel ist aber auch bei vertraglicher Festlegung der Leistungszeit **nicht** von einem absoluten Fixgeschäft auszugehen.[26] Absolute Fixgeschäfte sind also außerordentlich selten. Zu fragen ist stets, ob der Gläubiger noch ein Interesse an der Leistung haben kann. Ist das der Fall, wäre es interessenwidrig, ihm den Anspruch nach § 275 Abs. 1 BGB ohne seinen Willen aus der Hand zu schlagen.[27] Dem Gläubiger bleibt ja dann immer noch der (vom Vertretenmüssen unabhängige) und nach den Regeln des sogleich zu erörternden „relativen Fixgeschäfts" nach § 323 Abs. 2 Nr. 2 BGB meist auch ohne Fristsetzung mögliche Rücktritt.

b) Relatives Fixgeschäft

17 In der Regel liegt bei einer vertraglichen Bestimmung der Leistungszeit daher lediglich ein sog. **relatives Fixgeschäft** vor. Ebenso wie ein absolutes Fixgeschäft erfordert auch ein solches über die Festlegung einer genauen Leistungszeit hinaus, dass es für den Schuldner zumindest erkennbar ist, dass der Vertrag für den Gläubiger mit der Einhaltung oder Nichteinhaltung der Leistungszeit „stehen oder fallen" soll. Der Un-

---

21 Ganz hM, s. etwa Gsell FS Buchner, 2009, 267; Medicus FS Heldrich, 2005, 347 (349); MüKoBGB/Ernst § 275 Rn. 162 mwN; aus der Rspr. s. BGH NZG 2010, 1436 Rn. 22.

22 BGH NZG 2010, 1436 Rn. 22.

23 BGH NZG 2010, 1436 Rn. 22.

24 BGH NJW 2009, 2743 Rn. 12.

25 BGHZ 60, 14 = NJW 1973, 318.

26 BGH NJW 2001, 2878 (kein absolutes Fixgeschäft bei Musikproduktionsvertrag).

27 S. zB BGH NJW 2009, 2743 (kein absolutes Fixgeschäft bei einem Flugbeförderungsvertrag zur Rückreise aus dem Urlaub).

terschied zum absoluten Fixgeschäft besteht aber darin, dass nach dem Vertragszweck die Leistung nach Ablauf des Erfüllungszeitraums nicht gänzlich sinnlos wird, sondern der Gläubiger durchaus trotz der Verspätung noch ein Interesse an der Leistung haben kann.

Beispiel: Wird etwa beim Kauf eines Kfz ein bestimmter fester Liefertermin vereinbart, weil der Käufer damit in den Urlaub fahren will, so kann er, auch wenn dieser Liefertermin ergebnislos verstreicht, ein fortbestehendes Interesse an der Lieferung haben, da er das Fahrzeug wohl nicht ausschließlich zu diesem Zweck verwenden wollte. Ist der zu einem bestimmten Zeitpunkt gebuchte Flug verspätet, kann der Fluggast immer noch ein Interesse an der Beförderung haben.[28]

Es wäre daher interessenwidrig, Unmöglichkeit nach § 275 Abs. 1 BGB anzunehmen 18
und dem Gläubiger damit den Erfüllungsanspruch möglicherweise gegen seinen Willen zu nehmen. Daher führt die Versäumung der Leistungsfrist hier nicht zu den Unmöglichkeitsfolgen, sondern dem Gläubiger wird ein **Rücktrittsrecht** nach den Regeln über die **Verspätung der Leistung** eingeräumt mit der Besonderheit, dass er hierzu dem Schuldner keine weitere Nachfrist einräumen muss (§ 323 Abs. 2 Nr. 2 BGB, dazu → § 37 Rn. 14). Damit liegt es in der Hand des Gläubigers, an dem Vertrag festzuhalten. § 281 Abs. 2 BGB sieht Ähnliches für **Schadensersatz statt der Leistung** vor (→ § 38 Rn. 5).

c) Unzumutbarkeit weiteren Abwartens

Liegt kein (absolutes oder relatives) Fixgeschäft vor, steht nach der Rspr. eine uU 19
nur vorübergehende Unmöglichkeit einer endgültigen Unmöglichkeit gleich, wenn durch sie die Erreichung des Vertragszwecks gefährdet wird und den Parteien ein weiteres Abwarten **nicht mehr zumutbar ist.**[29] Aus Gläubigersicht besteht allerdings kein Bedürfnis nach einer Gleichsetzung mit der endgültigen Unmöglichkeit, weil dieser sich gem. § 323 BGB **unabhängig vom Vertretenmüssen des Schuldners** durch Fristsetzung und Rücktritt vom Vertrag lösen und damit die für ihn unzumutbare Schwebelage selbst beseitigen kann. Daher wird man richtigerweise nach jetzt geltendem Recht eine uU nur vorübergehende Unmöglichkeit nur noch dann einer endgültigen gleichzustellen haben, wenn **aus der Sicht des Schuldners** (der ja seinerseits nicht wegen der eigenen Leistungsverzögerung nach § 323 BGB zurücktreten kann) ein weiteres Abwarten unzumutbar ist.[30] So etwa, wenn ein Bauunternehmer das versprochene Bauwerk nicht errichten kann, weil unklar ist, ob der Bauherr die notwendige Baugenehmigung wird erlangen können: Hier kann dem Bauunternehmer, der seine Dispositionsfreiheit wiedererlangen will, ein weiteres Abwarten unzumutbar werden. Ist dies der Fall, steht die vorübergehende Unmöglichkeit der endgültigen Unmöglichkeit gleich. Aus Gründen der Rechtsklarheit wird man aber analog § 323 BGB eine **rechtsgestaltende Erklärung** des Schuldners zu verlangen haben, der – ähnlich wie bei einem Rücktrittsrecht – erklären muss, dass er durch den Vertrag nicht mehr gebunden sein will. Die dann erfolgende Gleichstellung zeitweiliger mit endgültiger Unmöglichkeit ist aus Rechtssicherheitsgründen endgültig.[31] Sollte die Leistung nach dem maßgeblichen Zeitpunkt unerwartet doch möglich werden, ist dies ohne Belang.

---

[28] BGH NJW 2009, 2743 Rn. 12.
[29] BGH NJW-RR 2024, 862 Rn. 21; BGHZ 233, 266 Rn. 20 = NJW 2022, 2024.
[30] Canaris Karlsruher Forum 2002, 53.
[31] BGHZ 174, 61 Rn. 24 = NJW 2007, 3777.

Nach einer anderen Ansicht kann die Lösung vom Vertrag **auch aus Gläubigersicht** nur über diesen Weg erfolgen: Da im Falle zeitweiliger Unmöglichkeit die Leistungspflicht, obwohl keineswegs endgültig weggefallen, so doch analog § 275 BGB suspendiert sei (→ Rn. 124), könne der Gläubiger sie aus diesem Grund auch nicht fordern, solange das Leistungshindernis besteht. Da somit keine „fällige" Leistung iSv § 323 Abs. 1 BGB vorliege, komme ein Rücktritt nicht in Betracht.[32] Verlangt man – wie hier – aber jedenfalls eine gestaltende Erklärung des Gläubigers, besteht praktisch kein Unterschied zwischen beiden Ansichten.

III. „Normative" Unmöglichkeit: Leistungsverweigerungsrechte bei Leistungserschwerung (§ 275 Abs. 2, 3 BGB)

20 Bereits vor der Schaffung von § 275 Abs. 2, 3 BGB war in Rspr. und Lit. anerkannt, dass es Leistungshindernisse geben kann, welche dem Schuldner die Leistung zwar nicht tatsächlich oder rechtlich unmöglich machen, diese aber in einem Maße erschweren, dass dem Schuldner die Leistung nicht mehr zugemutet werden kann. Man spricht in diesem Zusammenhang auch von Anstrengungen, welche die **„Opfergrenze"** überschreiten. Damit sind nicht nur Extremfälle gemeint, in welchen kein vernünftiger Schuldner auf die Idee käme, den Versuch einer Leistungserbringung zu wagen und kein vernünftiger Gläubiger die Leistung *in natura* fordern würde (so etwa die Bergung eines im Meer versunkenen Rings), sondern auch Fälle, in welchen unvorhergesehene Leistungshindernisse die an sich mögliche Leistung unzumutbar machen.

So war in einem Fall[33] Baumwollsaatmehl der Marke „Eichenlaub" versprochen worden. Die einzige Mühle, die dieses Mehl herstellte, brannte aber mit allen Vorräten ab. Der Schuldner hätte nun versuchen können, sich Teilmengen zu besorgen, die schon vor dem Brand an andere Besteller ausgeliefert worden waren. Das RG hat ihn zu einem solchen Ausweichen auf andere Märkte (das auch erheblich höhere Kosten verursacht hätte) nicht für verpflichtet gehalten.

21 § 275 Abs. 2 und 3 BGB versuchen eine Definition der Grenze, ab welcher der Schuldner zur Überwindung dieser Leistungshindernisse nicht mehr verpflichtet sein soll. Man kann hier auch von „normativer" Unmöglichkeit sprechen, weil es sich um Fälle handelt, in welchen das Gesetz die Unmöglichkeitsfolgen anordnet, ohne dass tatsächlich im naturwissenschaftlichen Sinn Unmöglichkeit vorliegt. Dabei sind wirtschaftliche Gründe (§ 275 Abs. 2 BGB) und persönliche Gründe (§ 275 Abs. 3 BGB) zu unterscheiden.

Als spezielle Ausformung von § 275 Abs. 2 und 3 BGB verstehen sich die Leistungsverweigerungsrechte bei der Nacherfüllung im Kaufrecht (§ 439 Abs. 4 BGB) und im Werkvertragsrecht (§ 635 Abs. 3 BGB). Wie schon ihrem klaren Wortlaut zu entnehmen ist („unbeschadet des § 275 II und III") verdrängen sie § 275 Abs. 2 und 3 BGB nicht, sondern senken die „Schwelle", ab derer der Schuldner die Leistung verweigern kann, zu dessen Gunsten ab.[34]

1. Wirtschaftliche Leistungserschwerung

a) Maßgebliche Relation

22 Nach § 275 Abs. 2 BGB kann der Schuldner die Leistung verweigern, „soweit diese einen Aufwand erfordert, der unter Beachtung des Inhalts des Schuldverhältnisses und der Gebote von Treu und Glauben in einem groben Missverhältnis zu dem Leis-

[32] So Medicus FS Heldrich, 2005, 347. Auch BGHZ 174, 61 Rn. 24 = NJW 2007, 3777 beschränkt sich nicht auf die Perspektive des Schuldners.

[33] RG 23.2.1904 – Rep. II. 398/03, RGZ 57, 116.

[34] S. dazu Medicus/Lorenz SchuldR BT § 7 Rn. 29.

tungsinteresse des Gläubigers steht." Schlüssel zum Verständnis der Vorschrift ist die Relation: Das vorausgesetzte Missverhältnis muss zwischen dem **Aufwand des Schuldners** zur Erbringung der Leistung und deren **Nutzen für den Gläubiger** bestehen. Grob formuliert wird damit die Situation beschrieben, in welcher die Leistung den Schuldner deutlich mehr **kostet** als sie dem Gläubiger **nutzt.** Dabei ist es vollkommen gleichgültig, ob sich die Verpflichtung des Schuldners aus einem gesetzlichen oder einem rechtsgeschäftlichen Schuldverhältnis ergibt.[35] So ist § 275 Abs. 2 BGB etwa erfüllt, wenn im Falle einer mangelhaften Mietsache ein krasses Missverhältnis zwischen dem Reparaturaufwand des gem. § 535 Abs. 1 BGB zur Mängelbeseitigung verpflichteten Vermieters und dem Nutzen der Reparatur für den Mieter besteht.[36]

Irrelevant ist hingegen ein Vergleich zwischen dem Aufwand des Schuldners und **dessen eigenem** Nutzen. Bezugspunkt für die Feststellung eines groben Missverhältnisses ist nicht das wirtschaftliche oder sonstige Interesse des Schuldners daran, für die Erfüllung der Leistungsschuld keinen unerschwinglichen Aufwand betreiben zu müssen.[37] Es kommt iRv § 275 Abs. 2 BGB also nicht darauf an, ob sich die Leistung **für den Schuldner** „lohnt". 23

Beispiel: Verkauft ein Verkäufer eine Ware zum Stückpreis von 30,00 EUR bei einem Einkaufspreis von 20,00 EUR und steigen unvorhergesehen die Einkaufspreise für die Ware auf 80,00 EUR, so besteht das von § 275 Abs. 2 BGB vorausgesetzte Missverhältnis gerade nicht: Zwar hat der Schuldner nunmehr einen höheren Aufwand, um die Leistung zu erbringen, jedoch steht dieser nicht in einem Missverhältnis zum Leistungsinteresse **des Gläubigers** (Käufers). Denn dieser müsste, wollte er sich die Leistung anderweitig besorgen, ebenfalls einen Stückpreis von 80,00 EUR bezahlen. Hier besteht das Missverhältnis also allein zwischen Aufwand des Schuldners und Nutzen des Schuldners, nicht aber gegenüber dem Gläubiger.

Allein der Umstand, dass die Leistung den Schuldner schwer oder existenzbedrohend belastet, begründet damit kein Leistungsverweigerungsrecht. Diese auch als „wirtschaftliche Unmöglichkeit" bezeichneten Fälle können allenfalls von § 313 BGB **(Störung der Geschäftsgrundlage)** erfasst werden (→ § 42 Rn. 1 ff.). § 313 BGB führt aber – anders als § 275 Abs. 2 BGB und durchaus sachgerecht – nicht sogleich zu einer Befreiung des Schuldners, sondern primär zu einer Anpassung des Vertrags. 24

Bei der Frage der Unverhältnismäßigkeit in § 275 Abs. 2 BGB geht es aber nicht allein um den wirtschaftlichen Wert der Leistung für den Gläubiger. Dessen „Leistungsinteresse" kann selbstverständlich auch nicht wirtschaftlicher, etwa emotionaler Natur sein. 25

b) Einzelkriterien für die Bestimmung der „Opfergrenze"

Aus den näheren Kriterien, welche § 275 Abs. 2 BGB für die „Opfergrenze" des Schuldners definiert, wird deutlich erkennbar, dass es sich dabei um eine **eng auszulegende Ausnahmevorschrift** handelt. Bei der Feststellung eines „groben" Missverhältnisses zwischen Schuldneraufwand und Gläubigerinteresse sind nämlich der **Inhalt des Schuldverhältnisses** und die Gebote von **Treu und Glauben** zu beachten. 26

[35] BGH NJW 2008, 3122 Rn. 17; NJW-RR 2010, 315 (zur Anwendbarkeit auf einen Beseitigungsanspruch aus § 1004 Abs. 1 BGB).

[36] BGH NJW 2005, 3284.

[37] BAG NZA 2005, 440.

Handelt es sich um ein vertragliches Schuldverhältnis und ist das Leistungshindernis vorhersehbar, so wird dieses bereits in der Gegenleistung berücksichtigt sein. Wann die Zumutbarkeitsgrenze überschritten ist, muss iÜ von Fall zu Fall unter Berücksichtigung der beiderseitigen Parteiinteressen wertend ermittelt werden.[38] Dass starre Wertverhältnisse iRv § 275 Abs. 2 BGB unangebracht sind, zeigt auch § 275 Abs. 2 S. 2 BGB, wonach bei den dem Schuldner zuzumutenden Anstrengungen auch zu berücksichtigen ist, ob er das Leistungshindernis zu vertreten hat.[39] Geht es etwa um die Frage, ob ein Vermieter ein abgebranntes Mietobjekt neu errichten muss, verlangt die Vorschrift von dem Brandstifter größere Anstrengungen als von einem Schuldner, den das Leistungshindernis nur infolge leichter Fahrlässigkeit oder sogar ganz ohne Verschulden getroffen hat.

In einem Fall,[40] in welchem es um die im Wege der Nacherfüllung gem. § 439 Abs. 1 BGB geschuldete Beseitigung einer anlagebedingten Fehlentwicklung eines verkauften Hundes durch eine (mögliche, aber aufwendige) tierärztliche Behandlung ging, hat der BGH iRv § 275 Abs. 2 BGB ebenfalls zugunsten des Verkäufers ergänzend die Tatsache herangezogen, dass dieser die Fehlentwicklung nicht zu vertreten hatte.

27 Hilfreich kann § 275 Abs. 2 BGB auch im Falle fraglicher subjektiver Unmöglichkeit sein. So kann, wie oben bei → Rn. 8 dargelegt, im Falle des Verkaufs einer fremden Sache aus der bloßen Tatsache, dass der Verkäufer zunächst kein Eigentum verschaffen kann, noch nicht auf dessen endgültiges Unvermögen geschlossen werden. Steht aber fest, dass der Schuldner (Verkäufer) den Verfügungsberechtigten nur unter einer im Verhältnis zum Wert der Sache für den Gläubiger (Käufer) unverhältnismäßig hohen Gegenleistung zur Leistung an diesen veranlassen kann, kommt ein Leistungsverweigerungsrecht nach § 275 Abs. 2 BGB in Betracht.

S. dazu (noch zum früheren Recht) folgendes Beispiel:[41] Keine Verpflichtung des Schuldners, die Löschung einer Auflassungsvormerkung herbeizuführen, da sie ihn das 33-fache des Verkehrswerts des betroffenen Grundstücks kosten würde.

2. Persönliche Leistungserschwerung: Unzumutbarkeit (§ 275 Abs. 3 BGB)

28 Eine weitere Sonderregelung enthält § 275 Abs. 3 BGB für vom Schuldner **persönlich zu erbringende Leistungen** (also insbesondere Dienstleistungen). Er kann die Leistung verweigern, wenn sie ihm „unter Abwägung des seiner Leistung entgegenstehenden Hindernisses mit dem Leistungsinteresse des Gläubigers nicht zugemutet werden kann". Auch die in dieser Regelung kodifizierte Problematik war bereits vor Schaffung der Vorschrift in Rspr. und Lit. als „psychische" oder „personale" Unmöglichkeit anerkannt.

29 Der entscheidende Unterschied zu § 275 Abs. 2 S. 1 BGB besteht darin, dass § 275 Abs. 3 BGB den für den Schuldner nötigen Aufwand nicht nennt und auch kein grobes Missverhältnis fordert. Die Begründung hierfür ergibt sich aus dem in der Beratung des § 275 Abs. 3 BGB angeführten Fall: Die Sängerin braucht nicht wie versprochen aufzutreten, wenn sie bei ihrem schwer kranken Kind bleiben will.[42] Hier kann man das Verlassen des Kindes für den Auftritt schwerlich als „Aufwand" der

[38] BGH NJW 2005, 3284.
[39] S. dazu beispielhaft die Abwägung in BGH NJW-RR 2010, 315 Rn. 21 ff.
[40] BGH NJW 2005, 2852.
[41] BGH NJW1988, 699.
[42] BT-Drs. 14/6040, 130.

Sängerin bezeichnen. Und schon gar nicht kann man die Überwindung, die der Mutter ein solches Verlassen abnötigen würde, zu dem (regelmäßig materiellen) Interesse des Veranstalters in Beziehung setzen. Daher bleibt nur der Rückgriff auf die (relativ unbestimmte) Unzumutbarkeit. Weitere Beispielsfälle sind etwa das Fernbleiben eines ausländischen Arbeitnehmers wegen einer strafbewehrten Einziehung zum Militärdienst in seiner Heimat.[43] Auch die Arbeitsverweigerung aus Gewissensgründen kann bei schwerwiegenden Gewissenskonflikten ein Fall von § 275 Abs. 3 BGB sein (etwa die ethisch oder religiös motivierte Weigerung eines angestellten Krankenhausarztes an der Vornahme eines Schwangerschaftsabbruchs mitzuwirken). Entscheidend kommt es auch hier auf die Umstände des Einzelfalls an, bei welchen auch die Interessen des Gläubigers zu berücksichtigen sind. Selbstverständlich kommt hier auch dem objektiven Wertgehalt der Grundrechte (Art. 4 GG) eine wichtige Rolle zu.[44]

Beispiel: Einen interessanten und lehrreichen Beispielsfall zum Unmöglichkeitsrecht allgemein und insbesondere zur fehlenden Zumutbarkeit der Leistung bietet der folgende Fall:[45] Die Domainvergabestelle DENIC hatte sich gegenüber zwei verschiedenen Gläubigern verpflichtet, diesen durch Eintrag in ihrer Registrierungsdatenbank für deren Internetpräsenz einen bestimmten Domainnamen des Toplevels.de („gewinn.de") zuzuweisen. Erfüllt die Schuldnerin hier einen der Verträge, wird ihr die Leistung an den anderen Gläubiger weder tatsächlich noch rechtlich unmöglich, da sie die Zuweisung jederzeit durch einen Eintrag in ihrer Registrierungsdatenbank ändern kann. Erfüllt sie diesen Anspruch, kann sie aber sogleich wieder (erfolgreich) von dem anderen Gläubiger auf Erfüllung in Anspruch genommen werden. Es droht also ein dauerhaftes „Hin und Her" von Erfüllungsansprüchen. Der BGH hat hier offengelassen, ob dieser Fall unter § 275 Abs. 3 BGB fällt (was wohl zu bejahen ist). Jedenfalls ergebe sich aus dem Regelungskonzept von § 275 Abs. 2 und 3 BGB, dass eine Begrenzung der Leistungspflicht aufgrund von Abwägungen insbesondere im Hinblick auf die Zumutbarkeit für den Schuldner vorzunehmen sei. Unter Rückgriff auf das (übergeordnete) Prioritätsprinzip hat der BGH der Schuldnerin dann ein Leistungsverweigerungsrecht gegenüber demjenigen Gläubiger zugestanden, dessen Anspruch später entstanden war.

IV. Rechtsfolgen, Beweislast

1. Unmittelbare Rechtsfolgen: Wegfall der Primärleistungspflicht, Begriff der Leistungsgefahr

Für die Wirkungen der rechtserheblichen Unmöglichkeit in Bezug auf die **primäre** 30
Leistungspflicht unterscheidet § 275 BGB zwei verschiedene Rechtsfolgen. Nach Abs. 1 fällt der Anspruch auf die Leistung bei **nachträglicher Unmöglichkeit von selbst weg** (also *ipso iure*), im Falle **anfänglicher Unmöglichkeit** entsteht er gar nicht erst (was aber nach § 311a Abs. 1 BGB keinen Einfluss auf die Wirksamkeit des Vertrags hat). In den Fällen der Abs. 2 und 3 ist er erst ausgeschlossen, wenn der Schuldner eine entsprechende **Einrede erhebt.** Dahinter steht folgender Gedanke: Bei den schlechthin unüberwindbaren Hindernissen nach § 275 Abs. 1 BGB kommt ein Wahlrecht des Schuldners zwischen Leistungserbringung und Leistungsverweigerung ohnehin nicht in Betracht. Dagegen kann man ihm bei Hindernissen, die er zwar überwinden kann, aber nach § 275 Abs. 2 BGB nicht zu überwinden braucht, die Wahl lassen. Entweder er beruft sich darauf, er könne die geschuldete Leistung mit den dafür erforderlichen Anstrengungen nicht erbringen. Oder aber er überwindet die Hindernisse, vielleicht um die Gegenleistung zu verdienen oder um (in der Hoffnung auf weitere Aufträge) seine besondere Leistungsfähigkeit zu beweisen. Entspre-

[43] BAG NJW 1983, 2782 (drohende Todesstrafe).
[44] S. dazu insbes. Canaris, Grundrechte und Privatrecht, AcP 84 (1984), 201; Canaris JuS 1989, 161.
[45] BGHZ 195, 195 = NJW 2013, 152.

chendes gilt auch für die in Abs. 3 geregelte persönlich zu erbringende Leistung. Solche Wahlsituationen kommen nicht selten vor. So kann etwa der an einer Erkältung erkrankte Dienstverpflichtete sich krankschreiben lassen oder trotzdem zur Arbeit gehen.[46]

31 Wird der Schuldner im Falle der Unmöglichkeit unabhängig von der Frage des Vertretenmüssens befreit, so spricht man auch von der **Leistungsgefahr** (im Kaufrecht auch als **Sachgefahr** bezeichnet). Diese bezeichnet das Risiko, im Falle der Unmöglichkeit die Leistung nicht zu erhalten. Da nach § 275 Abs. 1 BGB in den Fällen der Unmöglichkeit der Leistungsanspruch entfällt, trägt damit der **Gläubiger** die Leistungsgefahr.

2. Mittelbare Rechtsfolgen: Sekundärleistungspflichten

32 § 275 Abs. 4 BGB stellt mit dem Verweis auf die §§ 280, 283–285, 311a und 326 BGB klar, dass die Abs. 1–3 nur die Rechtsfolgen in Bezug auf die **Primärleistungspflicht** regeln. In Bezug auf **sekundäre Leistungspflichten**[47] wie insbesondere **Schadensersatzpflichten** (§§ 280, 283, 311a BGB) bleibt es aber dabei, dass die bloße Nichtleistung trotz der Leistungsbefreiung eine (objektive) **Pflichtverletzung** iSv § 280 Abs. 1 S. 1 BGB darstellt (dazu bereits → § 27 Rn. 7). Vorbehalten bleibt auch die Frage, ob der Gläubiger im Falle der Unmöglichkeit einen etwaigen **vom Schuldner erlangten Ersatz** (wie etwa eine Versicherungsleistung) herausverlangen kann (§ 285 BGB) und wie sich der Wegfall der Leistungspflicht im Falle eines gegenseitigen Vertrags auf eine **Gegenleistungspflicht** des Gläubigers auswirkt. Diese Frage der sog. **Gegenleistungs**- oder **Preisgefahr,** ob also zB ein Käufer im Falle des Wegfalls seines Erfüllungsanspruchs weiterhin zur Zahlung des Kaufpreises verpflichtet ist oder nicht, regelt § 326 BGB (→ § 35 Rn. 8 ff.).

3. Beweislast

33 Aus diesen Rechtsfolgen ergibt sich auch die Verteilung der **Beweislast.** Es gilt die (ungeschriebene) Grundregel, dass derjenige, der eine für sich günstige Rechtsfolge behauptet, das Vorliegen der hierfür notwendigen gesetzlichen Tatbestandsvoraussetzungen darzulegen und zu beweisen hat. Das kann bei § 275 BGB je nach Fallkonstellation und Rollenverteilung Unterschiedliches bedeuten. Beruft sich der auf die Primärleistung in Anspruch genommene **Schuldner** auf eine Leistungsbefreiung nach § 275 BGB, so hat er darzulegen und zu beweisen, dass (ihm) die Leistung unmöglich ist bzw. die Tatbestandsvoraussetzungen eines Leistungsverweigerungsrechts vorliegen. Macht hingegen der **Gläubiger** als Sekundäranspruch einen Schadensersatzanspruch aus § 280 Abs. 1, 3 BGB, § 283 BGB bzw. § 311a Abs. 2 BGB geltend, hat er die Unmöglichkeit zu beweisen (zur Beweiserleichterung im Falle subjektiver Unmöglichkeit aber → Rn. 8). Ist ihm das nicht möglich, kann er zur Sicherheit „zweispurig" vorgehen. Wenn er nämlich dem Schuldner eine Frist setzt, ist nach deren Ablauf ein Anspruch auf Schadensersatz statt der Leistung jedenfalls begründet: Entweder aus § 280 Abs. 1, 3 BGB, § 281 BGB oder aber aus § 280 Abs. 1, 3 BGB, § 283 BGB bzw. § 311a Abs. 2 BGB, sofern der Schuldner nicht den Nachweis mangelnden Vertretenmüssens (§ 280 Abs. 1 S. 2 BGB, § 311a Abs. 1 S. 2 BGB) führt. Ein Rücktrittsrecht ist dann (unabhängig vom Vertretenmüssen) entwe-

---

[46] Vgl. Scholl JURA 2006, 283.

[47] Zu den Begriffen → § 13 Rn. 15.

der aus § 323 BGB oder aber aus § 326 Abs. 5 BGB iVm § 323 BGB gegeben. In dieser Situation kann also offenbleiben, ob Leistungsbefreiung nach § 275 BGB vorlag oder nicht.[48]

34

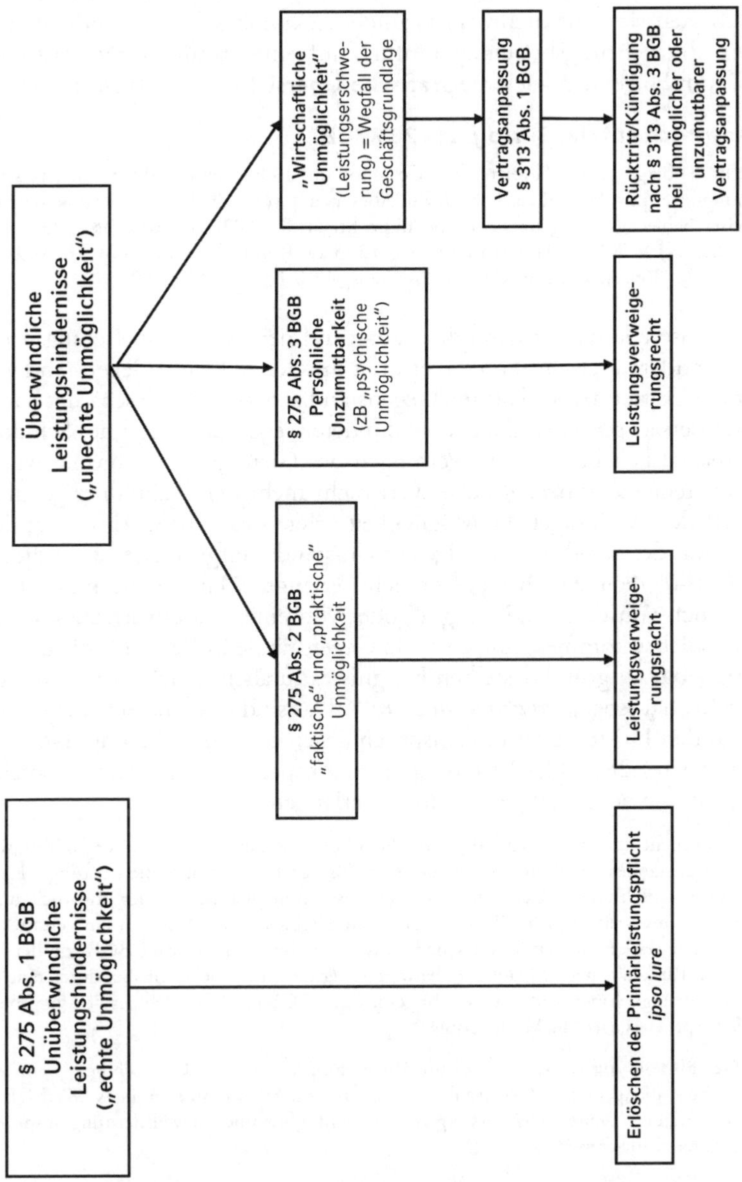

Abb. 4: Leistungsbefreiung nach § 275 BGB/Leistungshindernisse als Befreiungsgrund von der Primärleistungspflicht

[48] Zu den weiteren prozessualen Konsequenzen eingehend Kohler AcP 205 (2005), 93.

§ 35. Die Rechtsfolgen der Leistungsbefreiung

1 Soeben wurde betont, dass nach § 275 BGB die Unmöglichkeit den Schuldner von selbst oder mittels einer Einrede lediglich von der primären Leistungspflicht befreit. Das bedeutet aber nicht, dass der Schuldner nichts anderes zu leisten bräuchte. In der Tat können sich aus mehreren Gründen sekundäre Leistungspflichten ergeben bzw. kann die Leistungsbefreiung Einfluss auf eine etwaige Gegenleistungspflicht haben (s. zum Folgenden auch die **grafische Übersicht** bei → Rn. 46).

I. Der Anspruch auf das Surrogat (§ 285 BGB)

Literatur: Bollenberger, Das stellvertretende Commodum, 1999; Lehmann/Zschache, Das stellvertretende Commodum, JuS 2006, 50; S. Lorenz, Zur Abgrenzung von Teilleistung, teilweiser Unmöglichkeit und teilweiser Schlechtleistung im neuen Schuldrecht, NJW 2003, 3097; Löwisch, Herausgabe von Ersatzverdienst, NJW 2003, 2049; Wackerbarth, § 285 BGB und die Lehre vom effizienten Vertragsbruch, ZGS 2006, 369; A. Wieczorek, Die Erlösherausgabe bei § 281 BGB, 1995.

2 Möglicherweise erlangt der Schuldner aufgrund der Leistungsbefreiung nach § 275 BGB einen anderen Gegenstand. So etwa, wenn der verkaufte Gegenstand versichert war oder ein Dritter den verkauften Gegenstand zerstört oder beschädigt hat und dafür Schadensersatz schuldet. Da der geschuldete Gegenstand kraft des Schuldverhältnisses wirtschaftlich bereits dem Vermögen des Gläubigers zugeordnet war, dh der hinter ihm stehende wirtschaftliche Wert nicht mehr dem Schuldner gebührt[1], gibt § 285 BGB dem Gläubiger die Möglichkeit, Herausgabe bzw. Abtretung dessen zu verlangen, was der Schuldner „infolge des Umstands, aufgrund dessen er die Leistung nach § 275 I–III nicht zu erbringen braucht" erlangt.[2] Man spricht in diesem Zusammenhang auch von einem **„Surrogat"** oder von einem „**stellvertretenden *commodum***". Als solches kommen zunächst alle Gegenstände in Betracht, die dem Schuldner **unmittelbar** aufgrund desselben Ereignisses zufallen, welches die Unmöglichkeit herbeigeführt hat (sog. ***„commodum ex re"***). Das sind etwa die Schadensersatzforderung gegen den Dritten oder der Anspruch gegen eine Versicherung. Der Gläubiger kann dann nach § 285 BGB Abtretung dieser Ansprüche oder, wenn sie bereits erfüllt wurden, Zahlung der jeweiligen Summen verlangen.

§ 285 BGB gilt nicht nur für den Fall, dass dem Schuldner die Leistung – etwa wegen Verlustes des geschuldeten Gegenstandes – vollständig, sondern auch für den Fall, dass ihm die Leistung – bspw. wegen Beschädigung des geschuldeten Gegenstandes – teilweise unmöglich ist und der Anspruch auf die Leistung daher (nur) insoweit nach § 275 Abs. 1 BGB ausgeschlossen ist. Wird zB ein geleastes Fahrzeug ohne Verschulden des Leasingnehmers beschädigt, ist dieser nach § 275 Abs. 1 BGB von der Pflicht zur unbeschädigten Rückgabe nach Ablauf der Leasingzeit befreit. Ist der Schaden aber durch eine Kaskoversicherung des Leasingnehmers gedeckt, besteht gem. § 285 BGB ein Anspruch des Leasinggebers auf Abtretung des Anspruchs gegen die Versicherung.[3]

Auch iRd **Gewährleistungsrechts** kann es zur Anwendung von § 285 BGB kommen, wenn ein Käufer einen unbehebbar mangelhaften Gegenstand weiterverkauft. Hier kann sich aus § 285 BGB eine Verpflichtung des Käufers/Weiterverkäufers ergeben, seinem Abnehmer Gewährleistungsansprüche gegen den Erstverkäufer abzutreten.[4]

---

[1] Zu dieser ratio der Regelung BGHZ 167, 312 Rn. 25 = NJW 2006, 2323.
[2] Zur (analogen) Anwendbarkeit von § 285 BGB iRv § 346 Abs. 2 S. 1 Nr. 2 BGB → § 49 Rn. 15.
[3] BGH JZ 2008, 411 mAnm Martinek.
[4] S. dazu Medicus/Lorenz SchuldR BT § 7 Rn. 99.

Die Herausgabepflicht von Surrogaten erfasst aber nicht nur die unmittelbar aus dem zur Leistungsbefreiung führenden Umstand entstandenen Surrogate, sondern darüber hinaus auch solche, bei welchen ein nur **wirtschaftlicher Zusammenhang** besteht. So etwa im Fall des Doppelverkaufs: Hat ein Verkäufer denselben Gegenstand, den er an K1 verkauft hat, ein weiteres Mal und für einen höheren Kaufpreis an K2 verkauft und an diesen auch übereignet, so ist ihm die Übereignung an K1 unmöglich geworden (sofern er den Gegenstand nicht mehr beschaffen oder K2 nicht zur Übereignung an K1 veranlassen kann, → § 34 Rn. 7). Den **Verkaufserlös** hat er aber bei genauer Betrachtung nicht „infolge des Umstands" erworben, der ihm die Leistung unmöglich macht (Übereignung an K2), sondern allein aufgrund des Kaufvertrags mit K2. Das ist Konsequenz des **Trennungsprinzips,** welches zwischen Verpflichtungs- und Verfügungsgeschäft unterscheidet.[5] Nähme man § 285 BGB beim Wort, hätte K1 daher keinen Anspruch auf Herausgabe dieses Erlöses. Die hM lässt aber auch einen bloß wirtschaftlichen Zusammenhang genügen und wendet § 285 BGB deshalb auch auf das sog. **„rechtsgeschäftliche Surrogat"** (auch: ***„commodum ex negotiatione cum re"***) an, so dass auch der Erlös, den der Schuldner aus einem Rechtsgeschäft mit der Sache erzielt hat, von § 285 BGB erfasst wird.[6] 3

Das ist nicht unproblematisch, kommt es doch dabei weder auf ein Vertretenmüssen des Schuldners noch auf die Tatsache an, ob der Gläubiger den Erlös selbst hätte erzielen können (weil dieser zB auf ein besonderes Verkaufsgeschick des Schuldners zurückzuführen ist). Verwirrend ist auch, dass die (nicht unbestr.) hM bei anderen gesetzlichen Surrogationsregeln das rechtsgeschäftliche Surrogat gerade von der Herausgabepflicht ausschließt (so zB bei § 818 Abs. 1 BGB).[7]

Notwendig ist dabei allerdings stets eine **wirtschaftliche Identität** zwischen dem geschuldeten und dem vom Schuldner aufgrund der Unmöglichkeit erlangten Gegenstand. Gemeint ist damit, dass nur ein solches Surrogat geschuldet wird, welches auch der Gläubiger mit der unmöglich gewordenen Leistung hätte erwirtschaften dürfen. Nur dann ist ihm nämlich der Gegenstand bereits durch das Schuldverhältnis wirtschaftlich zugewiesen. 4

In einem vom BGH entschiedenen Fall[8] wurde dies für einen Fall der Doppelvermietung verneint: Ein Vermieter hatte eine als Parkplatz vermietete Fläche ein weiteres Mal an Dritte als Gewerbefläche vermietet. Der BGH verneinte einen Anspruch des Erstmieters auf Herausgabe des Mieterlöses aus § 285 BGB mit der Begründung, dass das vom Vermieter Erlangte nicht mit dem übereinstimme, was er dem Mieter schulde. Denn der Mieter selbst hätte die Fläche nur als Parkplatz, nicht aber als Gewerbefläche nutzen oder gar weitervermieten dürfen (s. § 540 Abs. 1 S. 1 BGB). Wäre der Mieter hierzu befugt gewesen oder hätte der Vermieter die Fläche ein weiteres Mal als Parkplatz vermietet, wäre ein Anspruch auf Herausgabe des erzielten Erlöses aus § 285 BGB daher zu bejahen gewesen.

Im Falle **anfänglicher Unmöglichkeit** ist § 285 BGB ebenfalls anwendbar. Zwar war hier der Schuldner bereits bei Entstehen des Schuldverhältnisses von der Leistungspflicht befreit, so dass er, nimmt man § 285 BGB wörtlich, das Surrogat nicht für den (zu keinem Zeitpunkt) „geschuldeten" Gegenstand erlangt hat, jedoch handelt es sich hierbei offensichtlich um ein bloßes Redaktionsversehen. Die Vorschrift ist 5

---

5 Köhler BGB AT § 5 Rn. 14.
6 BGHZ 75, 203 = NJW 1980, 178.
7 S. BGHZ 158, 63 (67) = NJW 2004, 1314 sowie Medicus/Lorenz SchuldR BT § 70 Rn. 10.
8 BGHZ 167, 312 = NJW 2006, 2323.

also zu lesen: „erlangt der Schuldner (...) für den geschuldeten **oder versprochenen** Gegenstand einen Ersatz (...).“[9]

6 Macht der Gläubiger – was er nicht muss – den Anspruch auf das Surrogat geltend, darf er aber nicht besser stehen als im Falle der Vertragserfüllung. Er muss sich deshalb nach § 285 Abs. 2 BGB den Wert des Surrogats auf einen etwaigen Schadensersatzanspruch statt der Leistung anrechnen lassen. Auch wird seine **Gegenleistungspflicht** zumindest anteilig aufrechterhalten (→ Rn. 44).

II. Das Schicksal der Gegenleistungspflicht bei Unmöglichkeit im gegenseitigen Vertrag (funktionelles Synallagma)

Literatur: S. die Angaben zu → § 36 sowie Canaris, Die von beiden Parteien zu vertretende Unmöglichkeit, FS E. Lorenz, 2004, 147; Canaris, Teleologie und Systematik der Rücktrittsrechte nach dem BGB, FS Kropholler, 2008, 3; Canaris, Gläubigerverzug und Unmöglichkeit, FS Prölss, 2009, 21; Canaris, Der Fortbestand des Anspruchs auf die Gegenleistung nach § 326 Abs. 2 BGB wegen Verantwortlichkeit des Gläubigers, FS Picker, 2010, 113; Dötterl, Wann ist der Gläubiger für die Unmöglichkeit verantwortlich?, 2008; S. Lorenz, Grundwissen – Zivilrecht: Unmöglichkeit – Auswirkungen auf die Gegenleistung, JuS 2022, 802; S. Lorenz, Vertragserhaltung im Kaufrecht, FS Wolfsteiner, 2007, 121; Peukert, § 326 I 2 und die Minderung als allgemeiner Rechtsbehelf, AcP 205 (2005), 430; Rauscher, Die von beiden Seiten zu vertretende Unmöglichkeit im neuen Schuldrecht, ZGS 2002, 333.

7 Geht es um die Unmöglichkeit einer Leistung aus einem einseitig verpflichtenden vertraglichen oder gesetzlichen Schuldverhältnis, stellen sich neben den behandelten Fragen, ob und inwieweit der Schuldner von der Leistungspflicht befreit ist und ob der Gläubiger wegen des Ausbleibens der Leistung Schadensersatz verlangen kann, keine weiteren Fragen. Anders ist dies im Falle eines **gegenseitigen Vertrags.** Hier muss das Gesetz die Frage beantworten, wie sich die Befreiung des Schuldners gegenüber dem Gläubiger auf dessen Gegenleistungsverpflichtung auswirkt: Muss zB ein Käufer noch bezahlen, wenn die Kaufsache untergegangen ist?

1. Von keinem Beteiligten zu vertretende Unmöglichkeit

a) Gegenleistungsgefahr

8 Nach der Grundregel des § 326 Abs. 1 S. 1 BGB **entfällt der Anspruch auf die Gegenleistung,** wenn der Schuldner seinerseits nach § 275 Abs. 1–3 BGB von der Leistungspflicht befreit ist. Das entspricht dem Gedanken der Abhängigkeit von Leistung und Gegenleistung beim **gegenseitigen (= synallagmatischen) Vertrag** (→ § 13 Rn. 3). Im Umkehrschluss aus § 326 Abs. 2 S. 1 BGB, der den Fall regelt, in welchem der Gläubiger für die Unmöglichkeit verantwortlich ist, ergibt sich, dass § 326 Abs. 1 S. 1 BGB sowohl für den vom Schuldner zu vertretenden als auch für den **zufälligen Untergang** gilt. Mit „Zufall“ ist dabei ein von keinem der Beteiligten des Schuldverhältnisses zu vertretender Wegfall der Leistungspflicht nach § 275 Abs. 1–3 BGB gemeint. Auch ein Untergang des Leistungsgegenstandes, der auf dem Verschulden eines unbeteiligten Dritten beruht, dessen Verhalten sich keiner der Beteiligten zurechnen lassen muss, ist also in diesem Sinne ein „zufälliges“ Ereignis.

9 Die Frage, wer das so definierte Zufallsrisiko trägt, bezeichnet man als **Gefahrtragung.** Da es hier um die Frage geht, wer das Risiko trägt, dass im Falle einer zufälligen Unmöglichkeit die **Gegenleistung** ausbleibt, spricht man in diesem Zusam-

[9] BeckOK BGB/Lorenz § 285 Rn. 8 mwN.

menhang von der **Gegenleistungsgefahr** oder **Preisgefahr** (in Abgrenzung zur **Leistungs-** oder **Sachgefahr,** → § 34 Rn. 30). Diese Gegenleistungsgefahr trägt nach § 326 Abs. 1 S. 1 BGB grds. der **Schuldner.** Kann er nämlich die von ihm geschuldete Leistung nicht erbringen, bekommt er auch die Gegenleistung nicht. Dies ist Ausdruck des sog. **funktionellen Synallagmas,** dh der Abhängigkeit von Leistung und Gegenleistung bei der Durchführung eines Vertrags (→ § 13 Rn. 7). Hat der Gläubiger die nach § 326 Abs. 1 BGB nicht geschuldete Gegenleistung bereits erbracht, kann er sie nach § 326 Abs. 4 BGB iVm §§ 346 ff. BGB zurückfordern (→ Rn. 45).

Beispiel: Wird das verkaufte Kfz nach Vertragsschluss zerstört, wird der Verkäufer (Schuldner) nach § 275 Abs. 1 BGB von der Leistungspflicht frei. Da der Käufer (Gläubiger) jetzt die Leistung nicht mehr erhält, trägt er die **Leistungsgefahr** (und zwar unabhängig vom Vertretenmüssen des Verkäufers). Ist der Untergang „zufällig", verliert der Verkäufer (Schuldner) aber nach § 326 Abs. 1 S. 1 BGB auch den Anspruch auf die Gegenleistung. Er trägt damit die **Gegenleistungsgefahr.** Aus dem Zusammenspiel von § 275 Abs. 1 BGB und § 326 Abs. 1 S. 1 BGB ergibt sich also die Grundregel, dass beim gegenseitigen Vertrag der **Gläubiger die Leistungsgefahr,** der **Schuldner die Gegenleistungsgefahr** trägt.

b) Vergütungserhaltende Normen

Von dieser (allgemeinen) Gefahrtragungsregelung des § 326 Abs. 1 S. 1 BGB gibt es 10
aber **Ausnahmen,** die man auch als **„vergütungserhaltende Normen"** bezeichnet. Sie haben zur Folge, dass trotz Wegfalls der Leistungspflicht nach § 275 BGB die Gegenleistung (Vergütung) weiterhin zu erbringen ist. Neben dem Fall der vom Gläubiger selbst zu vertretenden Unmöglichkeit (§ 326 Abs. 2 S. 1 Alt. 1 BGB, dazu → Rn. 30) findet sich im Allgemeinen Leistungsstörungsrecht der in § 326 Abs. 2 S. 1 Alt. 2 BGB geregelte Fall des **Annahmeverzugs:** Befindet sich der Gläubiger zum Zeitpunkt des Eintritts der Unmöglichkeit im Annahmeverzug, so bleibt der Anspruch des Schuldners auf die Gegenleistung bestehen, wenn der Schuldner die Leistungsbefreiung seinerseits **nicht zu vertreten** hat. Da der Schuldner im Annahmeverzug des Gläubigers nach § 300 Abs. 1 BGB überdies von der Haftung für einfache Fahrlässigkeit befreit ist (→ § 41 Rn. 13), geht mit Eintritt des Annahmeverzuges nicht nur die Preisgefahr über, sondern der Gläubiger muss die geschuldete Gegenleistung selbst dann erbringen, wenn die Leistungsbefreiung auf (einfacher) Fahrlässigkeit des Schuldners beruht.

Beispiel: Die Parteien haben im **obigen Beispiel** (→ Rn. 9) eine Bringschuld vereinbart. Der Verkäufer will das Kfz zum vereinbarten Zeitpunkt beim Käufer übergeben, trifft diesen aber nicht an. Auf dem Rückweg wird das Fahrzeug durch einen von ihm fahrlässig verursachten Unfall zerstört. Wegen des Annahmeverzugs des Käufers (§ 293 BGB) hat der Verkäufer jetzt einfache Fahrlässigkeit nicht mehr zu vertreten (§ 300 Abs. 1 BGB). Damit liegen die Voraussetzungen des § 326 Abs. 2 S. 1 Alt. 2 BGB (Annahmeverzug seitens des Gläubigers und fehlendes Vertretenmüssen seitens Schuldners) vor, der Käufer hat den Kaufpreis trotz der Leistungsbefreiung des Verkäufers (§ 275 Abs. 1 BGB) zu entrichten. Ein Rücktrittsrecht des Käufers nach § 326 Abs. 5 BGB ist gem. § 323 Abs. 6 Alt. 2 BGB ausgeschlossen (→ § 37 Rn. 24).

Weitere wichtige Ausnahmen finden sich im **Kaufrecht** (§§ 446, 447 BGB, s. aber 11
§ 475 Abs. 2 BGB) und im **Werkvertragsrecht** (§ 644 BGB). Wenn eine unter Eigentumsvorbehalt verkaufte Sache (vgl. § 449 Abs. 1 BGB) nach der Übergabe, aber vor vollständiger Kaufpreiszahlung durch Zufall untergeht, kann der vom Verkäufer geschuldete Erfolg der Eigentumsverschaffung (§ 433 Abs. 1 S. 1 BGB) nicht mehr eintreten. Nach § 326 Abs. 1 S. 1 BGB bräuchte also der Käufer die restlichen Kaufpreisraten nicht zu zahlen und er könnte nach § 326 Abs. 4 BGB iVm

§§ 346–348 BGB die schon gezahlten Raten zurückverlangen. Das wäre aber unbillig, weil die Sache mit der Übergabe bereits in den Gefahrenbereich des Käufers gelangt ist. Daher lässt § 446 S. 1 BGB die Gegenleistungsgefahr (im Kaufrecht spricht man auch von Preisgefahr) schon mit der **Übergabe** und unabhängig vom Zeitpunkt der Übereignung auf den Käufer übergehen. Der Käufer muss also die ihm übergebene Sache auch dann vollständig bezahlen, wenn die Eigentumsübertragung auf ihn durch Zufall unmöglich geworden ist. Ähnliche Motive stehen hinter § 447 BGB im Falle des Versendungsverkaufs: Wenn der Verkäufer die Ware auf Verlangen des Käufers versendet, ohne zum Transport verpflichtet zu sein (Schickschuld), verlässt sie mit dem Absenden seine Risikosphäre. Allerdings gilt diese Vorschrift im Falle eines Verbrauchsgüterkaufs im Regelfall nicht (§ 475 Abs. 2 BGB).[10]

12 § 326 Abs. 1 BGB ist überdies **dispositives Recht,** dh die Parteien können dessen Anwendbarkeit (auch konkludent) abbedingen. Die Vertragsfreiheit lässt es also auch zu, dass sich eine Partei gegen Entgelt dazu verpflichtet, Leistungen zu erbringen, deren versprochene Wirkungen nach den Erkenntnissen der Wissenschaft nicht erweislich sind, sondern auf irrationalen Vorstellungen der Parteien beruhen.[11] Eine solche Vereinbarung kann jedoch nicht durch AGB erfolgen, da § 326 Abs. 1 BGB zweifellos Leitbildfunktion iSv § 307 Abs. 2 Nr. 1 BGB zukommt.

So hat der BGH grds. die Möglichkeit bejaht,[12] wirksam eine Gegenleistungsverpflichtung für eine auf Kartenlegen und dem Einsatz „magischer Kräfte" beruhende Lebensberatung *(„life coaching")* zu vereinbaren (dazu bereits → § 34 Rn. 3).

c) Teilweise Unmöglichkeit

13 **aa) Grundsatz: Anteilige Minderung der Gegenleistung.** Liegt eine nur **teilweise Unmöglichkeit** vor, ist der Schuldner nach § 275 Abs. 1 BGB nur in Bezug auf den unmöglichen Teil von der Leistung befreit (→ § 34 Rn. 10). Bietet er den noch möglichen Teil der Leistung an, liegt darin rechtlich nicht das Angebot einer Teilleistung, welche der Gläubiger nach § 266 BGB zurückweisen könnte, sondern ein Angebot der (wegen § 275 Abs. 1 BGB allein noch geschuldeten) Gesamtleistung.[13]

14 Konsequenterweise wird der Gläubiger in einem solchen Fall von seiner Gegenleistungspflicht auch nur anteilig befreit (§ 326 Abs. 1 S. 1 Hs. 2 BGB). Die Berechnung erfolgt dabei entsprechend den Grundsätzen der kaufrechtlichen Minderung (s. den Verweis auf § 441 Abs. 3 BGB in § 326 Abs. 1 S. 1 Hs. 2 BGB). Die nur entsprechende Anwendung von § 441 Abs. 3 BGB eröffnet dabei die Möglichkeit zu einer dem jeweiligen Vertragstypus entsprechenden Berechnung.[14]

Beispiel 1: V verkauft K seine Schallplattensammlung von insgesamt 500 Langspielplatten zum Preis von 10.000 EUR. Nach Vertragsschluss werden 100 Langspielplatten aus der Sammlung zerstört. V ist (nur) in Bezug auf die 100 zerstörten Platten nach § 275 Abs. 1 BGB von seiner Leistungspflicht befreit. Nach §§ 326 Abs. 1 S. 2 Hs. 2, 441 Abs. 3 S. 1 BGB mindert sich der Kaufpreis um 2.000 EUR auf 8.000 EUR. Hatte K bereits den vollen Kaufpreis bezahlt, kann er nach §§ 326 Abs. 4, 346 Abs. 1 BGB den zu viel gezahlten Betrag von 2.000 EUR von V zurückverlangen.

---

[10] Zu den Einzelheiten vgl. Medicus/Lorenz SchuldR BT § 4 Rn. 1 ff.
[11] BGHZ 188, 71 Rn. 17 = NJW 2011, 756 = JuS 2011, 359 (Faust); s. dazu auch Schermaier JZ 2011, 633 sowie Bartels ZGS 2011, 355.
[12] BGHZ 188, 71 = NJW 2011, 756.
[13] S. Lorenz NJW 2003, 3097.
[14] S. etwa BGH NJW 2010, 1282 für den Fall einer Teilunmöglichkeit beim Werkvertrag.

bb) Gesamtrücktritt. Will im Fall teilweiser Unmöglichkeit der Gläubiger auch von dem aufrechterhaltenen Teil des Vertrags („Restvertrag") loskommen, so eröffnet ihm § 326 Abs. 5 BGB unter bestimmten Voraussetzungen die Möglichkeit des **Rücktritts vom gesamten Vertrag.** Die Regelung ordnet eine entsprechende Anwendung der Rücktrittsregelung des § 323 BGB an mit der Maßgabe, dass eine Fristsetzung entbehrlich ist. Nimmt man aus § 323 BGB die mit der Fristsetzung zusammenhängenden Tatbestandsvoraussetzungen ebenso wie das durch die „entsprechende Anwendung" hinfällige Erfordernis der Fälligkeit der (wegen § 275 Abs. 1 BGB gerade nicht mehr fälligen) Leistung heraus, bleiben noch die **Rücktrittsvoraussetzung** des § 323 Abs. 5 S. 1 BGB sowie die **Rücktrittsausschlussgründe** des § 323 Abs. 5 S. 2, 6 BGB. 15

Im Falle einer teilweise unmöglichen Leistung setzt der Gesamtrücktritt (dh der Rücktritt vom „Restvertrag") damit nach § 323 Abs. 5 S. 1 BGB **Interessefortfall** voraus. Das bedeutet, dass der Gläubiger darlegen und beweisen muss, dass sein Interesse an der verbliebenen Restleistung gerade wegen der teilweisen Unmöglichkeit weggefallen ist, dh die **konkreten Zwecke des Gläubigers** mit der erbrachten Leistung auch nicht teilweise verwirklicht werden können. Dazu muss – entgegen dem Wortlaut des hier ja nur entsprechend anwendbaren § 323 Abs. 5 BGB („Hat der Schuldner eine Teilleistung bewirkt …") – die verbliebene Restleistung noch nicht erbracht sein (zur abweichenden Rechtslage bei der **Verzögerung** der Leistung → § 37 Rn. 19 ff.). 16

Dass der Gläubiger sich bei teilweiser Unmöglichkeit nicht ohne Weiteres, sondern nur bei Vorliegen von Interessefortfall vom noch möglichen Teil des Vertrags lösen kann, ist Ausdruck des **Grundsatzes der Vertragserhaltung.** Der Gläubiger soll eine teilweise Leistungsstörung nicht ohne Weiteres zum Anlass nehmen dürfen, sich vom **ganzen** Vertrag zu lösen (den er uU aus ganz anderen Gründen bereut). 17

Beispiel: In **Beispiel 1** (→ Rn. 14) muss damit der Käufer die 400 verbliebenen Langspielplatten also weiterhin abnehmen und bezahlen, sofern er nicht besondere Umstände darlegt und beweist, die einen Interessefortfall begründen (weil es sich etwa bei den ursprünglich geschuldeten 500 Langspielplatten um eine besondere Sammlung handelt, die nur als Ganzes Sammlerwert hat).

Selbstverständlich bleibt dem Käufer in einem solchen Fall aber die Möglichkeit erhalten, beim Ausbleiben dieses dann noch (allein) geschuldeten Teils der Leistung nach § 323 BGB aus dem Gesichtspunkt der **Verspätung der Leistung** vorzugehen. Er kann also dem Verkäufer eine Frist zur Erbringung der Restleistung setzen und nach deren fruchtlosen Ablauf ohne die Beschränkung des § 323 Abs. 5 S. 1 BGB den Rücktritt erklären (→ § 37 Rn. 1 ff.). Liefert also im Beispiel (→ Rn. 14) der Verkäufer auch die 400 verbliebenen Langspielpatten nicht, kann der Käufer nach einer Fristsetzung nach § 323 BGB ohne Weiteres vom Vertrag zurücktreten. 18

cc) Sonderproblem: Unteilbare Gegenleistung. Die von § 326 Abs. 1 S. 1 Hs. 2 BGB vorgesehene automatische Herabsetzung der Gegenleistung setzt aber nicht nur die Teilbarkeit der Leistung (→ § 34 Rn. 11) sondern auch die **Teilbarkeit der Gegenleistung** voraus, denn eine unteilbare Gegenleistung kann nicht nach § 326 Abs. 1 S. 1 Hs. 2 BGB anteilig herabgesetzt werden. In einem solchen Fall ist § 326 Abs. 1 S. 1 Hs. 2 nicht anwendbar, so dass es bei der Grundregel des § 326 Abs. 1 S. 1 Hs. 1 BGB bleiben muss, dh die Gegenleistungspflicht entfällt vollständig, im Gegenzug wird aber auch der Schuldner von seiner Leistungspflicht vollständig befreit. 19

Beispiel 2: V tauscht seine Schallplattensammlung von insgesamt 500 Langspielplatten gegen das Motorrad des K, das einen Wert von 10.000 EUR hat. Nach Vertragsschluss werden 100 Langspielplatten aus der Sammlung zerstört. Da die geschuldete Gegenleistung (Übereignung des Motorrads) nicht teilbar ist, wird K nach § 326 Abs. 1 S. 1 Hs. 1 BGB von der Gegenleistungspflicht vollständig befreit. V muss die noch mögliche Teilleistung in Gestalt von 400 Langspielplatten ebenfalls nicht mehr erbringen.

20 In der Lit. wird allerdings vertreten, dass der Schuldner in einer solchen Situation das Recht haben soll, die Gegenleistung weiterhin zu fordern, wenn er dem Gläubiger den noch möglichen Teil seiner Leistung zusammen mit einer zusätzlichen **Zahlung eines hypothetischen Minderungsbetrags** anbietet.[15] Das soll nur dann nicht gelten, wenn der Gläubiger an dieser dann kombinierten Leistung des Schuldners iSv § 323 Abs. 5 S. 1 BGB kein Interesse hat (→ Rn. 16). Str. ist wiederum, ob es dazu (aus Gründen der Rechtssicherheit) eines Gesamtrücktritts des Gläubigers nach § 326 Abs. 5 iVm § 323 Abs. 5 S. 1 BGB bedarf.[16] Jedenfalls kann er durch einen solchen Gesamtrücktritt den bestehenden Schwebezustand beenden, solange der Schuldner noch keine Ausgleichszahlung angeboten hat. In diesem Fall ergibt sich der hierfür erforderliche Interessefortfall bereits aus dem gestörten Verhältnis von Leistung und Gegenleistung.[17]

Beispiel: In **Beispiel 2** (→ Rn. 19) hätte nach dieser Ansicht V das Recht, gegen Übereignung der verbliebenen 400 Langspielplatten und einer Zahlung von 2.000 EUR von K die Übereignung des Motorrads zu verlangen. K könnte dies mit einem Gesamtrücktritt nach § 326 Abs. 5 BGB verhindern, wenn angesichts der nunmehr unvollständigen Plattensammlung sein Leistungsinteresse iSv § 323 Abs. 5 S. 1 BGB weggefallen ist.

d) Qualitative Unmöglichkeit: Die „Sperre" des § 326 Abs. 1 S. 2 BGB

21 Bereits oben wurde dargelegt (→ Rn. 19), dass auch die **mangelhafte Leistung** einen Fall teilweiser Unmöglichkeit darstellen kann, wenn der Schuldner (wie etwa ein Verkäufer, s. § 433 Abs. 1 S. 2 BGB) zur mangelfreien Leistung verpflichtet, eine solche aber nicht möglich ist. So etwa, wenn die verkaufte Sache einen unbehebbaren Sachmangel aufweist (**qualitative Unmöglichkeit,** → § 34 Rn. 12). Dann kann nämlich der Verkäufer zwar die Pflicht zur Übereignung und Übergabe aus § 433 Abs. 1 S. 1 BGB, nicht aber diejenige zu mangelfreier Leistung aus § 433 Abs. 1 S. 2 BGB erfüllen.

22 Auch hier gilt zunächst, dass der Schuldner (ein Verkäufer oder ein Werkunternehmer) nach § 275 Abs. 1 BGB nur in Bezug auf die geschuldete Qualität von seiner Leistungspflicht befreit wird. Hatte etwa das verkaufte Kfz einen Vorunfall (was auch bei fachgerechter Reparatur des dabei entstandenen Schadens einen Sachmangel iSv § 434 Abs. 1 BGB darstellt[18]), so muss der Verkäufer das Kfz dennoch liefern, ist aber von der Pflicht zur mangelfreien Leistung befreit. Ohne eine Sonderregelung käme es auch in diesem Fall gem. § 326 Abs. 1 S. 1 Alt. 2 BGB zu einer automatischen Reduzierung des Kaufpreises. Da das Gesetz aber dem Gläubiger (hier: dem Käufer) in einem solchen Fall die Wahl zwischen der Auflösung des Vertrags und der

---

[15] BeckOGK/Herresthal BGB § 326 Rn. 148; Looschelders JA 2024, 74 (76); eine Pflicht des Schuldners zu einer Ausgleichszahlung wird hingegen allg. abgelehnt, s. nur BeckOGK/Herresthal BGB § 326 Rn. 150; MüKoBGB/Ernst § 326 Rn. 33.

[16] So MüKoBGB/Ernst § 326 Rn. 33.

[17] BeckOGK/Herresthal BGB § 326 Rn. 149; Looschelders JA 2024, 74 (76).

[18] S. BGH NJW 2008, 53 und Medicus/Lorenz SchuldR BT § 6 Rn. 22.

Minderung des Kaufpreises und/oder Schadensersatz belassen will, schaltet § 326 Abs. 1 S. 2 BGB den Automatismus von § 326 Abs. 1 S. 1 Hs. 2 BGB aus, indem er dessen Nichtanwendung anordnet. Der Effekt der Regelung ist in einem ersten Schritt also **rein negativ:** Die Pflicht zur Kaufpreiszahlung bleibt zunächst **vollständig aufrechterhalten,** da § 326 Abs. 1 S. 1 BGB „nicht gilt".

§ 326 Abs. 1 S. 2 BGB will aber natürlich nicht erreichen, dass der Käufer einer unbehebbar mangelhaften Sache tatsächlich den vollen Kaufpreis zahlen muss. An die Stelle der durch § 326 Abs. 1 S. 2 BGB verhinderten automatischen Reduzierung der Gegenleistungspflicht tritt nämlich gem. § 326 Abs. 5 BGB ein **Rücktrittsrecht** in entsprechender Anwendung von § 323 BGB mit der Maßgabe der **Entbehrlichkeit einer Fristsetzung** (es wäre ja auch vollkommen sinnlos, verlangte man von dem Käufer, dem Verkäufer eine Frist zur Beseitigung eines Mangels zu setzen, den niemand beseitigen kann). Bestünde die Regelung des § 323 Abs. 5 BGB nur aus dem in S. 1 angeordneten Erfordernis des **Interessefortfalls,** müsste jetzt wiederum der Gläubiger (Käufer) darlegen und beweisen, warum er mit der mangelhaften Sache seine Vertragszwecke nicht erreichen kann (→ Rn. 16). Der Gesetzgeber wollte aber dem in seinen berechtigten Qualitätserwartungen enttäuschten Gläubiger (hier dem Käufer) nicht zumuten, darzulegen und beweisen zu müssen, warum er an der mangelhaften Leistung kein „Interesse" hat. 23

Häufig dürfte ein solcher Interessefortfall auch gar nicht vorliegen: Ein Kfz mit einem fachmännisch reparierten und damit restlos beseitigten Unfallschaden kann man ebenso benutzen wie ein unfallfreies Fahrzeug. Gleiches gilt für ein Fahrzeug mit einer anderen als der bestellten Lackfarbe.

§ 323 Abs. 5 S. 2 BGB **erleichtert** deshalb dem Gläubiger im Falle einer „nicht vertragsgemäß" bewirkten (= mangelhaften) Leistung in **zweifacher Hinsicht** den Rücktritt vom Vertrag. Zunächst setzt ein Rücktritt nicht Interessefortfall, sondern lediglich **Erheblichkeit** der Pflichtverletzung (dh des Mangels) voraus. Das ist eine deutlich niedrigere Schwelle als Interessefortfall. Weiter ist durch die negative Formulierung von § 323 Abs. 5 S. 2 BGB die Beweislast abweichend von S. 1 zugunsten des Gläubigers umgekehrt. Nicht dieser muss die Erheblichkeit der Pflichtverletzung darlegen und beweisen, sondern der **Schuldner** (Verkäufer oder Werkunternehmer) trägt die Darlegungs- und Beweislast für die Unerheblichkeit der Pflichtverletzung. 24

Nach einer Entscheidung des BGH[19] soll bei der Frage, ob „die Pflichtverletzung" unerheblich ist, nicht nur der Mangel selbst zu berücksichtigen sein, sondern auch das sonstige **Verhalten des Verkäufers.** Im Falle einer arglistigen Täuschung über einen als solchen unerheblichen Mangel soll demnach das Rücktrittsrecht nicht nach § 323 Abs. 5 S. 2 BGB ausgeschlossen sein, weil eine **vorvertragliche Pflichtverletzung** hinzukommt. Dies wird in der Lit. überwiegend und zu Recht kritisiert.[20] Denn § 323 BGB betrifft nur Leistungspflichten, so dass sich das Kriterium der Unerheblichkeit in § 323 Abs. 5 S. 2 BGB auch nur auf eine solche beziehen kann.[21]

Wann Unerheblichkeit vorliegt, kann nur durch eine **umfassende Interessenabwägung** aufgrund der Umstände des jeweiligen Einzelfalls beurteilt werden.[22] So hat 25

[19] BGH NJW 2006, 1960.

[20] S. Medicus/Lorenz SchuldR BT § 7 Rn. 59; S. Lorenz NJW 2006, 1925; BeckOGK/Looschelders BGB § 323 Rn. 321 mwN.

[21] S. dazu ausführlich S. Lorenz FS Wolfsteiner, 2007, 121.

[22] So zuletzt BGH NJW 2014, 3229 Rn. 14 mwN.

der BGH zB eine Abweichung des Benzinverbrauchs eines Fahrzeugs von den Herstellerangaben von unter 10% für unerheblich gehalten und ein Rücktrittsrecht ausgeschlossen.[23] Als grobe Faustregel soll nach der Rspr. bei einem behebbaren Mangel idR nicht mehr von Unerheblichkeit ausgegangen werden, wenn der Mängelbeseitigungsaufwand 5% des Kaufpreises übersteigt.[24] Ist der Mangel unbehebbar oder seine Ursache unklar, kommt es letztlich auf die Schwere der Gebrauchsbeeinträchtigung für den Gläubiger an. Dabei wird idR ein Verstoß gegen eine Beschaffenheitsvereinbarung die Erheblichkeit der Pflichtverletzung indizieren:[25] Was ausdrücklich als Eigenschaft des Vertragsgegenstands vereinbart ist, ist nach dem Parteiwillen idR auch nicht unerheblich.[26]

26 Liegt Unerheblichkeit vor, bleibt dem Gläubiger (Käufer oder Besteller) aber auf jeden Fall das Minderungsrecht erhalten, s. §§ 441 Abs. 1 S. 2, 638 Abs. 1 S. 2 BGB.

27 Wird also bei der mangelhaften Leistung dem Gläubiger die Lösung vom Vertrag deutlich leichter gemacht als bei einer Teilleistung, ist die Abgrenzung zwischen **Teilunmöglichkeit** und **qualitativer Unmöglichkeit** (= mangelhafte Leistung) von Bedeutung. Problematisch ist in diesem Zusammenhang die Reichweite der Gleichstellung von Minderleistung (sog. **„Mankolieferung"**) und Sachmangel im Kauf- und Werkvertragsrecht (s. § 434 Abs. 2 S. 2 und Abs. 3 S. 2 BGB, § 633 Abs. 2 S. 3 BGB).

28 Nimmt nämlich der Käufer die Teilleistung in der Annahme entgegen, es handele sich um die ganze Leistung (sog. **„verdeckte Mankolieferung"**), stellt dies nach § 434 Abs. 2 S. 2 und Abs. 3 S. 2 BGB einen **Sachmangel** dar.[27] Das hat zunächst zur Folge, dass wegen § 326 Abs. 1 S. 2 BGB keine automatische Reduzierung des Kaufpreises eintritt, sondern der Käufer nach § 326 Abs. 5, § 323 BGB zurücktreten kann. Bezieht man die Gleichstellung der Mankolieferung mit dem Sachmangel auch auf § 323 Abs. 5 BGB, würde dies aber weiter bedeuten, dass der Rücktritt gem. § 326 Abs. 5 iVm § 323 Abs. 5 S. 2 BGB schon dann möglich wäre, wenn die Minderlieferung **nicht unerheblich** wäre. Der Käufer müsste also nicht gem. § 323 Abs. 5 S. 1 BGB Interessefortfall nachweisen. Dies hätte zur Folge, dass für § 323 Abs. 5 S. 1 BGB im Kauf- und Werkvertragsrecht ein nur geringer Anwendungsbereich verbliebe, was wiederum schwerlich dem Willen des Gesetzgebers entsprechen dürfte. Weiter käme es zu schweren Wertungswidersprüchen zu Regelungsbereichen, in welchen eine solche Gleichstellung fehlt. Nach zutreffender, aber keineswegs unbestrittener Ansicht[28] gilt daher die Gleichstellung von Mankolieferung und Sachmangel nicht im Zusammenhang mit § 323 Abs. 5 BGB. Es ist also in jedem Fall § 323 Abs. 5 S. 1 BGB mit dem Erfordernis des Interessefortfalls und nicht

---

[23] BGH NJW 2007, 2111.

[24] BGH NJW 2014, 3229 Rn. 30.

[25] BGH NJW-RR 2010, 1289 (falsche Lackfarbe eines Kfz).

[26] S. dazu auch Medicus/Lorenz SchuldR BT § 7 Rn. 58 ff.

[27] S. dazu iE Medicus/Lorenz SchuldR BT § 7 Rn. 39; bei einer sog. „offenen" Mankolieferung liegt hingegen kein Sachmangel vor.

[28] Zur Gegenansicht, die stets auf § 323 Abs. 5 S. 2 BGB abstellt, vgl. Looschelders SchuldR AT § 27 Rn. 32; Brox/Walker SchuldR BT § 4 Rn. 96; MüKoBGB/Ernst § 323 Rn. 226; BeckOGK/Looschelders BGB § 323 Rn. 291; BeckOK BGB/H. Schmidt § 323 Rn. 50; BeckOK BGB/Faust § 434 Rn. 42.

§ 323 Abs. 5 S. 2 BGB mit dem (milderen) Erfordernis der „Erheblichkeit" anzuwenden.[29]

Beispiel: V verkauft dem K 100 Flaschen Wein aus seinem Vorrat, nach Vertragsschluss werden 20 Flaschen zerstört. Weitere Flaschen des Weins sind nicht erhältlich. Erst nach der Lieferung der verbliebenen 80 Flaschen fällt K die Minderlieferung auf. Trotz der Tatsache, dass dies nach § 434 Abs. 1, 2 S. 2 BGB einen Sachmangel darstellt, bliebt es für die Frage des Gesamtrücktritts bei der Anwendung von § 326 Abs. 5 BGB iVm § 323 Abs. 5 S. 1 BGB. K kann also nur bei Interessefortfall vom Gesamtvertrag zurücktreten. Folgt man der Gegenansicht und sieht man diese nunmehr auch iRv § 323 Abs. 5 BGB als mangelhafte Leistung an, kann K vom Gesamtvertrag zurücktreten, weil eine Minderlieferung von 20% jedenfalls nicht unerheblich ist.

2. Vom Schuldner zu vertretende Unmöglichkeit

Ist die Leistungsbefreiung vom Schuldner zu vertreten (zB wenn ein Verkäufer die verkaufte Sache nach Vertragsschluss, aber vor Übergabe schuldhaft zerstört), verbleibt es ebenfalls bei der Regelung des § 326 Abs. 1 S. 1 BGB, dh die Gegenleistungspflicht des Gläubigers fällt auch in diesem Fall weg; eine bereits erbrachte Gegenleistung kann er nach § 326 Abs. 4 BGB zurückfordern. Daneben kann er nach §§ 280 Abs. 1, 3, 283 BGB Schadensersatz statt der Leistung verlangen (→ Rn. 47 ff.). 29

3. Vom Gläubiger zu verantwortende Unmöglichkeit

a) „Verschulden gegen sich selbst" und vertragliche Risikoübernahme

Nach § 326 Abs. 2 S. 1 Alt. 1 BGB behält der Schuldner hingegen trotz der Befreiung von der eigenen Leistungspflicht den Anspruch auf die Gegenleistung, wenn der **Gläubiger** „allein oder weit überwiegend" für den Umstand **verantwortlich** ist, der zur Leistungsbefreiung geführt hat (zB der Käufer zerstört bei einer nach Vertragsschluss, aber vor Übergabe stattfindenden Probefahrt das verkaufte Auto). 30

Das Gesetz bedient sich hier bewusst nicht des Ausdrucks „Vertretenmüssen", weil die §§ 276, 278 BGB nur das Vertretenmüssen des Schuldners, nicht aber dasjenige des Gläubigers regeln. Was der Gläubiger zu „verantworten" hat, ist auch nicht in § 326 Abs. 2 S. 1 BGB selbst geregelt. In Literatur und Rspr. werden hierzu unterschiedliche Lösungsansätze verfolgt, die sich iErg häufig sehr nahekommen. Die wohl hM wendet zunächst die §§ 276, 278 BGB analog an und spricht von einem **„Verschulden gegen sich selbst".**[30] 31

Diese zur Analogie zu §§ 276, 278 BGB führende „schadensersatzrechtliche Deutung" von § 326 Abs. 2 S. 1 BGB rechtfertigt sich insbesondere durch die Überlegung, wie die Problematik bei einem Fehlen der Regelung zu lösen wäre: Dann würde bei einer Verantwortlichkeit des Gläubigers für die Unmöglichkeit zwar der Gegenleistungsanspruch wegfallen, jedoch würde der Gläubiger damit zugleich eine Nebenpflicht nach § 241 Abs. 2 BGB gegenüber dem Schuldner verletzen und im Wege des Schadensersatzes nach § 280 Abs. 1 BGB, § 249 BGB für den Wegfall des Zahlungsanspruchs haften.[31] Zu dieser Lösung bei beiderseits zu vertretender Unmöglichkeit auch → Rn. 42.

---

[29] Canaris ZRP 2001, 329 (334 f.); Canaris, Schuldrechtsmodernisierung 2002, S. XXII f.; Canaris FS K. Schmidt, 2009, 177 (192); Lorenz Karlsruher Forum 2006, 113; Heiderhoff/Skamel JZ 2006, 383 (387 ff.); Medicus/Lorenz SchuldR BT § 6 Rn. 41 ff.; S. Lorenz NJW 2003, 3097; Grigoleit/Riehm ZGS 2002, 115 ff.; Thier AcP 203 (2003), 399 (425 ff.).

[30] S. etwa MüKoBGB/Ernst § 326 Rn. 53 ff.; S. Lorenz NJW 2006, 1175; eingehend Canaris FS Picker, 2010, 113.

[31] So überzeugend Canaris FS Picker, 2010, 113 (114 f.).

32 Damit ist wie bei § 276 BGB in erster Linie auf die **vertragliche Vereinbarung,** dh auf die (ausdrückliche oder konkludente) vertragliche **Risikoübernahme** für das Leistungshindernis abzustellen (s. auch § 276 Abs. 1 S. 1 letzter Hs. BGB).

Eine solche (konkludente) vertragliche Übernahme wurde vom BGH in folgendem Fall bejaht:[32] Ein für die Konzerttournee einer Musikgruppe („Tic-Tac-Toe") vom Konzertveranstalter mit der Ausleuchtung der Bühne beauftragter Unternehmer konnte die geschuldete Leistung nicht erbringen, weil die Konzerte aufgrund des Auseinanderbrechens der Gruppe kurzfristig abgesagt werden mussten. Damit war ihm die geschuldete Leistung unmöglich geworden. Er machte gegen den Veranstalter den vereinbarten Lohn geltend. Der BGH sah hier eine konkludente vertragliche Risikoübernahme und damit eine Verantwortlichkeit des Veranstalters als gegeben an, weil es nur diesem möglich war, das Risiko des Auseinanderbrechens der Gruppe vor Beginn der Tournee abzuschätzen und bejahte das Fortbestehen des Werklohnanspruchs.

Ganz ähnlich ein anderer Fall: Der Gläubiger eines Internetprovidervertrags in Form eines „Access-Provider-Vertrags" war in eine Gemeinde umgezogen, in welcher das Telekommunikationsunternehmen aufgrund fehlender Leitungen den geschuldeten DSL-Internetzugang nicht mehr verschaffen konnte. Da der Umzug des Gläubigers, der die Unmöglichkeit der vertraglich vereinbarten Leistung herbeigeführt hatte, in die vertragliche Risikosphäre des Gläubigers fiel, blieb die Gegenleistungspflicht nach § 326 Abs. 2 BGB aufrechterhalten (dazu unter dem Aspekt von § 313 BGB auch → § 42 Rn. 13).

33 Keinen Fall des „Verschuldens gegen sich selbst", sondern einer **objektiven Verantwortlichkeit** (Gefahrtragung) stellt hingegen die Aufrechterhaltung des Gegenleistungsanspruchs nach § 326 Abs. 2 S. 1 Alt. 2 BGB dar, wenn sich der Gläubiger zum Zeitpunkt des Eintritts der Unmöglichkeit im **Annahmeverzug** befand (→ Rn. 10), denn Annahmeverzug setzt kein Vertretenmüssen voraus.

34 Liegt keine vertragliche Risikoübernahme vor, so hat der Gläubiger eine Leistungsstörung jedenfalls dann analog § 276 BGB zu vertreten, wenn er schuldhaft eine allgemeine deliktische oder vertragliche Pflicht verletzt, bspw. **Mitwirkungs-, Sorgfalts- und Obhutspflichten** (§ 241 Abs. 2 BGB). Bei der Verletzung vertraglicher Pflichten haftet er auch analog § 278 BGB für das Verhalten von Personen, die er im Gefahrenbereich des Schuldners einsetzt. Schließlich wird auch eine Obliegenheit (zum Begriff → § 13 Rn. 20) des Gläubigers bejaht, die Leistung des Schuldners nicht durch eigenes Handeln unmöglich zu machen. Vereitelt der Gläubiger also durch eigenes zurechenbares Handeln die Leistung (zB indem er die geschuldete Werkleistung oder eine Nacherfüllung selbst vornimmt oder eine zur Erbringung der Leistung notwendige Mitwirkungshandlung unterlässt), so hat er die Unmöglichkeit zu verantworten, auch wenn keine vertragliche Pflicht besteht, die Leistung nicht selbst zu erbringen.[33]

Auch hier hilft die → Rn. 42 dargestellte „schadensersatzrechtliche Deutung" von § 326 Abs. 2 S. 1 BGB weiter: Wenn sich zB der Besteller einer Werkleistung (Gläubiger) entschließt, den Auftrag nochmals an einen anderen Werkunternehmer zu vergeben und dieser dann die Arbeiten ausführt,[34] steht ihm das zwar frei, weil der Werkunternehmer (Schuldner) keinen Anspruch hat, die Werkleistung tatsächlich zu erbringen (s. auch § 649 BGB). Er verletzt aber zugleich Vermögensinteressen des Schuldners iSv § 241 Abs. 2 BGB, wenn der Gegenleistungsanspruch nach § 326 Abs. 1 BGB zum Wegfall käme. Daher ist er iSv § 326 Abs. 2 S. 1 BGB auch für die Unmöglichkeit „verantwortlich".[35]

---

32 BGH NJW 2002, 595.

33 Canaris FS Picker, 2010, 113 (121); Maultzsch JZ 2011, 429 und eingehend Soergel/Gsell BGB § 326 Rn. 47 ff.

34 So die Fallgestaltung in BGH NJW 2007, 3488 mAnm S. Lorenz.

35 S. auch Canaris FS Picker, 2010, 113 (124).

In den Fällen anfänglicher Unmöglichkeit ist die „Verantwortlichkeit" des Gläubigers in Analogie zu § 311a Abs. 2 BGB zu beurteilen, wenn das Leistungshindernis seiner Sphäre entstammt. Maßgeblich für die Frage der Aufrechterhaltung der Gegenleistungspflicht ist dann, ob der Gläubiger bei Vertragsschluss die aus seiner Sphäre stammenden Leistungshindernisse kannte oder fahrlässig verkannt hat. Stammt das Leistungshindernis hingegen aus der Sphäre des Schuldners, ist § 326 Abs. 2 BGB nicht einschlägig.[36] 35

Beispiele: (1) Ein Bauherr, der einen Unternehmer mit der Errichtung eines Hauses auf seinem Grundstück beauftragt hat, verkennt fahrlässig, dass eine Baugenehmigung für das im Außenbereich liegende Grundstück nicht zu erlangen ist. Analog § 311a Abs. 2 S. 2 BGB ist er für das Leistungshindernis iSv § 326 Abs. 2 BGB „verantwortlich" und – abzüglich ersparter Aufwendungen des Unternehmers – zur Entrichtung des Werklohns verpflichtet.

(2) Ein Käufer verkennt bei Vertragsschluss fahrlässig, dass die von ihm gekaufte Sache bereits zerstört ist. Da das Leistungshindernis aus der Sphäre des Verkäufers (Schuldners) stammt, kommt eine Aufrechterhaltung der Gegenleistungspflicht nach § 326 Abs. 2 BGB nicht in Betracht. Es fehlt jede Legitimation, den Gläubiger allein wegen dieser fahrlässigen Unkenntnis von Leistungshindernissen der anderen Seite an der Gegenleistungspflicht festzuhalten.[37] Denkbar ist aber eine Haftung aus *culpa in contrahendo* aus §§ 280 Abs. 1, 311 Abs. 2, 241 Abs. 2 BGB für einen auf Seiten des Verkäufers entstandenen Vertrauensschaden (zB Vertragskosten).[38]

b) „Sphärentheorie"

Eine noch weit darüberhinausgehende allgemeine **„Sphärentheorie"**, wonach der Gläubiger jeden Umstand zu verantworten habe, der aus seiner „Sphäre" stammt, wird zu Recht weitestgehend abgelehnt.[39] Sie spielt vor allem in den Fällen der Unmöglichkeit durch „Zweckerreichung" (→ § 34 Rn. 3) eine Rolle: Bestellt jemand einen Abschleppwagen, um sein Auto wegen eines Motorschadens abschleppen zu lassen, springt aber der Motor bei Ankunft des Abschleppers plötzlich wieder an, liegt Unmöglichkeit im Sinne einer Zweckerreichung vor: Zwar kann auch das funktionierende Auto noch abgeschleppt werden, jedoch wäre eine solche Leistung vollkommen sinnlos und damit nicht Gegenstand des Vertrags. Nach § 326 Abs. 1 S. 1 BGB scheint dann der Abschleppunternehmer den Anspruch auf die Gegenleistung zu verlieren. Dem kann man auf den ersten Blick nur durch Schadensersatzansprüche aus Verschulden bei der Vertragsanbahnung (§ 280 Abs. 1 BGB, § 311 Abs. 2 BGB, § 241 Abs. 2 BGB) begegnen, wenn der Gläubiger der gestörten Leistung beim Vertragsschluss unsorgsam war (etwa, wenn der Besteller des Abschleppwagens nur vergessen hatte, mit dem Reservekanister Benzin nachzufüllen). Fehlt es aber an einem Verschulden, ginge der Schuldner in Bezug auf die ihm versprochene Gegenleistung gem. § 326 Abs. 1 BGB leer aus, obwohl die Zweckstörung aus dem Verantwortungsbereich des Gläubigers stammt. Das ist vom Sinn des § 326 Abs. 1 BGB nicht gedeckt. Denn in den eigentlichen Unmöglichkeitsfällen erhält der Schuldner deshalb die Gegenleistung nicht, weil er schon die Leistung aus einem typischerweise auf seiner Seite liegenden – wenn auch unverschuldeten – Grund nicht erbringen kann: Der Schuldner „kommt mit leeren Händen zum Gläubiger und fordert dennoch die Ge- 36

[36] So überzeugend Canaris FS Picker, 2010, 113 (124 f.).

[37] So zutreffend Looschelders SchuldR AT § 35 Rn. 10 f., der aber einen Rückgriff auf § 311a Abs. 2 S. 2 BGB generell ablehnt.

[38] Canaris FS Picker, 2010, 113 (125).

[39] S. Canaris FS Picker, 2010, 113 (118 ff.); Looschelders SchuldR AT § 35 Rn. 9 mwN.

genleistung".[40] Die Zweckstörung aber stammt typischerweise nicht vom Schuldner, sondern von der Seite des Gläubigers. Auch stellt sich die Zweckstörung für den Schuldner häufig erst später heraus als die Unmöglichkeit, so dass der Schuldner schon höhere Aufwendungen hat. Es bedeutet einen Unterschied, ob der bestellte Abschleppwagen schon gar nicht erst losfahren kann, weil er selbst einen Motorschaden hat (Unmöglichkeit) oder ob er das abzuschleppende Fahrzeug an Ort und Stelle funktionierend antrifft und deshalb nicht abschleppen kann (Zweckstörung). Daher wird für die Zweckstörung mit Recht eine **Abweichung von § 326 Abs. 1 BGB** befürwortet. Diese kann zum einen durch ein weites Verständnis der „vom Gläubiger zu verantwortenden Umstände" vermittelt werden. Wenn man nämlich den Gläubiger für die Zweckeignung seiner „Sphäre" verantwortlich sein lässt, kommt man zu § 326 Abs. 2 BGB. Danach muss also der Gläubiger der zweckgestörten Leistung die Gegenleistung erbringen und darf nur das abziehen, was der Schuldner erspart oder anderweitig erworben bzw. zu erwerben böswillig unterlassen hat. Eine andere Lösung gelangt zu ähnlichen Ergebnissen durch die – teils analoge – Anwendung von Spezialvorschriften (§§ 645, 615, 537 BGB).[41] Dies ist dogmatisch vorzugswürdig, kommt aber iErg letztlich einer allgemeinen Sphärentheorie doch recht nahe. Von ihr unterscheidet sie sich letztlich nur dadurch, dass die entsprechenden Wertungsgesichtspunkte nicht in einer Erweiterung des Begriffs der „Verantwortlichkeit" iSv § 326 Abs. 2 S. 1 Alt. 1 BGB, sondern in einer analogen Anwendung der genannten Vorschriften verankert werden.[42]

Beispiel: Im obigen **Beispielsfall** des Abschleppwagens bedeutet dies, dass der Unternehmer in analoger Anwendung von § 645 Abs. 1 BGB eine anteilige Vergütung für die erbrachten Tätigkeiten (An- und Abfahrt) erhält: Der jetzt nicht mehr abzuschleppende Wagen wird wie ein „vom Besteller gelieferter Stoff" angesehen.

c) Rechtsfolgen

37 Bleibt nach § 326 Abs. 2 BGB der Gegenleistungsanspruch des Schuldners der unmöglich gewordenen Leistung aufrechterhalten, so muss er sich jedoch nach § 326 Abs. 2 S. 2 BGB auf diesen dasjenige anrechnen lassen, was er durch die Leistungsbefreiung **erspart** oder durch anderweitige Verwendung seiner Arbeitskraft erwirbt oder böswillig **zu erwerben unterlässt.** Böswilligkeit setzt dabei keine Schädigungsabsicht voraus. Ausreichend ist vielmehr, dass der Schuldner eine zumutbare Tätigkeit nicht übernimmt und sich der nachteiligen Folgen für den Gläubiger bewusst ist.[43] Der Schuldner darf sich also nicht auf Kosten des Gläubigers „auf die faule Haut legen".

Erspart sich also im bei → Rn. 32 geschilderten „Tic-Tac-Toe"-Fall[44] der Beleuchtungsunternehmer für die Zeit der ursprünglich geplanten Tournee Ausgaben für Transport und Material, so muss er sich diese Ersparnis auf den vereinbarten (Werk-)Lohn anrechnen lassen. Bekommt er zufällig ein anderweitiges Engagement oder nimmt er ein solches nicht an, obwohl ihm das möglich und zumutbar ist, so muss er sich den dort erzielten bzw. erzielbaren Werklohn anrechnen lassen.

38 Besonders umstritten ist eine solche Anrechnungspflicht im Kauf- und Werkvertragsrecht, wenn der Käufer bzw. Besteller die nach § 439 Abs. 1 BGB bzw. § 635 Abs. 1 BGB geschuldete Mängelbeseitigung durch den Verkäufer bzw. den Werkunter-

---

40 So treffend Köhler, Unmöglichkeit und Geschäftsgrundlage bei Zweckstörungen im Schuldverhältnis, 1971, S. 30.

41 Looschelders SchuldR AT § 35 Rn. 9.

42 So zutreffend Canaris FS Prölss, 2009, 21 (44 f.).

43 Soergel/Gsell BGB § 326 Rn. 78; Canaris FS Picker, 2010, 113 (130).

44 BGH NJW 2002, 595.

nehmer dadurch vereitelt, dass er den Gegenstand schuldhaft zerstört oder den Mangel voreilig selbst beseitigt (sog. **Selbstvornahme der Nacherfüllung**).[45] Der BGH verneint eine solche zumindest für den Fall der Selbstvornahme, eine starke Literaturansicht hält hingegen § 326 Abs. 2 S. 2 BGB zumindest für analog anwendbar.[46]

4. Beiderseits zu vertretende Unmöglichkeit

Nicht gesetzlich geregelt ist die sowohl vom Schuldner als auch vom Gläubiger zu vertretende Unmöglichkeit. 39

So ging es in einem Fall[47] um eine mit einem Kran ausgerüstete Fähre, die für den Bau einer Moselbrücke vermietet worden war. Diese Fähre versank (= Unmöglichwerden der Leistung des Vermieters, vgl. § 536 BGB), weil der Vermieter eine mangelhafte Befestigung erlaubt und der Mieter die Fähre außerdem über mehrere Tage ohne Aufsicht gelassen hatte.

Über solche Fälle ist schon vor der Neuregelung des Schuldrechts viel nachgedacht worden und sie sind nach wie vor umstritten.[48] In § 326 Abs. 2 S. 1 BGB selbst findet sich dafür keine Lösung. Zwar wird dort bestimmt, dass die Gegenleistungspflicht jedenfalls bei einer **„weit überwiegenden"** Verantwortlichkeit des Gläubigers aufrechterhalten bleibt. Damit sind jedoch lediglich Fälle gemeint, in welchen die Verantwortung des Gläubigers so überwiegt, dass diejenige des Schuldners nach § 254 Abs. 1 BGB ohnehin unbeachtlich wäre (Richtgröße: Mindestens 90 % Verantwortungsanteil des Gläubigers).[49] Im Übrigen ist dort aber keine Aussage darüber getroffen, wie beide Verschuldensanteile in anderen Fällen zu berücksichtigen sind. 40

Nahezu alle zu diesem Problem vertretenen Ansichten verfolgen das Ziel, nach dem Rechtsgedanken des § 254 BGB zu einer Verteilung des durch die Unmöglichkeit eingetretenen Verlustes nach den jeweiligen Mitverantwortungsanteilen zu kommen, stoßen dabei aber auf konstruktive Schwierigkeiten. 41

Die überzeugendste Lösung verfährt wie folgt:[50] Da unterhalb einer „weit überwiegenden Verantwortlichkeit" des Gläubigers § 326 Abs. 2 S. 1 BGB nicht erfüllt ist, bleibt es trotz der Mitverantwortlichkeit des Gläubigers dabei, dass der Gegenleistungsanspruch des Schuldners nach § 326 Abs. 1 S. 1 BGB **vollständig** wegfällt. Der Gläubiger hat aber durch sein (Mit-)Verschulden an der Unmöglichkeit zugleich eine Schutzpflicht nach § 241 Abs. 2 BGB verletzt, weil er damit den Gegenleistungsanspruch des Schuldners nach § 326 Abs. 1 S. 1 BGB zum Erlöschen gebracht hat. Dafür haftet er nach § 280 Abs. 1 BGB in Höhe genau dieses Entgelts auf Schadensersatz. Dieser Schadensersatzanspruch ist allerdings in Höhe des Mitverschuldensanteils des Schuldners nach § 254 Abs. 1 BGB anteilig zu kürzen. Der Gläubiger wiederum hat – neben dem Wegfall seiner Gegenleistungspflicht – wegen der (auch) vom Schuldner zu vertretenden Unmöglichkeit der Leistung aus § 280 Abs. 1, 3 BGB, § 283 BGB einen Anspruch auf Schadensersatz statt der Leistung in Höhe der Differenz zwischen der 42

[45] S. dazu Medicus/Lorenz SchuldR BT § 7 Rn. 33 ff.

[46] S. BGH NJW 2005, 1348 für das Kaufrecht, für das Mietrecht s. BGH NJW 2008, 1216; vgl. hiergegen bereits S. Lorenz NJW 2003, 1417 sowie Canaris FS Picker, 2010, 113 (130 ff.), der die Rspr. des BGH zutreffend als „unhaltbar" charakterisiert. S. dazu auch Medicus/Lorenz SchuldR BT § 7 Rn. 34 ff.

[47] BGH VersR 1981, 426.

[48] S. etwa Rauscher ZGS 2002, 333; Looschelders JuS 1999, 949; Canaris FS E. Lorenz, 2004, 147.

[49] BT-Drs. 14/6040, 187; Canaris FS Picker, 2010, 113 (126).

[50] S. dazu die Grafik bei → Rn. 43.

vereinbarten Gegenleistung und dem Wert des untergegangenen Leistungsgegenstandes. Auch dieser Anspruch ist wiederum nach § 254 Abs. 1 BGB um den Mitverschuldensanteil des Gläubigers zu kürzen und mit dem (nach § 254 Abs. 1 BGB gekürzten) Anspruch des Schuldners aus § 280 Abs. 1 BGB, § 241 Abs. 2 BGB zu verrechnen.

Beispiel: V verkauft K seinen Pkw, der einen Wert von 4.000 EUR hat, für 3.000 EUR. Bei der Anlieferung des Pkw wird dieser aufgrund eines Unfalls zerstört, für den V und K gleichermaßen verantwortlich sind: Der Zahlungsanspruch des V fällt nach § 326 Abs. 1 S. 1 BGB vollständig weg, da keine **überwiegende** Verantwortlichkeit des K iSv § 326 Abs. 2 S. 1 BGB vorliegt. Da K aber durch die Zerstörung des Fahrzeugs eine Nebenpflicht aus § 241 Abs. 2 BGB verletzt hat, schuldet er ihm nach §§ 280 Abs. 1, 249 Abs. 1 BGB den Ersatz des hieraus entstandenen Schadens. Dieser besteht im Wegfall des Kaufpreisanspruchs (3.000 EUR). Nach § 254 Abs. 1 BGB ist dieser Anspruch um den Mitverschuldensanteil des V hälftig zu kürzen, was zu einem Schadensersatzanspruch iHv 1.500 EUR führt. K hat seinerseits einen Anspruch auf Schadensersatz statt der Leistung aus §§ 280 Abs. 1, 3, 283 BGB, der sich nach der Differenztheorie (→ Rn. 50) auf 1.000 EUR beläuft (entgangener Gewinn). Dieser Anspruch ist wiederum um den Mitverschuldensanteil des K nach § 254 Abs. 1 BGB hälftig auf 500 EUR zu kürzen. Saldiert führt das zu einem Schadensersatzanspruch des V iHv 1.000 EUR.

43
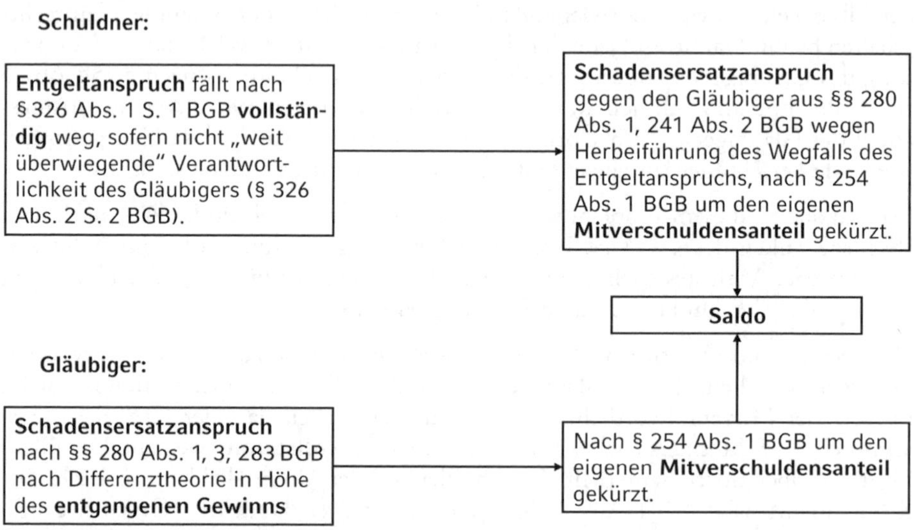

Abb. 5: Beiderseits zu vertretende (nachträgliche) Unmöglichkeit

5. Inanspruchnahme des Surrogats

44 Nimmt der Gläubiger gem. § 285 BGB ein **Surrogat** für die geschuldete Leistung in Anspruch (→ Rn. 2 ff.), bleibt er nach § 326 Abs. 3 S. 1 BGB auch zu einer für den ursprünglich geschuldeten Gegenstand vereinbarten Gegenleistung verpflichtet. Diese mindert sich aber verhältnismäßig, soweit der Wert des Surrogats hinter dem Wert des geschuldeten Gegenstands zurückbleibt (§ 326 Abs. 3 S. 2 BGB iVm § 441 Abs. 3 BGB).

6. Rückforderung der bereits erbrachten Gegenleistung

45 Ist die Gegenleistungspflicht des Gläubigers nach § 326 Abs. 1–3 BGB (anteilig oder vollständig) weggefallen und hatte der Gläubiger seine Gegenleistung bereits erbracht, so gibt ihm § 326 Abs. 4 BGB einen Anspruch auf Rückerstattung dieser Gegen-

leistung. Der Anspruch entsteht kraft Gesetzes, einer Rücktrittserklärung bedarf es hierfür nicht. Für die Details dieses Anspruchs (also etwa Nutzungs- und Wertersatz) verweist § 326 Abs. 4 BGB auf die §§ 346–348 BGB. Das Gesetz überlässt die Rückforderung also nicht dem (schuldnerfreundlicheren) Bereicherungsrecht mit der Möglichkeit eines anspruchsmindernden Wegfalls der Bereicherung (§ 818 Abs. 3 BGB).

46

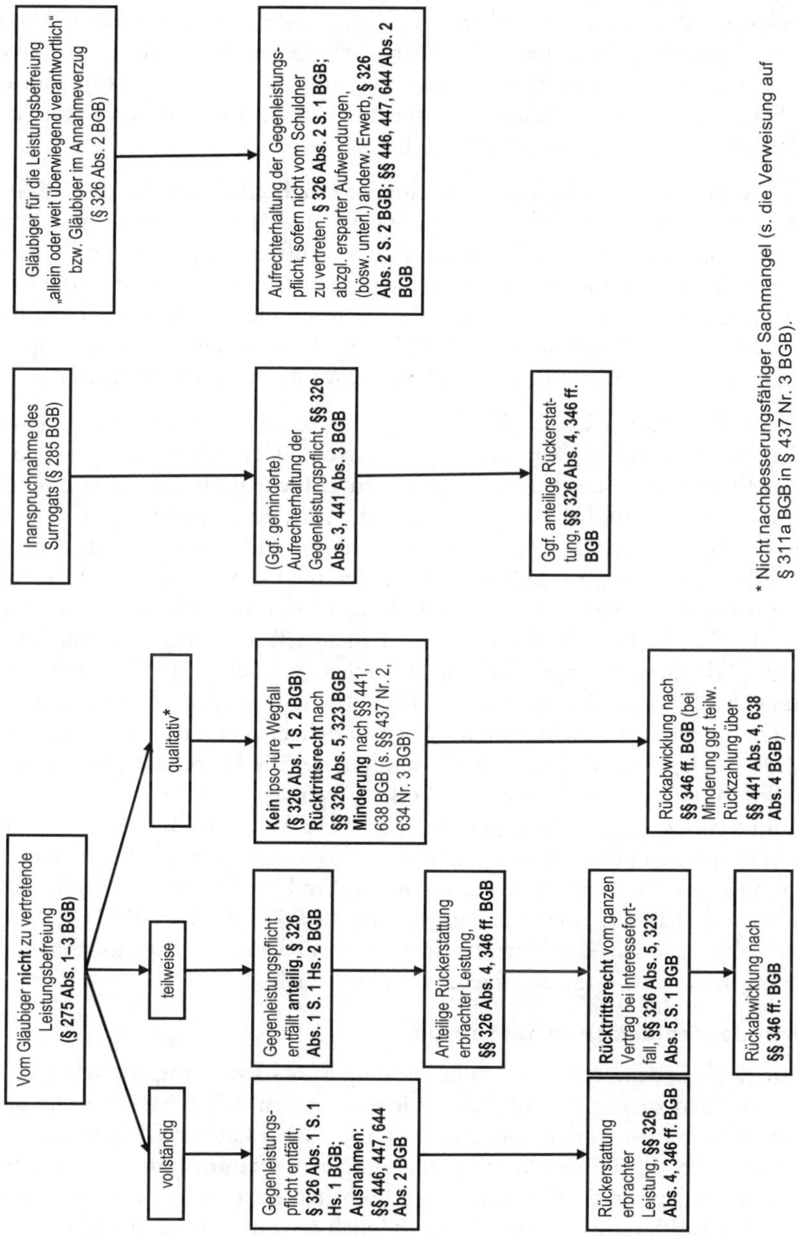

Abb. 6: Rechtsfolgen der Leistungsbefreiung nach § 326 BGB

III. Schadensersatz statt der Leistung

1. Grundlagen

47 Da im Falle der Unmöglichkeit die Leistung ausbleibt, muss sich der Gläubiger den Gegenstand uU **anderweitig besorgen.** Denkbar ist auch, dass ihm ein bei Durchführung des Vertrags möglicher **Gewinn** entgeht oder durch das Ausbleiben der Leistung **Folgeschäden** eintreten, weil er den Gegenstand nicht nutzen kann.[51] So etwa, wenn es aufgrund der Nichtlieferung einer geschuldeten Maschine zu Produktionsausfällen und damit zu Einnahmeverlusten kommt. Will er das **Leistungsinteresse** ersetzt haben, so macht er „Schadensersatz statt der Leistung" geltend (zur Abgrenzung der Schadensarten iE → § 28 Rn. 1 ff.).

48 Anspruchsgrundlage ist im Falle **anfänglicher Unmöglichkeit** § 311a Abs. 2 BGB. Der Schuldner ist – ohne ein im Falle der Unmöglichkeit ja sinnloses Fristsetzungserfordernis – zum Schadensersatz statt der Leistung (oder Aufwendungsersatz iSv § 284 BGB, dazu → Rn. 53 ff.) verpflichtet, sofern er nicht nachweisen kann, dass er die Unmöglichkeit nicht kannte und seine diesbzgl. Unkenntnis auch nicht zu vertreten hat. Zu vertreten hat er seine Unkenntnis nach § 276 BGB, wenn diese auf Fahrlässigkeit beruhte oder aber er eine Garantie für sein Leistungsvermögen übernommen hatte.

49 Im Falle **nachträglicher Unmöglichkeit** ergibt sich der Anspruch auf Schadensersatz statt der Leistung aus §§ 280 Abs. 1, 3, 283 BGB. Der Schuldner haftet ebenfalls ohne das Erfordernis einer Fristsetzung, sofern er nicht nachweist, dass er den Umstand, der zur Leistungsbefreiung geführt hat, nicht zu vertreten hat (§ 280 Abs. 1 S. 2 BGB). Das ist dann der Fall, wenn dieser Umstand von ihm weder vorsätzlich noch fahrlässig verursacht wurde und er auch keine Garantie für sein Leistungsvermögen übernommen hat. Der Umstand, der zur Leistungsbefreiung geführt hat, ist im Falle des § 275 Abs. 1 BGB die Unmöglichkeit selbst. Obwohl im Fall von § 275 Abs. 2, 3 BGB die Leistungsbefreiung nicht *ipso iure,* sondern erst durch Geltendmachung der Einrede eintritt (→ § 34 Rn. 30), ist in diesem Zusammenhang der Umstand, auf den sich das Vertretenmüssen beziehen muss, nicht die Erhebung der Einrede (dann läge immer Vorsatz vor!), sondern **der die Einrede begründende Umstand.** Wenn die Voraussetzungen des Leistungsverweigerungsrechts bereits bei Vertragsschluss vorlagen, ist Haftungsgrundlage § 311a Abs. 2 BGB, so dass es darauf ankommt, ob der Schuldner dessen tatsächliche Voraussetzungen bekannt waren oder er seine diesbzgl. Unkenntnis zu vertreten hat. Sind die Voraussetzungen nach Vertragsschluss eingetreten, ist Haftungsgrundlage § 280 Abs. 1, 3 BGB, § 283 BGB mit der Folge, dass sich das Vertretenmüssen auf den Eintritt der tatsächlichen Voraussetzungen des Leistungsverweigerungsrechts bezieht.

2. Inhalt des Schadensersatzanspruchs

50 Im Wege des Schadensersatzes statt der Leistung ist das **Erfüllungsinteresse** des Gläubigers zu ersetzen, dh er ist vermögensmäßig so zu stellen, wie er stünde, wenn die Leistung erbracht worden wäre (§ 249 Abs. 1 BGB). Dabei hat der Gläubiger einmal die Möglichkeit, die selbst erbrachte Gegenleistung **zurückzufordern** oder (wenn er sie noch nicht erbracht hat) zu behalten und Schadensersatz statt der Leistung nur in Höhe der **Wertdifferenz** zwischen der unmöglich gewordenen Leistung und der selbst

[51] BGH NJW 2008, 911 mAnm Gsell.

geschuldeten zu verlangen (sog. **Differenztheorie**). Das entspricht wirtschaftlich einer (nach § 325 BGB zulässigen) Kombination von Rücktritt und Schadensersatz, verlangt aber keine Rücktrittserklärung. Der Gläubiger kann aber die bereits erbrachte Gegenleistung auch dem Schuldner belassen bzw. anbieten und im Gegenzug Schadensersatz in Höhe des Wertes der gesamten unmöglich gewordenen Leistung verlangen (sog. **Surrogationstheorie**). Das kommt allerdings nur dann in Betracht, wenn seine Gegenleistung nicht in einer Geldleistung bestand, also etwa im Falle eines Tauschs.[52]

Beispiel: K tauscht ein Gemälde (Wert: 10.000 EUR) gegen eine antike Vase des V (Wert: 12.000 EUR). Die Vase wird aufgrund eines Verschuldens des V noch vor Vollzug des Tauschs zerstört. K kann hier nach §§ 280 Abs. 1, 283 BGB Schadensersatz statt der Leistung nach der **Differenztheorie** iHv 2.000 EUR verlangen. Er kann aber auch nach **Surrogationstheorie** Schadensersatz iHv 12.000 EUR Zug-um-Zug gegen Übereignung des Gemäldes verlangen (oder dem V dieses unter Verzicht auf die Geltendmachung seines Rückübereignungsanspruchs aus § 326 Abs. 4 BGB schlicht belassen, wenn er schon geleistet hatte). Dem steht nicht entgegen, dass der Anspruch des V auf das Gemälde nach § 326 Abs. 1 S. 1 Hs. 1 BGB erloschen ist und V daher die Übereignung des Gemäldes seinerseits nicht fordern dürfte. Das hindert nämlich den K nicht, iRv § 249 Abs. 1 BGB weitestgehend so gestellt zu werden, wie er ohne die Zerstörung der Vase stünde.[53]

Im Falle **teilweiser Unmöglichkeit** (→ Rn. 13) kann der Gläubiger in jedem Fall 51 Schadensersatz statt der Leistung in Bezug auf den unmöglichen Teil der Leistung verlangen (sog. **„kleiner Schadensersatz“**). Schadensersatz statt der **ganzen** Leistung, dh entgangenen Gewinn in Bezug auf die gesamte Leistung unter Zurückweisung bzw. Rückgabe der noch möglichen Restleistung kann er gem. § 283 S. 2 BGB bzw. § 311a Abs. 2 S. 3 BGB jeweils iVm § 281 Abs. 1 S. 2 BGB nur verlangen, wenn er nachweist, dass **Interessefortfall** (→ Rn. 16) vorliegt. Der im Grundsatz zulässige Schadensersatz statt der ganzen Leistung wird also, weil er wirtschaftlich eine Kombination von Rücktritt und Schadensersatz darstellt, an dieselben Voraussetzungen gekoppelt wie nach § 326 Abs. 5 BGB iVm § 323 Abs. 5 S. 1 BGB der **Gesamtrücktritt bei Teilunmöglichkeit** (→ Rn. 15). Auch hier gilt daher der oben erwähnte Grundsatz der **Vertragserhaltung:** Der Leistungsaustausch soll so weit wie möglich und zumutbar aufrechterhalten werden. Da sowohl § 283 S. 2 BGB als auch § 311a Abs. 2 S. 3 BGB auf die direkt nur für die Verspätung der Leistung geltende Regelung in § 281 Abs. 1 S. 2 BGB verweisen, gilt diese Einschränkung gleichermaßen für die nachträgliche wie für anfängliche Teilunmöglichkeit.

Beispiel: Werden von den zu einem Gesamtpreis von 1.000 EUR verkauften 100 Flaschen Wein aufgrund eines vom Verkäufer zu vertretenden Umstands 20 Flaschen zerstört und hätte der Käufer die Flaschen mit einem Gewinn von 10 EUR/Flasche weiterverkaufen können, kann er daher Schadensersatz statt der Leistung iHv 200 EUR als „kleinen Schadensersatz“ verlangen. Schadensersatz statt der **ganzen** Leistung, dh entgangenen Gewinn in Bezug auf alle Flaschen iHv 1.000 EUR unter Zurückweisung der Lieferung der noch vorhandenen Flaschen bzw. gegen deren Rückgabe (§ 281 Abs. 5 BGB) kann er nur verlangen, wenn er nachweist, dass er an der Restleistung kein „Interesse“ hat, dh damit seine Vertragszwecke auch nicht anteilig verwirklichen kann.

Auch für den Fall **qualitativer** Unmöglichkeit erfolgt eine Gleichschaltung mit den 52 Rücktrittsvoraussetzungen (→ Rn. 21): Der Gläubiger kann ohne Weiteres „kleinen“ Schadensersatz verlangen. Schadensersatz statt der **ganzen** Leistung ist aber nach § 437 Nr. 3 BGB, § 283 S. 2 BGB bzw. § 311a Abs. 2 S. 3 BGB jeweils iVm § 281

[52] BeckOGK/Riehm BGB § 283 Rn. 53 mwN; Zur Rechtslage im Falle der Verzögerung der Leistung → § 38 Rn. 14.

[53] Faust FS U. Huber, 2006, 239 (242); Grüneberg/Grüneberg BGB § 326 Rn. 2a.

Abs. 1 S. 3 BGB ausgeschlossen, wenn „die Pflichtverletzung“ unerheblich ist. Mindert also zB die geringfügige Abweichung des Benzinverbrauchs von den Herstellerangaben den Wert des gekauften Fahrzeugs, so kann der Käufer Schadensersatz statt der Leistung nicht in der Form geltend machen, dass er das Fahrzeug zurückgibt und dessen hypothetischen Wert in mangelfreiem Zustand als Schadensersatz fordert, sondern lediglich die Wertdifferenz zwischen Ist-Wert und Soll-Wert liquidieren.[54]

IV. Aufwendungsersatz (§ 284 BGB)

Literatur: Ellers, Zu Voraussetzungen und Umfang des Aufwendungsersatzanspruchs gemäß § 284 BGB, JURA 2006, 201; Emmerich, Aufwendungsersatz und Rentabilitätsvermutung, FS G. Otte, 2005, 101; Fleck, Begriff und Funktion der „Billigkeit“ bei § 284 BGB, JZ 2009, 1045; Grigoleit, Neuregelung des Ausgleichs „frustrierter“ Aufwendungen (§ 284 BGB): Das ausgefallene Musical, ZGS 2002, 122; Gsell, Aufwendungsersatz nach § 284 BGB, NJW 2006, 125; S. Lorenz, Schadensersatz statt der Leistung, Rentabilitätsvermutung und Aufwendungsersatz im Gewährleistungsrecht, NJW 2004, 26; S. Lorenz, Grundwissen – Zivilrecht: Aufwendungsersatz (§ 284 BGB), JuS 2008, 673; Stoppel, Der Ersatz frustrierter Aufwendungen …, AcP 204 (2004), 81; Tröger, Investitionsschutz nach § 284 BGB, ZGS 2005, 462; Weitemeyer, Rentabilitätsvermutung und Ersatz frustrierter Aufwendungen unter der Geltung von § 284 BGB, AcP 205 (2005), 275.

1. Das Problem

53 Nicht selten macht ein Gläubiger in Erwartung der Leistungen Aufwendungen, die sich durch das endgültige Ausbleiben der Leistung letztlich als vergeblich („frustriert“) erweisen. Vielfach stellen solche Vermögensopfer, obwohl frustriert, keinen Vermögensschaden dar. Das ist etwa der Fall, wenn der Gläubiger mit der Leistung rein ideelle Zwecke verfolgt hat und den Aufwendungen daher auch im Falle der Leistung kein Vermögensvorteil gegenübergestanden wäre.

Dies zeigt sich etwa am **„Stadthallenfall“:**[55] Die einer politischen Partei zur Abhaltung eines Parteiveranstaltung vermietete Halle wurde dieser vertragswidrig nicht zur Verfügung gestellt, wodurch sich die Aufwendungen der Partei zur Vorbereitung des Parteitags als fruchtlos erwiesen. Im Wege des Schadensersatzes statt der Leistung ist der Gläubiger nach § 249 Abs. 1 BGB so zu stellen, wie wenn die Leistung erfolgt wäre. Da hier die Aufwendungen bei vertragsgemäßem Verhalten ebenfalls angefallen und nicht durch Eintrittspreise, Spenden etc. amortisiert worden wären, liegt hier von vorneherein kein ersatzfähiger Vermögensschaden vor. Einem Anspruch auf Geldersatz für einen Nichtvermögensschaden steht § 253 Abs. 1 BGB entgegen.

54 Auch Aufwendungen auf eine gekaufte Sache aus „Liebhaberei“ müssen nicht stets zu deren Werterhöhung führen. Selbst wenn aber der Gläubiger kommerzielle Zwecke verfolgt, kann das Vorliegen eines Vermögensschadens zweifelhaft und für den auch insoweit beweispflichtigen Gläubiger äußerst schwierig nachweisbar sein.

Dafür steht etwa der **„Diskothekenfall“:**[56] Der Käufer einer Diskothek hatte ua in die Neueinrichtung des Lokals investiert, konnte es dann aber entgegen einer entsprechenden Zusicherung des Verkäufers mangels Betriebsgenehmigung nicht betreiben. Er macht nun Schadensersatz in Höhe seiner Investitionen geltend. Dabei muss er iRv § 249 Abs. 1 BGB den Nachweis führen, dass diesen im Falle des Betriebs der Diskothek ein Vermögensvorteil gegenübergestanden hätte.

---

54 BGH NJW 2007, 2111. S. dazu auch Medicus/Lorenz SchuldR BT § 7 Rn. 87a.

55 BGHZ 99, 182 = NJW 1987, 831.

56 BGHZ 114, 193 = NJW 1991, 2277.

Vor Einführung von § 284 BGB zum 1. 1. 2002 hat die Rspr. nur in sehr engen Grenzen eine Vermutung anerkannt, dass bestimmte unmittelbare erwerbsbezogene Aufwendungen auf die Kaufsache (zB Beurkundungskosten, Erschließungskosten) durch den erwarteten Vorteil der Gegenleistung wieder eingebracht würden (sog. **Rentabilitätsvermutung**). Im „Stadthallenfall" hat der BGH damit einen Schadensersatzanspruch mangels Schadens, im Diskothekenfall mangels eines ausreichenden Schadensnachweises verneint. 55

2. Die Funktion von § 284 BGB

Genau hier setzt § 284 BGB an: In bewusster Abkehr von der geschilderten Rspr.[57] kann der Gläubiger **anstelle** des Schadensersatzes statt der Leistung Ersatz vergeblicher Aufwendungen verlangen. Wichtig ist das für den Gläubiger dann, wenn ein Vermögensschaden gar nicht entstanden, schwer nachweisbar oder geringer als die vergeblichen Aufwendungen ist. Die früher von der Rspr. angewandte Rentabilitätsvermutung in Bezug auf unmittelbare Erwerbsaufwendungen kann daneben weiter angewendet werden.[58] Funktional ist § 284 BGB jedenfalls eine schadensrechtliche Norm, dh sie steht in sachlichem Zusammenhang mit den §§ 249 ff. BGB. Deshalb sind schadensrechtliche Vorschriften wie insbesondere § 254 BGB (Mitverschulden) iRv § 284 BGB zumindest analog anwendbar.[59] 56

3. Voraussetzungen

a) Anspruch auf Schadensersatz statt der Leistung

Zunächst muss dem Grunde nach (dh unter Ausblendung der Frage des Vorhandenseins eines Schadens) ein Anspruch auf Schadensersatz statt der Leistung aus § 280 Abs. 1, 3 BGB iVm §§ 281–283 BGB oder § 311a Abs. 2 BGB gegeben sein. Da ein solcher vom (gesetzlich vermuteten) Vertretenmüssen abhängig ist, gilt somit auch für den Aufwendungsersatzanspruch das **Verschuldensprinzip** (→ § 29 Rn. 3).[60] 57

b) Vergebliche Aufwendungen

Aufwendungen sind **freiwillige Vermögensopfer,** die der Gläubiger **im Vertrauen auf den Erhalt der (vertragsgemäßen) Leistung** erbracht hat. Als solche kommen neben Aufwendungen auf den Leistungsgegenstand selbst oder für dessen Verwendung insbesondere Kosten der Vertragsdurchführung, Finanzierungskosten und dergleichen in Betracht. Grundsätzlich darf der Gläubiger ab dem Zeitpunkt des Vertragsschlusses allein aufgrund des Leistungsversprechens des Schuldners auf den Erhalt der Leistung vertrauen. **Vorvertragliche** Aufwendungen sind aber, da sie nicht im Vertrauen auf den Erhalt der Leistung, sondern allenfalls im Vertrauen auf das Zustandekommen des Vertrags getätigt werden, nicht nach § 284 BGB, sondern allenfalls nach §§ 280 Abs. 1, 311 Abs. 2, 241 BGB *(culpa in contrahendo)* ersatzfähig.[61] 58

Vergeblich ist eine Aufwendung, wenn und soweit sie sich wegen der Pflichtverletzung des Schuldners gemessen am **Leistungszweck** (Vertragszweck) des Gläubigers 59

[57] S. dazu BT-Drs. 14/6040, 143 ff.
[58] LG Bonn NJW 2004, 74.
[59] S. nur Fleck JZ 2009, 1045 (1046); Stoppel AcP 204 (2004), 81 (106) mwN.
[60] S. dazu BGH NJW 2008, 2837 Rn. 33.
[61] Zum Ersatz von Maklerkosten s. aber BGH NJW 2006, 1198.

als nutzlos erweist. Dies hat der Gläubiger darzulegen und zu beweisen. Dem Schuldner steht dann der Gegenbeweis offen, dass der Zweck dieser Aufwendungen auch ohne seine Pflichtverletzung verfehlt worden wäre.

60 Dieser Vertragszweck des Gläubigers kann sowohl **ideeller** als auch **kommerzieller** Natur sein.[62] Bei der Verfolgung ideeller Zwecke ist die wirtschaftliche Rentabilität der Aufwendungen irrelevant, bei der Verfolgung kommerzieller Zwecke kann der Schuldner hingegen die durch § 284 BGB begründete sog. Rentabilitätsvermutung mit wirtschaftlichen Kriterien widerlegen.

Im → Rn. 53 geschilderten **Stadthallenfall** müsste also der Vermieter beweisen, dass der (ideelle) Zweck des Gläubigers (Abhalten einer Parteiveranstaltung) auch bei Zurverfügungstellung der Halle nicht erreicht worden wäre (weil etwa die Veranstaltung aus anderen, von ihm nicht zu vertretenden Gründen nicht hätte stattfinden können). Im **Diskothekenfall** (→ Rn. 54) kann der Schuldner den Anspruch des Gläubigers auf Ersatz seiner Investitionen abwenden, wenn er nachweist, dass diese sich wirtschaftlich nicht amortisiert hätten. Wollte der Gläubiger die Diskothek hingegen unter Inkaufnahme wirtschaftlicher Verluste aus rein ideellen Zwecken (etwa zur Jugendfürsorge) betreiben, hilft auch dieser Gegenbeweis nicht weiter.

61 Die Vergeblichkeit der Aufwendung kann dabei auch eine nur teilweise sein. So hat etwa der BGH dem Käufer eines mangelhaften Kfz Aufwendungsersatz in Höhe eingebauter Zusatzausstattung sowie der Überführungs- und Zulassungskosten nur zeitanteilig zugesprochen, weil der Käufer das Fahrzeug über eine gewisse Zeit ohne nennenswerte Einschränkungen nutzen konnte.[63]

4. Anspruchsinhalt und -höhe

62 Der Gläubiger kann Wertersatz seiner Aufwendungen verlangen, sofern er diese „billigerweise" machen durfte.[64] Durch diese Objektivierung soll verhindert werden, dass der Gläubiger das Risiko vollkommen unangemessener, wirtschaftlich unvernünftiger Aufwendungen auf den Schuldner abwälzen kann. In einem Fall unangemessener Aufwendung wird man dem Gläubiger den Anspruch auf Aufwendungsersatz aber nicht vollständig versagen dürfen, sondern analog § 254 Abs. 2 S. 1 Alt. 2 BGB auf den Betrag einer angemessenen Aufwendung zu reduzieren haben. Liegt ein Mitverschulden des Gläubigers bereits in Bezug auf das haftungsbegründende Ereignis vor, führt eine analoge Anwendung von § 254 Abs. 1 BGB zur anteiligen Kürzung auch eines Aufwendungsersatzanspruches.

63 Wenn der Gläubiger zum Zeitpunkt der Vornahme der Aufwendung bereits damit rechnen muss, dass die vertragsgemäße Leistung ausbleiben wird, ist § 254 Abs. 2 BGB analog anzuwenden, was zu einer Kürzung oder ggf. zum Wegfall des Anspruchs aus § 284 BGB führen kann.

64 Außerhalb dieser Grenzen ist der Anspruch auf Ersatz der Aufwendungen aber nicht durch das Erfüllungsinteresse am Vertrag begrenzt, dh der Aufwendungsersatzanspruch kann den Wert der geschuldeten Leistung und damit den Schadensersatz statt der Leistung (auch deutlich) übersteigen. Auch darf der Begriff der „Aufwendung" nicht mit jenem der „Verwendung" iSv § 347 Abs. 2 BGB gleichgestellt werden (→ § 49 Rn. 35 ff.). Anders als im Falle des Rücktritts, in welchem gem. § 347

[62] BGHZ 163, 381 = NJW 2005, 2848.
[63] BGHZ 163, 381 = NJW 2005, 2848.
[64] Vgl. zu diesem Kriterium insbesondere Fleck JZ 2009, 1045 mwN.

Abs. 2 BGB (verschuldensunabhängig) Ersatz für notwendige und nützliche Verwendungen zu leisten ist, müssen die Aufwendungen iSv § 284 BGB gerade nicht notwendig oder zumindest nützlich, sondern lediglich vergeblich gewesen sein. Auf eine Bereicherung des Schuldners kommt es dabei nicht an.

So ist es etwa irrelevant, dass die wegen des späteren mangelbedingten Rücktritts vergeblichen Aufwendungen eines Käufers eines Kfz in Gestalt von installierter Zusatzausstattung rücktrittsrechtlich als „nützliche" Verwendungen nach § 347 Abs. 2 BGB lediglich zu einem Verwendungsersatzanspruch geführt hätten (was aber eine Werterhöhung des Kfz vorausgesetzt hätte).[65]

5. Konkurrenzverhältnis zu Schadensersatz und Rücktritt

Der Anspruch auf Aufwendungsersatz kann nur „anstelle" des Schadensersatzes statt 65 der Leistung verlangt werden. Im Umkehrschluss daraus folgt, dass Aufwendungsersatz aber durchaus zusätzlich zum Verzögerungsschaden (§ 280 Abs. 2 BGB) und dem einfachen Schadensersatz „neben der Leistung" geltend gemacht werden kann. Auch ein Rücktrittsrecht wird durch den Aufwendungsersatz nicht verdrängt (s. § 325 BGB).

Damit kommt der **Abgrenzung der Schadensarten** (→ § 28 Rn. 1 ff.) auch iRv 66 § 284 BGB eine besondere Bedeutung zu: Bei der wirtschaftlichen Überlegung des Gläubigers, ob Schadensersatz statt der Leistung oder Aufwendungsersatz geltend gemacht werden soll, muss nicht nur berücksichtigt werden, ob der (nachweisbare) Vermögensschaden größer oder kleiner war als etwaige Aufwendungen, sondern es muss zusätzlich die wirtschaftliche Situation beachtet werden, die sich durch eine mögliche Kombination von Aufwendungsersatz, Schadensersatz „neben der Leistung" und Rücktritt ergeben kann. Für den Gläubiger ist die Möglichkeit des Aufwendungsersatzes daher eine „Rechenaufgabe": Er muss feststellen, ob ihm dieser oder der Schadensersatz statt der Leistung den höheren Anspruch gewährt.

Beispiel:[66] Da der Aufwendungsersatz mit nicht auf Schadensersatz „statt der Leistung" gerichteten einfachen Schadensersatzansprüchen kombinierbar ist, konnte der Käufer eines mangelhaften Kfz neben dem Aufwendungsersatz für die eingebaute Zusatzausstattung sowie die Überführungs- und Zulassungskosten auch Schadensersatz für die Kosten eines Mängelgutachtens (als Schadensersatz neben der Leistung) verlangen.

4. Abschnitt. Die Verspätung der Leistung

Erbringt der Schuldner die geschuldete Leistung nicht rechtzeitig, so verletzt er eine 1 Pflicht aus dem Schuldverhältnis. Ist ihm die Leistung möglich, ist er – abgesehen von den geschilderten Fällen, in welchen vorübergehende Leistungshindernisse einem endgültigen gleichstehen (→ § 34 Rn. 19 ff.) – von der Leistungspflicht jedenfalls nicht endgültig befreit. Der Erfüllungsanspruch ist also weiter fällig und kann klageweise durchgesetzt werden. Ist dem Schuldner die Leistung zeitweilig unmöglich, ist der Anspruch lediglich gehemmt (→ § 34 Rn. 14).

Die entscheidende tatbestandliche Abgrenzung von Unmöglichkeits- und Verspä- 2 tungsfällen liegt darin, dass sämtliche im Fall der Verspätung einschlägige Normen (§§ 281, 286, 323 BGB) einen **fälligen** Primäranspruch voraussetzen, was im Falle

[65] BGHZ 163, 381 = NJW 2005, 2848.
[66] BGHZ 163, 381 = NJW 2005, 2848.

einer Leistungsbefreiung nach § 275 Abs. 1–3 BGB gerade nicht der Fall ist. Unmöglichkeit und Verspätung schließen sich also tatbestandlich aus (s. zum Folgenden den **grafischen Überblick** bei → § 38 Rn. 17).

§ 36. Der Schuldnerverzug (§ 286 BGB)

Literatur: Canaris, Begriff und Tatbestand des Verzögerungsschadens ..., ZIP 2003, 321; Canaris, Grundprobleme des Schuldnerverzugs nach dem BGB, FS Koziol, 2010, 45; Canaris, der Einfluss der Leistung auf den Verzug des Schuldners, FS Hopt, 2010, 47; Derleder/Hoolmanns, Vom Schuldnerverzug zum Gläubigerverzug und zurück, NJW 2004, 2787; Derleder/Zänker, Der ungeduldige Gläubiger und das neue Leistungsstörungsrecht, NJW 2003, 2777; Gsell, EG-Verzugsrichtlinie und Reform der Reform des Verzugsrechts in Deutschland, ZIP 2000, 1861; Kohler, Das Vertretenmüssen beim verzugsrechtlichen Schadensersatz, JZ 2004, 961; Verse, Das Gesetz zur Bekämpfung von Zahlungsverzug im Geschäftsverkehr, ZIP 2014, 1809.

I. Begriff und Bedeutung des Rechtsinstituts, europarechtlicher Hintergrund

1 Schuldnerverzug ist die vom Schuldner zu vertretende Nichtleistung trotz Möglichkeit, Fälligkeit, Durchsetzbarkeit und Mahnung oder eines Mahnungssurrogats. Seine Voraussetzungen sind in § 286 BGB geregelt. § 286 BGB ist aber keine Anspruchsgrundlage, sondern eine **Wirknorm,** die Tatbestandsvoraussetzung verschiedener anderer Anspruchsgrundlagen (zB § 280 Abs. 1, 2 BGB oder § 288 Abs. 1 BGB) und Wirknormen (wie zB § 287 BGB) ist.

2 Man spricht in diesem Zusammenhang auch von der **Tatbestandswirkung des Verzugs,** die sich an vielen Stellen des BGB findet. So hängen zB die Verwirkung einer Vertragsstrafe (§ 339 S. 1 BGB), das Recht des Vermieters zur Kündigung wegen Nichtzahlung der Miete (§ 543 Abs. 2 S. 1 Nr. 3 Buchst. a BGB) und die Erweiterung der Haftung des bösgläubigen Besitzers (§ 990 Abs. 2 BGB) vom Verzug des Schuldners ab. Sofern bestimmte Rechtsfolgen besondere Formen des Verzugs voraussetzen (so zB § 543 Abs. 2 S. 1 Nr. 3 Buchst. a BGB: Verzug mit zwei aufeinanderfolgenden Raten, ähnlich § 498 S. 1 Nr. 1 BGB beim Verbraucherdarlehen), spricht man auch von einem **qualifizierten Verzug.**

3 **Zweck** des Rechtsinstituts ist, dass die bloße Verzögerung der Leistung als **Pflichtverletzung** iSv § 280 Abs. 1 BGB noch nicht ausreichen soll, um nachteilige Rechtsfolgen für den Schuldner zu bewirken. Diese sollen grds. erst dann eintreten, wenn der Schuldner durch eine Mahnung oder ein diese ersetzendes Mahnungssurrogat hiervor gewarnt ist, also die Voraussetzungen des Verzugs vorliegen. Das gilt insbesondere für den **Schadensersatz wegen Verzögerung der Leistung,** der nicht allein nach § 280 Abs. 1 BGB, sondern nach § 280 Abs. 2 BGB nur unter den zusätzlichen Voraussetzungen des § 286 BGB ersetzbar ist.[1]

Die gesetzliche Regelung des Verzugs in den §§ 286 ff. BGB dient teilweise auch der Umsetzung der Zahlungsverzugsrichtlinien der EU.[2] Insofern besteht damit ein Gebot **richtlinienkonformer Auslegung.** Diese betrifft zwar nur Zahlungsansprüche zwischen Unternehmern. Da der Gesetzgeber die Richtlinie

[1] Nach Canaris FS Koziol, 2010, 47 (51) soll aus § 280 Abs. 2 BGB folgen, dass die bloße Verzögerung der Leistung noch nicht einmal eine Pflichtverletzung iSv § 280 Abs. 1 S. 1 BGB darstellt.

[2] Richtlinie 2000/35/EG des Europäischen Parlaments und des Rates vom 29.6.2000 zur Bekämpfung von Zahlungsverzug im Geschäftsverkehr, ABl. 2000 L 200, 35, mWv 16.3.2013 aufgehoben durch die Richtlinie 2011/7/EU des Europäischen Parlaments und des Rates vom 16.2.2011 zur Bekämpfung von Zahlungsverzug im Geschäftsverkehr (Neufassung), ABl. 2011 L 48, 1. Letztere wurde (verspätet)

jedoch „überschießend" umgesetzt, dh sich auch außerhalb des persönlichen Anwendungsbereichs der Richtlinie an dieser orientiert hat, ist sie für die Auslegung der §§ 286 ff. BGB auch über das Verhältnis zwischen Unternehmern hinaus zu beachten.

II. Voraussetzungen

1. Wirksamer, fälliger und durchsetzbarer Anspruch

§ 286 BGB setzt zunächst einen **wirksamen** und **fälligen** Primäranspruch voraus. 4
Insbesondere darf kein **Unmöglichkeitsfall** nach § 275 Abs. 1 BGB vorliegen, weil dann kein Primäranspruch mehr besteht (und deshalb nicht mehr fällig iSv § 286 BGB sein kann). Im Falle **zeitweiliger Unmöglichkeit** tritt ebenfalls kein Verzug ein bzw. wird ein solcher unterbrochen, da der Erfüllungsanspruch für diesen Zeitraum analog § 275 Abs. 1 BGB suspendiert und damit ebenfalls nicht fällig ist (→ § 34 Rn. 14). Tritt während des Schuldnerverzugs Unmöglichkeit ein (zB, wenn die vom Schuldner nach Fälligkeit und Mahnung nicht gelieferte Sache bei ihm zerstört wird), so gilt ab diesem Zeitpunkt nur noch Unmöglichkeitsrecht. Lediglich § 290 BGB bestimmt eine zusätzliche Verzinsungspflicht.

Fälligkeit tritt, sofern keine abweichende Vereinbarung vorliegt, nach § 271 Abs. 1 BGB grds. **sofort** ein (→ § 15 Rn. 32), lediglich beim Verbrauchsgüterkauf (§ 475 Abs. 1 BGB)[3] sowie bei Verträgen über die Bereitstellung digitaler Produkte (§ 327b Abs. 2 BGB → § 46 Rn. 3) gelten (praktisch kaum relevante) Sonderregelungen.

Umstritten ist die Wirkung von **Einreden.**[4] Deren bloße Existenz kann Fälligkeit 5
und Verzug nicht in jedem Falle schlechthin ausschließen, weil sich der Schuldner auf Einreden ja berufen muss. Hat er dies getan, braucht er nicht (oder nur Zug-um-Zug) zu leisten und kommt damit auch nicht in Verzug. Ob die Erhebung der Einrede aber den Verzug auch für die Vergangenheit ausschließt, wenn der Schuldner sie erst nach Eintritt der Verzugsvoraussetzungen iÜ erhebt, kann nicht generell entschieden werden, sondern hängt von der jeweiligen Einredenorm ab. So wirkt etwa die Einrede der **Verjährung** (§ 214 Abs. 1 BGB) zurück, dh ihre Erhebung beseitigt die Verzugsfolgen auch für die Vergangenheit, und zwar auch für die Zeit vor Verjährungseintritt (s. auch § 217 BGB). Die Einrede des **allgemeinen Zurückbehaltungsrechts** nach § 273 BGB gibt dem Gläubiger hingegen nach § 273 Abs. 3 BGB die Möglichkeit, diese durch Sicherheitsleistung abzuwenden (→ § 20 Rn. 16). Da ihm dieses Recht nicht rückwirkend genommen werden darf, kann die Einrede nicht zurückwirken, dh die bis dahin eingetretenen Verzugsfolgen (etwa der Anspruch auf Verzugszinsen und Ersatz des Verspätungsschadens) bleiben aufrechterhalten. Für die Zukunft fällt der Verzug aber weg. Der BGH verlangt jedoch seitens des Schuldners nicht nur die Erhebung der Einrede, sondern zugleich das Angebot der Leistung Zug-um-Zug.[5] Anders sieht das die hM im Falle der Einreden nach § 275 Abs. 2, 3 BGB sowie nach § 439 Abs. 4 BGB: Die Erhebung der Einrede wirkt auf den Fälligkeitszeitpunkt zurück.[6] Gänzlich anders verhält es sich hingegen mit den Einreden

---

umgesetzt durch das am 29.7.2014 in Kraft getretene Gesetz zur Bekämpfung von Zahlungsverzug im Geschäftsverkehr und zur Änderung des Erneuerbare-Energien-Gesetzes (BGBl. 2014 I 1218).

[3] Vgl. dazu Medicus/Lorenz SchuldR BT § 11 Rn. 19.

[4] Dazu Canaris FS Koziol, 2010, 47 (54).

[5] BGH NJW 1971, 421.

[6] Canaris FS Koziol, 2010, 47 (54, 60); Grüneberg/Grüneberg BGB § 275 Rn. 32; MüKoBGB/Ernst § 275 Rn. 103.

aus **gegenseitigen Leistungspflichten,** dh bei der **Einrede des nicht erfüllten Vertrags** aus § 320 BGB und der Unsicherheitseinrede aus § 321 BGB. Hier hindert bereits das bloße Bestehen der Einrede den Verzugseintritt. Damit kommt der Schuldner erst in Verzug, wenn der Gläubiger ihm die seinerseits geschuldete Leistung so anbietet, dass er in Annahmeverzug gerät (dazu auch → § 20 Rn. 26).[7] Dass der Gläubiger zur Erbringung der Gegenleistung **imstande und bereit** ist, genügt allein noch nicht.[8]

2. Mahnung oder Mahnungsersatz

a) Mahnung

6 Da der Verzug erhebliche nachteilige Rechtsfolgen für den Schuldner nach sich zieht, sollen ihn diese nicht allein schon im Falle der Nichtleistung bei Fälligkeit treffen (er weiß ja nicht, wie wichtig der Leistungszeitpunkt für den Gläubiger ist), sondern er soll zuvor noch besonders **gewarnt** werden. Diese Funktion erfüllt die **Mahnung:** Schuldnerverzug tritt erst ein, wenn der Schuldner nach Fälligkeit gemahnt worden ist. Mahnung ist die **an den Schuldner gerichtete, empfangsbedürftige, eindeutige** und **bestimmte Aufforderung,** mit welcher der Gläubiger unzweideutig zum Ausdruck bringt, dass er **die geschuldete Leistung verlangt.**[9] Ein Hinweis auf den dadurch eintretenden Verzug oder die Verzugsfolgen ist dabei nicht erforderlich. Auch Höflichkeit schadet nicht.[10]

Weil Verzug auch dann eintritt, wenn der mahnende Gläubiger sich dieser Rechtsfolge gar nicht bewusst ist, ist die Mahnung kein Rechtsgeschäft, sondern lediglich eine **geschäftsähnliche Handlung.**[11] Auf eine solche sind aber die Vorschriften über die Willenserklärung entsprechend anwendbar.[12] Daher kann ein beschränkt geschäftsfähiger Minderjähriger nach § 107 BGB wirksam mahnen, weil er hierdurch lediglich einen rechtlichen Vorteil hat. Umgekehrt muss eine Mahnung gegen einen minderjährigen Schuldner nach § 131 Abs. 1, 2 S. 1 BGB dessen gesetzlichem Vertreter zugehen (beachte dabei § 1629 Abs. 1 S. 2 Hs. 2 BGB: Zugang an *einen* gesetzlichen Vertreter ist ausreichend). Auch eine Mahnung durch einen Stellvertreter ist analog § 164 BGB möglich.[13]

7 Eine Mahnung **vor Fälligkeit** ist unwirksam und bleibt es auch nach dem Fälligkeitszeitpunkt. Dagegen kann – insoweit entgegen dem Wortlaut von § 286 BGB – die Mahnung mit der fälligkeitsbegründenden Handlung (etwa einer Rechnungsstellung) verbunden werden, dh **gleichzeitig mit der Fälligkeit** erfolgen.[14] Übersendet etwa ein Gläubiger eine Rechnung mit dem Vermerk „zahlbar sofort", so liegt darin zugleich eine Mahnung. Gibt er dem Schuldner ein Zahlungsziel („zahlbar binnen 10 Tagen"), kann darin zugleich eine aufschiebend **befristete Mahnung** gesehen werden (was analog §§ 163, 158 Abs. 1 BGB zulässig ist).[15]

---

[7] S. etwa BGHZ 116, 244 (249) = NJW 1992, 556 (zu § 320 BGB) und BGH NJW 2010, 1272 Rn. 23 (zu § 321 BGB).

[8] Looschelders SchuldR AT § 22 Rn. 7.

[9] BGH NJW 2008, 50 mwN.

[10] BGH NJW 1998, 2132.

[11] Zu diesem Begriff vgl. Köhler BGB AT § 5 Rn. 7.

[12] BGHZ 47, 352 (357) = NJW 1967, 1800; 2011, 2120 Rn. 13.

[13] S. dazu sowie zur Möglichkeit einer Zurückweisung nach § 174 BGB bei Nichtvorlage einer Vollmachtsurkunde BGH NJW 2011, 2120 Rn. 13.

[14] BGH NJW 2008, 50.

[15] BGH NJW 2006, 3271 Rn. 10.

Ob allerdings nach der Verkehrsanschauung das erstmalige Zusenden einer Rechnung unter Angabe eines Zahlungsziels nach dem Empfängerhorizont (§ 157 BGB) bereits als Mahnung oder lediglich als Stundung verstanden werden darf, ist zweifelhaft.[16] Zumindest gegenüber Verbrauchern lässt die Rspr. eine solche befristete Mahnung analog § 286 Abs. 3 BGB nur zu, wenn der Verbraucher zugleich auf die Folge des Verzugseintritts hingewiesen wird.[17]

Die Mahnung muss weiter ausreichend **bestimmt** sein, dh für den Schuldner muss erkennbar sein, welche Leistung von ihm verlangt wird. Unwirksam ist deshalb etwa eine bedingte Mahnung („für den Fall, dass Sie uns etwas schulden, mahnen wir Sie hiermit“) oder die Mahnung einer anderen als der geschuldeten Leistung. Wenn der Gläubiger zwar die Forderung eindeutig bezeichnet, aber **mehr fordert** als geschuldet, kommt es für die Wirksamkeit der Mahnung darauf an, ob der Schuldner nach Treu und Glauben „die Erklärung als Aufforderung zur Bewirkung der tatsächlich geschuldeten Leistung verstehen muss und der Gläubiger auch zur Annahme der gegenüber seinen Vorstellungen geringeren Leistung bereit ist“.[18] Das gilt nicht nur bei Geldforderungen.[19] 8

Nach § 286 Abs. 1 S. 2 BGB stehen der Mahnung die **Erhebung einer Leistungsklage** (Zustellung der Klageschrift, § 253 ZPO) und die Zustellung eines **Mahnbescheids** (§§ 688 ff. ZPO) gleich. Das sind sogar besonders eindrucksvolle (aber wegen des aus § 93 ZPO folgenden Kostenrisikos für den Gläubiger auch gefährliche) Arten der Aufforderung zur Leistung, durch welche der Schuldner mindestens ebenso deutlich an seine Leistungspflicht erinnert wird wie durch eine Mahnung. 9

b) Entbehrlichkeit der Mahnung

aa) Zeitbestimmung. Nach § 286 Abs. 2 Nr. 1, 2 BGB ist die Mahnung **entbehrlich,** wenn für die Leistung eine **Zeit nach dem Kalender** bestimmt ist (*lat.: dies interpellat pro homine* = der Tag mahnt anstelle des Menschen) oder wenn sich der Zeitpunkt von einem bestimmten Ereignis an **nach dem Kalender berechnen** lässt (zB „3 Wochen nach Lieferung“ oder „nach Zugang der Rechnung“). Gemeint sind hier ausschließlich **vertragliche** Zeitbestimmungen. Einseitige Zeitbestimmungen des Gläubigers begründen als solche – von den seltenen Voraussetzungen des § 315 Abs. 1 BGB abgesehen – keinen Verzug nach dieser Regelung. Sie können aber, wenn sie zumindest gleichzeitig mit der Fälligkeit erfolgen, eine **aufschiebend befristete Mahnung** darstellen (→ Rn. 7). 10

bb) Erfüllungsverweigerung. Nach § 286 Abs. 2 Nr. 3 BGB ist eine Mahnung weiter entbehrlich, wenn der Schuldner die Leistung **ernsthaft und endgültig** verweigert. Da es sich um eine Ausnahmeregelung handelt, sind an die Erfüllungsverweigerung strenge Maßstäbe zu setzen. Die Verweigerung muss gleichsam als „letztes Wort“ des Schuldners aufzufassen sein, dh es muss ausgeschlossen erscheinen, dass er sich von einer Mahnung umstimmen lässt. Die Erfüllungsverweigerung ersetzt aber keineswegs das Erfordernis der Fälligkeit. Erfolgt sie vor dem Fälligkeitszeitpunkt (sog. **„antizipierte Erfüllungsverweigerung“**), tritt Verzug dennoch erst mit Fälligkeit 11

[16] In letzterem Sinne BGH NJW 2008, 50 mit krit. Anm. Gsell; dem BGH zustimmend Looschelders JA 2008, 228 f.; anders BGH NJW 2006, 3271.
[17] BGH NJW 2008, 50.
[18] BGH NJW 1999, 3115; s. auch NJW 2006, 3271.
[19] BGH NJW 2006, 769 (werkvertraglicher Nacherfüllungsanspruch).

ein.[20] Zur Bedeutung der antizipierten Erfüllungsverweigerung für das Rücktrittsrecht (§ 323 Abs. 4 BGB) und für den Schadensersatz statt der Leistung → § 37 Rn. 7 und → § 38 Rn. 54.

12 cc) **Besondere Gründe.** Nach § 286 Abs. 2 Nr. 4 BGB ist die Mahnung weiter entbehrlich, wenn der Eintritt des Verzugs aus **„besonderen Gründen unter Abwägung der beiderseitigen Interessen"** gerechtfertigt ist. Dies liegt etwa dann vor, wenn sich der Schuldner einer Mahnung entzieht (zB der unterhaltspflichtige Ehegatte verlässt den anderen mit unbekanntem Ziel) oder dem Gläubiger eine Mahnung aufgrund des Verhaltens des Schuldners nur mit erheblichem Aufwand möglich ist.[21] Entbehrlich ist die Mahnung auch dann, wenn der Schuldner einer solchen zuvorkommt, indem er selbst einseitig die alsbaldige Leistung ankündigt oder zusichert und damit dem Gläubiger das Bedürfnis nimmt, eine Mahnung auszusprechen (sog. **Selbstmahnung**).[22] Überflüssig ist die Mahnung schließlich auch bei evidenter **besonderer Dringlichkeit** der Leistung (zB wenn der Klempner zu einem Wasserrohrbruch gerufen wird).

13 **dd) Entgeltforderungen.** Für Entgeltforderungen (also nur solche Geldforderungen, die als Gegenleistung für die Lieferung von Gütern oder die Erbringung von Dienst- und Werkleistungen geschuldet sind, nicht aber zB Schadensersatzansprüche oder Bereicherungsansprüche)[23] sieht § 286 Abs. 3 BGB einen weiteren Verzugsgrund vor: Der Schuldner kommt spätestens (ein früherer Verzugseintritt nach § 286 Abs. 1, 2 BGB ist also möglich) 30 Tage nach Fälligkeit und dem Zugang einer Rechnung oder gleichwertigen Zahlungsaufforderung in Verzug. Gegenüber einem Verbraucher (§ 13 BGB) gilt dies nur, wenn er auf diese Folge besonders hingewiesen worden war. Ist der Schuldner nicht Verbraucher und ist der Zeitpunkt des Zugangs der Rechnung oder der Zahlungsaufforderung unsicher, kommt er nach § 286 Abs. 3 S. 2 BGB spätestens 30 Tage nach Fälligkeit und Empfang der Gegenleistung in Verzug.

3. Nichtleistung

14 Schuldnerverzug setzt weiter die Nichtleistung nach Mahnung voraus. Maßgebend ist insoweit nach hM die Vornahme der **Leistungshandlung** (also etwa das vereinbarte Abschicken der verkauften Sache), nicht aber der Eintritt des Leistungserfolgs (also etwa die Eigentumsverschaffung durch den Verkäufer, § 433 Abs. 1 S. 1 BGB).

Eine Zahlung durch **Banküberweisung** wurde daher von der Rspr. früher als rechtzeitig angesehen, wenn der Überweisungsauftrag vor Ablauf der Zahlungsfrist beim Geldinstitut des Schuldners eingeht, das Konto des Schuldners gedeckt ist und das Geldinstitut den Überweisungsauftrag fristgerecht annimmt. Im Geschäftsverkehr ist diese Auslegung jedoch in Bezug auf die Zahlungsverzugsrichtlinie 2000/35/EG (mittlerweile neu gefasst durch die RL 2011/7/EU) nach der Rspr. des EuGH nicht europarechtskonform. Maßgeblicher Zeitpunkt ist hier vielmehr die (endgültige) **Gutschrift** des Betrags auf dem Empfängerkonto.[24]

---

[20] Vgl. BGH NJW-RR 2008, 210 und dazu Gsell LMK 2007, 247919.

[21] S. zB BGH NJW 2011, 2871 Rn. 20: Schuldner verlässt SB-Tankstelle ohne zu bezahlen.

[22] BGH NJW 2008, 1216 Rn. 16.

[23] S. zu diesem Begriff BGH NJW 2010, 3226 (kein Erfordernis einer synallagmatischen Verknüpfung).

[24] EuGH NJW 2008, 1935 und dazu Herresthal ZGS 2008, 259 sowie M. Schwab NJW 2011, 2833; Heyers JZ 2012, 398.

Stellt man mit der Gegenansicht auf das Eintreten eines geschuldeten **Leistungserfolgs** ab, liegt Nichtleistung noch bis zu dem Erfolgseintritt vor. Hat der Schuldner aber die nötigen Leistungshandlungen so rechtzeitig vorgenommen, dass bei normalem Verlauf der Leistungserfolg rechtzeitig eingetreten wäre, scheitert der Eintritt des Verzugs am **Erfordernis des Vertretenmüssens** (dazu sogleich → Rn. 17), wenn der Schuldner für die Verzögerung des Erfolgseintritts nicht verantwortlich ist (zB weil er sich der bummelnden Transportperson nicht als Erfüllungsgehilfen bedient). Insbesondere aber scheidet Schuldnerverzug aus, wenn die Ursache für den Nichteintritt des Erfüllungserfolgs beim Gläubiger liegt (zB weil dieser die ordentlich angelieferte Sache nicht annimmt): Dann kommt allein Gläubigerverzug in Betracht. 15

Im Übrigen tritt nach zutreffender Ansicht Verzug **unmittelbar mit dem Zugang der Mahnung** bzw. dem nach § 286 Abs. 2 BGB maßgeblichen Zeitpunkt ein.[25] Der Schuldner hat also grds. nicht noch eine letzte Gelegenheit, durch sofortige Leistung die Verzugsfolgen zu vermeiden. Nach § 242 BGB wird man dies anders zu sehen haben, wenn fälligkeitsbegründende Handlung und Mahnung zeitlich zusammenfallen. 16

4. Vertretenmüssen

Nach § 286 Abs. 4 BGB setzt Schuldnerverzug **Vertretenmüssen** – also regelmäßig Verschulden – des Schuldners voraus (→ § 29 Rn. 1 ff.). Bei **Geldschulden** ist aber zu beachten, dass der Schuldner für einen Mangel an finanziellen Mitteln stets, dh auch ohne Verschulden einzustehen hat (→ § 32 Rn. 13 ff.). 17

Die negative Fassung des Wortlauts von § 286 Abs. 4 BGB regelt ebenso wie § 280 Abs. 1 S. 2 BGB die **Behauptungs- und Beweislast.** Da das Leistungshindernis regelmäßig in der Sphäre des Schuldners liegt, muss dieser die Gründe für das Fehlen seiner Verantwortung behaupten und beweisen. 18

Dass das Vertretenmüssen in § 286 Abs. 4 BGB als Verzugsvoraussetzung normiert wird, ist im Rahmen eines Anspruchs auf Ersatz des Verzögerungsschadens nach § 280 Abs. 1, 2 BGB, § 286 BGB unnötig, da bereits § 280 Abs. 1 S. 2 BGB (mit gleicher Beweislast) das Erfordernis des Vertretenmüssens enthält (anders nur, wenn Vertretenmüssen nur zum Zeitpunkt der Fälligkeit, nicht aber zur Zeit des Eintritts der übrigen Verzugsvoraussetzungen vorliegt). Eigenständige Bedeutung kommt dem Erfordernis des Vertretenmüssens in § 286 Abs. 4 BGB aber zu, wenn es um die Relevanz des Verzugs im Rahmen anderer Normen (zB §§ 287, 288 BGB, § 543 Abs. 2 S. 1 Nr. 3 BGB) geht (Tatbestandswirkung des Verzugs, → Rn. 2). Fällt das Vertretenmüssen nach Verzugseintritt weg, ist dies nach § 287 S. 2 BGB grds. irrelevant.

5. Grenzen von Parteivereinbarungen

§ 286 BGB ist grds. dispositives Recht, dh die Parteien können die Verzugsvoraussetzungen in den allgemeinen Grenzen vertraglich zugunsten oder zuungunsten des Schuldners abmildern oder verschärfen. Das Erfordernis der Mahnung kann allerdings gem. § 309 Nr. 4 BGB nicht durch AGB abbedungen werden. Eine allgemeine Grenze setzt § 286 Abs. 5 BGB für eine abweichende Vereinbarung über den Eintritt des Verzugs zugunsten des Schuldners durch einen Verweis auf § 271a Abs. 1–5 BGB (→ § 15 Rn. 30). Dadurch soll gesichert werden, dass nach § 271a BGB unzulässige, weil den Gläubiger benachteiligende fälligkeitsaufschiebende Vereinbarungen durch entsprechende Vereinbarungen über den Verzugseintritt umgangen werden. § 288 19

[25] BGH NJW-RR 1990, 323 (325); BeckOGK/Dornis BGB § 286 Rn. 227.

Abs. 6 BGB begrenzt die Zulässigkeit von Vereinbarungen über den Ersatz von Verzugszinsen (→ Rn. 26).

III. Rechtsfolgen des Schuldnerverzugs

20 Der Schuldnerverzug lässt den Erfüllungsanspruch selbst unberührt (allenfalls kann der Gläubiger diesen nach § 323 BGB oder §§ 280 Abs. 1, 3, 281 BGB beenden).

1. Ersatz von Verzögerungsschäden

21 Nach §§ 280 Abs. 1, 2, 286 BGB kann der Gläubiger (erst) ab Eintritt des Verzugs Ersatz der aufgrund des Verzugs entstandenen Verzögerungsschäden verlangen **(Schadensersatz wegen Verzögerung der Leistung).** Gegenstand dieses Schadensersatzes sind in Abgrenzung zum Schadensersatz statt der Leistung alle Schäden, die endgültig eingetreten sind, dh durch eine Nachholung der Leistung nicht mehr behoben würden und **allein** auf die Verzögerung der Leistung zurückzuführen sind. Der Gläubiger kann nach § 249 Abs. 1 BGB verlangen, so gestellt zu werden, als ob rechtzeitig erfüllt worden wäre. Das kann die unterschiedlichsten Schadensposten umfassen: Die verspätete Lieferung von Rohstoffen oder Ersatzteilen kann zu Produktionsausfall führen, wegen der verspäteten Lieferung von Ware an einen Händler kann diesem der Gewinn aus dem Weiterverkauf (endgültig) entgehen; in beiden Fällen können sogar auf die Dauer Kunden zur Konkurrenz abwandern. Solche Schäden sind in dem sehr weiten Rahmen der Adäquanz (→ § 55 Rn. 7) auch dann zu ersetzen, wenn ihr Betrag den Wert der verzögerten Leistung weit übersteigt. Auch **Rechtsverfolgungskosten** einschließlich Inkassokosten sind grds. ersetzbar, sofern sie durch den Verzug entstanden sind und sich der Gläubiger zu diesen veranlasst sehen durfte.

22 Das erfasst aber nicht die Kosten derjenigen Handlungen, welche den Verzug erst begründet haben. Die **verzugsbegründende Mahnung** sollte also im Interesse des Gläubigers nicht kostenaufwendig sein, dh ein Anwalt sollte erst mit weiteren Mahnungen betraut werden. Eine gewisse Milderung verschafft hier allerdings die **Kostenpauschale** nach § 288 Abs. 5 BGB (→ Rn. 29). Auch vor Verzugseintritt entstandene Verzögerungsschäden sind nicht ersetzbar. Wird also das verkaufte Kfz zum Fälligkeitszeitpunkt nicht geliefert und nimmt sich der Käufer ohne (erforderliche) Mahnung unmittelbar einen Mietwagen, so bekommt er die bis zum Verzugseintritt angefallenen Kosten auch dann nicht ersetzt, wenn er die Mahnung später nachholt.

Beispiel: K tankt an der Selbstbedienungstankstelle des V und fährt davon, ohne zu bezahlen. V beauftragt einen Privatdetektiv mit der Ermittlung des K sowie einen Rechtsanwalt mit der Eintreibung des Kaufpreises. Da eine Mahnung hier nach § 286 Abs. 2 Nr. 4 BGB entbehrlich war (→ Rn. 12), befand sich K mit Verlassen der Tankstelle in Verzug.[26] Die Kosten für Privatdetektiv und Rechtsanwalt sind daher nach § 280 Abs. 1, 2 BGB, § 286 BGB als Verzögerungsschaden ersetzbar, weil sie durch den Verzug entstanden sind. Dass sie (auch) auf einem eigenen Willensentschluss des V beruhen, ist unschädlich, da sich V zu diesem Vorgehen herausgefordert sehen durfte (→ § 55 Rn. 18).

23 Unter den Schadensersatz wegen Verzögerung der Leistung fallen nach zwar nicht unbestrittener, aber überwiegender und zutreffender Ansicht nur diejenigen Schäden, die **ausschließlich** auf die Verzögerung der Leistung zurückzuführen sind.

[26] Zum Zeitpunkt des Vertragsschlusses, der hier bereits an der Zapfsäule erfolgt, s. BGH NJW 2011, 2871 Rn. 14 ff.

Das ist vor allem für den sog. **„mangelbedingten Betriebsausfall"** von Bedeutung:[27] 24
Liefert zB ein Verkäufer eine mangelhafte Sache, so ist der durch die Funktionsunfähigkeit entstehende Schaden (zB der Produktionsausfall, weil die gelieferte Maschine nicht funktioniert), nach zutr. Ansicht kein Verzögerungsschaden, sondern Gegenstand eines „einfachen" Schadensersatzes „neben der Leistung" nach § 280 Abs. 1 BGB, der nicht durch die Verzögerung der (mangelfreien) Leistung, sondern durch die **Verletzung der Pflicht zu mangelfreier Leistung** aus § 433 Abs. 1 S. 2 BGB verursacht wurde.[28] Der Schaden ist also – sofern der Schuldner nicht den Nachweis fehlenden Vertretenmüssens nach § 280 Abs. 1 S. 2 BGB führen kann – unabhängig von den Verzugsvoraussetzungen, insbesondere ohne das Erfordernis einer Mahnung ersetzbar. Das ist schon deshalb gerechtfertigt, weil sich der Gläubiger bei der Lieferung einer mangelhaften Sache schwer durch eine Mahnung schützen kann: Eine Nichtleistung kann er leicht feststellen, eine Mahnung ist ihm zumutbar. Die Mangelhaftigkeit der Leistung deckt er vielleicht selbst erst sehr spät auf.

Entsteht ein solcher mangelbedingter Betriebsausfallschaden deshalb, weil der Käufer nicht rechtzeitig Nacherfüllung (§ 439 BGB) verlangt, kann die Ersatzfähigkeit des Schadens gem. § 254 Abs. 2 BGB (Mitverschulden) wegfallen.[29]

Wichtig ist auch die Abgrenzung des Verzögerungsschadens vom **Schadensersatz statt der Leistung** nach § 280 Abs. 1, 3 BGB, § 281 BGB. Tritt der Gläubiger wegen der Verzögerung der Leistung (oder der Nacherfüllung) nach § 323 BGB zurück, so fallen der Erfüllungsanspruch und damit auch der Verzug *ex nunc* weg (→ Rn. 36). Gleiches gilt nach § 281 Abs. 4 BGB, wenn der Gläubiger (berechtigt) Schadensersatz statt der Leistung verlangt (→ § 38 Rn. 7).[30] Ein nach diesem Zeitpunkt eintretender weiterer Nutzungsausfallschaden ist deshalb nicht mehr als Verzögerungsschaden, sondern als **Schadensersatz statt der Leistung** aus §§ 280 Abs. 1, 3 BGB iVm § 281 BGB ersetzbar. Er geht nämlich ab diesem Zeitpunkt nicht mehr auf die Verzögerung der Leistung, sondern auf deren **endgültiges Ausbleiben** zurück (sog. **„rücktrittsbedingter Betriebsausfall"**).[31] Der bis zum Rücktritt entstandene Nutzungsausfallschaden bleibt aber als Verzögerungsschaden nach § 280 Abs. 1, 2 BGB, § 286 BGB weiterhin ersetzbar. 25

2. Verzugszinsen

Bei **Geldschulden** kann der Gläubiger nach § 288 Abs. 1, 2 BGB unabhängig von einem ihm wirklich entstandenen Schaden **Verzugszinsen** oder die Weiterzahlung höherer vereinbarter Zinsen (§ 288 Abs. 3 BGB) verlangen. 26

Bei einem **Darlehensvertrag** gilt der Vertragszins nach der Rspr. aber grds. nur bis zum Zeitpunkt der Gesamtfälligstellung der Darlehensrückzahlung. Ab diesem Zeitpunkt kann der Darlehensgeber lediglich den Verzugszins oder einen konkret nachgewiesenen weitergehenden Schaden iSv § 288 Abs. 4 BGB geltend machen.[32] Für Verbraucherdarlehensverträge ist dies in § 497 Abs. 1 BGB ausdrücklich angeordnet. Hier kann der Verbraucher überdies nach § 497 Abs. 1 S. 2 BGB einen geringeren Schaden nachweisen (was ihm kaum je gelingen dürfte).

---

27 S. dazu Medicus/Lorenz SchuldR BT § 7 Rn. 91.

28 BGH NJW 2009, 2674; aus der Lit. s. insbes. Canaris ZIP 2003, 321; Mankowski JuS 2006, 481 (486) mwN.

29 S. Canaris ZIP 2003, 321. S. dazu auch Medicus/Lorenz SchuldR BT § 7 Rn. 94.

30 BGH NJW 2021, 464 Rn. 15 ff.

31 BGHZ 174, 290 = NJW 2008, 911 mAnm Gsell; NJW 2010, 2426.

32 BGH NJW 2003, 1801.

27 Der **Zinssatz** beträgt nach § 288 Abs. 1 S. 2 BGB jährlich 5 Prozentpunkte über dem Basiszinssatz (§ 247 BGB). Bei reinen **Unternehmergeschäften** beträgt er für **Entgeltforderungen** (→ Rn. 13) 9 Prozentpunkte über dem Basiszinssatz (§ 288 Abs. 2 BGB). Dieser exorbitant hohe Zinssatz geht auf die EU-Zahlungsverzugsrichtlinien (→ Rn. 3) zurück. Ihm liegt offenbar keine Ausgleichsfunktion für einen Schaden des Gläubigers, sondern ein **Straf- und Präventionsgedanke** zugrunde. Zu den Einzelheiten sowie zur Höhe des Basiszinsatzes s. → § 16 Rn. 18.

28 Der Zinsanspruch schließt nach § 288 Abs. 4 BGB die Geltendmachung eines **weitergehenden Schadens** nicht aus. In Betracht kommt insbesondere, dass der Gläubiger selbst anderswo höhere Zinsen zahlen muss oder solche durch die Anlage des rechtzeitig gezahlten Geldes hätte verdienen können.[33] Von einer Zinsschuld können wegen des Zinseszinsverbots (§ 248 Abs. 1 BGB, vgl. → § 16 Rn. 20) keine weiteren Verzugszinsen gefordert werden. Der Anspruch auf den Ersatz eines konkreten Verzögerungsschadens besteht aber auch insoweit, § 289 S. 2 BGB. Bei **Verbraucherdarlehensverträgen** ist dieser Schaden aber auf die Höhe des gesetzlichen Zinssatzes (§ 246 BGB: 4 %) begrenzt (§ 497 Abs. 2 S. 2 BGB).

3. Pauschale

29 Nach § 288 Abs. 5 BGB kann der Gläubiger (auch als Verbraucher) einer Entgeltforderung von einem unternehmerischen Schuldner zusätzlich die Zahlung einer **Pauschale** iHv 40,00 EUR verlangen.[34] Nach Abs. 5 S. 2 löst jeder Verzug mit einer Abschlags- oder Ratenzahlung diese Pauschale aus. Diese ist allerdings auf einen Schadensersatzanspruch für Kosten der Rechtsverfolgung anzurechnen. Damit mildert die Pauschale insbesondere die Bearbeitungskosten der verzugsbegründenden Mahnung ab, die als Verzugsschaden nicht ersetzbar sind (→ Rn. 22).

4. Abweichende Vereinbarungen

30 Nach § 288 Abs. 6 S. 1 BGB ist ein im Voraus vereinbarter Ausschluss des Anspruchs eines Entgeltgläubigers auf Verzugszinsen unwirksam. Eine Beschränkung ist nach § 288 Abs. 6 S. 2 BGB unwirksam, wenn sie „grob unbillig" ist, wobei nach S. 3 eine Vereinbarung über den Ausschluss der Pauschale (§ 288 Abs. 5 BGB) oder des Ersatzes von Rechtsverfolgungskosten im Zweifel als „grob unbillig" anzusehen ist. Das gilt nach S. 4 allerdings nicht, wenn der Schuldner Verbraucher ist. Dadurch werden Verbraucher geschützt, die Entgeltschuldner von Unternehmen oder öffentlichen Auftraggebern sind. Sie können vertraglich Verzugszinsen und Auslagenpauschale abbedingen (was praktisch kaum vorkommen wird).

5. Rücknahme von Haftungsmilderungen; Haftung für Zufall

31 Während des Verzugs treten gem. § 287 S. 1 BGB etwaige **Haftungsmilderungen außer Kraft.** Ein Schuldner, der sonst (zB gem. § 521 BGB oder § 599 BGB) für einfache Fahrlässigkeit nicht haften würde, hat dann also **jede Fahrlässigkeit** zu vertreten. Dies gilt nicht nur bei gesetzlichen, sondern auch bei vertraglichen Haftungserleichterungen, sofern die Parteien nicht auch § 287 S. 1 BGB abbedungen haben.[35]

---

[33] Dazu Kindler WM 1997, 2017.

[34] S. dazu Dornis WM 2014, 677.

[35] MüKoBGB/Ernst § 287 Rn. 2.

Noch wichtiger ist aber § 287 S. 2 BGB: Für eine während des Verzugs eintretende **Unmöglichkeit, Erschwerung oder Verschlechterung der Leistung** haftet der Schuldner auch **für Zufall,** wenn er nicht nachweist, dass der Schaden auch bei rechtzeitiger Leistung eingetreten wäre. Das bedeutet eine **Garantiehaftung** des Schuldners im Verzug (→ § 32 Rn. 8), die aber durch die Beachtlichkeit der (hier ausnahmsweise gesetzlich geregelten) hypothetischen Kausalität gemildert wird. Dahinter steht der Gedanke, dass der Leistungsgegenstand auch unverschuldeten Gefahren aus der Sphäre des Schuldners nicht mehr ausgesetzt gewesen wäre, wenn dieser rechtzeitig geleistet hätte (dann allerdings den Gefahren aus der Sphäre des Gläubigers). 32

Beispiel: S schuldet dem G die Lieferung eines alten Schrankes zum 2.5. Weil S den Maibeginn allzu heftig gefeiert hat, ist er am 2.5. zur Lieferung außerstande. In der Nacht vom 2. zum 3.5. verbrennt der Schrank bei S. Wenn sich die Ursache des Brandes nicht aufklären lässt, haftet S schon nach §§ 280 Abs. 1, 3, 283 BGB, weil sein Vertretenmüssen nach § 280 Abs. 1 S. 2 BGB vermutet wird und nicht widerlegt ist. Wenn dagegen feststeht, dass S den Brand weder vorsätzlich noch fahrlässig verursacht hat, greift § 287 S. 2 BGB als „strengere Haftung" iSv § 276 Abs. 1 BGB ein. Dabei steht der Haftung des S auch nicht im Wege, dass die Brandursache ganz unwahrscheinlich gewesen sein mag. § 287 S. 2 BGB lässt ihn für die „während" des Verzugs eintretende Unmöglichkeit haften; er verlangt also keinen kausalen (schon gar keinen adäquaten), sondern nur einen zeitlichen Zusammenhang. S kann seine Haftung hier allein durch den Nachweis abwenden, der Schrank wäre auch bei G verbrannt. Der geschuldete Schadensersatz richtet sich hier nach den §§ 280 Abs. 1, 3, 283 BGB, also nach Unmöglichkeitsrecht (Schadensersatz statt der Leistung). Nach § 290 BGB gilt wegen des vor dem Untergang bestehenden Verzugs eine besondere Verzinsungspflicht.

6. Fortbestand von Unterhaltsansprüchen

Eine besonders wichtige Wirkung hat der Schuldnerverzug auch bei familienrechtlichen **Unterhaltsansprüchen.** Zwar können diese grds. nicht für die Vergangenheit gefordert werden (*in praeteritum non vivitur* = in der Vergangenheit wird nicht gelebt), das gilt aber gem. § 1613 Abs. 1 BGB ua nicht im Falle des Verzugs. 33

7. Interessefortfall

Der Schuldnerverzug kann schließlich dazu führen, dass der Gläubiger das Interesse an der Leistung verliert (zB weil er die geschuldete Sache nicht mehr verwenden kann oder sich anderweitig Ersatz beschafft hat oder seine Dispositionsfreiheit wiedergewinnen will). In diesen Fällen kann der Gläubiger nach § 323 BGB vom Vertrag **zurücktreten** und nach § 281 Abs. 1 S. 1 BGB **Schadensersatz statt der Leistung** verlangen. Diese Regelungen sind zwar teilweise ähnlich formuliert sein wie § 286 BGB, setzen aber tatbestandlich nicht Verzug iSv § 286 BGB voraus. § 323 BGB setzt vor allem deshalb nicht Verzug voraus, weil die Möglichkeit des Rücktritts unabhängig davon gewährt werden soll, ob der Schuldner die Leistungsverzögerung zu vertreten hat. Auch § 281 BGB regelt (im Zusammenspiel mit § 280 Abs. 1, 3 BGB) den Schadensersatz statt der Leistung eigenständig, wenngleich in den von diesem Tatbestand erfassten Situationen idR auch zugleich Verzug iSv § 286 BGB vorliegen wird. 34

8. Rechtshängigkeit ohne Schuldnerverzug

Zwar ersetzen nach § 286 Abs. 1 S. 2 BGB Klageerhebung oder Mahnbescheid die Mahnung. Dennoch führen sie nicht immer zum Schuldnerverzug, weil zB das Vertretenmüssen des Schuldners an der Verzögerung fehlen kann. Für die Fälle, in denen 35 der Schuldner die verlangte Leistung ohne Schuldnerverzug wirklich schuldet und diese auch fällig ist, bestimmen die §§ 291, 292 BGB eine hinter den Verzugsfolgen zurückbleibende **Rechtshängigkeitshaftung.** Eine Geldschuld ist zu verzinsen, § 291 BGB (sog. Prozesszinsen). Nach Rechtshängigkeit des Anspruchs auf Herausgabe eines bestimmten Gegenstandes finden gem. § 292 BGB die Regelungen des Eigentümer-Besitzer-Verhältnisses (§§ 987–1003 BGB) Anwendung.

IV. Beendigung des Schuldnerverzugs

36 Der Verzug wird beendigt durch die **Erbringung der Leistung** (wobei auf die Leistungshandlung abzustellen ist, str., → Rn. 14), durch den **Gläubigerverzug** (→ § 41 Rn. 1 ff.) gem. §§ 293 ff. BGB,[36] durch **Rücknahme der Mahnung,** durch eine **Stundung** (Wegfall der Fälligkeit), das Entstehen bzw. die Geltendmachung einer **Einrede** (→ Rn. 5) sowie durch das **Erlöschen der Forderung** zB durch Anfechtung (§ 142 Abs. 1 BGB), Aufrechnung (§ 389 BGB), Rücktritt (§ 346 Abs. 1 BGB), Geltendmachung des **Schadensersatzes statt der Leistung** (§ 281 Abs. 4 BGB), aber auch durch **nachträgliche Unmöglichkeit** der Leistung (§ 275 Abs. 1 BGB). Die Beendigung wirkt idR lediglich ex nunc, dh bisher eingetretene Verzugsfolgen wie insbesondere ein Anspruch auf Ersatz von Verzögerungsschäden bleiben grds. bestehen. Lediglich im Falle der **Anfechtung** gem. §§ 119 ff. BGB beseitigt die Rückwirkungsfiktion des § 142 Abs. 1 BGB auch die Verzugsfolgen rückwirkend.

§ 37. Das Rücktrittsrecht wegen Verspätung der Leistung (§ 323 BGB)

Literatur: Canaris, Teleologie und Systematik der Rücktrittsrechte nach dem BGB, FS Kropholler, 2008, 3; Dubovitskaya, Fristsetzung im Schuldrecht: Neue Obliegenheit für den säumigen Schuldner? JZ 2012, 328; Gsell, Das Verhältnis von Rücktritt und Schadensersatz, JZ 2004, 643; Herresthal, Das ungeschriebene Tatbestandsmerkmal der Durchsetzbarkeit in den §§ 281 I, 323 I BGB, JURA 2008, 561; M. Jacobs, Erfüllungsverlangen und Erfüllbarkeit nach Ablauf der Nachfrist, FS Otto, 2008, 137; S. Lorenz, Arglist und Sachmangel – Zum Begriff der Pflichtverletzung in § 323 V 2 BGB, NJW 2006, 1925; Müller/Matthes, Notwendigkeit einer richtlinienkonformen Bestimmung der Leistung in § 323 V bei Teilleistung und Teilschlechtleistung, AcP 204 (2004), 732; Riehm, Irrungen und Wirrungen zur Fristsetzung und ihrer Entbehrlichkeit, NJW 2014, 2065.

I. Voraussetzungen

1 Erbringt der Schuldner in einem **gegenseitigen Vertrag** eine **fällige** Leistung nicht, kann der Gläubiger nach § 323 BGB **zurücktreten,** wenn er dem Schuldner zuvor eine angemessene Frist zur Leistung oder zur Nacherfüllung gesetzt hat und diese Frist erfolglos verstrichen ist.

2 Im Gegensatz zum Anspruch auf Schadensersatz und zum Verzug (§ 286 BGB) setzt der Rücktritt **kein Vertretenmüssen** auf Seiten des Schuldners voraus.

Dieser wichtige Grundsatz hat durch die Einführung der speziellen Fälligkeitsregelung im Verbrauchsgüterkauf in § 475 Abs. 1 BGB[1] eine vom Gesetzgeber wohl nicht bedachte Einschränkung erfahren. Da Verkäufer und Käufer nicht „sofort", sondern nur „unverzüglich" leisten müssen und „unverzüglich" wiederum durch § 121 Abs. 1 S. 1 BGB als „ohne *schuldhaftes* Zögern" definiert wird, werden der Fälligkeits-

---

[36] BGH NJW 2007, 2761.

[1] S. dazu Medicus/Lorenz SchuldR BT § 11 Rn. 19.

zeitpunkt und damit mittelbar auch der Rücktritt von einem Verschuldenselement abhängig gemacht.[2] Zudem müsste nach dem Wortlaut von § 475 Abs. 1 BGB der Gläubiger das Verschulden des Schuldners beweisen. In der Lit. wird dennoch eine Beweislastumkehr befürwortet.[3] Abgemildert wird das Problem zumindest dadurch, dass der Unternehmer/Verkäufer die Sache spätestens, dh unabhängig von einem Verschulden, 30 Tage nach Vertragsschluss übergeben muss und der Käufer einen Mangel an finanziellen Mitteln stets zu vertreten hat (→ § 32 Rn. 13).

1. Nichterbringung einer Leistung

§ 323 BGB betrifft die nicht rechtzeitige Erfüllung von **Leistungspflichten** aus 3
einem **gegenseitigen,** dh zweiseitig verpflichtenden **Vertrag.** Dabei kommt es für die Anwendbarkeit von § 323 BGB nach hM nicht darauf an, ob es sich bei der jeweiligen Leistungspflicht um eine im synallagmatischen Verhältnis stehende Hauptpflicht oder lediglich um eine Nebenleistungspflicht handelt (zu dieser Unterscheidung → § 13 Rn. 3 f.).[4] Ist die verletzte Pflicht jedoch nicht die einzige Pflicht des Schuldners aus dem Vertrag, dann ist ihre Nichterfüllung eine nur teilweise Nichterfüllung der gesamten Vertragsverpflichtung des Schuldners. Ein Rücktrittsrecht kann dann nach § 323 Abs. 5 S. 1 BGB eingeschränkt sein (→ Rn. 19). Nebenpflichten iSv § 241 Abs. 2 BGB, dh **Schutz- und Obhutspflichten,** die nicht auf einen positiven Leistungserfolg gerichtet sind, fallen nicht unter § 323 BGB. Für ihre Verletzung gilt vielmehr § 324 BGB, der dem Gläubiger den Rücktritt erst gestattet, wenn ihm wegen der Pflichtverletzung das Festhalten am Vertrag unzumutbar ist (→ § 39 Rn. 12).

Bei Verträgen über die Bereitstellung **digitaler Produkte** (§§ 327 ff. BGB) tritt bei 4
verzögerter Bereitstellung an die Stelle des Rücktrittsrechts das in § 327c BGB ganz ähnlich geregelte Recht zur **Vertragsbeendigung** (→ § 46 Rn. 4).

Für **in Vollzug gesetzte Dauerschuldverhältnisse** gilt als lex specialis § 314 5
BGB. Das Rücktrittsrecht wird zur Vermeidung der Rückabwicklung bereits erbrachter Leistungen durch ein den bisherigen Leistungsaustausch unberührt lassendes **Recht zur außerordentlichen Kündigung** ersetzt (→ § 52 Rn. 20). Für **Teilzahlungsdarlehen** und **Teilzahlungsverträge** bestehen Sonderregelungen in § 498 BGB bzw. § 508 S. 1 BGB. Außerordentliche Kündigung bzw. Rücktritt stellen hier besondere Voraussetzungen an den Zahlungsrückstand sowie an die Fristsetzung.

2. Fälligkeit und Durchsetzbarkeit

§ 323 Abs. 1 BGB setzt ebenso wie der Verzug (§ 286 BGB) die Nicht- oder Schlecht- 6
erfüllung einer **fälligen Leistungspflicht** voraus. Neben der in § 271 BGB und für den Sonderfall des Verbrauchsgüterkaufs in § 475 Abs. 1 BGB geregelten Fälligkeit (→ § 15 Rn. 28 ff.) verlangt auch § 323 BGB als ungeschriebene Tatbestandsvoraussetzung die **Durchsetzbarkeit** der Leistungspflicht. Für die Problematik der Einreden gilt damit das zum Verzug Ausgeführte (→ § 36 Rn. 5). Der Gläubiger muss also seinerseits leistungsfähig und leistungsbereit sein und seine Leistung in einer den

---

[2] S. dazu Kohler NJW 2014, 2817.

[3] Kohler NJW 2014, 2817 (2820); BeckOK BGB/Faust § 475 Rn. 10; MüKoBGB/S. Lorenz § 475 Rn. 8.

[4] S. dazu BeckOGK/Looschelders BGB § 323 Rn. 31 ff. mwN; zur Gegenansicht s. etwa MüKoBGB/Ernst § 323 Rn. 13.

Annahmeverzug begründenden Weise anbieten, sofern der Schuldner nicht zur Vorleistung verpflichtet ist.[5]

7 Nach § 323 Abs. 4 BGB kann das Rücktrittsrecht bereits **vor Fälligkeit** ausgeübt werden, „wenn offensichtlich ist, dass die Voraussetzungen des Rücktritts eintreten werden". Das betrifft insbesondere den Fall des sog. **„antizipierten Vertragsbruchs"**, also die ernsthafte und endgültige Erfüllungsverweigerung bereits **vor Fälligkeit** (zum Verzug → § 36 Rn. 12). Denkbar sind aber auch Fälle verweigerter notwendiger Mitwirkung an der Leistungserbringung oder etwa offensichtlich bevorstehende Leistungshindernisse wie zB ein Importverbot, das den Schuldner mit Sicherheit zum Fälligkeitstermin an der Leistung hindern wird (besteht das Leistungshindernis bereits, liegt hingegen ein Fall von §§ 275, 326 Abs. 5 BGB vor). Es muss also feststehen, dass der Schuldner weder zum Fälligkeitstermin noch zum Ablauf einer frühestens dann zu setzenden Nachfrist wird leisten können.

Mit Eintritt der Fälligkeit ist die Möglichkeit des vorfälligen Rücktritts nach § 323 Abs. 4 BGB allerdings verbraucht. Die Frage einer Entbehrlichkeit der Fristsetzung nach Eintritt der Fälligkeit unterliegt dann allein § 323 Abs. 2 BGB (→ Rn. 12 ff.).[6]

3. Fristsetzung

a) Inhalt, Rechtsnatur und Dauer

8 Ähnlich wie beim Mahnungserfordernis des Verzugs soll der Schuldner jedoch nicht ohne Vorwarnung mit einem Rücktrittsrecht konfrontiert werden, sondern zuvor eine letzte Chance erhalten, die Leistung zu erbringen (und sich damit auch die Gegenleistung zu verdienen). Aus diesem Grund setzt der Rücktritt gem. § 323 Abs. 1 BGB regelmäßig den fruchtlosen Ablauf einer angemessenen Nachfrist voraus, die der Gläubiger dem Schuldner zur Leistung bzw. zur Nacherfüllung (bei mangelhaften Leistungen im Kauf- und Werkvertragsrecht, §§ 439, 635 BGB) setzen muss. Die Fristsetzung muss nach zutreffender Ansicht der Lit. die **Aufforderung zur Erbringung einer genau bezeichneten Leistung binnen einer angemessenen Frist enthalten.**[7] Die Rspr. stellt daran allerdings nur **sehr geringe Anforderungen:** Die Frist müsse weder nach dem Kalender bestimmt sein noch in konkreten Zeiteinheiten (wie etwa „binnen 2 Wochen") gesetzt werden. Ausreichend sei vielmehr, wenn der Gläubiger durch das Verlangen nach „sofortiger", „unverzüglicher" oder „umgehender" Leistung oder vergleichbare Formulierungen deutlich macht, **dass dem Schuldner für die Erfüllung nur ein begrenzter Zeitraum zur Verfügung steht.** Der Zweck des Fristsetzungserfordernisses, dem Schuldner vor Augen zu führen, dass er die Leistung nicht zu einem beliebigen Zeitpunkt bewirken könne, sondern ihm hierfür eine zeitliche Grenze gesetzt sei, werde hierdurch hinreichend erfüllt. Die Ungewissheit für den Schuldner, welcher genaue Zeitraum ihm für die Leistung bzw. Nacherfüllung zur Verfügung steht, stehe dem nicht entgegen. Diese werde nämlich auch bei einer zu kurz bemessenen Frist hingenommen (dazu sogleich bei → Rn. 11).[8]

[5] BGHZ 116, 244 (249) = NJW 1992, 556.
[6] BGH NJW 2012, 3714 Rn. 17.
[7] S. etwa BeckOGK/Looschelders BGB § 323 Rn. 152; Riehm JuS 2015, 1121, 1123 jeweils mwN.
[8] BGH NJW 2009, 3153 Rn. 10 f.; 2015, 2564 Rn. 11.

Wenn man dem folgt, wird man allerdings wegen der Warnfunktion des Fristsetzungserfordernisses das bloße Leistungsverlangen des Gläubigers nur dann ausreichen lassen, wenn dadurch für den Schuldner erkennbar wird, dass er nur durch unverzügliche Erfüllung negative Konsequenzen für das Vertragsverhältnis vermeiden kann.[9] Zu Recht als nicht ausreichend erachtet wurde daher die Bitte des Gläubigers nach einem „akzeptablen Vorschlag zur Lösung des Problems".[10]

Der **Charakter** der Fristsetzung ist umstritten. Manche sehen in ihr ein Rechts- 9
geschäft, richtigerweise dürfte sie ebenso wie die Mahnung als **rechtsgeschäftsähnliche Handlung** zu qualifizieren sein. Ein praktischer Unterschied ergibt sich daraus nicht, denn die Regelungen über die Willenserklärungen sind jedenfalls zumindest analog anwendbar (→ § 36 Rn. 6). Die Möglichkeit der Fristsetzung steht als unselbstständiges Nebenrecht dem jeweiligen Forderungsinhaber zu. Im Falle der Forderungsabtretung (Zession) ist also der Zessionar zur Fristsetzung berechtigt (nicht aber zum Rücktritt nach erfolglosem Fristablauf, der allein der Vertragspartei zusteht, str.).

Für den **Zeitpunkt** der Fristsetzung gilt ebenfalls das zur Mahnung Ausgeführte. Die 10
Fristsetzung setzt Fälligkeit voraus, kann aber mit der fälligkeitsbegründenden Handlung zusammenfallen (→ § 36 Rn. 7). Eine Fristsetzung vor Fälligkeit ist grds. auch dann unwirksam, wenn später noch Fälligkeit eintritt, denn § 323 Abs. 4 BGB (→ Rn. 7) regelt die Möglichkeit des vorfälligen Rücktritts abschließend.[11]

Die **Angemessenheit** der Frist ist im Wesentlichen eine Frage des Einzelfalls.[12] Maß- 11
gebend können der Umfang und die Schwierigkeit der Leistung oder der Bedarf des Gläubigers sein. Die Frist muss aber jedenfalls nicht so bemessen sein, dass der Schuldner erst zur Zeit der Fristsetzung mit seinen Leistungsbemühungen beginnen kann, denn diese soll nur eine letzte Gelegenheit gewähren, eine schon begonnene Erfüllung zu vollenden.[13] Ist die gesetzte Frist nicht angemessen, wird eine angemessene Frist in Lauf gesetzt; es hat dies aber nicht zur Folge, dass die Fristsetzung unwirksam ist und der Gläubiger eine neue Frist bestimmen müsste. Ist die gesetzte Frist länger als eigentlich nötig, bleibt es bei der gesetzten Frist.

b) Entbehrlichkeit der Fristsetzung

§ 323 Abs. 2 BGB enthält drei Tatbestände, welche die Entbehrlichkeit der Fristset- 12
zung begründen. Der Gläubiger kann dann ohne Fristsetzung unmittelbar zurücktreten. Setzt er dennoch eine Frist, ist er allerdings nach § 242 BGB an diese gebunden, dh er kann dann nicht vor (erfolglosem) Ablauf dieser Frist zurücktreten.[14]

Für den Rücktritt wegen eines Sach- oder Rechtsmangels der verkauften Ware enthält § 475d Abs. 1 BGB für den **Verbrauchsgüterkauf** eine § 323 Abs. 2 BGB verdrängende Sonderregelung.[15]

aa) Ernsthafte und endgültige Erfüllungsverweigerung (Nr. 1). In § 323 Abs. 2 13
Nr. 1 BGB erscheint wieder (wie auch in den § 281 Abs. 2 BGB, § 286 Abs. 2 Nr. 3

[9] So MüKoBGB/Ernst § 323 Rn. 75.
[10] BGH NJW 2024, 2246 Rn. 51 (zu § 218 BGB).
[11] BGH NJW 2012, 3714 Rn. 16.
[12] Zu der daraus folgenden Rechtsunsicherheit für den Gläubiger und zu möglichen Alternativmodellen s. Dubovitskaya JZ 2012, 328.
[13] BGH NJW 1985, 320 (323).
[14] BGH NJW 2010, 1805 Rn. 10.
[15] S. dazu Medicus/Lorenz SchuldR BT § 11 Rn. 29 ff.

BGB) die ernsthafte und endgültige **Erfüllungsverweigerung.** Wenn der Schuldner erklärtermaßen nicht leisten will, bedarf es auch keiner Frist. Wie bei § 286 Abs. 2 Nr. 3 BGB sind aber an das Vorliegen einer solchen Erfüllungsverweigerung **strenge Anforderungen** zu stellen. Sie liegt nach einer in der Rspr. gebräuchlichen Formel nur vor, wenn der Schuldner **unmissverständlich** und **eindeutig** zum Ausdruck bringt, er werde seinen Vertragspflichten unter keinen Umständen nachkommen. Dafür reicht zB das bloße Bestreiten des Anspruchs nicht aus, sondern es müssen weitere Umstände hinzutreten, „welche die Annahme rechtfertigen, dass der Schuldner seinen Vertragspflichten unter keinen Umständen nachkommen will und es damit ausgeschlossen erscheint, dass er sich von einer Fristsetzung hätte umstimmen lassen“.[16] Die Verweigerung muss also gleichsam „das letzte Wort“ des Schuldners zu seiner Leistungsbereitschaft sein.[17]

Beispiel: Das wird in der Rspr. eher selten bejaht. Ein Beispiel bietet aber der Fall, wo der Schuldner die Geltendmachung von Gewährleistungsansprüchen „zusammenfassend als Nötigung“ bezeichnet und mitgeteilt hatte, er „betrachte die Angelegenheit als vollumfänglich abgeschlossen“.[18]

14 **bb) Relatives Fixgeschäft (Nr. 2).** Nach § 323 Abs. 2 Nr. 2 BGB ist die Fristsetzung weiter entbehrlich, wenn der Schuldner die Leistung nicht zu einem im Vertrag bestimmten Termin oder innerhalb einer vertraglich bestimmten Frist geleistet hat, obwohl die rechtzeitige Leistung „nach einer Mitteilung des Gläubigers an den Schuldner vor Vertragsschluss oder aufgrund anderer den Vertragsabschluss begleitenden Umstände für den Gläubiger wesentlich ist“. Das ist das bereits bei → § 34 Rn. 17 erwähnte **relative Fixgeschäft.** „Wesentlichkeit“ der rechtzeitigen Leistung bedeutet, dass die Erfüllung des Vertrags für den Gläubiger mit Einhaltung des vereinbarten Erfüllungstermins oder -zeitraums gleichsam „steht und fällt“. Darunter ist aber nicht zu verstehen, dass die Leistung für den Gläubiger mit Überschreitung der Leistungszeit in jeglicher Hinsicht sinnlos ist, denn dann läge ein **absolutes Fixgeschäft** und damit ein Fall von **Unmöglichkeit** nach § 275 Abs. 1 BGB vor (→ § 34 Rn. 15). Es geht vielmehr um Fälle, in welchen zwar die rechtzeitige Erfüllung für den Gläubiger von entscheidender Bedeutung ist, es aber nicht ausgeschlossen erscheint, dass er die Leistung auch noch zu einem späteren Zeitpunkt in Anspruch nehmen will. In dieser Situation ist es sehr viel sinnvoller, dem Gläubiger die Entscheidung zu überlassen, weiter Erfüllung des Vertrags zu verlangen oder aber sofort zurückzutreten und so seine Dispositionsfreiheit wiederzugewinnen.

Beispiel: K bestellt bei V ein Wohnmobil, das spätestens am 1.7. geliefert werden soll, weil K dann damit in Urlaub fahren will. Wenn V den Liefertermin nicht einhält, ist es dennoch nicht ausgeschlossen, dass K weiterhin ein Interesse an der Lieferung des Wohnmobils hat (das er ja auch noch zu anderen Anlässen nutzen kann). Er kann daher entweder am Erfüllungsanspruch festhalten oder aber unmittelbar nach § 323 Abs. 2 Nr. 2 BGB zurücktreten.

15 Zu beachten ist, dass dabei eine vertragliche Einigung nur über den Leistungszeitpunkt oder -zeitraum, nicht aber über die Wesentlichkeit der rechtzeitigen Leistung getroffen werden muss. Für die „Wesentlichkeit“ der Einhaltung des vereinbarten Termins genügt vielmehr eine (einseitige) **Mitteilung** des Gläubigers an den Schuldner oder die **Erkennbarkeit** aus den den Vertragsschluss begleitenden Umständen.

[16] BGH NJW 2011, 3435 Rn. 24.
[17] BGH NJW 2013, 1431 Rn. 36.
[18] BGH NJW 2024, 2246.

Will sich der Schuldner schützen, darf er eben schlicht keine verbindlichen Liefertermine vereinbaren.[19]

Eine **Sonderregelung** für relative Fixgeschäfte findet sich in der nur für Kaufleute geltenden Regelung des **Fixhandelskaufs** in § 376 HGB. Der Unterschied zu § 323 Abs. 2 Nr. 2 BGB besteht tatbestandlich vor allem darin, dass es allein auf die Vereinbarung eines Liefertermins oder -zeitraums ankommt, nicht aber auf die besondere Erkennbarkeit der Wesentlichkeit des Termins für den Käufer (diese wird bei Kaufleuten vorausgesetzt). Weiter gilt die Regelung nicht nur für den Rücktritt, sondern auch für den Schadensersatzanspruch des Käufers. Anders als bei § 323 Abs. 2 Nr. 2 BGB, der den Erfüllungsanspruch des Gläubigers unberührt lässt (→ Rn. 27 f.), kann der Käufer bei Überschreitung des Liefertermins Erfüllung nur verlangen, wenn er dies dem Verkäufer sofort nach Verstreichen des Liefertermins anzeigt. Sinn dieser Regelung ist die Schnelligkeit und Sicherheit des Handelsverkehrs. Dabei handelt es sich nach hM bei § 376 HGB um eine spezielle Vorschrift, die § 323 Abs. 2 Nr. 2 BGB verdrängt. Der Käufer hat also nicht die Wahl, alternativ nach § 323 Abs. 2 Nr. 2 BGB vorzugehen.[20] § 376 HGB gilt allerdings auch bei einem **einseitigen Handelskauf,** dh es reicht aus, wenn entweder der Käufer oder der Verkäufer Kaufmann iSv §§ 1 ff. HGB ist. Die Regelung ist damit grds. **auch gegenüber Verbrauchern** anwendbar.[21] Das ist deshalb problematisch, weil die dadurch bewirkte Schlechterstellung des Verbrauchers als Käufer nicht mit Art. 18 Abs. 2 UAbs. 2 Verbraucherrechte-RL (→ Rn. 16) zu vereinbaren ist.

cc) Besondere Umstände (Nr. 3). Nach § 323 Abs. 2 Nr. 3 BGB ist eine Fristsetzung entbehrlich, wenn im Falle einer **nicht vertragsgemäßen** (= mangelhaften) **Leistung** „besondere Umstände" vorliegen, die unter Abwägung der beiderseitigen Interessen einen sofortigen Rücktritt rechtfertigen. Die Beschränkung dieses Entbehrlichkeitstatbestands auf den Fall der mangelhaften Leistung wurde erst in Umsetzung der Verbraucherrechte-RL 2011/83/EU zum 13.6.2014 eingeführt und ist zu Recht scharf kritisiert worden.[22] 16

Hintergrund ist, dass Art. 18 Abs. 2 UAbs. 2 Verbraucherrechte-RL einen Rücktritt ohne Fristsetzung nur im Falle einer mangelhaften Leistung vorsieht und der Gesetzgeber wegen des **vollharmonisierenden Charakters** der RL (→ § 6 Rn. 13) darüber nicht hinausgehen durfte. Da die RL allerdings nur im Verhältnis Unternehmer/Verbraucher gilt, bleibt es außerhalb dieses Bereiches (also bei Geschäften zwischen Unternehmern oder zwischen Verbrauchern) möglich, eine Entbehrlichkeit der Fristsetzung auf § 242 BGB zu stützen.[23] Ob dies auch unter Verbrauchern möglich ist, weil der Grundsatz von Treu und Glauben auch im Unionsrecht anerkannt ist, ist unklar.[24]

Wenn also eine Leistung nicht mangelhaft ist, sondern schlicht ausbleibt, ist Nr. 3 **nicht anwendbar.** Angesichts der zugleich erfolgten Absenkung der Voraussetzungen an das relative Fixgeschäft in § 323 Abs. 2 Nr. 2 BGB (→ Rn. 14) sind allerdings praktische Regelungslücken kaum zu erwarten.[25] Zum möglichen Wertungswiderspruch zu § 281 Abs. 2 Alt. 2 BGB → § 38 Rn. 5. 17

---

19 Riehm NJW 2014, 2065 (2068).

20 MüKoBGB/Ernst § 323 Rn. 21; BeckOGK/Höpfner HGB § 376 Rn. 3; aA Hopt/Leyens, 45. Aufl. 2026, HGB § 376 Rn. 4; Canaris FS Konzen, 2006, 43 (49).

21 Hopt/Leyens, 45. Aufl. 2026, HGB § 376 Rn. 4.

22 S. dazu sowie zum unionsrechtlichen Hintergrund vor allem Riehm NJW 2014, 2065 (2068), der zutreffend einen Wertungswiderspruch zu § 281 Abs. 2 BGB feststellt.

23 BT-Drs. 17/12637, 59; Looschelders SchuldR AT § 33 Rn. 5; iE gleichsinnig, aber für analoge Anwendung von § 281 Abs. 2 Alt. 2 BGB, Riehm NJW 2014, 2065 (2068); krit. Wendehorst NJW 2014, 577 (583).

24 Bejahend Looschelders SchuldR AT § 33 Rn. 5.

25 So die Einschätzung des Gesetzgebers in BT-Drs. 17/2673, 59.

Die Regelung wird etwa angewandt im Falle einer arglistigen Täuschung eines Verkäufers über einen behebbaren Sachmangel: Hier gestattet die Rspr. unter Berufung auf diese Regelung dem Käufer den unmittelbaren Rücktritt, ohne dem Verkäufer zunächst die Chance zur Nacherfüllung (§ 439 BGB) geben zu müssen. „Besonderer Umstand" ist dabei nach dem BGH neben der Zerstörung der Vertrauensbasis, dass der Verkäufer durch die arglistige Täuschung das Recht zu einer zweiten Chance verwirkt hat.[26]

c) Erfolglosigkeit

18 Die Frist muss erfolglos ablaufen. Ein Rücktrittsrecht entsteht also nicht, wenn der Schuldner die geschuldete Leistung innerhalb der Nachfrist erbringt. Das gilt auch dann, wenn der Gläubiger trotz Entbehrlichkeit der Fristsetzung eine Frist gesetzt hat.[27] Erlischt der Anspruch **vor Ablauf der Frist** aus anderen Gründen als durch Erfüllung (weil etwa Unmöglichkeit und damit Leistungsbefreiung nach § 275 Abs. 1 BGB eintritt), kann ein Rücktrittsrecht nach § 323 BGB nicht mehr entstehen. Es treten dann vielmehr die Rechtsfolgen nach § 326 BGB ein (→ § 35 Rn. 1 ff.). Nach § 352 BGB wird sogar der **bereits erklärte Rücktritt** unwirksam, wenn der Schuldner **unverzüglich** nach dem Rücktritt die **Aufrechnung erklärt.** Zum **Gläubigerverzug** → Rn. 24.

Umstritten ist dabei, ob für die Fristwahrung bereits die Vornahme der geschuldeten **Leistungshandlungen** ausreicht (also etwa bei einer Schickschuld die Versendung) oder ob dafür der **Eintritt des Leistungserfolgs** erforderlich ist (dh bei einer Schickschuld der erst mit Erhalt der Sache durch den Käufer eintretende Besitz und Eigentumserwerb). Die bislang hM hält die **Vornahme der Leistungshandlungen** für ausreichend.[28] Daraus erklärt sich auch schlüssig, dass im Fall des Annahmeverzugs (§ 293 BGB) gerade kein fruchtloser Fristablauf vorliegt, weil dieser regelmäßig ein tatsächliches Angebot und damit die Vornahme der Leistungshandlungen voraussetzt (→ § 41 Rn. 5).[29] Für die Fristsetzung zur kaufrechtlichen Nacherfüllung (§ 439 BGB) hat der BGH allerdings neuerdings auf den **Leistungserfolg** abgestellt.[30] Inwieweit sich dies auf das allgemeine Leistungsstörungsrecht übertragen lässt, ist allerdings fraglich.[31] Jedenfalls sollte man aber dem Gläubiger die Möglichkeit geben, die Fristsetzung ausdrücklich auf den Leistungserfolg zu beziehen, dh eine Vornahmefrist zu setzen. In diesem Fall ist die Frist dann nur bei einem fristgerechten Leistungserfolg gewahrt.

4. Rücktrittsausschlussgründe (§ 323 Abs. 5, 6 BGB)

a) Erfolgte Teilleistungen (§ 323 Abs. 5 S. 1 BGB)

19 Eine besondere Regelung über Teilleistungen enthält § 323 Abs. 5 S. 1 BGB, der bereits im Zusammenhang mit der teilweisen Unmöglichkeit erörtert wurde (→ § 35 Rn. 13 ff.). Hat der Schuldner eine **Teilleistung** erbracht, so hat der Gläubiger zunächst nach § 323 BGB nur das Recht zu einem Teilrücktritt in Bezug auf den ausgebliebenen Teil der Leistung (Grundsatz des **Teilrücktritts**). Ein **Gesamtrücktritt,**

[26] BGH NJW 2007, 835; zuletzt BGH NJW 2010, 1805; ähnl. für den Fall der Verletzung einer Nebenleistungspflicht BGH NJW 2010, 2503 (Täuschung eines vorleistungspflichtigen Lieferanten durch Vorlage einer falschen Abnahmebescheinigung). S. dazu auch Medicus/Lorenz SchuldR BT § 7 Rn. 56.

[27] BGH NJW 2010, 1805 Rn. 10.

[28] MüKoBGB/Ernst § 323 Rn. 90; Grüneberg/Grüneberg BGB § 323 Rn. 16; Soergel/Gsell BGB § 323 Rn. 88; Staudinger/Schwarze, 2020, BGB § 323 Rn. B 74; aA Paulus ZfPW 2025, 1; BeckOGK/Looschelders BGB § 323 Rn. 171; Looschelders SchuldR AT § 22 Rn. 8.

[29] MüKoBGB/Ernst § 323 Rn. 92.

[30] BGHZ 227, 15 = JuS 2021, 689 (Schwab).

[31] Befürwortend Looschelders SchuldR AT § 22 Rn. 8; Paulus ZfPW 2025, 1, 18 f.; BeckOK BGB/H. Schmidt § 323 Rn. 20c.

der auch die bereits erhaltene Teilleistung erfasst, setzt darüber hinaus nach § 323 Abs. 5 S. 1 BGB **Interessefortfall** voraus (Grundsatz der Vertragserhaltung, dazu sowie zum Begriff des Interessefortfalls → § 35 Rn. 16). Diese Hürde kann der Gläubiger aber vermeiden, indem er die Annahme der angebotenen Teilleistung nach § 266 BGB **ablehnt.**[32] Dann ist keine Teilleistung „erbracht", so dass der Tatbestand des den Gesamtrücktritt einschränkenden § 323 Abs. 5 S. 1 BGB nicht erfüllt ist. Der Gläubiger kann bzgl. der ganzen Leistung eine Frist setzen und nach deren fruchtlosem Ablauf vom **gesamten** Vertrag zurücktreten, ohne Interessefortfall nachweisen zu müssen.

Beispiel: Wenn der Verkäufer von 100 verkauften Flaschen Wein nur 80 liefert, obwohl ihm die vollständige Lieferung möglich wäre, bietet er eine Teilleistung iSv § 266 BGB an. Der Gläubiger kann diese nach § 266 BGB zurückweisen, eine Frist nach § 323 Abs. 1 BGB setzen und nach deren Ablauf ohne Weiteres vom gesamten Vertrag zurücktreten. Nimmt er die 80 Flaschen hingegen an, kann er nach fruchtlosem Ablauf einer Frist grds. nur hinsichtlich der nicht gelieferten 20 Flaschen, dh teilweise, zurücktreten. Ein **Gesamtrücktritt** ist nach § 323 Abs. 5 S. 1 BGB nur dann möglich, wenn **Interessefortfall** vorliegt.

§ 323 Abs. 5 S. 1 BGB setzt aber – ebenso wie § 326 Abs. 1 S. 1 Hs. 2 BGB im Fall **20** teilweiser Unmöglichkeit (→ § 35 Rn. 13 ff.) – nicht nur die Teilbarkeit der verspäteten Leistung, sondern auch die **Teilbarkeit der geschuldeten Gegenleistung** voraus. Ist das nicht der Fall, kommt nämlich die vom Gesetz vorausgesetzte Aufspaltung des Vertrags nicht in Betracht, weil eine Herabsetzung der Gegenleistung nicht möglich ist. Es kann dann nur ein Gesamtrücktritt erfolgen, für welchen der Gläubiger nicht Interessefortfall nachweisen muss.[33]

Beispiel: So hatte sich in einem Fall ein Handwerker als Gegenleistung für die Übereignung einer Eigentumswohnung teilweise zur Zahlung, teilweise zur Erbringung bestimmter Werkleistungen verpflichtet.[34] Tritt der Verkäufer nach erfolgloser Fristsetzung zu deren Vornahme nach § 323 Abs. 1 BGB zurück, so kann er (nur) vom ganzen Vertrag zurücktreten, weil er seine unteilbare Gegenleistung (Übereignung der Eigentumswohnung) nicht auf den Teil beschränken kann, welcher der Teilleistung des Käufers entspricht. Er kann sie nur ganz erbringen oder ganz davon absehen.[35]

Canaris will in Fällen der nur teilweisen Kaufpreiszahlung aber § 323 Abs. 5 S. 2 BGB **21** analog anwenden und einem Verkäufer einer unteilbaren Sache den Rücktritt wegen Unerheblichkeit der Pflichtverletzung versagen, wenn der Zahlungsrückstand des Käufers gering und es dem Verkäufer deshalb zuzumuten ist, den Anspruch auf die Restzahlung unter Verzicht auf das Druckmittel des Rücktritts klageweise durchzusetzen.[36] Das ist insofern problematisch, als § 320 Abs. 2 BGB in einem solchen Fall dem Gläubiger auch die Einrede des nichterfüllten Vertrags verweigert (→ § 20 Rn. 28). Er muss dann die Leistung trotz nur teilweise erhaltender Gegenleistung erbringen, ohne zumindest das „Druckmittel" des Rücktrittsrechts nach § 323 Abs. 1 BGB zu behalten. Das dürfte nicht zumutbar sein.

---

32 Zur abweichenden Rechtslage im Fall von Teilunmöglichkeit → § 35 Rn. 13; zum Ablehnungsrecht nach § 266 BGB → § 15 Rn. 2 ff.

33 Eingehend hierzu Canaris 2. FS Medicus, 2009, 17 (36).

34 BGH NJW 2010, 146; Kaufvertrag mit anderstypischer Gegenleistung, s. dazu Medicus/Lorenz SchuldR BT § 60 Rn. 16.

35 BGH NJW 2010, 146 Rn. 17.

36 Canaris 2. FS Medicus, 2009, 17 (36 f.).

b) Mangelhafte Leistung (§ 323 Abs. 5 S. 2 BGB)

22 Liefert ein Verkäufer einen Gegenstand, der einen behebbaren **Sach**- oder **Rechtsmangel** aufweist, so ist dies ebenfalls eine Teilleistung, allerdings in Bezug auf die Qualität der Leistung (**qualitative Verspätung,** → § 27 Rn. 34). Wie bereits im Zusammenhang mit der qualitativen Unmöglichkeit der Leistung erörtert (→ § 35 Rn. 21 ff.), setzt § 323 Abs. 5 S. 2 BGB hier den Maßstab zugunsten des Käufers herab. Der Rücktritt (nicht aber die Minderung, s. § 441 Abs. 1 S. 2 BGB) ist erst dann ausgeschlossen, wenn „die Pflichtverletzung", dh im Regelfall der Mangel **„unerheblich"** ist, was als Einwendung vom Verkäufer darzulegen und zu beweisen ist.[37]

c) Überwiegende Verantwortlichkeit des Gläubigers (§ 323 Abs. 6 BGB)

23 In Parallele zu dem in den Unmöglichkeitsfällen einschlägigen § 326 Abs. 2 S. 1 Alt. 1 BGB schließt § 323 Abs. 6 BGB auch für den Fall der Verzögerung der Leistung den Rücktritt aus, wenn der Gläubiger für den Umstand, der ihn zum Rücktritt berechtigen würde, **„allein oder weit überwiegend verantwortlich ist".** Bei einer solchen Verteilung der Verantwortlichkeit wäre es offenbar ungerecht, wenn der Gläubiger den Vertrag beenden könnte. Das kann zB dann der Fall sein, wenn die Verzögerung der Leistung durch den Schuldner auf unrichtigen Angaben des Gläubigers beruht. Das „Überwiegen" der Verantwortlichkeit des Gläubigers bedeutet auch hier, dass ein Schadensersatzanspruch gegen den Schuldner vollständig an § 254 Abs. 1 BGB scheitern würde (zur gleichen Problematik im Zusammenhang mit § 326 Abs. 2 S. 1 BGB → § 35 Rn. 39 ff.).

d) Gläubigerverzug

24 Die zweite Fallgruppe für den Ausschluss des Rücktrittsrechts in § 323 Abs. 6 BGB liegt ähnlich: Ein vom Schuldner nicht zu vertretender Umstand tritt während eines **Gläubigerverzugs** ein. Hier ist der Rücktritt deshalb ausgeschlossen, weil der Schuldner ohne den Gläubigerverzug schon erfüllt hätte und deshalb von dem Umstand nicht betroffen worden wäre. Auch hierfür findet sich eine Parallele in § 326 Abs. 2 S. 1 Alt. 2 BGB.

Beispiel: Der Schuldner will dem Gläubiger die Leistung zu dem verabredeten Termin (§ 299 BGB) anbieten; der Gläubiger ist jedoch nicht zu Hause. Auf dem Rückweg gerät der Schuldner ohne sein Verschulden (oder aufgrund einfacher Fahrlässigkeit, § 300 Abs. 1 BGB) in einen Unfall, wodurch sich die Lieferung verzögert. Könnte der Gläubiger hier zurücktreten, so bräuchte er die beschädigte Sache nicht mehr zu bezahlen; er könnte so die Folgen seiner eigenen Säumnis auf den Schuldner abwälzen.

II. Rechtsfolgen

1. Rücktrittsrecht, Verhältnis zum Schadensersatz statt der Leistung

25 Mit fruchtlosem Ablauf der Nachfrist oder im Zeitpunkt des Eintritts eines Tatbestandes, der die Fristsetzung nach § 323 Abs. 2 BGB entbehrlich macht, entsteht das Rücktrittsrecht des Gläubigers. Erklärt der Gläubiger den Rücktritt, **erlöschen** die **beiderseitigen Leistungspflichten** mit *ex nunc*-Wirkung. Bereits erbrachte Leistungen sind nach den §§ 346 ff. BGB zurückzugewähren, wobei auch Nutzungs- und Verwendungsersatzansprüche entstehen (Einzelheiten → § 49 Rn. 1 ff.). Liegt zusätz-

[37] S. dazu Medicus/Lorenz SchuldR BT § 7 Rn. 57 ff.

lich Vertretenmüssen seitens des Schuldners vor, kommt auch ein Anspruch auf **Schadensersatz statt der Leistung** aus §§ 280 Abs. 1, 3, 281 BGB in Betracht, der gem. § 325 BGB mit dem Rücktritt **kombiniert** werden kann.

2. Das Schicksal des Erfüllungsanspruchs

Das Rücktrittsrecht ist ein **Gestaltungsrecht** (§ 349 BGB), zu dessen Ausübung der Gläubiger nicht gezwungen ist. Der Gläubiger kann also trotz Fristablaufs weiterhin auf Vertragserfüllung bestehen (und daneben einen etwaigen Verzögerungsschaden geltend machen, dazu → § 36 Rn. 21 ff.). Der Erfüllungsanspruch erlischt erst mit der (wirksamen) **Erklärung des Rücktritts** oder mit der **Geltendmachung** von **Schadensersatz statt der Leistung** (§ 281 Abs. 4 BGB). Zur abweichenden Rechtslage beim Fixhandelskauf → Rn. 15. 26

Im Gegensatz zu Rücktrittserklärung und Schadensersatzverlangen (§ 281 Abs. 4 BGB) hat ein **Erfüllungsverlangen** des Gläubigers **keinen gestaltenden Charakter.** Ein Gläubiger, der nach Fristablauf zunächst weiter Erfüllung verlangt, kann grds. jederzeit **ohne erneute Fristsetzung** dennoch den Rücktritt erklären oder Schadensersatz statt der Leistung verlangen.[38] Nach § 242 BGB wird der Gläubiger dem Schuldner jedoch die für die Vorbereitung und Erfüllungshandlung notwendige Zeit auch tatsächlich einzuräumen haben.[39] 27

Noch schwieriger wird die Situation für den Schuldner, wenn sich der Gläubiger nach Ablauf der Nachfrist **überhaupt nicht** erklärt. Der Schuldner kommt dann in eine Schwebelage, weil er nicht weiß, ob er weitere Leistungsanstrengungen erbringen soll (etwa um einen drohenden Verzugsschaden gering zu halten) oder ob der Gläubiger zurücktreten und/oder Schadensersatz statt der Leistung verlangen wird (so dass weitere Erfüllungsbemühungen vergeblich wären). Bedauerlicherweise hat der Schuldner hier keine Möglichkeit, den Gläubiger zu einer Entscheidung zu zwingen. § 350 BGB, der es erlaubt, einem Rücktrittsberechtigten eine Frist zur Entscheidung zu setzen, gilt nämlich nur für vertragliche Rücktrittsrechte (→ § 49 Rn. 2). Und auch § 264 BGB, der bei der Wahlschuld Ähnliches gestattet, ist nach Auffassung der Rspr. nicht anwendbar. Die verschiedenen Rechtsbehelfe des Gläubigers nach Ablauf der Frist stellen nämlich keine **Wahlschuld** dar, sondern stehen im Verhältnis sog. **„elektiver Konkurrenz“** (zu den Begriffen → § 17 Rn. 18).[40] Auch eine analoge Anwendung von § 281 Abs. 4 BGB, § 314 Abs. 3 BGB oder § 350 BGB schließt der BGH aus.[41] Damit bleibt dem Schuldner nur übrig, dem Gläubiger die Leistung anzubieten. Nimmt er diese an, erlischt das Rücktrittsrecht. Nimmt er sie nicht an, ohne zugleich den Rücktritt zu erklären, gerät er in **Gläubigerverzug.** Damit fallen – wie im Falle des Verzugs – die Verspätungsfolgen weg, das Rücktrittsrecht erlischt.[42] In Extremfällen kann der Gläubiger auch nach § 242 BGB das Rücktrittsrecht verwirken.[43] 28

---

38 BGH NJW 2006, 1198.

39 Althammer NJW 2006, 1179; Jacobs FS Otto, 2008, 137 (153 f.).

40 BGH NJW 2006, 1198; Jacobs FS Otto, 2008, 137 (143).

41 Krit. Schwab JZ 2006, 1030; zustimmend Jacobs FS Otto, 2008, 137 (144).

42 Zutr. Jacobs FS Otto, 2008, 137 (146 ff.) mwN.

43 S. dazu S. Lorenz NJW 2005, 1892; H. Hanau NJW 2007, 2806; Jacobs FS Otto, 2008, 137 (148 f.).

§ 38. Schadensersatz wegen Verspätung der Leistung

Literatur: S. die Hinweise zu → §§ 36, 37 sowie Dauner-Lieb, Zur Reichweite der (Nach-)Erfüllung beim Kauf – Wundersame Vermehrung der Nachfristsetzungen gem. §§ 281, 323?, FS Canaris, Bd. I, 2007, 143; Faust, Pflichtverletzung und Vertretenmüssen als Voraussetzung des Anspruchs auf Schadensersatz statt der Leistung, FS Canaris, Bd. I, 2007, 219; Gsell, Mängelleistung und verzögerte Nacherfüllung als einheitliche Pflichtverletzung im neuen Schuldrecht, FS Canaris, Bd. I, 2007, 337; Heiderhoff/Skamel, Teilleistung im Kaufrecht, JZ 2006, 383; S. Lorenz, Einmal Vertretenmüssen – immer Vertretenmüssen? – Zum Verhältnis von Fristablauf und Vertretenmüssen beim Schadensersatz statt der Leistung –, FS U. Huber, 2006, 423; S. Lorenz, Das Deckungsgeschäft im System der Schadensarten, FS Leenen, 2012, 147.

I. Ersatz des Verzögerungsschadens (§§ 280 Abs. 1, 2, 286 BGB)

1 Voraussetzungen und Inhalt eines Anspruchs auf Ersatz der erlittenen Verzögerungsschäden aus §§ 280 Abs. 1, 2, 286 BGB wurden oben im Zusammenhang mit dem Verzug erörtert (→ § 36 Rn. 21 ff.).

II. Schadensersatz statt der Leistung (§§ 280 Abs. 1, 3, 281 BGB)

2 Im Falle der Verspätung der Leistung kann der Gläubiger unter den Voraussetzungen der §§ 280 Abs. 1, 3, 281 BGB Schadensersatz statt der Leistung verlangen. § 281 BGB hat dabei eine ähnliche Struktur wie der für das Rücktrittsrecht geltende § 323 BGB. Insbesondere soll auch nach § 281 BGB der Schuldner durch das **Fristsetzungserfordernis** eine zweite Chance zur Erfüllung bekommen. Neben Unterschieden im Detail besteht der tatbestandlich wichtigste strukturelle Unterschied zum Rücktrittsrecht im Erfordernis des **Vertretenmüssens.**

1. Voraussetzungen

a) Nichterbringung einer Leistungspflicht

3 Ebenso wie § 323 BGB betrifft § 281 BGB die nicht rechtzeitige Erfüllung von **Leistungspflichten** iSv § 241 Abs. 1 BGB. Allerdings müssen diese anders als bei § 323 BGB nicht zwingend vertraglicher Natur sein. § 281 BGB ist also auch auf die Verletzung von Leistungspflichten aus **gesetzlichen Schuldverhältnissen, einseitigen Rechtsgeschäften** (zB im Falle eines Vermächtnisanspruchs, § 2174 BGB) und **Rückabwicklungsschuldverhältnissen** (s. § 346 Abs. 4 BGB und dazu → § 49 Rn. 37) anwendbar, sofern nicht – wie bei manchen gesetzlichen Schuldverhältnissen – abschließende Sondervorschriften bestehen. **Leistungsunabhängige Nebenpflichten** iSv § 241 Abs. 2 BGB, dh Schutz- und Obhutspflichten werden nicht von § 281 BGB, sondern von § 282 BGB erfasst (der wiederum ähnlich wie § 324 BGB formuliert ist). Schadensersatz statt der Leistung wegen der Verletzung von Pflichten aus § 241 Abs. 2 BGB kann der Gläubiger also nur verlangen, wenn ihm deshalb das Festhalten am Vertrag **unzumutbar** ist (→ § 39 Rn. 12 ff.)

b) Fälligkeit und Durchsetzbarkeit

4 In Bezug auf das Erfordernis von **Fälligkeit** und **Durchsetzbarkeit** (Bedeutung von Einreden) gilt ebenfalls das zum Rücktrittsrecht (→ § 37 Rn. 6 ff.) sowie zum Verzug (→ § 36 Rn. 4 ff.) Ausgeführte. Allerdings sieht § 281 BGB im Gegensatz zu § 323 Abs. 4 BGB nicht die Möglichkeit vor, bereits **vor Eintritt der Fälligkeit** Schadensersatz statt der Leistung zu verlangen. Dabei handelt es sich keineswegs um einen

Redaktionsfehler oder eine unbewusste Gesetzeslücke, die man mit einer Analogie zu § 323 Abs. 4 BGB ausfüllen könnte.[1] Es besteht kein Anlass, dem Gläubiger zu einem Zeitpunkt, in welchem er die Leistung noch nicht verlangen kann, bereits das **Erfüllungsinteresse** im Wege des Schadensersatzes zuzusprechen.

In Bezug auf einen Anspruch auf Schadensersatz statt der Leistung kann es deshalb für den Gläubiger auch äußerst nachteilig sein, wenn er von der Möglichkeit des vorfälligen Rücktritts nach § 323 Abs. 4 BGB Gebrauch macht. Da mit dem Rücktritt die Fälligkeit der Leistungspflicht wegfällt, können dann die Voraussetzungen eines Anspruchs auf Schadensersatz statt der Leistung nach § 280 Abs. 1, 3 BGB iVm § 281 BGB nämlich nicht mehr eintreten. Die Vertragsaufsage vor Fälligkeit (**antizipierter Vertragsbruch,** → § 37 Rn. 7) stellt aber zugleich eine **Pflichtverletzung nach § 241 Abs. 2 BGB** dar, die nach § 282 BGB dann zu einem Anspruch auf Schadensersatz statt der Leistung führt, wenn dem Gläubiger die Leistung durch den Schuldner nicht mehr zuzumuten ist. Daher erübrigt sich letztlich auch die in der Literatur für diesen Fall vorgeschlagene analoge Anwendung von § 323 Abs. 4 BGB oder § 281 Abs. 2 BGB. In anderen Fällen, in welchen § 323 Abs. 4 BGB einen vorfälligen Rücktritt zulässt, ohne dass eine zu vertretende Verletzung einer Leistungstreuepflicht feststeht, muss sich der Gläubiger mit der Rücktrittsbefugnis begnügen oder aber die Fälligkeit abwarten, will er sich die Möglichkeit eines Schadensersatzanspruchs nach §§ 280 Abs. 1, 3, 281 BGB erhalten.[2]

c) Fristsetzung

Auch in Bezug auf das **Fristsetzungs-** bzw. **Abmahnerfordernis** enthalten § 281 Abs. 1–3 BGB und § 323 Abs. 1–3 BGB gleiche Kriterien. Die im Zusammenhang mit § 323 BGB gemachten Ausführungen zu Inhalt, Rechtsnatur und Dauer der Fristsetzung (→ § 37 Rn. 8 ff.) gelten gleichermaßen für § 281 BGB. Gleiches gilt für die Tatbestände der Entbehrlichkeit der Fristsetzung. In § 281 Abs. 2 BGB fehlt allerdings – bewusst – das in § 323 Abs. 2 Nr. 2 BGB bestimmte **relative Fixgeschäft** (→ § 37 Rn. 14). Das Vorliegen eines solchen begründet also für sich allein noch nicht die Entbehrlichkeit einer Fristsetzung durch den Gläubiger.[3] Die unterschiedliche Behandlung gegenüber dem Rücktrittsrecht erklärt sich aus der für den Schuldner deutlich schwerwiegenderen Rechtsfolge der Schadensersatzverpflichtung. Das schließt aber nicht aus, die Vereinbarung eines relativen Fixgeschäfts bei der Frage des Vorliegens „besonderer Umstände" iSv § 281 Abs. 2 Alt. 2 BGB mit zu berücksichtigen.[4] 5

Anders als in § 323 Abs. 2 Nr. 3 BGB ist allerdings der Fristsetzungsentbehrlichkeitstatbestand der „besonderen Umstände" in § 281 Abs. 2 BGB nicht auf den Fall der mangelhaften Leistung beschränkt (→ § 37 Rn. 16). Damit kann in (wohl eher seltenen) Fällen der schlichten Verspätung der Leistung ein Wertungswiderspruch eintreten, wenn zwar für den Schadensersatz statt der Leistung, nicht aber für den Rücktritt eine Fristsetzung entbehrlich ist. In diesem Fall wird man im Wege richtlinienkonformer Auslegung einen Anspruch auf Schadensersatz statt der Leistung ausschließen müssen, weil dieser wirtschaftlich den Effekt eines Rücktritts beinhaltet und die Verbraucherrechte-RL das Recht zum fristlosen Rücktritt aus „besonderem Grund" auf den Fall der Mangelhaftigkeit der Leistung beschränkt.[5]

---

[1] So aber zB Looschelders SchuldR AT § 27 Rn. 18; Grüneberg/Grüneberg BGB § 281 Rn. 8a; wie hier MüKoBGB/Ernst § 281 Rn. 80.

[2] So auch MüKoBGB/Ernst § 281 Rn. 80.

[3] MüKoBGB/Ernst § 281 Rn. 73.

[4] Looschelders SchuldR AT § 27 Rn. 19.

[5] So zutreffend Riehm NJW 2014, 2065 (2068).

d) Vertretenmüssen

6 Die Haftung auf Schadensersatz statt der Leistung setzt nach § 280 Abs. 1 S. 2 BGB Vertretenmüssen voraus. Aus der negativen Formulierung von § 280 Abs. 1 S. 2 BGB ergibt sich dabei eine **Vermutung des Vertretenmüssen,** dh der Schuldner hat nachzuweisen, dass er die Verspätung der Leistung nicht iSv § 276 Abs. 1 BGB zu vertreten hat. Dabei ist nicht erforderlich, dass Vertretenmüssen **bereits zum Zeitpunkt der Fälligkeit** vorliegt. Es ist zur Begründung eines Anspruchs auf Schadensersatz statt der Leistung ausreichend, wenn der Schuldner die Nichtleistung **zum Zeitpunkt des Ablaufs der Nachfrist** zu vertreten hat. Nach hM gilt dies auch im umgekehrten Fall, wenn der Schuldner also zwar die Nichtleistung zum Fälligkeitszeitpunkt, nicht aber diejenige zur Zeit des Ablaufs der Nachfrist zu vertreten hat.[6] Die Nichterfüllung wird also über den gesamten Zeitraum von Fälligkeit bis zum fruchtlosen Ablauf der Nachfrist als eine Handlungseinheit angesehen.[7] Dabei ist zu beachten, dass der Schuldner, der die Nichtleistung im Zeitpunkt der Fälligkeit zu vertreten hat, spätestens mit dem Zeitpunkt der Fristsetzung (die ja auch die Erfordernisse einer Mahnung mit enthält) nach § 286 BGB in Verzug gerät und damit nach § 287 S. 2 BGB ohnehin auch **für Zufall haftet** (→ § 36 Rn. 32). Ein Wegfall des Verschuldens nach diesem Zeitpunkt ist daher unbeachtlich. Schon aus diesem Grund ist die Frage nur in dem seltenen Fall relevant, in welchem das Vertretenmüssen zwischen Fälligkeit und Eintritt der objektiven Verzugsvoraussetzungen wegfällt. Von praktischer Bedeutung kann die Frage im Kaufrecht (und Werkvertragsrecht) werden, wenn der Verkäufer zwar die Lieferung einer mangelhaften Sache, nicht aber die Nichtvornahme der Nacherfüllung (§ 439 BGB) zu vertreten hat.[8]

2. Rechtsfolgen

a) Fortbestehen des Erfüllungsanspruchs

7 Ebenso wie bei § 323 BGB lässt der fruchtlose Ablauf der Nachfrist den Erfüllungsanspruch des Gläubigers unberührt. Damit hat dieser nach Fristablauf die Möglichkeit, weiterhin den Erfüllungsanspruch und daneben (nach §§ 280 Abs. 1, 2, 286 BGB) einen entstandenen Verzögerungsschaden geltend zu machen. Erst mit der (berechtigten) **Geltendmachung** des Schadensersatzanspruchs statt der Leistung **erlischt der Erfüllungsanspruch** gem. § 281 Abs. 4 BGB, sofern der Gläubiger nicht bereits zuvor wirksam den Rücktritt erklärt hat (der wiederum gem. § 325 BGB den Schadensersatz statt der Leistung nicht ausschließt). Das setzt aber voraus, dass zum Zeitpunkt des Schadensersatzverlangens die Voraussetzungen des Anspruchs auf Schadensersatz statt der Leistung nach §§ 281 Abs. 1–3 BGB (nicht zwingend aber ein Schaden) vorliegen.[9] Damit entsteht mit Fristablauf die → § 37 Rn. 28 geschilderte Schwebelage für den Schuldner.

b) Schadensersatz statt der Leistung

8 Gegenstand des Schadensersatzes statt der Leistung ist der Schaden, der **allein auf das endgültige Ausbleiben der Leistung** zurückzuführen ist (dazu schon → § 28

[6] Huber FS Schlechtriem, 2003, 528; MüKoBGB/Ernst § 281 Rn. 59 ff.
[7] S. dazu auch Faust FS Canaris, Bd. I, 2007, 219; Gsell FS Canaris, Bd. I, 2007, 337 ff.
[8] S. dazu Medicus/Lorenz SchuldR BT § 7 Rn. 78 ff.
[9] BGH NJW 2021, 464 Rn. 15 ff.

Rn. 1 ff.). Das endgültige Ausbleiben der Leistung steht ab dem Zeitpunkt einer (berechtigten) Rücktrittserklärung oder eines (berechtigten) Schadensersatzverlangens fest (§ 281 Abs. 4 BGB).[10] Ein bereits vor diesem Zeitpunkt endgültig eingetretener Schaden wie etwa ein Verzögerungsschaden nach § 280 Abs. 1, 2 BGB iVm § 286 BGB bleibt als solcher ersetzbar und verliert seinen Charakter dadurch nicht. Anders als nach früherem Recht darf also der bis zum Schadensersatzverlangen entstandene Schaden nicht nach § 249 Abs. 1 BGB in den Schadensersatz statt der Leistung integriert werden, weil sonst die Voraussetzungen der § 280 Abs. 1, 2 BGB, § 286 BGB übergangen werden könnten.[11]

Beispiel: Liefert der Verkäufer eines Kfz dieses bei Fälligkeit nicht aus und nimmt sich der Käufer einen Mietwagen, so sind die dafür aufgewendeten Kosten Schadensersatz wegen Verzögerung der Leistung (§§ 280 Abs. 1, 2, 286 BGB). Daher sind erst die ab Verzugseintritt (idR ab Mahnung) anfallenden Mietwagenkosten ersetzbar. Setzt er eine Nachfrist und verlangt er nach deren fruchtlosen Ablauf **Schadensersatz statt der Leistung,** so kann er als Schadensersatz statt der Leistung etwa die Mehrkosten eines Deckungskaufs verlangen. Ab diesem Zeitpunkt anfallende Mietwagenkosten sind ebenfalls Bestandteil des Schadensersatzes statt der Leistung, weil dann wegen § 281 Abs. 4 BGB feststeht, dass die Leistung endgültig ausbleibt (→ § 28 Rn. 2).[12] Allerdings kommt insoweit ein Mitverschulden nach § 254 Abs. 2 BGB in Betracht, wenn sich der Käufer nicht binnen angemessener Frist ein Ersatzfahrzeug beschafft und sich deshalb die Mietwagenkosten erhöhen.[13] Die bislang als Schadensersatz wegen Verzögerung der Leistung eingetretenen Schäden bleiben weiter nach den dafür geltenden Regeln und deren Voraussetzungen ersetzbar. Das gilt auch, wenn der Käufer zusätzlich den Rücktritt erklärt hat (s. § 325 BGB).[14] Würde man hingegen den Schadensersatz statt der Leistung so verstehen, dass der Käufer so zu stellen ist, wie er bei rechtzeitiger Leistung gestanden hätte (§ 249 Abs. 1 BGB),[15] wären auch die vor Verzugseintritt angefallenen Mietwagenkosten erfasst. Das stünde im Widerspruch zu § 280 Abs. 1, 2 BGB, § 286 BGB.

Damit sind die Kosten eines endgültigen Deckungsgeschäfts wie zB einer Ersatz- 9
beschaffung jedenfalls dann Gegenstand des **Schadensersatzes statt der Leistung,** wenn es nach dem Wegfall des Erfüllungsanspruchs vorgenommen wurde, der Gläubiger also bereits zurückgetreten war oder Schadensersatz statt der Leistung verlangt hatte (§ 281 Abs. 4 BGB).[16] Das bedeutet entgegen der Ansicht des BGH[17] aber nicht zwingend, dass diese Kosten eines vor diesem Zeitpunkt vorgenommenen Deckungsgeschäfts nicht als Verzögerungsschaden (§ 280 Abs. 1, 2 BGB, § 286 BGB) ersetzbar wären.[18] Der Schaden in Gestalt der Kosten des Deckungsgeschäfts ist nämlich zweifellos mittelbare Folge der Verzögerung der Leistung und durch eine spätere Erfüllung nicht mehr behebbar. Insofern liegt also ein endgültig eingetretener Schaden in Form des Verzögerungsschadens vor, der unter den Voraussetzungen der § 280 Abs. 1, 2 BGB, § 286 BGB, dh ab Verzugseintritt ersetzbar ist (zur Abgrenzung der Schadensarten → § 28 Rn. 1 ff.). Da der Schaden aber auf einen eigenen Willensent-

[10] BGH NJW 2010, 2426 Rn. 13; 2021, 464 Rn. 15 ff.

[11] MüKoBGB/Ernst § 281 Rn. 126 ff.; Grigoleit/Riehm AcP 203 (2003), 727 (750); S. Lorenz Karlsruher Forum 2005, 46; Klöhn JZ 2010, 46 (47); unzutreffend daher BGH JZ 2010, 44 f.

[12] BGHZ 174, 290 Rn. 8 = NJW 2008, 911.

[13] BGH NJW 2010, 2426 Rn. 32.

[14] BGHZ 174, 290 Rn. 9 = NJW 2008, 911.

[15] So in der Tat BGH JZ 2010, 44 Rn. 20, s. dazu die Kritik von Klöhn JZ 2010, 46 f.

[16] Auf den Fristablauf abstellend hingegen Haberzettl NJW 2007, 1328 (1331). Hiergegen spricht aber, dass der Gläubiger, solange er nicht zurückgetreten ist oder Schadensersatz statt der Leistung verlangt hat, am Erfüllungsanspruch festgehalten hat.

[17] BGH NJW 2013, 2959.

[18] Eingehend hierzu S. Lorenz FS D. Leenen, 2012, 147.

schluss des Gläubigers (nämlich die Vornahme des Deckungsgeschäfts) zurückgeht und nur mittelbar auf der Verzögerung beruht, kommt es iRd Kausalität maßgeblich darauf an, ob sich der Gläubiger zu einem solchen Vorgehen **herausgefordert** sehen durfte (psychisch vermittelte Kausalität, → § 55 Rn. 18).

10 Das ist einmal dann der Fall, wenn die nach § 323 BGB bzw. § 281 BGB gesetzte Frist bereits abgelaufen und ein Rücktrittsrecht oder ein Anspruch auf Schadensersatz statt der Leistung bereits entstanden war, denn dann kann der Gläubiger das Austauschverhältnis durch Rücktritterklärung beenden, muss also letztlich die Leistung nicht mehr entgegennehmen.

Im **Ergebnis** kann also der Gläubiger die Kosten eines Deckungsgeschäfts immer und nur dann als Schadensersatz geltend machen, wenn das Deckungsgeschäft zu einem Zeitpunkt vorgenommen wurde, in welchem ein Rücktrittsrecht nach § 323 BGB oder ein Anspruch auf Schadensersatz statt der Leistung nach § 281 Abs. 1 BGB bereits **entstanden** waren. Wurde das Deckungsgeschäft vor Ausübung des Rücktrittsrechts bzw. einem Schadensersatzverlangen vorgenommen, aus § 280 Abs. 1, 2 BGB iVm § 286 BGB als Schadensersatz wegen Verzögerung der Leistung, wurde es nach diesem Zeitpunkt vorgenommen, als Schadensersatz statt der Leistung (§ 280 Abs. 1, 3 BGB iVm § 281 BGB).

11 Gleiches gilt, wenn die Kosten für ein nach Verzugseintritt, aber vor Fristablauf getätigtes Deckungsgeschäft **geringer** sind als der sonst entstehende Verzögerungsschaden. Auch hier darf (und muss) sich der Gläubiger im Hinblick auf seine Schadensminderungsobliegenheit (§ 254 Abs. 2 BGB) zur Vornahme eines Deckungsgeschäfts herausgefordert fühlen, sodass dessen Kosten als Verzögerungsschaden nach § 280 Abs. 1, 2 BGB iVm § 286 BGB ersetzbar sind.[19]

12 Liegen diese besonderen Voraussetzungen nicht vor, sind die Kosten eines (dann verfrühten) Deckungsgeschäfts grds. auch dann nicht ersetzbar, wenn die Frist später fruchtlos abläuft.[20] Bis zu diesem Zeitpunkt sind nur die Kosten vorläufiger Ersatzbeschaffungen (zB Miete eines Ersatzgegenstandes) als Schadensersatz wegen Verzögerung der Leistung nach § 280 Abs. 1, 2 BGB iVm § 286 BGB ersatzfähig. Es bleibt dem Gläubiger aber weiter die Möglichkeit einer abstrakten Schadensberechnung, dh die Geltendmachung entgangenen Gewinns.

Beispiel: Ausgangsfall: S liefert auch nach Verzugseintritt die an G für 10.000 EUR verkaufte Maschine nicht. G setzt dem S eine Nachfrist.

Variante (1): Nachdem die Frist ergebnislos abläuft, erklärt G den Rücktritt, nimmt anschließend einen Deckungskauf zum Marktpreis von 11.000 EUR vor und verlangt von S die Mehrkosten iHv 1.000 EUR: Hier geht der eingetretene Schaden (Mehrkosten des Deckungsgeschäfts) auf das endgültige Ausbleiben der Leistung zurück, da der Erfüllungsanspruch mit Rücktritt weggefallen war. Er ist damit als Schadensersatz statt der Leistung nach § 280 Abs. 1, 3 BGB iVm § 281 BGB ersetzbar.

Variante (2): G macht den Deckungskauf nach Ablauf der Frist, aber vor Erklärung von Rücktritt oder Schadensersatzverlangen: Der eingetretene Schaden geht nicht auf das endgültige Ausbleiben der Leistung zurück und ist daher nicht Gegenstand des Schadensersatzes statt der Leistung. G kann aber nach § 280 Abs. 1, 2 BGB iVm § 286 BGB Ersatz der Kosten des Deckungskaufs verlangen, da er wegen des Fristablaufs Schadensersatz statt der Leistung verlangen und Rücktritt erklären konnte und daher die Leistung nicht mehr von S annehmen musste.

[19] MüKoBGB/Ernst § 286 Rn. 144; Faust FS U. Huber, 2006, 239 (256); Haberzettl NJW 2007, 1328 (1331); Klöhn JZ 2010, 46 (47); zumindest iErg ebenso BGH NJW 2023, 3285.

[20] MüKoBGB/Ernst § 286 Rn. 144 und im Ausgangspunkt auch Haberzettl NJW 2007, 1328 (1331).

Variante (3): G führt den Deckungskauf noch vor Ablauf der Frist durch: Der eingetretene Schaden geht nicht auf das endgültige Ausbleiben der Leistung zurück. Es handelt sich um Schadensersatz wegen Verzögerung der Leistung, jedoch ist der eingetretene Schaden dem S nicht zurechenbar, weil G sich vor Ablauf der Frist nicht zu einem Deckungskauf herausgefordert sehen durfte.

Variante (4): G macht den Deckungskauf noch vor Ablauf der Frist, im Anschluss daran läuft diese ergebnislos ab: Der Fall ist wie Variante (3) zu lösen; der nachträgliche Ablauf der Frist ändert insoweit nichts an der rechtlichen Beurteilung.

Variante (5): Der Deckungskauf erfolgt noch vor Ablauf der Frist, jedoch wird durch den Deckungskauf des G ein sonst eintretender Produktionsausfallschaden iHv 20.000 EUR verhindert: Hier kann G nach § 280 Abs. 1, 2 BGB iVm § 286 BGB Ersatz der Kosten des Deckungskaufs verlangen, da er sich schon angesichts seiner Schadensminderungsobliegenheit (§ 254 Abs. 2 BGB) zu einem Deckungskauf herausgefordert fühlen darf (und muss).

Die hier vertretene Sichtweise entspricht allerdings **nicht** derjenigen des BGH. Dieser stellt entscheidend auf den Umstand ab, dass es sich bei dem Ersatz des durch ein Deckungsgeschäft verursachten Schadens um das **Erfüllungsinteresse des Gläubigers** handelt, dessen Ersatz allein über den Schadensersatz statt der Leistung nach § 280 Abs. 1, 3 BGB iVm § 281 BGB verlangt werden könne.[21] Damit sind jedenfalls die Kosten vor Fristablauf vorgenommener Deckungsgeschäfte nicht ersatzfähig. Dem folgt die wohl überwiegende Ansicht in der Lit., die allerdings einen solchen Anspruch – iErg sicher zutreffend – bereits dann gewähren will, wenn das Deckungsgeschäft zwischen Fristablauf und Rücktritt bzw. Schadensersatzverlangen vorgenommen wurde.[22] In einer späteren Entscheidung hat der I. Zivilsenat allerdings die Ersatzfähigkeit eines vorzeitigen Deckungskaufs nach § 280 Abs. 1, 2 iVm § 286 BGB anerkannt, dabei aber keinen Widerspruch zur bisherigen Rspr. erkennen können.[23] 13

Für den **Inhalt** des Schadensersatzanspruchs gelten iÜ ebenso wie im Falle der Unmöglichkeit grds. die **Surrogations**- und **Differenztheorie** (→ § 35 Rn. 50). Dabei ist zu unterscheiden, ob die vom Gläubiger geschuldete Gegenleistung eine Geld- oder eine Sachleistung ist: 14

Beispiel: K kauft von V dessen Pkw im Wert von 5.000 EUR zum Preis von 4.500 EUR. Die Lieferfrist und die von K gesetzte Nachfrist verstreichen ergebnislos. K kann als Schadensersatz statt der Leistung entgangenen Gewinn iHv 500 EUR verlangen **(Differenztheorie).** Ein Vorgehen nach der **Surrogationstheorie** (Zahlung von 4.500 EUR gegen Schadensersatz iHv 5.000 EUR) ist sinnlos, weil zum selben Ergebnis führend. **Naturalrestitution** nach § 249 Abs. 1 BGB durch Lieferung des Fahrzeugs als Schadensersatz ist ausgeschlossen, weil der Erfüllungsanspruch nach § 281 Abs. 4 BGB erloschen ist und § 281 BGB eben nur einen Anspruch auf Schadensersatz **statt** der Leistung gewährt.

Variante: Das Kfz hatte einen Wert von 4.000 EUR. K zahlt nicht, V setzt dem K unter Angebot der Leistung eine letzte Zahlungsfrist, die ergebnislos verstreicht. V kann nunmehr entgangenen Gewinn von 500 EUR verlangen **(Differenztheorie).** Er kann aber auch die Leistung erbringen und Schadensersatz iHv 4.500 EUR verlangen **(Surrogationstheorie).** Zwar entspricht dieser Schadensersatz iErg der geschuldeten Gegenleistung, jedoch wird das Vertrauen des **Geldschuldners,** die Leistung nicht mehr annehmen zu müssen, durch § 281 Abs. 4 BGB nicht geschützt. Die Regelung besagt lediglich, dass K die Übereignung nicht mehr **verlangen darf,** nicht aber, dass V sie nicht mehr **erbringen darf.** Hatte V den Pkw bereits übereignet, hat er die Wahl, diesen bei V zu belassen und Schadensersatz iHv 4.500 EUR zu verlangen oder aber ihn zurückzufordern und Schadensersatz iHv 500 EUR zu fordern.

[21] BGH NJW 2013, 2959; zust. Looschelders SchuldR AT § 24 Rn. 27; Gsell LMK 2013, 353035.
[22] Looschelders SchuldR AT § 24 Rn. 20 mwN.
[23] BGH NJW 2023, 3285.

c) Teilleistungen und mangelhafte Leistungen

15 Erbringt der Schuldner nur eine Teilleistung, kann der Gläubiger unproblematisch in Bezug auf den ausgebliebenen Teil der Leistung Schadensersatz statt der Leistung verlangen („kleiner Schadensersatz"). Schadensersatz statt der **ganzen Leistung** („großer Schadensersatz") in der Weise, dass der Gläubiger den bereits erhaltenen Teil der Leistung zurückerstattet (s. § 281 Abs. 5 BGB), bedeutet hingegen wirtschaftlich gesehen eine Kombination von Rücktritt und Schadensersatz statt der Leistung. Das ist an sich unproblematisch, weil § 325 BGB die Kombination beider Rechtsbehelfe zulässt. Allerdings könnten damit die Schranken umgangen werden, die § 323 Abs. 5 BGB für den Gesamtrücktritt bei Teilleistungen und mangelhaften Leistungen aufstellt (→ § 37 Rn. 19 ff.). Aus diesem Grund stellt § 281 Abs. 1 S. 2, 3 BGB an den Schadensersatz statt der **ganzen Leistung** dieselben Anforderungen wie an einen Gesamtrücktritt: Bei einer **Teilleistung** muss der Gläubiger für den Schadensersatz statt der ganzen Leistung **Interessefortfall** nachweisen, bei einer **mangelhaften Leistung** darf „die Pflichtverletzung" **nicht unerheblich** sein.

Beispiel: Der Verkäufer von 100 verkauften Flaschen Wein liefert nur 80 Flaschen an, obwohl ihm die vollständige Lieferung möglich wäre. Der Käufer hätte die Flaschen mit einem Gewinn von 5 EUR/Flasche weiterverkaufen können. Der Käufer kann die 80 Flachen nach § 266 BGB zurückweisen, eine Frist nach § 281 Abs. 1 BGB setzen und nach deren Ablauf ohne Weiteres gem. §§ 280 Abs. 1, 3, 281 BGB **Schadensersatz statt der ganzen Leistung** in Höhe seines entgangenen Gewinns (500 EUR) geltend machen. Nimmt er die 80 Flaschen hingegen an, kann er nach fruchtlosem Ablauf einer Frist grds. nur hinsichtlich der nicht gelieferten 20 Flaschen Schadensersatz statt der Leistung verlangen (= 100 EUR). Schadensersatz statt der ganzen Leistung ist nur dann möglich, wenn **Interessefortfall** iSv § 281 Abs. 1 S. 2 BGB vorliegt.

d) Aufwendungsersatz

16 Alternativ zum Schadensersatz statt der Leistung kann der Gläubiger auch Aufwendungsersatz nach § 284 BGB verlangen (→ § 35 Rn. 53 ff.).

17

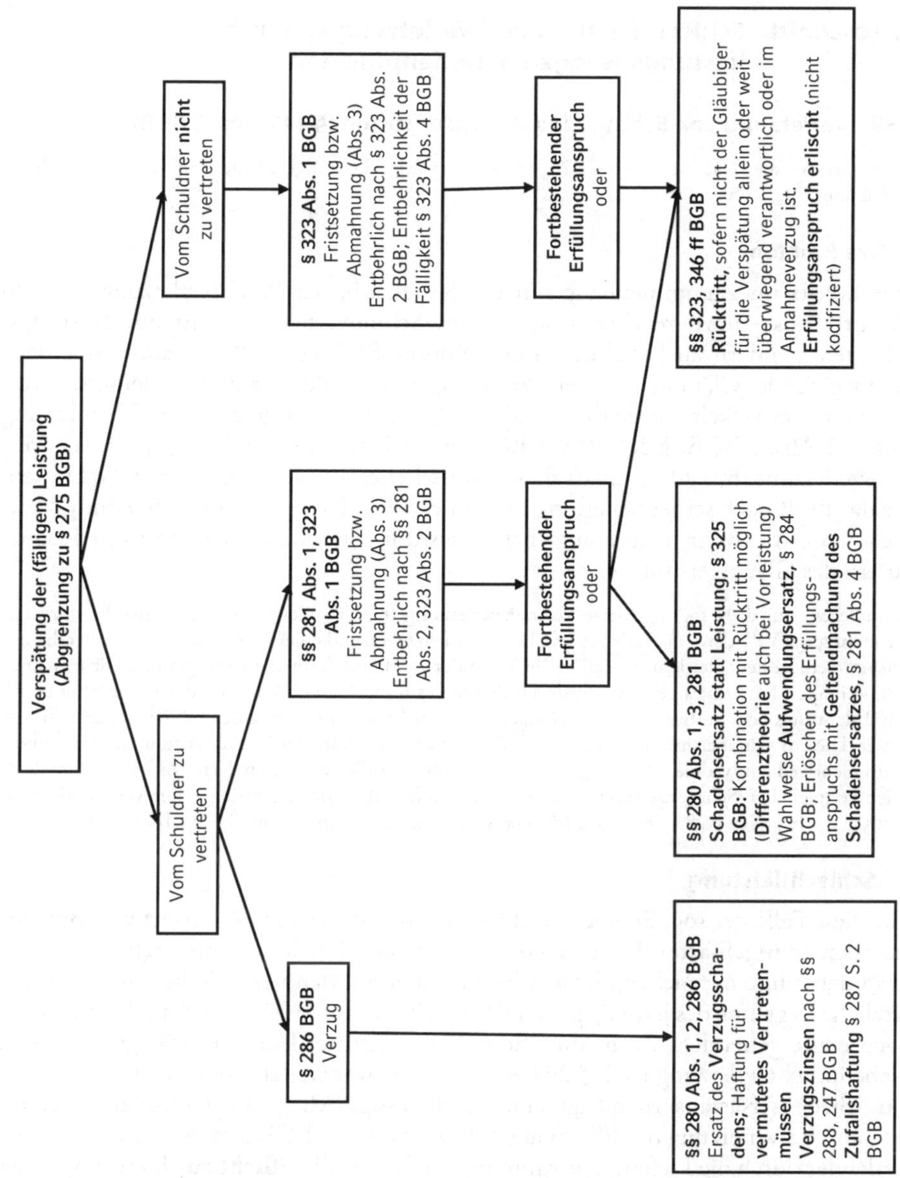

Abb. 7: Rechtsfolgen der Verspätung der Leistung

5. Abschnitt. Schlechtleistung und Verletzung von nicht leistungsbezogenen Nebenpflichten

§ 39. Verletzung von Schutz- und Obhutspflichten (§ 241 Abs. 2 BGB)

Literatur: S. die Nachw. vor → § 26 sowie Grigoleit, Leistungspflichten und Schutzpflichten, FS Canaris, Bd. I, 2007, 275.

I. Das Problem

1 Wie bereits im Zusammenhang mit der Systematik der Pflichtverletzung (→ § 26 Rn. 1 ff.) ausgeführt, resultieren aus einem Schuldverhältnis nicht nur Leistungspflichten, sondern auch **Schutz- und Obhutspflichten** in Bezug auf vorhandene Rechtsgüter des Gläubigers, deren Verletzung den Schuldner zum Schadensersatz verpflichtet. Entwickelt wurde diese Haftung lange vor ihrer gesetzlichen Verankerung in § 241 Abs. 2 BGB, § 280 Abs. 1 BGB durch Hermann Staub (Die positiven Vertragsverletzungen, 1904). Anlass dieser „juristischen Entdeckung" waren die Lücken, die das BGB nach seiner Schaffung für den Bereich der sog. **„Schlechtleistung"** enthielt. So etwa, wenn eine mangelhafte Leistung zu Schäden an sonstigen Rechtsgütern des Gläubigers führte.

Grundlegend für diese sog. **„positive Vertragsverletzung (pVV)"** oder (besser) **„positive Forderungsverletzung (pFV)"** (denn die verletzte Pflicht muss nicht zwingend einem vertraglichen Schuldverhältnis entstammen) ist der „Pferdefutter-Fall":[1] Ein Verkäufer von Pferdefutter hatte mit giftigem Rizinussamen verunreinigten Futtermais geliefert, wodurch Pferde des Käufers eingingen. Das damals geltende Kaufgewährleistungsrecht enthielt zwar Regelungen über das Leistungsinteresse des Käufers an fehlerfreiem Futter. Diesem war aber mit der Lieferung fehlerfreien Futters oder der Rückerstattung des Kaufpreises allein nicht gedient, vielmehr verlangte er Schadensersatz für die verendeten Tiere. Ziel ist es, ihm dafür einen vertraglichen Schadensersatzanspruch zu verschaffen (der ihm schon wegen der Verschuldensvermutung des heutigen § 280 Abs. 1 S. 2 BGB besser hilft als ein Anspruch aus § 823 Abs. 1 BGB).

1. Schlechtleistung

2 Für diese Fälle der sog. **Schlechtleistung,** in welchen es um den Ersatz von **Begleitschäden mangelhafter Leistungen** geht, ist die Herleitung eines Schadensersatzanspruchs aus einer Nebenpflichtverletzung aber nur dann erforderlich, wenn die gesetzliche Regelung des jeweiligen Schuldverhältnisses eine Lücke enthält. So wäre etwa nach heute geltendem Recht im zitierten „Pferdefutter-Fall" ein Rückgriff auf eine Nebenpflichtverletzung nach § 241 Abs. 2 BGB zwar weiter möglich, jedoch könnte ein Schadensersatzanspruch bzgl. eines solchen sog. „Mangelfolgeschadens" auch direkt auf die Verletzung der Pflicht aus § 433 Abs. 1 S. 2 BGB gestützt werden. Da der Verkäufer durch die Lieferung verunreinigten Futters die **Pflicht zur Lieferung einer mangelfreien Sache** (§ 433 Abs. 1 S. 2 BGB) verletzt, hat er nach § 280 Abs. 1 BGB den „hierdurch entstehenden Schaden" zu ersetzen, wenn ihm der Entlastungsbeweis fehlenden Vertretenmüssens nach § 280 Abs. 1 S. 2 BGB nicht gelingt.[2]

Beispiel:[3] Ein verkaufter Zuchtkater leidet unter einer Pilzinfektion (Sachmangel, s. §§ 90a, 434 BGB) und steckt bereits vorhandene Tiere des Käufers an. Hier kann ein Schadensersatzanspruch des Käufers auf Ersatz der Tierarztkosten für die infizierten vorhandenen Tiere direkt auf §§ 437 Nr. 3, 280 Abs. 1,

[1] RG 9.7.1907 – Rep. II. 115/07, RGZ 66, 289 ff.
[2] Medicus/Lorenz SchuldR BT § 7 Rn. 89 ff.
[3] BGH NJW 2007, 2619.

433 Abs. 1 S. 2, 249 Abs. 1, 2 S. 1 BGB gestützt werden. Es gilt damit auch die kaufrechtliche Verjährung gem. § 438 Abs. 1 Nr. 3 BGB, und zwar auch dann, wenn man den Anspruch auf eine Verletzung einer Pflicht aus § 241 Abs. 2 BGB stützt. Ein konkurrierender Anspruch aus § 823 Abs. 1 BGB (Eigentumsverletzung) unterläge hingegen der dreijährigen Regelverjährung des § 195 BGB.

2. Zweckgerechte Durchführung des Schuldverhältnisses, Vertragsaufsage

Begleitende Nebenpflichten können sich aber auch, obschon selbst keine Leistungs- 3
pflichten, auf den **Leistungsgegenstand selbst** beziehen. Hierbei geht es zB um die richtige Beratung über die Verwendung einer gekauften Sache oder die Bereithaltung eines Reparatur- und Ersatzteilservices nach Erfüllung eines Kaufvertrags. Solche Pflichten können auch nach (scheinbar) vollständiger Abwicklung der primären Vertragspflichten weiter bestehen, etwa in Form von Verpflichtungen, **den Leistungserfolg nicht nachträglich zu vereiteln** *(culpa post contractum finitum),* aber auch in der **Fortwirkung der vertraglichen Schutzpflichten** bis zum Ende des rechtsgeschäftlichen Kontakts. Auch kann sich aus § 241 Abs. 2 BGB die Verpflichtung ergeben, sich leistungsbereit zu halten, also etwa einen geschuldeten Gegenstand pfleglich zu behandeln. Auch die sog. **Vertragsaufsage,** dh die ernsthafte und endgültige Erfüllungsverweigerung durch den Schuldner, kann eine solche Pflichtverletzung darstellen. Sie ist heute als eigenständiges Rechtsinstitut von geringerer Bedeutung, weil sie sowohl durch § 323 Abs. 2 Nr. 1 BGB als auch durch § 281 Abs. 2 Alt. 1 BGB eine Fristsetzung entbehrlich macht. Selbstständige Bedeutung hat die Vertragsaufsage lediglich für den Schadensersatz statt der Leistung im Falle einer Erfüllungsverweigerung *vor* Eintritt der Fälligkeit, weil § 281 BGB eine § 323 Abs. 4 BGB entsprechende Regelung nicht enthält (→ § 38 Rn. 4).

3. Verletzung von Schutzpflichten

Neben diesen Fällen der Schlechtleistung war das Rechtsinstitut der „positiven Forde- 4
rungsverletzung“ aber insbesondere bei der **Verletzung von Schutz- und Obhutspflichten** von Bedeutung, wenn der Schuldner zwar die Primärleistung rechtzeitig und fehlerfrei erbringt, dabei aber andere, nicht mit dem Leistungsinteresse zusammenhängende Rechtsgüter des Gläubigers verletzt.

S. dazu folgenden Fall:[4] Ein Hersteller von Kartoffelchips liefert ein Abfallprodukt aus seiner Produktion (Kartoffelpülpe) schenkweise als Futtermittel an einen Landwirt, klärt ihn aber nicht über die notwendige Verwendung des Futters auf. Aufgrund einer Überdosierung gehen Tiere des Landwirts ein bzw. erreichen nicht das normale Schlachtgewicht.

II. Die Verankerung der Pflichten in § 241 Abs. 2 BGB

Im Rahmen der Schuldrechtsreform des Jahres 2002 hat der Gesetzgeber – ohne inso- 5
weit vom bisherigen Rechtszustand abweichen zu wollen – die Grundsätze der „positiven Forderungsverletzung“ in § 241 Abs. 2 BGB kodifiziert. Nach dieser Vorschrift „kann“ das Schuldverhältnis **„nach seinem Inhalt jeden Teil zur Rücksicht auf die Rechte, Rechtsgüter und Interessen des anderen Teils verpflichten“.** Gegenstand dieser Pflichten ist primär das **Integritätsinteresse** des Gläubigers. Es geht also nicht – wie in § 241 Abs. 1 BGB – darum, dass der Schuldner das Vermögen des Gläubigers vermehren muss, sondern vielmehr darum, den Gläubiger nicht an seinen bereits vorhandenen Rechtsgütern zu schädigen. Der Schuldner hat sich so zu verhal-

[4] BGHZ 93, 23 = NJW 1985, 794.

ten, dass dem Gläubiger bei der Durchführung des Schuldverhältnisses keine Schäden an Eigentum, Gesundheit oder sonstigen Rechtsgütern entstehen (→ § 27 Rn. 14). Diese Pflicht zur Wahrung des *status quo* besteht auch noch nach Erbringung der eigentlichen Leistung.

Durch das Wort „kann" sowie die Bezugnahme auf den Inhalt des jeweiligen Schuldverhältnisses drückt sich der Hinweischarakter von § 241 Abs. 2 BGB aus. Grundlage der Nebenpflicht ist nicht erst § 241 Abs. 2 BGB, sondern das jeweilige Schuldverhältnis selbst. Dieses bestimmt auch **Umfang und Intensität** der Nebenpflichten. Die Bezugnahme auf **„Rechte, Rechtsgüter und Interessen"** ist dabei bewusst weit gefasst, um den Umständen des Einzelfalls und dem Charakter des jeweiligen Schuldverhältnisses gerecht werden zu können. Dabei kann es sich sowohl um ein vertragliches als auch um ein gesetzliches Schuldverhältnis (etwa ein familienrechtliches Rechtsverhältnis oder ein gesetzliches Rückabwicklungsverhältnis nach § 346 Abs. 1 BGB oder § 812 Abs. 1 BGB) handeln.

6 Die nicht leistungsbezogenen Pflichten zur Rücksichtnahme auf die Rechtssphäre des anderen Teils iSv § 241 Abs. 2 BGB entstehen (anders als die Leistungspflichten) nicht erst mit dem Vertragsschluss, sondern schon mit dem Beginn der **Vertragsanbahnung** (§ 311 Abs. 2 Nr. 2 BGB). Sie enden auch nicht mit dem Scheitern des Vertragsschlusses oder der Erfüllung der Leistungspflichten, sondern erst dann, wenn die Parteien wieder auseinandergegangen sind. Der Kaufinteressent wird also noch so lange geschützt, bis er das Warenhaus wirklich verlassen hat. Vor allem *Canaris*[5] hat alle diese Pflichten zu einem **einheitlichen gesetzlichen Schutzpflichtverhältnis** zusammengefasst, welches den Vertrag von seinem Werden bis zur endgültigen Beendigung des vertraglichen Kontakts überspannt. Die gesetzliche Zusammenfassung dieser Pflichten durch § 241 Abs. 2 BGB bestätigt diese Sichtweise.

7 Aber auch ein Bezug der Nebenpflichten aus § 241 Abs. 2 BGB zum **Leistungsinteresse** des Gläubigers ist denkbar. So ergibt sich aus § 241 Abs. 2 BGB eine **Pflicht zur Vertragstreue,** dh die Pflicht, die Erreichung des Vertragszwecks etwa durch unsachgemäßen Umgang mit dem geschuldeten Gegenstand nicht zu gefährden (s. dazu etwa die → § 35 Rn. 39 ff. behandelte Problematik der beiderseits zu vertretenden Unmöglichkeit).

8 Sehr zweifelhaft und str. ist die der Schadensersatzpflicht aus der Verletzung einer Pflicht nach § 241 Abs. 2 BGB vorgelagerte Frage, ob der Gläubiger zur Verhinderung des Schadenseintritts von dem Schuldner die **Erfüllung** der Schutz- und ähnlichen Nebenpflichten verlangen und diese notfalls **einklagen** kann.

Beispiel: Der Verkäufer behandelt den verkauften Gegenstand noch vor dem vereinbarten Liefertermin schlecht, indem er ihn etwa der Witterung aussetzt und damit die spätere Leistung an den Käufer gefährdet. Kann dieser nach § 241 Abs. 2 BGB verlangen, eine gewisse Behandlung der verkauften Sache zu unterlassen, um die Realisierung des noch nicht fälligen Hauptanspruchs nicht zu gefährden?

9 Die wohl überwiegende Ansicht in der Lit. lehnt eine generelle Klagbarkeit der Pflichten aus § 241 Abs. 2 BGB ab. Dabei wird insbesondere betont, dass eine vorbeugende Klage das vertrauensvolle Miteinander der Beteiligten gefährde. Der Schuldner könne auch ein legitimes Interesse daran haben, bewusst ein Risiko einzugehen, solange er nur in der Lage ist, einen eventuellen Schaden zu beseitigen. Deshalb seien Schutz- und Obhutspflichten aus § 241 Abs. 2 BGB nur in denjenigen **Ausnahmefällen** isoliert einklagbar, in welchen ein **besonderes Präventionsinte-**

[5] Canaris JZ 1965, 475.

resse vorliege. Dies ist zB dann der Fall, wenn aufgrund eines eindeutigen Fehlverhaltens des Schuldners eine ernsthafte Gefährdung des Leistungserfolges oder existenzgefährdende Schäden drohen und dem Gläubiger – weil er auf die Primärleistung angewiesen ist – mit Schadensersatz wenig gedient ist.[6]

III. Die Rechtsfolgen einer Pflichtverletzung

1. Schadensersatz neben der Leistung

§ 280 Abs. 1 BGB verpflichtet den Schuldner zum Ersatz des durch die Pflichtverletzung entstandenen Schadens. Da es bei § 241 Abs. 2 BGB nicht um die Verletzung von Leistungspflichten geht, handelt es sich im Regelfall um (einfachen) **Schadensersatz „neben der Leistung“.** Es müssen also weder zusätzliche Voraussetzungen iSv § 280 Abs. 2, 3 BGB vorliegen noch kommt als Anspruchsgrundlage § 311a Abs. 2 BGB in Betracht. 10

Beispiel: Ein Maler, der die Wohnung des Gläubigers anstreicht, erbringt zwar die Hauptleistung korrekt, beschädigt aber das Mobiliar des Bestellers. Der (auf den Ersatz des Integritätsinteresses gerichtete) Schadensersatzanspruch für die Beschädigung des Mobiliars ergibt sich unmittelbar aus § 280 Abs. 1 BGB iVm § 241 Abs. 2 BGB. Gleiches gilt im unter → Rn. 4 geschilderten Kartoffelpülpe-Fall.

Ein Schadensersatzanspruch setzt nach § 280 Abs. 1 S. 2 BGB (vermutetes) Vertretenmüssen voraus. Da der Schuldner nach § 276 Abs. 1 BGB Vorsatz und (jede) Fahrlässigkeit nur dann zu vertreten hat, wenn nicht eine strengere oder mildere Haftung bestimmt ist, kann sich eine Haftungsmilderung für die Verletzung einer Pflicht aus § 241 Abs. 2 BGB auch aus dem Rechtsverhältnis selbst, insbesondere aus einer Haftungsmilderung in Bezug auf die Hauptleistungspflicht ergeben. Ob eine solche Haftungsmilderung tatsächlich auf die Verletzung von Nebenpflichten „durchschlägt“, ist eine Frage der Auslegung der jeweiligen, die Haftungsmilderung anordnenden Norm. Maßgebend ist, ob ein **Sachzusammenhang** mit dem Vertragsgegenstand besteht (→ § 33 Rn. 5 ff.). 11

So hat der BGH im unter → Rn. 4 geschilderten „Kartoffelpülpe-Fall“[7] die Haftungsmilderung des § 521 BGB (Begrenzung auf grobe Fahrlässigkeit und Vorsatz) sowohl auf einen Anspruch aus Verletzung einer vertraglichen Nebenpflicht als auch auf den Anspruch auf § 823 Abs. 1 BGB angewendet und so eine Haftung des nur fahrlässig handelnden Schenkers verneint, weil die verletzte Sorgfaltspflicht (fehlerhafte Aufklärung über die Verwendung der verschenkten Pülpe) in „Zusammenhang mit dem Vertragsgegenstand“ stand. Anders wäre wohl zu entscheiden gewesen, wenn zB der Fahrer bei der Anlieferung der Pülpe ein Tier des Landwirts überfahren hätte (weil dann die Pflichtverletzung aus § 241 Abs. 2 BGB in keinem sachlichen Zusammenhang mit dem Gegenstand der Schenkung gestanden hätte).

2. Rücktritt und Schadensersatz statt der Leistung

Im Einzelfall kann sich aber auch im Falle einer solchen Schutzpflichtverletzung für den Gläubiger das Bedürfnis ergeben, nicht nur den durch die Pflichtverletzung entstandenen Schaden zu liquidieren, sondern wegen der Nebenpflichtverletzung auch von der Vertragsdurchführung selbst Abstand zu nehmen und/oder Schadensersatz statt der Leistung zu verlangen. 12

[6] So insbesondere Krebs, Sonderverbindung und außerdeliktische Schutzpflichten, 2000; s. zum Ganzen auch die Nachw. bei Staudinger/Olzen, 2024, BGB § 241 Rn. 554 ff. sowie den Überblick bei Madaus JURA 2004, 289 (290) mwN.

[7] BGHZ 93, 23 = NJW 1985, 794.

Beispiel: Beschädigt der Maler (s. **Beispiel** bei → Rn. 10) fortwährend das Mobiliar des Bestellers, so dass weitere Schäden zu befürchten sind, raucht er trotz Abmahnung fortwährend in den Räumen des Bestellers oder belästigt er dessen Familienangehörige, so ist dem Besteller, insbesondere wenn weitere Beschädigungen drohen, mit dem bloßen Schadensersatz- oder Unterlassungsanspruch nicht gedient.

13 § 324 BGB gestattet in solchen Fallkonstellationen dem Gläubiger trotz fehlerfreier Erfüllung der Leistungspflicht den **Rücktritt** vom Vertrag, wenn ihm das Festhalten am Vertrag **unzumutbar** ist. Wie bei § 323 BGB ist auch für dieses Rücktrittsrecht ein Vertretenmüssen des Schuldners nicht erforderlich. Bei **Dauerschuldverhältnissen** tritt an die Stelle des Rücktritts die Kündigung nach § 314 BGB, die ebenfalls auf die Unzumutbarkeit der weiteren Vertragsdurchführung abstellt.

14 Das im jeweiligen Einzelfall ausfüllungsbedürftige Kriterium der **Unzumutbarkeit** der weiteren Vertragserfüllung kann von der Wesentlichkeit der Pflichtverletzung, aber auch davon abhängen, ob der Gläubiger den Schuldner abgemahnt oder ihm eine Frist gesetzt hat. So wird etwa bei einer objektiv unwesentlichen Pflichtverletzung eine vorherige Abmahnung des Gläubigers erforderlich sein, um „Unzumutbarkeit" zu begründen, während bei einer wesentlichen Pflichtverletzung uU schon eine einmalige Pflichtverletzung ausreichend sein kann.

Beispiel: Im **Beispielsfall** des rauchenden Malers (→ Rn. 12) wird man angesichts der zumindest nicht evidenten Wesentlichkeit der Pflichtverletzung erst bei einer Fortsetzung des Verhaltens trotz Abmahnung die Unzumutbarkeit des Festhaltens am Vertrag annehmen können. Belästigt hingegen der Maler zB Familienangehörige des Bestellers, dürfte Unzumutbarkeit der weiteren Vertragsdurchführung bereits unmittelbar mit der Pflichtverletzung vorliegen.

15 Will der Gläubiger überdies **Schadensersatz statt der Leistung** geltend machen (im Beispielsfall etwa in Gestalt der notwendigen Mehrkosten der Beauftragung eines anderen Malers), kann er diesen unter der gleichen Voraussetzung nach §§ 280 Abs. 1, 3, 282 BGB verlangen, sofern der Schuldner die Vermutung des Vertretenmüssens (§ 280 Abs. 1 S. 2 BGB) nicht widerlegen kann.

16 Der Schadensersatz statt der Leistung aus §§ 280 Abs. 1, 3, 282 BGB sowie das Rücktrittsrecht nach § 324 BGB treten neben den unmittelbar nach § 280 Abs. 1 BGB zu ersetzenden Schaden.

Beispiel: Im **Beispielsfall** wäre der Maler daher nach § 280 Abs. 1 BGB zum Ersatz der Schäden am Mobiliar und nach § 280 Abs. 1, 3 BGB iVm § 282 BGB zum Ersatz der durch die Beauftragung eines anderen Malers entstandenen Mehrkosten verpflichtet.

§ 40. Verletzung vorvertraglicher Pflichten – Verschulden bei Vertragsverhandlungen (§ 311 Abs. 2, 3 BGB)

Literatur: Grundlegend R. von Ihering, Culpa in contrahendo, Jahrbuch für Dogmatik 4, 1861, 1, Nachdruck 1969 mit Nachwort Eike Schmidt; Canaris, Die Vertrauenshaftung im Deutschen Privatrecht, 1971; Canaris, Schutzgesetze – Verkehrspflichten – Schutzpflichten, 2. FS Larenz, 1983, 27; Canaris, Täterschaft und Teilnahme bei culpa in contrahendo, FS Giger, 1989, 91; Canaris, Wandlungen des Schuldvertragsrechts – Tendenzen zu seiner „Materialisierung", AcP 200 (2000), 273; Canaris, Die Reform des Rechts der Leistungsstörungen, JZ 2001, 499; Fleischer, Konkurrenzprobleme um die culpa in contrahendo: Fahrlässige Irreführung versus arglistige Täuschung, AcP 200 (2000), 91; Grigoleit, Neuere Tendenzen zur schadensrechtlichen Vertragsaufhebung, NJW 1999, 900; Grunewald, Die Loslösung vom nicht erwartungsgerechten Vertrag, FS Wiedemann, 2005, 75; Kersting, Die Rechtsfolge vorvertraglicher Informationspflichtverletzung – Vertragsaufhebung oder Minderung aus c. i. c.?, JZ 2008, 714; Lieb, Vertragsaufhebung oder Geldersatz?, FS Rechtswissenschaftliche Fakultät der Universität Köln,

1988, 251; Lieb, Culpa in contrahendo und rechtsgeschäftliche Entscheidungsfreiheit, 1. FS Medicus, 1999, 337; S. Lorenz, Der Schutz vor dem unerwünschten Vertrag, 1997; S. Lorenz, Vertragsaufhebung wegen culpa in contrahendo: Schutz der Entscheidungsfreiheit oder des Vermögens?, ZIP 1998, 1053. Zur **Dritthaftung** vgl. Canaris, Die Haftung des Sachverständigen zwischen Schutzwirkungen für Dritte und Dritthaftung aus culpa in contrahendo, JZ 1998, 603; Kersting, Die Dritthaftung für Informationen im Bürgerlichen Recht, 2007; Koch, § 311 Abs. 3 als Grundlage einer vertrauensrechtlichen Auskunftshaftung, AcP 204 (2004), 59.

I. Überblick

1. Herkunft des Rechtsinstituts

Die Lehre vom Verschulden bei Vertragsverhandlungen (*culpa in contrahendo,* ab- 1
gekürzt: *c. i. c.*) ist 1861 durch Rudolph von Ihering „entdeckt" und auf verschiedene Texte des römischen Rechts gestützt worden. Dabei ging es im Wesentlichen um Fälle, in denen ein am Vertragsabschluss Beteiligter dadurch Schaden erleidet, dass die Vertragswirksamkeit an Gründen scheitert, die dem anderen Beteiligten typischerweise bekannt sein konnten.[1]

Das BGB hatte hieraus zwar keine allgemeine Regel gebildet. Es hatte aber in be- 2
stimmten Fallgruppen, die dem durch *von Ihering* untersuchten Material entsprachen, eine (teils verschuldensunabhängige) Schadensersatzpflicht angeordnet. Es waren dies im Wesentlichen § 122 BGB (Vertrauen auf eine nicht ernstliche oder angefochtene Willenserklärung), § 179 BGB (Vertrauen auf eine nicht vorhandene Vertretungsmacht), die seit dem 1.1.2002 aufgehobenen §§ 307, 309 BGB aF (Vertrauen auf die anfängliche Möglichkeit der Leistung) und § 663 BGB (Nichtanzeige der Ablehnung eines Antrags nach dem Erbieten zu Geschäftsbesorgungen).

Rechtsprechung und Lehre hatten diese Ansätze im BGB zu folgenden Regeln verall- 3
gemeinert: Bereits mit der Aufnahme von **rechtsgeschäftlichem** (und nicht lediglich sozialem) Kontakt zB durch Vertragsverhandlungen entsteht zwischen den Parteien ein **gesetzliches Schuldverhältnis,** das vom tatsächlichen Zustandekommen eines Vertrags und dessen Wirksamkeit weitgehend unabhängig ist. Dieses Schuldverhältnis begründet zwar noch **keine primären Leistungspflichten,** verpflichtet aber zur **gegenseitigen Rücksichtnahme.** Bei schuldhafter Verletzung dieser Pflichten wird auf Schadensersatz gehaftet; für ein Verschulden von Gehilfen ist nach § 278 BGB einzustehen. Den inneren Grund für die Auferlegung solcher Schutz- und Rücksichtnahmepflichten sah man in der Pflicht, das in Anspruch genommene Vertrauen des jeweils anderen Teils nicht zu enttäuschen.[2]

Mit dem am 1.1.2002 in Kraft getretenen Schuldrechtsmodernisierungsgesetz hat 4
der Gesetzgeber dieses auch richterrechtlich seit langem anerkannte Rechtsinstitut in § 311 Abs. 2, 3 BGB gesetzlich geregelt, ohne dass er dabei die Absicht hatte, sachliche Änderungen herbeizuführen. Die in der Rechtsprechung entwickelten Fallgruppen behalten daher auch weiterhin ihre Bedeutung.

[1] Rudolf von Ihering, Culpa in contrahendo oder Schadenersatz bei nichtigen oder nicht zur Perfektion gelangten Verträgen, in: Jherings Jahrbücher = Jahrbücher für die Dogmatik des heutigen römischen und deutschen Privatrechts 4, 1861, 1 ff.

[2] BGHZ 60, 221 (226) = NJW 1973, 752; 1981, 1035 (1036).

2. Die gesetzliche Regelung

5 Da der Gesetzgeber des Jahres 2002 bereits in § 280 Abs. 1 BGB eine **allgemeine Anspruchsgrundlage** für den Anspruch auf Schadensersatz wegen Pflichtverletzung geschaffen hatte, musste er für die Kodifizierung der Haftung aus *culpa in contrahendo* keine eigene Anspruchsgrundlage schaffen. Ausreichend war eine gesetzliche Regelung, dass bereits durch die Anbahnung eines Vertrags ein **gesetzliches Schuldverhältnis** entsteht, welches bestimmte Schutz- und Rücksichtnahmepflichten zwischen den Parteien begründet. Werden diese dann verletzt, so liefert § 280 Abs. 1 BGB eine Anspruchsgrundlage auf den Ersatz des daraus entstandenen Schadens.

Da es im vorvertraglichen Stadium noch keine Leistungspflichten geben kann, handelt es sich dabei immer um **einfachen Schadensersatz nach § 280 Abs. 1 BGB.** Schadensersatz wegen Verzögerung der Leistung (§ 280 Abs. 2 BGB) oder statt der Leistung (§ 280 Abs. 3 BGB) sind bei der vorvertraglichen Pflichtverletzung nicht denkbar.

6 Diese pflichtenbegründende Regelung findet sich in **§ 311 Abs. 2 BGB:** Danach entsteht ein allein auf die Wahrung von Schutzpflichten iSv § 241 Abs. 2 BGB gerichtetes Schuldverhältnis auch durch die **Aufnahme von Vertragsverhandlungen** (Nr. 1), die **Anbahnung eines Vertrags** mit der Möglichkeit zur Einwirkung auf Rechte, Rechtsgüter oder Interessen des Partners oder dem **Anvertrauen solcher Rechtspositionen** (Nr. 2) sowie **„ähnliche geschäftliche Kontakte"** (Nr. 3). Damit ist letztlich jeder rechtsgeschäftliche Kontakt umfasst. Neben echten Vertragsverhandlungen (Nr. 1) kommt eine Vertragsanbahnung (Nr. 2) schon allein dadurch in Betracht, dass etwa ein Kunde einen Laden betritt und seine Rechtsgüter (wie zB seine Gesundheit) damit der Einwirkung des anderen Teils (etwa durch ein umstürzendes Regal oder einen glatten Boden) aussetzt. Dabei genügt es, dass dies im Hinblick auf eine „etwaige" rechtsgeschäftliche Beziehung erfolgt. Der Kunde, der den Laden betritt, muss also noch keine feste Kaufabsicht gehabt haben. Nur wenn ein Vertragsschluss auf keinen Fall beabsichtigt ist (etwa bei demjenigen, der ein Kaufhaus nur aufsucht, um einen Diebstahl zu begehen), kommt kein vorvertragliches Schuldverhältnis zustande.

7 Ein „Anvertrauen" der genannten Rechtsgüter kann zB vorliegen, wenn iRd Anbahnung eines Vertrags **Geschäftsgeheimnisse** oder **Ideen** mitgeteilt werden. Missbraucht der andere Teil diese für eigene Zwecke, haftet er aus § 280 Abs. 1 BGB, § 311 Abs. 2 Nr. 2 BGB, § 241 Abs. 2 BGB.

So hatte etwa in einem vom BGH entschiedenen Fall[3] der Kläger die Absicht, unter dem Domainnamen „literaturhaus.de" einen Internetauftritt zu schaffen. Er trat mit dem Beklagten Web-Designer in Kontakt, um einen Vertrag zur Gestaltung des Internetauftritts zu schließen, der dann nicht zustande kam. Während der Vertragsverhandlungen registrierte der Beklagte den ihm mitgeteilten beabsichtigten Domainnamen für eigene Zwecke. Hier kann der Kl. nach §§ 280 Abs. 1, 311 Abs. 2 Nr. 2, 249 Abs. 1 BGB die Freigabe der Domainadresse verlangen.

8 Der weitere Tatbestand der **„ähnlichen rechtsgeschäftlichen Kontakte"** (Nr. 3) dient als Auffangtatbestand, der das Rechtsinstitut einer weiteren Entwicklung zugänglich machen soll. Hierunter fällt etwa die in der Rspr. entwickelte Haftung von Experten und Gutachtern (zB Wirtschaftsprüfern) gegenüber Dritten, denen das Gutachten vorgelegt wird und für deren rechtsgeschäftliche Entscheidung es von we-

[3] BGH NJW 2005, 1503.

sentlicher Bedeutung ist. Auch die Haftung für unrichtige Bankauskünfte außerhalb eines Beratungsvertrags wird hierunter zu fassen sein.

Für den **Inhalt der Haftung** bei der Verletzung einer vorvertraglichen Pflicht aus § 280 Abs. 1 BGB, § 311 Abs. 2, 3 BGB, § 241 Abs. 2 BGB wird regelmäßig dargelegt, dass diese auf Ersatz des **negativen Interesses,** dh des **Vertrauensschadens** gerichtet ist. Das ist in der großen Mehrzahl der Fälle durchaus zutreffend, kann aber in manchen Fallgruppen, in welchen auch eine Haftung auf das **positive Interesse,** dh das Erfüllungsinteresse anerkannt ist, als Regel verwirrend sein. Besser ist es, schlicht auf die Differenzhypothese des § 249 Abs. 1 BGB abzustellen: Der Geschädigte ist so zu stellen, wie er stünde, wenn das schädigende Ereignis nicht eingetreten wäre. Das kann in den sogleich zu erörternden unterschiedlichen Fallgruppen gelegentlich auch zu einem Anspruch auf das positive Interesse führen. 9

Obwohl die Haftung aus Verschulden bei Vertragsverhandlungen keine vertragliche, sondern eine Haftung aus einem **gesetzlichen Schuldverhältnis** ist, hat sie doch durch die Anknüpfung an eine vorvertragliche Sonderverbindung **vertragsähnlichen Charakter.** Daher ist auch hier der Schutz nicht (voll) Geschäftsfähiger vorrangig: Diese haften nicht aus § 311 Abs. 2 BGB, § 241 Abs. 2 BGB. Eine Ausnahme gilt nur dann, wenn ein beschränkt Geschäftsfähiger mit Zustimmung seines gesetzlichen Vertreters eine rechtsgeschäftliche Beziehung anbahnt.[4] 10

II. Fallgruppen

§ 311 Abs. 2, 3 BGB decken ganz unterschiedliche Anwendungsfälle ab. Sie unterscheiden sich nach dem **Verhältnis des Schadens zu dem Vertrag.** Der spätere Vertragsschluss kann für den Schaden irrelevant sein (→ Rn. 12 f.), der Schaden kann sich aber auch entweder aus dem **Nichtzustandekommen** eines Vertrags (→ Rn. 15 ff.) oder umgekehrt aus der **Belastung mit einem unerwünschten Vertrag** ergeben (→ Rn. 22 ff.). 11

1. Körper- und Eigentumsschäden („deliktsähnliche" Fälle)

Wenn im Zusammenhang mit einem rechtsgeschäftlichen Kontakt ein Beteiligter durch den anderen an Körper oder Eigentum schuldhaft verletzt wird, ergibt sich zunächst ein **deliktischer Schadensersatzanspruch** aus § 823 Abs. 1 BGB. Dieser hat aber für den Geschädigten gegenüber einem Anspruch aus § 280 Abs. 1 BGB bedeutende Nachteile: So hat für einen Anspruch nach § 823 Abs. 1 BGB der Geschädigte das Verschulden (Vorsatz oder Fahrlässigkeit) des Schädigers zu beweisen, während iRv § 280 Abs. 1 BGB das Vertretenmüssen vermutet wird (§ 280 Abs. 1 S. 2 BGB). Noch wichtiger ist aber, dass im Rahmen eines deliktischen Schadensersatzanspruchs keine Zurechnung des Verschuldens von Hilfspersonen nach § 278 BGB eingreift, sondern der Geschäftsherr lediglich nach § 831 BGB für vermutetes eigenes Auswahl- und Überwachungsverschulden haftet, sich also (meist relativ einfach) exkulpieren kann. 12

Im Zusammenhang mit dem Rechtsverhältnis der Vertragsanbahnung beinhaltet das durch § 311 Abs. 2 Nr. 2 BGB, § 241 Abs. 2 BGB begründete Schuldverhältnis auch die Pflicht, den anderen Teil nicht an Körper oder Eigentum zu verletzen. Im Rah- 13

[4] Canaris NJW 1964, 1987.

men dieses Schuldverhältnisses hat der Schuldner nach § 278 BGB für seine Hilfspersonen **ohne Exkulpationsmöglichkeit** einzustehen. Zudem wird nach § 280 Abs. 1 S. 2 BGB **das Vertretenmüssen vermutet.** Der Rückgriff auf die Haftung aus *culpa in contrahendo* dient hier also vor allem dazu, als unbillig empfundene **Härten des Deliktsrechts auszugleichen.**

Erstmals bejaht wurde diese Haftung in dem berühmten **Linoleumrollen-Fall** des RG:[5] Ein Angestellter hatte fahrlässig eine schwere Linoleumrolle umgeworfen, wodurch ein im Geschäft befindlicher Kunde verletzt wurde. Hier besteht bereits mit Betreten des Geschäfts nach § 311 Abs. 2 Nr. 2 BGB ein Rechtsverhältnis der Vertragsanbahnung zwischen dem Kunden und dem Geschäftsinhaber, das allein auf die Wahrung der Schutzpflichten nach § 241 Abs. 2 BGB ausgerichtet ist. Für die Wahrung dieser Schutzpflichten sind die Angestellten des Geschäftsinhabers Erfüllungsgehilfen nach § 278 BGB, so dass der Geschäftsinhaber dem Kunden hier nach § 280 Abs. 1 BGB, § 311 Abs. 2 Nr. 2 BGB, § 241 Abs. 2 BGB auf Schadensersatz haftet.

2. Vermögensschäden

14 Wird ein an Vertragsverhandlungen Beteiligter nicht an einem durch § 823 Abs. 1 BGB geschützten Rechtsgut verletzt, sondern **ausschließlich** an seinem **Vermögen,** kommt eine deliktische Haftung nach § 823 Abs. 1 BGB nicht in Betracht, weil diese Norm sog. **primäre Vermögensschäden** nicht abdeckt.[6] Solche Vermögensverletzungen liegen etwa vor, wenn ein Beteiligter Aufwendungen macht, die sich wegen des **Scheiterns der Vertragsverhandlungen** oder wegen der **Nichtigkeit des Vertrags** als nutzlos erweisen. Denkbar ist auch, dass ein Beteiligter den Abschluss eines gewinnbringenden anderen Vertrags unterlassen hat, weil er sich auf den Erfolg der – dann schließlich doch gescheiterten – Vertragsverhandlungen verlassen hat. Auch kann es aufgrund von Falschangaben in den Vertragsverhandlungen zum Abschluss eines Vertrags kommen, der sich für den anderen Teil als nachteilig erweist. In all diesen Fällen gewährt das Deliktsrecht Ersatzansprüche nur, wenn die Schädigung durch den Verstoß gegen ein das Vermögen schützendes Schutzgesetz (§ 823 Abs. 2 BGB) oder vorsätzlich und sittenwidrig (§ 826 BGB) erfolgt ist.[7] Daran fehlt es aber meist. Wenn hier Schadensersatz geschuldet sein soll, muss der Anspruch also aus einem Schuldverhältnis begründet werden.

a) Vertragsunwirksamkeit

15 Wenn kein wirksamer Vertrag zustande gekommen ist, kann die Schadensersatzpflicht nur aus Verschulden bei Vertragsverhandlungen stammen. Dabei gibt es zwei Fallgruppen:

16 **aa) Abbruch von Vertragsverhandlungen.** Beim **Abbruch von Vertragsverhandlungen** liegt grds. keine Verletzung einer Pflicht aus § 311 Abs. 2 BGB, § 241 Abs. 2 BGB vor. Die **Vertragsabschlussfreiheit** erlaubt es den Verhandelnden nämlich grds., Vertragsverhandlungen auch im fortgeschrittenen Stadium willkürlich abzubrechen. Das gilt auch dann, wenn eine Partei bereits erhebliche Aufwendungen gemacht oder auf andere Abschlussmöglichkeiten verzichtet hat. Solche Aufwendungen im Vorfeld eines Vertrags erfolgen auf grds. auf eigenes Risiko.[8] Eine Haftung

5 RG 7.12.1911 – Rep. VI. 240/11, RGZ 78, 239.
6 Medicus/Lorenz SchuldR BT § 79 Rn. 14.
7 S. Medicus/Lorenz SchuldR BT § 81 Rn. 6 und Medicus/Lorenz SchuldR BT § 82 Rn. 4.
8 BGH NJW 1996, 1884 (1885); 2006, 1963 Rn. 9; 2013, 928 Rn. 7 mwN.

kommt aber dann in Betracht, wenn eine Partei Vertragsverhandlungen nur zum Schein führt, dh diese beginnt oder zu einem Zeitpunkt weiterführt, in welchem ihr jegliche Abschlussbereitschaft fehlt und die andere Partei in Erwartung des Vertragsschlusses Vermögensdispositionen trifft, die sie sonst nicht getroffen hätte.

Nicht unbedenklich ist aber, dass nach der Rspr. eine Haftung aus *culpa in contrahendo* auch schon dann eingreifen soll, wenn eine Partei Vertragsverhandlungen ohne triftigen Grund abbricht, nachdem sie zunächst das Vertrauen des anderen Teils geweckt hatte, der Vertrag werde mit Sicherheit zustande kommen.[9] 17

In dieser Fallgruppe ist allerdings angesichts der hohen Bedeutung der Vertragsfreiheit nur in **extremen Ausnahmefällen** ein vorvertragliches Verschulden zu sehen. Wer sich einen künftigen Vertragsabschluss sichern will, kann sich um einen bindenden Antrag (§§ 145 ff. BGB) bemühen. Er kann auch bereits einen Vorvertrag schließen. Beides setzt aber voraus, dass der Inhalt des abzuschließenden (Haupt-)Vertrags im Wesentlichen feststeht. Solange es aber an Einigkeit über diesen wesentlichen Inhalt fehlt, wird ein Partner auch kaum auf einen Vertragsabschluss vertrauen dürfen. Das gilt insbesondere dann, wenn der Vertragsschluss **formpflichtig** ist (zB nach § 311b Abs. 1 BGB). Gesetzliche Formerfordernisse sollen nämlich idR auch vor Übereilung schützen. Dieser Schutz würde aber weithin aufgehoben und zu einem **faktischen Kontrahierungszwang** führen, wenn derjenige, der „im letzten Moment" von seinem Vertragsvorhaben Abstand nimmt, eine Haftung aus *culpa in contrahendo* befürchten müsste. Wer weiß, dass zur Vertragswirksamkeit noch eine Form einzuhalten ist, wird in seinem Vertrauen auf einen künftigen Vertragsabschluss eben nicht geschützt. Bei formgebundenen Verträgen kann damit eine Haftung wegen Abbruchs von Vertragsverhandlungen nur bei einer **vorsätzlichen Treuepflichtverletzung** des Abbrechenden wie zB beim arglistigen Vorspiegeln einer tatsächlich nicht vorhandenen Abschlussbereitschaft bejaht werden.[10]

Der Schadensersatzanspruch ist dann nach § 249 Abs. 1 BGB auf Ersatz des Schadens gerichtet, den der andere Teil dadurch erlitten hat, dass er auf das Zustandekommen des Vertrags vertraut hat **(negatives Interesse),** denn „der zum Ersatz verpflichtende Umstand" ist in dieser Fallgruppe nicht der Nichtabschluss des Vertrags (dann könnte das Erfüllungsinteresse aus dem erwarteten Vertrag verlangt werden), sondern die **Erweckung von enttäuschtem Vertrauen auf dessen Zustandekommen.** Dieser Schaden kann in Vermögensaufwendungen bestehen. 18

Beispiel: Der Eigentümer hatte in Erwartung des Abschlusses des Mietvertrags auf Wunsch des Interessenten Umbaumaßnahmen vorgenommen, die sich nunmehr als wertlos erweisen. Denkbar ist auch, dass der Geschädigte einen anderen gewinnbringenden Vertragsschluss unterlassen hat. Dann ist der hieraus entstehende Schaden zu ersetzen.

bb) Herbeiführung eines unwirksamen Vertrags. Es kann aber auch dazu kommen, dass der geschlossene Vertrag **unwirksam** ist, aber eine Partei das **nicht erkennt** und dadurch einen Schaden erleidet. Fälle dieser Art sind in den §§ 122, 179 BGB geregelt. Dabei ist die Rechtsfolge (außer bei § 179 Abs. 1 BGB) einheitlich: Verpflichtung zum Ersatz des negativen Interesses, begrenzt durch das positive Interesse. Der Ersatzanspruch ist jeweils ausgeschlossen, wenn der Geschädigte den Unwirksamkeitsgrund kannte oder kennen musste. 19

Die Rspr. hat diese (in §§ 122, 179 Abs. 2 BGB **verschuldensunabhängige**) Haftung auf weitere Fälle wie etwa die **schuldhafte Herbeiführung eines versteckten Totaldissenses** ausgedehnt. 20

---

[9] BGH NJW 2013, 928 Rn. 7 mwN.

[10] BGH NJW 1996, 1884 (1885); 2013, 928 (zur Verweigerung der Genehmigung durch einen vollmachtlos Vertretenen).

Leitfall hierfür ist der **„Weinsteinsäure-Fall"** des RG:[11] Zwei Parteien hatten so ungeschickt miteinander telegrafiert, dass der Anschein eines Kaufabschlusses über 100 kg der Säure entstanden war. Später stellte sich aber heraus, dass beide verkaufen wollten. Ein Vertragsabschluss scheiterte daher an Dissens (nicht etwa musste eine Partei ihre Erklärung wegen Inhaltsirrtums nach § 119 Abs. 1 BGB anfechten; dann hätte sich die Ersatzpflicht nach § 122 BGB gerichtet). Das RG hat hier in der schuldhaft undeutlichen Ausdrucksweise einen Grund für die Haftung auf das negative Interesse gesehen. Ähnlich lag der BGH:[12] Dort hatte es eine Partei schuldhaft versäumt, die andere über das Erfordernis einer devisenrechtlichen Genehmigung für das Geschäft zu unterrichten.

21 Die **allgemeine Regel** lautet danach, dass auf das negative Interesse haftet, wer schuldhaft die andere Partei nicht über bestimmte Umstände informiert, die der Wirksamkeit des Geschäfts entgegenstehen. „Schuldhaft" kann das Unterlassen einer Information aber nur sein, wenn eine **Pflicht zur Information** bestand. Man muss also zunächst fragen, unter welchen Voraussetzungen eine solche Pflicht anzunehmen ist. Das ist zunächst für solche Unwirksamkeitsgründe zu bejahen, die allein aus der eigenen Sphäre stammen. So rührte in einem Fall des BGH die Genehmigungspflicht daher, dass ein Beteiligter Ausländer war.[13] Dieser ist dann mit Recht für informationspflichtig gehalten worden. Weiter kann die eine Partei zur Information der anderen verpflichtet sein, wenn sie dieser aus Gesetz, Vertrag oder vorangegangenem Tun Betreuung schuldet. Darüber hinaus aber besteht aber **keine allgemeine Informationspflicht.** Insbesondere braucht etwa beim Grundstückskauf der Verkäufer den Käufer nicht generell auf das Formerfordernis des § 311b Abs. 1 BGB hinzuweisen; bei Versäumung der Form besteht also regelmäßig kein Anspruch auf Ersatz des Vertrauensschadens. Anders liegt es aber zB, wenn der Verkäufer den Käufer vertraglich betreuen soll (etwa im Rahmen einer Baubetreuung) oder wenn der Verkäufer zunächst die Erfüllung der Form durch eine falsche Auskunft verhindert hat. Dann ergibt sich eine Informationspflicht aus **vorangegangenem Tun.**

b) Vertragswirksamkeit: Der Vertrag als Schaden

22 Ein durch eine vorvertragliche Pflichtverletzung entstandener Schaden kann aber auch darin bestehen, dass eine Partei wegen eines Verschuldens der anderen (zB wegen schlechter Beratung, Falschangaben oder unterlassener Aufklärung) mit einem **wirksamen Vertrag** belastet wird, der ihr lästig ist.[14]

23 Entscheidend ist dabei zunächst der **Umfang** solcher vorvertraglichen Pflichten. Unproblematisch wird eine Haftung begründet durch fahrlässige oder vorsätzliche **positive Falschangaben** im Vorfeld des Vertragsschlusses (Verletzung der **Wahrheitspflicht**). Zwar muss bei Vertragsverhandlungen nicht jeder Umstand, der für den anderen nachteilig sein könnte, offenbart werden. Macht aber eine Partei (freiwillig) Angaben, die für den Vertragsentschluss des anderen Teils von Bedeutung sein können, müssen diese auch dann richtig sein, wenn eine Aufklärungspflicht nicht besteht.[15] Eine Ausnahme hiervon besteht nur in den – seltenen – Fällen eines „Rechts auf Lüge", die auch iRd Anfechtung wegen arglistiger Täuschung nach § 123 Abs. 1 BGB anerkannt sind.[16]

---

[11] RG 5.4.1922 – I 307/21, RGZ 104, 265.
[12] BGHZ 18, 248 (252) = NJW 1955, 1916.
[13] BGHZ 18, 248 = NJW 1955, 1916.
[14] Dazu umfassend S. Lorenz, Der Schutz vor dem unerwünschten Vertrag, 1997.
[15] BGH NJW 2023, 3432 Rn. 13 mwN.
[16] S. dazu nur Köhler BGB AT § 7 Rn. 40.

Liegt der Schwerpunkt hingegen auf einem **Unterlassen,** so kommt eine Haftung nur bei Verletzung einer vorvertraglichen **Aufklärungspflicht** in Betracht. Dabei gilt wiederum derselbe Maßstab wie bei § 123 Abs. 1 BGB: Es gibt keine allgemeine Pflicht, dem anderen Teil bei der Anbahnung eines Vertrags ungefragt alle Tatsachen mitzuteilen, die für dessen Entscheidung von Bedeutung sind. Eine Aufklärungspflicht wird aber dann bejaht, wenn ein Umstand **für die Entschließung des Gegners von erkennbar entscheidender Bedeutung ist und dieser nach der durch Treu und Glauben geprägten Verkehrssitte Aufklärung darüber erwarten darf.**[17] Für Letzteres wiederum ist von Bedeutung, ob der Verhandlungspartner auf die Sachkunde des anderen angewiesen ist oder ob er sich die Information selbst beschaffen oder zumindest beim anderen Teil nachfragen kann. Eine entsprechende Frage löst dann zwar keine Auskunftspflicht, aber die allgemeine Wahrheitspflicht aus.[18] Eine darüberhinausgehende Aufklärungspflicht kann bestehen, wenn zwischen den Beteiligten ein **besonderes Treue- oder Vertrauensverhältnis** besteht. 24

So muss etwa ein Gläubiger weder den Bürgen über die prekäre Vermögenslage des Hauptschuldners informieren noch dessen Bonität selbst überprüfen[19] oder auf das Risiko einer Bürgschaft hinweisen.[20] Der Bürge ist ja ohne Weiteres in der Lage, den Gläubiger danach zu fragen oder selbst Erkundigungen einzuziehen. Verharmlost der Gläubiger dann das Risiko, liegt eine Täuschung durch aktives Tun vor.[21] Verweigert er die Antwort, kann der Bürge daraus seine Schlüsse ziehen. Ein Kfz-Gutachter muss hingegen seinen Auftraggeber darüber aufklären, dass das von ihm verlangte Honorar von der gegnerischen Versicherung nicht in voller Höhe erstattet werden wird.[22]

Neben vorvertraglichen Informations- und Wahrheitspflichten lässt sich aus § 311 Abs. 2, § 241 Abs. 2 BGB auch eine vorvertragliche Pflicht herleiten, die rechtsgeschäftliche Entscheidungsfreiheit des anderen Teils nicht auf unzulässige Weise unlauter, etwa durch **„Überrumpelung“** oder ähnliche Maßnahmen zu beeinflussen. Unter ganz engen Voraussetzungen kann auch die **Annahme eines bindenden Vertragsangebots** eine vorvertragliche Pflichtverletzung darstellen, wenn dieses auf einem vom Annehmenden erkannten (und nicht nach § 119 Abs. 1 BGB zur Anfechtung berechtigenden) sog. „Kalkulationsirrtum“ beruht und zu einer nicht auch nur annähernd äquivalenten Gegenleistung führen würde.[23] 25

Ein Schadensersatzanspruch aus Verschulden bei Vertragsverhandlungen richtet sich hier gem. § 249 Abs. 1 BGB auf die Herstellung des Zustandes, der ohne das Verschulden bestünde (**Naturalrestitution,** → § 54 Rn. 7). Das führt zu einem **Anspruch auf Aufhebung des Vertrags** sowie – vorgelagert – zu einem Anspruch, aus dem „unerwünschten“ Vertrag nicht in Anspruch genommen zu werden.[24] Die Rspr. gestattet es dem Geschädigten sogar, iRd Schadensersatzanspruchs eine Reduktion der Gegenleistung und damit ggf. eine Rückzahlung des „zu viel Gezahlten“ zu verlangen, wenn er sich bei hinreichender Aufklärung nur zu einer geringeren Gegenleis- 26

[17] BGH NJW 2023, 3432 Rn. 24 mwN.
[18] Wohl aA BGH NJW 2023, 3432 Rn. 19, wonach Fragen „richtig und vollständig“ zu beantworten sind. Richtigerweise kann aber auch eine Antwort verweigert werden.
[19] BGHZ 106, 269 = NJW 1989, 830.
[20] BGH NJW 1983, 1850; 1997, 3230.
[21] BGH NJW 2006, 847.
[22] BGH NJW 2017, 2403 Rn. 21 ff.
[23] BGH NJW 2015, 1513 Rn. 11 ff.
[24] Dazu ausführlich Canaris AcP 200 (2000), 273 (304).

tung auf den Vertrag eingelassen hätte.[25] Das führt zu einer Art **Minderung** aufgrund vorvertraglicher Pflichtverletzung.[26]

Dabei hilft die Rspr. überdies mit **Beweiserleichterungen.** Den Nachweis, dass der Geschädigte bei pflichtgemäßer Aufklärung nicht oder nicht zu den vereinbarten Bedingungen kontrahiert hätte, wird (widerleglich) vermutet (sog. **Vermutung aufklärungsrichtigen Verhaltens**).[27] Weiter soll es bei der Herabsetzung der Gegenleistung auf einen objektiv angemessenen Preis nicht darauf ankommen, ob sich der andere Teil seinerseits auf einen Vertragsschluss zu diesen Bedingungen eingelassen hätte.[28] Letzteres ist im Hinblick auf die Privatautonomie nicht unproblematisch. Macht der Geschädigte jedoch geltend, dass es ihm ohne die vorvertragliche Pflichtverletzung gelungen wäre, mit dem Schädiger oder einem Dritten einen günstigeren Vertrag abzuschließen, so kann er den daraus entgangenen Gewinn nur verlangen, wenn er dies nachweist.

27 Das **Hauptproblem** der auf Aufhebung des Vertrags gerichteten Haftung aus *culpa in contrahendo* ist deren **Verhältnis zu anderen Rechtsinstituten.** Dabei geht es einmal um das **Konkurrenzverhältnis zu § 123 Abs. 1 BGB.** Wenn dort für die Anfechtung eines Vertrags eine **vorsätzliche Täuschung** verlangt wird, und überdies die Anfechtung nur **binnen Jahresfrist** erfolgen kann (§ 124 BGB), ist es nicht unproblematisch, dass über den Schadensersatzanspruch aus § 280 Abs. 1 BGB, § 311 Abs. 2 BGB, § 241 Abs. 2 BGB bereits im Falle einer nur **fahrlässigen Täuschung** durch einen Anspruch auf Vertragsauflösung zwar nicht technisch (über ein Gestaltungsrecht), aber iErg dasselbe erreicht wird wie mit einer Anfechtung (und dafür auch noch die längere Regelverjährung des § 195 BGB gilt). Dennoch lässt die Rspr. dies unter Berufung auf den unterschiedlichen Schutzzweck beider Rechtsinstitute zu. Die §§ 311 Abs. 2, 241 Abs. 2 BGB schützten das Vermögen, während § 123 Abs. 1 BGB die freie Willensbestimmung schütze.[29]

Diese Abgrenzung vermag allerdings als Begründung kaum zu überzeugen. Die vorvertraglichen Pflichten aus § 311 Abs. 2 BGB, § 241 Abs. 2 BGB umfassen nämlich nicht nur das Vermögen, sondern auch ganz allgemein die „Interessen" des anderen Teils, wozu auch dessen **rechtsgeschäftliche Entscheidungsfreiheit** gehört. Auch zielt der Anspruch auf Vertragsaufhebung im Wege der Naturalrestitution nach § 249 Abs. 1 BGB, die keineswegs auf Vermögensschäden beschränkt ist (§ 253 Abs. 1 BGB schließt bei Nichtvermögensschäden nur Geldentschädigung, nicht aber Naturalrestitution aus).[30] Auch der BGH selbst nimmt es im vorliegenden Zusammenhang mit dem Erfordernis eines Vermögensschadens nicht ganz ernst, indem er bei der Annahme eines Vermögensschadens auf einen subjektiven Vermögensbegriff zurückgreift, der auch die Sinnhaftigkeit des Vertrags für den anderen Teil berücksichtigt.[31] Richtigerweise wird man daher das Nebeneinander von *culpa in contrahendo* und Irrtumsanfechtung heute auf **Gewohnheitsrecht** zu stützen haben.

28 Anders lösen Rspr. und Lit. die Konkurrenz zum kaufrechtlichen (und auch zum werkvertraglichen) **Gewährleistungsrecht.** Bei einer **fahrlässigen** falschen oder unterlassenen Aufklärung über Umstände, die einen Sach- oder Rechtsmangel der verkauften Sache begründen, ist die Haftung aus *culpa in contrahendo* durch die insoweit abschließenden Regelungen des Gewährleistungsrechts verdrängt. Ansprüche aus **vorsätzlicher** vorvertraglicher Pflichtverletzung sind hingegen mangels Schutz-

[25] BGH NJW 2012, 846.

[26] Dazu S. Lorenz NJW 1999, 1001.

[27] BGH NJW 2001, 2163 (2165); 2012, 2427 Rn. 28; 2013, 1807 Rn. 19; 2017, 2403 Rn. 27 jeweils mwN.

[28] BGH NJW 2001, 2875 (2877); 2012, 846 Rn. 12.

[29] BGH NJW 1998, 302.

[30] Vgl. Canaris AcP 200 (2000), 273 (304).

[31] BGHZ 161, 361 (367) = NJW-RR 2005, 611.

würdigkeit des Verkäufers **nie** durch die Rechtsbehelfe des Gewährleistungsrechts verdrängt.[32]

III. Die Parteien des vorvertraglichen Rechtsverhältnisses

Grundsätzlich bestehen die Sorgfaltspflichten in der Vertragsanbahnung nur zwischen denjenigen Personen, welche **Parteien des angebahnten Vertrags** werden sollen. Nach § 311 Abs. 3 S. 1 BGB kann aber ein vorvertragliches Schuldverhältnis mit Pflichten aus § 241 Abs. 2 BGB auch zu Personen entstehen, die nicht selbst Vertragspartei werden sollen. Diese Einbeziehung Dritter kann dabei in **zweierlei Weise** erfolgen: Dritte können unter bestimmten Voraussetzungen aus einer Verletzung des vorvertraglichen Schuldverhältnisses **eigene Schadensersatzansprüche** herleiten oder aber wegen einer Verletzung solcher Pflichten **selbst haften,** wenn sie in bestimmter Weise an der Vertragsanbahnung beteiligt sind. 29

1. Einbeziehung Dritter in den Schutzbereich des vorvertraglichen Schuldverhältnisses

In der Rspr. ist seit langem anerkannt, dass bestimmte Personen in den Schutzbereich eines Vertrags einbezogen werden können mit der Folge, dass sie aus dem Vertrag zwar keine eigenen Primäransprüche herleiten können, sich aber die Nebenpflichten aus § 241 Abs. 2 BGB auch auf sie erstrecken. Bei einer Verletzung solcher Schutzpflichten erwerben sie dann **eigene Schadensersatzansprüche** aus § 280 Abs. 1 BGB, § 241 Abs. 2 BGB, §§ 249 ff. BGB. Diese später zu erörternden Grundsätze des **Vertrags mit Schutzwirkung für Dritte** (→ § 67 Rn. 1 ff.) werden auch auf das vorvertragliche Schuldverhältnis aus § 311 Abs. 2 BGB, § 241 Abs. 2 BGB übertragen. Dies setzt voraus, dass der Dritte **bestimmungsgemäß in den rechtsgeschäftlichen Kontakt einbezogen** ist, eine Partei des vorvertraglichen Schuldverhältnis ein **Interesse** an deren Schutz hat, dies für den anderen Teil **erkennbar** ist und der Dritte **schutzbedürftig** ist, dh wegen der Schädigung keine im Wesentlichen gleichwertigen eigenen Ansprüche hat. 30

Dafür steht der **Gemüseblatt-Fall:**[33] Ein minderjähriges Mädchen hatte ihre Mutter zum Einkaufen in einen Supermarkt begleitet und war dabei auf einem herumliegenden Gemüseblatt ausgerutscht, wobei sie sich am Knie verletzte. Obwohl sie selbst keinerlei Kaufabsicht hatte, sprach ihr der BGH eigene Schadensersatzansprüche aus *culpa in contrahendo* gegen den Supermarktbetreiber zu. Der besondere Vorteil dieser Konstruktion besteht – wie immer in der „deliktsähnlichen" Fallgruppe der *culpa in contrahendo* (→ Rn. 12) – darin, dass sich der Supermarktbetreiber ein Verschulden seiner Gehilfen nach § 278 S. 1 BGB zurechnen lassen muss. Im Rahmen eines der Tochter auch zustehenden deliktsrechtlichen Anspruchs aus § 831 BGB wäre ihm wiederum die dortige Exkulpationsmöglichkeit zugutegekommen. Der Rückgriff auf die *culpa in contrahendo* dient also auch hier vor allem dem Ausgleich der Härten des Deliktsrechts.

2. Die Haftung Dritter (§ 311 Abs. 3 S. 2 BGB)

a) Sachwalterhaftung

Bereits vor der gesetzlichen Regelung in § 311 Abs. 3 BGB war in Rspr. und Lit. anerkannt, dass unter bestimmten Voraussetzungen auch Dritte, die nicht selbst Vertragspartei werden sollen, aus *culpa in contrahendo* **haften** können. Es handelt sich dabei um eng auszulegende Ausnahmetatbestände. Zumeist geht es hier um **Stellvertreter** 31

[32] S. dazu Medicus/Lorenz SchuldR BT § 12 Rn. 6 ff.

[33] BGHZ 66, 51 = NJW 1976, 712.

oder auch bloße **Abschlussgehilfen** oder **Vermittler** (zB Makler), die ohne vertragliche Verbindung zum anderen Teil an den Vertragsverhandlungen beteiligt sind und dabei „in besonderem Maße" Vertrauen für sich selbst in Anspruch genommen und dadurch die Vertragsverhandlungen oder den Vertragsabschluss „erheblich beeinflusst" (und enttäuscht) haben.[34] Solche Dritte werden auch als „Sachwalter" bezeichnet, weshalb sich der Ausdruck der **Sachwalterhaftung** eingebürgert hat. Diese Fallgruppe ist in § 311 Abs. 3 S. 2 BGB als Regelbeispiel verankert.

Als **Sachwalter** bezeichnet die Rspr. des BGH eine Person, die „weder Vertragspartner noch dessen Vertreter ist, (…) [aber] auf der Seite des Vertragspartners an dem Zustandekommen des Vertragsschlusses beteiligt ist und dabei über das bei der Anbahnung von Geschäftsbeziehungen immer vorauszusetzende „normale" Verhandlungsvertrauen hinaus in besonderem Maße Vertrauen für sich persönlich in Anspruch nimmt und dadurch dem anderen Verhandlungspartner eine zusätzliche, gerade von ihm persönlich ausgehende Gewähr für Bestand und Erfüllung des in Aussicht genommenen Rechtsgeschäfts bietet".[35] So etwa, wenn der angestellte Gehilfe beim Verkauf eines gebrauchten Kfz darlegt, er sei Automechaniker und habe sich selbst von der Qualität des Fahrzeugs überzeugt und könne es wegen seiner besonderen Sachkompetenz deshalb besonders empfehlen. Hat der Dritte hingegen mit dem anderen Teil einen selbstständigen Beratervertrag abgeschlossen, haftet er bei einer Falschberatung unmittelbar aus § 280 Abs. 1 BGB. Auch die Haftung von Prospektverantwortlichen (Initiatoren, Gründer und Gestalter) einer Anlagegesellschaft für Falschangaben in einem Anlageprospekt wird auf § 311 Abs. 3 S. 2 BGB gestützt.[36]

32 Die Eigenhaftung von Personen, die **aufgrund besonderer beruflicher Sachkunde** Einfluss auf Vertragsverhandlungen nehmen, ohne an diesen unmittelbar beteiligt zu sein, wird von der Rspr. hingegen nicht auf § 311 Abs. 3 S. 2 BGB, sondern auf den **Vertrag mit Schutzwirkung für Dritte** gestützt (→ § 67 Rn. 14). Das betrifft etwa die Haftung von Sachverständigen, Steuerberatern oder Wirtschaftsprüfern aus Gutachten und Testaten, die bestimmungsgemäß Dritten vorgelegt werden und für deren Entscheidung (zB für eine Geldanlage) von Bedeutung sind. Eine im Vordringen begriffene Ansicht in der Lit., die sich auch auf die Gesetzesmaterialien zu § 311 Abs. 3 BGB stützen kann,[37] will auch in dieser Fallgruppe die Haftung des Dritten mit der Inanspruchnahme besonderen persönlichen Vertrauens begründen.[38]

b) Unmittelbares wirtschaftliches Eigeninteresse

33 Eine weitere von der Rspr. entwickelte Fallgruppe der Eigenhaftung Dritter aus *culpa in contrahendo* betrifft den Fall, dass ein an der Vertragsanbahnung als **Verhandlungsgehilfe, Stellvertreter** oder **Vermittler** Beteiligter ein **eigenes unmittelbares wirtschaftliches Interesse** am Vertragsschluss hat. Diese Fallgruppe wird von der neueren Rspr. allerdings zu Recht sehr restriktiv gehandhabt und nur dann bejaht, wenn der Verhandlungsgehilfe/Stellvertreter mit dem Vertrag bei **wirtschaftlicher Betrachtungsweise ein eigenes Geschäft** besorgt (*„procurator in rem suam"* = Vertreter in eigener Angelegenheit).[39] Ein nur mittelbares wirtschaftliches Interesse (etwa eines Maklers an einer Provision) ist nicht ausreichend. Wenngleich diese Fallgruppe nicht

[34] S. etwa BGH NJW-RR 2003, 1037.
[35] BGH NJW 1989, 293 (294); NJW-RR 2006, 993.
[36] BGHZ 177, 25 Rn. 12 = NZG 2008, 661 mwN.
[37] S. BT-Drs. 14/6040, 163.
[38] S. insbesondere Canaris JZ 1995, 441 ff.; Canaris JZ 2001, 499 (520); ebenso Looschelders SchuldR AT § 9 Rn. 24.
[39] S. etwa BGH NJW 2002, 208 (212) mwN.

vom Regelbeispiel des § 311 Abs. 3 S. 2 BGB erfasst ist, kann sie weiterhin unter § 311 Abs. 3 S. 1 BGB relevant sein.[40]

Eine solches **unmittelbares eigenes wirtschaftliches Interesse** kann etwa vorliegen, wenn ein Gebrauchtwagenhändler aus steuerlichen Gründen (oder zur Umgehung von § 476 BGB)[41] einen Gebrauchtwagen nicht im eigenen Namen, sondern im Namen des Vorbesitzers verkauft, dabei aber allein den wirtschaftlichen Nutzen aus dem Vertrag zieht.[42] Nicht ausreichend ist das allgemeine Interesse des Geschäftsführers einer GmbH am wirtschaftlichen Erfolg seines Unternehmens oder das Interesse des beim Grundstücksverkauf seine Ehefrau vertretenden Ehemanns an deren wirtschaftlichem Wohlergehen.[43]

c) Haftungsausfüllung

Die dargestellten Fälle der Haftung Dritter spielen in aller Regel in der bereits genannten Fallgruppe der Vertragswirksamkeit eine Rolle (→ Rn. 22 ff.), dh in Fällen, in welchen aufgrund einer Pflichtverletzung des Dritten (Falschangaben oder Aufklärungspflichtverletzungen) ein für den anderen Teil „unerwünschter", meist wirtschaftlich nachteiliger Vertrag zustande kommt. Da der Dritte nicht im Wege des Schadensersatzes zu einer Vertragsaufhebung verpflichtet sein kann (die ja gar nicht in seiner Macht steht), kann der Geschädigte hier nach § 249 Abs. 1 BGB die Freistellung von der Vertragsverpflichtung oder die Erstattung seiner Vertragsleistung verlangen, hat dann aber im Gegenzug die Ansprüche aus dem Vertrag an den Schädiger abzutreten bzw. das Erlangte an diesen herauszugeben.[44] Einen Anspruch auf das „zu viel Gezahlte", dh die oben dargelegte „Minderung" durch *culpa in contrahendo,* kann er ohne Weiteres gegen den Dritten geltend machen. 34

6. Abschnitt. Sonstige Leistungsstörungen

§ 41. Der Gläubigerverzug (§§ 293 ff. BGB)

Literatur: Canaris, Gläubigerverzug und Unmöglichkeit, FS Prölss, 2009, 21; Grunewald, Der Umfang der Haftungsmilderung für den Schuldner im Annahmeverzug des Gläubigers, FS Canaris, Bd. I, 2007, 329; Hönn, Zur Dogmatik der Risikotragung im Gläubigerverzug bei Gattungsschulden, AcP 177 (1977), 385.

I. Voraussetzungen

Der in den §§ 293 ff. BGB geregelte **Gläubigerverzug (= Annahmeverzug)** ist Folge der Nichtannahme der ordnungsgemäß angebotenen, noch möglichen Leistung durch den Gläubiger. Wichtigstes Charakteristikum ist in Abgrenzung zum Schuldnerverzug, dass Gläubigerverzug weder eine Pflichtverletzung seitens des Gläubigers (dh eine echte Verpflichtung zur Annahme der angebotenen Leistung) noch Vertretenmüssen voraussetzt. Gläubigerverzug ist damit eine sog. **Obliegenheitsverletzung** (zum Begriff → § 13 Rn. 20). Es besteht nämlich grds. keine einklagbare Verpflichtung zur Annahme der Leistung, deren Nichtannahme hat aber nachteilige Folgen für den Gläubiger. Besteht ausnahmsweise eine echte (gesetzliche oder vertragliche) 1

40 Looschelders SchuldR AT § 9 Rn. 21.
41 S. dazu Medicus/Lorenz SchuldR BT § 11 Rn. 35.
42 BGHZ 79, 281 (286) = NJW 1981, 922.
43 BGH NJW 1987, 2511 (2512).
44 BGH NJW-RR 2009, 603 (zur Pflichtverletzung aus einem Beratungsvertrag).

Rechtspflicht zur Annahme der Leistung (so etwa die Abnahmepflicht des Käufers sowie des Bestellers, §§ 433 Abs. 2, 640 Abs. 1 BGB), so können Schuldner- und Gläubigerverzug zugleich vorliegen.

1. Notwendigkeit der Mitwirkung des Gläubigers

2 Manche Leistungen kann der Schuldner ohne jede Mitwirkung des Gläubigers erbringen (zB die Befolgung einer Unterlassungspflicht). Dann ist Gläubigerverzug nicht denkbar. Dagegen ist der Schuldner in den weitaus meisten Fällen auf eine Mitwirkung des Gläubigers angewiesen. So muss der Gläubiger bei der Übereignung einer beweglichen Sache den Besitz annehmen und an der dinglichen Einigung mitwirken (§ 929 BGB). Bei der Übereignung von Grundstücken bedarf es seiner Mitwirkung zur Auflassung und zur Eintragung (§ 925 BGB). Bei vielen Werkleistungen muss der Gläubiger dem Schuldner erst die Möglichkeit zur Erfüllung eröffnen, zB ihm die zu transportierende Ware geben oder ihn an die zu reparierende Maschine heranlassen. Ähnlich verhält es sich bei an der Person des Gläubigers zu verrichtenden Dienstleistungen (zB Unterricht, ärztliche Behandlung, körpernahe Dienstleistungen). Bei solchen Leistungen mit nötiger Mitwirkung des Gläubigers ist eine Leistungsstörung dadurch denkbar, dass das Ausbleiben dieser Mitwirkung schon die Leistungshandlung des Schuldners oder doch das für die Erfüllung erforderliche „Bewirken" der Leistung (§ 362 Abs. 1 BGB) verhindert. Dann spricht man von **Gläubigerverzug.** Dieser tritt nach § 293 BGB ein, wenn der Gläubiger die ihm angebotene Leistung nicht annimmt.

2. Ordnungsgemäßes Leistungsangebot

3 Nach § 294 BGB muss die Leistung dem Gläubiger so angeboten werden, wie sie zu bewirken ist. Das bedeutet ein **ordnungsgemäßes Angebot:** Die Leistung muss (quantitativ und qualitativ) **vollständig** sein (§ 266 BGB) und darf nicht unter **Vorbehalt der Rückforderung** angeboten werden, sofern dieser die Erfüllungswirkung ausschließen würde (→ § 21 Rn. 17).[1] Weiter muss sie am **richtigen Ort** (→ § 15 Rn. 12 ff.) und zur **richtigen Zeit** angeboten werden. Schließlich muss die Leistung auch den Anforderungen von **Treu und Glauben** entsprechen. So darf die Leistung nicht zur Unzeit (zB nachts) oder unter Beschimpfungen des Gläubigers angeboten werden. Was zum Angebot iE nötig ist, entscheidet sich nach der Art des Schuldverhältnisses und dem Verhalten des Gläubigers.

a) Zeitpunkt (Erfüllbarkeit)

4 Gläubigerverzug kommt erst in Betracht, wenn der Schuldner erfüllen darf, also **Erfüllbarkeit** eingetreten ist (→ § 15 Rn. 28). Allerdings gilt nach § 299 BGB eine Sonderregelung für den Fall, dass die Leistungszeit **unbestimmt** oder der Schuldner zu **vorzeitiger Leistung** berechtigt ist (s. § 271 Abs. 2 BGB): Dann kommt der Gläubiger durch eine bloß **vorübergehende Annahmeverhinderung** nicht in Gläubigerverzug, wenn der Schuldner ihm die Leistung nicht angemessene Zeit vorher angekündigt hat. Denn eine dauernde Annahmebereitschaft ist dem Gläubiger nicht zumutbar.

---

[1] BGH NJW 2012, 1717 Rn. 7.

Beispiel: K hat beim Möbelhaus V Möbel bestellt, die „im Laufe der übernächsten Woche" geliefert werden sollen. Hier braucht K nicht während dieser ganzen Woche zu Hause zu bleiben, sondern kann die Mitteilung eines genaueren Liefertermins durch V abwarten. § 299 BGB wäre auch dann anwendbar, wenn V zwar einen bestimmten Liefertermin angegeben hätte, aber schon vorher anliefert.

b) Tatsächliches Angebot

Als Regel verlangt § 294 BGB ein **tatsächliches Angebot.** Das betrifft die **Bring**- und die **Schickschuld** (→ § 15 Rn. 15). Der Schuldner muss bei der Bringschuld die Sache zum Gläubiger transportieren. Bei der Schickschuld genügt nicht schon die Absendung, sondern die Sache muss beim Gläubiger ankommen. Erst dann kann ja der Gläubiger über die Annahme entscheiden. Verzögerungen auf dem Transport bewirken also keinen Annahmeverzug. Für die **Holschuld** besteht in § 295 BGB eine besondere Regelung (→ Rn. 7). 5

Das Angebot selbst muss so beschaffen sein, dass **„der Gläubiger nichts weiter zu tun braucht, als zuzugreifen und die angebotene Leistung anzunehmen".**[2] Dafür muss er idR von dem Angebot erfahren. Es genügt etwa nicht, wenn der Schuldner das geschuldete Geld nur bei sich trägt, ohne seine Zahlungsbereitschaft kundzutun.[3] Nur wenn der Gläubiger nicht anwesend ist und auch § 299 BGB nicht entgegensteht (→ Rn. 4), kann der Gläubiger in Verzug geraten, ohne von dem Angebot erfahren zu haben. 6

c) Wörtliches Angebot

Nach § 295 BGB genügt ein **wörtliches Angebot,** wenn der Gläubiger erklärt, er werde die Leistung nicht annehmen (zB weil er die Gültigkeit des Vertrags bestreitet oder die Leistung für mangelhaft hält). Hier wäre es eine unnötige Belastung des Schuldners, wenn dieser die Leistung noch tatsächlich anbieten sollte. Gleich steht der Fall, dass der Gläubiger zwar die Leistung anzunehmen bereit ist, aber die **Gegenleistung** verweigert (§ 298 BGB würde hier nicht weiterhelfen, weil dort ein tatsächliches Angebot vorausgesetzt wird, → Rn. 10).[4] Ein wörtliches Angebot genügt weiter, wenn es einer **Mitwirkungshandlung** des Gläubigers bedarf. Hierhin gehört insbesondere das Abholen bei der **Holschuld,** aber zB auch die Ausübung eines Wahlrechts nach §§ 262 ff. BGB oder die Bezifferung der geschuldeten Geldsumme durch eine Rechnung. Nach § 295 S. 2 BGB steht hier dem wörtlichen Leistungsangebot die Aufforderung an den Gläubiger gleich, die erforderliche Mitwirkungshandlung vorzunehmen, zB die Rechnung zu schicken. 7

d) Entbehrlichkeit des Angebots

Nach § 296 BGB ist unter bestimmten Voraussetzungen auch ein **wörtliches Angebot unnötig,** wenn für die Mitwirkungshandlung des Gläubigers eine **Zeit nach dem Kalender bestimmt** ist oder sich von einem Ereignis ab nach dem Kalender **berechnen** lässt. Wenn also etwa der Gläubiger die ihm geschuldete Sache innerhalb von zwei Wochen seit einer Benachrichtigung abzuholen hat, kommt er mit dem Ablauf des sich hiernach ergebenden Tages ohne Weiteres in Verzug. 8

---

[2] RG 3.11.1914 – Rep. III. 266/14, RGZ 85, 415 (416); BGH NJW 2011, 224 Rn. 9.
[3] RG 3.11.1914 – Rep. III. 266/14, RGZ 85, 415 (416).
[4] BGH NJW 1997, 581.

9 Vereinzelt werden dem § 296 BGB auch Fälle der ersten Alternative des § 295 BGB unterstellt, vor allem solche aus dem Arbeitsrecht. Wenn zB ein Arbeitgeber kategorisch erklärt, den Arbeitnehmer nicht weiter beschäftigen zu wollen, kann ein wörtliches Angebot nach Treu und Glauben entbehrlich sein. Gleiches gilt bei einer unwirksamen fristlosen Kündigung durch den Arbeitgeber.[5]

3. Möglichkeit der Leistung

10 Dass der Schuldner zur Leistung imstande sein muss, ergibt sich von selbst, wenn ein tatsächliches Angebot nötig ist (§ 294 BGB). Schon dieses würde ja an einem Leistungsunvermögen des Schuldners scheitern (zB kann er die geschuldete Sache nicht anbieten, wenn er sie nicht hat). Aber auch wenn ein wörtliches Angebot genügt (§ 295 BGB) oder sogar dieses unnötig ist (§ 296 BGB), muss der Schuldner nach § 297 BGB zur Leistung im Stande sein. Bei der Holschuld zB genügt also die Aufforderung an den Gläubiger zur Abholung der Sache nicht, wenn diese nicht wirklich bereit liegt. Maßgebend ist dabei das Leistungsvermögen des Schuldners im Zeitpunkt des Angebots oder – bei § 296 BGB – des Leistungstermins.

4. Nichtannahme der Leistung oder Verweigerung der Gegenleistung

11 Schließlich setzt der Gläubigerverzug voraus, dass der Gläubiger die ihm angebotene Leistung **nicht annimmt** oder die nötige Mitwirkungshandlung nicht vornimmt, also zB die geschuldete Sache nicht abholt. Ob der Gläubiger hierzu verpflichtet ist oder sein Verhalten zu vertreten hat, ist dabei irrelevant (der Gläubiger braucht ja auch aus dem Gesichtspunkt des Gläubigerverzugs keinen Schadensersatz zu leisten, → Rn. 20). Nur bei einer kurzzeitigen Annahmeverhinderung wird der Gläubigerverzug unter den weiteren Voraussetzungen des § 299 BGB ausgeschlossen.

12 § 298 BGB stellt der Nichtannahme der Leistung den Fall gleich, dass der Gläubiger die Leistung zwar annehmen will, aber eine von ihm Zug um Zug geschuldete **Gegenleistung nicht anbietet.** Zu denken ist dabei insbesondere an die Gegenleistung im Rahmen eines gegenseitigen Vertrags, wenn etwa ein Käufer zwar die Kaufsache annehmen, nicht aber den Preis bezahlen will. § 298 BGB betrifft aber nicht bloß solche Gegenleistungen, sondern jede andere Zug um Zug zu erbringende Leistung auch beim nicht gegenseitigen Vertrag, wie zB den Aufwendungsersatz beim Auftrag (§§ 670, 273 BGB).

II. Rechtsfolgen

1. Haftungsmilderungen

a) Keine Haftung für einfache Fahrlässigkeit

13 Der Gläubigerverzug allein beendet die Leistungspflicht des Schuldners nicht; das kann erst eine während des Gläubigerverzugs eintretende Unmöglichkeit (§ 275 Abs. 1 BGB). Auch der Leistungsinhalt wird nicht modifiziert. So wird etwa eine Bringschuld nicht dadurch zur Holschuld, dass der Schuldner einen vergeblichen Leistungsversuch beim Gläubiger gemacht hat. Wohl aber braucht der Schuldner nur noch **geringere Sorgfalt** für die Erhaltung seiner Leistungsfähigkeit aufzuwenden: Nach § 300 Abs. 1 BGB hat er nur noch **Vorsatz** und **grobe Fahrlässigkeit** zu vertreten. So schuldet etwa ein Verkäufer auch dann keinen Schadensersatz statt der

[5] BAG NJW 1985, 935.

Leistung nach § 280 Abs. 1, 3 BGB, § 283 BGB, wenn er die Kaufsache nach dem erfolglosen Angebot an den Käufer (leicht) fahrlässig zerstört. Die Haftungsmilderung gilt nur für die Verletzung von **Leistungspflichten,** dh für die Zerstörung oder Beschädigung des Leistungsgegenstandes. Sie erstreckt sich aber nicht auf die Verletzung von Nebenpflichten (§ 241 Abs. 2 BGB), die nicht mit dem Leistungsgegenstand zusammenhängen.[6]

b) Kein Ersatz nicht gezogener Nutzungen, keine Verzinsung

Wenn der Schuldner die **Herausgabe** oder den **Ersatz von Nutzungen** schuldet, haftet er während des Verzugs gem. § 302 BGB nur noch wegen der wirklich gezogenen Nutzungen. Der Schuldner haftet also über § 300 Abs. 1 BGB hinaus selbst dann nicht (etwa nach § 347 Abs. 1 BGB), wenn er die Gewinnung der Nutzungen vorsätzlich oder grob fahrlässig unterlassen hat. Dem entspricht bei der Geldschuld, dass nach § 301 BGB mit dem Gläubigerverzug die **Verzinsungspflicht** endet. 14

c) Recht zur Besitzaufgabe

Bei **Grundstücken,** eingetragenen Schiffen und Schiffsbauwerken darf der Schuldner gem. § 303 BGB auch den **Besitz aufgeben,** nachdem er dies dem Gläubiger angedroht hat, soweit das möglich war. Bei beweglichen Sachen fehlt ein entsprechendes Recht, weil hier eine Unterschlagung durch Dritte zu befürchten wäre. Stattdessen kommen **Hinterlegung** oder **Selbsthilfeverkauf** in Betracht, §§ 372 ff. BGB (→ § 23 Rn. 1 ff.). 15

2. Gefahrübergang

a) Leistungsgefahr

Nach § 300 Abs. 2 BGB geht bei der Gattungsschuld mit dem Gläubigerverzug „die Gefahr auf den Gläubiger über". Diese Vorschrift kann nur die **Leistungsgefahr** (→ § 15 Rn. 23) meinen. Denn die Regelung der **Gegenleistungsgefahr** gehört systematisch nicht in die Vorschriften über das einseitige Schuldverhältnis, sondern zu den §§ 320 ff. BGB; ihr Übergang ist dort auch in den § 323 Abs. 6 BGB, § 326 Abs. 2 BGB enthalten. 16

Eine Regelung für die Leistungsgefahr bei der **Gattungsschuld** findet sich bereits in § 243 Abs. 2 BGB (→ § 17 Rn. 11): Diese Gefahr geht mit der **Konkretisierung** auf den Gläubiger über. Da der Schuldner idR für das den Gläubigerverzug begründende Angebot mindestens das zur Leistung seinerseits Erforderliche getan haben muss (also genau das, was § 243 Abs. 2 BGB für die Konkretisierung verlangt, → § 17 Rn. 8 ff.), ist § 300 Abs. 2 BGB neben § 243 Abs. 2 BGB **nur in zwei Fallgruppen** von Bedeutung: Die erste ergibt sich aus § 295 S. 1 BGB. Denn dadurch, dass der Gläubiger die Annahme verweigert, wird eine Bring- oder Schickschuld noch nicht zur Holschuld. Folglich kann der Schuldner hier durch sein wörtliches Angebot Gläubigerverzug herbeiführen, ohne nach § 243 Abs. 2 BGB alles zur Leistung seinerseits Erforderliche getan zu haben. Die zweite Fallgruppe betrifft die **Geldschuld:** Für sie gilt § 243 Abs. 2 BGB zumindest wegen § 270 Abs. 1 BGB nicht. Aber man kann § 300 Abs. 2 BGB entsprechend anwenden. Danach wird der Geldschuldner zB frei, wenn ihm das für die Zahlung bestimmte Geld nach dem vergeblichen Angebot auf dem Heimweg geraubt wird. 17

[6] S. Grunewald FS Canaris, 2007, 329 (332).

b) Gegenleistungsgefahr

18 Bei einem gegenseitigen Vertrag geht nach § 326 Abs. 2 S. 1 Alt. 2 BGB, § 323 Abs. 6 Alt. 2 BGB auch die **Gegenleistungsgefahr** (→ § 35 Rn. 8 f.) auf den Gläubiger über. Geht der Leistungsgegenstand während des Annahmeverzugs unter, ohne dass der Schuldner dies zu vertreten hat, bleibt sein Anspruch auf die Gegenleistung nach Maßgabe von § 326 Abs. 2 S. 1 Alt. 2 BGB (dh unter Anrechnung evtl. ersparter Aufwendungen) erhalten.

Das gilt aber nur, wenn nicht bereits **vor** dem Erfüllungsversuch des Schuldners Unmöglichkeit (§ 275 Abs. 1 BGB) eingetreten war. Dann kann Annahmeverzug nicht mehr eintreten. Der Anspruch auf die Gegenleistung fällt nach § 326 Abs. 1 S. 1 BGB weg, sofern nicht ein Fall von § 326 Abs. 2 S. 1 Alt. 1 BGB (überwiegende Verantwortlichkeit des Gläubigers) vorliegt (→ § 35 Rn. 30 ff.).[7] Bei **Gleichzeitigkeit** von Unmöglichkeit und Annahmeverzug, die vor allem bei absoluten Fixgeschäften vorstellbar ist (der Theaterbesucher erscheint zur Vorstellung nicht), geht die hM hingegen von Annahmeverzug aus und wendet § 326 Abs. 2 S. 1 Alt. 2 BGB an.[8]

19 Bei § 326 Abs. 2 S. 1 Alt. 2 BGB ist zusätzlich die Haftungsmilderung nach § 300 Abs. 1 BGB zu beachten: Da der Schuldner während Verzugs des Gläubigers für einfache Fahrlässigkeit nicht haftet, ist die Voraussetzung des fehlenden Vertretenmüssens durch den Schuldner auch dann erfüllt, wenn der Leistungsgegenstand aufgrund (einfacher) Fahrlässigkeit des Schuldners untergeht.

Beispiel: V hat für 4.000 EUR einen gebrauchten Pkw an K verkauft. Als V den Wagen nach Voranmeldung (daher kein Fall von § 299 BGB!) zu K bringt, versucht dieser, noch eine Preisreduzierung zu erreichen und weigert sich, den vollen Kaufpreis zu zahlen (§§ 298, 266 BGB). Daraufhin nimmt V den Wagen wieder mit. Auf der Rückfahrt kommt es durch leichte Fahrlässigkeit des V zu einem Unfall, bei dem der Wagen zerstört wird. V ist nach § 275 Abs. 1 BGB frei, K muss nach § 326 Abs. 2 Alt. 2, § 300 Abs. 1 BGB noch die vereinbarten 4.000 EUR zahlen. Ein Rücktrittsrecht des K nach § 326 Abs. 5 BGB ist gem. § 323 Abs. 6 Alt. 2 BGB ausgeschlossen.

3. Ersatz von Mehraufwendungen

20 Nach § 304 BGB schließlich kann der Schuldner den Ersatz der **Mehraufwendungen** verlangen, die er für das **erfolglose Angebot** und die **Aufbewahrung** und **Erhaltung** des Schuldgegenstandes machen musste. **Nicht** hierhin gehören aber **Schäden,** etwa der entgangene Gewinn, den der Schuldner durch eine Vermietung der nun für die weitere Aufbewahrung benötigten Räume hätte machen können. Ein solcher Schadensersatz kommt aber nach den §§ 280 Abs. 1, 2, 286 BGB in Betracht, wenn sich der Gläubiger **zugleich im Schuldnerverzug** befindet. Das ist vor allem beim Käufer der Fall, der ja nicht bloß nach § 433 Abs. 1 BGB die Übergabe der Kaufsache fordern kann (also insoweit Gläubiger ist), sondern nach § 433 Abs. 2 BGB auch zur Abnahme verpflichtet und damit Schuldner ist. Allerdings muss, damit Schuldnerverzug und folglich eine Schadensersatzpflicht des Käufers eintreten, dieser die Nichtabnahme zu vertreten haben (§ 286 Abs. 4 BGB). Eine ähnliche Doppelrolle spielt beim **Werkvertrag** der Besteller, weil er nicht bloß die Herstellung des Werks verlangen kann, sondern auch nach § 640 Abs. 1 BGB zur Abnahme verpflichtet ist.

---

[7] Canaris FS Prölss, 2009, 24 mwN.

[8] Krit., wenngleich iErg nicht abweichend Canaris FS Prölss, 2009, 26 f.

In § 642 BGB findet sich eine Sonderregelung für das Unterlassen von Mitwirkungshandlungen des Bestellers beim Werkvertrag.[9] Beim **Dienstvertrag** kann der Dienstverpflichtete im Annahmeverzug des Dienstberechtigten nach § 615 BGB für die infolge des Verzugs nicht geleisteten Dienste die vereinbarte Vergütung verlangen, ohne zur Nachleistung verpflichtet zu sein. Diese Regelungen ergänzen § 326 Abs. 2 S. 1 Alt. 2 BGB, weil bei Werk- oder Dienstverträgen zumindest nicht zwingend Unmöglichkeit nach § 275 Abs. 1 BGB eintritt, wenn die Leistung nachholbar ist.[10] 21

4. Die Bedeutung des Annahmeverzugs in der Zwangsvollstreckung

Verlangt ein Gläubiger aus einem Vertrag eine Leistung, so kommt der Schuldner erst dann in Schuldnerverzug, wenn der Gläubiger ihm die seinerseits geschuldete Leistung in Annahmeverzug begründender Weise anbietet (→ § 36 Rn. 5). In einem Rechtsstreit führt die Klage des Gläubigers aus einem gegenseitigen Vertrag nach § 322 Abs. 1 BGB zu einer Verurteilung zur Leistung Zug-um-Zug gegen Erbringung der noch nicht erbrachten Gegenleistung. Im Wege der Zwangsvollstreckung kann er ein solches Urteil nach § 322 Abs. 3 BGB iVm § 274 Abs. 2 BGB aber auch durchsetzen, wenn der Schuldner mit der Annahme der Gegenleistung im Verzug ist. Nach §§ 756, 765 ZPO wiederum darf ein Vollstreckungsorgan (Gerichtsvollzieher bzw. Vollstreckungsgericht) Vollstreckungshandlungen ua nur dann vornehmen, wenn der Beweis des Annahmeverzugs durch eine **öffentliche Urkunde** geführt wird. Aus Zweckmäßigkeitsgründen lässt die Rspr. daher in einem Leistungsurteil auch die **Feststellung** zu, dass sich der beklagte Schuldner im Annahmeverzug befindet. Und dies obwohl der Annahmeverzug als solcher an sich kein „Rechtsverhältnis" iSv § 256 ZPO darstellt und somit nicht Gegenstand einer isolierten Feststellungsklage sein kann.[11] Das Vorliegen von Annahmeverzug kann dann im Urteilstenor festgehalten werden. Ausreichend ist aber auch, dass sich das Vorliegen von Annahmeverzug ausdrücklich aus den Urteilsgründen ergibt. 22

§ 42. Störungen der Geschäftsgrundlage

Literatur: Heinrichs, Vertragsanpassung bei Störung der Geschäftsgrundlage – eine Skizze der Anspruchslösung des § 313 BGB, FS Heldrich, 2005, 183; Köhler, Die Lehre von der Geschäftsgrundlage als Lehre von der Risikobefreiung, in: 50 Jahre Bundesgerichtshof, Festgabe aus der Wissenschaft, Bd. 1, 2000, 295; Oertmann, Die Geschäftsgrundlage – Ein neuer Rechtsbegriff, 1921; Riesenhuber/Domröse, Der Tatbestand der Geschäftsgrundlagenstörung in § 313 BGB – Dogmatik und Falllösungstechnik, JuS 2006, 208; Rösler, Grundfälle zur Störung der Geschäftsgrundlage, JuS 2004, 1058; 2005, 27; 2005, 120; Wieser, Der Anspruch auf Vertragsanpassung wegen Störung der Geschäftsgrundlage, JZ 2004, 654.

I. Das Problem

Parteien eines vertraglichen Schuldverhältnisses gehen, wenn sie einen Vertrag schließen, häufig so selbstverständlich vom Vorliegen oder Nichtvorliegen oder vom Eintritt oder Nichteintritt bestimmter, für ihren Vertragsentschluss bedeutender Umstände aus, dass sie diese nicht ausdrücklich vereinbaren. Fallen diese Umstände weg oder treten sie nicht ein, kann dies das von den Parteien vorausgesetzte Verhältnis von Leistung und Gegenleistung in einem **das übliche Vertragsrisiko übersteigenden** 1

[9] Dazu Medicus/Lorenz SchuldR BT § 42 Rn. 26.

[10] Zum Fixschuldcharakter von Arbeitsleistungen s. aber → § 34 Rn. 16.

[11] BGH NJW 2000, 2663.

Maß stören. Vor dem Hintergrund der gravierenden Auswirkungen der Weltwirtschaftskrise des Jahres 1923 hat schon das Reichsgericht in diesem Zusammenhang die von Oertmann[1] begründete Lehre von der Geschäftsgrundlage übernommen.[2] Anlass war die schwere Äquivalenzstörung, welche gegenseitige Verträge durch die rasante Geldentwertung erfahren hatten: Wer zB vor der Weltwirtschaftskrise einen Betrag von 20.000 Reichsmark schuldete, verschaffte in der Krise seinem Gläubiger durch die Leistung dieses Betrages einen nur noch lächerlichen Gegenwert.[3] Das RG stützte das Rechtsinstitut auf § 242 BGB. Die Parteien seien primär zu einer Anpassung des Vertrags verpflichtet, hilfsweise sei ein Rücktrittsrecht zu gewähren.

2 Auch der BGH hat an der Lehre von der Geschäftsgrundlage festgehalten, als er über die wirtschaftlichen Folgen des zweiten Weltkriegs und der Währungsreform 1948[4] und schließlich auch der Wirtschafts- und Währungsumstellung iRd deutschen Wiedervereinigung 1989/1990 zu entscheiden hatte.[5] Aber auch in wirtschaftlich stabileren Zeiten fanden sich zahlreiche Anwendungsfälle, anhand derer die Lehre von der Geschäftsgrundlage zu einem allgemeinen Rechtsinstitut für die Anpassung von (typischerweise langfristigen) Verträgen an geänderte Verhältnisse entwickelt wurde.

3 Während das ursprüngliche Anwendungsfeld vor allem bei den schwerwiegenden Äquivalenzstörungen lag, bei denen sich durch unvorhergesehene Umstände das von den Parteien im Vertrag vorgesehene Verhältnis von Leistung und Gegenleistung erheblich verändert hatte, wurde die Lehre von der Geschäftsgrundlage später auch in weiteren Konstellationen fruchtbar gemacht: So kam dem Institut bspw. bei der Rückabwicklung der sog. **unbenannten Zuwendungen** unter Ehegatten oder nichtehelichen Lebenspartnern[6], bei **Unterhaltsverträgen**[7] und schließlich auch bei der mangelbedingten Rückabwicklung von **Leasingverträgen**[8] besondere Bedeutung zu.

4 Die **Rspr.** zur Geschäftsgrundlage lässt sich im Wesentlichen in **drei Fallgruppen** erfassen: **Äquivalenzstörungen** (dazu zählen insbesondere auch Leistungserschwerungen), **Verwendungszweckstörungen** und **gemeinsame Motivirrtümer** beider Parteien. In der **Lit.** war die genaue Ausgestaltung der Lehre von der Geschäftsgrundlage sehr umstritten.[9] Einigkeit bestand allerdings bzgl. der grundsätzlichen Billigung dieses – ohnehin sehr restriktiv gehandhabten – Rechtsinstituts, das ohne unnötig große Gefährdung des Grundsatzes *pacta sunt servanda* die Anpassung von Verträgen an das von den Parteien wirklich gewollte Äquivalenzverhältnis ermöglicht und damit letztlich die materielle Vertragsgerechtigkeit sichert.

---

[1] Oertmann, Die Geschäftsgrundlage, 1921.

[2] Grundlegend RG 3.2.1922- II 640/21, RGZ 103, 328 im Spinnerei-Fall.

[3] Zur Entwicklung s. auch Köhler FG BGH, Bd. 1, 2000, 295.

[4] S. zB BGH NJW 1951, 836; 1952, 137.

[5] S. zB BGHZ 131, 209 = NJW 1996, 990; BGHZ 133, 281 = GRUR 1997, 215.

[6] Grundlegend BGH NJW 1972, 580; BGHZ 82, 227 = NJW 1982, 1093; BGHZ 84, 361 = NJW 1982, 2236; zu den nichtehelichen Lebensgemeinschaften s. BGHZ 177, 193 = NJW 2008, 3277.

[7] BGHZ 5, 302 = NJW 1952, 741; BGH FamRZ 1979, 210; NJW 1983, 1548.

[8] BGHZ 81, 298 = NJW 1982, 105; BGHZ 94, 44 = NJW 1985, 1535; BGHZ 109, 139 = NJW 1990, 314; s. dazu auch Medicus/Lorenz SchuldR BT § 61 Rn. 11 ff.

[9] S. die beeindruckende Zusammenstellung von 56 Theorien (!) bei Chiotellis, Rechtsfolgenbestimmung bei Geschäftsgrundlagenstörungen, 1981, S. 29 ff.

II. Die gesetzliche Regelung in § 313 BGB

Der Gesetzgeber des Schuldrechtsmodernisierungsgesetzes 2002 hat in seinem Bestreben, allgemein anerkannte, aber gesetzlich nicht ausdrücklich geregelte Rechtsgrundsätze des Schuldrechts einer gesetzlichen Regelung zuzuführen, die Lehre von der Geschäftsgrundlage in § 313 BGB kodifiziert, ohne dabei eine Änderung des bisherigen Rechtszustands zu beabsichtigen. Für die Auslegung von § 313 BGB kann und muss daher ohne Weiteres auch auf die frühere Rechtsprechung und Lehre zur Geschäftsgrundlage zurückgegriffen werden. 5

1. Anwendungsbereich und Abgrenzung

Die in § 313 BGB niedergelegten Regeln über die Geschäftsgrundlage gelten grds. für alle **schuldrechtlichen Verträge.** Bei **gesetzlichen Schuldverhältnissen** kann es, da sie nicht auf dem Parteiwillen beruhen, keine „Geschäftsgrundlage" geben. § 313 BGB greift jedoch nur dann ein, wenn (ggf. durch **ergänzende Auslegung** zu ermittelnde) vertragliche oder gesetzliche Regelungen (zB hinsichtlich Unmöglichkeit, Mängelhaftung, Irrtum) die betreffende Vertragsstörung in Tatbestand oder Rechtsfolge nicht erfassen.[10] Als spezielle Tatbestände der Geschäftsgrundlage kann man etwa § 321 BGB (Unsicherheitseinrede), § 779 BGB (Irrtum über die Vergleichsgrundlage) oder die Kondiktion wegen Zweckverfehlung nach § 812 Abs. 1 S. 2 Alt. 2 BGB bezeichnen. Das Rechtsinstitut hat also **subsidiären Charakter.** Das gilt insbesondere für den Fall der **Unmöglichkeit** der Leistung (§ 275 Abs. 1 BGB) und den gleichgestellten Tatbeständen in § 275 Abs. 2, 3 BGB: Dann bestimmt ua § 326 BGB die Rechtsfolgen der Leistungsstörung, was einen Rückgriff auf § 313 BGB regelmäßig ausschließt.[11] 6

2. Begriff

Die Geschäftsgrundlage ist abzugrenzen vom **Vertragsinhalt** und von bloß einseitigen (und daher unerheblichen) **Motiven.** Die Rspr. definiert die Geschäftsgrundlage demzufolge als „die bei Vertragsschluss bestehenden **gemeinsamen Vorstellungen beider Parteien** oder die dem Geschäftsgegner **erkennbaren und von ihm nicht beanstandeten Vorstellungen der einen Vertragspartei** von dem Vorhandensein oder dem künftigen Eintritt gewisser Umstände, sofern der Geschäftswille der Parteien auf dieser Vorstellung aufbaut".[12] Dies findet sich in § 313 Abs. 1 BGB wieder, wenn dort von „Umständen" die Rede ist, welche „Grundlage des Vertrags geworden sind" und „die Parteien den Vertrag nicht oder mit anderem Inhalt geschlossen" hätten, „wenn sie diese Veränderung vorausgesehen hätten". § 313 Abs. 2 BGB stellt den Fall des anfänglichen Fehlens der Geschäftsgrundlage dem späteren Wegfall gleich. 7

a) Objektive Geschäftsgrundlage

Unter der **objektiven Geschäftsgrundlage** wird jeder Umstand verstanden, dessen Vorhandensein oder Fortdauer objektiv erforderlich ist, damit der Vertrag iSd Inten- 8

---

[10] Vgl. BGH WM 1969, 498; zum Vorrang ergänzender Vertragsauslegung s. auch BGH NJW 2009, 1348 sowie NJW-RR 2023, 901 Rn. 22.

[11] BGH NJW 2024, 1568 Rn. 60 mwN.

[12] Vgl. etwa BGH NJW 2012, 1718 Rn. 26; BGHZ 163, 42 = NJW 2005, 2069.

tionen beider Parteien noch als eine sinnvolle Regelung bestehen kann. Hier kann es einmal um das aus dem Gefüge geratene **Verhältnis von Leistung und Gegenleistung** gehen **(Äquivalenzstörung).**

So zB Geldwertschwund von über 60 % bei einem über 50 Jahre bestellten Erbbaurecht.[13]

9 Diese Fälle unterscheiden sich von den Leistungsverweigerungsfällen des § 275 Abs. 2 BGB dadurch, dass es gerade nicht zu dem dort vorausgesetzten Missverhältnis zwischen Schuldneraufwand und Gläubigerinteresse kommt (→ § 34 Rn. 22). Das Missverhältnis besteht vielmehr allein zwischen Aufwand des Schuldners und dessen *eigenem Nutzen.* Es geht also allein um das Eigeninteresse des Schuldners.[14]

Beispiel: Verkauft ein Käufer eine Ware zum Stückpreis von 30 EUR bei einem von ihm angenommenen Einkaufspreis von 20 EUR und steigt der Einkaufspreis zB wegen einer Naturkatastrophe auf 5.000 EUR, so liegen die Voraussetzungen des § 275 Abs. 2 BGB nicht vor. Denn der Gläubiger müsste ja denselben Preis aufwenden wie der Schuldner, so dass kein Missverhältnis zwischen dem Aufwand des Schuldners und dem Nutzen des Gläubigers besteht.

10 Zur objektiven Geschäftsgrundlage gehören aber auch die Fälle der **Störung des vorgesehenen Verwendungszwecks** der Vertragsleistung **(„Zweckvereitelung“),** welche den Fällen der Unmöglichkeit der Leistung nach § 275 Abs. 1 BGB gelegentlich nahekommen können. Für diese Fallgruppe ist charakteristisch, dass die eigentlich geschuldete Leistung zwar noch zu erbringen ist, für den Gläubiger aber sinnlos geworden ist, weil der von ihm verfolgte (entferntere, nicht im Vertrag festgelegte) **Leistungszweck** nicht erreicht werden kann. Auch hier gilt der Grundsatz, dass der Gläubiger das Verwendungsrisiko trägt, sofern es ihm nicht gelingt, dieses zB im Wege einer Bedingung oder eines vertraglichen Rücktrittsrechts zum Gegenstand des Vertrags zu machen: Der Mieter trägt das Risiko, die Mietsache verwenden zu können (s. auch § 537 Abs. 1 BGB), der Käufer eines Pkw trägt das Risiko, das Fahrzeug wegen eines Führerscheinentzugs nicht nutzen zu können, der Käufer eines Eherings das Risiko, dass es nicht zur erwarteten Eheschließung kommt. Nur in Ausnahmefällen kann der Verwendungszweck zur (gemeinsamen) Geschäftsgrundlage werden. Dafür genügt aber nicht, dass der Verwendungszweck der anderen Partei lediglich mitgeteilt wird oder anders bekannt ist; vielmehr muss sich die andere Seite den Zweck ebenfalls zu eigen gemacht haben. Dies ist insbesondere dann der Fall, wenn der Zweck bei der Preisbemessung berücksichtigt wurde.

Paradebeispiel für eine ausnahmsweise beachtliche Verwendungszweckstörung sind die aus dem englischen Recht stammenden **Krönungszugfälle:** Für die am 26.6.1902 geplante Krönung von König Edward VII. (der Ururgroßvater des derzeitigen Königs Charles II., der am 22.1.1901 seiner Mutter Königin Victoria auf den englischen Thron gefolgt war) war ein Platz an einem Fenster zu derjenigen Straße vermietet, auf welcher der feierliche Krönungszug passieren sollte. Die Krönung fiel indessen an diesem Tag aus (der König war an einer Blinddarmentzündung erkrankt).[15] Das Stattfinden des Krönungszugs war für die Parteien so selbstverständlich, dass sie es nicht zur aufschiebenden oder auflösenden Bedingung (§ 158 BGB) des Vertrags gemacht haben. Da die Parteien diesen Zweck aber einverständlich unterstellt hatten, ist in diesem Fall das Verwendungsrisiko ausnahmsweise auch vom Vermieter zu tragen, so dass der Mieter ein Rücktrittsrecht nach § 313 Abs. 3 BGB hat. Die Lösung dieses Falles ist aber stark umstritten. Manche möchten ihn über Unmöglichkeitsrecht (§ 275 Abs. 1 BGB, § 326 Abs. 1 S. 1 BGB), andere über das mietrechtliche Gewährleistungsrecht (§ 536 BGB) lö-

---

[13] S. etwa BGHZ 97, 171 (175 ff.) = NJW 1986, 2698.
[14] Rösler JuS 2004, 1058 (1060).
[15] S. Krell v. Henry [1903] 2 KB 740.

sen.[16] Unmöglichkeit iSv § 275 Abs. 1 BGB liegt indessen nur vor, wenn die Verwirklichung eines bestimmten Zwecks Inhalt der vom Schuldner versprochenen Leistung ist (Zweckerreichung, → § 34 Rn. 3); und auch das Gewährleistungsrecht greift nicht ein, weil § 536 BGB erst ab Überlassung der Mietsache gilt.

b) Subjektive Geschäftsgrundlage

Unter der **subjektiven Geschäftsgrundlage** werden solche gemeinsamen Vorstellungen der Parteien oder erkennbare und unwidersprochene Erwartungen einer Partei verstanden, die für den Vertragsschluss so maßgeblich waren, dass bei Kenntnis von ihrer Unrichtigkeit der Vertrag nicht oder nicht mit diesem Inhalt zustande gekommen wäre (Fälle des **„gemeinsamen Motivirrtums“**). 11

So zB Abschluss eines für den Patienten unentgeltlichen ärztlichen Behandlungsvertrags unter beiderseitiger irriger Annahme des Bestehens eines Krankenversicherungsschutzes;[17] Erwerb eines Geschäftsanteils von einem ausscheidenden Mitunternehmer in der erkennbaren und unwidersprochenen Erwartung, dieser werde keine Konkurrenztätigkeit aufnehmen;[18] gemeinsame Fehlvorstellung der Parteien über die Größe eines getauschten Grundstücks. Auch Vorstellungen der Parteien über die Gleichwertigkeit von Leistung und Gegenleistung können Geschäftsgrundlage sein.[19] So hat der BGH im Grundsatz anerkannt, dass das Maß der baulichen Nutzbarkeit eines Erbbaugrundstücks Geschäftsgrundlage für den vereinbarten Erbbauzins sein kann.[20]

3. Fehlen oder Wegfall der Geschäftsgrundlage

Die (objektive oder subjektive) Geschäftsgrundlage kann bereits von Anfang an gefehlt haben oder erst nach Vertragsschluss weggefallen sein. Allerdings genügt längst nicht jede (anfängliche oder nachträgliche) Abweichung der Geschäftsgrundlage von der Vorstellung für die Anwendung des § 313 BGB. Das würde den Grundsatz der Vertragstreue in gefährlicher Weise relativieren. Erforderlich ist vielmehr eine unvorhergesehene **„schwerwiegende Veränderung“**, die dazu führt, dass das unveränderte Festhalten am Vertrag für eine der Partei **unzumutbar** ist. 12

Im Zusammenhang mit der **Covid-19-Pandemie** hatte der Gesetzgeber in Art. 240 § 7 EGBGB zum 31.12.2020 eine bis zum 30.9.2022 geltende Sonderregelung eingeführt, nach der eine schwerwiegende Veränderung der Geschäftsgrundlage vermutet wird, wenn vermietete oder verpachtete Geschäftsräume infolge staatlicher Maßnahmen der Pandemiebekämpfung für den Betrieb des Mieters nicht oder nur mit erheblicher Einschränkung verwendbar sind. Die weiteren Voraussetzungen von § 313 BGB, insbesondere die Frage der gesetzlichen Risikoverteilung und die Unzumutbarkeit des Festhaltens am unveränderten Vertrag werden von der Vermutung nicht erfasst. Nach den Gesetzesmaterialien ist allerdings davon auszugehen, dass ohne entsprechende vertragliche Regelungen Belastungen infolge staatlicher Maßnahmen zur Bekämpfung der COVID-19-Pandemie regelmäßig weder der Sphäre des Vermieters noch derjenigen des Mieters zuzuordnen sind und daher das Vertragsrisiko nicht allein dem Mieter aufzubürden ist. Im Rahmen der Zumutbarkeit soll vor allem von Bedeutung sein, wie stark sich die staatlichen Beschränkungen auf den Betrieb des Mieters auswirken, wofür in erheblichem Umfang zurückgegangene Umsätze Indizwirkung haben können.[21]

---

16 S. dazu Rösler JuS 2004, 1058.
17 S. etwa BGHZ 163, 42 = NJW 2005, 2069.
18 BGH NJW-RR 2006, 1037.
19 BGH NJW 2012, 373.
20 BGH NJW 2014, 3439.
21 S. dazu etwa OLG Karlsruhe NJW 2021, 945 und OLG Dresden NJW 2021, 953.

4. Keine abweichende vertragliche oder gesetzliche Risikozuweisung

13 Die wesentliche Frage bei Geschäftsgrundlagenstörungen ist stets, ob das Risiko, das sich im Wegfall oder Fehlen der Geschäftsgrundlage realisiert hat, einer Partei zugewiesen war.[22] Dann gilt uneingeschränkt *pacta sunt servanda.* Nur wenn dies nicht der Fall war, weil das Risiko **unvorhersehbar** war, kommt eine Anpassung des Vertrags und hilfsweise dessen Auflösung in Betracht. Die Risikozuweisung ist zunächst (ggf. im Wege ergänzender Auslegung) dem Vertrag selbst, hilfsweise dem dispositiven Gesetzesrecht zu entnehmen. **Vorhersehbare Umstände,** die in einem Vertrag (etwa durch eine Anpassungsklausel) hätten berücksichtigt werden können, schließen hingegen eine Anpassung des Vertrags regelmäßig aus, weil dann davon auszugehen ist, dass die jeweilige Partei das Risiko ihres Eintritts übernommen hat.[23]

Dass ein auf Lebenszeit eingeräumtes Wohnrecht wegen Alters aus medizinischen Gründen nicht mehr ausgeübt werden kann, ist kein unvorhersehbares Ereignis (der BGH hat allerdings dem Vertrag im Wege **ergänzender Auslegung** eine Entgeltregelung entnommen).[24] Gleiches gilt zB für einen Internetprovidervertrag, wenn der Kunde den geschuldeten DSL-Zugang wegen eines Umzugs nicht mehr nutzen kann.[25]

14 Wichtigster – wenngleich seltener – Fall einer **vertraglichen Risikoübernahme** ist die **ausdrückliche Übernahme** einer Garantie für bestimmte Umstände, zB gegen eine Risikoprämie. Hier ist das Risiko in den durch Auslegung der Garantieerklärung zu ermittelnden Grenzen eindeutig der übernehmenden Partei zugewiesen. Wesentlich häufiger ist die Risikozuordnung aufgrund konkludenter Vereinbarung oder ergänzender Vertragsauslegung. Ein Beispiel hierfür ist die Übernahme eines **Beschaffungsrisikos** iSv § 276 Abs. 1 S. 1 BGB, die auch konkludent erfolgen kann, insbesondere durch die Vereinbarung einer unbeschränkten Gattungsschuld, oder das Versprechen einer Werkleistung (zB eines Hausbaus) zu einem Festpreis. Auch hier ist allerdings die Grenze des übernommenen Risikos durch Auslegung zu ermitteln, so dass gänzlich unerwartete Beschaffungs- oder Herstellungshindernisse möglicherweise nicht umfasst sind und daher zu einem Wegfall der Geschäftsgrundlage führen können.

15 Schließlich kann sich auch aus **gesetzlichen Wertungen** eine typische Risikoverteilung ergeben. So trägt zB der Geldschuldner typischerweise das Risiko der Geldbeschaffung, während der Gläubiger einer Sachleistung typischerweise das Risiko der weiteren Verwendung der Leistung trägt (zur ausnahmsweisen Beachtlichkeit von Verwendungszweckstörungen → Rn. 10); der Bürge trägt das Risiko der Zahlungsunfähigkeit des Hauptschuldners; der Festpreisanbieter das Risiko von Preisschwankungen; der Mieter trägt nach § 537 BGB grds. das Verwendungsrisiko der Mietsache.[26] Schließlich bestimmt etwa das **Gewährleistungsrecht** beim Kauf- und Werkvertrag, welche Rechte der Käufer bzw. der Besteller bei einer mangelhaften

[22] S. etwa BGH NJW 2014, 3439 Rn. 22.
[23] BGH NJW 2014, 3439 Rn. 25 mwN.
[24] S. etwa BGH NJW 2007, 1884.
[25] BGH JZ 2011, 527 Rn. 17 mAnm Jakl; dazu unter dem Aspekt von § 326 Abs. 2 BGB bereits → § 35 Rn. 32.
[26] Zu den Grenzen im Zusammenhang mit der Gewerberaummiete während der Covid-19-Pandemie s. BGH NJW-RR 2023, 164.

Leistung haben. Diese gesetzliche Risikowertung darf ebenfalls nicht durch einen Rückgriff auf § 313 BGB unterlaufen werden.[27]

5. Unzumutbarkeit für eine Partei

16 Nach dem Wortlaut des § 313 Abs. 1 BGB kommen eine Vertragsanpassung oder ein Rücktritts- oder Kündigungsrecht (§ 313 Abs. 3 BGB) wegen Störung der Geschäftsgrundlage nur in Betracht, wenn das Festhalten am Vertrag der belasteten Partei unter Berücksichtigung aller Umstände des Einzelfalles nicht **zugemutet** werden kann. Es genügt also nicht jede Überschreitung des übernommenen bzw. zugewiesenen Risikos, sondern nur eine solche, welche die Grenzen des Zumutbaren (die sog. **Opfergrenze**) überschreitet. Wann dies der Fall ist, lässt sich nicht abstrakt bestimmen, sondern nur anhand einer Abwägung aller Umstände des Einzelfalls.[28] Dabei ist einerseits die Belastung der einen Partei durch das Festhalten am Vertrag, andererseits die der anderen Partei durch die angestrebte Vertragsänderung zu berücksichtigen. Vorrangig ist jedoch der Grundsatz *pacta sunt servanda* in die Abwägung einzustellen, so dass nach der Rspr. bei Äquivalenzstörungen eine Anpassung nur in Betracht kommt, wenn die vereinbarte Geldsumme „keine auch nur annähernd ausreichende Gegenleistung mehr darstellt" und „die Grenze des für den Gläubiger Tragbaren damit überschritten ist". Der BGH hatte hierfür eine Steigerung der Lebenshaltungskosten auf 150 % bzw. den entsprechenden Wertverlust der Gegenleistung um 60 % verlangt.[29]

6. Rechtsfolgen

a) Vertragsanpassung

17 Im Unterschied etwa zu den Fällen des § 275 Abs. 2 BGB ist Rechtsfolge einer schwerwiegenden Störung der Geschäftsgrundlage nicht die Befreiung des Schuldners von der Leistungspflicht, sondern vorrangig eine **Anpassung des** Vertrags an die geänderten Verhältnisse. Diese Anpassung erfolgt allerdings weder *ipso iure* noch durch einen richterlichen Gestaltungsakt.[30] Die betroffene Partei hat vielmehr einen **schuldrechtlichen Anspruch** gegen die andere Partei auf Anpassung des Vertrags. Damit soll erreicht werden, dass die Parteien zunächst selbst über die Anpassung verhandeln. Die Verletzung einer solchen Mitwirkungspflicht kann Schadensersatzansprüche nach § 280 Abs. 1 BGB auslösen.[31]

18 **Inhaltlich** ist die Anpassung darauf gerichtet, das eingetretene Risiko angemessen zwischen den Parteien zu verteilen. Dies kann zB durch Herauf- oder Herabsetzung der geschuldeten Gegenleistung geschehen, durch Begründung einer Pflicht zur Zahlung eines angemessenen Ausgleichs, durch vollständige oder teilweise Befreiung von einer Leistungspflicht. Dabei entspricht es im Zweifel nicht der Billigkeit, das Risiko auf diese Weise vollständig der anderen Partei aufzuerlegen. Vielmehr ist ein dabei

---

27 S. dazu BGH NJW 2012, 373 Rn. 12 sowie Medicus/Lorenz SchuldR BT § 12 Rn. 5.

28 S. dazu etwa BGH NJW-RR 2022, 1303 Rn. 38 (zur Anpassung der Gewerberaummiete während der Covid-19-Pandemie).

29 BGHZ 90, 227 = NJW 1984, 2212; BGHZ 91, 32 = NJW 1985, 126; BGHZ 94, 257 = NJW 1985, 2524; BGHZ 96, 371 = NJW 1986, 1333.

30 S. dazu Köhler FG BGH, Bd. 1, 2000, 307.

31 BGH NJW 2012, 373 Rn. 33; aA Looschelders SchuldR AT § 37 Rn. 18 (Verhandlungspflicht als bloße Obliegenheit).

eintretender Verlust im Zweifel hälftig auf beide Parteien aufzuteilen, weil das Risiko von beiden gleichermaßen zu tragen ist.

Prozessual kann das durch eine Klage auf Anpassung geltend gemacht werden, die aber wegen § 253 Abs. 2 Nr. 2 ZPO das Ziel der Anpassung präzise angeben muss, dh eine genaue Formulierung der gewünschten Vertragsänderung enthalten muss (zB Verurteilung zur Annahme eines genau wiedergegebenen Änderungsangebotes).[32] Die Vollstreckung erfolgt dann gem. § 894 ZPO (Verurteilung zur Abgabe einer Willenserklärung). Es kann aber auch unmittelbar auf Leistung aus dem zu ändernden Vertrag geklagt bzw. einem aus dem Vertrag erhobenen Anspruch die Störung der Geschäftsgrundlage einredeweise entgegengehalten werden.[33]

b) Vertragsaufhebung

19 Nur wenn eine Anpassung des Vertrags nicht möglich oder einer Partei nicht zumutbar ist, so sieht § 313 Abs. 3 BGB ein **Rücktrittsrecht** bzw. bei Dauerschuldverhältnissen ein nur *ex nunc* wirkendes **Recht zur außerordentlichen Kündigung** vor.[34] Der Begriff der **„Unmöglichkeit"** der Vertragsanpassung nimmt hier nicht auf § 275 Abs. 1 BGB Bezug. Gemeint ist vielmehr eine Situation, in welcher der ursprüngliche Vertrag infolge der Geschäftsgrundlagenstörung jeden Sinn verloren hat. Das gilt insbesondere in den Fällen des Zweckfortfalls. **Unzumutbar** ist eine Vertragsanpassung dann, wenn sie gegenüber dem ursprünglichen Vertrag zu einer Mehrbelastung einer Partei führen würde, der diese nicht wenigstens hypothetisch bei Vertragsschluss zugestimmt hätte, wenn sie die Grundlagenstörung vorausgesehen hätte.[35] Dabei kommt es kommt nicht nur darauf an, ob die Fortsetzung des angepassten Vertrags für eine Partei unzumutbar ist, sondern auch darauf, ob die Auflösung des Vertrags für die andere Partei zumutbar ist.[36]

So ist etwa im → Rn. 10 geschilderten **Krönungszugfall** die Anpassung des Mietvertrags unmöglich, wenn der Krönungszug endgültig ausfällt. Wenn er lediglich verschoben wird, ist eine solche hingegen denkbar. In einem vom BGH entschiedenen Fall wurde es bei einem Vertrag über eine Saalmiete zu Recht für zumutbar gehalten, eine Hochzeitsfeier zu verschieben, die pandemiebedingt nur mit weniger Gästen als geplant hätte stattfinden können.[37]

20 Im Falle des Rücktritts erfolgt die Rückabwicklung bereits ausgetauschter Leistungen nach den §§ 346 ff. BGB. Dabei wird mit gutem Grund vertreten, im Rahmen einer teleologischen Reduktion die Privilegierungsregel des § 346 Abs. 3 S. 1 Nr. 3 BGB unangewendet zu lassen (→ § 49 Rn. 25).

§ 43. Die Draufgabe

I. Herkunft

1 Bevor sich das Prinzip des Konsensualvertrags durchgesetzt hatte, also die Vorstellung, dass man einen Schuldvertrag durch bloße erklärte Willensübereinstimmung schließen kann (§ 311 Abs. 1 BGB), hat es andere Arten des Vertragsschlusses gegeben. Dazu gehörte auch der nach dem Griechischen benannte *Arr(-h)alvertrag.*

32 BGH NJW 2012, 373 Rn. 34.
33 BGH NJW 2012, 373 Rn. 34; 2015, 1014.
34 S. dazu etwa BGH NJW 2023, 514 Rn. 32 („ultima ratio").
35 BGH NJW-RR 2023, 514 Rn. 32.
36 BGH NJW-RR 2023, 514 Rn. 29.
37 BGH NJW-RR 2023, 514.

Dieser kam zustande, indem eine Partei einen Teil, der von ihr geschuldeten Leistung erbrachte (ein „Angeld"). Entsprechende Erscheinungen gab es vor 1900 insbesondere noch in bäuerlichen Verhältnissen (bei der Anstellung von Gesinde) und bei Seeleuten. Heute sind solche Rechtsformen wohl fast verschwunden. Jedenfalls aber glaubte der BGB-Gesetzgeber noch, diese als „Draufgabe" bezeichnete Erscheinung regeln zu müssen. Dem dienen die §§ 336–338 BGB. Ihre praktische Relevanz ist heute gering.

Dabei ist die Draufgabe nicht etwa, wie man nach allgemeinem Sprachverständnis glauben könnte, eine zusätzliche Leistung zur vertraglich geschuldeten Leistung. Sie ist auch kein Gültigkeitserfordernis des Vertrags, sondern schlicht ein **Beweiszeichen** für dessen Abschluss.[1] Keine Draufgabe ist insbesondere die (sehr häufige) Anzahlung bei Abzahlungsgeschäften. Sie stellt allein eine (entgegen § 266 BGB erlaubte) Teilleistung dar und bildet weder ein Zeichen des Vertragsschlusses (§ 336 Abs. 1 BGB) noch kann sie verfallen nach Art einer Vertragsstrafe (§ 338 BGB). 2

II. Die Regelung

Insgesamt tendieren die §§ 336–338 BGB zu einer Begünstigung dessen, der die Draufgabe leistet; er wird insbesondere davor geschützt, diese Draufgabe einzubüßen. 3

Nach § 336 Abs. 1 BGB gilt (was hier aber nur eine widerlegliche Vermutung meint) die Draufgabe als „Zeichen des Abschlusses des Vertrags". Die Draufgabe soll also nur dem Beweis dienen, nicht etwa Voraussetzung oder vereinbarte Form des Vertragsschlusses sein. Folglich kann der Vertragsschluss auch nachgewiesen werden, ohne dass die Draufgabe geleistet worden ist. Nach § 336 Abs. 2 BGB gilt die Draufgabe im Zweifel **nicht** als **Reugeld.** Sie bedeutet also weder einen Rücktrittsvorbehalt noch verfällt sie bei einem Rücktritt dem Empfänger (vgl. § 353 BGB). Ähnlich bestimmt § 337 Abs. 1 BGB, die Draufgabe sei im Zweifel auf die vom Geber geschuldete Leistung anzurechnen und, wenn dies „nicht geschehen" könne, bei Erfüllung des Vertrags zurückzugeben. Die Draufgabe soll also im Zweifel keine zusätzlich geschuldete Leistung sein, also nicht wirklich „draufgegeben" werden. Dementsprechend ist die Draufgabe ebenso wie die anderen etwa schon ausgetauschten Leistungen zurückzugewähren, wenn der Vertrag wieder aufgehoben wird, § 337 Abs. 2 BGB. 4

Eine gewisse Abweichung von der bisher zu beobachtenden geberfreundlichen Tendenz findet sich nur in § 338 BGB. Wenn der Geber der Draufgabe die Nichtdurchführung des Vertrags zu vertreten hat („verschuldet" in der zweiten Alternative ist ungenau), soll der Empfänger die Draufgabe behalten dürfen. Diese erhält dann also die Funktion einer Vertragsstrafe (§§ 339 ff. BGB, vgl. → § 44 Rn. 1 ff.). Darum kann man auch einzelne Vorschriften über die Vertragsstrafe entsprechend anwenden, insbesondere kann eine unverhältnismäßig hohe verfallene Draufgabe analog § 343 BGB richterlich ermäßigt werden.[2] Auch § 338 S. 2 BGB selbst enthält eine solche Parallele zum Recht der Vertragsstrafe: Die Draufgabe soll im Zweifel auf den Schadensersatz statt der Leistung angerechnet werden (wie die Vertragsstrafe nach § 340 Abs. 2 BGB). 5

[1] Looschelders SchuldR AT § 5 Rn. 21.
[2] MüKoBGB/Gottwald § 338 Rn. 1.

§ 44. Die Vertragsstrafe

Literatur: Köhler, Vereinbarung und Verwirkung der Vertragsstrafe, FS Gernhuber 1993, 207; Lindacher, Phänomenologie der Vertragsstrafe, 1972; H. Meyer, Vertragsstrafe und Unterlassungserklärung im öffentlichen Recht, JZ 1996, 78; Nodushani, Die „verdeckte" Vertragsstrafe, ZGS 2005, 330; Ostendorf, Vertragsstrafe und pauschalierter Schadensersatz als Instrumente der Vertragsgestaltung, JuS 2015, 977; C. Schäfer, Strafe und Prävention im Bürgerlichen Recht, AcP 202 (2002), 397; K. Schmidt, Unselbständige und selbständige Vertragsstrafenversprechen, FS Heinrichs, 1998, 529.

1 Die **Vertragsstrafe** (Konventionalstrafe) stellt ein **aufschiebend bedingtes Leistungsversprechen** dar. Sie richtet sich regelmäßig auf die Zahlung einer Geldsumme, doch kann auch eine andere Leistung versprochen werden (§ 342 BGB). Bedingung ist, dass der Versprechende eine Verbindlichkeit nicht oder nicht in gehöriger Weise erfüllt (§ 339 S. 1 BGB). Wegen dieser Verknüpfung der Vertragsstrafe mit einer bestehenden Verbindlichkeit spricht man auch von einem **unselbstständigen Strafversprechen.** Beim **selbstständigen Strafversprechen** (→ Rn. 18) ist Bedingung die Vornahme oder Unterlassung einer nicht geschuldeten Handlung (§ 343 Abs. 2 BGB).

I. Funktion und Abgrenzung

1. Schadenspauschalierung

2 Für den Fall, dass der Schuldner seine Verbindlichkeit in zu vertretender Weise nicht oder nicht gehörig erfüllt, bestimmt das Gesetz als wichtigste Rechtsfolge neben dem Erfüllungsanspruch eine Schadensersatzpflicht (§§ 280–283, 311a Abs. 2 BGB). Das genügt aber als Sanktion nicht immer. Der zu erwartende Schaden kann als Nichtvermögensschaden wegen § 253 Abs. 1 BGB vom Geldersatz ausgeschlossen sein (→ § 54 Rn. 17). Das kommt etwa bei der verspäteten Fertigstellung eines Wohnhauses in Betracht, in das der Gläubiger selbst einziehen will. In anderen Fällen hat der Gläubiger Schwierigkeiten beim Nachweis seines Schadens: So wird häufig nur schwer zu beweisen sein, wie hoch der entgangene Gewinn aus der Verletzung eines Wettbewerbsverbots entstanden ist.

3 Solche Schwierigkeiten werden vermieden, wenn die Parteien **pauschalierende Vereinbarungen über die Höhe des zu ersetzenden Schadens** treffen (wobei auch § 253 Abs. 1 BGB abbedungen werden kann). Durch AGB können derartige Schadenspauschalierungen gegenüber einem Nichtunternehmer nach § 309 Nr. 5 BGB zugunsten des Verwenders allerdings nur vereinbart werden, wenn die Pauschale den gewöhnlich zu erwartenden Schaden nicht übersteigt und dem anderen Vertragsteil ausdrücklich der Nachweis offengehalten wird, ein Schaden sei in Wirklichkeit nicht entstanden oder wesentlich niedriger als die Pauschale. Damit soll verhindert werden, dass die Pauschale durch AGB zu einer Vertragsstrafe denaturiert.

2. Vertragsstrafe

4 Über die Schadenspauschalierung hinaus geht die Vereinbarung einer **Vertragsstrafe.** Sie ersetzt zwar gleichfalls den zu erwartenden Schaden. Sie bezweckt aber in erster Linie, einen **möglichst wirkungsvollen Druck** auf den anderen Teil auszuüben, alle vertraglich übernommenen Verpflichtungen zu erfüllen.[1] Das lässt sich am effektivs-

[1] BGHZ 49, 84 (89) = NJW 1968, 149; BGHZ 105, 25 (27) = NJW 1988, 2536.

ten erreichen, wenn die versprochene Summe den zu erwartenden Schaden deutlich übersteigt. Damit ergibt sich für die (oft zweifelhafte) Abgrenzung zwischen Schadenspauschalierung und Strafversprechen, dass Vertragsstrafe umso eher anzunehmen ist, je wahrscheinlicher und deutlicher die versprochene Leistung den zu erwartenden Schaden übersteigt. Wenig bedeutet demgegenüber die von den Parteien gewählte Bezeichnung. Diese Abgrenzung ist wichtig, weil Vertragsstrafen bisweilen unzulässig sind und idR nach § 343 BGB richterlich ermäßigt werden können.

3. Vereinsstrafe, Betriebsbuße

Der Vertragsstrafe zumindest ähnlich ist die von einem Vereinsorgan gegen ein Mit- 5
glied verhängte **Vereinsstrafe** oder die **Verbandsstrafe** (zB der Vereinsausschluss oder Geldstrafe wegen „vereinsschädigenden Verhaltens" oder die Verhängung von Bußgeldern gegen einen Fußballverein wegen Fan-Ausschreitungen durch den Fußballverband).[2] Sie gehört ins Vereinsrecht.[3] Die gegen einen Arbeitnehmer ausgesprochenen **Betriebsstrafen(-bußen)** gehören ins Arbeitsrecht; auch sie ähneln der Vertragsstrafe.

II. Der Schuldnerschutz

Die wichtigste Regelungsaufgabe bei der Vertragsstrafe ist der **Schuldnerschutz.** 6
Denn die Vertragsstrafe geht meist über den kraft Gesetzes geschuldeten Schadensersatz hinaus. Der Schuldner wiederum verspricht die Strafe meist im Vertrauen darauf, er werde seine Pflichten erfüllen können, und die Strafe werde nicht verfallen. Wenn diese Erwartung enttäuscht wird, kann der Schuldner bei strenger Handhabung des Strafversprechens in Bedrängnis geraten.

1. Ausschluss von Vertragsstrafen

In einigen Fällen erklärt das Gesetz die Vereinbarung einer Vertragsstrafe generell für 7
unwirksam. Das gilt nach § 555 BGB für vom Wohnungsmieter versprochene Strafen und nach § 309 Nr. 6 BGB weithin für Strafen, die durch AGB dem Verwender von einem Nichtunternehmer versprochen werden. Zugunsten eines Unternehmers erfolgt wegen § 310 Abs. 1 S. 2 BGB eine Inhaltskontrolle insbesondere bei überhöhten Vertragsstrafen über § 307 BGB.[4] Auch die zwingende Regelung über die Rechtsfolgen des verbraucherschützenden Widerrufs in § 361 Abs. 2 BGB bedeutet ein Verbot von Vertragsstrafen, die den Verbraucher schlechter stellen.

2. Richterliche Herabsetzung von Vertragsstrafen

Nach § 343 Abs. 1 BGB kann eine verwirkte unverhältnismäßig hohe Strafe, die der 8
Schuldner noch nicht entrichtet hat, durch Urteil auf den angemessenen Betrag herabgesetzt werden. Nach § 348 HGB gilt das Ermäßigungsrecht jedoch nicht für einen **Kaufmann** (den das Gesetz für weniger schutzbedürftig hält). § 343 Abs. 1 S. 2 BGB bestimmt für die „Angemessenheit" die Erheblichkeit jedes, auch eines immateriellen Interesses des Gläubigers. Dieses Interesse stellt folglich ein wesentliches Kriterium für die Angemessenheit dar. Ein anderes ist die zu erwartende Wirkung der Strafdrohung auf den Schuldner: Hat dieser schon eine Neigung zu Rechtsverletzungen

---

[2] S. dazu etwa BGH NJW 2022, 245.
[3] Vgl. Köhler BGB AT § 21 Rn. 15 ff.
[4] S. dazu MüKoBGB/Wurmnest § 309 Rn. 8.

gezeigt, so kann eine höhere Strafe angemessen sein als bei einem bisher stets um Rechtstreue bemühten Schuldner.

9 § 343 Abs. 1 BGB bildet einen der seltenen gesetzlich geregelten Fälle eines **richterlichen Rechts zu gestaltenden Eingriffen in rechtswirksame Verträge.** Vorweg ist zu prüfen, ob nicht die Vereinbarung über die Vertragsstrafe (und damit nach § 139 BGB im Zweifel der ganze Vertrag) nach § 138 Abs. 1 BGB wegen Sittenwidrigkeit nichtig ist. Dabei wird sich ein Sittenverstoß nicht schon allein aus der Höhe der Vertragsstrafe ergeben, denn hiergegen schafft ja § 343 Abs. 1 BGB Abhilfe. Sittenwidrigkeit kommt aber insbesondere in Betracht, wenn erhebliche Strafdrohungen schon wegen aller möglicher, auch unbedeutender Verstöße zu einer Knebelung des Schuldners führen.

3. Verwirkung der Vertragsstrafe

10 Durch Auslegungsregeln kommt das Gesetz dem Schuldner auch hinsichtlich der Frage entgegen, unter welchen Voraussetzungen die Strafe „verwirkt" ist.

Dieser etwas missverständliche Ausdruck hat mit der Verwirkung als Ausübungshindernis eines Rechts (→ § 14 Rn. 16) nichts zu tun. Gemeint ist damit (und mit dem ebenfalls gebräuchlichen Begriff des „Verfalls" der Vertragsstrafe) der Eintritt der Umstände, die den Gläubiger dazu berechtigen, die Vertragsstrafe zu fordern.

11 Nach § 339 S. 1 BGB wird eine für den Fall der Nichterfüllung oder nicht gehörigen Erfüllung versprochene Vertragsstrafe erst durch **Schuldnerverzug** verwirkt. Das setzt insbesondere voraus, dass die geschuldete Leistung bereits fällig war. Eine vor Fälligkeit erfolgende ernsthafte und endgültige Erfüllungsverweigerung führt also ebenso wenig den Verfall der Vertragsstrafe herbei, wie sie einen Anspruch auf Schadensersatz statt der Leistung nach § 280 Abs. 1, 3 BGB, § 281 BGB entstehen lässt (→ § 38 Rn. 4).

12 Aus dem **Verzugserfordernis** ergibt sich weiter, dass der Schuldner den Erfüllungsmangel zu vertreten haben muss (§ 286 Abs. 4 BGB). Besteht die geschuldete Leistung in einem **Unterlassen,** tritt die Verwirkung aber bereits mit der Zuwiderhandlung ein. Daraus schließen manche, hier solle ein Vertretenmüssen unnötig sein. Doch gibt es für eine solche strengere Behandlung des Unterlassungsschuldners keinen überzeugenden Grund. Daher ist mit der hM auch hier das Vertretenmüssen iSv §§ 276, 278 BGB zu fordern.[5] Die abweichende Fassung des § 339 S. 2 BGB beruht nur darauf, dass es bei Unterlassungspflichten einen Verzug im strengen Sinn nicht gibt, weil für die Zeit des Zuwiderhandelns jeweils Unmöglichkeit eintritt (weil ein Unterlassen nicht nachgeholt werden kann). Mehrere Zuwiderhandlungen, die auf einem einheitlichen Willen beruhen, können uU als Einheit behandelt werden.[6]

13 § 339 S. 1 BGB ist dispositives Recht. Die Parteien können damit auch eine verschuldensunabhängige Vertragsstrafe vereinbaren. Sofern ein solcher Verzicht auf das Verschuldenserfordernis allerdings durch AGB erfolgt, ist er idR wegen eines Verstoßes gegen § 307 Abs. 2 Nr. 1 BGB unwirksam.[7]

[5] BGH NJW 1972, 1893; Looschelders SchuldR AT § 38 Rn. 10.
[6] Vgl. BGHZ 146, 318 = NJW 2001, 2622 und Tausch NJW 1997, 2656.
[7] BGH NJW 1997, 135.

4. Das Verhältnis zu anderen Ansprüchen des Gläubigers

Weithin im Sinn des Schuldners regeln Auslegungsvorschriften auch die Frage, welche anderen Ansprüche dem Gläubiger bleiben, wenn er die Vertragsstrafe verlangt. 14

a) Nichterfüllung

Die für die Nichterfüllung versprochene Vertragsstrafe kann nach § 340 Abs. 1 BGB nur **statt der Erfüllung verlangt werden.** Daher kann der Anspruch auf die Strafe weder mit demjenigen auf Erfüllung noch mit demjenigen auf vollen Schadensersatz statt der Leistung kombiniert werden (§ 340 Abs. 2 S. 1 BGB; die dortige Formulierung „Schadensersatz wegen Nichterfüllung" stammt noch aus dem früheren Schuldrecht, die Angleichung der Terminologie wurde vom Gesetzgeber übersehen). Möglich ist lediglich, dass außer der Strafe noch ein diese übersteigender Schaden ersetzt verlangt wird, § 340 Abs. 2 S. 2 BGB. Besteht die Vertragsstrafe nicht in Geld, so schließt der Anspruch auf die Strafe den Schadensersatzanspruch sogar völlig aus, § 342 BGB aE (hier wäre nämlich die Verrechnung mit dem Schadensersatz schwierig). 15

Zwischen den Ansprüchen besteht **elektive Konkurrenz** (→ § 17 Rn. 18). Die Wahl der Strafe ist nach § 340 Abs. 1 S. 2 BGB endgültig, dh sie schließt ähnlich wie § 281 Abs. 4 BGB bei der Geltendmachung des Schadensersatzes statt der Leistung den Erfüllungsanspruch aus. Dagegen kann von Ansprüchen auf die Primärleistung oder deren Surrogate noch bis zur Erfüllung auf die Strafe übergegangen werden. 16

b) Nicht gehörige Erfüllung

Bei der für nicht gehörige Erfüllung versprochenen Strafe kann nach § 341 Abs. 1 BGB der Gläubiger die Strafe **neben der Erfüllung** verlangen. Doch muss er sich gem. § 341 Abs. 3 BGB die Strafe bei Annahme der Erfüllung vorbehalten, was zu Lasten des Gläubigers streng gehandhabt wird.[8] Auch wird eine Schadensersatzleistung wegen nicht gehöriger Erfüllung (zB der Ersatz von Verzugsschaden) auf die Strafe angerechnet, § 341 Abs. 2 BGB. 17

III. Das selbstständige Strafversprechen

Die bisher behandelte Art der Vertragsstrafe wurde vom Schuldner einer anderen Verbindlichkeit für den Fall versprochen, dass diese nicht oder nicht gehörig erfüllt wird. Daher ist die Vertragsstrafe gegenüber dieser anderen Verbindlichkeit **unselbstständig.** Insbesondere kann die Strafe nicht verfallen, wenn die Verbindlichkeit nicht besteht. 18

§ 343 Abs. 2 BGB eröffnet daneben auch die Möglichkeit einer **selbstständigen Vertragsstrafe.** Sie wird für den Fall versprochen, dass der Schuldner eine von ihm **nicht geschuldete Handlung** vornimmt oder eine Handlung unterlässt, ohne hierzu verpflichtet zu sein. Ein solches Strafversprechen kann Zusagen gesellschaftlicher Art schützen, kommt aber auch im geschäftlichen Verkehr vor. So können in Arbeitsverträgen übliche Rückzahlungsklauseln bei Gratifikationen oder Ausbildungs- und Kündigungskosten für den Fall der Kündigung durch den Arbeitnehmer als selbstständige Strafversprechen anzusehen sein. 19

---

[8] Vgl. etwa BGHZ 33, 236 = NJW 1961, 115.

20 Nicht durch ein Strafversprechen gesichert werden kann nach § 344 BGB die Erbringung einer Leistung, die selbst nicht wirksam versprochen werden könnte. § 344 BGB soll verhindern, dass statt des ausgeschlossenen direkten Erfüllungszwangs ein **indirekter** geschaffen wird. So ist nichtig ein Strafversprechen für die **Nichterfüllung einer Wettschuld** (vgl. § 762 BGB) oder eines formunwirksamen Vertrags.[9]

7. Abschnitt. Leistungsstörungen bei Verbraucherverträgen über digitale Produkte

§ 45. Verträge über digitale Produkte (§§ 327 ff. BGB)

I. Gegenstand und Systematik

1 Die §§ 327 ff. BGB enthalten – in Umsetzung der RL (EU) 2019/770 v. 20.9.2019 über bestimmte vertragsrechtliche Aspekte der Bereitstellung digitaler Inhalte und digitaler Dienstleistungen (sog. Digitale-Inhalte-Richtlinie – DIRL) – Regelungen über **Verbraucherverträge über digitale Produkte.** Der in § 327 Abs. 1 BGB legaldefinierte Begriff **„digitale Produkte"** dient dabei als Oberbegriff für digitale Inhalte (§ 327 Abs. 2 S. 1 BGB) und digitale Dienstleistungen (§ 327 Abs. 2 S. 2 BGB).

2 Die in den §§ 327 ff. BGB enthaltenen Regelungen lassen sich – neben den Vorschriften über ihren Anwendungsbereich (§§ 327, 327a BGB) in **zwei Hauptbereiche** einteilen:

3 Die **erste Gruppe** betrifft den **Inhalt der Leistungspflicht** des Unternehmers, der zur **Bereitstellung** digitaler Produkte verpflichtet ist (§ 327b BGB) sowie die **Rechte des Verbrauchers,** wenn die geschuldete Bereitstellung **unterbleibt** (§ 327c BGB). Der Sache nach sind diese Regelungen damit den im vorliegenden Abschnitt erläuterten Regeln des **allgemeinen Leistungsstörungsrechts** verwandt (und auch sehr ähnlich ausgestaltet). Sie werden deshalb nachfolgend erläutert (→ § 46 Rn. 1 ff.).

4 Die **zweite Gruppe** von Regelungen befasst sich mit der Verpflichtung des Unternehmers zu **mangelfreier Leistung** digitaler Produkte und den Rechten des Verbrauchers im Fall eines **mangelhaften digitalen** Produkts (§§ 327d ff. BGB). Diese Regelungen sind dem kaufrechtlichen Gewährleistungsrecht des Verbrauchsgüterkaufs nachgebildet und werden deshalb im Anschluss an das Kaufrecht im Besonderen Teil erörtert.[1]

5 Nach der Konzeption des Gesetzgebers regeln die §§ 327 ff. BGB allerdings nicht einen **besonderen Vertragstypus,** der eigenständig neben Kauf, Miete etc. steht, sondern vielmehr lediglich einen **bestimmten Leistungsgegenstand.** Das ergibt sich auch aus dem Standort der Regelungen im Allgemeinen Teil des Schuldrechts.

---

9 BGH NJW 1970, 1915.

1 S. dazu Medicus/Lorenz SchuldR BT § 22 Rn. 1 ff.

Digitale Produkte können nämlich Gegenstand **unterschiedlicher Vertragstypen** sein. So kann man etwa einen Film (**digitaler Inhalt** iSv § 327 Abs. 2 S. 1 BGB) bei einem Anbieter **kaufen,** um ihn auf Dauer ansehen zu können, man kann ihn aber auch **mieten,** um ihn nur für einen bestimmten Zeitraum ansehen zu können. Deshalb hat der Gesetzgeber bei allen Vertragstypen, welche zur Bereitstellung digitaler Produkte verpflichten können, Regelungen eingeführt, die in Bezug auf **Leistungsstörungen** weitgehend auf die §§ 327 ff. BGB verweisen. Für das **Kaufrecht** geschieht dies durch § 453 Abs. 1 S. 2 BGB sowie durch § 475a BGB,[2] für das **Schenkungsrecht** durch § 516a BGB,[3] für das **Mietrecht** durch §§ 548a, 578b BGB,[4] für das **Dienstvertragsrecht** durch § 620 Abs. 4 BGB[5] und für den **Werklieferungsvertrag** durch § 650 Abs. 2 BGB.[6] Deshalb finden sich in den §§ 327 ff. BGB auch keine Regelungen über die **Leistungspflichten des Verbrauchers** und der Folgen der Verletzung einer solchen Pflicht. Diese ergeben sich allein aus dem jeweiligen Vertragstyp und den hierfür geltenden Regelungen. 6

So ergibt sich zB die **Zahlungspflicht** eines Verbrauchers beim Kauf eines digitalen Inhalts (s. dazu § 453 Abs. 1 S. 2 BGB) aus § 433 Abs. 2 BGB. Erfüllt der Verbraucher diese nicht, ergibt sich ein **Rücktrittsrecht** des Unternehmers aus § 323 BGB.

Die §§ 327 ff. BGB sind damit nicht nur wegen ihres Standorts im Gesetz, sondern auch der Sache nach systematisch dem **Allgemeinen Schuldrecht** zuzuordnen. 7

II. Anwendungsbereich der §§ 327 ff. BGB

1. Persönlicher Anwendungsbereich

Gemäß § 327 Abs. 1 BGB finden die Vorschriften über digitale Produkte ausschließlich auf Verbraucherverträge Anwendung. Nach der Legaldefinition des § 310 Abs. 3 BGB sind das Verträge zwischen einem Unternehmer (§ 14 BGB) und einem Verbraucher (§ 13 BGB). 8

Zum verbraucherschützenden **Widerrufsrecht** beim Vertrieb digitaler Produkte im **Fernabsatz** → § 51 Rn. 49, 58.

2. Sachlicher Anwendungsbereich

a) Digitale Produkte

Nach § 327 Abs. 1 BGB gelten die nachfolgenden Regelungen für Verbraucherverträge über die Bereitstellung **digitaler Inhalte** sowie **digitaler Dienstleistungen** durch den Unternehmer gegen Zahlung eines Preises, unabhängig davon, ob diese Produkte standardisiert sind oder individuell für den Verbraucher entwickelt werden (§ 327 Abs. 4 BGB). Beides fasst § 327 Abs. 1 BGB unter dem Oberbegriff **„digitale Produkte"** zusammen. 9

aa) Digitale Inhalte. Digitale Inhalte sind gem. § 327 Abs. 2 S. 1 BGB Daten, die in digitaler Form erstellt und bereitgestellt werden. Darunter fallen etwa Musik, 10

[2] S. dazu Medicus/Lorenz SchuldR BT § 24 Rn. 1 ff.
[3] S. dazu Medicus/Lorenz SchuldR BT § 26 Rn. 19.
[4] S. dazu Medicus/Lorenz SchuldR BT § 31 Rn. 1 ff.
[5] S. dazu Medicus/Lorenz SchuldR BT § 37 Rn. 60.
[6] S. dazu Medicus/Lorenz SchuldR BT § 39 Rn. 11.

Filme (auch im *streaming*), Programme, Apps, E-Books, Hörbücher, Spiele, Bilddateien etc.

11 Diese fallen gem. § 327 Abs. 5 BGB auch dann in den Anwendungsbereich der §§ 327 ff. BGB, wenn sie nicht über einen Download bereitgestellt, sondern auf einem **körperlichen Datenträger** (wie etwa einer CD oder DVD) geliefert werden, sofern dieser Datenträger ausschließlich als Träger der digitalen Inhalte dient. Für den Fall eines Kaufs digitaler Inhalte wird das von § 475a Abs. 1 BGB bestätigt, der in einem solchen Fall auf das Gewährleistungsrecht der §§ 327 ff. BGB verweist.

Ausgenommen sind von § 327 Abs. 5 BGB lediglich die Regelung über die „Bereitstellung" (§ 327b BGB, → § 46 Rn. 2) und die Rechtsfolgen einer unterbliebenen Bereitstellung (§ 327c BGB, → § 46 Rn. 4 ff.), da ein körperlicher Datenträger geliefert werden muss und deshalb der Begriff der „Bereitstellung" nicht passt. Folgerichtig unterliegen dann die Folgen einer unterbliebenen Lieferung dem **allgemeinen Leistungsstörungsrecht** (§§ 280 ff. BGB, §§ 323 ff. BGB).

12 **bb) Digitale Dienstleistungen. Digitale Dienstleistungen** werden in § 327 Abs. 2 Nr. 1 BGB definiert als Dienstleistungen, dh tätigkeitsbezogene Leistungen, die dem Verbraucher „die Erstellung, die Verarbeitung oder die Speicherung von Daten in digitaler Form oder den Zugang zu solchen Daten ermöglichen". § 327 Abs. 2 Nr. 2 BGB nennt weiter Dienstleistungen, die dem Verbraucher „die gemeinsame Nutzung der vom Verbraucher oder von anderen Nutzern der entsprechenden Dienstleistung in digitaler Form hochgeladenen oder erstellten Daten oder sonstige Interaktionen mit diesen Daten ermöglichen". In der Praxis dürfte sich beides teilweise überschneiden. Unter Nr. 1 fallen etwa *cloud*-Dienste und online-Text- oder Videoverarbeitung, dh sog. Software-as-a-Service-Verträge, oder Spiele, die in einer Cloud-Computing-Umgebung und in sozialen Medien „online" angeboten werden. Unter Nr. 2 fallen neben dem Bereich *social media* insbesondere etwa Verkaufs-, Buchungs-, Vergleichs-, Vermittlungs- oder Bewertungsplattformen sowie Blog-Portale, Webseiten und Suchmaschinen, aber auch E-Mail- und Instant-Messenger-Dienste wie zB WhatsApp uÄ.

13 **cc) Ausnahmen.** Bestimmte digitale Produkte werden nach § 327 Abs. 6 BGB vom Anwendungsbereich der §§ 327 ff. BGB **ausgenommen:** Wichtig ist dabei insbesondere 327 Abs. 6 Nr. 1 BGB, der „Verträge über **andere Dienstleistungen** als digitale Dienstleistungen" vom Anwendungsbereich der §§ 327 ff. BGB ausschließt, „unabhängig davon, ob der Unternehmer digitale Formen oder Mittel einsetzt, um das Ergebnis der Dienstleistung zu generieren oder es dem Verbraucher zu liefern oder zu übermitteln." Davon werden insbesondere **persönlich erbrachte freiberufliche Dienstleistungen** wie Übersetzungen, Planungen von Architekten, juristische Dienstleistungen oder sonstige Fachberatungsleistungen ausgenommen, auch wenn das Ergebnis (wie etwa ein juristisches Gutachten) in digitaler Form erstellt zur Verfügung gestellt wird. Nr. 2 schließt Kommunikationsdienste iSv § 3 Nr. 61 TKG vom Anwendungsbereich der §§ 327 ff. BGB aus. Das betrifft insbesondere **Internetzugangsdienste** (sog. Access Provider). § 327 Abs. 6 Nr. 6 BGB schließt unter bestimmten Voraussetzungen die Anwendung der §§ 327 ff. BGB auf Verträge über die Bereitstellung von *open-source*-Software aus.

b) Entgeltlichkeit, Daten als Entgelt

Die Bereitstellung dieser digitalen Produkte muss nach § 327 Abs. 1 BGB „gegen Zahlung eines Preises" erfolgen, der nach § 327 Abs. 1 S. 2 BGB auch die „digitale Darstellung eines Werts" (etwa elektronische Gutscheine, E-Coupons, virtuelle Währungen wie zB Bitcoins)[7] sein kann. 14

Nach § 327 Abs. 3 BGB ist der Anwendungsbereich aber auch dann eröffnet, wenn der Verbraucher sich zwar nicht zur Zahlung eines Preises verpflichtet, dem Unternehmer aber personenbezogene Daten bereitstellt bzw. sich dazu verpflichtet, sofern diese nicht iSv § 312 Abs. 1a S. 2 BGB ausschließlich zur Vertragserfüllung verwendet oder zur Erfüllung rechtlicher Anforderungen verarbeitet werden **(„Daten als Entgelt")**. Damit werden in der Praxis die meisten „kostenlosen" digitalen Produkte vom Anwendungsbereich der § 327 ff. BGB erfasst werden. 15

Die datenschutzrechtlichen Aspekte des „Bezahlens mit Daten" bleiben dabei nach § 327q Abs. 1 BGB unberührt, insbesondere wird der Vertrag nicht dadurch unwirksam, dass der Verbraucher seine datenschutzrechtliche Einwilligung widerruft. Allerdings kann der Unternehmer unter den Voraussetzungen des § 327q Abs. 2 BGB den Vertrag fristlos kündigen. Weigert sich der Verbraucher, seine Daten zur Verfügung zu stellen, kann der Unternehmer nach § 323 BGB zurücktreten. Schadensersatzansprüche des Unternehmers sind hingegen nach § 327q Abs. 3 für beide Fälle ausgeschlossen.[8]

3. Anwendbarkeit auf kombinierte oder gemischte Produkte

a) Paketverträge (§ 327a Abs. 1 BGB)

„Paketvertrag" ist nach der Legaldefinition in § 327a Abs. 1 BGB ein Vertrag zwischen denselben Parteien, der neben der Bereitstellung digitaler Produkte die Bereitstellung **anderer Sachen** oder die Bereitstellung **anderer Dienstleistungen** zum Gegenstand hat. Es geht also um **kombinierte Verträge** wie etwa den Kauf eines TV-Geräts mit Bereitstellung eines Streamingdienstes, das Abonnement einer Zeitung mit Bereitstellung einer digitalen Version, aber auch die Bereitstellung einer Fitness-App durch den Betreiber eines Fitnessstudios uÄ.[9] Nach § 327a Abs. 1 BGB finden die Regelungen der §§ 327 ff. BGB dann nur auf die Bestandteile des Vertrags Anwendung, welche die digitalen Produkte betreffen. Die Folgen der Nichtlieferung der Sache selbst oder die Nichterbringung der analogen Dienstleistung bzw. einer mangelhaften Leistung selbst unterliegen hingegen den jeweils hierfür geltenden Vorschriften. 16

Es kommt damit zu einer **Spaltung des anwendbaren Leistungsstörungs- und Gewährleistungsrechts.** Kann der Verbraucher allerdings wegen der Nichtbereitstellung des digitalen Produkts oder dessen Mangelhaftigkeit diesen Teil des Vertrags nach § 327c Abs. 1 BGB (unterbliebene Bereitstellung) bzw. nach § 327m Abs. 1 BGB (mangelhafte Bereitstellung) beenden, kann er sich nach § 327c Abs. 6 BGB bzw. nach § 327m Abs. 4 BGB vom gesamten Vertrag, dh auch von seiner analogen Komponente, lösen, wenn er an dem analogen Teil der Leistung wegen des Fehlens bzw. der Mangelhaftigkeit des digitalen Produkts „kein Interesse" hat (s. dazu → § 46 Rn. 7). 17

---

[7] MüKoBGB/Metzger § 327 Rn. 14.
[8] Zu den Einzelheiten vgl. MüKoBGB/Metzger § 327q Rn. 8 ff.
[9] Weitere Beispiele bei MüKoBGB/Metzger § 327a Rn. 3.

Da es sich dabei nicht zwingend um Kaufverträge handeln muss, bedient sich das Gesetz des abstrakten Oberbegriffs der „Lösung" vom Vertrag. Je nach Vertragstypus kann es sich dabei um einen Rücktritt (so etwa bei einem Kaufvertrag) oder um eine Kündigung handeln (etwa bei einem Abonnement, bei der Miete oder bei Dienstleistungen).

b) Verträge über Sachen mit digitalen Produkten (§ 327a Abs. 2 BGB)

18 Wie bei den soeben erläuterten Paketverträgen kommt es zu einer Spaltung des Leistungsstörungs- und Gewährleistungsregimes gem. § 327a Abs. 2 BGB bei Verbraucherverträgen über Sachen, die „digitale Produkte enthalten oder mit ihnen verbunden sind". Es geht hier also – anders als bei den Paketverträgen – nicht um zwei unabhängig voneinander funktionsfähige Produkte, sondern um eine Art „Mischprodukt". Das betrifft vor allem den Bereich „smarter" Geräte, insbesondere das sog. „Internet of Things" (IoT).

19 Eine Sache **enthält** digitale Produkte, wenn digitale Inhalte in ihr selbst gespeichert sind (oder – bei nachfolgender Installation – dazu bestimmt sind, in der Ware gespeichert zu werden) und bestimmte Funktionen der Ware gewährleisten oder steuern. Das gilt zB für installierte oder zu installierende Software wie etwa ein Computerprogramm.

20 Mit digitalen Produkten **verbunden** kann eine Sache sowohl in Bezug auf digitale Inhalte als auch in Bezug auf digitale Dienstleistungen sein. „Verbunden" ist die Dienstleistung dann, wenn sie im Zusammenhang mit der Kaufsache erbracht wird und die Ware mit ihr interagiert. Darunter kann etwa die Anbindung einer Sache an einen Datenspeicherdienst („Cloud") fallen. Darüber hinaus kann „Verbundensein" vorliegen, wenn die Ware selbst auf extern gespeicherte digitale Inhalte zugreift oder ihre Funktionen durch sie gesteuert werden kann, wie etwa bei der Verbindung eines Kfz mit einer Smartphone-App über einen Cloud-Server, die das Fahrzeug orten, aufschließen, lüften oder ähnliches kann.

21 Auch hier unterliegen die Folgen der Nichtbereitstellung **des digitalen Produkts** oder eines Mangels den §§ 327 ff. BGB, während die Folgen der Nichtlieferung **der Sache** (oder ihrer Mangelhaftigkeit) selbst den jeweils dafür geltenden Vorschriften unterliegen. Da es sich dabei nicht zwingend um einen Kaufvertrag handeln muss (→ Rn. 5 f.), spricht § 327a Abs. 2 BGB ganz allgemein von „Verträgen über Sachen".

Wenn also bei einem „smarten" Gerät die Cloud-Anbindung oder die Bedienung über eine Smartphone-App nicht bereitgestellt wird, kann der Verbraucher diesen Teil des Vertrags unter den Voraussetzungen des § 327c Abs. 1 BGB beenden. Wird hingegen die Sache selbst nicht rechtzeitig zur Verfügung gestellt, kann der Verbraucher nach § 323 BGB von diesem Teil zurücktreten.

22 Auch hier ist aber (ähnl. im → Rn. 16 erörterten Fall der Paketverträge) eine Lösung vom **ganzen Vertrag** möglich, wenn die Sache sich wegen der Nichtbereitstellung des digitalen Produkts (§ 327c Abs. 7 BGB) oder dessen Mangelhaftigkeit (§ 327m Abs. 5 BGB) nicht zur **„gewöhnlichen Verwendung"** eignet. Zu dieser „gewöhnlichen Verwendung" gehören dann auch die digitalen Komponenten der Sache, dh gerade deren „smarte" Eigenschaften (→ § 46 Rn. 9).

c) Kaufverträge über „Waren mit digitalen Elementen" (§ 327a Abs. 3 BGB)

Die von § 327a Abs. 2 BGB vorgeschriebene rechtliche Aufspaltung der materiellen und digitalen Komponenten des Leistungsgegenstands gilt allerdings nur, wenn es sich bei den digitalen Komponenten um **optionale Funktionen** der Sache handelt, diese also ohne das digitale Produkt nicht **vollständig funktionslos** ist. Denn nach § 327a Abs. 3 BGB gilt § 327 Abs. 2 BGB nicht für Kaufverträge über sog. **„Waren mit digitalen Elementen"**. Nach der Legaldefinition in § 327 Abs. 3 BGB sind das Waren (dh bewegliche Sachen, § 241a Abs. 1 BGB), die digitale Produkte in einer Weise enthalten oder mit diesen verbunden sind, dass sie „ihre Funktionen" ohne diese nicht erfüllen können. Gemeint sind damit Waren, die ohne die digitalen Elemente **völlig funktionslos** sind. Kann die Ware hingegen ihre Grundfunktionen auch ohne diese erfüllen, weil sie weiterhin, wenn auch eingeschränkt, funktionsfähig ist, liegt kein Fall von § 327a Abs. 2 BGB vor. 23

Kann also ein Staubsaugerroboter auch ohne die für die Fernsteuerung oder Programmierung vorgesehene Smartphone-App und ohne die Anbindung an den hierfür erforderlichen Cloud-Server betrieben werden, so bleibt es bei der Anwendung von § 327 Abs. 2 BGB. Gleiches gilt für ein „smartes" Heizkörperthermostat, das auch per Hand bedient werden kann oder ein Kfz, welches auch ohne die für das Lenken oder Einparken vorgesehene Assistenzsoftware betrieben werden kann. Anders wäre das bei einem Computer oder einem Smartphone ohne Betriebssystem zu beurteilen oder bei einer Wärmepumpe, der die zentrale Steuerungssoftware fehlt, ohne welche sie nicht betrieben werden kann. Letztere fallen unter § 327a Abs. 3 BGB.

Die Konsequenz aus der Nichtgeltung des § 327 Abs. 2 BGB in solchen Fällen führt zur Nichtanwendung der §§ 327 ff. mit der Folge, dass solche Verträge den allgemeinen Regeln unterliegen. Wird die Ware nicht (oder ohne das digitale Element) geliefert, findet das allgemeine Leistungsstörungsrecht der §§ 280 ff., 323 ff. BGB Anwendung. Mängel der Sache unterliegen dann **allein dem (Verbrauchsgüter-) Kaufrecht.** 24

Das ist deshalb sinnvoll, weil bei Waren, die ohne das Zusammenspiel des körperlichen Gegenstands und der digitalen Komponenten funktionslos sind, eine Aufteilung des anwendbaren Gewährleistungsrechts je nachdem, ob die *hardware* oder die digitale Komponente mangelhaft ist, keinen Sinn macht. Allerdings hält das Verbrauchsgüterkaufrecht in Gestalt von §§ 475b–475c BGB für diese Art von Waren einen **speziellen Sachmangelbegriff** vor, welcher die digitalen Komponenten einschließlich einer update-Pflicht in den kaufrechtlichen Sachmangelbegriff integriert.[10]

§ 46. Das Leistungsstörungsrecht der digitalen Produkte

I. Regelungsgegenstand

Die §§ 327b, 327c BGB enthalten Regelungen über die **Bereitstellung** digitaler Produkte. Hierbei geht es zunächst um den **Zeitpunkt** der Bereitstellung (§ 327b Abs. 2 BGB) sowie um den **Inhalt der Bereitstellungspflicht** (§ 327b Abs. 3 BGB). Im Anschluss daran werden – dem allgemeinen Leistungsstörungsrecht nachgebildet – die Rechtsfolgen einer **unterbliebenen Bereitstellung** festgelegt (§ 327c BGB). Es geht also um Regelungen, welche der Sache nach dem **Allgemeinen Leistungsstörungsrecht** zuzuordnen und dessen Regeln nachgebildet sind oder auf diese verweisen (s. dazu die **grafische Übersicht** bei → Rn. 12). 1

[10] S. dazu Medicus/Lorenz SchuldR BT § 24 Rn. 7 ff.

§ 327b BGB begründet selbst nicht die **Verpflichtung** des Unternehmers zur Bereitstellung des digitalen Produkts und ist damit **keine Anspruchsgrundlage.** Die Vorschrift setzt nämlich, wie sich schon aus dem Wortlaut von § 327b Abs. 1 BGB ergibt, eine solche Verpflichtung voraus („Ist der Unternehmer … verpflichtet"). Die Verpflichtung zur Bereitstellung ergibt sich vielmehr aus dem jeweiligen Vertragstypus selbst, der – wie oben dargelegt – zB ein Kaufvertrag, ein Schenkungsvertrag oder Mietvertrag etc. sein kann (→ § 45 Rn. 6).

II. Inhalt und Zeitpunkt der Bereitstellungspflicht (§ 327b BGB)

1. Begriff der Bereitstellung (§ 327b Abs. 3 BGB)

2 Nach § 327b Abs. 3 BGB ist ein **digitaler Inhalt** bereitgestellt, sobald er vom Verbraucher **heruntergeladen** werden kann oder ihm (wie etwa bei Streamingdiensten) ein **Zugang** zu diesem Inhalt verschafft wurde (was etwa über einen Zugangslink oder Zugangsdaten wie Login und Passwort geschehen kann). Eine **digitale Dienstleistung** (wie etwa ein Cloud-Speicher, ein Social-Media-Account oder ein Messenger-Dienst) ist nach § 327b Abs. 4 BGB bereitgestellt, wenn dem Verbraucher der Zugang hierzu verschafft wurde (was regelmäßig ebenfalls über einen Zugangslink oder Zugangsdaten geschieht).

Mit der Bereitstellung tritt dann auch **Erfüllung** ein, so dass der Anspruch des Verbrauchers nach § 362 Abs. 1 BGB erlischt. Da dafür nach allgemeinen Grundsätzen ohnehin der Unternehmer als Schuldner die Beweislast trägt (→ § 21 Rn. 34), spielt die Beweislastregelung des § 327b Abs. 6 BGB nur im Zusammenhang mit einer mangelhaften Leistung eine (marginale) Rolle.[1]

2. Fälligkeit

3 Für die Leistungszeit enthält § 327b Abs. 2 BGB eine von § 271 BGB abweichende Sonderregelung. Sofern die Parteien nicht anderes vereinbart haben, kann der Verbraucher die Bereitstellung unverzüglich (und nicht, wie in § 271 Abs. 1 BGB „sofort") verlangen, der Unternehmer sie sofort bewirken. Eine ähnliche Regelung enthält das Verbrauchsgüterkaufrecht in § 475 Abs. 1 BGB.[2]

III. Rechte des Verbrauchers bei unterbliebener Bereitstellung (§ 327c BGB)

1. Vertragsbeendigung (§ 327c Abs. 1 BGB)

a) Voraussetzungen

4 Funktionell mit dem Rücktrittsrecht des § 323 BGB vergleichbar räumt § 327c Abs. 1 BGB dem Verbraucher das Recht ein, den Vertrag zu **beenden,** wenn der Unternehmer seiner fälligen Verpflichtung zur Bereitstellung auf **Aufforderung** des Verbrauchers nicht nachkommt. Wie bei § 323 Abs. 1 BGB wird man hier als weitere ungeschriebene Voraussetzung die Durchsetzbarkeit der Verpflichtung voraussetzen müssen (→ § 37 Rn. 6). Die Aufforderung entspricht dabei funktional dem Fristsetzungserfordernis des § 323 Abs. 1 BGB. Nach § 327 Abs. 3 S. 1 BGB ist die Aufforderung entbehrlich, wenn der Unternehmer die **Bereitstellung verweigert** (Nr. 1), es den Umständen nach eindeutig zu erkennen ist, dass er das digitale Produkt nicht bereitstellen wird (Nr. 2) oder im Fall eines **relativen Fixgeschäfts** (Nr. 3). Das entspricht im Wesentlichen den Fällen, in welchen nach § 323 Abs. 2 Nr. 1 und Nr. 2 BGB für den Rücktritt eine Fristsetzung entbehrlich ist (→ § 37 Rn. 12 ff.).

---

[1] MüKoBGB/Metzger § 327b Rn. 14; zur Beweislast bei Mängeln eines digitalen Produkts s. Medicus/Lorenz SchuldR BT § 22 Rn. 13 f.

[2] S. dazu Medicus/Lorenz SchuldR BT § 11 Rn. 19.

b) Ausübung und Rechtsfolgen

Auch die Ausübung und die Rechtsfolgen des Beendigungsrecht sind in deutlicher Parallele zum Rücktrittsrecht geregelt (→ § 49 Rn. 1 ff.). Wie das Rücktrittsrecht ist auch das Beendigungsrecht ein **Gestaltungsrecht** (§ 327c Abs. 4 BGB iVm § 327o Abs. 1 BGB). Der Erfüllungsanspruch erlischt erst mit der (wirksamen) **Erklärung der Beendigung** oder mit der **Geltendmachung** von **Schadensersatz statt der Leistung** (§ 327c Abs. 2 BGB iVm § 281 Abs. 4 BGB), insoweit gilt das im Zusammenhang mit dem Rücktritt Erläuterte (→ § 37 Rn. 25 ff.). Die weiteren Rechtsfolgen der Vertragsbeendigung bestimmen sich gem. § 327c Abs. 4 BGB nach den §§ 327o, 327p BGB, welche in ihrer Funktionsweise den §§ 346 ff. BGB nachempfunden sind. Sie werden wegen des systematischen Zusammenhangs daher im Anschluss an diese erläutert (→ § 50 Rn. 1 ff.). 5

Liegt zusätzlich Vertretenmüssen seitens des Schuldners vor, kommt auch ein Anspruch auf **Schadensersatz statt der Leistung** aus §§ 327c Abs. 2, 280 Abs. 1, 3, 281 BGB in Betracht, der gem. § 327c Abs. 4 S. 3 BGB iVm § 325 BGB mit dem Rücktritt **kombiniert** werden kann. 6

c) Lösung vom gesamten Vertrag bei kombinierten oder gemischten Produkten

Wie dargelegt (→ § 45 Rn. 16 ff.), finden die §§ 327 ff. BGB bei bestimmten kombinierten oder gemischten Produkten nur auf den digitalen Teil des Vertrags Anwendung. Wird damit bei einem **Paketvertrag** iSv § 327a Abs. 1 BGB (→ § 45 Rn. 16) das digitale Produkt nicht bereitgestellt, kann der Verbraucher den Vertrag nur um Hinblick auf dieses den Vertrag nach § 327c Abs. 1 BGB beenden. § 327c Abs. 6 S. 1 BGB erlaubt ihm dann aber, sich vom gesamten Vertrag „zu lösen", wenn er an dem anderen Teil des Paketvertrags ohne das digitale Produkt „kein Interesse mehr hat". Für die Frage des Interessefortfalls gilt dabei das zu § 323 Abs. 5 S. 1 BGB Ausgeführte (→ § 35 Rn. 15 ff.): Voraussetzung ist, dass der Gläubiger seinen ursprünglich mit dem Vertrag verfolgten Zweck mit der Teilleistung auch nicht partiell verwirklichen kann. 7

Der Begriff des „Lösens vom Vertrag" ist dabei bewusst neutral gefasst. Gemeint ist das für den jeweiligen Vertragstyp maßgebliche Recht zur Beendigung des Vertrags, also etwa ein Rücktrittsrecht bei einem Kaufvertrag oder ein Kündigungsrecht bei einem Mietvertrag. Die weiteren Voraussetzungen des jeweiligen Rechts sind dabei neben dem Interessefortfall nicht zu prüfen. 8

Beispiel: V hat die Printausgabe einer Tageszeitung zusammen mit der digitalen Version abonniert, weil er gerade auch auf dem Weg zur Arbeit in öffentlichen Verkehrsmitteln sowie auf Reisen die Zeitung lesen will. Auch nach Aufforderung durch V wird die Digitalversion nicht bereitgestellt. V kann hier nach § 327c Abs. 1 BGB den Vertrag in Bezug auf die digitale Ausgabe beenden, wegen seines Interessefortfalls kann er nach § 327c Abs. 6 S. 1 BGB den Vertrag in Bezug auf die Druckausgabe kündigen (§ 314 BGB).

Bei einem Vertrag über Sachen mit digitalen Produkten iSv § 327a Abs. 2 BGB (→ § 45 Rn. 18) setzt die Lösung vom Gesamtvertrag bei Nichtbereitstellung des digitalen Produkts nach § 327c Abs. 7 BGB voraus, dass sich die Sache ohne das bereitgestellte digitale Produkt nicht zur **„gewöhnlichen Verwendung"** eignet. Dabei handelt es sich um eine geringere Schwelle als das Erfordernis des Interessefortfalls, wobei ein objektiver Maßstab anzulegen ist. Maßgeblich für die gewöhnliche Ver- 9 wendung ist dabei gerade die aufgrund der digitalen Elemente vorgesehene Verwendungsart.[3]

Beispiel: V mietet einen „smarten" Pkw, welcher nach dem Vertrag durch Softwarefunktionen Spurhaltung, Navigationshilfe, Einparkhilfe gewährleisten sowie eine Schnittstelle für das Smartphone zur Navigation enthalten soll. Wird die Software nicht bereitgestellt, eignet sich der Pkw, obwohl fahrbar, nicht für die gewöhnliche Verwendung als „smartes" Fahrzeug. V kann daher nach Beendigung des Vertrags über die Bereitstellung des digitalen Produkts auch den Mietvertrag kündigen.

2. Schadensersatzansprüche (§ 327c Abs. 2 BGB)

a) Schadensersatz statt der Leistung

10 In Bezug auf Ansprüche auf Schadensersatz statt der Leistung sowie Aufwendungsersatz verweist § 327c Abs. 2 S. 1 BGB im Wege einer **Rechtsgrundverweisung** („wenn die Voraussetzungen dieser Vorschriften vorliegen") mit einigen Modifikationen auf die Regelungen des allgemeinen Leistungsstörungsrechts:

11 So kann der Verbraucher nach § 327c Abs. 2 S. 1 BGB bei **verzögerter Bereitstellung** des digitalen Produkts unter den Voraussetzungen von § 280 Abs. 1 BGB iVm § 281 Abs. 1 BGB **Schadensersatz statt der Leistung** oder **Ersatz vergeblicher Aufwendungen** nach § 284 BGB (→ § 35 Rn. 47 ff.) verlangen. An die Stelle der in § 281 BGB vorgesehenen Fristsetzung tritt dabei gem. § 327c Abs. 2 S. 2 BGB die Aufforderung nach § 327c Abs. 1 BGB, für die Entbehrlichkeit der Aufforderung gilt § 327c Abs. 3 S. 1 BGB (→ Rn. 4). Für den Fall der **Unmöglichkeit** gelten nach § 327c Abs. 2 S. 3 BGB ebenfalls die allgemeinen Regelungen, so dass sich ein Anspruch auf Schadensersatz statt der Leistung bei **anfänglicher Unmöglichkeit** aus § 311a Abs. 2 BGB ergibt (→ § 35 Rn. 48), während er bei **nachträglicher Unmöglichkeit** den § 280 Abs. 1, 3 BGB iVm § 283 BGB unterliegt (→ § 35 Rn. 49).

b) Schadensersatz wegen Verzögerung der Leistung

12 Da § 327c Abs. 2 S. 1 BGB auf alle Absätze des § 280 BGB verweist, gilt für den Schadensersatz wegen Verzögerung der Leistung wegen verspäteter Bereitstellung § 280 Abs. 2 BGB iVm § 286 BGB, so dass die Haftung Verzug des Unternehmers iSv § 286 BGB voraussetzt. Die nach § 286 Abs. 1 BGB erforderliche Mahnung ist dabei in der „Aufforderung" nach § 327c Abs. 1 BGB mit enthalten. Nach § 327c Abs. 3 S. 2 BGB ist die Mahnung immer dann entbehrlich, wenn die Aufforderung zur Leistung nach § 327c Abs. 3 S. 1 BGB entbehrlich ist (→ Rn. 4).

[3] Str., wie hier Hellgardt/Roth NJW 2025, 2201 Rn. 28; Lorenz JuS 2025, 396 (399); Medicus/Lorenz SchuldR BT § 22 Rn. 25; aA MüKoBGB/Metzger § 327c Rn. 17.

Grafische Übersicht: 13

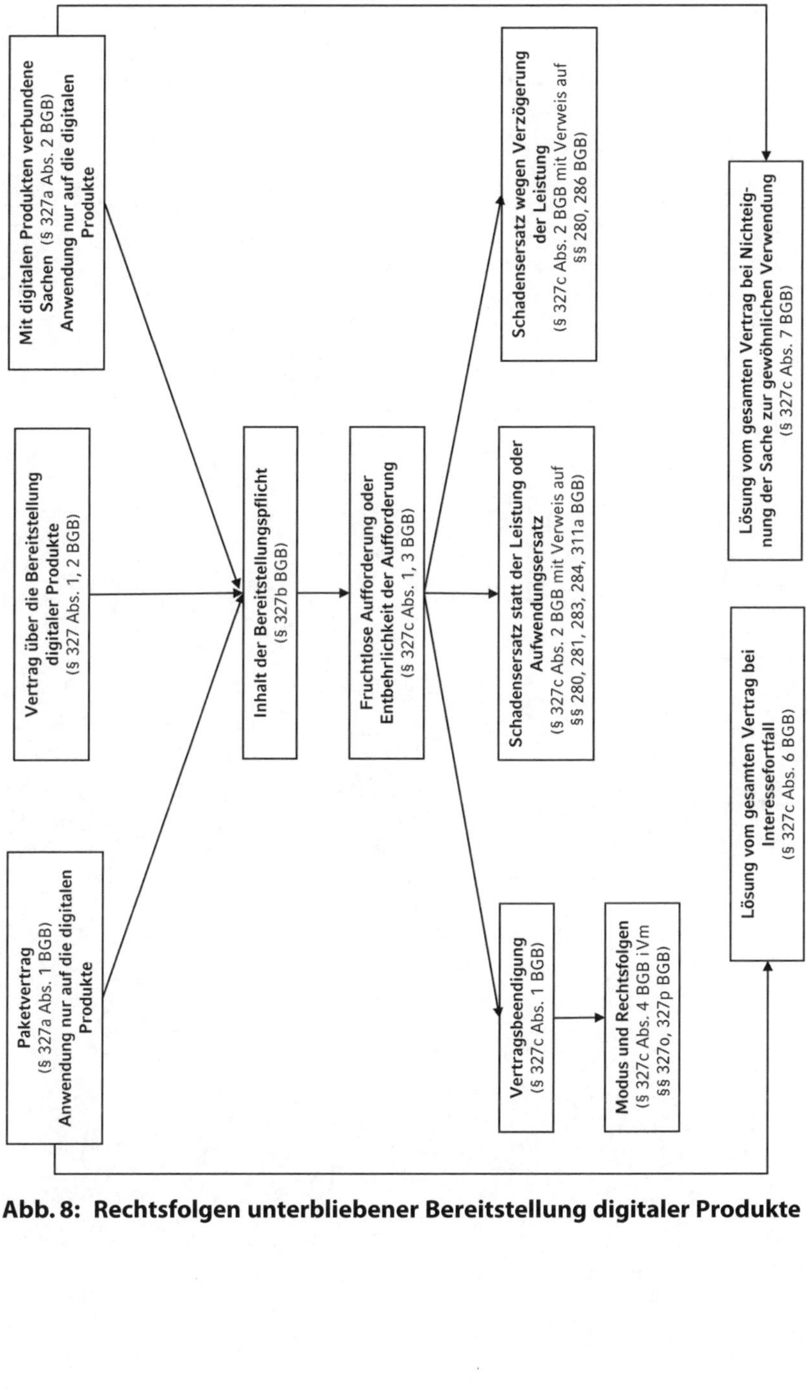

Abb. 8: Rechtsfolgen unterbliebener Bereitstellung digitaler Produkte

6. Teil. Die Beendigung von Schuldverhältnissen

§ 47. Überblick

Literatur: Hellwege, Die Rückabwicklung gegenseitiger Verträge als einheitliches Problem, 2004; D. Kaiser, Die Rückabwicklung gegenseitiger Verträge wegen Nicht- und Schlechterfüllung nach BGB, 2000; Kohler, Die gestörte Rückabwicklung gescheiterter Austauschverträge, 1989; Kohler, Rücktrittsrechtliche Bereicherungshaftung, JZ 2002, 682; S. Lorenz, Der Schutz vor dem unerwünschten Vertrag, 1997; Mankowski, Beseitigungsrechte, Anfechtung, Widerruf und verwandte Institute, 2003 (dazu Pawlowski AcP 204 (2004), 294; H. Roth JZ 2004, 725); Medicus, Die Lösung vom unerwünschten Schuldvertrag, JuS 1988, 1; Medicus, Typen der Rückabwicklung von Leistungen, JuS 1990, 689.

I. Einverständliche und einseitige Beendigung

1 Der nächstliegende Weg zur Beendigung eines Schuldverhältnisses ist die Befriedigung aller einzelnen in ihm enthaltenen Befugnisse: Die Forderungen werden erfüllt oder durch ein Erfüllungssurrogat erledigt; Rechte zur Gestaltung des Forderungsinhalts werden ausgeübt oder erlöschen durch den Wegfall ihrer Voraussetzungen.

2 An die Stelle dieser normalen Durchführung kann aber auch eine **andere Art der Abwicklung** des Schuldverhältnisses treten. Insbesondere können die Parteien durch Vertrag das Schuldverhältnis einverständlich wieder **aufheben.** Oft erzielen die Parteien jedoch keine Einigkeit über die Aufhebung des Schuldverhältnisses. Dann scheidet eine einseitige Lösung wegen der Bindung durch das Schuldverhältnis idR aus. Sie kommt nur ausnahmsweise in Betracht, nämlich wenn derjenigen Partei, die sich von dem Schuldverhältnis lösen will, ein entsprechendes **Gestaltungsrecht** (→ § 8 Rn. 6) zur Seite steht.

II. Einteilungen der Auflösungsrechte

1. Herkunft

3 Gestaltungsrechte können auf **Rechtsgeschäft** (insbesondere Vertrag) oder **Gesetz** beruhen. Vertragliche Auflösungsrechte sind der **vertraglich vereinbarte Rücktritt** (§ 346 Abs. 1 BGB) und die vertragsmäßige (ordentliche) Kündigung (zB wenn in einem Mietvertrag monatliche Kündigung vereinbart ist). Auf **Gesetz** beruhen insbesondere die **gesetzlichen Rücktrittsrechte** bei Vertragsstörungen (§§ 323, 324, 326 Abs. 5 BGB) sowie das ähnlich ausgestaltete Recht zur **Vertragsbeendigung** bei digitalen Produkten (§§ 327c Abs. 1, 327m Abs. 1 BGB) und das **Recht zur außerordentlichen Kündigung** (etwa bei Dauerschuldverhältnissen aus wichtigem Grund, vgl. § 314 BGB), ebenso das **verbraucherschützende Widerrufsrecht** (→ § 51 Rn. 1 ff.).

2. Wirkung

4 Die Einteilung der Auflösungsrechte nach ihrer Wirkung unterscheidet danach, ob die Auflösung **nur für die Zukunft** *(ex nunc)* oder auch für die **Vergangenheit** *(ex tunc)* gelten soll.

5 Nur für die **Zukunft** wirkt die **Kündigung** (→ § 52 Rn. 1 ff.). Dabei kann man weiter unterscheiden, ob die Wirkung sofort **(fristlose Kündigung)** oder erst nach einer gewissen Zeit eintreten soll **(befristete Kündigung).** Grundsätzlich ist eine Kündigung nur als befristete möglich. Wenn dem Kündigungsgegner die Rechte aus dem

Schuldverhältnis schon einseitig entzogen werden können, soll er wenigstens eine gewisse Zeit erhalten, um sich auf die neue Situation einzustellen (zB der Mieter, um sich eine neue Wohnung zu suchen, aber auch der Vermieter, der einen neuen Mieter suchen muss).

6 **Rücktritt** (→ § 49 Rn. 1 ff.) und **Widerruf** (→ § 51 Rn. 1 ff.) kommen insbesondere auch bei solchen Schuldverhältnissen vor, die keine Dauerschuldverhältnisse sind und sich folglich nicht nach Zeitabschnitten teilen lassen. Sie wirken zwar auch *ex nunc,* jedoch muss dann auch der Rückaustausch der bereits erbrachten Leistungen geregelt werden (vgl. insbesondere §§ 346–348 BGB). Ganz ähnlich wie der Rücktritt sind die **Vertragsbeendigung** bei Verbraucherverträgen über digitale Produkte (§§ 327o, 327p BGB) sowie der Widerruf (§ 355 BGB) ausgestaltet.

7 Die diesen Rückaustausch bewirkenden Ansprüche und Gegenansprüche bilden auch **ihrerseits ein Schuldverhältnis,** das sog. **Rückgewährschuldverhältnis.** Daher beendet der Rücktritt das ursprüngliche Schuldverhältnis nur, wenn noch keine Leistungen ausgetauscht wurden. Andernfalls gestaltet er das Schuldverhältnis in ein **Rückgewährschuldverhältnis** um (§ 346 Abs. 1 BGB, ebenso die Vertragsbeendigung bei Verbraucherverträgen über digitale Produkte, s. § 327o Abs. 2 S. 1 BGB sowie § 355 Abs. 3 S. 1 BGB für den Widerruf).

Hiervon zu unterscheiden ist die **Anfechtung des Vertrags,** auf dem das Schuldverhältnis beruht. Eine solche Anfechtung (zB nach §§ 119, 123 BGB) wirkt zurück (§ 142 Abs. 1 BGB). Sie verwandelt nicht lediglich die Richtung des Schuldverhältnisses, sondern entzieht ihm seine rechtsgeschäftliche Geltungsgrundlage und vernichtet es so. Hier kann daher der Rückaustausch der schon erbrachten Leistungen nur durch ein neues gesetzliches Schuldverhältnis bewirkt werden. Das ist der **Bereicherungsausgleich** nach §§ 812 ff. BGB.

§ 48. Der Aufhebungsvertrag

I. Zulässigkeit, praktische Bedeutung und dogmatischer Charakter

1 Die Vertragsfreiheit beinhaltet auch, dass die Vertragsparteien eines schuldrechtlichen Vertrags diesen grds. jederzeit einverständlich aufheben können. Das ergibt sich, obwohl dort nur von der „Änderung des Inhalts eines Schuldverhältnisses" die Rede ist, aus § 311 Abs. 1 BGB. Das gilt iRd Privatautonomie grds. uneingeschränkt, solange der Vertrag keine rechtlichen Auswirkungen auf Dritte hat (s. § 328 Abs. 2 BGB).[1] Praktische Bedeutung hat der Aufhebungsvertrag vor allem bei Dauerschuldverhältnissen, insbesondere im **Arbeitsrecht** und im **Mietrecht.** Denn wenn die gesetzlichen Voraussetzungen für die einseitige Beendigung des Schuldverhältnisses durch Kündigung nicht vorliegen, werden die Parteien häufig versuchen, sich (uU gegen eine Gegenleistung) auf die Aufhebung des Vertragsverhältnisses zu einigen.

Verträge, die Bestandteil von **Verfügungsgeschäften** sind (die dingliche Einigung nach §§ 873, 925, 929 BGB, aber auch ein Forderungserlass, § 397 BGB) können nicht mehr einverständlich aufgehoben werden, wenn das Verfügungsgeschäft vollzogen ist. Ist der Eigentumserwerb durch Eintragung in das Grundbuch (§§ 873, 925 BGB) oder Übergabe (§ 929 BGB) vollendet, ist die Rückübertragung des Eigentums nur durch einen **erneuten Übertragungsakt** möglich. Vor diesem Zeitpunkt ist eine vertrag-

[1] S. aber BGH NJW 2012, 48 Rn. 11: Aufhebung eines Vertrags zwischen einem Spielcasino und einem Spieler über eine „Selbstsperre" des Spielers als zum Schadensersatz verpflichtende Pflichtverletzung des Spielcasinos.

liche Aufhebung möglich (die Einigung nach § 929 BGB ist bis zur Übergabe ohnehin auch einseitig widerruflich). Eine erlassene Forderung kann nur wiederbegründet werden.

Da der Aufhebungsvertrag den Vertrag unmittelbar aufhebt, ist er ein (schuldrecht- 2
liches) **Verfügungsgeschäft.**[2] Ihm kann ein Verpflichtungsgeschäft zugrunde liegen (also eine vertragliche Verpflichtung, einen Vertrag aufzuheben). Auch eine **gesetzliche Verpflichtung** zum Abschluss eines Aufhebungsvertrags ist denkbar. So kann sich insbesondere über eine vorvertragliche Pflichtverletzung iSv § 311 Abs. 1 BGB, § 241 Abs. 2 BGB (etwa die Verletzung einer vorvertraglichen Aufklärungspflicht) im Wege des Schadensersatzes (Naturalrestitution nach § 249 Abs. 1 BGB) eine Verpflichtung zur Vertragsaufhebung ergeben, dazu → § 54 Rn. 9.

II. Vertragsschluss, Form

Der Aufhebungsvertrag ist ein gewöhnlicher Konsensualvertrag, der durch zwei über- 3
einstimmende Willenserklärungen zustande kommt.

Für die **Form** des Aufhebungsvertrags gelten, sofern nicht Sonderregelungen ein- 4
greifen (so § 623 BGB für arbeitsrechtliche Aufhebungsverträge), die allgemeinen Regelungen. Damit bedarf ein Aufhebungsvertrag **nicht zwingend der Form des aufgehobenen Vertrags** selbst. Beschränkt er sich auf die **bloße Vertragsaufhebung** und enthält selbst keine weiteren schuldrechtlichen Verpflichtungen, ist er auch formlos wirksam.

Die Aufhebung eines Grundstückskaufvertrags ist nur dann gem. § 311b Abs. 1 BGB formbedürftig, wenn **der Aufhebungsvertrag selbst** eine Partei dazu verpflichtet, Eigentum an einem Grundstück zu übertragen oder zu erwerben. Ist der Vertrag noch nicht vollzogen, begründet der Aufhebungsvertrag eine solche Verpflichtung nicht (sondern hebt eine solche nur auf), so dass er nicht der notariellen Form bedarf. Ist der Kaufvertrag bereits vollzogen, bedarf er dieser Form, wenn er selbst zugleich eine (ggf. konkludente vereinbarte) **Verpflichtung zur Rückübereignung** des Grundstücks enthält. Begnügen sich die Parteien in einem solchen Fall lediglich mit der Vertragsaufhebung und der Folge, dass sich eine Rückgewährpflicht dann aus dem Gesetz ergibt (§ 812 Abs. 1 S. 2 BGB), ist der Aufhebungsvertrag ebenfalls formlos gültig. Das wäre allerdings angesichts der zB in § 818 Abs. 3 BGB begründeten typischen „Schwäche" des Bereicherungsanspruchs interessenwidrig. Im Regelfall werden die Parteien daher im Aufhebungsvertrag (auch konkludent) vertragliche Rückgewähransprüche vereinbaren, sodass § 311b Abs. 1 BGB eingreift.[3]

III. Rechtsfolgen

Anders als der nur eine einzelne Forderung zum Erlöschen bringende **Erlassvertrag** 5
und das negative Schuldanerkenntnis (§ 397 BGB, dazu → § 25 Rn. 5) führt der Aufhebungsvertrag zum Erlöschen des **gesamten vertraglichen Schuldverhältnisses.** Weitere Einzelheiten müssen dem **Aufhebungsvertrag** selbst im Wege der Auslegung entnommen werden. Die Parteien des Vertrags bestimmen, ob die Aufhebung nur für die Zukunft oder auch für die Vergangenheit gelten soll und wie ggf. die schon ausgetauschten Leistungen zurückgewährt werden sollen. Regeln sie Letzteres nicht, ergeben sich Rückgewähransprüche aus Bereicherungsrecht (Leistungskondiktion, § 812 Abs. 1 S. 2 BGB).

[2] S. dazu Köhler BGB AT § 5 Rn. 13.
[3] S. dazu BGHZ 127, 168 = NJW 1994, 3346.

§ 49. Der Rücktritt

Literatur: Faust, Haftung bei Störungen im Rückgewährschuldverhältnis, JuS 2009, 481; Gaier, Das Rücktritts(folgen)recht nach dem Schuldrechtsmodernisierungsgesetz, WM 2002, 1; Hager, Der Wert- und Schadensersatzanspruch beim Rücktritt, FS Musielak, 2004, 195; Kaiser, Die Rechtsfolgen des Rücktritts in der Schuldrechtsreform, JZ 2001, 1057; Kamanabrou, Haftung des Rücktrittsberechtigten bei Untergang der empfangenen Leistung, NJW 2003, 30; Kemmeries, Das Rückgewährschuldverhältnis nach Rücktritt vom Vertrag, 2005; Köhler, Der Leistungsort bei Rückgewährschuldverhältnissen, FS Heinrichs, 1998, 367; S. Lorenz, Grundwissen Zivilrecht: Rechtsfolgen von Rücktritt und Widerruf, JuS 2011, 871 (bzgl. Widerruf veraltet); Martens, Nutzungsherausgabe und Wertersatz beim Rücktritt, AcP 210 (2010), 689; G. Wagner, Mortuus Redhibetur im neuen Schuldrecht?, FS U. Huber, 2006, 591.

I. Anwendungsbereich und Bedeutung der §§ 346 ff. BGB

1 Die §§ 346 ff. BGB regeln, wie schon der Eingangssatz von § 346 Abs. 1 BGB zeigt („Hat sich eine Vertragspartei vertraglich den Rücktritt vorbehalten oder steht ihr ein gesetzliches Rücktrittsrecht zu …"), nicht die Voraussetzungen, sondern die **Art und Weise** der Ausübung eines **gesetzlichen** oder **vertraglichen Rücktrittsrechts** sowie deren **Rechtsfolgen.** Die praktische Bedeutung dieser Regelungen ist erheblich. Dies ergibt sich einmal daraus, dass das Rücktrittsrecht durch die Vereinheitlichung des Leistungsstörungsrechts im Allgemeinen Teil des Schuldrechts zum zentralen Vertragsauflösungstatbestand für nicht zu vertretende Leistungsstörungen geworden ist (§§ 323, 324, 326 Abs. 5 BGB), zum anderen dadurch, dass zahlreiche Normen hinsichtlich der Rückerstattung erbrachter Leistungen auf die §§ 346 ff. BGB verweisen (s. dazu den **grafischen Überblick** bei → Rn. 39).

Gesetzliche Rücktrittsrechte räumen ein: § 313 Abs. 3 BGB **(Geschäftsgrundlage),** § 321 Abs. 2 BGB **(Unsicherheitseinrede),** §§ 323, 326 Abs. 5 BGB, §§ 437, 634 BGB (**Nicht- und Schlechtleistung, Teilunmöglichkeit** und **qualitative Unmöglichkeit**), § 324 BGB **(Verletzung einer Nebenpflicht),** § 438 Abs. 4 S. 3 BGB, § 634a Abs. 4 S. 3 BGB **(Rücktrittseinrede des Käufers/Bestellers). Verweisungen** auf die §§ 346 ff. BGB enthalten: § 281 Abs. 5 BGB (Rückerstattung erbrachter Leistungen beim **Schadensersatz statt der ganzen Leistung**), § 326 Abs. 4 BGB (Rückerstattung erbrachter Leistungen bei **Wegfall der Gegenleistungspflicht** wegen Unmöglichkeit), § 439 Abs. 6 S. 1 BGB, § 635 Abs. 4 BGB (Rückerstattungsanspruch des Verkäufers/Werkunternehmers hinsichtlich der mangelhaften Sache bei Nacherfüllung durch Lieferung einer mangelfreien Sache/Herstellung eines neuen Werks), § 628 Abs. 1 S. 3 BGB für die Rückzahlung vorausbezahlten Dienstlohns nach Kündigung; § 441 Abs. 3 BGB, § 638 Abs. 4 BGB, § 651m Abs. 2 BGB für die Rückerstattung zu viel gezahlten Kaufpreises/Werklohns/Reisepreises nach **Minderung.** Auch im Öffentlichen Recht finden sich Verweisungen auf die §§ 346 ff. BGB (so etwa in § 28 Abs. 3 BauGB, § 51 Abs. 4 BauGB).

II. Ausübung des Rücktrittsrechts

2 Gemäß § 349 BGB wird der Rücktritt durch **Erklärung** gegenüber dem anderen Teil ausgeübt. Mehrere Beteiligte auf einer Seite können das Rücktrittsrecht nur einheitlich ausüben (§ 351 BGB). Die Rücktrittserklärung ist damit eine **empfangsbedürftige Willenserklärung** und zugleich ein **einseitiges, gestaltendes Rechtsgeschäft.** Damit ist sie grds. **bedingungs- und befristungsfeindlich.** Die Rücktrittserklärung ist nach ihrem Zugang auch unwiderruflich.[1] Ob der Rücktrittsberechtigte sein Rücktrittsrecht ausübt, bleibt ihm überlassen. Lediglich für **vertragliche Rücktrittsrechte** sieht § 350 BGB die Möglichkeit einer **Fristsetzung des Rücktrittsgegners** zur Ausübung des Rücktrittsrechts vor. Ein einseitiger (auch konkludenter) Verzicht

[1] Zu den diskutierten Ausnahmen s. MüKoBGB/Gaier § 349 Rn. 6 mwN.

auf ein Rücktrittsrecht ist möglich, auch kann im Einzelfall Verwirkung (§ 242 BGB) eintreten.[2]

Da das Rücktrittsrecht ein **Gestaltungsrecht** und kein Anspruch iSv § 194 Abs. 1 BGB ist, unterliegt es auch nicht unmittelbar den Verjährungsregeln der §§ 194 ff. BGB. Für den wichtigsten Fall der §§ 323, 326 Abs. 5 BGB hat der Gesetzgeber über § 218 Abs. 1 BGB indirekt für eine Ankoppelung des Rücktrittsrechts an das Verjährungsrecht gesorgt (s. auch § 438 Abs. 4 BGB, § 634a Abs. 4 BGB): Der Rücktritt ist **unwirksam,** wenn der ihm zugrunde liegende nicht oder schlecht erfüllte Anspruch verjährt ist und sich der Schuldner hierauf beruft. 3

§ 218 Abs. 1 BGB spielt dabei aber nur in besonderen Konstellationen eine Rolle: War der Anspruch des Gläubigers bereits **vor Ausübung des Rücktrittsrechts** verjährt und hatte der Schuldner sich auf die Verjährung berufen, bestand schon anfänglich mangels Durchsetzbarkeit des Anspruchs kein Rücktrittsrecht des Gläubigers (→ § 37 Rn. 6). Eine erst **nach Erklärung des Rücktritts** eingetretene Verjährung des Leistungsanspruchs hat demgegenüber keine Auswirkungen auf die Bestandskraft des wirksam erklärten Rücktritts. Die infolge der Ausübung des Rücktrittsrechts entstandenen Rückgewähransprüche aus §§ 346 ff BGB unterliegen vielmehr der Regelverjährung §§ 194 ff. BGB.[3] § 218 Abs. 1 BGB spielt damit nur dann eine Rolle, wenn zwar der Anspruch des Gläubigers bei der **Rücktrittserklärung** bereits verjährt war, der Schuldner sich aber erstmals nach der Rücktrittserklärung auf die Verjährung des zugrundeliegenden Anspruchs beruft. Aufgrund des Rücktritts bereits erfolgte Rückabwicklungen sind dann aber nach § 218 Abs. 2 BGB iVm § 214 Abs. 2 BGB nicht erneut zurückzuerstatten.

III. Rechtsfolgen

1. Befreiungswirkung

Mit Ausübung des Rücktrittsrechts erlischt das Schuldverhältnis endgültig (Ausnahme: § 352 BGB). Die Primärleistungspflichten erlöschen ohne Rückwirkung *(ex nunc).* 4

In dieser Funktion ist der Rücktritt eine rechtsvernichtende **Einwendung,** dh ein Abwehrmittel gegen einen erhobenen Anspruch. Im Klausuraufbau ist der Rücktritt dann als **Erlöschensgrund** des Anspruchs zu prüfen.

Damit bleiben insbesondere **Schadensersatzansprüche wegen einer Pflichtverletzung** aus dem erloschenen Schuldverhältnis, wie etwa ein bereits entstandener Anspruch auf Ersatz eines Nutzungsausfallschadens, bestehen.[4] Auch Schadensersatz statt der Leistung ist durch den Rücktritt nicht ausgeschlossen (s. § 325 BGB). 5

2. Das Rückgewährschuldverhältnis

a) Rückgewähr *in natura* (§ 346 Abs. 1 BGB)

aa) Gegenstand der Rückgewähr. Sind bereits Leistungen ausgetauscht, hebt der Rücktritt das Schuldverhältnis nicht auf, sondern wandelt es in ein **Rückgewährschuldverhältnis** um.[5] Nach § 346 Abs. 1 BGB haben sich die Parteien die **empfangenen Leistungen** zurückzugewähren sowie die **tatsächlich gezogenen Nutzungen** (wozu nach § 100 BGB nicht nur die „Früchte" iSv § 99 BGB, sondern auch die Gebrauchsvorteile zählen) herauszugeben. Konkurrierende Bereicherungsansprüche kommen nicht in Betracht (→ Rn. 31). 6

---

[2] S. dazu BGH NJW 2002, 669.

[3] BGH NJW 2007, 674 Rn. 34 ff.

[4] Zum Nutzungsausfallschaden s. BGH NJW 2008, 911 mAnm Gsell.

[5] BGH NJW 2008, 911 Rn. 10.

§ 346 Abs. 1 BGB ist damit die zentrale **Anspruchsgrundlage des Rücktrittsrechts.** Das Entstehen eines Anspruchs setzt danach voraus, dass dem Gläubiger ein Rücktrittsrecht zusteht und er dieses auch (durch Erklärung, § 349 BGB) wirksam ausgeübt hat („im Falle des Rücktritts").

7 Gegenstand der Rückgewährpflicht sind die **tatsächlich empfangenen Leistungen.** Hatte der Rückgewährgläubiger einen anderen als den geschuldeten Gegenstand an Erfüllungs statt geleistet, hat der Rückgewährschuldner auch nur diesen zurückzugewähren.

Hat der Käufer eines Kfz beim Händler seinen Gebrauchtwagen „in Zahlung gegeben" (= Leistung an Erfüllungs statt, § 364 Abs. 1 BGB), so kann er im Falle des Rücktritts (neben dem tatsächlich gezahlten Kaufpreis) auch nur diesen zurückverlangen. Ist das Gebrauchtfahrzeug bereits weiterveräußert, hat der Händler nach § 346 Abs. 2 S. 1 Nr. 2 BGB Wertersatz zu leisten.[6]

8 **bb) Leistungsort.** Eine nahezu unübersehbare Meinungsvielfalt besteht bei der Frage des **Leistungsorts** (§ 269 BGB) für die Rückgewährverpflichtung.[7] In der Rspr. wird wohl überwiegend die Ansicht vertreten, dass bei gesetzlichen Rücktrittsrechten aufgrund von Leistungsstörungen Leistungsort nicht der ursprüngliche Leistungsort, sondern einheitlich (dh für die Verpflichtungen beider Parteien) der Ort ist, an dem sich der zurückzugewährende Gegenstand **„vertragsgemäß" befindet.**[8] Bei **vertraglichen Rücktrittsrechten** soll hingegen der Leistungsort der ursprünglichen vertraglichen Verpflichtung maßgebend sein.[9] Für den kaufrechtlichen Nacherfüllungsanspruch, der nach § 439 Abs. 6 BGB bei Neulieferung ebenfalls eine Rückgewähr der mangelhaften Sache nach Maßgabe der §§ 346 ff. BGB vorsieht, steht der BGH auf dem (zutreffenden) Standpunkt, dass sich der Leistungsort nach der allgemeinen Regelung des § 269 BGB bestimmt.[10] Es ist daher weder ohne Weiteres auf den ursprünglichen Leistungsort der zurückzugewährenden Leistung noch auf das zweifelhafte Kriterium der „vertragsgemäßen Belegenheit" abzustellen (im Vertrag wird kaum je bestimmt werden, wo die gelieferte Sache später belegen sein soll). Damit ist Leistungsort der Rückgewährverpflichtung der **Wohnsitz** bzw. die **Niederlassung des jeweiligen Rückgewährschuldners,** sofern sich nicht aus dem Vertrag oder der „Natur des Schuldverhältnisses" etwas anderes ergibt (§ 269 Abs. 1, 2 BGB). Diese zutreffende Sichtweise ist auch auf den Leistungsort der Rückgewährverpflichtungen nach einem Rücktritt übertragbar.[11] Auch er ist selbstständig nach § 269 BGB zu bestimmen. Somit ist vorrangig zu prüfen, ob sich aus den vertraglichen Abreden eine (ggf. konkludente) Vereinbarung des Leistungsorts für eine Rückabwicklung ergibt.[12] Ist eine solche Vereinbarung nicht festzustellen, ist nach § 269 Abs. 1 BGB maßgeblich, ob sich ein Leistungsort für die beiderseitigen Rückerstattungspflichten aus der „Natur des Schuldverhältnisses" ergibt.[13] Führt auch das nicht weiter, ist nach

[6] BGHZ 128, 111 = NJW 1995, 518; 2008, 2028.
[7] S. nur die Nachw. bei MüKoBGB/Gaier § 346 Rn. 96 sowie bei MüKoBGB/Krüger § 269 Rn. 42.
[8] BGHZ 87, 104 (110) = NJW 1983, 1479; 2011, 2278 Rn. 28; MüKoBGB/Krüger § 269 Rn. 42; BeckOGK/Beurskens BGB § 269 Rn. 54, jeweils mwN; zu Recht krit. Stöber NJW 2006, 2661.
[9] Grüneberg/Grüneberg BGB § 269 Rn. 16.
[10] S. dazu Medicus/Lorenz SchuldR BT § 7 Rn. 10.
[11] Zweifelnd BGH NJW 2011, 2278 Rn. 28.
[12] So zutr. MüKoBGB/Gaier § 346 Rn. 96.
[13] Für einen einheitlichen Leistungsort am Ort der Belegenheit der Sache für den Fall eines Rücktritts wegen Leistungsstörungen etwa MüKoBGB/Gaier § 346 Rn. 96 mwN.

§ 269 Abs. 2 BGB Leistungsort der Wohnsitz bzw. die Niederlassung des jeweiligen Rückgewährschuldners.[14]

cc) **Rücknahmepflicht.** Hat der Rückgewährschuldner ein besonderes Interesse daran, den empfangenen Gegenstand loszuwerden, welches durch die Regeln des Gläubigerverzugs nicht befriedigt wird, korrespondiert mit dem Rückgewähranspruch des anderen Teils sogar eine **Rücknahmepflicht** (am Leistungsort!), bei deren Verletzung Schadensersatzpflichten entstehen.[15] Für die kaufrechtliche Nacherfüllung ist ein solcher Rücknahmeanspruch in § 439 Abs. 6 S. 2 BGB nunmehr ausdrücklich geregelt. 9

b) Wertersatz (§ 346 Abs. 2 BGB)

§ 346 Abs. 2 BGB nennt drei Fälle, in welchen der Schuldner anstelle der Rückgewähr *in natura* Wertersatz zu leisten hat. Trotz der Auflistungstechnik ist die Aufzählung aber nicht abschließend. In der Regelung kommt vielmehr ein **allgemeiner Rechtsgedanke** des Inhalts zum Ausdruck, dass der Rückgewährschuldner in allen Fällen, in denen ihm die Rückgewähr der empfangenen Leistung unmöglich ist, zum Wertersatz verpflichtet ist.[16] Aus dieser Regelung ergibt sich zugleich, dass der Rücktrittsberechtigte grds. auch dann zum Rücktritt berechtigt sein soll, wenn er zur Rückgewähr der selbst empfangenen Leistung außerstande ist. 10

Nach § 346 Abs. 2 S. 1 Nr. 1 BGB ist Wertersatz zu leisten, soweit die Rückgewähr bzw. Herausgabe nach der **Natur des Erlangten** ausgeschlossen ist. Dies betrifft insbesondere **unkörperliche Leistungen** wie etwa Gebrauchsüberlassungen, Werk- und Dienstleistungen. Auch nach § 346 Abs. 1 BGB herausgabepflichtige Nutzungen sind häufig als solche nicht herausgabefähig. Das gilt insbesondere für die **Gebrauchsvorteile** (die gem. § 100 BGB zu den Nutzungen gehören). 11

Nach § 346 Abs. 2 S. 1 Nr. 2 BGB ist weiter anstelle der Rückerstattung Wertersatz zu leisten, soweit der Rückgewährschuldner den empfangenen Gegenstand **verbraucht, veräußert, belastet, verarbeitet** oder **umgestaltet** hat. Gleiches gilt nach § 346 Abs. 2 S. 1 Nr. 3 BGB, soweit der empfangene Gegenstand sich verschlechtert hat oder untergegangen ist, wobei die „durch die bestimmungsgemäße Ingebrauchnahme entstandene Verschlechterung" außer Betracht bleibt. Solche Wertverluste hat damit grds. der Rücktrittsgläubiger zu tragen, was allerdings teilweise durch den Anspruch auf Nutzungsersatz kompensiert wird. 12

Durch diese Einschränkung werden insbesondere Wertminderungen durch **normalen Verschleiß** ausgeschlossen, da diese ja durch den Anspruch auf Nutzungsersatz kompensiert werden und nicht doppelt zugunsten des Gläubigers berücksichtigt werden sollen. Von Bedeutung ist die Regelung aber auch für die durch bloße Ingebrauchnahme bewirkte Wertminderung, die zB ein Kfz durch die bloße Tatsache seiner Erstzulassung erleidet. **Beschädigungen** des zurückzugewährenden Gegenstandes fallen hingegen **nicht** unter den „bestimmungsgemäßen Gebrauch", selbst wenn sie bei einem solchen gelegentlich vorkommen.

Besonders kontrovers wird im Zusammenhang mit § 346 Abs. 2 S. 2 Nr. 2, 3 diskutiert, ob vorrangig vor dem Wertersatzanspruch eine Verpflichtung des Rückgewährschuldners zur **Wiederbeschaffung** bzw. **Reparatur** des zurückzugewähren- 13

[14] MüKoBGB/Gaier § 346 Rn. 96.
[15] BGHZ 87, 104 = NJW 1983, 1479.
[16] BGH NJW 2008, 2028 Rn. 22; 2009, 63 Rn. 18.

den Gegenstandes oder zu einer **Beseitigung der Belastung** besteht. Nach der wohl überwiegenden Ansicht[17], der sich auch der BGH angeschlossen hat[18], soll die Wertersatzpflicht erst dann an die Stelle der Herausgabepflicht treten, wenn der Rückgewährschuldner nach Maßgabe von § 275 Abs. 1, 2 BGB von der Pflicht zur Wiederbeschaffung bzw. Wiederherstellung befreit ist. Der Wegfall der Rückgewährverpflichtung *in natura* nach § 275 BGB ist danach also ungeschriebene Tatbestandsvoraussetzung von § 346 Abs. 2 S. 1 Nr. 2 BGB.[19]

14 Nach der (zutreffenden) Gegenansicht führen Veräußerung, Belastung, Umgestaltung und Beschädigung unabhängig von der Möglichkeit ihrer Beseitigung **nur zu einer Wertersatzpflicht** des Rückgewährschuldners, dem jedoch nach § 242 BGB die Befugnis einzuräumen ist, sich durch Wiederbeschaffung, Beseitigung der Belastung, Rückgängigmachung der Umgestaltung bzw. Reparatur und Rückgewähr von der Wertersatzpflicht zu befreien.[20] Für diese Ansicht spricht neben dem Wortlaut der Wertersatztatbestände, die lediglich auf die Tatsache der Veräußerung, Belastung, Umgestaltung oder Verschlechterung, nicht aber auf Unmöglichkeit abstellen, dass ein vom Vertretenmüssen unabhängiger Anspruch auf Wiederherstellung im Falle der Beschädigung des zurückzugewährenden Gegenstands den sogleich zu erörternden Privilegierungstatbestand des § 346 Abs. 3 S. 1 Nr. 3 BGB in Frage stellt. Die Befreiung von der Wertersatzpflicht im Falle der Beschädigung wäre weitestgehend aufgehoben, wenn ein vorrangiger Anspruch auf Wiederherstellung bestünde.[21] Letzteres erkennt auch der BGH an, indem er im Falle der **Beschädigung** des zurückzugewährenden Gegenstandes dem Rückgewährschuldner **keine** verschuldensunabhängige Pflicht zur Reparatur auferlegt, weil dies einer vom Gesetz nicht vorgesehenen verschuldensunabhängigen Schadensersatzpflicht im Wege der Naturalrestitution gleichkäme. Insoweit bleibt es also nach allen vertretenen Ansichten bei einem Wertersatzanspruch nach § 346 Abs. 2 S. 1 Nr. 3 BGB, der ggf. nach § 346 Abs. 3 S. 1 Nr. 3 BGB entfallen kann (→ Rn. 21).[22]

15 Unabhängig von der Frage, ob im Falle der Weiterveräußerung der Rückgewährschuldner erst unter den Voraussetzungen von § 275 Abs. 1, 2 BGB (Unmöglichkeit der Wiederbeschaffung) zum Wertersatz nach § 346 Abs. 2 S. 1 Nr. 2 BGB verpflichtet ist, ist auf den Rückerstattungsanspruch jedenfalls § 285 BGB anzuwenden, dh ein **Surrogat** ist herauszugeben (→ § 35 Rn. 2 ff.). Hat der Rückgewährschuldner also etwa den zurückzuerstattenden Gegenstand veräußert, so kann der Gläubiger anstelle oder unter Anrechnung des Wertersatzes **den erzielten Erlös herausverlangen.**[23] Das ist insbesondere dann von Interesse, wenn der Kaufpreis, der nach § 346

[17] Canaris, Schuldrechtsmodernisierung, 2002, S. XXXVII; Schwab JuS 2002, 630 (631); BeckOK BGB/H. Schmidt § 346 Rn. 53; weitere Nachw. bei Grüneberg/Grüneberg BGB § 346 Rn. 8a.

[18] BGH NJW 2009, 63.

[19] BGH NJW 2009, 63 Rn. 16 f.; 2015, 3786 Rn. 24; BeckRS 2021, 11170 Rn. 10; zust. Looschelders SchuldR AT § 40 Rn. 13.

[20] S. etwa MüKoBGB/Gaier § 346 Rn. 104 mwN; Faust JuS 2009, 481 (482 f.); Kohler JuS 2013, 769 (771).

[21] S. Lorenz NJW 2005, 1889 mwN.

[22] BGH NJW 2009, 63 Rn. 23.

[23] Vgl. die Begr. des RegE zum Schuldrechtsmodernisierungsgesetz BT-Drs. 14/6040, 194; MüKoBGB/Gaier § 346 Rn. 116; Witt NJW 2009, 1070 f.; S. Lorenz NJW 2015, 1725, jeweils mwN; aA Staudinger/Caspers, 2025, BGB § 285 Rn. 13; Linardatos/Russmann JURA 2013, 861 ff.; offen gelassen von BGH NJW 2015, 1748.

Abs. 2 S. 2 BGB für die Höhe des Wertersatzes maßgeblich ist, geringer ist als der vom Rückgewährschuldner erzielte Erlös.

Beispiel: V hat K zum Preis von 8.000 EUR ein Klavier gekauft und übereignet. Anschließend verkauft und übereignet K das Klavier für 9.000 EUR an D. Nachdem K den Kaufpreis an V nicht bezahlt, tritt V (wirksam) nach § 323 Abs. 1 BGB vom Vertrag zurück. D ist nicht bereit, das Klavier herauszugeben. Damit liegt in Bezug auf den Rückgewähranspruch des V aus § 346 Abs. 1 BGB (subjektive) Unmöglichkeit iSv § 275 Abs. 1 BGB vor. V kann daher nach § 285 BGB von K den erzielten Erlös iHv 9.000 EUR verlangen.

Die **Höhe des Wertersatzes** richtet sich gem. § 349 Abs. 2 S. 2 BGB primär nach der im Vertrag bestimmten **Gegenleistung.** Damit will der Gesetzgeber das auf der Entgeltabrede des rückabzuwickelnden Vertrags beruhende Verhältnis von Leistung und Gegenleistung (sog. subjektive Äquivalenz) aufrechterhalten. Wenn also bei einem Kaufvertrag der Wert der Sache höher war als der vereinbarte Kaufpreis, behält der Käufer iRd Wertersatzes den Gewinn aus dem Vertrag, wenn er die Sache weiterveräußert hat und deshalb außerstande ist, sie *in natura* zurückzugewähren. Das gilt auch, wenn der Verkäufer nach § 323 Abs. 1 BGB wegen Zahlungsverzugs des Käufers zurücktritt.[24] Ein „Schnäppchen" bleibt also auch bei der Rückabwicklung ein „Schnäppchen", wenn dessen Wert zu ersetzen ist. Allerdings bleibt dem Verkäufer die Möglichkeit, einen Veräußerungserlös des Käufers nach § 285 BGB herauszuverlangen. War die Leistung mangelhaft, ist ein entsprechend geminderter Wert zugrunde zu legen (analoge Anwendung von § 441 Abs. 3 BGB bzw. § 638 Abs. 3 BGB).[25] 16

Aus der Wertersatzpflicht des Rückgewährschuldners ergibt sich, dass dieser grds. (dh vorbehaltlich der sogleich zu erörternden Regelung in § 346 Abs. 3 BGB) die Gefahr des **zufälligen Untergangs** oder der **zufälligen Verschlechterung** des Leistungsgegenstandes trägt. Beides befreit ihn nur von der Herausgabe in Natur, nicht aber vom Wertersatz. 17

c) Die Privilegierung des Rückgewährschuldners (§ 346 Abs. 3 BGB)

§ 346 Abs. 3 S. 1 Nr. 1–3 BGB sehen in bestimmten Fällen Ausnahmen einer Wertersatzpflicht des Rückgewährschuldners vor. Dies hat bei der Rückabwicklung gegenseitiger Verträge zur Folge, dass er zwar die selbst erbrachte Leistung oder deren Wert zurückfordern kann, selbst aber nichts zurückerstatten muss. § 346 Abs. 3 S. 1 BGB ist damit (ua) eine **Gefahrtragungsregelung.** 18

aa) Verarbeitung und Umbildung (§ 346 Abs. 3 S. 1 Nr. 1 BGB). Nach § 346 Abs. 3 S. 1 Nr. 1 BGB entfällt die Pflicht zum Wertersatz, wenn sich der zum Rücktritt berechtigende Mangel erst während der Verarbeitung oder Umgestaltung des Gegenstandes gezeigt hat. Dem Fall der **Verarbeitung** ist dabei derjenige des **Verbrauchs** im Wege der Analogie gleichzustellen.[26] 19

bb) Verantwortlichkeit des Gläubigers und fehlende Kausalität (§ 346 Abs. 3 S. 1 Nr. 2 BGB). Nach § 346 Abs. 3 S. 1 Nr. 2 BGB ist der Rückgewährschuldner weiter von der Wertersatzpflicht befreit, soweit der Rücktrittsgläubiger die Ver- 20

---

[24] BGHZ 178, 355 = NJW 2009, 1068 Rn. 14 mAnm Witt; S. Lorenz in Karlsruher Forum 2005, 94; aA Canaris FS Wiedemann, 2002, 3 (22 f.).

[25] Ganz hM, s. nur BGH NJW 2011, 3085 Rn. 11 mwN.

[26] Staudinger/Kaiser/Sittmann-Haury, 2022, BGB § 346 Rn. 157; MüKoBGB/Gaier § 346 Rn. 120; Looschelders SchuldR AT § 40 Rn. 20.

schlechterung oder den Untergang „zu vertreten hat" oder der Schaden bei ihm gleichfalls eingetreten wäre. Mit „Vertretenmüssen" ist dabei nicht nur der Sorgfaltsmaßstab der wie im Fall von § 323 Abs. 6 BGB und § 326 Abs. 2 BGB analog anzuwendenden §§ 276, 278 BGB (→ § 35 Rn. 30 ff.), sondern darüber hinaus **jede Verantwortlichkeit** des Gläubigers gemeint. Es kommt also darauf an, ob die Ursache für den Untergang aus der **Sphäre des Rückgewährgläubigers** stammt. Damit ist insbesondere der Fall des **Untergangs aufgrund eines Sachmangels** erfasst.[27] Da die Wertersatzpflicht jedoch nur wegfällt, „soweit" die Verantwortlichkeit des Gläubigers reicht, ist eine evtl. **Mitverantwortung** des Rückgewährschuldners ebenfalls zu berücksichtigen (ohne dass es hierfür einer analogen Anwendung von § 254 BGB bedarf). Ein Beispiel für einen Fall, in welchem der Schaden beim Gläubiger gleichfalls eingetreten wäre, ist etwa die behördliche Beschlagnahme des Gegenstandes.[28]

21 **cc) Privilegierung des Berechtigten beim gesetzlichen Rücktrittsrecht (§ 346 Abs. 3 S. 1 Nr. 3 BGB).** Die praktisch bedeutendste und rechtspolitisch sicher umstrittenste Privilegierung enthält § 346 Abs. 3 S. 1 Nr. 3 BGB für den Berechtigten eines **gesetzlichen Rücktrittsrechts.** Dieser ist von der Wertersatzpflicht trotz der bei ihm eingetretenen Verschlechterung oder dem bei ihm eingetretenen Untergang des Gegenstandes befreit, wenn er dabei die **eigenübliche Sorgfalt** (→ § 30 Rn. 21) gewahrt hat. Der Rücktrittsgegner trägt damit nicht nur die Gefahr des zufälligen Untergangs bzw. der zufälligen Verschlechterung, sondern uU auch diejenige des durch einfache Fahrlässigkeit des Rücktrittsberechtigten verursachten Untergangs (§ 277 BGB). Ein etwaiges **Surrogat** (zB ein Schadensersatzanspruch gegen den Dritten, der die Sache beschädigt oder zerstört hat oder ein Anspruch gegen eine Sachversicherung) ist aber nach § 285 BGB herauszugeben.

22 Im Falle des Rücktritts des Käufers wegen eines **Sachmangels** (§ 437 Nr. 2 BGB, §§ 323, 326 Abs. 5 BGB) springt somit die zunächst auf den Käufer übergegangene Gefahr (§ 446 BGB) des zufälligen (mangelunabhängigen!) Untergangs der Sache auf den **Verkäufer** zurück. Darüber hinaus ist der Käufer von der Wertersatzpflicht auch dann befreit, wenn er den Gegenstand zwar schuldhaft, aber unter Wahrung der eigenüblichen Sorgfalt (und nicht grob fahrlässig, s. § 277 BGB) zerstört hat.

Beispiel: Das gekaufte Kfz wird bei einem Unfall, den der Käufer nicht zu vertreten hat, zerstört. Danach stellt sich heraus, dass es einen Sachmangel hatte (der aber nicht Ursache des Unfalls war). Hat der Käufer ein Rücktrittsrecht (nach § 437 Nr. 2 BGB, § 323 BGB oder § 326 Abs. 5 BGB iVm § 323 BGB), kann er nunmehr nach § 346 Abs. 1 BGB den Kaufpreis zurückverlangen, ist aber von der ihn eigentlich aus § 346 Abs. 2 S. 1 Nr. 3 BGB treffenden Wertersatzpflicht nach § 346 Abs. 3 S. 1 Nr. 3 BGB befreit. Hat er den Unfall fahrlässig, aber iRd eigenüblichen Sorgfalt verursacht, gilt dasselbe. In einem solchen Fall kommt es auch nicht zu einem Ausschluss des Rücktrittsrechts nach § 326 Abs. 5 BGB iVm § 323 Abs. 6 BGB, weil die Haftungsmilderung des § 346 Abs. 3 S. 1 Nr. 3 BGB zur Vermeidung von Wertungswidersprüchen auch iRv § 323 Abs. 6 BGB Beachtung finden muss (sehr str.).

23 Diese gesetzliche Regelung ist rechtspolitisch (und auch rechtsvergleichend) keineswegs selbstverständlich. Der Gesetzgeber war der Ansicht, dass das „Dilemma, von zwei schuldlosen Beteiligten einem den Verlust auferlegen zu müssen", zugunsten des Rücktrittsberechtigten gelöst werden müsse, da der Rücktritt im Falle eines gesetzlichen

[27] MüKoBGB/Gaier § 346 Rn. 122; Grüneberg/Grüneberg BGB § 346 Rn. 12; Looschelders SchuldR AT § 40 Rn. 21.

[28] BGH NJW 1997, 3164.

Rücktrittsrecht zumindest auf einer objektiven Pflichtverletzung des Rücktrittsgegners beruhe: Wer nicht ordnungsgemäß leiste, dürfe nicht darauf vertrauen, dass der Gefahrübergang auf den anderen Teil endgültig sei.[29] Für die Erstreckung der Privilegierung auf die eigenübliche Sorgfalt wird angeführt, dass der Rücktrittsberechtigte ja zunächst davon ausgehen dürfe, den erhaltenen Gegenstand behalten zu dürfen und deshalb nicht sorgsamer mit ihm umgehen muss als mit eigenen Sachen. Konsequenterweise enthalten die Regelungen über die Rückabwicklung nach Ausübung eines verbraucherschützenden Widerrufsrechts eine solche Privilegierung nicht, s. § 357 Abs. 7 BGB. Dort liegt ja auch keinerlei Pflichtverletzung seitens des Unternehmers vor.

Zu beachten ist zunächst, dass die Privilegierung auf die eigenübliche Sorgfalt nur **bis zum Zeitpunkt der Ausübung des Rücktrittsrechts** gilt. Hat der Rücktrittsberechtigte den Rücktritt erklärt, ist ein Rückgewährschuldverhältnis nach § 346 Abs. 1 BGB entstanden. Auf die (erst) ab diesem Zeitpunkt bestehende Pflicht, den empfangenen Gegenstand zurückzugewähren, sind – wie § 346 Abs. 4 BGB bestätigt – die allgemeinen Regeln über die Pflichtverletzung anwendbar. Beschädigt der Rücktrittsgegner also **nach Ausübung des Rücktrittsrechts** den empfangenen Gegenstand fahrlässig, haftet er nach § 280 Abs. 1 BGB auf Schadensersatz. Zerstört er ihn, schuldet er nach § 280 Abs. 1, 3 BGB, § 283 BGB **Schadensersatz statt der Leistung.** Er haftet dabei für **jede Fahrlässigkeit.** Eine analoge Anwendung der Privilegierung auf die eigenübliche Sorgfalt nach § 346 Abs. 3 S. 1 Nr. 3 BGB auf diesen Schadensersatzanspruch kommt nicht in Betracht. An der **Gefahrtragung,** dh der Verantwortlichkeit für einen *zufälligen* Untergang, ändert dies aber nichts.[30] 24

Beispiel: Wird im **obigen Beispielsfall** (→ Rn. 22) das Kfz nach Erklärung des Rücktritts bei einem von K fahrlässig herbeigeführten Unfall zerstört, haftet er gem. § 346 Abs. 4 BGB, § 280 Abs. 1, 3 BGB, § 283 BGB wegen einer Verletzung der (erst) mit Erklärung des Rücktritts entstandenen Pflicht aus § 346 Abs. 1 BGB auf **Schadensersatz statt der Leistung.** Hat er hingegen die Zerstörung nicht zu vertreten, bleibt es bei seiner Befreiung von der Wertersatzpflicht gem. § 346 Abs. 3 S. 1 Nr. 3 BGB. Eine Schadensersatzpflicht kommt dann nur in Betracht, wenn sich K mit der Rückgewähr in Verzug befand (dann hat er nach § 287 S. 2 BGB auch Zufall zu vertreten).

Angesichts der rechtspolitischen Zweifelhaftigkeit eines solchen „Zurückspringens der Gefahr" verwundert es nicht, dass es in der Lit. zahlreiche Ansätze gibt, den Anwendungsbereich der Privilegierung einzuschränken oder zur Vermeidung von Wertungswidersprüchen zu erweitern. So bestehen etwa angesichts der geschilderten *ratio legis* keine Bedenken, § 346 Abs. 3 S. 1 Nr. 3 BGB dann im Rahmen einer teleologischen Reduktion **unangewendet zu lassen,** wenn das gesetzliche Rücktrittsrecht nicht auf einer Pflichtverletzung seitens des Rückgewährgläubigers beruht. Aus diesem Grund findet § 346 Abs. 3 Nr. 3 BGB keine Anwendung im Falle eines Rücktritts nach § 313 Abs. 3 BGB **(Wegfall der Geschäftsgrundlage).** 25

Analog anwenden sollte man die Privilegierung hingegen im Falle von **vertraglichen Rücktrittsrechten,** welche die Parteien als Folge einer Pflichtverletzung vereinbaren und dadurch letztlich nur gesetzliche Rücktrittsrechte modifizieren.

Einigkeit besteht im Wesentlichen darüber, dass der Rückgewährschuldner iErg dann nicht haftet, wenn die Verschlechterung der (später) zurückzugebenden Sache zu einem Zeitpunkt eintritt, zu welchem er weder Kenntnis noch grob fahrlässige Un- 26

[29] BT-Drs. 14/6040, 196.

[30] Offen gelassen von BGH NJW 2015, 1748 Rn. 16.

kenntnis vom Vorliegen eines Rücktrittsgrunds hatte. Denn bis zu diesem Zeitpunkt dürfe er davon ausgehen, dass der ihm übertragene Gegenstand endgültig Bestandteil seines Vermögens geworden sei.[31]

27 Einige Stimmen in der Lit. wollen darüber hinaus die Regelung gänzlich unangewendet lassen, wenn der Rücktrittsberechtigte zum Zeitpunkt der Verschlechterung bzw. des Untergangs **Kenntnis von den sein Rücktrittsrecht begründenden Umständen** hatte, ein Teil der Lit. vertritt dies auch im Falle fahrlässiger Unkenntnis.[32] Dafür ist aber angesichts der eindeutigen Haltung des Gesetzgebers kein Raum.[33] Andere wiederum wollen lediglich die Privilegierung auf die eigenübliche Sorgfalt ab dem Augenblick der Kenntnis unangewendet lassen, wofür angesichts der *ratio* der Regelung sehr viel spricht. Denn wenn der Rücktrittsberechtigte sein Rücktrittsrecht kennt, trifft der Gedanke nicht mehr zu, dass er darauf vertrauen darf, den Gegenstand zu behalten.[34]

28 Eine solche teleologische Reduktion erübrigt sich allerdings mit folgender Konstruktion: Ab dem Zeitpunkt, in welchem der Rücktrittsberechtigte positive Kenntnis von seinem Rücktrittsrecht hat, ist er zwar noch nicht zur Rückgewähr verpflichtet (diese Verpflichtung entsteht erst mit der Ausübung des Rücktrittsrechts), hat aber die **Nebenpflicht aus § 241 Abs. 2 BGB,** den zurückzugewährenden Gegenstand pfleglich zu behandeln. Verletzt er diese, haftet er nach § 280 Abs. 1 BGB, § 249 BGB (für jede Fahrlässigkeit) auf Schadensersatz.[35] Manche wollen dies bereits bei fahrlässiger Unkenntnis des Rücktrittsgrundes annehmen und – was iErg keinen Unterschied macht – die Haftung auf die Verletzung einer bereits vor der Ausübung des Rücktrittsrechts bestehenden Pflicht stützen, die Sache in dem Zustand zurückzugeben, in dem sie sich bei ordnungsgemäßer Nutzung befinden würde.[36] Am Zufallsrisiko ändert aber auch dies nichts: Die Gefahr des zufälligen Untergangs bleibt weiter beim Rücktrittsgegner.[37]

29 Bei der schon verwirrenden Meinungsvielfalt[38] **bleibt Folgendes zu beachten:** Der Meinungsstreit um die Privilegierung des § 346 Abs. 3 S. 1 Nr. 3 BGB ist praktisch nur von Bedeutung, wenn der Rücktrittsberechtigte den Rücktrittsgegenstand zwischen Kenntnis/Kennenmüssen der Rücktrittsvoraussetzungen und der Erklärung des Rücktritts fahrlässig beschädigt bzw. zerstört, in eigenen Angelegenheiten aber ebenfalls fahrlässig ist (eine sehr seltene Konstellation!). Sowohl die Phase vor Kenntnis/Kennenmüssen des Rücktrittsrechts (Privilegierung nach § 346 Abs. 3 S. 1 Nr. 3 BGB bzgl. des Wertersatzes, keine Haftung wg. Pflichtverletzung) als auch die Phase nach Ausübung des Rücktrittsrechts (Haftung für jede Fahrlässigkeit nach § 346 Abs. 4 BGB, § 346 Abs. 1 BGB, § 280 Abs. 1, 3 BGB, § 283 BGB) sind zumindest iE vollkommen unstreitig.[39]

[31] BGH BeckRS 2021, 11170 Rn. 13.
[32] S. Schwab JuS 2002, 630 (635); Hager FS Musielak, 2004, 202 f.
[33] Zutreffend Kamanabrou NJW 2003, 30 (31).
[34] S. Looschelders SchuldR AT § 40 Rn. 25.
[35] Staudinger/Kaiser/Sittmann-Haury, 2022, BGB § 346 Rn. 231.
[36] So etwa MüKoBGB/Gaier § 346 Rn. 135.
[37] Looschelders SchuldR AT § 40 Rn. 25; Arnold ZGS 2003, 427 (434).
[38] S. dazu auch die prägnante Zusammenfassung der verschiedenen Ansichten in BGH BeckRS 2021, 11170 Rn. 13.
[39] S. dazu die Darstellung des „3 Phasen-Modells“ bei MüKoBGB/Gaier § 346 Rn. 136 ff.

dd) Herausgabepflicht einer verbliebenen Bereicherung (§ 346 Abs. 3 S. 2 BGB). In allen Fällen der Befreiung von der Wertersatzpflicht bleibt der Rücktrittsschuldner jedoch nach § 346 Abs. 3 S. 2 BGB zur Herausgabe einer verbliebenen Bereicherung verpflichtet. Die Regelung ist eine **Rechtsfolgenverweisung** auf die §§ 818 ff. BGB. Die Verweisung ist subsidiär, dh nur dann anwendbar, wenn die Wertersatzpflicht entfällt. Sie setzt allerdings eine vorhandene herausgabefähige Bereicherung voraus und verpflichtet den Rückgewährschuldner nicht, eine solche zB durch Rechtsverfolgungsmaßnahmen herbeizuführen. 30

So hatte in einem Fall des BGH[40] der Rückgewährschuldner zwar einen Anspruch gegen den Kaskoversicherer des zerstörten Kfz erworben, dessen Abtretung allerdings unter einen Genehmigungsvorbehalt gestellt war. Da die Versicherung die Genehmigung nicht erteilte, konnte er diesen nicht an den Rückgewährgläubiger abtreten.[41]

Im Übrigen verbleibt für das Bereicherungsrecht (§§ 812 ff. BGB) neben dem Rücktrittsfolgenrecht **kein Anwendungsbereich.** Da durch den Rücktritt der Rechtsgrund der ausgetauschten Leistungen nicht rückwirkend entfallen ist, sondern das Schuldverhältnis in ein Rückabwicklungsverhältnis umgewandelt wird, liegt keine rechtsgrundlose Leistung vor.[42] 31

d) Nutzungs- und Verwendungsersatz

aa) Nutzungsersatz. Nach § 346 Abs. 1 BGB hat der Rückgewährschuldner auch **tatsächlich gezogene Nutzungen** des zurückzugewährenden Gegenstandes herauszugeben. 32

War – wie etwa bei einem Mietvertrag oder einem verzinslichen Darlehen – **die Nutzung als Hauptleistung** geschuldet, ist diese nicht als Nutzung, sondern als „empfangene Leistung" selbst, meist im Wege des Wertersatzes nach § 346 Abs. 2 S. 1 Nr. 1 BGB zurückzugewähren. Der zu ersetzende Wert richtet sich dann gem. § 346 Abs. 2 S. 2 BGB nach der vereinbarten Gegenleistung, ohne dass es darauf ankäme, ob der Rückgewährschuldner den Gegenstand tatsächlich genutzt hat.[43] Lediglich im Falle eines Darlehens darf der Schuldner gem. § 346 Abs. 2 S. 2 Hs. 2 BGB nachweisen, dass der Wert des Gebrauchsvorteils (etwa wegen niedriger Marktzinsen) geringer war.

Der Begriff der Nutzungen ist in § 100 BGB definiert und umfasst sowohl die **Früchte** (§ 99 BGB) als auch die **Gebrauchsvorteile.** Insbesondere Letztere sind als solche nicht herausgabefähig, so dass insoweit gem. § 346 Abs. 2 S. 1 Nr. 1 BGB Wertersatz zu leisten ist. Dieser wird durch eine **zeitanteilige lineare Wertminderung** des genutzten Gegenstandes ermittelt. Dieser lässt sich am Beispiel eines Kaufvertrages wie folgt berechnen: 33

Der Wert **nicht gezogener Nutzungen** ist nach § 347 Abs. 1 S. 1 BGB nur dann zu ersetzen, wenn die Nutzungen entgegen den Regeln einer ordnungsmäßigen Wirtschaft nicht gezogen wurden, und es dem Rückgewährschuldner möglich gewesen wäre, diese zu ziehen. Der gesetzlich zum Rücktritt Berechtigte ist nach § 347 Abs. 1 S. 2 BGB auch hier privilegiert, indem er nur auf die eigenübliche Sorgfalt haftet. Er hat damit nicht gezogene, aber mögliche Nutzungen auch dann nicht zu ersetzen, wenn dies der Sorgfalt entspricht, die er auch sonst in eigenen Angelegenheiten an- 34

[40] BGH NJW 2015, 1748.
[41] S. dazu S. Lorenz NJW 2015, 1725 ff.
[42] AA Kohler JuS 2013, 769 (774).
[43] S. MüKoBGB/Gaier § 346 Rn. 77 f.

zuwenden pflegt. Entgegen der vielleicht missverständlichen Überschrift („nach Rücktritt") betrifft die Regelung auch Nutzungen, die vor der Rücktrittserklärung hätten gezogen werden können.

35 **bb) Verwendungsersatz.** Der Gläubiger wiederum hat dem Rückgewährschuldner nach Maßgabe von § 347 Abs. 2 BGB **notwendige Verwendungen** zu ersetzen, wenn dieser den Gegenstand zurückgibt oder nach § 346 Abs. 3 S. 1 Nr. 1 und 2 BGB von der Wertersatzpflicht befreit ist.

Verwendungen sind **freiwillige Vermögensaufwendungen,** die zumindest auch der Sache zugutekommen, indem sie ihrer Wiederherstellung, Erhaltung oder Verbesserung dienen. **Notwendig** sind sie, wenn sie zur Erhaltung oder zur ordnungsgemäßen Bewirtschaftung der Sache **objektiv erforderlich** sind. Das schließt (anders als im Falle von § 994 Abs. 1 S. 2 BGB) auch die gewöhnlichen Erhaltungskosten (zB die Fütterungskosten eines Tieres) ein. Andere Aufwendungen, sog. **nützliche Verwendungen** sind nach § 347 Abs. 2 S. 2 BGB nur zu ersetzen, soweit der Gläubiger hierdurch bereichert ist, was der Schuldner zu beweisen hat. Hierbei ist ein subjektiver Maßstab anzulegen: Für den Bereicherungsgläubiger subjektiv vollkommen wertlose, lediglich „nützliche" Verwendungen führen zu keiner Wertersatzpflicht.

36 In diesem Zusammenhang ist aus Schuldnersicht die Möglichkeit, **Aufwendungsersatz** nach § 284 BGB zu verlangen, von besonderem Interesse (→ § 35 Rn. 53). Bei den nach § 284 BGB zu ersetzenden Aufwendungen kommt es nämlich auf den Nutzen des Gläubigers nicht an.[44] Der Anspruch setzt aber Vertretenmüssen voraus, da er an der Stelle eines Anspruchs auf Schadensersatz statt der Leistung gewährt wird.

Beispiel: Der Käufer eines Kfz hat vor dem späteren Rücktritt Verschleißmängel beseitigen, eine planmäßige Inspektion durchführen und den Wagen nach seinem Geschmack neu lackieren lassen. Reparatur und Inspektion sind **notwendige Verwendungen,** die Neulackierung allenfalls eine **nützliche Verwendung.** Entspricht diese nicht dem Geschmack des Verkäufers und führt sie auch nicht zu einer realisierbaren Wertsteigerung des Fahrzeugs, ist er insoweit nicht bereichert. Hat der Käufer jedoch einen Anspruch auf Schadensersatz statt der Leistung, kann er nach § 284 BGB (neben dem Rücktritt, s. § 325 BGB) auch insoweit Aufwendungsersatz verlangen.[45]

e) Schadensersatz (§ 346 Abs. 4 BGB)

37 Die vom Wertersatz zu unterscheidende **Schadensersatzpflicht** des Rückgewährschuldners folgt gem. § 346 Abs. 4 BGB den allgemeinen Regeln. Dadurch, dass in § 346 Abs. 4 BGB von der „Verletzung einer Pflicht aus Absatz 1" die Rede ist, ergibt sich, dass die Verweisung nur für den Zeitraum **nach Ausübung des Rücktrittsrechts** gilt, denn erst mit diesem entsteht die in Abs. 1 geregelte Rückgewährpflicht. § 346 Abs. 4 BGB hat damit letztlich nur deklaratorischen Charakter.[46] Eine Pflicht aus § 346 Abs. 1 BGB ist verletzt, wenn der zurückzugewährende Gegenstand oder der an seiner Stelle nach § 346 Abs. 2 BGB geschuldete Wertersatz nicht oder nicht rechtzeitig zurückgewährt wird. Unter den Voraussetzungen der § 280 Abs. 1, 2 BGB, § 286 BGB hat der Rückgewährgläubiger Anspruch auf Ersatz des Verzögerungsschadens, nach § 280 Abs. 1, 3 BGB, § 281 BGB bzw. § 283 BGB kommt Schadensersatz statt der Leistung in Betracht. Für den Zeitraum vor Erklärung des Rücktritts kommt allenfalls eine Haftung aus § 280 Abs. 1 BGB, § 241 Abs. 2 BGB desjenigen späteren Rückgewährschuldners in Betracht, der positive Kenntnis von seinem Rücktrittsrecht hat.

[44] BGHZ 163, 381 = NJW 2005, 2848.
[45] BGHZ 163, 381 = NJW 2005, 2848.
[46] Zutreffend Looschelders SchuldR AT § 40 Rn. 35: „normale Pflichtverletzung"; Wagner FS Huber, 2006, 591 (617 f.).

f) Modalitäten der Rückabwicklung

Die sich aus dem Rücktritt ergebenden Verpflichtungen der Parteien sind gem. § 348 38
S. 1 BGB **Zug-um-Zug** zu erfüllen. § 348 S. 2 BGB ordnet iÜ die entsprechende Anwendung von §§ 320, 322 BGB an. Der in Anspruch genommene Rückgewährschuldner kann damit die Rückgewähr verweigern, wenn ihm nicht zugleich das ihm Zurückzugewährende angeboten wird (Leistung Zug-um-Zug).

39

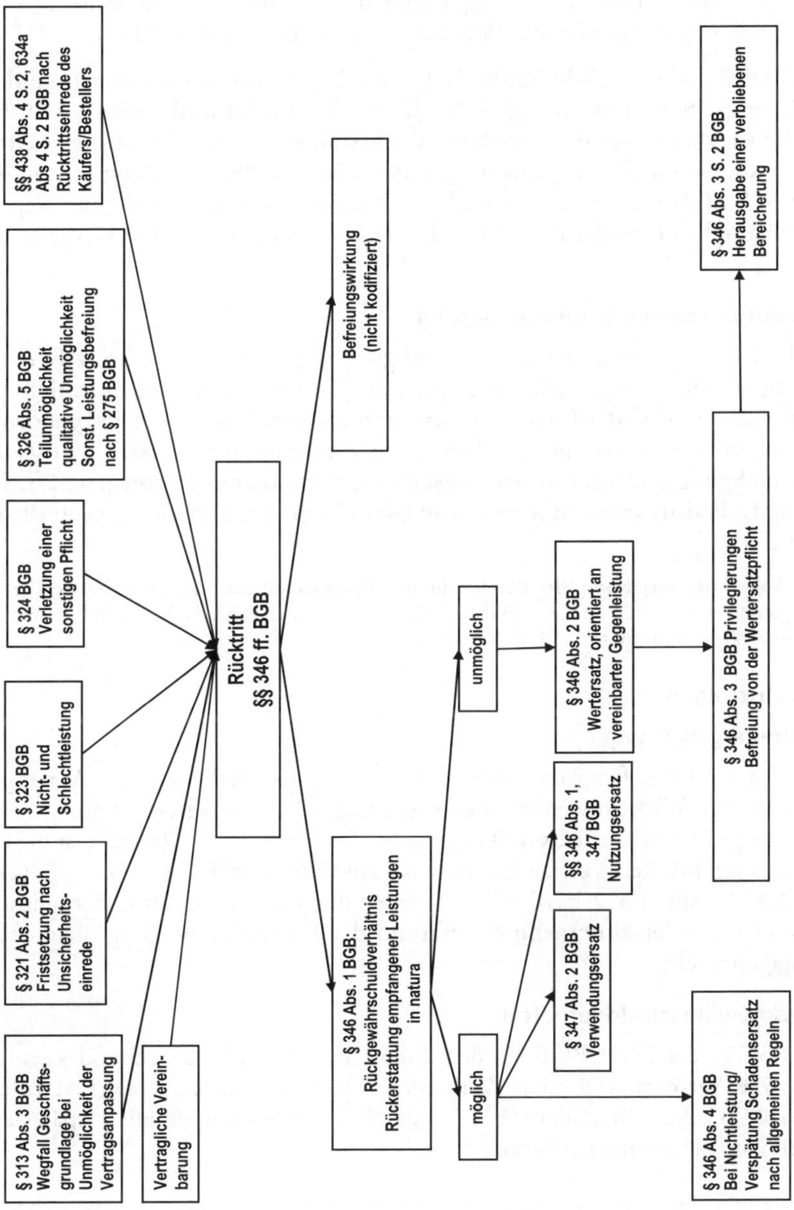

Abb. 9: Rücktrittsfolgen (§§ 346 ff. BGB)

§ 50. Die Beendigung von Verbraucherverträgen über digitale Produkte

I. Anwendungsbereich der §§ 327o, 327p BGB

1 Das oben dargestellte Leistungsstörungsrecht der Verbraucherverträge über digitale Produkte ist systematisch stark an das allgemeine Leistungsstörungsrecht angelehnt (→ § 46 Rn. 1). Wird eine fällige und durchsetzbare Verpflichtung des Unternehmers zur Bereitstellung eines digitalen Produkts nicht erfüllt, so kann der Verbraucher nach § 327c Abs. 1 BGB den Vertrag beenden (→ § 46 Rn. 4). Dieses Recht zur Vertragsbeendigung entspricht funktionell dem Rücktritt nach § 323 BGB.

2 Ganz ähnlich, wie die §§ 346 ff. BGB die Ausübung eines Rücktrittsrecht und deren Folgen regeln, bestimmen die §§ 327o, 327p BGB die **Art und Weise** der Ausübung einer Vertragsbeendigung sowie deren **Rechtsfolgen.** Diese Vorschriften gelten sowohl für die Vertragsbeendigung wegen unterbliebener Bereitstellung (was in § 327c Abs. 4 S. 1 BGB klargestellt wird) als auch für die Vertragsbeendigung wegen der Mangelhaftigkeit digitaler Produkte.[1] Sie verdrängen damit vollständig die §§ 346 ff. BGB.

II. Ausübung der Vertragsbeendigung

3 Wie der Rücktritt erfolgt auch die Beendigung gem. § 327o Abs. 1 S. 1 BGB durch eine empfangsbedürftige Erklärung gegenüber dem Unternehmer. Inhaltlich ist dabei ausreichend, dass der Entschluss des Verbrauchers, den Vertrag zu beenden, zum Ausdruck kommt. Dabei gilt das bereits zur Ausübung des Rücktritts Ausgeführte: Die Beendigungserklärung ist ein **einseitiges, gestaltendes Rechtsgeschäft.** Damit ist sie grds. **bedingungs- und befristungsfeindlich.** Nach ihrem Zugang ist sie unwiderruflich.

Für die Folgen der **Verjährung des Bereitstellungsanspruchs** auf die Wirksamkeit der erklärten Vertragsbeendung verweist § 327c Abs. 5 BGB auf § 218 BGB. Es gilt damit das hierzu im Zusammenhang mit dem Rücktritt Ausgeführte (→ § 49 Rn. 3).

III. Rechtsfolgen

1. Befreiungswirkung

4 Wie beim Rücktritt führt die Vertragsbeendigung zum Erlöschen des Vertrags zum Zeitpunkt des Wirksamwerdens der Erklärung. Die Vertragsbeendigung ist damit wie auch der Rücktritt ein **Gestaltungsrecht.** Anders als beim Rücktritt ist die Befreiungswirkung bei der Vertragsbeendigung zumindest teilweise gesetzlich geregelt. Nach § 327o Abs. 2 S. 2 BGB erlischt der Zahlungsanspruch des Unternehmers für Leistungen, die der Unternehmer aufgrund der Vertragsbeendigung nicht mehr zu erbringen braucht.

2. Rückgewährschuldverhältnis

5 Nach § 327o Abs. 2 S. 1 BGB hat der Unternehmer dem Verbraucher dessen zur Erfüllung des Vertrags geleisteten Zahlungen zurückzuerstatten. Diese Erstattung hat gem. § 327o Abs. 4 BGB iVm § 327n Abs. 4 S. 2 BGB unverzüglich, spätestens innerhalb von 14 Tagen zu erfolgen.

[1] S. dazu Medicus/Lorenz SchuldR BT § 22 Rn. 18 ff.

Dass der Verbraucher demgegenüber nach § 327p Abs. 1 BGB das digitale Produkt nach Vertragsbeendigung weder nutzen noch Dritten zur Verfügung stellen darf und der Unternehmer dazu berechtigt ist, die weitere Nutzung zu unterbinden spielt im Fall der Nichtbereitstellung naturgemäß keine Rolle, ist aber bei der Vertragsbeendigung wegen eines Mangels des digitalen Produkts (§ 327m Abs. 1 BGB) von Bedeutung. Gleiches gilt für die in § 327p Abs. 5 BGB geregelte Verpflichtung des Unternehmers, dem Verbraucher mittels des digitalen Produkts hergestellte oder gespeicherte Inhalte (sog. User Generated Content wie zB Texte, Bilder, Videos, Playlisten etc) auf Verlangen bereitzustellen.[2]

§ 51. Der Widerruf von Verbraucherverträgen

Literatur: Billing/Milsch, Der Ratenkauf im Internet, NJW 2015, 2369; S. Lorenz, Grundsatz der Doppelwirkung und Verbraucherschutz bei der Vertragsanbahnung, GS M. Wolf, 2011, 77; Schwab/Hromek, Alte Streitstände im neuen Verbraucherprivatrecht, JZ 2015, 271; Wendehorst, Das neue Gesetz zur Umsetzung der Verbraucherrechterichtlinie, NJW 2014, 577.

I. Überblick: Verbraucherschutz im BGB

Im ursprünglichen BGB ist „der Verbraucher" als ein besonders zu schützendes 1
Rechtssubjekt nicht vorgekommen. Seit 1969 ist dann aber – zunächst in Nebengesetzen – ein immer weiter reichender Schutz für den Verbraucher eingerichtet worden. In das BGB selbst hat zunächst ein Gesetz vom 27.6.2000 zwei allgemeine Regelungen eingeführt: In den §§ 13, 14 BGB wurde der Verbraucher und als dessen Gegenpol der Unternehmer definiert, die Folgen der Ausübung verbraucherschützender Widerrufsrechte wurden einheitlich in den §§ 361a, 361b BGB aF geregelt. Seit der Schuldrechtsreform 2002 fanden sich diese Regelungen über das **Widerrufsfolgenrecht** nunmehr in den §§ 355–360 BGB. Gleichzeitig wurden die bis dahin in Nebengesetzen (HaustürWG, FernabsG, VerbrKrG, TzWrG) geregelten verbraucherschützenden Widerrufsrechte ohne wesentliche Änderungen in das BGB integriert.

Seither ist die Zahl von Regelungen über Verbraucherverträge im BGB stetig gewachsen. Von besonderer Bedeutung ist dabei das zum Besonderen Schuldrecht gehörende **Verbrauchsgüterkaufrecht** (§§ 474 ff. BGB), den jüngsten Regelungskomplex stellen die Regelungen über Verbraucherverträge über digitale Produkte dar (§§ 327 ff. BGB).

Die heute im BGB geregelten verbraucherschützenden Widerrufsrechte beruhen auf 2
der Umsetzung entsprechender **EU-Richtlinien.** Bei ihrer Anwendung ist also das **Gebot richtlinienkonformer Auslegung** von besonderer Bedeutung. Die teils unterschiedlichen Vorgaben insbesondere der EG-Richtlinie über Haustürgeschäfte und der Fernabsatzrichtlinie für die Informationspflichten und Widerrufsrechte wurden durch die **Verbraucherrechte-RL** der EU vom 25.10.2011 neu gefasst und vereinheitlicht.[1] Mit Wirkung vom 13.6.2014 wurde diese Richtlinie in Bezug auf verbraucherschützende Widerrufsrechte in den §§ 312–312j BGB sowie in den §§ 355–361 BGB vollständig neu gefasst. Herausgekommen ist dabei eine sehr komplexe und wenig übersichtliche gesetzliche Regelung.

Die Besonderheit der Verbraucherrechte-RL gegenüber ihren Vorgängerrichtlinien besteht darin, dass sie dem Grundsatz der **Vollharmonisierung** folgt (→ § 6 Rn. 13).

---

[2] S. dazu Medicus/Lorenz SchuldR BT § 22 Rn. 23.

[1] Richtlinie 2011/83/EU des Europäischen Parlaments und des Rates v. 25.10.2011 über die Rechte der Verbraucher, ABl. 2011 L 304, 64.

II. Der Verbrauchervertrag

1. Typische Unterlegenheit

3 Rechtspolitischer Ansatzpunkt für den besonderen Schutz des Verbrauchers ist die Annahme, dieser sei beim Vertragsschluss dem geschäftserfahrenen Unternehmer **typischerweise („strukturell") unterlegen.** An einer solchen typischen Unterlegenheit fehlt es, wenn sich zwei Verbraucher gegenüberstehen. Der Verbrauchervertrag wird also dadurch gekennzeichnet, dass auf der einen Vertragsseite (insbesondere als Käufer) ein Verbraucher und auf der anderen Seite (vor allem als Verkäufer) ein Unternehmer steht. Dem entspricht die **Legaldefinition des Verbrauchervertrags** in § 310 Abs. 3 BGB.

4 Die Annahme einer Unterlegenheit des Verbrauchers gegenüber dem Unternehmer bedeutet eine Typisierung, die nicht immer zuzutreffen braucht. Das gilt etwa für einen Kraftfahrzeugmechaniker, der für private Zwecke (also als Verbraucher) ein Kraftfahrzeug von einem Rechtsanwalt kauft, der dieses für seinen Beruf genutzt hatte (also als Unternehmer). In solchen Fällen kann die Berufung des (an Fachwissen überlegenen) Verbrauchers auf die Nichtigkeit von Abreden zugunsten des Verkäufers (zB nach § 476 Abs. 1 BGB gegen einen Ausschluss der Mängelhaftung) problematisch sein.[2] Ob im Einzelfall ein nach § 242 BGB unzulässiger Rechtsmissbrauch in Betracht kommt, wenn sich ein „erfahrener" Verbraucher auf verbraucherschützende Regelungen beruft, ist angesichts der bewusst typisierenden, gerade nicht auf den Einzelfall abstellenden Regelungen höchst fraglich. Es geht letztlich um die (aus Rechtssicherheitsgründen zu bejahende) Frage, ob eine gesetzliche Typisierung auch da angewendet werden muss, wo sie offenbar nicht zutrifft.

5 Typisch für die Wahrung des Verbraucherschutzzwecks der jeweiligen Vorschriften ist auch das in jedem Regelungsbereich anzutreffende **Umgehungsverbot.** Verbraucherschutz ist nicht nur zwingendes Recht, sondern soll auch nicht durch findige juristische Konstruktionen umgangen werden dürfen (s. § 312m Abs. 1 S. 2 BGB, § 327s Abs. 3 BGB, § 476 Abs. 4 BGB, § 487 S. 2 BGB, § 512 S. 2 BGB).

2. Verbraucherbegriff (§ 13 BGB)

6 Verbraucher ist nach § 13 BGB jede **natürliche Person,** die ein Rechtsgeschäft zu einem Zweck abschließt, der überwiegend weder ihrer gewerblichen noch ihrer **selbstständigen** beruflichen Tätigkeit zugerechnet werden kann. Arbeitnehmer und Beamte können daher mangels Selbstständigkeit sehr wohl als Verbraucher auftreten, auch wenn sie einen Vertrag mit Rücksicht auf ihr Arbeits- oder Dienstverhältnis schließen. Trotz der Anerkennung der Rechtsfähigkeit der BGB-Gesellschaft kann auch eine in einer solchen verbundene Gruppe natürlicher Personen „Verbraucher" sein.[3] Gleiches gilt für eine Wohnungseigentümergemeinschaft nach dem WEG.[4]

Die zum 13.6.2014 neu gefasste Regelung setzt Art. 2 Nr. 1 Verbraucherrechte-RL um. § 13 BGB geht allerdings über die Vorgabe der Richtlinie hinaus, weil er auch **unselbstständig** beruflich Handelnde als Verbraucher definiert, während diese nach der RL nicht unter den Verbraucherbegriff fallen. Das ist trotz des vollharmonisierenden Charakters der RL unionsrechtlich unbedenklich, da es den Mitgliedstaaten

[2] Vgl. F. Bydlinski AcP 204 (2004), 309 (382 ff.); Adomeit JZ 2003, 1053.
[3] BGH NJW 2002, 368.
[4] Vgl. dazu BGH NJW 2015, 3230 Rn. 30.

unbenommen bleibt, im Rahmen einer „überschießenden Umsetzung“ Richtlinienvorschriften auf einen Bereich auszudehnen, der nicht von der Richtlinie erfasst wird.

Der Verbraucherbegriff wird auf die **Rolle beim Abschluss eines Rechtsgeschäfts** 7 bezogen. Folglich ist man nicht schlechthin Verbraucher, sondern nur, wenn man nach § 13 BGB auftritt. Demnach kann dieselbe Person bisweilen als Verbraucher zu behandeln sein (zB der Schriftsteller, der sich ein Auto kauft) oder auch nicht (der Schriftsteller kauft Papier für das Manuskript seines nächsten Romans). Dient das Rechtsgeschäft sowohl privaten als auch selbstständig-beruflichen Zwecken **(„dual use“),** kommt es nach § 13 BGB darauf an, welcher Zweck **überwiegt.**

Fraglich ist die Verbrauchereigenschaft für Geschäfte von **Existenzgründern** bis zum 8 Beginn ihrer eigentlichen Berufstätigkeit. Einige Spezialregelungen stellen sie Verbrauchern gleich (§§ 513, 655e Abs. 2 BGB), abgesehen davon sind Existenzgründer aber schon Unternehmer.[5] Im Übrigen ist die Verbrauchereigenschaft **objektiv** zu bestimmen, dh der Vertragspartner muss diese nicht erkannt haben. Dennoch wird aber nach § 242 BGB nicht als Verbraucher geschützt, wer die Eigenschaft als Unternehmer vorgetäuscht hat.[6]

Vereinzelt stellt das BGB auch nicht auf den Abschluss eines Rechtsgeschäfts ab. Das 9 gilt etwa für § 241a BGB, wo ja die Lieferung unbestellter Ware gerade keinen Vertrag begründet. Nicht notwendig um ein Rechtsgeschäft geht es auch in § 661a BGB (Gewinnzusage).

3. Unternehmerbegriff (§ 14 BGB)

Unternehmer ist nach § 14 BGB jede **natürliche** oder **juristische Person,** die bei Ab- 10 schluss eines Rechtsgeschäfts ihre gewerbliche oder selbstständige berufliche Tätigkeit ausübt.[7] Hierhin gehören auch Personengesellschaften mit einer beschränkten Teilrechtsfähigkeit (vor allem OHG und KG sowie die rechtsfähige BGB-Gesellschaft iSv § 705 Abs. 2 Alt. 1 BGB). Nach der Rspr. ist für die Unternehmereigenschaft keine Gewinnerzielungsabsicht erforderlich.[8] Damit können auch gemeinnützige Einrichtungen und Vereine Unternehmer sein. Bezeichnet sich eine Person selbst als Unternehmer, nimmt die Rspr. eine Beweislastumkehr zugunsten des Verbrauchers an.[9]

III. Grundmechanismen des vertragsrechtlichen Verbraucherschutzes

Da der vertragsrechtliche Verbraucherschutz des BGB das Ziel verfolgt, die „struktu- 11 relle Unterlegenheit“ des Verbrauchers gegenüber dem Unternehmer zu kompensieren, ist sein wichtigstes Mittel ist neben dem Schutz durch **zwingendes Recht** die Stärkung der **rechtsgeschäftlichen Entscheidungsfreiheit** von Verbrauchern. Dazu dienen einerseits (umfangreiche) **Informationspflichten** des Unternehmers, welche die Basis einer selbstverantwortbaren Entscheidung des Verbrauchers gewährleisten

[5] BGHZ 162, 253 = NJW 2005, 1273.

[6] BGH NJW 2005, 1045, s. dazu Herresthal JZ 2006, 695.

[7] Die Unternehmereigenschaft setzt dabei nicht voraus, dass das betreffende Geschäft für den jeweiligen Unternehmer branchentypisch ist, s. BGH NJW 2011, 3435: Verkauf eines Firmen-Kfz durch eine GmbH.

[8] BGHZ 167, 40 = NJW 2006, 2250 (Hobby-Pferdezüchter).

[9] Zum „Powerseller“ bei Internetauktionen („ebay“) s. zB OLG Koblenz NJW 2006, 1438.

sollen. Zweite Säule des Schutzes der rechtsgeschäftlichen Entscheidungsfreiheit ist die **Einräumung von Widerrufsrechten.** Diese sollen es dem Verbraucher erlauben, eine möglicherweise voreilig getroffene Entscheidung innerhalb einer bestimmten – kurzen – Frist revidieren zu können.

IV. Grundstruktur der gesetzlichen Regelung

1. Überblick

12 Die gesetzliche Regelung der allgemeinen Verhaltens- und Informationspflichten von Unternehmern sowie der Begründung der Widerrufsrechte bei **außerhalb von Geschäftsräumen geschlossenen Verträgen** sowie **Fernabsatzverträgen** findet sich in den §§ 312–312k BGB. Diese stehen unter dem Untertitel „Grundsätze bei Verbraucherverträgen und besondere Vertriebsformen". Weitere, auf bestimmte Vertragstypen bezogene verbraucherschützende Widerrufsrechte finden sich an anderen Stellen des Gesetzes (→ Rn. 26 ff.). Die Ausübung der Widerrufsrechte und die weiteren Rechtsfolgen, insbesondere die Rückabwicklung bereits erbrachter Leistungen, sind in den §§ 355–361 BGB geregelt.

2. Anwendungsbereich (§ 312 BGB)

13 Nach § 312 Abs. 1 BGB sind die spezifischen verbraucherschützenden Regelungen der §§ 312–312h BGB auf **Verbraucherverträge** iSv § 310 Abs. 3 BGB anwendbar, die eine **entgeltliche** Leistung **des Unternehmers** zum Gegenstand haben.[10] Der Begriff der „entgeltlichen Leistung" ist dabei richtlinienkonform weit auszulegen und erfasst jeden Vertrag, der den Verbraucher zu einer Leistung verpflichtet, auch wenn eine Gegenleistung nicht vereinbart ist (also etwa bei einer Bürgschaft eines Verbrauchers).[11]

14 Die §§ 312i, 312j BGB, die bestimmte **Verhaltensregelungen im elektronischen Geschäftsverkehr** aufstellen, sind hingegen nicht auf das Verhältnis Unternehmer/Verbraucher beschränkt, sondern gelten für jeden Unternehmer unabhängig davon, ob der Vertragspartner Verbraucher ist. Auch kommt es hier nicht auf die Entgeltlichkeit der Leistung an.

15 § 312 Abs. 2–7 BGB enthalten dann detaillierte Bereichsausnahmen. Danach sind auf bestimmte Verträge nur Teile der in diesem Abschnitt befindlichen Regelungen anzuwenden, nämlich die Regelung des § 312a BGB über allgemeine Pflichten bei Verbraucherverträgen und über die Grenzen der Vereinbarung von Entgelten. Hier wird insbesondere auch das Widerrufsrecht für bestimmte Verträge ausgenommen. Das gilt ua für notariell beurkundete Verträge, Bauverträge, Reiseverträge im Fernabsatz, Verträge über die Lieferung von Lebensmitteln und außerhalb von Geschäftsräumen geschlossene Verträge mit einem Entgelt von bis zu 40 EUR.

3. Allgemeine Pflichten und Grundsätze bei Verbraucherverträgen (§ 312a Abs. 1, 2 BGB)

16 Nach § 312a Abs. 1 BGB haben der Unternehmer oder eine in seinem Auftrag handelnde Person im Falle einer telefonischen Kontaktaufnahme zum Zweck des Ver-

[10] Damit sind die §§ 312 ff. BGB nicht zugunsten eines Verbrauchers in der Rolle als Verkäufer anwendbar, vgl. BGH NJW 2015, 1009 Rn. 23.

[11] Wendehorst NJW 2014, 577 (580); Schwab/Hromek JZ 2015, 271 (273 f.).

tragsschlusses zu Beginn des Gesprächs seine bzw. ihre Identität sowie den Zweck des Anrufs offenzulegen. Nach § 312a Abs. 2 BGB muss ein Unternehmer bei Verträgen, die keine Fernabsatzverträge oder außerhalb von Geschäftsräumen geschlossene Verträge sind (dh im **stationären Handel**) einen Verbraucher nach Maßgabe von Art. 246 EGBGB informieren und kann von diesem Fracht-, Liefer- und Versandkosten nur verlangen, wenn er ihn darüber nach Maßgabe von Art. 246 Abs. 1 Nr. 3 EGBGB informiert hat.

Diese umfassenden Informationspflichten beruhen auf der Umsetzung von Art. 5 Verbraucherrechte-RL. Der Katalog dieser Informationspflichten in Art. 246 Abs. 1 EGBGB ist außerordentlich weit und in der alltäglichen Praxis wohl kaum durchführbar. Für Verträge, welche „**Geschäfte des täglichen Lebens** zum Gegenstand haben und bei Vertragsschluss sofort erfüllt werden" entfällt daher nach Art. 246 Abs. 2 EGBGB die Informationspflicht.

Verletzt der Unternehmer eine solche Informationspflicht, können ihm zunächst 17 wettbewerbsrechtliche Sanktionen sowie Unterlassungsklagen von Verbraucherschutzverbänden nach § 2 UKlaG drohen. Im Einzelfall sind Schadensersatzansprüche des Verbrauchers aus § 280 Abs. 1 BGB denkbar, wenn dieser zB aufgrund mangelhafter Belehrung bestimmte Rechte nicht geltend macht und dadurch einen Schaden erleidet.

4. Entgeltabreden (§ 312a Abs. 3–6 BGB)

Nach § 312a Abs. 3 BGB kann eine Vereinbarung, die über das für die Hauptleistung 18 vereinbarte Entgelt hinausgeht (zB über Nebenleistungen), nur ausdrücklich getroffen werden. Im elektronischen Geschäftsverkehr wird eine solche Vereinbarung nur Vertragsbestandteil, wenn sie nicht vom Unternehmer durch Voreinstellung herbeigeführt wird. Diese Regelung schützt den Verbraucher, dessen Augenmerk meist ausschließlich auf das Hauptentgelt gerichtet ist, vor Zusatzvereinbarungen. Bei Verträgen im elektronischen Rechtsverkehr darf also der Unternehmer eine solche Nebenabrede (zB über eine zusätzliche Versicherung) nicht dadurch herbeiführen, dass auf der entsprechenden Stelle einer Webseite ein „Häkchen" bereits vorgesetzt ist und vom Verbraucher erst entfernt werden muss (was eben leicht übersehen wird).

§ 312a Abs. 4 BGB betrifft besondere Entgelte für die Benutzung eines bestimmten 19 Zahlungsmittels (zB Kreditkarte). Eine Vereinbarung solcher Entgelte ist unwirksam, wenn für den Verbraucher keine zumutbare unentgeltliche Zahlungsalternative besteht oder das vereinbarte Entgelt über die dem Unternehmer für die Benutzung des Zahlungsmittels entstehenden Kosten hinausgeht.

§ 312a Abs. 5 BGB betrifft schließlich Entgelte für die Benutzung von **Kunden-Hot-** 20 **lines.** Entgeltvereinbarungen sind hier unwirksam, wenn sie das Entgelt für die Nutzung des Kommunikationsdienstes überschreiten. Hierdurch soll verhindert werden, dass der Verbraucher durch die entstehenden Kosten von einer Kontaktaufnahme mit dem Unternehmer abgehalten wird. Auch soll dieser durch eine Kunden-Hotline keinen zusätzlichen Gewinn machen dürfen. § 312a Abs. 6 BGB stellt – ähnlich wie § 306 Abs. 1 BGB im AGB-Recht – klar, dass eine nach § 312a Abs. 3–5 BGB unwirksame Entgeltabrede die Gültigkeit des Vertrags iÜ unberührt lässt. Diese Regelung ist damit *lex specialis* zu § 139 BGB.

5. Pflichten im elektronischen Geschäftsverkehr (§§ 312i, 312j BGB)

a) Allgemeine Pflichten (§ 312i BGB)

21 Für den **elektronischen Geschäftsverkehr** enthalten die § 312i BGB und § 312j BGB weitere Verhaltenspflichten. Den „Vertrag im elektronischen Geschäftsverkehr" definiert § 312i Abs. 1 S. 1 BGB als einen Vertrag, zu dessen Abschluss sich ein Unternehmer zum Zwecke der Lieferung von Waren (beweglichen Sachen, vgl. § 241a Abs. 1 BGB) oder der Erbringung von Dienstleistungen sog. **digitaler Dienste** bedient. Der Begriff der digitalen Dienste ist in § 1 Abs. 4 Nr. 1 des Digitale-Dienste-Gesetzes (DDG) durch Verweis auf Art. 1 Abs. 1 Buchst. b Richtlinie (EU) 2015/1535 definiert und umfasst vor allem die Bestellung von Waren und Dienstleistungen im Internet, nicht aber die klassischen Formen der Telekommunikation wie zB Telefon. Auch Rundfunk und Fernsehen (zB Teleshopping) werden nicht erfasst.

Die Vorschrift dient der Umsetzung der sog. „E-Commerce-Richtlinie"[12] und gilt daher nicht nur zwischen Unternehmern und Verbrauchern, sondern auch im rein unternehmerischen Bereich. Dort können aber nach § 312i Abs. 2 S. 2 BGB bestimmte Regelungen vertraglich abbedungen werden.

22 Der Unternehmer hat hier dem Kunden insbesondere angemessene Mittel zur Verfügung zu stellen, dass dieser Eingabefehler vor der Bestellung erkennen und beheben kann (Nr. 1), und die in Art. 246c EGBGB bestimmten, sehr detaillierten Informationen klar und deutlich mitzuteilen (Nr. 2). Weiter hat er den Zugang der Bestellung des Kunden unverzüglich auf elektronischem Weg zu bestätigen (Nr. 3). § 312i Abs. 1 S. 2 BGB legt in diesem Zusammenhang fest, dass Bestellung und Empfangsbestätigung als zugegangen gelten, wenn der jeweilige Empfänger diese unter gewöhnlichen Umständen abrufen kann. Dies entspricht der allgemeinen Definition des Zugangs von Willenserklärungen.

Die Vorschrift ändert nichts daran, dass das Anbieten von Waren und Dienstleistungen im Internet für gewöhnlich lediglich eine *invitatio ad offerendum* darstellt. Das Angebot (§ 145 BGB) gibt also der Kunde ab. Die bloße Empfangsbestätigung des Unternehmers stellt noch keine Annahme dieses Vertragsangebots durch den Unternehmer dar. Sie ist lediglich eine Wissensmitteilung, aber keine Willenserklärung. Das schließt es aber nicht aus, dass der Unternehmer die Empfangsbestätigung mit der Annahme oder Ablehnung des Angebots verbindet. Maßgeblich ist, wie die Erklärung aus dem objektiven Empfängerhorizont auszulegen ist.[13]

23 Schließlich muss der Unternehmer dem Kunden die Möglichkeit verschaffen, die Vertragsbestimmungen einschließlich der AGB bei Vertragsschluss abzurufen und in wiedergabefähiger Form zu speichern (Nr. 4).

b) Besondere Pflichten gegenüber Verbrauchern (§§ 312j, 312k BGB); „Button"-Pflicht

24 § 312j BGB stellt weitere Verhaltenspflichten im elektronischen Geschäftsverkehr auf, die ausschließlich gegenüber Verbrauchern gelten. Neben Informationspflichten über Lieferbeschränkungen und Zahlungsmodalitäten (Abs. 1) sowie weiteren Infor-

[12] Richtlinie 2000/31/EG des Europäischen Parlaments und des Rates vom 8.6.2000 über bestimmte rechtliche Aspekte der Dienste der Informationsgesellschaft, insbesondere des elektronischen Geschäftsverkehrs, im Binnenmarkt („Richtlinie über den elektronischen Geschäftsverkehr"), ABl. 2000 L 178, 1.

[13] S. auch BGH NJW 2013, 598 Rn. 19 sowie BGH NJW 2005, 976, wo die Empfangsbestätigung als Annahme zu verstehen war.

mationspflichten nach Art. 246a EGBGB (Abs. 2) ist hier insbesondere die sog. **Button-Pflicht** nach Abs. 3 und 4 hervorzuheben. Sie dient dazu, „Vertragsfallen" zu verhindern, indem Verbrauchern mit einem Mausklick ein Vertragsschluss gleichsam unterschoben wird (insbesondere bei den sog. „Abo-Fallen"): Der Unternehmer muss die Bestellsituation auf seiner Web-Seite so gestalten, dass der Verbraucher bei der Bestellung ausdrücklich seine Zahlungspflicht bestätigt. Wenn dies – wie regelmäßig – über eine Schaltfläche geschieht, muss diese gut lesbar mit dem Hinweis „zahlungspflichtig bestellen" oder einer entsprechenden eindeutigen Formulierung gekennzeichnet sein. Ist dies nicht der Fall, kommt nach § 312j Abs. 4 BGB ein Vertrag **nicht zustande.**

Seit dem 1.7.2022 gibt es durch § 312k BGB auch eine „Button"-Pflicht für die **Kündigung von Verbraucherverträgen über Dauerschuldverhältnisse.** Hier hat der Unternehmer bei im elektronischen Geschäftsverkehr geschlossenen Dauerschuldverhältnissen ua auf seiner Webseite sicherzustellen, dass der Verbraucher eine Erklärung zur ordentlichen oder außerordentlichen Kündigung eines auf der Webseite abschließbaren Vertrags nach Abs. 1 S. 1 über eine Kündigungsschaltfläche abgeben kann (zu den Einzelheiten s. § 312k Abs. 2 BGB). Stellt er eine solche Schaltfläche nicht zur Verfügung, kann ein Verbraucher gem. § 312k Abs. 6 BGB einen solchen Vertrag jederzeit und ohne Einhaltung einer Kündigungsfrist kündigen. Zur „Button"-Pflicht für den Widerruf → Rn. 44. 25

V. Verbraucherschützende Widerrufsrechte

1. Gemeinsame Strukturen der Widerrufsrechte

Die verbraucherschützenden Widerrufsrechte verfolgen sämtlich das Ziel, die **rechtsgeschäftliche Entscheidungsfreiheit** des Verbrauchers zu wahren. Dazu soll er nach Vertragsschluss die Gelegenheit bekommen, eine uU vorschnell getroffene rechtsgeschäftliche Entscheidung zu revidieren (im amerikanischen Recht spricht man anschaulich von einer *„cooling-off period"*). Die Notwendigkeit einer solchen nachträglichen Überlegungsfrist rechtfertigt sich aus zwei unterschiedlichen Motiven: entweder aus der **Art und Weise des Zustandekommens** des Vertrags oder aber aus der **Komplexität seines Gegenstandes.** 26

Ersteres liegt dem deshalb zutreffend unter dem Untertitel „Besondere Vertriebsformen" in § 312g BGB geregelten Widerruf von **außerhalb von Geschäftsräumen geschlossenen Verträgen** (§ 312b BGB) und von **Fernabsatzverträgen** (§ 312c BGB) zugrunde. Sie machen das Widerrufsrecht von einer bestimmten äußeren **Vertragsabschlusssituation** abhängig, ohne dabei auf einen ganz bestimmten Vertragsinhalt abzustellen. 27

Mit der **Komplexität und der Art des Vertragsgegenstandes** als dauerhafte finanzielle Belastung rechtfertigen sich demgegenüber die Widerrufsrechte für **Teilzeit-Wohnrechteverträge** (sog. *time-sharing,* § 485 BGB), **Verbraucherdarlehensverträge** (§ 495 BGB),[14] **Teilzahlungsgeschäfte** und **Finanzierungsleasingverträge** (§§ 506 ff. BGB)[15] und **Ratenlieferungsverträge** (§ 510 BGB)[16] sowie **Verbraucher-** 28

[14] S. dazu Medicus/Lorenz SchuldR BT § 34 Rn. 29 ff.
[15] S. dazu Medicus/Lorenz SchuldR BT § 34 Rn. 56 ff.
[16] S. dazu Medicus/Lorenz SchuldR BT § 34 Rn. 59.

bauverträge (§ 650l BGB).[17] Daneben gibt es weiterhin einige außerhalb des BGB geregelte vertragstypenbezogene Widerrufsrechte (so etwa in § 4 FernUSG für Fernunterrichtsverträge und in § 8 VVG für Versicherungsverträge). Auch sie gewähren dem Verbraucher das Widerrufsrecht vollkommen unabhängig von der jeweiligen Vertragsabschlusssituation.

29 Die rechtsgeschäftliche Entscheidungsfreiheit des Verbrauchers soll weiter durch ausführliche **Informationspflichten** gewahrt werden. Diese sind in § 312a BGB sowie in § 312d BGB durch Verweis auf detaillierte Regelungen in und im Zusammenhang mit den Widerrufsrechten aber gesondert (und wenig übersichtlich) in Art. 246 ff. EGBGB geregelt.

30 Allen Widerrufsrechten ist gemeinsam, dass zunächst der **persönliche Anwendungsbereich** (Unternehmer und Verbraucher als Vertragsparteien) und der **sachliche Anwendungsbereich** (Vertragstyp) zu prüfen sind.

Letzterer ist bei den vertragsabschlussbezogenen Widerrufsrechten sehr weit gefasst (zB § 312 BGB: Vertrag über eine entgeltliche Leistung), bei den vertragstypenbezogenen Widerrufsrechten hingegen eng definiert (s. etwa § 510 Abs. 1 Nr. 1–3 BGB). Zu beachten sind auch die jeweiligen **Ausnahmetatbestände,** die unter bestimmten Voraussetzungen Widerrufsrechte ausschließen (s. dazu etwa § 312 Abs. 2–7 BGB, § 491 Abs. 2 Nr. 1 BGB).

31 Schließlich verweisen sämtliche im BGB verankerte Widerrufsregelungen in Bezug auf die Art und Weise der **Ausübung des Widerrufsrechts** sowie bzgl. der Art und Weise der **Rückabwicklung** nach Ausübung des Widerrufsrechts auf die §§ 355 ff. BGB.

Die Frage, ob die Ausübung eines verbraucherschützenden Widerrufsrechts einen **wirksamen Vertragsschluss** voraussetzt, lässt sich entgegen dem BGH[18] nicht pauschal mit dem Hinweis auf den Grundsatz der „Doppelwirkung" bejahen. Bei diesem geht es im Kern um die Frage, ob ein nichtiges Rechtsgeschäft Gegenstand einer Anfechtung nach den §§ 119 ff. BGB sein kann.[19] Der Vorteil einer Widerrufsmöglichkeit auch eines nichtigen Vertrags besteht für den Verbraucher in der Anwendbarkeit der §§ 355 ff. BGB für die Rückabwicklung ausgetauschter Leistungen. Diese können für den Verbraucher wesentlich günstiger sein als die im Falle der Nichtigkeit anwendbaren §§ 812 ff. BGB. Im Fall des BGH[20] hätte der Verbraucher beim (nach § 138 Abs. 1 BGB nichtigen) Kauf eines Radarwarngeräts den Kaufpreis wegen § 817 S. 2 BGB nicht nach § 812 Abs. 1 S. 1 Alt. 1 BGB zurückfordern können, der BGH gewährte ihm aber einen Anspruch aus § 357 Abs. 1 BGB, § 346 BGB aF (heute: § 355 Abs. 3 S. 1 BGB). Richtigerweise sollte auf den **Zweck des Nichtigkeitsgrundes** abgestellt werden. Verfolgt dieser einen ähnlichen Zweck wie das Widerrufsrecht, weil er die rechtsgeschäftliche Selbstbestimmung des Betroffenen schützt, spricht nichts dagegen, daneben einen Widerruf zuzulassen. Verfolgt er hingegen übergeordnete Zwecke (so bei sittenwidrigem Handeln des Verbrauchers), besteht kein Grund, den Verbraucher durch ein Widerrufsrecht zu privilegieren.[21]

2. Außerhalb von Geschäftsräumen geschlossene Verträge (§ 312b BGB)

32 Außerhalb von Geschäftsräumen geschlossene Verträge sind nach der Definition des § 312b BGB Verträge, die bei **gleichzeitiger persönlicher Anwesenheit** der Parteien an einem Ort geschlossen werden, der kein **Geschäftsraum des Unternehmers** ist (§ 312b Abs. 1 S. 1 Nr. 1 BGB).

[17] S. dazu Medicus/Lorenz SchuldR BT § 44 Rn. 29 ff.
[18] BGH NJW 2010, 610.
[19] Zu diesem von Kipp FS v. Martitz, 1911, 211 entwickelten Grundsatz s. zB Herbert JZ 2011, 503 ff.
[20] BGH NJW 2010, 610.
[21] S. dazu eingehend S. Lorenz GS M. Wolf, 2011, 77.

Geschäftsräume sind nach der Definition in § 312b Abs. 2 BGB **unbewegliche Gewerberäume,** in welchen der Unternehmer seine Tätigkeit dauerhaft ausübt, sowie **bewegliche Gewerberäume,** in welchen der Unternehmer seine Tätigkeit **gewöhnlich** ausübt. Letzteres trifft etwa auf fahrende Händler auf Wochenmärkten zu.

Die Vorschrift zielt insbesondere auf Verträge, die in Privatwohnungen entweder des Verbrauchers selbst oder – im Falle sog. „Partyverkäufe" – in der Privatwohnung eines Dritten oder am Arbeitsplatz des Verbrauchers abgeschlossen werden. Erfasst wird aber auch der Vertragsschluss in Verkehrsmitteln, auf Freizeitveranstaltungen und auf öffentlichen Verkehrsflächen. Durch das Erfordernis der gleichzeitigen **persönlichen Anwesenheit** wird klargestellt, dass telefonische Vertragsabschlüsse nicht von § 312b BGB erfasst werden. Allerdings kann dann ein Fernabsatzvertrag nach § 312c BGB vorliegen (→ Rn. 37). 33

Ausreichend für die „persönliche Anwesenheit" ist aber, dass der Verbraucher an einem solchen Ort ein **Vertragsangebot** abgegeben hat (Nr. 2). Der Begriff des „Vertragsangebots" ist dabei nicht im engen Sinn zu verstehen. Gemeint ist die zum Vertragsschluss erforderliche Willenserklärung des Verbrauchers unabhängig davon, ob es sich im Einzelfall um ein Angebot oder eine Annahme handelt. 34

Nach § 312b Abs. 1 S. 1 Nr. 3 BGB werden weiter Verträge erfasst, die zwar in Geschäftsräumen des Unternehmers oder telefonisch geschlossen werden, bei denen aber der Verbraucher unmittelbar vor Vertragsschluss außerhalb von Geschäftsräumen persönlich und individuell angesprochen wurde. Es geht damit insbesondere um Situationen, in welchen ein Verbraucher auf der Straße angesprochen und in die Geschäftsräume „gelockt" wurde. 35

Schließlich fallen auch Verträge in den Anwendungsbereich der Regelung, die auf einem Ausflug geschlossen werden, der vom Unternehmer oder mit seiner Hilfe organisiert wurde, um beim Verbraucher für Waren und Dienstleistungen zu werben und entsprechende Verträge abzuschließen (Nr. 4). Letzteres betrifft die berüchtigten „Kaffeefahrten". 36

3. Fernabsatzverträge (§ 312c BGB)

Fernabsatzverträge sind nach der Definition des § 312c Abs. 1 BGB Verträge, bei welchen der Unternehmer oder eine in seinem Auftrag handelnde Person und ein Verbraucher für die Vertragsverhandlungen und den Vertragsschluss ausschließlich **Fernkommunikationsmittel** verwenden. 37

Der Begriff der **Fernkommunikationsmittel** wird in § 312c Abs. 2 BGB sehr weit definiert. Er umfasst alle Kommunikationsmittel, die zur Anbahnung oder zum Abschluss eines Vertrags ohne körperliche Anwesenheit der Parteien eingesetzt werden können. Das erfasst digitale Dienste (→ Rn. 21), insbesondere Verträge, die über Web-Seiten abgeschlossen werden, aber auch jede andere Art der Kommunikation wie Briefe, Kataloge, Telefonanrufe, E-Mails, SMS oder Rundfunk. Erfasst werden also sowohl der klassische Versandhandel als auch modernere Formen wie zB das Teleshopping über Verkaufssendungen.

Ausgenommen sind nach § 312c Abs. 1 Hs. 2 BGB Fälle, in welchen der Vertragsschluss nicht im Rahmen eines für den Fernabsatz organisierten Vertriebs- oder Dienstleistungssystems erfolgt. Gemeint sind damit zB Fälle, in welchen ein Händler nur gelegentlich einmal eine telefonische oder schriftliche Bestellung entgegennimmt, seinen Geschäftsbetrieb aber nicht (auch) auf diese Art des Vertragsschlusses aufbaut. 38

4. Widerrufsrecht (§ 312g BGB)

39 § 312g Abs. 1 BGB räumt dem Verbraucher bei außerhalb von Geschäftsräumen geschlossenen Verträgen sowie bei Fernabsatzverträgen ein **Widerrufsrecht** nach § 355 BGB ein.

40 Dabei enthält § 312g Abs. 2 BGB allerdings wichtige Bereichsausnahmen, die meist darauf beruhen, dass der Unternehmer nach einem Widerruf den Vertragsgegenstand nicht oder nur schwer verwerten oder das Widerrufsrecht missbräuchlich und spekulativ eingesetzt werden könnte. Kein Widerrufsrecht besteht danach insbesondere bei besonders individualisierten Waren wie zB einem Maßanzug (Nr. 1), verderblicher Ware (Nr. 2), versiegelter Ware, die aus hygienischen Gründen nicht zur Rückgabe geeignet ist (Nr. 3), beim Kauf von Datenträgern, die entsiegelt wurden (Nr. 6), bei Verträgen über Zeitschriften, sofern sie keine Abonnementverträge sind (Nr. 7).

Bei sonstigen, dh weder außerhalb von Geschäftsräumen noch im Fernabsatz geschlossenen Abonnementverträgen kann einem Verbraucher ein Widerrufsrecht nach § 510 Abs. 2 BGB zustehen.

41 Der Ausschluss des Widerrufsrechts bei **notariell beurkundeten Verträgen** (Nr. 13) beruht darauf, dass aufgrund der Belehrungspflichten eines Notars nach § 17 BeurkG ein besonderer Schutz des Verbrauchers vor Übereilung nicht für erforderlich gehalten wird.

42 Der Ausschlusstatbestand des Abs. 2 Nr. 10 für den Vertragsschluss bei **Versteigerungen** gilt bei den dort gesetzlich definierten **„öffentlich zugänglichen Versteigerungen“.** Es muss sich danach um „echte“ Versteigerungen handeln, in welchen der Vertrag durch Zuschlag (§ 156 BGB) zustande kommt und die Parteien persönlich anwesend sein können. Bei den gängigen Internetversteigerungen wie zB bei ebay ist daher ein Widerrufsrecht **nicht** nach Abs. 2 Nr. 10 ausgeschlossen.[22] Auch bei **Reiseverträgen** besteht ein Widerrufsrecht nur im Falle eines außerhalb von Geschäftsräumen geschlossenen Vertrags, nicht aber bei Vertragsschluss im Fernabsatz (Nr. 9 sowie § 312 Abs. 7 S. 2 BGB).

43 Das Verhältnis zu **konkurrierenden Widerrufsrechten** aus anderen Vorschriften wird in § 312g Abs. 3 BGB geregelt. Danach tritt das Widerrufsrecht nach § 312g Abs. 1 BGB zurück, wenn dem Verbraucher (oder einem Existenzgründer iSv § 513 BGB) ein vertragstypenbezogenes Widerrufsrecht nach §§ 495, 506–513 BGB zusteht. Auch die speziellen Widerrufsrechte nach § 305 KAGB sowie nach § 2d Abs. 1–5 des Vermögensanlagegesetzes sind vorrangig.

5. Die Ausübung des Widerrufsrechts

a) Widerrufserklärung

44 Das Widerrufsrecht wird nach § 355 Abs. 1 S. 2 BGB durch eine **formlose,** aber **empfangsbedürftige Willenserklärung** des Verbrauchers ausgeübt. Da der Widerruf zur Unwirksamkeit des Vertrags führt, ist das Widerrufsrecht damit ein **Gestaltungsrecht.** Der Verbraucher muss dabei nicht den Begriff „Widerruf“ verwen-

[22] S. dazu BGH NJW 2005, 53 (zur inhaltsgleichen Regelung in § 312d Abs. 4 Nr. 5 BGB aF); Schwab/Hromek JZ 2015, 271 (277 f.).

den. Nach § 355 Abs. 1 S. 3 BGB muss aber aus der Erklärung der Widerrufswille eindeutig hervorgehen. Eine Begründung ist nicht erforderlich (§ 355 Abs. 1 S. 4 BGB).

Für **Fernabsatzverträge** (→ Rn. 37) sieht § 356a BGB nF mWv 19.6.2026 auch eine **„Button"-Pflicht** für den Widerruf vor.

b) Widerrufsfrist

Nach der allgemeinen Regelung in § 355 Abs. 2 BGB beträgt die Widerrufsfrist 14 Tage und beginnt mit dem Vertragsschluss. Zur Fristwahrung genügt nach § 355 Abs. 1 S. 5 BGB die Absendung, so dass das Verzögerungsrisiko (nicht aber das Verlustrisiko!) beim Unternehmer liegt. Für das Verfahren des „Widerruf-Button" sieht § 356a Abs. 5 BGB allerdings eine Zugangsfiktion vor. 45

c) Spezielle Regelungen

In den folgenden Vorschriften finden sich allerdings spezielle Regelungen für einzelne Widerrufsrechte. Bei außerhalb von Geschäftsräumen und im Fernabsatz geschlossenen Verträgen kann der Unternehmer nach § 356 Abs. 1 BGB dem Verbraucher die Möglichkeit des Widerrufs durch ein Muster-Widerrufsformular nach Anlage 2 zu Art. 246a § 1 Abs. 2 Nr. 1 EGBGB oder auf der Webseite des Unternehmers einräumen. In diesem Fall muss der Unternehmer dem Verbraucher den Zugang des Widerrufs unverzüglich auf einem dauerhaften Datenträger (s. § 126b S. 2 BGB) bestätigen. 46

Handelt es sich bei dem außerhalb von Geschäftsräumen oder im Fernabsatz geschlossenen Vertrag um einen **Verbrauchsgüterkauf** iSv § 474 Abs. 1 BGB, beginnt die Widerrufsfrist nach § 356 Abs. 2 BGB erst mit der **Lieferung der Waren** an den Verbraucher oder an einen von diesem benannten Dritten (§ 356 Abs. 2 Nr. 1 Buchst. a BGB), bei einheitlicher Bestellung mehrerer Waren (Nr. 1 Buchst. b) oder bei Lieferungen einer Ware in Teilleistungen (Nr. 1 Buchst. c) erst mit der letzten Lieferung, bei Verträgen über die regelmäßige Lieferung von Waren über einen festgelegten Zeitraum **mit der ersten Lieferung** (Nr. 1 Buchst. d). Bei Verträgen über eine nicht im Vorhinein bestimmte Menge von Wasser, Gas, Strom und Fernwärme sowie bei online überspielten digitalen Inhalten (§ 312f Abs. 3 BGB) bleibt es gem. § 356 Abs. 2 Nr. 2 BGB für den Fristbeginn beim **Zeitpunkt des Vertragsschlusses.** In jedem Falle beginnt die Widerrufsfrist nach § 356 Abs. 3 BGB nicht, bevor der Unternehmer den Verbraucher nach den Anforderungen des Art. 246a § 1 Abs. 2 Nr. 1 EGBGB oder des Art. 246b § 2 Abs. 1 EGBGB **belehrt** hat. Diese Belehrungspflichten betreffen das Widerrufsrecht und die einzelnen Vertragsbedingungen. Das Widerrufsrecht erlischt in diesem Fall gem. § 356 Abs. 4 S. 1 BGB erst **1 Jahr und 14 Tage** nach Vertragsschluss. Dies gilt nach § 356 Abs. 4 S. 2 BGB nicht bei Verträgen über Finanzdienstleistungen. Hier kann es also zu einem „ewigen Widerrufsrecht" kommen. Durch diese Sanktion der unterbliebenen Belehrung über das Widerrufsrecht wird mittelbar gewährleistet, dass der Verbraucher sein Widerrufsrecht auch tatsächlich ausüben kann. Zur Erfüllung dieser kaum überschaubaren Informationspflichten stellt das Gesetz dem Unternehmer in Anlage 1 zu Art. 246a § 1 Abs. 2 S. 2 EGBGB ein **amtliches Muster** zur Verfügung, welches der Unternehmer dem Verbraucher in Textform zu übermitteln hat. Benutzt er dieses Muster, gelten seine Belehrungs- und Informationspflichten nach Art. 246a § 1 Abs. 2 S. 2 EGBGB als erfüllt. 47

48 Bei einem Vertrag zur **Erbringung von Dienstleistungen** erlischt das Widerrufsrecht nach § 356 Abs. 5 S. 1 BGB auch dann, wenn der Unternehmer die Dienstleistung **vollständig erbracht hat.** Das gilt aber nur, wenn der Unternehmer mit der Ausführung der Dienstleistung erst begonnen hat, nachdem der Verbraucher dazu seine ausdrückliche **Zustimmung** gegeben hat und gleichzeitig seine Kenntnis davon bestätigt hat, dass er sein Widerrufsrecht bei vollständiger Vertragserfüllung durch den Unternehmer verliert. Bei einem Vertrag über die Erbringung von Dienstleistungen erlischt das Widerrufsrecht nach § 356 Abs. 5 erst, wenn der Vertrag von **beiden Seiten** auf ausdrücklichen Wunsch des Verbrauchers vollständig erfüllt ist, bevor der Verbraucher sein Widerrufsrecht ausübt.

49 Bei Verträgen über nicht auf einem körperlichen Datenträger befindliche **digitale Inhalte** (dh zB über den Download von Software, Musik, Filmen oder Spielen → § 45 Rn. 10) **erlischt das Widerrufsrecht** nach § 356 Abs. 6 BGB, wenn der Unternehmer mit der Ausführung des Vertrags begonnen hat, nachdem der Verbraucher dem ausdrücklich zugestimmt und seine Kenntnis vom Erlöschen des Widerrufsrechts bestätigt hat.

50 Weitere **Sonderregelungen** über den Beginn der Widerrufsfrist enthält das Gesetz für das Widerrufsrecht bei **Teilzeit-Wohnrechteverträgen** (§ 356c BGB), **Ratenlieferungsverträgen** (§ 356d BGB), **Verbraucherbauverträgen** (§ 356e BGB), **unentgeltlichen Darlehensverträgen und Finanzierungshilfen** (§ 356f BGB).

6. Rechtsfolge des Widerrufs

51 Nach der Formulierung von § 355 Abs. 1 S. 1 BGB sind die Vertragsparteien an ihre Willenserklärungen „nicht mehr gebunden", wenn der Verbraucher seine Willenserklärung fristgerecht widerrufen hat. Das bedeutet – entgegen dem etwas undeutlichen Wortlaut – dass der Verbraucher durch den Widerruf seine Willenserklärung (und damit den geschlossenen Vertrag) **vernichtet.** Bis zur Ausübung des Widerrufsrechts ist der Vertrag also wirksam.

Im Klausuraufbau ist damit der Widerruf in dieser Funktion wie auch der Rücktritt als **rechtsvernichtende Einwendung** unter „Anspruch erloschen" zu prüfen. Die Prüfung des Tatbestands von § 355 Abs. 1 BGB (Widerrufsrecht nach § 355 BGB, fristgerechte Ausübung) führt dann automatisch zur Erörterung des sachlichen und persönlichen Anwendungsbereichs des jeweiligen Widerrufsrechts.

7. Rückabwicklung nach erfolgtem Widerruf

a) Anspruchsgrundlage (§ 355 Abs. 3 S. 1 BGB)

52 Die **zentrale Anspruchsgrundlage** für die Rückabwicklung findet sich in § 355 Abs. 3 S. 1 BGB. Danach haben sich die Parteien die empfangenen Leistungen unverzüglich zurückzugewähren. Der Verbraucher wahrt diese Frist durch rechtzeitige Absendung der Waren (§ 355 Abs. 3 S. 3 BGB), die **Gefahr** der Rücksendung von Waren liegt dabei beim Unternehmer (§ 355 Abs. 3 S. 4 BGB). Es handelt sich also um eine **qualifizierte Schickschuld** (→ § 15 Rn. 146). Diese Grundregel wird im Folgenden für spezifische Widerrufsrechte durch Sondervorschriften ergänzt.

b) Außerhalb von Geschäftsräumen geschlossene Verträge und Fernabsatzverträge ohne Verträge über Finanzdienstleistungen (§ 357 BGB)

aa) Einzelheiten der Rückgewähr. Bei außerhalb von Geschäftsräumen und im Fernabsatz geschlossenen Verträgen, die keine Finanzdienstleistungen betreffen, präzisiert § 357 Abs. 1 BGB zunächst, dass die Leistungen spätestens **nach 14 Tagen zurückzugewähren** sind. Dabei hat der Unternehmer nicht nur den Kaufpreis, sondern grds. auch etwaige **Kosten des Erstversands** zu erstatten (§ 357 Abs. 2 BGB) und dabei dasselbe Zahlungsmittel zu verwenden, das der Verbraucher verwendet hatte (§ 357 Abs. 3 BGB). Im Falle eines Verbrauchsgüterkaufs kann er nach § 357 Abs. 4 S. 1 BGB **die Rückzahlung verweigern,** bis er die Ware zurückerhalten oder der Verbraucher den Nachweis der Absendung geführt hat. Hat der Unternehmer angeboten, die Waren abzuholen (oder abholen zu lassen), besteht gem. § 357 Abs. 4 S. 2 BGB kein Zurückbehaltungsrecht, der Verbraucher ist dann nicht zur Absendung verpflichtet (§ 357 Abs. 6 BGB). 53

Die unmittelbaren **Kosten der Rücksendung** trägt gem. § 357 Abs. 5 BGB grds. der Verbraucher, wenn er darüber vom Unternehmer vor Vertragsschluss nach Maßgabe von Art. 246a § 1 Abs. 2 S. 1 Nr. 2 EGBGB belehrt wurde. Beim Widerruf von Verträgen über digitale Produkte verweist § 357 Abs. 8 BGB auf eine entsprechende Anwendung von § 327p BGB (→ § 50 Rn. 5). 54

bb) Wertersatzpflicht des Verbrauchers (§ 357a BGB). (1) Lieferung von Waren. Häufig hat der Verbraucher eine außerhalb von Geschäftsräumen oder im Fernabsatz erworbene Ware innerhalb der Widerrufsfrist bereits in Gebrauch genommen, so dass diese für den Unternehmer nach erfolgtem Widerruf zumindest nicht mehr zum gleichen Preis absetzbar ist. Vor diesem Hintergrund kommt den Regelungen über die Ersatzpflicht des Verbrauchers für einen Wertverlust der Ware besondere praktische Bedeutung zu. Nach § 357a Abs. 1 BGB hat der Verbraucher für einen Wertverlust der Ware Ersatz zu leisten, wenn dieser Wertverlust auf einen Umgang mit der Ware zurückzuführen ist, der über die **Prüfung von deren Beschaffenheit, Eigenschaften und Funktionsweise** hinausgeht *und* der Unternehmer den Verbraucher nach Art. 246a § 1 Abs. 2 Nr. 1 EGBGB über das Widerrufsrecht belehrt hatte. Maßstab für die Frage, ob der Gebrauch über die Prüfung der Ware hinausgeht, ist der Vergleich mit den **Prüfungsmöglichkeiten in einem Ladengeschäft.**[23] 55

Damit kann ein Verbraucher ein Kleidungsstück anprobieren, ohne zum Wertersatz verpflichtet zu sein, nicht aber dieses tragen und damit benutzen. Ein Möbelstück darf ohne Wertersatzpflicht aufgebaut werden, selbst wenn dies zu einer erheblichen Wertminderung führt.[24] Der Einbau eines im Fernabsatz erworbenen Katalysators in ein Kfz verpflichtet im Fall des Widerrufs hingegen zum Ersatz der dadurch erfolgten Wertminderung.[25]

(2) Erbringung von Dienstleistungen und Lieferung von Wasser und Energie. Widerruft ein Verbraucher einen Vertrag über die Erbringung von Dienstleistungen oder über die Lieferung von Wasser, Gas oder Strom in nicht bestimmten Mengen oder nicht begrenztem Volumen oder über die Lieferung von Fernwärme, so schuldet 56

[23] BGH NJW 2017, 878 Rn. 21.
[24] BGH NJW 2011, 56 Rn. 23 (Kauf eines Wasserbetts).
[25] BGH NJW 2017, 878 Rn. 22 ff.

er im Falle des Widerrufs gem. § 357a Abs. 2 BGB Wertersatz für die bis dahin erbrachten Leistungen, wenn der Verbraucher von dem Unternehmer ausdrücklich verlangt hat, dass dieser mit der Leistung vor Ablauf der Widerrufsfrist beginnt. Auch dies setzt aber voraus, dass der Verbraucher hierüber nach Art. 246a § 1 Abs. 2 Nr. 1 EGBGB über sein Widerrufsrecht sowie nach Art. 246a § 1 Abs. 2 Nr. 3 EGBGB über die Wertersatzpflicht informiert wurde. Wurde der Vertrag außerhalb von Geschäftsräumen geschlossen, besteht der Anspruch nur, wenn der Verbraucher seinen Wunsch nach sofortiger Lieferung auf einem dauerhaften Datenträger (§ 126b S. 2 BGB), dh in Textform übermittelt hat.

57 Die Höhe des Wertersatzes bestimmt sich dabei grds. nach dem vereinbarten Gesamtpreis, der aber auf den marktüblichen Preis reduziert werden kann, wenn er unverhältnismäßig hoch ist (§ 357a Abs. 2 S. 2, 3 BGB).

58 **(3) Digitale Inhalte.** Im Falle des Widerrufs eines Vertrags über nicht auf einem körperlichen Datenträger übermittelte **digitale Inhalte** (also etwa den Download von Musik, Filmen, Software) hat der Verbraucher nach § 357a Abs. 3 BGB **keinen Wertersatz** zu leisten. Allerdings darf er die Daten gem. § 357 Abs. 8 iVm 327p Abs. 1 BGB auch nicht weiter nutzen. Zu beachten ist dabei allerdings, dass in diesen Fällen bereits das Widerrufsrecht gem. § 356 Abs. 5 BGB (bei entsprechender Belehrung) mit der Ausführung des Vertrags, dh mit der Datenübertragung erlischt (→ Rn. 49).

59 **(4) Verträge über Finanzdienstleistungen (§ 357b BGB).** Beim Widerruf von Verträgen über Finanzdienstleistungen sind gem. § 357b Abs. 1 BGB die empfangenen Leistungen spätestens nach 30 Tagen zurückzuerstatten. Der Beginn der Frist unterliegt der allgemeinen Regelung des § 355 Abs. 2 S. 2 BGB. Ist ein solcher Vertrag außerhalb von Geschäftsräumen oder im Fernabsatz geschlossen worden, unterliegt die Wertersatzpflicht § 357b Abs. 2 BGB. Der Verbraucher ist danach nur zum Wertersatz verpflichtet, wenn er auf diese Rechtsfolge hingewiesen wurde. § 357b Abs. 2 S. 2–4 BGB enthalten Sonderregelungen für die Rechtsfolgen des Widerrufs von Verträgen über eine entgeltliche Finanzierungshilfe iSv § 506 BGB, also zB einen entgeltlichen Zahlungsaufschub oder ein Teilzahlungsgeschäft.[26] Da hier eine Rückabwicklung auch der vom Unternehmer erbrachten Leistung, also zB des Gegenstands des Teilzahlungsgeschäfts, erforderlich ist, wird hier für die Frage des Wertersatzes auf § 357 Abs. 5–8 BGB verwiesen.

Die Regelung gilt aber nur für solche Verträge, die von der Ausnahme des § 506 Abs. 4 BGB erfasst sind, dh im Wesentlichen für Finanzierungshilfen im Umfang unter 200 EUR. Für alle anderen Finanzierungshilfen ordnet § 357b Abs. 3 S. 4 BGB wiederum die entsprechende Anwendung von § 357b Abs. 2 BGB an. Bei einem Teilzahlungsgeschäft nach § 506 Abs. 3 BGB oder einem Leasingvertrag nach § 506 Abs. 1, 2 BGB ist daher der Vertragsgegenstand nach §§ 355 Abs. 3, 357b Abs. 1 BGB an den Unternehmer herauszugeben, wobei § 357 Abs. 5 und 6 BGB hinsichtlich der Rücksendepflicht und deren Kosten zu beachten sind. Bei Verschlechterung oder Untergang des Gegenstands schuldet der Verbraucher Wertersatz unter den Voraussetzungen des § 357a Abs. 1 BGB.

60 Für finanzierte Verträge über die Lieferung von nicht auf körperlichem Datenträger gelieferten digitalen Inhalten ordnet § 357b Abs. 2 S. 3 BGB in Abweichung von

[26] S. dazu Medicus/Lorenz SchuldR BT § 34 Rn. 53 ff.

§ 357 Abs. 8 BGB eine Wertersatzpflicht an, die wiederum unter dem Vorbehalt einer entsprechenden Belehrung steht. § 357b Abs. 3 BGB regelt schließlich die Zinszahlungspflicht im Fall des Widerrufs von **Verbraucherdarlehensverträgen.**

(5) Teilzeitwohnrechteverträge (§ 357c BGB). Für **Teilzeitwohnrechteverträge** und damit verbundene Vermittlungs- und Tauschverträge enthält § 357c BGB eine spezielle Regelung für Kosten- und Wertersatz. Der Verbraucher kann hier Erstattung sämtlicher Kosten der Durchführung und Rückabwicklung des Vertrags verlangen, zum Wertersatz ist er nur verpflichtet, wenn der Wertverlust der Unterkunft auf einen nicht bestimmungsgemäßen Gebrauch zurückzuführen ist. 61

(6) Ratenlieferungsverträge (§ 357d BGB). § 357d enthält schließlich eine Regelung für **Ratenlieferungsverträge** (§ 510 BGB),[27] die weder im Fernabsatz noch außerhalb von Geschäftsräumen geschlossen wurden. Die Begrenzung auf in den Geschäftsräumen des Unternehmers geschlossene Ratenlieferungsverträge (zB Abonnementverträge) ergibt sich daraus, dass andernfalls § 357 BGB einschlägig wäre. Hinsichtlich der Rechtsfolgen verweist die Regelung aber dennoch weitgehend auf § 357 BGB. 62

8. Widerrufs- und Einwendungsdurchgriff bei verbundenen und zusammenhängenden Verträgen (§§ 358–360 BGB)

a) Das Problem: Das Aufspaltungsrisiko

Schließt ein Verbraucher einen **Ratenkaufvertrag,** so räumt ihm das Gesetz nach § 506 Abs. 1 BGB, § 495 BGB ein verbraucherschützendes Widerrufsrecht nach § 355 BGB ein.[28] Erklärt er den Widerruf, muss er keine weiteren Teilzahlungen leisten und erhält seine geleisteten Zahlungen nach §§ 355 Abs. 3 S. 1 BGB gegen Rückgabe des erworbenen Gegenstandes zurück (und ist uU gem. § 357a Abs. 2 S. 2 bzw. Abs. 3 S. 2 BGB iVm § 357 BGB zum Ersatz des Wertverlustes verpflichtet). Ist die gekaufte Sache mangelhaft, kann er unabhängig von einem Widerrufsrecht die Zahlung weiterer Raten nach § 320 BGB verweigern. 63

Schließt ein Verbraucher hingegen einen **Darlehensvertrag** ab, um mit der Darlehenssumme einen Gegenstand gegen (vollständige!) Zahlung des Kaufpreises zu erwerben, so hat er bzgl. des Kaufvertrags **kein Widerrufsrecht** nach § 506 Abs. 1 BGB, § 495 BGB, denn dieser ist dann ja kein Ratenkaufvertrag. Zwar kann er den Darlehensvertrag nach §§ 495, 355 BGB widerrufen, jedoch ist er dann nach § 355 Abs. 3 S. 1 BGB, § 357a Abs. 1 BGB zur **Rückzahlung der Darlehenssumme** verpflichtet. Über diese wird er aber häufig nicht verfügen, weil er sie für die Tilgung des Kaufpreises verwendet hat und den Kaufvertrag nicht widerrufen kann. Damit ist der Verbraucher häufig *de facto* am Widerruf des Darlehensvertrags gehindert. 64

Ist der Kaufgegenstand **mangelhaft,** hat der Verbraucher gegenüber dem Verkäufer zwar Gewährleistungsrechte (§ 437 BGB), die ihn auch zur Verweigerung der Kaufpreiszahlung gegenüber dem Verkäufer berechtigen würden. Da er den Kaufpreis aber bereits mit den Mitteln aus dem Darlehen beglichen hat, nützt ihm dies nichts mehr. 65

---

[27] S. dazu Medicus/Lorenz SchuldR BT § 34 Rn. 59.
[28] S. Medicus/Lorenz SchuldR BT § 34 Rn. 59.

Gegenüber dem Anspruch des Darlehensgebers auf Zahlung der Kreditraten einschließlich der vereinbarten Zinsen kann der Verbraucher hingegen grds. nicht einredeweise die Mangelhaftigkeit des Kaufgegenstandes geltend machen: Sowohl für die Einrede aus § 273 BGB als auch für diejenige aus § 320 BGB fehlt es an der Wechselseitigkeit: Die Einrede richtet sich allein gegen den **Verkäufer,** nicht aber gegen den Darlehensgeber.

66 Dass der Darlehensnehmer somit das **Verwendungsrisiko** eines Darlehens nicht auf den Darlehensgeber abwälzen darf, ist im Grundsatz vollkommen gerechtfertigt. Der Darlehensgeber hat ja auch keinen Einfluss darauf, zu welchen Zwecken der Darlehensnehmer das Darlehen verwendet. Das **Aufspaltungsrisiko** des wirtschaftlichen Vorgangs „Ratenkauf" in einen Kaufvertrag und einen diesen finanzierenden Darlehensvertrag trägt also grds. der Verbraucher.

b) Verbundene Verträge (§ 358 Abs. 3 BGB)

67 In Frage stellen kann man die Berechtigung dieser Situation aber, wenn sich der Erwerbsvorgang trotz der Aufspaltung in einen Kauf- und einen Darlehensvertrag aus der Sicht des Verbrauchers als **wirtschaftliche Einheit** darstellt. Das ist insbesondere dann anzunehmen, wenn **Verkäufer und Darlehensgeber dieselbe Person sind** und das Geschäft lediglich in zwei Verträge aufgespalten wird oder **aber Verkäufer und Darlehensgeber bewusst zusammenwirken** (etwa dadurch, dass der Verkäufer den Dritten mit dessen Einverständnis als Darlehensgeber empfiehlt). Das Gesetz spricht in diesem Fall von **„verbundenen Verträgen"** (§ 358 Abs. 3 S. 1, 2 BGB; beachte aber die Einschränkung für den finanzierten Immobilienerwerb in § 358 Abs. 3 S. 3 BGB). In einem solchen Fall ist es jedenfalls nicht *a priori* gerechtfertigt, dem Verbraucher das geschilderte Aufspaltungsrisiko aufzuerlegen.

c) Widerrufsdurchgriff (§ 358 Abs. 1, 2 BGB)

68 Liegt ein verbundener Vertrag über die Lieferung einer Ware oder der Erbringung einer Dienstleistung vor, so führt der mögliche Widerruf der auf Abschluss eines dieser Verträge gerichteten Willenserklärung automatisch zur Unwirksamkeit auch der auf Abschluss des anderen Vertrags gerichteten Willenserklärung (§ 358 Abs. 1 BGB für die Widerrufbarkeit des Vertrags über die Warenlieferung/Dienstleistung, § 358 Abs. 2 BGB für die Widerrufbarkeit des Darlehensvertrags). Durch dieses **„Durchschlagen" des Widerrufs** „stehen und fallen" beide Verträge miteinander, so dass die oben bei → Rn. 64 beschriebene Situation vermieden wird, dass der Verbraucher de facto am Widerruf gehindert ist, weil er das Darlehen nicht zurückzahlen kann.

69 Auch auf der Ebene der **Rückabwicklung** wird die Situation derjenigen eines Ratengeschäfts angeglichen: Nach § 358 Abs. 4 BGB finden auf die Rückabwicklung des verbundenen Vertrags § 355 Abs. 3 BGB sowie – je nach Art des Vertrags – die §§ 357–357d BGB entsprechende Anwendung, so dass unter bestimmten Voraussetzungen auch Wertersatzansprüche in Betracht kommen.

70 War der Darlehensbetrag dem Unternehmer aus dem verbundenen Vertrag (also etwa dem Verkäufer) bereits zugeflossen, tritt nach § 358 Abs. 4 S. 5 BGB der Darlehensgeber hinsichtlich der Widerrufsfolgen in die Stellung des Unternehmers ein: Aus dem Dreipersonenverhältnis wird damit ein Zweipersonenverhältnis: Gegen Rückgabe des erworbenen Gegenstandes an den Darlehensgeber (und ggf. den Ersatz von

Wertverlust, § 358 Abs. 4 BGB iVm § 357 Abs. 7 BGB) kann der Verbraucher von diesem die gezahlten Darlehensraten einschließlich Zinsen zurückverlangen, ohne den Darlehensbetrag selbst zurückzahlen zu müssen. Die Rechtsfolgen gleichen also denjenigen eines einheitlichen Ratenkaufvertrags.

Für die weitere Abwicklung zwischen dem Darlehensgeber und der für den Verbraucher „ausgeblendeten" Partei des verbundenen Vertrags (also zB dem Verkäufer) gelten primär die vertraglichen Absprachen zwischen beiden. In Ermangelung einer solchen gibt die Rspr. dem Darlehensgeber Bereicherungsansprüche gegen den Verkäufer.[29] Eine starke Literaturansicht will dagegen in analoger Anwendung von § 358 Abs. 4 S. 5 BGB den Darlehensgeber gegenüber dem Verkäufer in die Rolle des Verbrauchers einrücken lassen, so dass er dessen Rückabwicklungsansprüche gegen den Käufer im eigenen Namen geltend machen kann.[30]

Nach § 358 Abs. 5 BGB ist der Widerrufsdurchgriff allerdings beim finanzierten Erwerb von Finanzinstrumenten (Aktien, Devisen, Derivate etc) **nicht** anzuwenden. Damit soll eine Spekulationsmöglichkeit für den Verbraucher ausgeschlossen werden, der sich sonst bei einem kurzfristigen Kursverfall durch Widerruf des Darlehensvertrags, mit dem er zB einen Aktienkauf finanziert hat, ohne Risiko wieder von der Anlage trennen könnte. 71

d) Widerrufsdurchgriff bei zusammenhängenden Verträgen (§ 360 BGB)

Nach § 360 Abs. 1 BGB erfolgt der **Widerrufsdurchgriff** auch dann, wenn zwar kein „verbundener Vertrag" iSv § 358 Abs. 3 BGB, aber ein sog. **zusammenhängender Vertrag** vorliegt. Das ist nach § 360 Abs. 2 BGB einmal dann der Fall, wenn der entsprechende Vertrag einen Bezug, dh einen **tatsächlichen** oder **wirtschaftlichen Zusammenhang** zum widerrufenen Vertrag aufweist und eine Leistung betrifft, die von dem Unternehmer des widerrufenen Vertrags erbracht wird. Damit ist eine Situation gemeint, in welcher Vertragspartner beider Verträge derselbe Unternehmer ist. Dem wird gleichgestellt, dass der Vertragspartner ein Dritter ist, der aber aufgrund einer Vereinbarung mit dem Unternehmer des widerrufenen Vertrags gehandelt hat. 72

Die Vorschrift betrifft etwa den Kauf von Zubehör im Zusammenhang mit einem Ratenkauf oder die Vereinbarung von Zusatzleistungen wie zB Restschuldversicherungen eines Kredits.

Ein **Verbraucherdarlehensvertrag** ist nach § 360 Abs. 2 S. 2 BGB auch dann ein zusammenhängender Vertrag, wenn das Darlehen ausschließlich der Finanzierung des widerrufenen Vertrags dient und die Leistung des Unternehmers aus dem widerrufenen Vertrag in dem Verbraucherdarlehensvertrag genau angegeben ist. Das kann zB dann der Fall sein, wenn der anzuschaffende Gegenstand im Darlehensvertrag konkret bezeichnet ist (zB Kredit für den Erwerb eines Kfz), sich der Verbraucher aber erst nach Auszahlung des Darlehens für einen bestimmten Vertragspartner entscheidet (andernfalls wird häufig bereits ein **verbundenes Geschäft** iSv § 358 Abs. 3 S. 1 BGB vorliegen).[31] Diese Ausweitung des Widerrufsdurchgriffs betrifft nur diesen, nicht aber den gleich zu erörternden **Einwendungsdurchgriff.** 73

[29] BGH NJW 2019, 2780 Rn. 23; 2023, 2635 Rn. 17.

[30] S. MüKoBGB/Habersack § 358 Rn. 96 mwN; für eine bereicherungsrechtliche Lösung hingegen Lobinger FS Picker, 2010, 575.

[31] BT-Drs. 17/12637, 68.

74 Für die weitere Abwicklung zwischen dem Darlehensgeber und der für den Verbraucher „ausgeblendeten" Partei des verbundenen Vertrags (also zB dem Verkäufer) gelten primär die vertraglichen Absprachen zwischen beiden. In Ermangelung einer solchen gibt die Rspr. dem Darlehensgeber Bereicherungsansprüche gegen den Verkäufer.[32] Eine starke Literaturansicht will dagegen in analoger Anwendung von § 358 Abs. 4 S. 3 BGB den Darlehensgeber gegenüber dem Verkäufer in die Rolle des Verbrauchers einrücken lassen, so dass er dessen Rückabwicklungsansprüche gegen den Käufer im eigenen Namen geltend machen kann.[33]

e) Einwendungsdurchgriff (§ 359 BGB)

75 Die Regelung über den **Einwendungsdurchgriff** in § 359 BGB bekämpft das zweite, → Rn. 65 geschilderte Risiko einer Aufspaltung: Der Verbraucher kann bei Vorliegen eines verbundenen Vertrags (nicht bei einem „zusammenhängenden Vertrag" iSv § 360 BGB!) dem Darlehensgeber gegenüber **die Rückzahlung des Darlehens verweigern, soweit er einer Zahlungspflicht aus dem verbundenen Vertrag ein Leistungsverweigerungsrecht entgegenhalten könnte.** Das gilt nach § 359 Abs. 2 BGB nicht, wenn das finanzierte Entgelt 200 EUR unterschreitet oder der Darlehensvertrag der Finanzierung von Finanzinstrumenten dient. Bei einem verbundenen Vertrag kann also der Käufer dem Anspruch der den Kaufpreis finanzierenden Bank auf Rückzahlung der Darlehenssumme aus § 488 Abs. 1 S. 2 BGB etwa die Mängeleinrede aus § 320 BGB entgegenhalten, die er sonst nur gegen den Verkäufer hätte. Hat er gegen den Verkäufer einen Nacherfüllungsanspruch, kann er das nach § 359 Abs. 1 S. 3 BGB erst, wenn die Nacherfüllung fehlgeschlagen ist. Ein **Rückforderungsdurchgriff** wird damit aber **nicht** begründet. Hat der Käufer kein Widerrufsrecht, kann er, wenn er etwa wegen des Sachmangels zurücktritt, nicht aufgrund von § 359 BGB vom Darlehensgeber die Rückzahlung des Kaufpreises oder bereits geleisteter Darlehensraten verlangen.[34] Auch § 813 S. 1 BGB ist hier nicht einschlägig, weil die Einrede in diesem Fall erst mit dem Rücktritt entsteht und daher bei Zahlung der Darlehensraten an den Darlehensgeber noch nicht bestand.[35] Der Verbraucher trägt also weiter das Insolvenzrisiko des Verkäufers. Das ist auch gerechtfertigt, weil er dieses auch ohne Aufspaltung des Geschäfts in zwei Verträge getragen hätte.[36]

Anderes gilt nur, wenn der finanzierte verbundene Vertrag **nichtig** ist. Der Verbraucher kann nicht nur dem Anspruch des Darlehensgebers auf Rückzahlung der Darlehensraten das Nichtbestehen dieser Zahlungsverpflichtung entgegenhalten, sondern, weil es sich um eine anfängliche dauernde Einrede handelt, auch bereits gezahlte Darlehensraten nach § 813 BGB zurückverlangen.[37]

---

[32] BGHZ 133, 254 (263 f.) = MDR 1997, 24.

[33] S. MüKoBGB/Habersack § 358 Rn. 96 mwN; für eine bereicherungsrechtliche Lösung hingegen Lobinger FS Picker, 2010, 575.

[34] MüKoBGB/Habersack § 359 Rn. 76 ff.

[35] BGH NJW-RR 2011, 406 Rn. 21 (zum früheren Recht); Looschelders SchuldR AT § 41 Rn. 51.

[36] Zutreffend Looschelders SchuldR AT § 41 Rn. 51.

[37] BGH NJW 2008, 845.

§ 52. Die Kündigung

Literatur: von Hase, Fristlose Kündigung und Abmahnung nach neuem Recht, NJW 2002, 2278; Oetker, Das Dauerschuldverhältnis und seine Beendigung, 1994; Ramming, Wechselwirkungen bei den Voraussetzungen der gesetzlichen Kündigungs- und Rücktrittsrechte nach allgemeinem Schuldrecht (§§ 314, 323, 324), ZGS 2003, 113.

Im Gegensatz zum Rücktritt (§§ 346 ff. BGB) wird die Kündigung im Allgemeinen Schuldrecht nicht detailliert geregelt. Das beruht wohl einmal auf den beträchtlichen Unterschieden zwischen den sehr unterschiedlichen Anwendungsfällen der Kündigung. Zudem dürfte eine Rolle spielen, dass die Kündigung anders als der Rücktritt ausschließlich in die Zukunft wirkt und daher **keine Rückabwicklungsprobleme** schafft. 1

I. Die Kündigung bei Dauerschuldverhältnissen

Den wichtigsten Anwendungsfall der Kündigung bildet die Beendigung von **Dauerschuldverhältnissen.** Hier spielt die Kündigung eine Rolle bei **Miete** (§§ 542 ff. BGB, § 549 BGB, § 563 Abs. 4 BGB, § 563a Abs. 2 BGB, § 564 S. 2 BGB, §§ 568 ff. BGB, §§ 573 ff. BGB, § 575a BGB, § 576 BGB, § 577a BGB, §§ 580 f. BGB), **Pacht** (§ 581 Abs. 2 BGB, §§ 594c ff. BGB), **Leihe** (§ 605 BGB), **Darlehen** (§§ 489 f., 608 BGB), **Dienstvertrag** (§§ 620 Abs. 2 ff. BGB, **Reisevertrag** (§ 651l BGB) und **Gesellschaft** (§§ 725 f., 731 BGB). Der Kündigung nahe steht auch das Rücknahmeverlangen des Verwahrers nach § 696 BGB. 2

1. Ordentliche Kündigung

Dauerschuldverhältnisse können **auf unbestimmte Zeit** abgeschlossen sein. Hier ist die Kündigung nötig, um das Schuldverhältnis überhaupt beenden zu können. Sie bedarf dann als **ordentliche Kündigung** regelmäßig **keines rechtfertigenden Grundes,** steht also im Belieben des Kündigenden. Andererseits ist diese Art der Kündigung aber meist befristet, dh zwischen dem Zugang der Kündigungserklärung und ihrem Wirksamwerden muss eine bestimmte Zeitspanne liegen. Damit soll der Kündigungsgegner Gelegenheit haben, sich auf die neue Rechtslage einzustellen. Die ordentliche Kündigung ist damit typischerweise **willkürlich, aber befristet.** 3

Die beiden wichtigsten, weil der Existenzsicherung dienenden, Dauerschuldverhältnisse sind die **Wohnungsmiete** und das **Arbeitsverhältnis.** Daher steht bei ihnen die Kündigung dem Vermieter bzw. dem Arbeitgeber nicht beliebig frei. Es bedarf hier ausnahmsweise auch die ordentliche Kündigung eines Grundes.[1] 4

2. Außerordentliche Kündigung

Dauerschuldverhältnisse können auch **auf bestimmte Zeit** abgeschlossen werden (zB Miete eines Hotelzimmers für drei Wochen). Dann enden sie ohne Weiteres mit dem Ablauf dieser Zeit, so etwa § 542 Abs. 2 BGB (Miete), § 604 Abs. 1 BGB (Leihe), § 620 BGB (Dienstvertrag) und können vor diesem Zeitpunkt auch nicht ordentlich gekündigt werden. Ähnlich dient die Gesellschaft der Erreichung eines gemeinsamen 5

---

[1] Zu diesem teils recht komplizierten, weil auf mancherlei Kompromissen beruhenden Kündigungsschutz Medicus/Lorenz SchuldR BT § 30 Rn. 18 ff. (Wohnungsmiete) und Medicus/Lorenz SchuldR BT § 37 Rn. 48 ff. (Dienstvertrag).

Zwecks (§ 705 BGB); wenn dieser Zweck ein vorübergehender ist (zB die Errichtung eines Bauwerks, sog. Gelegenheitsgesellschaft), endet die Gesellschaft mit seiner Erreichung (§ 729 Abs. 2 BGB, vgl. auch ähnlich § 604 Abs. 2 BGB zur Leihe).

6 Unter bestimmten Umständen kann es sich aber als nötig erweisen, das Schuldverhältnis schon vor seinem vereinbarten Abschluss zu beenden. Dazu dient dann die **außerordentliche Kündigung.** Weil sie den Parteiabreden widerspricht, bedarf sie im Gegensatz zur ordentlichen Kündigung eines **besonderen Grundes.** Dieser Grund kann in einer **Pflichtverletzung des Kündigungsgegners** bestehen (zB § 543 Abs. 2 S. 1 Nr. 2 BGB bei der Miete), aber auch unabhängig von einer Pflichtverletzung sein (zB bei Kündigung durch oder gegen den Erben, § 564 S. 2 BGB).

7 Diese außerordentliche Kündigung ist regelmäßig **fristlos,** weil der Kündigungsgrund die schnelle Beendigung des Schuldverhältnisses erfordert (zB §§ 543, 569 BGB bei der Miete, § 648a BGB beim Werkvertrag). Daher gibt es die außerordentliche Kündigung neben der ordentlichen auch bei den auf unbestimmte Zeit abgeschlossenen Dauerschuldverhältnissen. Zwingend gehört die Fristlosigkeit aber nicht zur außerordentlichen Kündigung; vielmehr wird diese nicht selten nur unter Einhaltung der gesetzlichen Frist gewährt (zB § 564 S. 2 BGB). Hier ist eben die Notwendigkeit zur Beendigung des Schuldverhältnisses weniger dringend.

3. Das außerordentliche Kündigungsrecht nach § 314 BGB

8 Neben den im BGB ausdrücklich geregelten Dauerschuldverhältnissen gibt es eine Reihe von atypischen Vertragsverhältnissen wie etwa Leasing- und Belegarztverträge sowie weitere nicht normierte Vertragsverhältnisse mit kaufrechtlicher oder dienst- oder werkvertraglicher Funktion (etwa langfristige Bezugsverträge oder ein Access-Providervertrag, der Zugang zum Internet verschafft). Hier war seit jeher im Rahmen einer **Gesamtanalogie**[2] zu den gesetzlichen Regelungen über die außerordentliche Kündigung von Dauerschuldverhältnissen als **allgemeiner Rechtsgrundsatz** anerkannt, dass jedes Dauerschuldverhältnis aus wichtigem Grund fristlos gekündigt werden kann, weil niemand unter allen Umständen für alle Zeit gebunden sein soll.[3] Diesen Grundsatz hat der Gesetzgeber im Zuge der Schuldrechtsreform 2002 in § 314 BGB kodifiziert. Die oben erwähnten besonderen außerordentlichen Kündigungsrechte zB im Miet- und Dienstvertragsrecht gehen § 314 BGB aber als **leges speciales** vor: Sind die Voraussetzungen eines speziellen außerordentlichen Kündigungsrechts (wie etwa nach § 543 BGB) im Einzelfall nicht gegeben, darf nicht auf § 314 BGB zurückgegriffen werden.[4]

9 Ein **wichtiger Grund** liegt nach § 314 Abs. 1 S. 2 BGB vor, „wenn dem kündigenden Teil unter Berücksichtigung aller Umstände des Einzelfalls und unter Abwägung der beiderseitigen Interessen die Fortsetzung des Vertragsverhältnisses bis zur vereinbarten Beendigung oder bis zum Ablauf einer Kündigungsfrist nicht zugemutet werden kann.“ § 314 Abs. 2 BGB verlangt für den Fall, dass der wichtige Grund in einer

[2] Zu diesem Begriff s. Köhler BGB AT § 4 Rn. 23.

[3] BGHZ 50, 312 = NJW 1969, 37.

[4] S. auch BGH NJW 2013, 2021 zur Kündigung eines DSL-Anschlussvertrags, wo der BGH die Qualifikation des Vertrags offenlassen konnte, weil die Kündigungsvoraussetzungen nach § 314 BGB und § 626 Abs. 2 BGB identisch waren.

Pflichtverletzung besteht, regelmäßig eine vorherige **Fristsetzung** bzw. **Abmahnung** (bei Unterlassungspflichten).

Für eine **Abmahnung** ist bloße Rüge vertragswidrigen Verhaltens nicht ausreichend. Zwar muss die Kündigung nicht angedroht werden, jedoch muss aus der Erklärung des Gläubigers (zumindest konkludent) hervorgehen, dass die weitere vertragliche Zusammenarbeit auf dem Spiel steht und der Schuldner für den Fall weiterer Verstöße mit vertraglichen Konsequenzen zu rechnen hat.[5]

§ 314 BGB ist damit nicht ausschließlich eine **Regelung des Leistungsstörungsrechts,** wo sie bei Dauerschuldverhältnissen an die Stelle des Rücktrittsrechts nach §§ 323, 324 BGB tritt (→ § 37 Rn. 5). Unzumutbarkeit kann auch eintreten, weil ein erforderliches **Vertrauensverhältnis** zerstört ist, der Schuldner seine **Dispositionsfreiheit** wiedergewinnen soll oder **unvorhergesehene Umstände** eintreten. Hier kann es auch zu Überschneidungen mit § 313 BGB (Geschäftsgrundlage) kommen. 10

II. Die Kündigung bei anderen Schuldverhältnissen

Vereinzelt spricht das BGB auch bei Schuldverhältnissen, die keine Dauerschuldverhältnisse darstellen, von einer Kündigung. Anwendungsfälle sind die §§ 643, 648, 648a, 649 und 671 Abs. 2, 3 BGB. Hiervon ist die Kündigung durch den Beauftragten (§ 671 Abs. 2 BGB) insofern unproblematisch, als der Auftrag kein Entgelt kennt. Deshalb stellt sich hier die Frage nicht, wie die Kündigung auf die Vergütungspflicht wirken soll. Dagegen ergibt sich diese Frage beim **Werkvertrag;** sie wird hier in den §§ 648, 648a, 649 BGB unterschiedlich beantwortet.[6] 11

Im Fall von § 648 BGB schuldet der Besteller trotz der Kündigung den vollen Werklohn und darf nur das abziehen, was der Unternehmer durch die Kündigung erspart oder anderswo erwerben kann. Diese Fortdauer der Vergütungspflicht bildet den Ausgleich dafür, dass der Besteller jederzeit ohne Grund kündigen darf. Diese Kündigungsmöglichkeit soll also nicht in erster Linie dem Besteller die Zahlung des Entgelts ersparen. Vielmehr geht es vor allem darum, dass dieser die Fortsetzung der Werkleistung verhindern kann, wenn er anderen Sinnes geworden ist. Ein Werkunternehmer hat also wegen § 648 BGB kein Recht zur Vollendung seines Werks. 12

Selbstverständlich ist § 648 BGB **abdingbar.** So etwa, wenn der Werkunternehmer ein besonderes Interesse an der Durchführung des Werks hat. Bei längerfristigen Verträgen verstößt ein solcher Ausschluss durch AGB aber gegen § 307 Abs. 1 BGB.[7]

Nach § 648a BGB besteht für beide Parteien des Werkvertrags ein Recht zur **außerordentlichen Kündigung** aus wichtigem Grund. Im Fall der Kündigung kann der Unternehmer nur für den erbrachten Teil des Werks Vergütung verlangen (§ 648a Abs. 5 BGB). 13

Anders liegt es bei § 649 BGB. Hier hat der Besteller für die Kündigung einen Grund, nämlich die wesentliche Überschreitung des Kostenanschlags. Daher hat der Unternehmer bei einer Kündigung durch den Besteller nur den Anspruch nach § 645 Abs. 1 BGB, dh der Besteller braucht dem Unternehmer nur die schon geleistete Arbeit und die mit dieser Teilvergütung noch nicht abgegoltenen weiteren Auslagen zu bezahlen. 14

[5] BGH NJW 2012, 53 Rn. 18.
[6] Zu den Einzelheiten s. Medicus/Lorenz SchuldR BT § 40 Rn. 2 ff.
[7] BGHZ 84, 109 (114) = NJW 1982, 2309.

III. Die Kündigungserklärung

15 Das Kündigungsrecht ist ein **Gestaltungsrecht,** das durch die Kündigungserklärung ausgeübt wird. Diese ist einseitige empfangsbedürftige Willenserklärung; für sie gilt Gleiches wie für die Rücktrittserklärung. Vgl. → § 49 Rn. 3.

§ 53. Andere Gründe einer Rückabwicklung vertraglicher Leistungen

Literatur: Hellwege, Ein einheitliches Regelungsmodell für die Rückabwicklung gegenseitiger Verträge, JZ 2005, 337; S. Lorenz, Vertragsaufhebung wegen culpa in contrahendo: Schutz der Entscheidungsfreiheit oder des Vermögens?, ZIP 1998, 1053; S. Lorenz, Sittenwidrigkeit und Vertragsanbahnung – „procedural unconscionability" im deutschen Recht?, FS Canaris, Bd. I, 2007, 777; Mankowski, Beseitigungsrechte, 2003; Meller-Hannich, Vertragslösungsrechte des Verbrauchers aus dem BGB: Geschichte und Gegenwart, JURA 2003, 369.

I. Anfängliche Vertragsunwirksamkeit

1 Anfänglich unwirksam ist ein Vertrag bei Vorliegen eines **Nichtigkeitsgrundes** (etwa §§ 105, 125, 134, 138 BGB). In Betracht kommt weiter eine schwebende Unwirksamkeit (etwa aus §§ 108 Abs. 1, 177 Abs. 1 BGB), wenn die Genehmigung ausbleibt. Im Fall einer Anfechtung wegen Willensmängeln (§§ 119, 120, 123 BGB) tritt rückwirkend Nichtigkeit ein (§ 142 Abs. 1 BGB). In diesen drei Fallgruppen fehlt ein wirksamer Vertrag als hinreichender Grund für das Behalten der ausgetauschten Leistungen durch den jeweiligen Empfänger. Daher sind diese nach den §§ 812 ff. BGB **(Bereicherungsrecht)** zurückzugewähren.

Nach dem **Abstraktionsprinzip** erfasst die Unwirksamkeit des Schuldvertrags grds. nicht auch die **Erfüllungsgeschäfte.** Ausnahmsweise kann aber auch die der Erfüllung dienende Verfügung unwirksam sein, insbesondere bei **Fehleridentität** (wenn das Verfügungsgeschäft aus denselben Gründen nichtig ist wie das Verpflichtungsgeschäft, zB im Fall des Wuchers, § 138 Abs. 2 BGB). Hat die Leistung in der Übereignung einer Sache bestanden, kommt es bei Fehleridentität zwischen dem Leistenden und dem Empfänger zu einer Vindikationslage (§ 985 BGB), also zu einem **Eigentümer-Besitzer-Verhältnis.** Die Nebenfolgen (Schadensersatz, Nutzungen, Verwendungen) ergeben sich dann aus den §§ 987 ff. BGB. Dagegen ist bei einer Geldleistung eine Vindikation (und damit auch ein Eigentümer-Besitzer-Verhältnis) fast immer ausgeschlossen. So stellt Buchgeld keine Sache dar und kann deshalb überhaupt nicht vindiziert werden; bei Bargeld scheitert eine Vindikation meist schon an einem Eigentumsverlust des Veräußerers durch Vermengung beim Erwerber (§ 948 BGB); zudem können die hingegebenen Geldzeichen meist nicht hinreichend genau bezeichnet werden.

II. Vertragsbeendigung durch Bedingungseintritt

2 Ein Vertrag kann auch durch Eintritt einer **auflösenden Bedingung** beendet werden. Der Eintritt der Bedingung hat aber nach § 158 Abs. 2 BGB **keine Rückwirkung.** Bei einem ausnahmsweise abweichenden Parteiwillen bestimmt § 159 BGB nur **schuldrechtliche Ausgleichspflichten,** dh die Parteien haben sich so zu stellen, als sei Rückwirkung eingetreten. Aber auch etwa nötige Rückgabepflichten im Regelfall des § 158 Abs. 2 BGB werden häufig aus dem Vertrag begründet werden können. Die Vereinbarung einer auflösenden Bedingung zeigt ja, dass die Parteien einen Wegfall des Geschäfts voraussehen. Dann kann man eine entsprechende Rückgabepflicht schon durch **ergänzende Vertragsauslegung** begründen, so dass hier ein Bereicherungsanspruch nicht benötigt wird.[1] Die Vertragsauslegung kann sogar ergeben, dass

[1] Medicus/Lorenz SchuldR BT § 65 Rn. 6.

auch die den Vertrag erfüllenden Verfügungen (soweit zulässig, s. § 925 Abs. 2 BGB bei der Auflassung) nur bedingt sein sollen; dann fällt zB das Eigentum von selbst an den Leistenden zurück, so dass dieser die Sache auch vindizieren kann.

III. Vertragsauflösung als Schadensersatz

Eine dritte Art der Rückabwicklung ergibt sich in der Fallgruppe des **aufgedrängten Vertrags:** Eine Partei hat bei den Vertragsverhandlungen schuldhaft unrichtige Angaben gemacht oder eine Aufklärungspflicht fahrlässig verletzt; im Vertrauen hierauf hat die andere Partei den Vertrag geschlossen. Später stellt sich die Wahrheit heraus, bei deren Kenntnis die andere Partei nicht (oder wenigstens nur zu einem geringeren Preis) kontrahiert hätte. Dann kann diese Partei schon bei Fahrlässigkeit aus *culpa in contrahendo* (§ 311 Abs. 2 Nr. 1 oder 2 BGB mit § 280 Abs. 1 BGB) Schadensersatz verlangen (→ § 40 Rn. 22 ff.). Dieser besteht nach § 249 Abs. 1 BGB in der Herstellung des Zustandes, der jetzt ohne das zum Ersatz verpflichtende Ereignis bestünde. Dieses Ereignis ist die für den Vertragsschluss kausale Täuschung. Daher muss der Vertrag mit allen seinen Folgen rückgängig gemacht werden.[2] Bei Vorsatz kommt eine solche Haftung auch aus § 826 BGB in Betracht. 3

Die besondere Problematik dieser Fallgruppe besteht in ihrem Konkurrenzverhältnis zur Anfechtung nach § 123 BGB sowie zur kauf- und werkvertraglichen Gewährleistung, dazu → § 40 Rn. 27 f.

Das beinhaltet dann auch die Rückgewähr ausgetauschter Leistungen. Können diese nicht mehr zurückgewährt werden, so ist ihretwegen **Schadensersatz** (nicht bloß Wertersatz wie nach § 818 Abs. 2 BGB oder § 346 Abs. 2 S. 1 BGB) zu leisten. Eine Entlastung nach § 818 Abs. 3 BGB (vgl. auch § 346 Abs. 3 S. 2 BGB) kommt nicht in Betracht. Die Regelung nach § 249 Abs. 1 BGB ist also strenger als diejenige nach Rücktrittsrecht (§§ 346 ff. BGB). Dieser Unterschied hat einen guten Grund: Ein Rücktritt kommt ja (etwa bei § 323 BGB) auch ohne Verschulden des Gegners in Betracht, und für die Zeit nach dem Rücktritt gilt nach § 346 Abs. 4 BGB ohnehin die volle Haftung nach den §§ 280 ff. BGB (→ § 49 Rn. 37). 4

[2] S. etwa BGH NJW-RR 2008, 564, wo (untechnisch) von einem „auf ein Verschulden bei Vertragsschluss gestütztem Rücktritt“ die Rede ist.

7. Teil. Der Inhalt von Schadensersatzansprüchen

§ 54. Grundlagen

Literatur: Armbrüster, Grundfälle zum Schadensrecht, JuS 2007, 411 (508 und 605); Canaris, Verstöße gegen das verfassungsrechtliche Übermaßverbot im Recht der Geschäftsfähigkeit und im Schadensrecht, JZ 1987, 993; Coester-Waltjen, Die Naturalrestitution im Deliktsrecht, JURA 1996, 270; Medicus, Naturalrestitution und Geldersatz, JuS 1969, 449; Medicus, Schadensersatz und Billigkeit, VersR 1981, 593; Medicus, Allgemeines Schadensrecht – Insbesondere zur Grenzziehung zwischen Vermögens- und Nichtvermögensschäden, in: 50 Jahre Bundesgerichtshof, FG aus der Wissenschaft, Bd. I, 2000, 201; Medicus, Neue Perspektiven des Schadensersatzrechts – Kommerzialisierung, Strafschadensersatz, Kollektivschaden, JZ 2006, 805; Spancken/Schneidenbach, Die Berechnung des zu ersetzenden Schadens anhand der §§ 249 ff. BGB – Ein Leitfaden, JuS 2012, 298.

I. Die Trennung zwischen Haftungsbegründung und Haftungsausfüllung

Das Schadensersatzrecht des BGB und der Haftpflichtgesetze wird gekennzeichnet durch eine Trennung von **Grund** und **Inhalt** der Ersatzpflicht. Das Schuldrecht kennt eine Vielzahl von **Gründen für Schadensersatzansprüche.** Teils ergeben sich solche Ansprüche allgemein aus einer **Störung von Schuldverhältnissen** (§§ 280–283, 286 BGB). Speziellere Ersatzgründe finden sich bei einzelnen Schuldverhältnissen, zB in §§ 536a, 536c Abs. 2 BGB (Miete). Viele Schadensersatzansprüche stammen aus dem **Recht der unerlaubten Handlung** (§§ 823 ff. BGB) und der **Gefährdungshaftung.** Aber auch bei anderen gesetzlichen Schuldverhältnissen sind besondere Schadensersatzansprüche bestimmt (zB § 231 BGB Selbsthilfe, § 678 BGB Geschäftsführung ohne Auftrag). 1

Alle diese Vorschriften sagen aber nur, dass Schadensersatz geleistet werden muss, wenn ein **ersatzfähiger Schaden** vorliegt. Wann und inwieweit das der Fall ist, welcher Schaden also ersatzfähig ist, ergibt sich dagegen aus den allgemeinen Vorschriften der §§ 249–255 BGB. Für Schadensersatzansprüche aus unerlaubter Handlung treten die §§ 842 ff. BGB hinzu, ähnliche ergänzende Regeln finden sich auch in den Haftpflichtgesetzen (am wichtigsten §§ 9 ff. StVG für Kraftfahrzeugunfälle). 2

Dabei gelten die §§ 249 ff. BGB sogar noch allgemeiner als es ihre Stellung am Anfang des Schuldrechts erwarten lässt. Sie regeln nämlich auch den Inhalt der in den anderen Büchern des BGB bestimmten Schadensersatzansprüche: so im Allgemeinen Teil §§ 31, 122, 179, 231 BGB und im Sachenrecht etwa §§ 989, 990, 991 Abs. 2 BGB, § 992 BGB. Weiter gelten die §§ 249 ff. BGB auch für privatrechtliche Schadensersatzansprüche, die dem Grunde nach außerhalb des BGB geregelt sind (so zB die Gefährdungshaftungstatbestände im StVG, ProdHaftG etc). Sogar für den Inhalt öffentlich-rechtlicher Ersatzansprüche geben die §§ 249 ff. BGB zumindest Anhaltspunkte. Die §§ 249 ff. BGB könnten also auch im Allgemeinen Teil des BGB oder – wenn es das gäbe – in einem noch allgemeineren Gesetz stehen. 3

II. § 249 Abs. 1 BGB als Ausgangspunkt

Nach § 249 Abs. 1 BGB hat der Schuldner eines Schadensersatzanspruchs „den Zustand herzustellen, der bestehen würde, wenn der zum Ersatz verpflichtende Umstand nicht eingetreten wäre". Das beinhaltet **zwei elementare Grundprinzipien** des Schadensersatzrechts: 4

1. Totalreparation

5 Der Schädiger muss **den gesamten Schaden** ersetzen, der durch das zum Ersatz verpflichtende Ereignis eingetreten ist **(Totalreparation).** Damit hat sich das BGB gegen Regelungen entschieden, die den Ersatz bei nur leichtem Verschulden des Schädigers auf Teile des Schadens beschränken. Man nennt die Totalreparation das schadensrechtliche **„Alles oder nichts-Prinzip“.** Nach dem BGB wird es im Wesentlichen nur dann gemildert, wenn auch der Geschädigte verantwortlich an der Schadensentstehung mitgewirkt hat (§ 254 BGB, dazu → § 59 Rn. 1 ff.).

Diese Haftung auf Ersatz des gesamten Schadens kann außerordentlich hart sein. So kann schon eine winzige Unaufmerksamkeit zu einem Massenunfall auf der Autobahn mit mehreren Toten und Verletzten sowie einem riesigen Sachschaden führen. Das Einkommen eines Normalverdieners reicht noch nicht einmal für die Verzinsung einer solchen Summe; er käme also bis zum Lebensende von seiner Schuld nicht frei. Daher ist (nach dem Vorbild zB von Art. 43 Abs. 1 schweizOR) die Einführung einer **Reduktionsklausel** ins BGB vorgeschlagen worden. Nach ihr sollte der Richter in Fällen wie dem genannten die Verpflichtung zum Schadensersatz auf ein tragbares Maß mindern können. Diese Vorschläge haben sich aber nicht durchgesetzt. Gegen sie spricht insbesondere, dass das Gericht dem Schädiger Milde nur auf Kosten des Geschädigten gewähren könnte.

Dagegen hat insbesondere *Canaris* verfassungsrechtliche Einwände im Hinblick auf das Übermaßverbot erhoben.[1] Dabei ist aber stets zu bedenken, dass häufig nach den §§ 286 ff. InsO ein Insolvenzverfahren mit dem Ziel einer **Restschuldbefreiung** möglich bleibt.

6 Unbedenklicher und wirkungsvoller ist demgegenüber der Weg über eine **Haftpflichtversicherung,** durch welche der Versicherer statt des Schädigers die Befriedigung des Geschädigten übernimmt. Diese Lösung bewahrt nicht nur den Schädiger vor der Belastung mit unabsehbaren Verpflichtungen, sondern hilft auch dem Geschädigten. Dieser erhält nämlich in Gestalt des Versicherers einen Schuldner, dessen Zahlungsfähigkeit durch die staatliche Versicherungsaufsicht zuverlässig gewährleistet wird. Aus diesem Grund besteht bei manchen gefährlichen Tätigkeiten auch eine Pflicht zur Versicherung (so etwa für Kfz-Halter gem. § 1 PflVG).

2. Herstellungsprinzip (Naturalrestitution)

7 Neben der Regel der Totalreparation wird in § 249 Abs. 1 BGB noch ein weiterer Grundsatz des Schadensrechts ausgedrückt, nämlich das Prinzip der **Herstellung in Natur (Naturalrestitution).** Dabei geht es um Folgendes: Man kann das Vermögen einer Person ohne Rücksicht auf die konkrete Zusammensetzung einfach mit dem **Geldwert** aller seiner Bestandteile gleichsetzen. Ein Schaden liegt bei dieser Betrachtungsweise nur vor, wenn der **Geldwert** insgesamt vermindert worden ist, der Ersatz besteht dann in einer Geldzahlung, die diese Wertminderung ausgleicht. Gewahrt würde dadurch aber nur das sog. **Wert- oder Summeninteresse** des Geschädigten. Demgegenüber bliebe so die Verletzung von Gütern ohne Vermögenswert unberücksichtigt (zB könnte ein womöglich erwerbsunfähiger Rentner keinen Ersatz seines Körperschadens verlangen). Für die Beschädigung eines alten Kfz würde nur der Betrag geschuldet, den der Wagen vor der Beschädigung noch wert war: Schlimmstenfalls hat die Beschädigung eben diesen Wert vernichtet.

8 Demgegenüber setzt § 249 Abs. 1 BGB weder einen Vermögensschaden voraus, noch lässt er es grds. genügen, dass der Schädiger den Wertverlust am Vermögen des Ge-

[1] Canaris JZ 1987, 993.

schädigten durch eine Geldzahlung ausgleicht. Vielmehr muss der Schädiger den Zustand herstellen, der ohne das Schadensereignis bestünde. Grundsätzlich müssen auch der Rentner wieder geheilt, und der alte Kraftwagen repariert oder durch ein gleichwertiges anderes Fahrzeug ersetzt werden. Die Güterlage des Geschädigten wird also in ihrer konkreten Zusammensetzung und nicht bloß dem Wert nach geschützt. Man spricht hier vom **Erhaltungs- oder Integritätsinteresse.** Gerade dieses muss der Schädiger nach § 249 Abs. 1 BGB wahren, und nicht lediglich das **Wertinteresse.**

Dabei gilt das Herstellungsprinzip nicht nur bei Vermögensschäden. Auch bei **Nichtvermögensschäden,** wie zB einer Verletzung des Persönlichkeitsrechts durch Verbreitung unwahrer Tatsachen über eine Person, ist Herstellung (zB durch Widerruf) möglich. Deshalb erlaubt § 249 Abs. 1 BGB auch die Lösung von einem durch eine Verletzung einer vorvertraglichen Aufklärungspflicht zustande gekommenen und damit „unerwünschten" Vertrag, auch wenn dieser keinen Vermögensschaden darstellt (→ § 40 Rn. 26) 9

Der Schadensersatz geht also auf das, was der Geschädigte infolge des schädigenden Ereignisses verloren hat. Nicht dagegen bezweckt er die Abschöpfung des beim Schädiger entstandenen Gewinns, wenn diesem kein Verlust auf der Seite des Geschädigten gegenübersteht. Dies ist eher die Funktion der §§ 687 Abs. 2, 812 ff. BGB. Ausnahmsweise kann aber das Gesetz eine Berechnung auf der Basis des vom Schädiger erzielten Gewinns vorsehen, so etwa § 97 Abs. 2 S. 2 UrhG. Bei vorsätzlichen Straftaten ist auch an die Einziehung zugunsten des Fiskus zu denken (§§ 73 ff. StGB). 10

III. Andere Arten der Ersatzleistung

Dass der Schädiger selbst die Rechtsgüter des Geschädigten in den schadensfreien Zustand bringt oder bringen lässt, wie es § 249 Abs. 1 BGB vorsieht, ist aber nicht immer möglich und interessengerecht. 11

1. Ersatz der Herstellungskosten (§ 249 Abs. 2 BGB)

Wird eine Person verletzt oder eine Sache beschädigt, ist es für den Geschädigten weder zweckmäßig noch zumutbar, sich selbst oder seine beschädigte Sache ausgerechnet dem Schädiger anzuvertrauen, damit dieser den Schaden selbst behebt oder beheben lässt. Daher kann nach § 249 Abs. 2 BGB der Geschädigte vom Schädiger die Kosten verlangen, die für die Herstellung nötig sind. Dann kann er sich den Arzt, die Reparaturwerkstatt oder den Ersatzwagen selbst aussuchen. Geschuldet wird **der für die Herstellung notwendige Geldbetrag.** 12

Obwohl die Schadensersatzleistung nach § 249 Abs. 2 BGB in einer Geldzahlung besteht, wird auch hier das **Erhaltungsinteresse** und nicht bloß das Wertinteresse (→ Rn. 9) des Geschädigten gewahrt. Denn der Schädiger muss die Kosten der Heilung oder der Reparatur und nicht bloß die Wertminderung ersetzen, die das Vermögen des Geschädigten erlitten hat. Auch in § 249 Abs. 2 BGB handelt es sich also um eine Art der Herstellung; nur wird sie hier durch den Geschädigten selbst auf Kosten des Schädigers veranlasst. 13

Bei der Beschädigung von Sachen ist der Geschädigte nicht verpflichtet, den nach § 249 Abs. 2 BGB geschuldeten Geldbetrag tatsächlich zur Reparatur oder zur Ersatz- 14 beschaffung einzusetzen. Er kann im Rahmen einer sog. **fiktiven Schadensberechnung** also auch fiktive Reparaturkosten (idR auf Gutachtenbasis) verlangen.[2] Das erklärt sich aus der **vermögensmäßigen Dispositionsfreiheit** des Geschädigten. Für die Summe seines Vermögens ist es irrelevant, ob er diese dadurch wiederherstellt, dass er die beschädigte Sache reparieren lässt oder stattdessen die für die Reparatur erforderliche Geldsumme behält. Lediglich die bei einer Reparatur anfallende Umsatzsteuer ist nach § 249 Abs. 2 S. 2 BGB nur geschuldet, wenn die Reparatur tatsächlich angefallen ist.

Anders ist das bei **Körperverletzungen,** weil es sich insoweit um einen **Nichtvermögensschaden** handelt. Der Geschädigte kann also nicht etwa auf die zur Heilung erforderliche Operation verzichten und stattdessen den erforderlichen Geldbetrag verlangen.[3]

2. Unmöglichkeit der Herstellung (§ 251 Abs. 1 BGB)

15 Im Fall von irreparablen Schäden (zB bei der Zerstörung von Sachen) ist die Herstellung eines schadensfreien Zustands unmöglich. Damit versagt auch das Herstellungsprinzip des § 249 BGB. Um den Geschädigten nicht leer ausgehen zu lassen, bestimmt § 251 Abs. 1 BGB dann die Pflicht zur **Entschädigung in Geld.** Es muss dann das **Wertinteresse** ersetzt werden, weil das Integritätsinteresse nicht gewahrt werden kann. Dem Geschädigten ist damit aber nur geholfen, soweit er ein solches Summen- oder Wertinteresse hat. So erhält der Erblindete zwar Geldersatz für seinen Verdienstausfall, aber nach § 251 Abs. 1 BGB keine Entschädigung für den Verlust an Lebensfreude, der Eigentümer des zerstörten alten Gemäldes bekommt lediglich dessen Geldwert ersetzt ohne Rücksicht darauf, ob er sich dafür einen Ersatz beschaffen kann, der ihm ebenso viel Freude macht. Solche **Nichtvermögensschäden** können nicht nach § 251 Abs. 1 BGB in Geld ausgeglichen werden. Ein Ersatz **in Geld** ist nur nach Maßgabe von § 253 BGB möglich.

3. Geldentschädigung für immaterielle Schäden (§ 253 BGB)

a) Historische Entwicklung

16 Nach §§ 251 Abs. 1, 253 Abs. 1 BGB bleiben also irreparable (dh nicht durch Herstellung ausgleichbare) **Nichtvermögensschäden** ohne Ersatz. Gerade hierbei kann es sich aber, wie das Beispiel der Erblindung zeigt, um schwerste Schäden handeln. Daher hat das BGB schon bei seinem Inkrafttreten zwei Ausnahmen bestimmt: den wenig bedeutsamen, längst beseitigten Deflorationsanspruch (§ 1300 BGB aF) und das wichtige Schmerzensgeld (§ 847 BGB aF; Einzelheiten → § 57 Rn. 16 ff.). § 847 BGB aF setzte nach seiner systematischen Stellung einen deliktisch (also nach §§ 823 ff. BGB) begründeten Ersatzanspruch voraus. Ein lediglich aus Vertrag oder den Haftpflichtgesetzen stammender Anspruch genügte nicht.

b) Heutige Rechtslage

17 Diese Rechtslage ist 2002 durch das **Zweite Gesetz zur Änderung schadensersatzrechtlicher Vorschriften** verbessert worden. Zwar enthält der § 253 Abs. 1 BGB als Regel nach wie vor als Grundsatz den Ausschluss des Geldersatzes immaterieller Schä-

[2] BGHZ 97, 14 (18) = NJW 1986, 1538 mwN.; zum Ersatz der fiktiven Nacherfüllungskosten im Werkvertragsrecht s. BGH NJW 2018, 1463 sowie Medicus/Lorenz SchuldR BT § 43 Rn. 37 f.

[3] BGH NJW 1986, 1538.

den. § 253 Abs. 2 BGB zählt dann aber die Fälle auf, in welchen bei immateriellen Schäden Schadensersatz **in Geld** in Betracht kommt: Bei der Verletzung von **Körper, Gesundheit, Freiheit und der sexuellen Selbstbestimmung** kann auch für einen Nichtvermögensschaden eine „billige Entschädigung in Geld" verlangt werden. Danach kann also der Erblindete ein Schmerzensgeld verlangen, nicht aber der Eigentümer eines zerstörten Gemäldes, mag er auch noch so sehr an dem Bild gehangen haben. Denn dessen Zerstörung ist lediglich eine Eigentumsverletzung nach § 823 Abs. 1 BGB.

§ 253 Abs. 2 BGB ist keine eigenständige Anspruchsgrundlage, sondern setzt einen Schadensersatzanspruch wegen einer Verletzung der dort genannten Rechtsgüter voraus. Da es sich bei § 253 BGB um eine Regelung des allgemeinen Schuldrechts handelt, ist es unerheblich, ob dieser Schadensersatzanspruch auf Vertrag (zB § 280 Abs. 1 BGB) oder auf Gesetz (zB §§ 823 ff. BGB) beruht. Für Haftungsbegründungen außerhalb des BGB ist § 253 BGB ebenfalls anwendbar, sofern es dort entsprechende **Sonderregelungen** gibt (zB § 8 S. 2 ProdHaftG, § 11 S. 2 StVG). Ein sachlich über § 253 Abs. 2 BGB hinausreichender Geldersatz immaterieller Schäden findet sich in § 651n Abs. 2 BGB,[4] § 97 Abs. 2 S. 4 UrhG, in § 15 Abs. 2 S. 1 und § 21 Abs. 2 S. 3 AGG[5] sowie in Art. 82 DS-GVO. 18

Nur bei einer Anspruchsbegründung nach den §§ 823 ff. BGB gewährt § 844 Abs. 3 BGB im Falle der **Tötung eines nahen Angehörigen** bestimmten Hinterbliebenen eine angemessene Entschädigung in Geld für das zugefügte seelische Leid (sog. **Hinterbliebenenschmerzensgeld**), gleiches ergibt sich aus § 10 Abs. 3 StVG.[6] Aus § 253 Abs. 2 BGB ist ein solcher Anspruch nicht herzuleiten, weil es sich dabei nicht um einen Schaden des Getöteten, sondern um einen solchen der Angehörigen handelt. Einen eigenen Anspruch auf Ersatz des immateriellen Schadens haben Hinterbliebene nur, wenn sie selbst infolge des Todes eines Angehörigen an der Gesundheit verletzt werden (sog. **Schockschaden,** dazu → § 55 Rn. 17). 19

4. Ungenügende Herstellung (§ 251 Abs. 1 BGB)

Neben der Unmöglichkeit der Herstellung (→ Rn. 15) regelt § 251 Abs. 1 BGB noch einen weiteren Fall für den Ersatz des Summen- oder Wertinteresses, wenn die Herstellung „zur Entschädigung des Gläubigers nicht genügend ist". Dieser Fall lässt sich von der Unmöglichkeit meist kaum unterscheiden: Wenn zB ein Kfz so stark bechädigt worden ist, dass sein Rahmen nicht wieder sicher gerichtet werden kann, lässt sich die Reparatur ebenso gut als unmöglich wie auch als für den Geschädigten unzumutbar bezeichnen (das ist ein sog. „technischer Totalschaden", → § 56 Rn. 3). Am deutlichsten passen zur Unzumutbarkeit die Fälle, in denen die Herstellung zwar möglich ist, aber zu lange dauert.[7] Auch der sog. „unechte Totalschaden" gehört hierher (ein fast neues Kraftfahrzeug wird erheblich beschädigt, vgl. → § 56 Rn. 6). 20

---

[4] Dazu Medicus/Lorenz SchuldR BT § 47 Rn. 18.

[5] S. dazu BGH NZM 2026, 230.

[6] S. dazu Medicus/Lorenz SchuldR BT § 85 Rn. 10.

[7] So zB in RG 19.4.1911 – Rep. V. 459/10, RGZ 76, 146: Durch Bergbau sind Wiesen abgesunken und versumpft; ihre Trockenlegung würde fünf Jahre dauern.

5. Unverhältnismäßige Herstellungskosten (§ 251 Abs. 2 BGB)

21 Während § 251 Abs. 1 BGB den Geschädigten schützt, der ohne diese Vorschrift bei Unmöglichkeit der Herstellung gar nichts oder bei Unzulänglichkeit zu wenig erhielte, schützt § 251 Abs. 2 S. 1 BGB den Schädiger. Er darf den Geschädigten in Geld (also mit dem **Wertinteresse**) entschädigen, „wenn die Herstellung nur mit unverhältnismäßigen Aufwendungen möglich ist". Der Geschädigte muss sich mit dem Ersatz seines **Wertinteresses** begnügen, wenn die Wahrung des **Erhaltungsinteresses** für den Schädiger **unverhältnismäßig** teuer ist. Das setzt eine sorgsame Abwägung der Interessen des Geschädigten an der Herstellung im jeweiligen Einzelfall voraus, im Zweifel hat das Herstellungsinteresse Vorrang.[8] Das praktisch wichtigste Beispiel hierfür ergibt sich bei erheblicher Beschädigung älterer und daher schon stark im Wert gesunkener Kraftfahrzeuge. Hier würde die Reparatur oft erheblich mehr kosten als die Anschaffung eines gleichwertigen Gebrauchtwagens (sog. **„wirtschaftlicher Totalschaden"**, → § 56 Rn. 4). Bei der Feststellung der Unverhältnismäßigkeit ist aber auch ein immaterielles Interesse des Geschädigten zu berücksichtigen. Für die Heilung verletzter Tiere ist das in § 251 Abs. 2 S. 2 BGB ausdrücklich bestimmt, für Sachbeschädigung mit Beeinträchtigung von Natur oder Landschaft (Ökoschaden) ist in § 16 Abs. 1 UmweltHG Ähnliches geregelt.

6. Weitere Vorschriften (§§ 250, 252 BGB)

22 § 250 BGB gibt dem Geschädigten die Möglichkeit, durch eine Nachfristsetzung mit Ablehnungsandrohung zu einem **Geldanspruch** zu kommen. Die Regelung ist von sehr geringer praktischer Relevanz, weil die meisten Fälle bereits von § 249 Abs. 2 S. 1 BGB und § 251 BGB erfasst sind. Denkbare Anwendungsfälle sind etwa Freistellungsansprüche (der Geschädigte kann vom Schädiger die Befreiung von einer Verbindlichkeit verlangen, s. § 257 BGB) oder **Herausgabeansprüche** nach einer **Besitzentziehung.**

23 § 252 BGB betrifft den **entgangenen Gewinn.** Dabei sagt S. 1 noch einmal ausdrücklich, was sich schon aus § 249 Abs. 1 BGB ergibt, nämlich dass der zu ersetzende Schaden auch den entgangenen Gewinn umfasst. § 252 S. 2 BGB erleichtert dann dem Geschädigten den Beweis, ob und in welcher Höhe ihm Gewinn entgangen ist und ergänzt damit § 287 ZPO.[9]

III. Die Schadensteilung nach § 254 BGB

24 Vor allem bei Verkehrsunfällen hat oft der Geschädigte selbst in einer ihm zurechenbaren Weise zur Entstehung oder zur Ausweitung des Schadens beigetragen, indem er etwa selbst zu schnell gefahren ist, sich nicht um eine rasche Reparatur seines beschädigten Wagens gekümmert hat oder zu spät zu einem Arzt gegangen ist. Hier wäre es unbillig, wenn der Schädiger trotzdem ganz für den Schaden aufkommen sollte. Daher eröffnet der praktisch überaus wichtige § 254 BGB in solchen Fällen die Möglichkeit, den Schaden zwischen dem Schädiger und dem Geschädigten aufzuteilen (dazu eingehend → § 59 Rn. 1 ff.). § 254 BGB durchbricht also den schadensrechtlichen Grundsatz der Totalreparation.

[8] S. dazu etwa BGH NJW 1993, 3321.

[9] Zum Verhältnis zwischen § 252 S. 2 BGB und § 287 ZPO s. MüKoBGB/Oetker § 252 Rn. 30 mwN.

§ 55. Einzelheiten

I. Differenzhypothese (äquivalente Kausalität)

Nach dem Prinzip der **Totalreparation** ist jeder Schaden ersatzfähig, den der Geschädigte infolge des zum Ersatz verpflichtenden Umstands erlitten hat. Dieser Schaden wird nach § 249 Abs. 1 BGB als **Differenz zwischen zwei Zuständen** ermittelt: Es wird der **hypothetische Zustand,** der ohne das zum Ersatz verpflichtende Ereignis bestünde, mit dem jetzt **wirklich bestehenden Zustand** verglichen. Den Schaden bildet der dabei zu Lasten des Geschädigten sich ergebende Unterschied. Dies erfordert einen **Gesamtvermögensvergleich,** der alle von dem haftungsbegründenden Ereignis betroffenen Positionen umfasst. Dabei geht es nicht um Einzelposten, sondern um eine Gegenüberstellung der hypothetischen und der tatsächlichen Vermögenslage. Bezugspunkt ist das Vermögen des Geschädigten selbst, nicht das Vermögen Dritter. 1

So hat es der BGH[1] zu Recht als grds. irrelevant betrachtet, dass dem aus einer fehlerhaften steuerlichen Beratung entstandenen Schaden des Mandanten ein daraus entstandener Vermögensvorteil eines Familienmitglieds gegenüberstand.

Die diesem Verfahren zugrunde liegende Vorstellung wird als **Differenzhypothese** bezeichnet. Verglichen werden dabei nicht etwa zwei Geldbeträge, sondern zwei Vermögenslagen in ihrer Gesamtheit. 2

Diese Differenzhypothese wird auch als **Theorie der äquivalenten Kausalität (= Äquivalenztheorie)** bezeichnet. Als Folgen des zum Ersatz verpflichtenden Ereignisses gelten alle Umstände, die entfielen, wenn dieses Ereignis hinweggedacht wird, für die dieses Ereignis also eine notwendige Ursache **(conditio sine qua non)** darstellt. Eine solche Kausalitätsformel passt sinngemäß auch, wenn das zum Ersatz verpflichtende Ereignis in einer **Unterlassung** besteht (zB in der Untätigkeit eines Arztes, in dem Nichtschließen einer Bahnschranke). Äquivalent kausale Folgen des Unterlassens sind dann diejenigen Umstände, die wegfallen, wenn man das pflichtgemäße Handeln (die ärztliche Behandlung, das Schließen der Schranke) hinzudenkt. 3

Dabei bedeutet **„äquivalent"** (also „gleichgewichtig"), dass nicht zwischen wichtigeren und weniger wichtigen Ursachen zu unterscheiden ist. Solche Unterscheidungen haben sich zB im **Sozialrecht** durchgesetzt. Dort gilt eine „Theorie der wesentlichen Bedingung" (im Gegensatz zu bloßen Gelegenheitsursachen). Dahinter steht eine Bewertung mit dem Ziel, bestimmte Umstände als rechtlich unerheblich auszuschalten. Dasselbe Ziel wird aber letzten Endes auch im Zivilrecht verfolgt, wenngleich mit anderer Terminologie und teils auch anderer Argumentation. 4

Beispiel:[2] Ein Schüler hatte sich während einer Lateinarbeit aus dem Fenster gestürzt und war dabei schwer verletzt worden. Zu entscheiden war über das Bestehen von Versicherungsschutz nach (damals) § 539 Abs. 1 Nr. 14b RVO. Das BSG hat diesen Schutz verneint: Die Selbstmordabsicht habe mannigfache Motive gehabt. Die Belastung durch die Lateinarbeit sei nur gleichsam der letzte Tropfen gewesen, der das Fass zum Überlaufen gebracht habe. Damit sei die Lateinarbeit unter den Motiven nicht derart hervorgehoben, dass sie als die wesentliche Bedingung angesehen werden könne.

---

[1] BGH NJW 2015, 1373.

[2] BSG VersR 1985, 1085.

II. Wertende Beschränkungen des zu ersetzenden Schadens

1. Die Problematik

5 Die **Differenzhypothese** und – gleichbedeutend – die Theorie der **äquivalenten Verursachung** können zu einer unerträglich weiten Schadenszurechnung führen.

Beispiel: G erleidet durch eine geringe Unvorsichtigkeit des S einen Unfall, bei dem aber nur leichter Blechschaden am Wagen des G entsteht. Die Schadensregulierung mit S dauert etwa zehn Minuten. Bei der Weiterfahrt gerät G in einen Massenunfall auf der Autobahn. Dabei wird er schwer verletzt, sein Wagen wird zerstört. Hier ist die Verzögerung durch den ersten Unfall notwendige Ursache dafür, dass G auf der Autobahn verunglückt. Ohne die Verzögerung hätte G die kritische Stelle schon passiert gehabt, bevor sich dort der Massenunfall ereignete. Oder in der Sprache von § 249 Abs. 1 BGB: Der hypothetische Zustand, der jetzt ohne den ersten Unfall bestünde, enthielte für G nicht die schweren Folgen aus dem zweiten Unfall.

6 Es ist aber offenbar unbillig, den S auch für die schweren Folgen aus dem zweiten Unfall haften zu lassen. Das **Strafrecht** vermeidet eine derart weite Folgenzurechnung (im Bsp.: Strafbarkeit des S wegen fahrlässiger Körperverletzung) schon dadurch, dass dort die Fahrlässigkeit die Folgen umfassen muss. S konnte aber den zu der Körperverletzung führenden zweiten Unfall in keiner Weise voraussehen. Im **Zivilrecht** dagegen wird die Folgenzurechnung grds. nicht durch das Verschulden begrenzt, dh das Verschulden muss sich grds. **nicht** auf das Ausmaß des Schadens beziehen (→ § 30 Rn. 25). Daher bedarf es hier einer anderen Korrektur der Zurechnung.

2. Die Adäquanztheorie

7 Die **Adäquanztheorie** geht zurück auf strafrechtliche Ansätze bei Carl Ludwig von Bar (1871); formuliert worden ist sie erstmals 1888 durch den Physiologen Johannes von Kries. Danach sollten auf den Handelnden nur solche Folgen bezogen werden, die „im regelmäßigen Laufe der Dinge liegen". Heute wird überwiegend danach abgegrenzt, ob eine Handlung nur unter besonders unwahrscheinlichen Umständen zur Herbeiführung eines Erfolges führen konnte. **Adäquat** ist eine Bedingung also dann, wenn das Ereignis im Allgemeinen und nicht nur unter besonders **eigenartigen, unwahrscheinlichen** und nach dem gewöhnlichen Verlauf der Dinge außer Betracht zu lassenden Umständen geeignet ist, einen Erfolg der fraglichen Art herbeizuführen.[3]

8 Diese Formulierung verlangt für die Folgenzurechnung eine **gewisse Wahrscheinlichkeit.** Dafür ist wesentlich, welches Wissen man dem Urteil über diese Wahrscheinlichkeit zugrunde legt. Je mehr der Urteilende weiß, umso wahrscheinlicher wird das, was nachher wirklich eingetreten ist.

9 Aus der Adäquanztheorie ergibt sich, dass S in dem Unfallbeispiel (→ Rn. 5) nicht für die Folgen des zweiten Unfalls haftet. In einen solchen Unfall zu geraten war für G durch die Verzögerung seiner Fahrt zunächst nicht wahrscheinlicher geworden; die Verzögerung hätte dem G ebenso gut auch die Verwicklung in einen solchen Unfall ersparen können.

Beispiele: Ein Reiseveranstalter konnte den gebuchten Rückflug aus dem Urlaub wegen Überbuchung nicht zur Verfügung stellen, wies die Klägerin aber darauf hin, dass ein Ersatzflug am Ende der Schalterhalle bald abgehe, die Klägerin sich aber sehr beeilen müsse. Bei dem anschließend „Sprint" durch die Schalterhalle knickte die Klägerin um und verletze sich schwer am Fuß. Der BGH hat hier neben der

[3] BGH NJW 2005, 1420 mwN.

äquivalenten auch die adäquate Kausalität zu Recht bejaht.[4] Ein selten groteskes Beispiel bildet die Schadensersatzforderung in einem Fall des AG Regensburg:[5] Der Kläger machte geltend, dass wegen eines zur Nachtzeit eingegangen Faxschreibens seine Katze verschreckt vom Kratzbaum sprang und sich verletzte. Hier wurde Adäquanz zu Recht verneint. Bejaht wurde sie in einem ebenfalls bemerkenswerten Fall des BGH:[6] Der Beklagte dringt mit dem Ruf „Ich bringe Dich um, Du Sau" in die Wohnung des Freundes seiner getrenntlebenden Ehefrau ein. Dieser springt daraufhin aus dem Fenster und verletzt sich.

3. Schutzbereich der Norm und Rechtswidrigkeitszusammenhang

Während die Adäquanztheorie allgemein auf die Wahrscheinlichkeit des Schadenseintritts abstellt und gänzlich unwahrscheinliche Kausalverläufe herausfiltert, geht die jüngere Lehre vom **Zweck der den konkreten Ersatzanspruch begründenden Norm** aus. Dieser ziele nicht auf den Schutz vor allen überhaupt denkbaren Schäden. Vielmehr sei die Norm häufig nur im Hinblick auf bestimmte Schäden geschaffen worden, und nur diese könnten dann auch aus der Norm ersetzt verlangt werden. Letztlich handelt es sich hier also um eine **teleologische** (auf den Zweck abstellende) **Auslegung** der Anspruchsnorm. Gleiches lässt sich prinzipiell auch durch eine den Schutzzweck beachtende Auslegung von **Verträgen** erreichen.[7] 10

Bloß eine andere Formulierung bedeutet das Abstellen auf den **Rechtswidrigkeitszusammenhang.** Dabei wird gefragt, ob das anspruchsbegründende Verhalten gerade zur Abwendung des eingetretenen Erfolgs verboten (= für rechtswidrig erklärt) worden ist. Das passt aber nur für Ersatzpflichten aus rechtswidrigem Verhalten, also regelmäßig für Delikte. Daher dürfte die allgemeinere, auf den Schutzbereich abstellende Formulierung vorzuziehen sein. 11

Die Schutzbereichslehre/Lehre vom Rechtswidrigkeitszusammenhang steht dabei nicht im Widerspruch zur Adäquanztheorie. Denn je unwahrscheinlicher ein Schaden als Folge eines bestimmten Verhaltens ist, umso ferner liegt die Annahme, an dieses Verhalten sei eine Ersatzpflicht gerade wegen solcher Schäden geknüpft worden. So ist in dem Unfallbeispiel von → Rn. 5 die Eigentumsverletzung (der Blechschaden aus dem ersten Unfall) gewiss nicht deshalb verboten, um den Eigentümer vor der Verwicklung in spätere Unfälle zu schützen.[8] 12

Die Lehre vom Schutzbereich ist damit eine **Ergänzung der Adäquanztheorie,** weil sich durch sie auch ein nicht unwahrscheinlicher, also adäquater Schaden vom Ersatz ausschließen lässt. 13

So dürfen zB nach § 21 Abs. 2 StVO Personen auf der Ladefläche von Lastwagen und Anhängern nur unter bestimmten Voraussetzungen befördert werden. Dass sich eine danach unerlaubt beförderte Person auf der Ladefläche erkältet, ist durchaus nicht unwahrscheinlich, so dass sich adäquate Kausalität nicht verneinen lässt. § 21 Abs. 2 StVO soll aber nicht Erkältungen verhindern, sondern nur das Herunterfallen. Daher kann für den Erkältungsschaden kein Ersatz verlangt werden. Ein Vertrag über eine anwaltliche Beratung in einer Vermögensfrage soll grds. nicht vor einem Schock infolge falscher Beratung schützen.[9]

---

[4] BGH NJW 2005, 1420.

[5] AG Regensburg NJW 2000, 1047.

[6] BGH NJW 2002, 2232.

[7] BGH NJW 1990, 2057; 1997, 2946.

[8] S. aber auch BGH NJW 2013, 1679, wo die Haftung für Verletzungen bejaht wurde, die der geschädigte Autofahrer durch einen Sturz beim Aussteigen aus dem Fahrzeug am Unfallort auf eisglatter Fahrbahn erlitten hatte. Dadurch hatte sich nämlich eine spezifische, durch den Unfall entstandene Gefahrenlage verwirklicht.

[9] BGH NJW 2009, 3025.

§ 823 Abs. 1 BGB schützt nicht davor, dass anlässlich der Behandlung eines Unfallverletzten eine Vorerkrankung entdeckt wird, die zu dessen vorzeitiger Verrentung und damit zu einem Verdienstausfall führt.[10]

14 Die Schutzbereichslehre ist als Spezialfall der teleologischen Auslegung methodisch abgesichert und daher zweifelsfrei richtig. Man hat sogar bezweifelt, ob neben ihr noch Raum für die Adäquanztheorie bleibt. Doch wird man das bejahen müssen. Wenn eine Norm die Ersatzpflicht nämlich nicht an ein Verhalten knüpft, sondern an einen Erfolg (wie zB § 823 Abs. 1 BGB), sind konkrete Aussagen über einen beschränkten Schutzzweck kaum möglich. So ist etwa die Annahme des BGH,[11] eine Gehirnblutung durch die Aufregung über Unfallfolgen falle nicht mehr unter § 823 Abs. 1 BGB, kritisiert worden.[12] Deshalb lässt sich hier der Rückgriff auf die allgemeinen Wahrscheinlichkeitserwägungen der Adäquanztheorie nicht entbehren.

15 Die **Prüfungsreihenfolge** der Kausalität ist damit: Äquivalenz – Adäquanz – Schutzzweck der Norm (Rechtswidrigkeitszusammenhang).

4. Einzelfragen der Schadenszurechnung

a) Berücksichtigung von Schadensanlagen

16 Auch nach Adäquanztheorie und Schutzzwecklehre bleibt die Schadenszurechnung sehr weit. So wird sie regelmäßig nicht dadurch ausgeschlossen, dass außer dem zum Ersatz verpflichtenden Ereignis auch andere Umstände zur Schadensentstehung mitgewirkt haben. Das wird oft plastisch in dem Satz ausgedrückt, wer einen geschwächten oder sonst anfälligen Menschen verletzt habe, könne nicht verlangen so gestellt zu werden, als habe er einen Gesunden oder wirtschaftlich Starken verletzt.[13] Grundsätzlich gilt also: **Der Täter muss das Opfer hinnehmen, wie es ist.** Nur eine ganz extreme, keinesfalls zu erwartende Schadensanlage soll die Zurechnung ausschließen.[14]

b) Psychische Kausalität

17 Für die Schadenszurechnung genügt auch **psychische Kausalität.**[15] So kommt als Schadensursache in Betracht auch der **Schock** bei der Nachricht vom Tod oder der schweren Verletzung eines nahen Angehörigen[16] oder gar das Miterleben dessen Unfalltodes.[17] Für ersatzfähig ist auch der Schock gehalten worden, den derjenige erleidet, der einen anderen durch dessen Schuld totfährt.[18] Um eine uferlose Haftung zu vermeiden, wird die Ersatzfähigkeit solcher Schockschäden aber nur dann bejaht, wenn der Schock als eigener Gesundheitsschaden **medizinisch relevant** ist und im Hinblick auf den Anlass eine **verständliche Reaktion** darstellt und einen nahen Angehörigen des Verletzten betrifft.[19] Nicht ersatzfähig sind auch psychisch ver-

10 BGH NJW 1968, 2287.
11 BGHZ 107, 359 = NJW 1989, 2616.
12 So etwa v. Bar JZ 1989, 1071 und Lipp JuS 1991, 809.
13 Etwa BGHZ 137, 142 (145) = NJW 1998, 810; BGHZ 132, 341 (343 ff.) = NJW 1996, 2425.
14 Etwa OLG Karlsruhe VersR 1966, 71: ein versehentlicher Tritt auf den Fuß führt wegen einer arteriellen Störung des Verletzten zur Oberschenkelamputation des Beines.
15 BGH NJW 2000, 862, zum Nachweis BGH NJW 2008, 76.
16 BGH NJW 2023, 983.
17 BGH NJW 2015, 1451.
18 BGH NJW 1986, 777.
19 BGHZ 56, 163 = NJW 1971, 1883; 2012, 1730 Rn. 8 f. (kein Schadensersatz für pathologischen Schock bei Tötung eines Haustiers).

mittelte Gesundheitsschäden, die einem **allgemeinen Lebensrisiko** entspringen. Das ist etwa dann der Fall, wenn ein unbeteiligter Passant einen Unfall miterlebt und dadurch einen psychischen Gesundheitsschaden erleidet.[20] Andererseits kann ein berufsspezifisches Risiko den hierbei erforderlichen **Zurechnungszusammenhang** (→ § 59 Rn. 9) auch unterbrechen.[21]

c) Psychisch vermittelte Kausalität (Herausforderung)

Der Schaden kann auch durch einen **eigenen Willensentschluss des Verletzten** veranlasst sein (sog. **psychisch vermittelte Kausalität**). So liegt es etwa, wenn Polizisten bei der Verfolgung eines Straftäters verunglücken. Die Rspr. verlangt dann aber, dass der Täter die Verfolgung **herausgefordert** habe und das Opfer sich auch legitimerweise zu einem selbstschädigenden Verhalten herausgefordert fühlen durfte.[22] Unter diesem Stichwort wird in der Sache die Vernünftigkeit des Entschlusses zu der gefährlichen Verfolgung geprüft. Ausnahmsweise kann auch der **Entschluss eines Dritten** den Schaden vermitteln, zB wenn jemand durch einen von ihm verschuldeten Unfall die Fahrbahn versperrt und andere Fahrer das Hindernis umfahren und dabei den Grünstreifen zerstören.[23] Auch bei dem → Rn. 9 geschilderten Fall des Fenstersprungs auf der Flucht vor Bedrohung handelt es sich um eine solche Art der Kausalität.[24] 18

Praktisch bedeutsam ist die Schadenszurechnung bei **Kettenunfällen.** Wenn etwa A bei Nebel schuldhaft die Autobahn blockiert, der nachfolgende B rechtzeitig anhält, aber der nächste Fahrer C auf B auffährt: Dann haftet idR auch A (neben C) für den Schaden des B.[25]

III. Reserveursachen

1. Hypothetische Kausalität

Bei einer in der Theorie viel diskutierten Fallgruppe, deren praktische Bedeutung eher gering ist, spricht man von **hypothetischer Kausalität.** Das Problem stellt sich etwa, wenn ein zugefügter Schaden später aus einem anderen Grund (sog. „Reserveursache“) ohnehin eingetreten wäre. 19

Beispiel: S beschädigt den Pkw des G. In der darauffolgenden Nacht kommt es zu einem von D verschuldeten Brand in der Garage des G, bei welchem der Pkw ohnehin zerstört worden wäre.

Die Beachtlichkeit solcher Reserveursachen ist in Lit. und Rspr. sehr umstritten. Einig ist man sich darüber, dass es sich nicht um ein Problem der Kausalität, sondern um die Frage der **Schadenszurechnung** handelt: Denn, dass der Schaden durch einen anderen Umstand (die „Reserveursache“) im weiteren Verlauf ebenfalls entstanden wäre, ändert nichts an der Kausalität der ersten Ursache.[26] Klar ist auch, dass eine 20

---

[20] BGH NJW 2007, 2764.

[21] S. dazu BGH NJW 2018, 3250 (Schockschaden eines Polizeibeamten im Rahmen eines Einsatzes bei einem Amoklauf), wo die Frage offengelassen wurde.

[22] Vgl. etwa BGHZ 57, 25 = NJW 1971, 1980; BGHZ 63, 189 = NJW 1975, 168; 2002, 2232; 2005, 1420.

[23] Vgl. BGHZ 58, 162 (165 ff.) = NJW 1972, 904: Zurechnung an den Verursacher des Hindernisses verneint.

[24] BGH NJW 2002, 2232.

[25] BGHZ 43, 178 = NJW 1965, 1177; s. auch BGH JZ 1964, 178 mAnm W. Lorenz.

[26] S. dazu auch BGH BeckRS 2026, 6621 (erneute Beschädigung einer Sache nach Entstehen des Schadensersatzanspruchs hat keinen Einfluss auf die Schadensersatzpflicht des Erstschädigers).

solche Reserveursache die Ersatzpflicht des Erstschädigers nicht berührt, wenn die Reserveursache die Ersatzpflicht eines Dritten begründet hätte.[27] Denn da dieser mangels realer Kausalität nicht haftet, bliebe der Geschädigte ohne die Ersatzpflicht des Erstschädigers ungeschützt. So entlastet im Eingangsbeispiel (→ Rn. 19) der spätere Brand den S nicht von seiner Schadensersatzpflicht. Umgekehrt sind Reserveursachen beachtlich, die als **Schadensanlagen** schon beim Eintritt der realen Ursache vorgelegen haben.[28] So wird berücksichtigt, dass das zu ersetzende Haus ohnehin abbruchreif war, oder dass der bei einem Unfall Getötete wegen einer schweren Krankheit nicht mehr lange zu leben hatte.

21 Für die zwischen diesen beiden Polen liegenden Fälle ist die Beachtlichkeit von Reserveursachen zweifelhaft. Die Tendenz geht zu einer Unterscheidung: Verneint wird die Beachtlichkeit, wenn die Reserveursache auf einen schon abgeschlossenen Schaden aus der ersten Ursache trifft (zB bei der Beschädigung des Pkw). Bejaht wird die Beachtlichkeit dagegen, soweit der Schaden aus der ersten Ursache erst im Lauf der Zeit entsteht, aber eben auch ohne diese Ursache zu einem späteren Zeitpunkt entstanden wäre (zB beim Verdienstausfall).[29]

2. Rechtmäßiges Alternativverhalten

22 Eine besondere Fallgruppe bildet die **Berufung auf rechtmäßiges Alternativverhalten.** Sie liegt vor, wenn jemand seine Ersatzpflicht mit dem Argument bekämpft, er hätte den von ihm rechtswidrig verursachten Schaden auch in anderer, rechtmäßiger (und daher nicht zum Ersatz verpflichtender) Weise herbeiführen können.

23 Für die Beantwortung dieser Frage ist auf den **Schutzzweck der verletzten Norm** abzustellen.[30] Voraussetzung ist weiter, dass derselbe Erfolg effektiv herbeigeführt worden wäre. Die bloße Möglichkeit, ihn rechtmäßig herbeiführen zu können, reicht nicht aus.

24 Die Möglichkeit zu rechtmäßigem Alternativverhalten ist unbeachtlich, wenn die verletzte Norm den Schaden überhaupt und nicht bloß seine Herbeiführung auf einem bestimmten Weg verhindern will. Aber selbst, wenn die Norm nur einen Weg zum Schaden versperren will, darf das den Schädiger nicht entlasten, wo es um **wichtige Verfahrensgarantien** geht. Sonst könnte Gewalt schadensrechtlich sanktionslos bleiben, wenn nur ein Anspruch auf das gewaltsam Erlangte bestand. Einen besonderen Fall des rechtmäßigen Alternativverhaltens regelt § 630h Abs. 2 S. 2 BGB: Hätte der Patient bei ordnungsgemäßer Aufklärung in den ärztlichen Eingriff eingewilligt, entfällt eine Haftung des Arztes wegen unterbliebener oder unzulänglicher Aufklärung.

IV. Vorteilsausgleichung

25 Nicht selten führt der zum Ersatz verpflichtende Umstand für den Geschädigten außer Nachteilen **auch Vorteile** herbei. Dann stellt sich die Frage, ob diese Vorteile mindernd auf den Ersatzanspruch angerechnet werden sollen. Das entspräche eigentlich der **Differenzhypothese** (→ Rn. 1).

---

[27] BGH NJW 1967, 551.

[28] RG 16.5.1935 – VI 583/34, RGZ 148, 48; BGHZ 29, 207 = NJW 1959, 1131; NJW-RR 1995, 937.

[29] S. etwa BGH NJW 1985, 676.

[30] BGH NJW 2017, 1104 Rn. 24 mwN.

Eine einheitliche, formelhaft kurze Antwort auf die Frage, wann solche Vorteile angerechnet werden sollen, lässt sich wohl nicht finden. Jedenfalls muss sich der Geschädigte nicht ohne Weiteres alle adäquat aus der Schädigung erwachsenen Vorteile anrechnen lassen. Vielmehr muss die Anrechnung dem Geschädigten **zumutbar** sein und **dem Zweck des Schadensersatzanspruchs entsprechen.** Zudem darf sie **den Schädiger nicht unbillig entlasten.**[31] Vor- und Nachteile müssen „gewissermaßen zu einer Rechnungseinheit verbunden sein" (**Kongruenz** von Vor- und Nachteil).[32] Aber diese Formulierungen sind zu allgemein, als dass man aus ihnen bestimmte Ergebnisse ableiten könnte. Derzeit lässt sich nicht einmal sagen, ob die Anrechnung von Vorteilen die Regel oder die Ausnahme bildet. Daher muss jede der beiden Entscheidungen begründet werden. Die Tendenz geht aber wohl eher zur Nichtanrechnung. Insbesondere sind solche Vorteile nicht anzurechnen, die der Geschädigte **durch eigene Anstrengungen** erworben hat, die über seine Schadensminderungsobliegenheit nach § 254 Abs. 2 BGB hinausgehen. Bei Ersatzleistungen Dritter stellt sich die Problematik dann nicht, wenn – wie zB bei Versicherungsleistungen – der Anspruch des Geschädigten im Wege der Legalzession (→ § 60 Rn. 7) auf die Versicherung übergeht (s. § 86 VVG). Freiwillige Hilfeleistungen Dritter (zB von Familienangehörigen oder Opferschutzorganisationen) haben nicht den Zweck, den Schädiger zu entlasten und sind daher nicht anzurechnen. 26

Der Vorteilsausgleichung ähnelt die Problematik beim **Ersatz neu für alt:** Eine beschädigte oder mangelhafte Sache wird durch die als Schadensersatz geschuldete Reparatur wertvoller als sie vor der Beschädigung war. Ein Bsp. bildet der folgende Fall:[33] Ein älteres Haus wird nach einem Brand neu aufgebaut. Hier fragt sich, ob der Geschädigte den Wertzuwachs durch eine Zahlung an den Schädiger ausgleichen muss. Das ist zwar im Prinzip zu bejahen. Dieser Zuwachs ist dem Geschädigten aber **aufgedrängt** worden. Wenn der Zuwachs unerwünscht kommt, sollte ihn der Geschädigte daher erst dann ausgleichen müssen, wenn er ihn sich – etwa durch Verkauf der wertvoller gewordenen Sache oder durch den Wegfall sonst nötiger Reparaturen – zunutze macht.[34] 27

Einen ähnlichen Problemkreis behandelt auch § 255 BGB. Wer Ersatz für den Verlust einer Sache oder eines Rechts zu leisten hat, kann die Abtretung der Ansprüche aus dem Eigentum oder dem Recht gegen Dritte verlangen. Gedacht ist dabei etwa an einen Verwahrer, dem die verwahrte Sache aufgrund eigenen Verschuldens gestohlen wurde. Wenn er die Sache ersetzt, soll er wenigstens das Eigentum (und damit den Herausgabeanspruch aus § 985 BGB gegen den Dieb) erhalten. Er bekommt also einen Rückgriff gegen den Dritten (etwa einen Dieb), trägt aber das Risiko der Durchsetzbarkeit. 28

V. Die Drittschadensliquidation

Literatur: von Caemmerer, Das Problem des Drittschadensersatzes, ZHR 127 (1965) 241; Gernhuber, Drittwirkungen im Schuldverhältnis kraft Leistungsnähe, FS Nikisch, 1958, 249; Hagen, Die Drittschadensliquidation im Wandel der Rechtsdogmatik, 1971; Lorenz, Grundwissen Zivilrecht: Drittschadensliquidation, JuS 2022, 13; F. Peters, Zum Problem der Drittschadensliquidation, AcP 180 (1980) 329; Weiss, Die Drittschadensliquidation – alte und neue Herausforderungen, JuS 2015, 8.

---

31 Etwa BGHZ 8, 325 (329 f.) = NJW 1953, 618; BGHZ 10, 107 (108) = BeckRS 1953, 30397539; BGHZ 49, 56 (62) = NJW 1968, 491, später BGH NJW 2004, 3557.

32 BGH VersR 1989, 592 (593); NJW 1997, 2378; 2004, 3557.

33 BGHZ 30, 29 = NJW 1959, 1078.

34 Vgl. BGH NJW 1996, 584 (585 f.).

1. Der Ausgangspunkt

29 § 249 Abs. 1 BGB sagt zwar nicht ausdrücklich, bei wem der zum Ersatz Verpflichtete den schadensfreien Zustand herstellen soll. Aber § 251 BGB spricht wie selbstverständlich gleich mehrfach davon, **der Gläubiger** sei zu entschädigen. Zudem wären auch die Beschränkungen der Ersatzberechtigung (zB auf die Vertragsparteien oder auf den nach § 823 Abs. 1 BGB Verletzten) wirkungslos, wenn der Gläubiger eines Ersatzanspruchs auch die Schäden Dritter ersetzt verlangen könnte. Daher gilt als unbestrittener Ausgangspunkt das auch der Relativität des Schuldverhältnisses entsprechende sog. **Dogma vom Gläubigerinteresse.** Dieses besagt, dass der Gläubiger eines Schadensersatzanspruchs nur **seinen eigenen Schaden** ersetzt verlangen kann und demzufolge der Schädiger grds. nur den Schaden des Gläubigers des Schadensersatzanspruchs zu ersetzen hat, nicht aber etwaige Schäden Dritter.

Anderes gilt nur, wenn das Gesetz diesen eigene Schadensersatzansprüche einräumt und sie damit selbst zu Gläubigern eines Schadensersatzanspruchs macht, wie das etwa in §§ 844, 845 BGB, aber auch beim **Vertrag mit Schutzwirkung für Dritte** (→ § 67 Rn. 1 ff.) der Fall ist.

2. Voraussetzungen der Drittschadensliquidation

30 Es kann aber Fälle geben, in welchen der Schaden durch besondere Umstände auf einen Dritten verlagert wird, der keinen eigenen Schadensersatzanspruch gegen den Schädiger hat. Wenn diese Verlagerung aus der Sicht des Schädigers „zufällig" ist, dh derselbe Schaden ebenso gut beim Gläubiger selbst hätte eintreten können, würde dieser Zufall den Schädiger unbillig entlasten. Diese als unbillig empfundene Situation ist der Ausgangspunkt der **Drittschadensliquidation.**

31 Die Ausgangslage ist also immer die Folgende: **Der Gläubiger hat einen Anspruch, aber keinen Schaden, der Dritte einen Schaden, aber keinen Anspruch.** Diese Situation will die Drittschadensliquidation (DSL) auflösen.

Beispiel: Der Unternehmer V verkauft an den Unternehmer K eine bewegliche Sache und vereinbart, diese an K zu versenden (Schickschuld, § 269 Abs. 3 BGB). Dazu beauftragt er den Transportunternehmer T. Wenn die Sache durch ein Verschulden des T auf dem Transport zerstört wird, behält V gem. § 447 BGB seinen Kaufpreisanspruch (sofern K nicht Verbraucher ist, s. § 475 Abs. 2 BGB). V hat zwar sowohl einen vertraglichen (§§ 280 Abs. 1, 241 Abs. 2 BGB) als auch einen deliktischen Schadensersatzanspruch (§ 823 Abs. 1 BGB) gegen T, nach der Differenzhypothese des § 249 Abs. 1 BGB aber keinen Schaden, denn ohne das schädigende Ereignis wäre er nicht mehr Eigentümer der Sache (diese wäre an K übereignet gewesen). Gegenüber K ist er gem. § 275 Abs. 1 BGB von seiner Leistungspflicht befreit und behält gem. § 447 Abs. 1 BGB (als Ausnahme von § 326 Abs. 1 BGB) dennoch seinen Kaufpreisanspruch gegen K (→ § 35 Rn. 11). Auch hat K gegen V keinen Anspruch auf Schadensersatz statt der Leistung aus § 280 Abs. 1, 3 BGB iVm § 283 BGB, weil V die Zerstörung weder selbst zu vertreten hat noch sich das Verschulden des T nach § 278 BGB zurechnen lassen muss. Denn T hat beim Transport nicht in Erfüllung einer Verpflichtung des V gehandelt, weil dieser dem K bei einer Schickschuld nur das Absenden, nicht aber den Transport selbst schuldete (→ § 31 Rn. 15). K hat hingegen auch gegen T keinen Anspruch: Ein vertraglicher Anspruch scheidet aus, weil er nicht Partei des Transportvertrags ist und dieser auch keine Schutzwirkung zu seinen Gunsten entfaltet (→ § 67 Rn. 1 ff.). Ein Anspruch aus § 823 Abs. 1 BGB scheitert an der fehlenden Eigentümerstellung des K. Damit hat K zwar einen Schaden (er muss den Kaufpreis bezahlen, bekommt aber die Sache nicht), jedoch keinen Anspruch. T würde durch diese Situation einer Haftung vollständig entgehen. Diese Entlastung des T ist aus dessen Sicht aber vollkommen zufällig, musste er doch von Anfang an damit rechnen, bei Zerstörung der Sache schadensersatzpflichtig zu werden. Das von ihm durch den Vertrag übernommene Haftungsrisiko steigert sich also nicht, wenn man ihn für den Schaden haften lässt.

Das wichtigste Charakteristikum der Drittschadensliquidation und zugleich ihre Abgrenzung zum Vertrag mit Schutzwirkung für Dritte (→ § 67 Rn. 1 ff.) besteht somit darin, dass dem Schädiger **keine Erweiterung seines Haftungsrisikos (Schadenskumulation)** droht. Denn es muss sich immer um einen Schaden handeln, der ebenso gut beim Gläubiger hätte eintreten können, durch einen aus der Sicht des Schädigers zufälligen Umstand tatsächlich aber bei einem Dritten eingetreten ist **(Schadensverlagerung).** Das soll den Schädiger nicht entlasten. Hätte der Schaden hingegen beim Gläubiger selbst gar nicht eintreten können, ist die Schadensverlagerung nicht „zufällig". Dann kommt allenfalls ein Anspruch des Dritten aus einem Vertrag mit Schutzwirkung für Dritte in Betracht.[35] 32

Beispiel 2:[36] Tierarzt T bezieht vom Hersteller H Impfstoff gegen die Hühnerpest und impft damit die Hühner eines Züchters Z. Wegen einer bakteriellen Verunreinigung des Impfstoffs im Herstellungsprozess verenden die Hühner des Z. Hier kann T gegenüber H nicht (über §§ 437 Nr. 3, 280 Abs. 1, 433 Abs. 1 S. 2 BGB) den Schaden des Z liquidieren, da keine zufällige Verlagerung des Schadens vorliegt. Dieser konnte nämlich von vornherein nicht bei T als Gläubiger (er besitzt keine Hühner), sondern nur beim Dritten (hier: Z) eintreten. Damit liegt keine zufällige Schadensverlagerung, sondern eine Erweiterung des Haftungsrisikos des H vor, der nicht mit einer Drittschadensliquidation begegnet werden kann.

3. Rechtsfolgen

Rechtsfolge der Drittschadensliquidation ist zunächst, dass der Schaden des Dritten **dem Gläubiger zugerechnet wird.** Deshalb kann der Gläubiger den Schaden des Dritten geltend machen, wie wenn er ihn selbst erlitten hätte: Er „liquidiert" den Schaden des Dritten. Die Drittschadensliquidation führt also nie zu einem Schadensersatzanspruch des geschädigten Dritten aus eigenem Recht. Es gilt der Merksatz: **„Der Schaden wird zum Anspruch gezogen, nicht der Anspruch zum Schaden".** 33

Beispiel: Im **Beispiel 1** (→ Rn. 31) wird also ein dem Sachverlust entsprechender Schaden bei V fingiert. Ihm wird damit erlaubt, den Schaden des Dritten (hier: K) geltend zu machen (zu „liquidieren").

Natürlich muss das, was als Ersatz geleistet wird, letzten Endes doch zu dem geschädigten Dritten kommen. Das gelingt meist über § 285 BGB (→ § 35 Rn. 2 ff.). Der Gläubiger ist nämlich meist durch die Schädigung (zB die Zerstörung einer Sache) von einer Pflicht gegenüber dem Geschädigten (zB zur Leistung dieser Sache) nach § 275 Abs. 1 BGB freigeworden und muss gem. § 285 BGB diesem daher das als Ersatz Erlangte oder schon vorher den Anspruch darauf übertragen. Hilft § 285 BGB in direkter Anwendung nicht weiter, weil es sich zB nicht um einen Fall der Zerstörung, sondern lediglich um eine Beschädigung handelt, kann ein solcher Anspruch aus § 242 BGB oder aus einer analogen Anwendung von § 285 BGB hergeleitet werden.[37] 34

Beispiel: In **Beispiel 1** (→ Rn. 31) ist V aus § 285 BGB verpflichtet, den mit Hilfe der Drittschadensliquidation erlangten Anspruch gegen T an K abzutreten bzw. einen bereits an ihn geleisteten Schadensersatz an K herauszugeben.

35 BGHZ 181, 12 Rn. 45 = DStR 2009, 2275; NJW 1996, 2734 (keine Drittschadensliquidation bei in verdeckter Stellvertretung eingeholter Bankauskunft).

36 BGHZ 51, 91 = NJW 1969, 269.

37 Für Letzteres Riehm JuS 2016, 462 (464).

4. Fallgruppen der Drittschadensliquidation

a) Vereinbarung

35 In einem Vertrag kann (auch konkludent) die Maßgeblichkeit von Drittinteressen vereinbart werden. Das kann man insbesondere annehmen, wenn bei Vertragsschluss klar wird, dass eine Partei keine Eigeninteressen hat, sondern nur fremde Interessen wahrnehmen will.[38] In solchen Fällen kommt aber auch ein Vertrag auf Leistung an den dritten Interessenten (**Vertrag zugunsten Dritter,** → § 66 Rn. 1 ff.) oder ein **Vertrag mit Schutzwirkung** für ihn in Betracht (→ § 67 Rn. 1 ff.). Wenn die Auslegung zu einem dieser Ergebnisse führt, bedarf es der Drittschadensliquidation nicht mehr, weil der Dritte dann einen **eigenen Vertragsanspruch** hat.

b) Mittelbare Stellvertretung

36 Fälle mittelbarer Stellvertretung (die keine Stellvertretung iSv § 164 BGB ist) sind dadurch gekennzeichnet, dass eine Person in eigenem Namen, aber auf Rechnung eines Dritten einen Gegenstand erwirbt, wobei (zB aus § 667 Var. 2 BGB) eine schuldrechtliche Verpflichtung besteht, den Gegenstand an den Dritten herauszugeben. Im Gegensatz zu den gerade geschilderten Fällen wird die mittelbare Stellvertretung (vor allem Kommission und Spedition, §§ 383 ff. HGB) gerade nicht offengelegt.[39] Wenn eine so erworbene Sache beim Erwerber aufgrund des Verschuldens einer anderen Person zerstört wird, wird der Erwerber gegenüber dem Dritten nach § 275 Abs. 1 BGB von seiner Herausgabepflicht befreit und hat damit regelmäßig keinen Schaden erlitten. Auch hier kann er den Schaden des Dritten geltend machen.[40]

Beispiel: A beauftragt den B, für ihn im eigenen Namen eine Sache zu erwerben. B schließt einen Kaufvertrag mit V, der ihm die Sache auch übereignet. Wenn nun D schuldhaft die Sache zerstört, ist B von seiner aus § 667 Alt. 2 BGB resultierenden Herausgabepflicht an A nach § 275 Abs. 1 BGB befreit und schuldet diesem mangels Vertretenmüssen auch keinen Schadensersatz statt der Leistung (§ 280 Abs. 1, 3 BGB, § 283 BGB). Damit hat er keinen Schaden erlitten, so dass sein Anspruch aus § 823 Abs. 1 BGB gegen D eigentlich scheitern würde. A wiederum hat – wie im Fall des Versendungskaufs (→ Rn. 31) – auch keinen Anspruch aus § 823 Abs. 1 BGB gegen D aus § 823 Abs. 1 BGB, weil er nicht Eigentümer der Sache war. Auch hier kann B gegenüber D im Rahmen seines Anspruchs aus § 823 Abs. 1 BGB den Schaden des A liquidieren (und muss seinen Anspruch oder die bereits gezahlte Schadensersatzsumme nach § 285 BGB an A herausgeben.)

Für das **handelsrechtliche Frachtgeschäft** ermächtigt allerdings bereits § 421 Abs. 1 S. 2 HGB den Empfänger zur Geltendmachung von Schadensersatzansprüchen im eigenen Namen. In diesem Fall erübrigt sich eine Drittschadensliquidation.

c) Treuhandverhältnisse

37 Ein Treuhandverhältnis ist dadurch gekennzeichnet, dass der Treugeber dem Treuhänder ein Recht überträgt, welches der Treuhänder aber im Interesse des Treugebers ausüben oder an diesen zurückübertragen muss.[41] Die Situation ist derjenigen einer mittelbaren Stellvertretung sehr ähnlich. Auch hier kommt eine Drittschadensliquidation in Betracht, wenn der zur Treuhand übertragene Gegenstand beim Treuhän-

[38] BGH NJW 1974, 502.
[39] Vgl. Köhler BGB AT § 11 Rn. 22.
[40] Etwa BGHZ 25, 250 (258) = NJW 1957, 1838.
[41] Vgl. Köhler BGB AT § 5 Rn. 18 f.

der durch einen Dritten beschädigt wird. Deshalb ist die Drittschadensliquidation auch hier von der Rspr. anerkannt.[42] Nur hat in dieser Fallgruppe vielfach der Treugeber ohnehin eine eigene Rechtsposition am Treugut, die Ersatzansprüche erzeugen kann. So hat bei der **Sicherungsübereignung** der Sicherungsgeber den unmittelbaren Besitz oder sogar ein Anwartschaftsrecht auf Rückfall des Eigentums. Soweit die sich hieraus ergebenden Ersatzansprüche des geschädigten Treugebers reichen (aus § 823 Abs. 1 BGB: sonstiges Recht), ist die Drittschadensliquidation durch den Treunehmer unnötig. Nötig ist sie dagegen bei der Sicherungsabtretung, wenn der Sicherungsnehmer den Verzugsschaden des Sicherungsgebers geltend macht.[43]

d) Obhutsverhältnisse

Ganz ähnlich verhält es sich in den sog. *Obhutsfällen.* Wer eine fremde Sache besitzt und kraft Vertrags dazu verpflichtet ist, diese zu bewahren und dabei einen Vertrag mit einem Dritten schließt, kann mit Hilfe der Drittschadensliquidation den Schaden des Eigentümers geltend machen. 38

Beispiel:[44] G hat sich verpflichtet, Waren des D bei S einzulagern. Er schließt deshalb einen Lagervertrag (§ 467 HGB) mit S. Wenn durch ein Verschulden des S die Waren beschädigt oder gestohlen werden, hat wiederum G zwar einen vertraglichen Schadensersatzanspruch gegen S, aber keinen Schaden (weil er seinerseits dem D nicht haftet). Er kann daher gegenüber S den Schaden des D geltend machen. Dass D als Eigentümer in diesem Fall aus § 823 Abs. 1 BGB einen eigenen Anspruch gegen S wegen der Verletzung seines Eigentums hat, hindert die Drittschadensliquidation angesichts der fehlenden Gleichartigkeit vertraglicher und deliktsrechtlicher Ansprüche nicht. Denn unter anderem kann bei einem vertraglichen Schadensersatzanspruch das Verschulden von Gehilfen nach § 278 BGB zugerechnet werden, während eine deliktsrechtliche Haftung des Geschäftsherrn häufig an der Exkulpationsmöglichkeit des § 831 BGB scheitern würde.

e) Obligatorische Gefahrenentlastung

Schulfall der sog. „obligatorischen Gefahrenentlastung" ist der → Rn. 31 geschilderte Fall des **Versendungskaufs.** Dieser ist dadurch geprägt, dass aufgrund schuldrechtlicher Beziehungen zwischen dem Gläubiger und dem Dritten (im Beispiel wegen § 447 Abs. 1 BGB) der Schaden auf diesen verlagert wird. Dieselbe Situation kann sich wegen § 644 Abs. 1 BGB auch beim **Werkvertrag** ergeben. 39

Auch beim **Vermächtnis** (§§ 2147 ff. BGB) kommt es zur Drittschadensliquidation, wenn eine vermachte Sache vor Erfüllung des Vermächtnisses von einem Dritten zerstört wird. Der beschwerte Erbe hat zwar einen Anspruch aus § 823 Abs. 1 BGB gegen den Dritten, aber wiederum nach der Differenzhypothese keinen Schaden, weil er gegenüber dem Vermächtnisnehmer gem. § 275 Abs. 1 BGB von der Verpflichtung aus § 2174 BGB frei geworden ist. Der Vermächtnisnehmer wiederum hat einen Schaden, aber keinen Anspruch. Der Beschwerte kann damit den Schaden des Vermächtnisnehmers beim Dritten liquidieren, muss das Erlangte aber nach § 285 BGB an den Vermächtnisnehmer übertragen. 40

f) Keine Verallgemeinerung

Ganz überwiegend wird die Drittschadensliquidation auf die eben genannten fünf Fallgruppen beschränkt. Sonst droht ein schrankenloser Einbruch in das Dogma 41

[42] Etwa BGH NJW 1967, 930.
[43] BGHZ 128, 371 (376 ff.) = NJW 1995, 1282; 2006, 1662.
[44] BGH NJW 1985, 2411.

vom **Gläubigerinteresse** (→ Rn. 29). Die Beschränkung zeigt sich insbesondere bei der **Haftung für fehlerhafte Produkte.** Hier liegt der zu vertretende Umstand beim Fabrikanten, während der Schaden beim Verbraucher eintritt. Dieser hat aber einen Vertrag nicht mit dem Fabrikanten, sondern mit dem (regelmäßig schuldlosen) Händler. Bei Zulassung von Drittschadensliquidation könnte hier der Händler aus seinem Vertrag mit dem Fabrikanten den Schaden des Verbrauchers liquidieren. Das wird aber zu Recht abgelehnt: Die Schadensverlagerung ist nämlich in diesen Fällen nicht „zufällig", weil der Händler selbst ja das Produkt nicht benützt (sondern weiterverkauft) und deshalb der durch den Gebrauch des fehlerhaften Produkts beim Käufer entstandene Schaden bei ihm gar nicht eintreten kann.[45] Diese Fälle gehören zur **Produzentenhaftung.**[46]

§ 56. Die Zerstörung, Beschädigung oder Entziehung einer Sache

I. Problemübersicht

1 Die Probleme der Verletzung von Sachen sollen hier an dem praktisch wichtigsten Fall erörtert werden, nämlich der **Schädigung eines Kraftfahrzeugs bei einem Verkehrsunfall.** Dann unterscheiden sich die Rechtsfolgen zunächst danach, ob das Fahrzeug im Rechtssinn zerstört oder bloß beschädigt worden ist. In beiden Fällen taucht zudem die Frage nach einem Ersatz dafür auf, dass der Geschädigte sein Fahrzeug bis zu einer Neubeschaffung oder bis zur Reparatur nicht nutzen konnte.

II. Zerstörung oder Beschädigung?

2 Dass schadensrechtlich zwischen Zerstörung und Beschädigung unterschieden werden muss, folgt schon aus § 249 Abs. 2 BGB. Dort wird der Anspruch auf Ersatz der Herstellungskosten nur für den Fall der Beschädigung gewährt.

1. Technischer Totalschaden

3 Die Unfallschäden können so schwer sein, dass eine Reparatur technisch unmöglich ist. Dann spricht man von einem **technischen Totalschaden.**

2. Wirtschaftlicher Totalschaden

4 Eine technisch mögliche Reparatur kann so unverhältnismäßig teuer sein, dass der Schädiger sie nach § 251 Abs. 2 S. 1 BGB ablehnen und stattdessen den Geschädigten auf den Ersatz des **Wertinteresses** verweisen darf (→ § 54 Rn. 21). Die Rspr. bejaht solche Unverhältnismäßigkeit, wenn die Kosten einer fachgerecht ausgeführten Reparatur den Wiederbeschaffungswert um mehr als 30 % übersteigen.[1] Man spricht dann von einem **wirtschaftlichen (konstruktiven) Totalschaden.** Allerdings wendet der BGH hierfür nicht § 251 BGB an, sondern lässt als Unterart der Herstellung (§ 249 Abs. 2 BGB) auch die Anschaffung eines gleichwertigen Ersatzwagens gelten.[2] Dann konkretisiert die Verweisung des Geschädigten auf eine solche Ersatzbeschaf-

[45] BGHZ 40, 91 (100 ff.) = NJW 1963, 2071; BGHZ 51, 91 (93 ff.) = NJW 1969, 269 („Hühnerpesturteil").

[46] Medicus/Lorenz SchuldR BT § 16 Rn. 1 ff.

[1] S. zuletzt BGH NJW 2022, 539 Rn. 6 mwN.

[2] S. etwa BGH NJW 2015, 2958 Rn. 6; 2010, 2121 Rn. 8.

fung nur das allgemeine Gebot der Vermeidung unnötiger Herstellungskosten, sog. **Wirtschaftlichkeitsgebot.**[3]

Sind die Herstellungskosten um mehr als 30% höher als der Wiederbeschaffungswert, so kann der Geschädigte sie nach hM auch nicht bis zu dieser Grenze von 130% verlangen (und den Rest selbst begleichen oder das Fahrzeug iÜ unrepariert lassen): Hier ist die Herstellung eben wirtschaftlich sinnlos und kann daher nicht gefordert werden.[4]

Überdies kann Ersatz der Reparaturkosten bis zu 130% nur verlangt werden, wenn 5
der Geschädigte sein Interesse an gerade diesem Fahrzeug, dh sein Integritätsinteresse (→ § 54 Rn. 8), dadurch zum Ausdruck bringt, dass er es weiterbenutzen (und nicht etwa verkaufen) will.[5]

3. „Unechter" Totalschaden

Schließlich kann die Herstellung zwar technisch möglich und auch wirtschaftlich 6
tragbar, aber dem Geschädigten unzumutbar sein (§ 251 Abs. 1 Alt. 2 BGB). Das nimmt man an, wenn ein neues oder fast neues (Rspr.: regelmäßig bis 1.000 km Fahrleistung) Kfz so erheblich beschädigt worden ist, dass es nach der Reparatur als Unfallwagen gelten müsste. Der Geschädigte kann dann seinen Schaden auf Neuwagenbasis abrechnen.[6] Man spricht hier von einem **unechten Totalschaden.**

4. Umfang des Schadensersatzes

Bei einem Totalschaden wäre eigentlich nach § 251 BGB das Wertinteresse zu 7
ersetzen. Dieses besteht in dem sog. **Zeitwert.** Das ist der Betrag, den der Geschädigte durch den Verkauf der Sache unmittelbar vor der Schädigung hätte erzielen können. Damit wäre aber gerade beim Verlust eines Kraftfahrzeugs der Schaden regelmäßig noch nicht voll beseitigt. Denn oft hat sich der Geschädigte auf den Besitz eines Kraftfahrzeugs eingerichtet; er erlitte weiteren Schaden, wenn er nicht wieder eines erhielte. Daher wird hier und in ähnlichen Fällen nicht der Zeitwert erstattet, sondern nach § 249 Abs. 2 BGB der (regelmäßig höhere) **Wiederbeschaffungswert,** dh das **Integritätsinteresse** des Eigentümers: Das ist derjenige Betrag, dessen der Geschädigte zum Erwerb eines Kraftfahrzeugs bedarf, das dem zerstörten vor dem Unfall entspricht. Obwohl § 249 Abs. 2 BGB nur von der „Beschädigung" einer Sache spricht, gilt er also auch im Falle der vollständigen Zerstörung.

§ 251 BGB (Ersatz des Wertinteresses bei Unmöglichkeit der Herstellung) spielt daher bei der Zerstörung von Sachen nur in den seltenen Fälle eine Rolle, in welchen die Beschaffung einer gleichartigen und gleichwertigen Ersatzsache nicht oder nur mit unverhältnismäßigem Aufwand möglich ist.[7]

Der **Restwert** des zerstörten Fahrzeugs mindert den zu leistenden Ersatz, soweit der 8
Geschädigte diesen durch Verkauf realisiert.[8] Denn die Gesamtvermögenslage des Geschädigten ist ja dann um diesen Betrag nicht gemindert. Für die Erzielung eines möglichst hohen Preises braucht der Geschädigte regelmäßig keine besonderen Er-

[3] Vgl. BGHZ 162, 161 (165) = NJW 2005, 1108.
[4] BGH NJW 2015, 2958 Rn. 7 mwN.
[5] BGH NJW 2022, 539 Rn. 6 mwN.
[6] BGH NJW 2009, 3022.
[7] BGHZ 158, 388 (390) = NJW 2004, 1943.
[8] BGHZ 163, 362 (365) = NJW 2005, 3134.

mittlungen anstellen, auch nicht im Internet:[9] Es genügt, wenn er den von einem Sachverständigen ermittelten Preis erzielt.

9 Beim unechten Totalschaden (→ Rn. 6) ist der Wiederbeschaffungswert gleich dem Preis eines Neuwagens, in den anderen Fällen des Totalschadens dagegen gleich dem **Preis eines Gebrauchtwagens.** Allerdings kann man dort aus zwei Gründen zweifeln, ob ein Gebrauchtwagen zur vollen Entschädigung genügt. Der Geschädigte wird oft zweifeln, ob der Verkäufer des Ersatzwagens diesen so gut gepflegt hat wie er – der Geschädigte – seinen eigenen Wagen. Daher wird der Wiederbeschaffungswert so bemessen, dass der Geschädigte in die Lage versetzt wird, „einen ähnlichen Wagen nach einer gründlichen technischen Überprüfung von einem seriösen Gebrauchtwagenhändler zu erwerben und sich von diesem Händler für eine gewisse Zeit eine Werkstattgarantie geben zu lassen".[10]

10 Den für die Wiederanschaffung erforderlichen Betrag muss der Gläubiger nicht für eine Wiederbeschaffung verwenden (→ § 54 Rn. 14). Allerdings ist die bei einer Wiederanschaffung anfallende Umsatzsteuer nur zu ersetzen, wenn tatsächlich ein Ersatzfahrzeug angeschafft wird (§ 249 Abs. 2 S. 2 BGB).[11]

III. Ersatz von Reparaturkosten

1. Der Grundsatz

11 Ist ein Kfz im Rechtssinn nur beschädigt, kann der Geschädigte nach § 249 Abs. 2 BGB den **für die Reparatur** in einer markengebundenen Fachwerkstatt[12] oder den (geringeren) für die Beschaffung eines Ersatzfahrzeugs **erforderlichen Geldbetrag** verlangen. Auch hier kommt es nicht darauf an, ob der Geschädigte den Geldbetrag tatsächlich für die Reparatur verwendet. Allerdings schließt nach § 249 Abs. 2 S. 2 BGB der Ersatzbetrag für die Beschädigung einer Sache die **Umsatzsteuer** nur dann ein, „wenn und soweit sie tatsächlich angefallen ist".

Rechtspolitisch ist § 249 Abs. 2 S. 2 BGB wenig überzeugend, denn es besteht ja idR auch eine Umsatzsteuerpflicht, wenn der Geschädigte den als Ersatz erhaltenen Betrag für einen anderen Zweck ausgibt. Mittelbar wird also die Verwendungsfreiheit des Geschädigten sehr wohl eingeschränkt.[13] Als systemwidrige Ausnahmeregelung ist die Vorschrift daher auf andere Schadensposten nicht analog anzuwenden.[14]

2. Merkantiler Minderwert

12 Sehr häufig wird nach größeren Reparaturen befürchtet, es seien noch Mängel zurückgeblieben. Theoretisch kann zwar der Geschädigte Ersatz für solche Mängel auch dann verlangen, wenn sie sich erst viel später herausstellen. Praktisch wird das aber immer schwieriger, schon weil der Nachweis des Kausalzusammenhangs mit dem Unfall immer schwerer fällt. Daher stoßen solche „Unfallwagen" im Rechtsverkehr auf Misstrauen: Für sie wird nur ein geringerer Preis bezahlt als für unfallfreie Wagen. Diese Differenz nennt man den **merkantilen Minderwert.** Dessen Beson-

[9] BGHZ 163, 362 (365) = NJW 2005, 3134.
[10] BGH NJW 1966, 1454 (1455).
[11] BGHZ 158, 388 = NJW 2004, 1943.
[12] BGHZ 155, 1 = NJW 2003, 2086.
[13] Krit. auch Peetz ZGS 2003, 293; 2004, 370. Vgl. weiter T. Heinrich NJW 2004, 1916; Medicus FS E. Lorenz, 2004, 461.
[14] BGH NJW 2013, 1732 Rn. 6 mwN.

derheit ist, dass er mit der anhaltenden Weiterbenutzung des Fahrzeugs immer geringer wird. Denn durch die Weiterbenutzung sinkt auch der Wert des unfallfreien Fahrzeugs und damit zugleich der Betrag, der für den merkantilen Minderwert bleibt. Wenn das Fahrzeug bis auf den Schrottwert abgenutzt ist, wird schließlich auch der merkantile Minderwert Null.

IV. Entschädigung des Nutzungsentgangs

Beim Totalschaden muss idR ein neues Fahrzeug beschafft und bei bloßer Beschädigung das alte Fahrzeug repariert werden. Beides braucht Zeit, bei langer Lieferdauer für einen Neuwagen oder bei schwieriger Ersatzteilbeschaffung uU Monate. Wenn der Geschädigte in dieser Zeit Fahrbedarf hat, kann er in vernünftigem Rahmen einen **Ersatzwagen mieten** und die Kosten dafür vom Schädiger ersetzt verlangen (abzüglich eines Betrages für die ersparte Abnutzung des eigenen Wagens).[15] 13

Hat der Geschädigte auf die Anmietung eines Kfz verzichtet, stellt sich die Frage, ob er für die entgangene Gebrauchsmöglichkeit Ersatz verlangen kann. 14

1. Frustrationsschaden

Zunächst kommt der Ersatz des sog. **Frustrationsschadens** in Betracht (von lat. *frustra* = vergebens). Das sind diejenigen Kosten, die der Eigentümer für den Wagen auch dann aufbringen muss, wenn er ihn nicht benutzen kann: Kfz-Steuer, Versicherung, Garagenmiete, aber auch die Verzinsung des in den Wagen investierten Kapitals. Allerdings widerspräche das der Differenzhypothese des § 249 Abs. 1 BGB, weil diese Kosten ja auch ohne das schädigende Ereignis angefallen wären. Der BGH hat sich deshalb gegen den Ersatz von Frustrationsschäden entschieden.[16] 15

Nur an zwei Stellen kommt der Frustrationsschaden rechtlich in Betracht: Beim Ersatz des **negativen Interesses** (Vertrauensschaden) infolge einer Irrtumsanfechtung (§ 122 BGB) oder infolge einer *culpa in contrahendo* (→ § 40 Rn. 1 ff.), und beim Aufwendungsersatz nach § 284 BGB, der an die Stelle des Anspruchs auf Schadensersatz statt der Leistung treten kann (→ § 35 Rn. 53 ff.).

2. Schadensbemessung über die Kommerzialisierung

Was dem Eigentümer wirklich entgeht, bis er wieder ein Kfz hat, ist letztlich die Bequemlichkeit aus der ständigen Verfügbarkeit eines solchen. Die so entstehenden Unbequemlichkeiten erscheinen auf den ersten Blick als Nichtvermögensschaden, dessen Ersatz § 253 Abs. 1 BGB entgegensteht. Denn auch § 253 Abs. 2 BGB hilft hier nicht, weil dieser Nichtvermögensschaden nicht aus einer Körper- oder Gesundheitsverletzung, sondern aus einer Sachbeschädigung stammt. Zu einem Geldersatz nach § 251 Abs. 1 BGB kommt man hier also nur, wenn man die fehlende ständige Verfügbarkeit eines Kfz selbst (und nicht erst die hieraus stammenden Vermögensfolgeschäden wie zB Verdienstausfall) als **Vermögensschaden** definiert. 16

Das soll der Gedanke der **Kommerzialisierung** erreichen: Einer der Gründe des Ausschlusses von Geldersatz für **Nichtvermögensschäden** sei, so argumentiert man, die **Schwierigkeit bei der Bewertung** solcher Schäden **in Geld.** Diese Schwierigkeit entfalle, wenn der Rechtsverkehr ein immaterielles Gut mit einem bestimmten Betrag 17

[15] Zu Einzelheiten BGHZ 132, 373 = NJW 1996, 1958.
[16] BGHZ 112, 392 = NJW 1991, 1421.

bewerte. Das treffe auch für die Benutzung von Kfz zu. Diese Benutzung könne durch die Miete eines Kraftfahrzeugs erkauft werden; die übliche Miete bilde also den Marktpreis der Fahrzeugnutzung. In letzter Konsequenz könnte es danach für die Entschädigung des Nutzungsausfalls gleichbleiben, ob der Geschädigte wirklich ein Fahrzeug gemietet hat. Er erhielte immer den dafür nötigen Betrag.

18 Mit solchen Argumenten hat der BGH zunächst[17] die abstrakte Nutzungsentschädigung dem Grunde nach bejaht. Er hat sich jedoch bald von den Konsequenzen hinsichtlich der **Höhe dieser Entschädigung** entfernt, indem er von dem üblichen Marktpreis außer dem Abzug für die ersparte Abnutzung des eigenen Wagens des Geschädigten noch weitere Abzüge gemacht hat.[18] Denn der BGH hat auch den Unternehmergewinn und die allgemeinen Betriebskosten eines gewerblichen Fahrzeugvermieters abgesetzt. Schließlich sind so in der Praxis für die abstrakte Nutzungsentschädigung nur **gut 30 % der Mietpreise** übriggeblieben. Man kann diese Entschädigung auch als **Sparsamkeitsprämie** für denjenigen auffassen, der kein Ersatzfahrzeug anmietet. Letztlich hat sich die Rspr. dazu durchgerungen, den Nutzungsausfall nur für solche Sachen für ersatzfähig zu halten, „auf deren ständige Verfügbarkeit die eigenwirtschaftliche Lebenshaltung typischerweise angewiesen ist".[19]

19 Weiter ist der Anspruch auf die abstrakte Nutzungsentschädigung durch das Erfordernis einer **Fühlbarkeit der Nutzungsbeeinträchtigung** eingeschränkt.[20] Daher kann keine Nutzungsentschädigung verlangen, wer neben dem beschädigten Kraftfahrzeug ein anderes, sonst unbenutztes zur Verfügung hat.[21] Zudem entfällt die Nutzungsentschädigung, wenn zugleich mit der Beschädigung des Fahrzeugs auch der **Halter verletzt** worden ist, so dass er (und seine Angehörigen) das Fahrzeug in der Reparaturzeit ohnehin nicht hätten nutzen können.[22] Gleiches gilt, wenn das Fahrzeug aus anderen, unfallunabhängigen Gründen während der Reparaturzeit nicht eingesetzt worden wäre.[23] Der BGH hat eine Nutzungsentschädigung für **Wohnwägen und Wohnmobile** versagt, weil nach deren Gebrauch kein alltägliches Bedürfnis bestehe.[24] Im Ergebnis ebenso wurde für ein **Motorsportboot** entschieden.[25] Für ein Motorrad wurde ein solcher abstrakter Nutzungsausfall nur deshalb bejaht, weil es das einzige Fahrzeug des Geschädigten (und nicht lediglich ein Freizeitvergnügen) war.[26]

20 Die Rspr. hat den Kommerzialisierungsgedanken dann auf andere Gegenstände ausgeweitet. So soll es einen ersatzfähigen Vermögensschaden darstellen können, dass der Eigentümer ein von ihm selbst bewohntes Haus vorübergehend nicht benutzen kann, auch wenn ihm hierdurch keine zusätzlichen Kosten entstehen.[27] Zur Begründung

---

17 BGHZ 40, 345 = NJW 1964, 542.
18 BGHZ 45, 212 = NJW 1966, 1260.
19 BGH NJW-RR 2008, 1198 Rn. 7.
20 So schon BGHZ 45, 212 (219) = NJW 1966, 1260.
21 BGH NJW 2025, 3579.
22 BGH NJW 1968, 1778.
23 BGH NJW 2018, 1393 (Motorrad während der kalten Jahreszeit).
24 BGHZ 86, 128 = NJW 1983, 444; NJW-RR 2008, 1198.
25 BGHZ 89, 60 = NJW 1984, 724.
26 BGH NJW 2018, 1393.
27 BGHZ 98, 212 = NJW 1987, 50.

wird gesagt, ein Nutzungsrecht erschöpfe sich nicht im bloßen „Haben", sondern es solle dem Berechtigten auch die Möglichkeit zur Verwirklichung seiner Lebensziele verschaffen. Dass dieses zeitweilig nicht gelinge, dürfe nicht bloß unter dem Gesichtspunkt einer monetären Vermehrung oder Verminderung des Vermögens gesehen werden. Sonst werde nämlich derjenige unangemessen benachteiligt, der seine Güter nicht erwerbswirtschaftlich einsetze (und dem daher kein nach § 252 BGB erfassbarer Gewinn entgehe). Freilich soll das nur für **„Wirtschaftsgüter von allgemeiner, zentraler Bedeutung für die eigenwirtschaftliche Lebenshaltung"** gelten. Andernfalls drohe die von § 253 Abs. 1 BGB ausgeschlossene „schadensrechtliche Vermarktung ideeller Güter und Interessen". Das ist später ausgeweitet worden auf einen Ersatzanspruch wegen verspäteter Fertigstellung einer Eigentumswohnung, wenn dem Käufer oder Bauherrn kein gleichwertiger anderweitiger Wohnraum zur Verfügung steht.[28] Auch für den Ausfall eines Internetzugangs hat die Rspr. den Ersatz eines abstrakten Nutzungsausfall bejaht.[29]

Diese Rspr. hat ein **starkes Echo** gefunden.[30] Dabei sind die Äußerungen überwiegend skeptisch: Die Beschränkung auf „Güter von zentraler Bedeutung für die Lebenshaltung" sei schwer abzugrenzen und einzuordnen. Auch lassen die Entscheidungen kaum Anhaltspunkte für die Bemessung des Schadensersatzes erkennen. Der Entzug der Gebrauchsmöglichkeit sei eben nur eine denkbare Schadensquelle, nicht aber schon Schaden selbst. Die ohne Rücksicht auf konkrete Vermögensschäden gewährte Nutzungsentschädigung rechtfertigt sich wohl am ehesten als eine Art **Sparsamkeitsprämie.** Denn sie soll den Verletzten dazu anhalten, sich zeitweise einfacher als durch einen vollen Schadensausgleich zu behelfen. Er soll also nicht leer ausgehen, wenn er in erwünschter Weise auf die Miete eines Ersatzwagens oder einer Ersatzwohnung verzichtet und sich anders behilft.[31]

V. Sachentwendung

Die Sachentwendung ist zur Massenerscheinung bei **Ladendiebstählen** geworden. 21
Fraglos muss hier der Dieb die gestohlenen Sachen ersetzen, wenn sie nicht unversehrt an den Bestohlenen zurückgelangen. Daneben entstehen aber oft weitere Aufwendungen wie zB die Diebstahlssicherung (etwa durch Fernsehkameras oder Hausdetektive), die Zahlung einer vorher ausgelobten Fangprämie oder die Bearbeitung des Schadensfalls durch eigenes Personal. Die Ersatzfähigkeit aller dieser Schadensposten war lange zweifelhaft.

1. Vorsorgekosten

Die Kosten der **vorsorglichen Überwachungsmaßnahmen** beruhen nicht auf dem 22
konkreten Diebstahl, sondern allgemein auf der Befürchtung solcher Diebstähle. Hier fehlt also die Kausalität. Dass insoweit dennoch die Ersatzfähigkeit behauptet werden konnte, beruht nur darauf, dass der BGH in zwei anderen Zusammenhängen nichtkausale Vorsorgekosten ersetzt hat. So hat der BGH der **GEMA** (Gesellschaft für musikalische Aufführungs- und mechanische Vervielfältigungsrechte) erlaubt, ihren Schaden aus ungenehmigten öffentlichen Musikaufführungen mit einem Zuschlag von 100% zum Normaltarif zu berechnen, um die Kosten der gegen Urheberrechts-

28 BGH NJW 2014, 1374; NJW-RR 2014, 979.
29 BGH NJW 2013, 1072.
30 Vgl. etwa MüKoBGB/Oetker § 249 Rn. 64 ff. mwN; Zwirlein JuS 2013, 487; Bitter AcP 205 (2005), 743; Bitter/Jauchstetter NJW 2026, 345.
31 Vgl. zu dem ganzen Problemkreis Medicus 50 Jahre BGH Festgabe aus der Wissenschaft, Bd. 1, 2001, 201.

verletzungen nötigen Überwachung auf die Verletzer abwälzen zu können.[32] Weiter hat er öffentlichen Verkehrsunternehmen gestattet, die **Kosten der Reservehaltung** (sog. **Vorhaltekosten**) anteilig auf diejenigen abzuwälzen, die durch Beschädigung eines Betriebsfahrzeugs den Rückgriff auf die Reserve nötig gemacht haben.[33] Aber die GEMA-Rspr. ist mit der hM abzulehnen,[34] zumindest aber darf sie nicht erweitert werden.[35] Die Reservehaltung der Verkehrsunternehmen nützt hingegen immerhin auch dem Schädiger insofern, als sie einen sonst zu ersetzenden Betriebsausfallschaden verhindert. Sie kann damit auch mit dem Rechtsgedanken des § 254 Abs. 2 BGB begründet werden.[36] Auf den Ladendieb lässt sich das nicht übertragen. Dieser braucht die Kosten der vorsorglichen Überwachungsmaßnahmen daher nicht zu ersetzen.[37]

2. Fangprämie

23 Dass der Bestohlene die ausgelobte Fangprämie zahlen muss, beruht kausal gerade auf dem konkreten Diebstahl. Trotz dieser Kausalität ist an der Ersatzfähigkeit der Fangprämie mit dem Argument gezweifelt worden, die Fangprämie solle allgemein Diebstähle verhindern und nicht eine konkrete Diebesbeute zurückholen. Demgegenüber betont aber die Rspr. mit Recht, die Fangprämie weise einen schadensrechtlich genügend konkreten Bezug zum einzelnen Ladendiebstahl auf.[38] Anders als technische Überwachungsmittel ist sie nämlich keine bloße Schadensverhütungsmaßnahme, weil sie erst durch das konkrete Schadensereignis ausgelöst wird.[39] Sie sei daher in vernünftigen Grenzen ersatzfähig.

3. Bearbeitungskosten

24 Die Ersatzfähigkeit von **Bearbeitungskosten** lehnt die Rspr. unter Hinweis auf den Grundsatz ab, dass Rechtsverfolgungskosten im Verantwortungsbereich des Geschädigten liegen.[40] Wenn eine Privatperson für die Durchsetzung eines Schadensersatzanspruchs Mühe und Zeit aufwende, sei das kein ersatzfähiger Schaden. Dann dürfe für einen Unternehmer regelmäßig nichts anderes gelten, selbst wenn dieser für die Bearbeitung bezahltes Personal einsetze. Richtigerweise dürfte danach zu unterscheiden sein, ob wegen des Umfangs des Einzelschadens die Bearbeitung nur auf Kosten anderer Tätigkeiten oder die Einstellung zusätzlichen Personals möglich ist, oder bereits vorhandenes Personal ohne Verzicht auf andere Tätigkeiten die Bearbeitung erledigt hat. Im letzteren Fall fehlt es wie bei den Vorsorgeaufwendungen an der Kausalität des Diebstahls für die Personalkosten.[41]

---

[32] BGHZ 17, 376 = NJW 1955, 1356; BGHZ 59, 286 = NJW 1973, 96.
[33] BGHZ 32, 280 = NJW 1960, 1339; BGHZ 70, 199 = NJW 1978, 812; 1986, 1249.
[34] Vgl. nur MüKoBGB/Oetker § 249 Rn. 210 mwN.
[35] So auch BGHZ 97, 37 = NJW 1987, 1405.
[36] MüKoBGB/Oetker § 249 Rn. 205.
[37] BGHZ 75, 230 (237) = NJW 1980, 119.
[38] BGHZ 75, 230 (235 ff.) = NJW 1980, 119.
[39] MüKoBGB/Oetker § 249 Rn. 207.
[40] BGHZ 66, 112 = NJW 1976, 1256; BGHZ 75, 230 (231 f.) = NJW 1980, 119.
[41] MüKoBGB/Oetker § 249 Rn. 209.

§ 57. Die Verletzung eines Menschen

Literatur: Küppersbusch, Ersatzansprüche bei Personenschäden, 14. Aufl. 2024.

I. Problemübersicht

Wegen der Verletzung eines Menschen kommen im Wesentlichen drei Schadensposten in Betracht: die **Heilungskosten,** der **Verdienstausfall** und das **Schmerzensgeld.** Zudem ergeben sich anders als beim Sachschaden Komplikationen. So kann es geraume Zeit (uU durch einen Prozess mehrere Jahre) dauern, bis die Verantwortlichkeit des Schädigers geklärt ist. Auch kann dessen Zahlungsfähigkeit fraglich sein. Hiervon darf aber die Heilung des Geschädigten nicht abhängen. Auch müssen sein laufender Unterhalt und der seiner Familie gedeckt werden. Es widerspräche dem Sozialstaatsgedanken, den Geschädigten bis zur Zahlung des Schädigers auf eigene Reserven zu verweisen (die häufig auch gar nicht bestehen). Daher muss der Bedarf zunächst von anderen Personen gedeckt werden. Deshalb sind gerade bei Körperverletzungen Überlagerungen des Schadensersatzrechts durch Versicherungs- oder Versorgungsleistungen nötig (→ § 60 Rn. 1 ff.). 1

II. Heilungskosten

Der Geschädigte wird seine Heilung nicht dem Schädiger überlassen, sondern durch Dritte (Ärzte) besorgen lassen. Dann kann er nach § 249 Abs. 2 BGB „den dazu erforderlichen Geldbetrag“ vom Schädiger ersetzt verlangen. Da für die Heilung nicht in erster Linie ein Vermögensinteresse maßgeblich ist, kommt dabei eine Abwägung nach **Gesichtspunkten der Wirtschaftlichkeit** (§ 251 Abs. 2 S. 1 BGB) nicht in Betracht. 2

Heilungskosten sind allerdings nur dann ersatzfähig, wenn sie **tatsächlich angefallen** sind. Der Geschädigte kann also – anders als bei Sachschäden – nicht gem. § 249 Abs. 2 BGB unter Verzicht auf eine Heilungsmaßnahme den dafür erforderlichen Geldbetrag verlangen (→ § 54 Rn. 12), weil es sich bei der körperlichen Integrität nicht um einen der Dispositionsfreiheit unterliegenden Vermögensbestandteil handelt.[1] 3

Die Rspr. rechnet zu den Heilungskosten auch die Kosten für die **heilungsfördernden Besuche** des Verletzten, der **im Krankenhaus** liegt.[2] Das ist deshalb problematisch, weil diese Kosten ja nicht dem Verletzten entstehen, sondern den ihn besuchenden Angehörigen, die idR keinen Ersatzanspruch gegen den Schädiger haben (weil sie selbst nicht in einem der nach § 823 Abs. 1 BGB geschützten Rechtsgüter verletzt sind). Letztlich geht es hier um den Fall eines **normativen Schadens.** So bezeichnet man einen Schaden, der nicht tatsächlich eingetreten ist, sondern dessen Anerkennung auf einer **gesetzlichen Wertung** beruht. Der Unterschied zur Drittschadensliquidation liegt darin, dass der Schaden hier nicht bloß zufällig auf den Dritten verlagert ist (→ § 55 Rn. 32), sondern notwendig bei diesem selbst entsteht. Der BGH beschränkt wegen dieser Irregularität den Ersatz von Besuchskosten auf Besuche **naher Angehöriger.**[3] Zudem müssen die Besuche **medizinisch notwendig** sein (dh dem Heilungsfortschritt dienen, was vor allem bei Kindern der Fall ist) und die Aufwendungen unvermeidbar sein. Weiter beschränkt die Rspr. den Ersatz auf die **unmittelbaren Besuchskosten.** Folgeschäden aus solchen Besuchen (zB der Verdienstausfall des Besuchers) sind nicht ersetzbar. Gleichfalls nicht ersatzfähig ist unzweifelhaft die (nicht mit Kosten verbundene) **vermehrte elterliche Zuwendung** für das verletzte Kind.[4]

---

1 BGH NJW 1986, 1538.
2 Etwa BGH NJW 1991, 2340 mwN.
3 BGH NJW 1991, 2340.
4 BGH NJW 1989, 766.

III. Verdienstausfall

1. Unselbstständig Beschäftigte

4 Wenn ein unselbstständig Beschäftigter arbeitsunfähig wird, hat das für sein Arbeitseinkommen zunächst meist keine Folgen. Zahlreiche Vorschriften ergeben nämlich, dass der Arbeitgeber oder Dienstherr wenigstens für eine bestimmte Zeit **Lohn, Gehalt oder Besoldung weiterzahlen** muss (so etwa § 3 EFZG, § 616 BGB und die Beamtengesetze).

5 Für die Zeit der Fortzahlung scheint es an einem Erwerbsschaden des Verletzten zu fehlen. Der Schaden scheint vielmehr bei dem **Arbeitgeber** einzutreten, der eine Arbeitsleistung nicht erhält, obwohl er dafür bezahlen muss. Aber auch ein solcher Schaden des Arbeitgebers kann manchmal zweifelhaft oder zumindest schwer messbar sein. So wird in Großbetrieben die Arbeit eines kurzfristig Ausfallenden oft durch die **Arbeitskollegen** ohne besondere Bezahlung miterledigt. Bei Behörden wird der Ausfall nicht selten auch durch eine **Verschlechterung der Leistungen** ausgeglichen. Der Schaden scheint sich so gleichsam zu verflüchtigen.

6 Wenn es hier keine Sonderregelung gäbe, müsste das den Schädiger entlasten. Dafür würde schon genügen, dass man während der Fortzahlung der Arbeitsvergütung einen Erwerbsschaden für den körperlich Verletzten verneint. Denn die als mittelbar geschädigt in Betracht kommenden Personen (zB der zu Entgeltfortzahlung verpflichtete Arbeitgeber) sind nicht an einem der durch § 823 Abs. 1 BGB geschützten Rechtsgüter verletzt, sondern höchstens an ihrem **Vermögen.** Da § 823 Abs. 1 BGB aber das Vermögen als solches nicht schützt, fehlt ihnen schon dem Grunde nach ein deliktischer Ersatzanspruch gegen den Schädiger.

7 Eine solche Entlastung widerspräche aber dem Sinn der Vorschriften über die Fortzahlung des Arbeitsentgelts. Diese wollen nur den Geschädigten, nicht aber den Schädiger entlasten. Daher bleibt der Vorteil der Fortzahlung im Verhältnis zum Schädiger unbeachtet. Man kann das als **Ausschluss der Vorteilsausgleichung** verstehen (→ § 55 Rn. 25). Dieser Ausschluss der Vorteilsausgleichung beruht dabei auf denjenigen Normen, die einen automatischen Übergang des Ersatzanspruchs des Verletzten auf die Person herbeiführen, die den Verletzten finanziell versorgt (gesetzlicher Forderungsübergang, dazu → § 60 Rn. 7). Diese Normen setzen voraus, dass ein solcher Ersatzanspruch und damit auch ein Erwerbsschaden des Verletzten trotz der Versorgung bestehen. Auch hier handelt es sich also um einen **normativen Schaden** (zum Begriff → Rn. 3).

Schwierigkeiten bereitet dabei auch die **Höhe dieses normativen Erwerbsschadens.** Er kann nämlich nicht einfach auf den Betrag angesetzt werden, der dem Arbeitnehmer oder Beamten netto ausgezahlt wird. Denn der Arbeitgeber oder Dienstherr hat ja noch weitere Beträge aufzubringen. Er muss Lohnsteuer abführen und bezahlten Urlaub gewähren; als Arbeitgeber muss er auch den Arbeitgeber- und den Arbeitnehmeranteil an die Sozialversicherung abführen. Alles das ist Vergütung für die Arbeitsleistung. Nach hM, die durch § 6 Abs. 1 EFZG gestützt wird, gehören daher auch alle diese Beträge zum (normativen) Erwerbsschaden des Verletzten, den der Schädiger zu ersetzen hat (sog. **Bruttomethode** der Schadensberechnung).[5]

[5] Zu Einzelheiten BGH NJW 1999, 3711.

Die **Lohn- oder Gehaltsfortzahlung endet** grds. nach sechs Wochen (§ 3 Abs. 1 EFZG). Dann wird also – sieht man von evtl. Leistungen der Krankenkasse ab – aus dem zunächst nur normativen Erwerbsschaden ein **wirklicher Erwerbsschaden.** An der Schadenshöhe ändert das allerdings wenig. Denn der Verletzte muss auch den Betrag, den er als Ersatz für sein wegfallendes Einkommen erhält, wie Einkommen versteuern (§ 24 Nr. 1a EStG). 8

2. Selbstständige

Für Selbstständige passt die eben geschilderte Methode der Berechnung des Verdienstausfalls nicht. Diese Personen müssen vielmehr **konkret nachweisen,** welche Einnahmen ihnen durch den Ausfall ihrer Arbeitskraft entgangen sind. Hier bewirkt § 252 S. 2 BGB eine **Beweiserleichterung.** Danach genügt es, dass der Gewinn nach dem gewöhnlichen Lauf der Dinge oder nach den besonderen Umständen, insbesondere nach den getroffenen Anstalten und Vorkehrungen, mit Wahrscheinlichkeit erwartet werden konnte. Es kommt damit auf einen durchschnittlichen Wert an.[6] 9

Obwohl § 252 S. 2 BGB das sonst auf eine unwiderlegliche Vermutung oder Fiktion hindeutende Wort „gilt" verwendet, versteht die hM[7] das mit Recht nur als **widerlegliche Vermutung.** Dem Schädiger steht also der Nachweis frei, ein wahrscheinlicher Gewinn wäre schließlich doch nicht erzielt worden. Umgekehrt kann aber auch der Geschädigte nachweisen, dass ein unwahrscheinlicher Gewinn eingetreten wäre. 10

3. Personen in der Ausbildung

Personen in der Ausbildung erhalten regelmäßig nur eine geringe (Lehrlinge) oder überhaupt keine Arbeitsvergütung (Schüler, Studenten). Wenn eine Verletzung die Ausbildung unterbricht oder gar ihren Abbruch erzwingt, muss der Schaden in einer **Zukunftsbetrachtung** ermittelt werden. Dazu bedarf es der (schwierigen) Prognose, ob und wann ohne die Verletzung das Ausbildungsziel erreicht (zB ein Examen bestanden) worden wäre, welcher berufliche Aufstieg sich dann ergeben und zu welchem Einkommen er geführt hätte.[8] 11

4. Unentgeltliche Tätigkeit (Haushaltsführung)

Haushaltsführende Personen erhalten für die Erledigung der Hausarbeit weder ein Entgelt, noch erzielen sie damit zugleich oder später Gewinn. Bei ihrem Ausfall behelfen sich die Haushaltsangehörigen entweder allein, oder es wird eine Aushilfskraft angestellt. Die hierfür entstehenden Kosten belasten dann aber möglicherweise nicht den Verletzten selbst, sondern einen Dritten (zB den erwerbstätigen Ehepartner), der die Hilfskraft aus seinem Arbeitsverdienst bezahlt. Deshalb hatte man früher einen Fall des § 845 BGB wegen des Ausfalls der Dienste des verletzten Ehepartners angenommen. 12

Diese Vorstellung hat der Große Senat des BGH schon 1962 unter dem Eindruck der von Art. 3 Abs. 2 GG bestimmten Gleichberechtigung aufgegeben.[9] Danach „gibt (die Frau) ihre Arbeitskraft nicht mehr mit der Heirat in der Form unentgeltlicher 13

[6] BGH NJW 2011, 1146.
[7] Grundlegend BGHZ 29, 393 (398 f.) = NJW 1959, 1079.
[8] Zu den Kriterien s. zB BeckOGK/Brand BGB § 252 Rn. 38 ff.
[9] BGHZ 38, 55 = NJW 1962, 2248.

Dienste weg. Sie verwertet sie vielmehr (...) weiterhin selbst (...) als ihren fortlaufenden Beitrag zum Familienunterhalt als der wirtschaftlichen Seite der von ihr eingegangenen Gemeinschaft". Die Rspr. spricht damit der geschädigten Person einen eigenen Schadensersatzanspruch zu, wenn diese durch die Tätigkeit eine Unterhaltspflicht erfüllt. Der haushaltsführende Ehepartner kann daher im Falle seiner Verletzung selbst die Kosten einer Ersatzkraft verlangen.[10] Damit handelt es sich um einen eigenen (normativen) Erwerbsschaden des haushaltsführenden Ehegatten (sog. **Haushaltsführungsschaden**).[11] Deshalb beruht der Ersatzanspruch der verletzten Person auf §§ 842, 843 BGB (und im Fall der Tötung auf § 844 BGB). § 845 BGB wird nur noch beim Ausfall von Diensten angewendet, die hausangehörige Kinder ihren Eltern nach § 1619 BGB schulden.[12]

Nach hM ist dies auf andere unentgeltliche Tätigkeiten, die – wie zB ehrenamtliche Tätigkeiten – nicht auf einer Unterhaltspflicht beruhen, nicht übertragbar.[13]

5. Anstößiger Erwerb

14 Für den Gesetzgeber des BGB war es selbstverständlich, dass ersatzfähig nur ein Gewinn ist, der „ohne Unehrenhaftigkeit hätte gezogen werden können".[14] Danach ist der Gewinn aus denjenigen Geschäften nicht zu ersetzen, die wegen eines Verstoßes gegen ein Verbotsgesetz oder gegen die guten Sitten nach §§ 134, 138 BGB nichtig gewesen wären. Nichtigkeit nach § 134 BGB liegt zB vor bei Schmuggel, Rauschgifthandel oder Schwarzarbeit.

Überholt dürfte allerdings die Rspr. zur Ersatzfähigkeit des entgangenen Verdienstes von Prostituierten sein. Früher wurde dieser grds. für nicht ersatzfähig gehalten.[15] Um den Schädiger nicht gänzlich freigestellt zu lassen, sollte aber der Ersatz des Einkommens geschuldet sein, „das auch in einfachen Verhältnissen von jedem gesunden Menschen erfahrungsgemäß zu erreichen ist". Spätestens nachdem aber das Gesetz zur Regelung der Rechtsverhältnisse der Prostituierten v. 20.12.2001 (ProstG) den Prostituierten einen Rechtsanspruch auf vereinbarten Lohn gewährt, folgt daraus auch ein entsprechender Anspruch auf Ersatz des durch eine Verletzung entgangenen Gewinns.

6. Arbeitslose

15 Auch ein Arbeitsloser kann zweifellos dann einen Erwerbsschaden haben, wenn ihn die vom Schädiger zu verantwortende Verletzung daran hindert, eine Arbeit aufzunehmen. Der Schaden besteht dann in dem Verlust der Vergütung für diese konkrete Arbeit. Aber auch wenn keine Arbeitsaufnahme entgangen ist, besteht ein Schaden: Arbeitslosengeld (§§ 136 ff. SGB III) wird nämlich grds. nur gezahlt, wenn der Arbeitslose arbeitsfähig ist und der Arbeitsvermittlung zur Verfügung steht. Wenn die Verletzung die Arbeitsfähigkeit aufhebt, entsteht also ein Schaden in Höhe des entgehenden Arbeitslosengelds. Dass der Verletzte dann in gleicher Höhe Krankengeld erhält oder dass sogar aus Gründen der Verwaltungsvereinfachung die Arbeitslosenunterstützung für begrenzte Zeit fortgezahlt wird, soll daran nichts ändern. Insoweit wird der Schaden dann auch hier normativ ermittelt.

---

[10] Vgl. Hofmann NZV 1990, 8; Würthwein JZ 2000, 337.
[11] BGHZ 50, 304 = NJW 1968, 1823.
[12] BGH NJW 1991, 1226; JZ 1998, 362 mAnm Gernhuber.
[13] S. dazu die Nachw. bei BeckOGK/Brand BGB § 252 Rn. 47.
[14] Mot. II S. 18.
[15] BGHZ 67, 119 = NJW 1976, 1883.

IV. Schmerzensgeld

Literatur: Büchler, Die Kommerzialisierung von Persönlichkeitsgütern, AcP 206 (2006), 300; Gothel, Zu den Funktionen des Schmerzensgeldes im 19. Jh., AcP 205 (2005), 36; Hacks/Wellner/Klein/Kohake, Schmerzensgeldbeträge 2026, 44. Aufl. 2025; Katzenmeier, Die Neuregelung des Anspruchs auf Schmerzensgeld, JZ 2002, 1029; Neuner, Das Schmerzensgeld, JuS 2013, 577.

1. Anlass des Schmerzensgeldes

Bei erheblichen Körperverletzungen können Schäden entstehen, die durch den Ersatz von Heilungskosten und Verdienstausfall noch nicht entgolten sind. So kann der Geschädigte Schmerzen erleiden oder – vielleicht lebenslang – an einer Lebensgestaltung nach seinen Wünschen gehindert sein, indem er zB nicht mehr Sport treiben kann oder seinen Beruf aufgeben muss. Da alle diese Güter keinen Vermögenswert haben, können die aus ihrer Verletzung folgenden Nachteile nur nach § 253 Abs. 2 BGB (und ähnlichen Vorschriften im Bereich der Gefährdungshaftung[16]) berücksichtigt werden. Dagegen gibt es (seit 2017) in § 844 Abs. 3 BGB auch ein Schmerzensgeld wegen des **Verlustes naher Angehöriger.** 16

2. Funktion und Bemessung

Bereits bei → § 54 Rn. 16 ff. ist dargestellt worden, dass Geldersatz für Nichtvermögensschäden nach § 253 BGB nur ausnahmsweise verlangt werden kann. Bei Verletzungen von Körper, Gesundheit, Freiheit und sexueller Selbstbestimmung gewährt § 253 Abs. 2 BGB unabhängig von der Art der Anspruchsgrundlage (Vertrag, Delikt oder Gefährdung) eine „billige Entschädigung in Geld". Bei der Verletzung eines Menschen spricht man von Schmerzensgeld. Dieses hat eine **Ausgleichsfunktion.** Für seine Bemessung gibt es verschiedene Maßstäbe. Einerseits geht es um einen Ausgleich für Intensität und Dauer der erlittenen Beeinträchtigung. Der Geschädigte soll damit gleichsam ein „Äquivalent an Lebensfreude" erhalten. Daneben wird dem Schmerzensgeld auch **Genugtuungsfunktion** für den Verletzten zugesprochen. Deshalb sind für die Bemessung auch der Grad des Verschuldens und die wirtschaftlichen Verhältnisse beider Teile zu berücksichtigen.[17] 17

Das ist jedoch in vielerlei Hinsicht **problematisch.** So gerät der Genugtuungsgedanke schon in Schwierigkeiten, wenn nicht der Schädiger selbst zahlt, sondern für ihn sein Haftpflichtversicherer. Zusätzlich erschwert die Notwendigkeit zur Ermittlung von Verschuldensgrad und Vermögensverhältnissen die Vergleichbarkeit von Schmerzensgeldern. Auch ist das Verhältnis zum Strafrecht fraglich, das mit dem Strafzweck des gerechten Schuldausgleichs auch Genugtuungsgesichtspunkte berücksichtigt. Deshalb ist auch eine **Bestrafungsfunktion** des Schmerzensgeldes zu verneinen. Eine solche etwa in den USA als „punitive damages" bekannte Funktion ist schon mit dem Wortlaut von § 253 Abs. 2 BGB unvereinbar und entspricht auch nicht der Intention des Gesetzgebers.[18] 18

Eine **Präventionsfunktion** schreibt die Rspr. dem Schmerzensgeld bei vorsätzlichen Verletzungen des **Allgemeinen Persönlichkeitsrechts** durch die Presse zu. Hier gebiete der Gedanke der Prävention, die Gewinnerzielung als Bemessungsfaktor in die Ent- 19

---

[16] Etwa § 11 StVG, § 6 HaftPflG, § 8 ProdHaftG, § 13 UmweltHG, § 87 AMG.

[17] BGHZ 18, 149 = BeckRS 1955, 30402368. Krit. hierzu Neuner JuS 2013, 577 (584) mwN.

[18] Neuner JuS 2013, 577 (583) unter Hinweis auf BT-Drs. 14/7752, 14 ff.

scheidung über die Höhe der Geldentschädigung einzubeziehen, wenn die Verletzung des Persönlichkeitsrechts vorsätzlich mit dem Ziel der Gewinnerzielung erfolgte.[19]

Dass auch die Genugtuungsfunktion des Schmerzensgelds bei der Verletzung von **Persönlichkeitsrechten** eine maßgebliche Rolle spielt, bestätigt die Rspr. zur Vererblichkeit von Ansprüchen auf Ersatz immaterieller Schäden. Diese sind nicht vererblich, weil einem Verstorbenen Genugtuung für die Verletzung seiner Persönlichkeit nicht mehr verschafft werden kann. Anderes gilt nur, wenn der Anspruch bereits zu Lebzeiten des Verletzten rechtskräftig festgestellt wurde.[20]

20 Die Rspr. ermittelt die Höhe des Schmerzensgelds vor allem anhand der Art, der Dauer und der Intensität der Verletzung. Dazu dient häufig ein Vergleich mit den in ähnlichen Fällen gewährten Beträgen. Dieser erfolgt aufgrund von **Schmerzensgeldtabellen.**[21] Dabei sind die Schmerzensgelder in den letzten Jahrzehnten weit stärker angestiegen als es zum Ausgleich der Geldentwertung nötig gewesen wäre. In schwersten Fällen ist man einschließlich der Rentenbeträge bis zu 1 Mio EUR gelangt.[22] Bei Bagatellverletzungen ohne Dauerschäden kann ein Schmerzensgeld ganz entfallen.[23]

3. Prozessuale Besonderheiten

21 Angesichts der Fülle der für die Bemessung wesentlichen Umstände kann der Geschädigte kaum voraussehen, welchen Betrag das Gericht ihm zusprechen wird. Daher kann er auf ein „angemessenes Schmerzensgeld" klagen und muss seinen Klageantrag nicht beziffern, wie es eigentlich nach § 253 Abs. 2 Nr. 2 ZPO für Geldforderungen erforderlich wäre. Es genügt die Angabe eines Mindestbetrags oder einer Größenordnung.[24] Andererseits kann der Geschädigte aber auch mangels Beschwer kein Rechtsmittel einlegen, wenn sich das Urteil in der angegebenen Größenordnung hält.[25] In Bezug auf die Gerichtskosten hilft dem Geschädigten § 92 Abs. 2 Nr. 2 ZPO. Sind zukünftige immaterielle Schäden zu befürchten, kann eine Feststellungklage (§ 256 ZPO) erhoben werden. Bei schweren Dauerschäden kann neben oder anstatt einer einmaligen Zahlung auch eine Schmerzensgeldrente verlangt werden. Dann besteht bei unvorhersehbaren Änderungen oder erheblicher Steigerung der Lebenshaltungskosten die Möglichkeit einer Abänderungsklage (§ 323 ZPO).[26] Schmerzensgeldansprüche infolge von Straftaten können auch im Rahmen eines sog. Adhäsionsverfahrens (§§ 403 ff. StPO) geltend gemacht werden.

§ 58. Die Tötung eines Menschen

I. Problemübersicht

1 Ganz anders als bei Sachbeschädigungen und Körperverletzungen liegt es bei der Tötung eines Menschen. Denn hier kann der an seinem Rechtsgut „Leben" Betroffene selbst keine Ansprüche mehr geltend machen. Als Gläubiger kommen also nur andere

[19] BGHZ 128, 1 (16) = NJW 1995, 861.
[20] BGH NJW 2022, 868 zu den Veröffentlichungen von Tonbandaufzeichnungen des früheren Bundeskanzlers Helmuth Kohl; s. dazu auch BVerfG NJW 2023, 757.
[21] S. etwa Slizk, Handbuch Schmerzensgeld, 22. Aufl. 2026.
[22] So etwa LG Göttingen BeckRS 2025, 20834.
[23] BGH NJW 1992, 1043.
[24] BGH NJW 1982, 340.
[25] BGH NJW 1993, 2875; 1999, 1339.
[26] BGH NJW 2007, 2475.

Personen in Betracht. Das können die **Erben** sein, die nach § 1922 BGB vermögensrechtlich an die Stelle ihres Erblassers treten. Schaden kann der Tod aber auch insofern gebracht haben, als Angehörige bisher vom Erblasser versorgt worden sind und nun ihren Ernährer verloren haben. Das sind vor allem der überlebende Ehegatte und die Kinder. Dabei spielt keine Rolle, ob diese Hinterbliebenen zugleich Erben sind oder nicht. Denn für sie sind in den §§ 844 Abs. 2–846 BGB Ansprüche aus eigenem Recht bestimmt.

II. Ansprüche der Erben

1. Ererbte Ansprüche

Zunächst kommen für die Erben Ansprüche in Betracht, die noch in der Person des 2
vorerst nur verletzten Erblassers entstanden und mit dem Tod dann nach § 1922 BGB auf die Erben übergegangen sind. Das sind insbesondere die Kosten für die Heilungsversuche aus § 249 Abs. 2 BGB. Auch ein in der Person des Erblassers entstandene **Schmerzensgeldanspruch** geht grds.[1] auf die Erben über. Das setzt aber voraus, dass der Erblasser nach seiner Verletzung noch einige Zeit gelebt und Schmerz erlitten hat.

2. Bestattungskosten

Die Beerdigungskosten (was die Kosten anderer Bestattungsarten einschließt) sind 3
nach § 1968 BGB vom Erben zu tragen. Nach § 844 Abs. 1 BGB kann dieser sie aber von dem nach Deliktsrecht verantwortlichen Schädiger ersetzt verlangen.

Bemerkenswert ist, dass das BGB hier die Unbeachtlichkeit einer **Reserveursache** anordnet (→ § 55 Rn. 19). Denn irgendwann wäre der Getötete ja ohnehin einmal gestorben und hätte bestattet werden müssen, vielleicht auch auf Kosten derselben Personen, die jetzt Erben geworden sind. Weiter gibt das BGB hier ausnahmsweise einer Person einen Deliktsanspruch, gegen die das Delikt nicht begangen worden ist. Der Erbe ist durch die Belastung mit den Bestattungskosten nicht selbst nach §§ 823 ff. BGB verletzt, sondern bloß an seinem Vermögen geschädigt, das durch § 823 Abs. 1 BGB nicht geschützt ist.

3. Anderer Eigenschaden des Erben

Ein Schaden des Erben ist auch insofern denkbar, als der Tod weiteren Erwerb des Erb- 4
lassers verhindert oder sogar dessen Vermögen entwertet hat (zB weil die Erben ein Unternehmen mangels Sachkunde nicht fortführen können oder der Erblasser alleiniges Wissen um ein Geheimverfahren hatte). Hierfür gewährt das BGB keinen Ersatzanspruch. Auch kann niemand Ersatz dafür verlangen, dass ihm durch den vorzeitigen Tod des Verletzten die Erbenstellung entgangen ist, weil zB der Tod die beabsichtigte Errichtung eines Testaments verhindert hat. Solche Vermögensverletzungen geben keinen Deliktsanspruch, sofern der Schaden nicht vorsätzlich zu diesem Zweck herbeigeführt worden ist (§ 826 BGB). Sie gehören zum **allgemeinen Lebensrisiko.**

III. Ansprüche der hinterbliebenen Angehörigen

1. Anspruchsgrundlagen

Ehegatten sind nach §§ 1360, 1360a BGB, Geschiedene nach §§ 1569 ff. BGB und 5
Verwandte in gerader Linie nach §§ 1601 ff. BGB einander **unterhaltspflichtig.** Mit dem Tod einer unterhaltspflichtigen Person erlischt auch ihre Unterhaltspflicht.

[1] Anders bei Verletzung des Allgemeinen Persönlichkeitsrechts → § 57 Rn. 19.

Diese geht (mit Ausnahme des Falls von § 1586b BGB für den Scheidungsunterhalt) nicht auf die Erben über. Nach Familienrecht wird bei Wegfall eines Unterhaltsschuldners oft ein anderer Verwandter unterhaltspflichtig (vgl. §§ 1606–1608 BGB). Das Deliktsrecht durchbricht aber in § 844 Abs. 2 BGB dieses System der subsidiären Unterhaltspflichten: Wer kraft Gesetzes unterhaltsberechtigt war, erhält vorrangig einen **Unterhaltsersatzanspruch** gegen denjenigen, der für den Tod des Unterhaltsschuldners verantwortlich ist. Das gilt gem. § 844 Abs. 2 S. 2 BGB auch für einen zur Zeit der Tötung gezeugten, aber noch nicht geborenen Unterhaltsberechtigten. Ebenso wie bei den Bestattungskosten (→ Rn. 3) bekommt hier also jemand einen eigenen Deliktsanspruch, gegen den sich das Delikt nicht unmittelbar gerichtet hat (als „mittelbar Geschädigter").

2. Anspruchsumfang

6 Der Schadensersatzanspruch nach § 844 Abs. 2 BGB erfasst die Zeit, in welcher „der Getötete während der mutmaßlichen Dauer seines Lebens zur Gewährung des Unterhalts verpflichtet gewesen sein würde". Dieser Anspruch unterliegt damit denselben Regeln wie der Unterhaltsanspruch, den er ersetzen soll. Er setzt die Bedürftigkeit des Unterhaltsgläubigers (§ 1602 BGB) und die Leistungsfähigkeit des (getöteten) Unterhaltsschuldners (§ 1603 BGB) voraus. Im Ersatzprozess muss also ermittelt werden, wie viel der Getötete verdient hätte, wenn er am Leben geblieben wäre, und wie viel der Kläger selbst verdient oder verdienen kann. Dabei stellt sich auch die Frage, ob insbesondere dem überlebenden Ehegatten des Getöteten die Aufnahme einer eigenen Erwerbstätigkeit obliegt (§ 254 Abs. 2 BGB).[2]

3. Vorteilsausgleichung

7 Gerade für den Unterhaltsersatzanspruch spielen Fragen der Vorteilsausgleichung (→ § 55 Rn. 25) eine große Rolle. So stellt sich die Frage, ob sich die Hinterbliebenen anrechnen lassen müssen, was sie aus dem Nachlass des Getöteten oder aus einer Lebensversicherung erhalten.

8 Für den **erbrechtlichen Erwerb** (einschließlich eines Pflichtteils nach §§ 2303 ff. BGB) stellt die hM darauf ab, was ohne den zum Ersatz verpflichtenden vorzeitigen Tod eingetreten wäre.[3] Daher wird idR das Stammvermögen der Erbschaft nicht angerechnet, weil dieses ohnehin an die Erben gekommen wäre. Angerechnet werden soll dagegen der Vorteil, den der Erbe aus dem **vorzeitigen** Anfall gezogen hat, insbesondere weil Stamm und Nutzungen der Erbschaft ohne den vorzeitigen Tod vom Erblasser verbraucht worden wären.

9 Richtigerweise sollte man erbrechtlichen Erwerb **überhaupt nicht anrechnen.** Die Ansammlung oder Bewahrung des zu vererbenden Vermögens bedeutet einen Akt der Fürsorge des Erblassers für seine Angehörigen. Daraus gebührt dem Schädiger keinerlei Vorteil.[4] So erspart man zugleich schwierige und bei Tötung junger Menschen eine lange Zeit umfassende Spekulationen darüber, wie sich das vererbliche Vermögen des Erblassers ohne den zum Ersatz verpflichtenden Umstand entwickelt hätte.

---

2 BGH NJW 1984, 2520.

3 Vgl. BGH NJW 1974, 1236; OLG Frankfurt a. M. NJW-RR 1990, 1440 (1443).

4 Zur herrschenden Gegenansicht s. MüKoBGB/Oetker § 249 Rn. 275; wie hier BeckOK BGB/Flume § 249 Rn. 351 jeweils mwN; s. dazu auch Staudinger/Höpfner, 2021, BGB § 249 Rn. 170.

Dass Leistungen aus einer **Lebensversicherung** nicht angerechnet werden, entspricht der ganz hM. Auch eine **Unfallversicherung** des Geschädigten darf dem Schädiger keinen Vorteil bringen, denn der Versicherungsschutz stammt ja gleichfalls aus den vom Geschädigten gezahlten Prämien. 10

IV. Haftung für die Entstehung menschlichen Lebens?

Viel diskutiert worden ist eine Konstellation, die gewissermaßen den Gegenfall zur Tötung eines Menschen darstellt: Ein (erlaubter) Schwangerschaftsabbruch oder eine Sterilisation misslingt durch Verschulden des behandelnden Arztes; der Apotheker verabreicht statt des verschriebenen Ovulationshemmers ein Magenmittel, weshalb ein ungewolltes Kind geboren wird. Können die Eltern Ersatz verlangen entweder wegen des vollen Unterhalts für das Kind oder doch wenigstens wegen der Mehrkosten, die eine Behinderung des Kindes verursacht? Hier ergibt sich zunächst die Frage nach dem **Haftungsgrund.** Unzweifelhaft ist der Vertrag verletzt, so dass eine Haftung nach § 280 Abs. 1 BGB in Betracht kommt. Die Rspr. sieht jedoch in diesen Fällen auch in der normal verlaufenden Geburt eine Körperverletzung der Mutter.[5] Damit besteht auch eine Haftung aus § 823 Abs. 1 BGB, § 253 Abs. 2 BGB. Dabei stellt sich die Frage, ob ein **ersatzfähiger Vermögensschaden** vorliegt. Diese Frage wird häufig unter dem plakativen Titel **„Kind als Schaden"** erörtert. Diese Sichtweise ist aber irreführend. Denn es geht nicht um die Frage, ob ein Kind einen Schaden darstellt, sondern um die Belastung mit dem Unterhalt. Dessen Ersatzfähigkeit hat der BGH prinzipiell bejaht, bei gesunden Kindern allerdings nur mit Abzügen.[6] Wenn bloß die Geburt eines kranken Kindes verhindert werden sollte, hat der BGH den Ersatzanspruch allerdings nicht auf den krankheitsbedingten Mehrbedarf beschränkt.[7] 11

Dem Ansatz des BGH hat **das BVerfG** in seinem Abtreibungsurteil v. 28.5.1993 widersprochen.[8] Wegen des Verfassungsgrundsatzes der Achtung der Menschenwürde (Art. 1 Abs. 1 S. 2 GG) dürfe das Dasein des Kindes nicht als Schadensquelle bewertet werden. Der BGH hat dennoch an seiner Ansicht festgehalten.[9] Das GG erfordere nicht eine Freistellung des Arztes von seiner nach dem Zivilrecht begründeten Haftung wegen des Unterhaltsaufwandes.[10] Inzwischen war es überdies zu einem Streit zwischen beiden Senaten des BVerfG gekommen: Der Erste Senat[11] hat die eben wiedergegebene Ansicht des Zweiten Senats nicht als tragenden Entscheidungsgrund anerkannt[12] und umgekehrt entschieden. Angesichts dessen hat der BGH keinen Anlass, seine Ansicht aufzugeben. 12

---

5 BGH NJW 2008, 2846 Rn. 13.
6 BGHZ 76, 249 = NJW 1980, 1450; 2008, 2846 Rn. 12 mwN.
7 BGHZ 89, 95 (104 f.) = NJW 1984, 658; BGHZ 151, 133 = NJW 2002, 2636.
8 BVerfGE 88, 203 (296) = NJW 1993, 1751 in Ls. 14, Begr. S. 1763 f.
9 BGHZ 124, 128 (136 ff.) = NJW 1994, 788.
10 Vgl. dazu BGH NJW 1995, 1609; 2006, 1660.
11 BVerfGE 96, 375 = NJW 1998, 519.
12 Dagegen der Zweite Senat: BVerfG NJW 1998, 523.

§ 59. Die Mitwirkung des Geschädigten an Entstehung oder Ausdehnung des Schadens

Literatur: Greger, Mitverschulden und Schadensminderungspflicht, NJW 1985, 1130; Looschelders, Die Mitverantwortlichkeit des Geschädigten im Privatrecht, 1999; Medicus, Zum Schutzzweck schadensabwehrender Pflichten oder Obliegenheiten, FS Niederländer, 1991, 329; R. Schmidt, Die Obliegenheiten, 1953; H. Stoll, Das Handeln auf eigene Gefahr, 1961; H. Stoll, Handeln des Verletzten auf eigene Gefahr als Argument gegen die Haftung, in: 50 Jahre BGH, Festgabe aus der Wissenschaft, 2000, 223.

I. Rechtserhebliche Mitwirkung des Geschädigten

1 Irgendwie hat der Geschädigte fast immer an der Schadensentstehung mitgewirkt, sei es auch nur dadurch, dass er zu einer bestimmten Zeit an einem bestimmten Ort war und so mit dem Schädiger zusammengetroffen ist. Aber das allein genügt nicht zur Kürzung des Ersatzanspruchs. Vielmehr stellen § 254 BGB und die ihm entsprechenden Vorschriften im Bereich der Gefährdungshaftung (zB §§ 9, 17 StVG) strengere Anforderungen. Der Geschädigte muss zurechenbar eine **Pflicht** oder **Obliegenheit verletzt** oder **für eine Gefahr einzustehen haben.** Schließlich müssen die genannten Voraussetzungen rechtlich mit dem Schaden zusammenhängen.

Die gesetzliche Regelung in § 254 BGB ist eine besondere Ausprägung des Grundsatzes von **Treu und Glauben** (§ 242 BGB). Ihr liegt der allgemeine Rechtsgedanke zugrunde, dass der Geschädigte für jeden Schaden mitverantwortlich ist, bei dessen Entstehung er in zurechenbarer Weise mitgewirkt hat.[1]

2 § 254 BGB unterscheidet zwei Arten der Mitverantwortlichkeit des Geschädigten. In § 254 Abs. 1 BGB geht es um das Mitverschulden bei der **Entstehung des Schadens,** also bei der **Haftungsbegründung,** während § 254 Abs. 2 BGB das Mitverschulden bei der **Schadenshöhe** betrifft. Letzteres wiederum kann darin bestehen, dass der Geschädigte es unterlassen hat, den Schuldner auf die Gefahr eines ungewöhnlich hohen Schadens aufmerksam zu machen, die der Schädiger weder kannte noch kennen musste, oder dass er es unterlassen hat, zumutbare Maßnahmen zur Abwendung oder Milderung des Schadens zu ergreifen.

1. Pflicht- oder Obliegenheitsverletzung

3 Häufig kommt ein Unfall erst dadurch zustande, dass beide Beteiligten gegen Verkehrsvorschriften verstoßen. Dann hat auch der Geschädigte **rechtswidrig** gehandelt (so etwa bei einem von zwei Verkehrsteilnehmern verschuldeten Unfall). Ähnlich kommt ein beiderseitiger **Verstoß gegen Vertragspflichten** in Betracht.

4 Auf der Seite des Geschädigten können aber auch Handlungen oder Unterlassungen erheblich sein, die **nicht pflichtwidrig** sind. § 254 Abs. 2 S. 1 BGB nennt hierfür zwei Fälle: Der Schadensersatzanspruch ist ausgeschlossen oder gemindert, wenn der Geschädigte den (künftigen) Schädiger nicht auf die Gefahr eines besonders hohen Schadens **aufmerksam gemacht** hat (zB darauf, dass der Geschädigte bei Zahlungsverzug des Schädigers einen besonders teuren Kredit aufnehmen müsse und deshalb ein hoher Verzugsschaden zu erwarten sei). Weiter mindert sich der Schadensersatzanspruch, wenn der Geschädigte es unterlassen hat, den Schaden **abzuwenden** oder zu **mindern.**

[1] Vgl. BGH NJW-RR 2015, 1056 Rn. 13.

So muss sich der ernsthaft Verletzte in ärztliche Behandlung begeben und die ärztlichen Anweisungen befolgen (darf aber umgekehrt auf die Richtigkeit ärztlichen Rats vertrauen).[2] Er hat sich einer erfolgversprechenden und nicht sonderlich gefährlichen Operation zu unterziehen.[3] Wenn er seinen erlernten Beruf nicht mehr ausüben kann, muss er sich uU (auf Kosten des Schädigers) umschulen lassen.[4] Die „Unfallwitwe" muss bisweilen eine Erwerbstätigkeit aufnehmen oder beibehalten, auch wenn sie diese ohne den Tod ihres Ehemanns nicht übernommen oder beibehalten hätte.[5] Der Eigentümer eines beschädigten Kraftfahrzeugs, der die Reparatur selbst übernimmt (§ 249 Abs. 2 BGB), muss sie rasch und ohne unnötige Kosten erledigen lassen. Einen Mietwagen darf er nicht nehmen, wenn wegen seines geringen Fahrbedarfs ein Taxi billiger käme und zumutbar ist. Auch die Obliegenheit zur Verschiebung einer Reise wegen der sonst entstehenden besonders hohen Kosten kommt in Betracht.[6] Gegenüber **vorsätzlichen** vorvertraglichen Falschangaben eines Vertragspartners kommt Mitverschulden des Getäuschten nur in Ausnahmefällen in Betracht.[7] Entsprechendes gilt für ein Mitverschulden des Patienten gegenüber mangelhafter ärztlicher Beratung.[8] Dagegen kann das Unterlassen oder die Verspätung eines Deckungsgeschäfts bei § 254 BGB zu berücksichtigen sein.[9] Diese beispielhafte Aufzählung ist natürlich nicht abschließend.

Weil § 254 BGB einen Schadensersatzanspruch mindert (oder in Ausnahmefällen auch ganz ausschließt[10]) handelt es sich bei den dort geregelten Arten des Mitverschuldens nicht um die Verletzung von Pflichten. Denn der Geschädigte ist zu dem schadensmindernden Verhalten nicht iSv § 280 Abs. 1 BGB verpflichtet. Er handelt vielmehr im eigenen Interesse, seinen Schadensersatzanspruch nicht zu mindern. Deshalb handelt es sich um eine bloße **Obliegenheit** (zum Begriff → § 13 Rn. 20). 5

2. Verschulden und Gefährdung

§ 254 Abs. 1 BGB stellt darauf ab, ob bei der Schadensentstehung „ein **Verschulden** des Beschädigten" mitgewirkt hat. Danach genügt das pflicht- oder obliegenheitswidrige Verhalten allein noch nicht, sondern es muss Verschulden iSv § 276 Abs. 1 BGB hinzukommen. Da Verschulden im technischen Sinn Pflichtwidrigkeit voraussetzt (→ § 30 Rn. 1 f.), spricht man bei bloß obliegenheitswidrigem Verhalten von **„Verschulden gegen sich selbst"**. 6

Auch auf diese Art von Verschulden wendet die ganz hM auch § 276 Abs. 1 S. 2 BGB mit seiner Verweisung auf die §§ 827, 828 BGB an. Deshalb brauchen insbesondere Kinder unter 7 Jahren mangels Deliktsfähigkeit für ihre Mitwirkung überhaupt nicht einzustehen, bei Kindern zwischen sieben und 18 Jahren kommt es auf ihre (vermutete) Verständnisfähigkeit an (→ § 30 Rn. 3 ff.). Für den Straßenverkehr gilt eine Altersgrenze von zehn Jahren (§ 828 Abs. 2 BGB).[11] 7

Mehrere Sonderregelungen im Bereich der Gefährdungshaftung, vor allem die § 17 Abs. 1, 2 StVG, § 13 Abs. 1, 2 HaftPflG, sprechen nur von den **„Umständen"** oder der **„Verursachung"**, aber nicht vom Verschulden. Dabei geht es um Unfälle, in die 8

2 BGH NJW 2025, 292 Rn. 10 f.
3 BGH NJW 1994, 1592.
4 BGH NJW 2023, 1574 Rn. 11.
5 BGHZ 4, 170; NJW 1976, 1501.
6 Etwa BGH NJW 1985, 2637 (Mietwagen für Türkeireise).
7 BGH NJW-RR 1993, 1114.
8 BGH NJW 1997, 1635.
9 BGH NJW 1997, 1231; 2010, 2426.
10 S. dazu BGH NJW-RR 2015, 1056.
11 S. dazu Medicus/Lorenz SchuldR BT § 75 Rn. 29 ff.

mehrere Personen verwickelt sind, die aus **Gefährdung** haften, zB zwei Kraftfahrzeughalter. Dann muss sich der Geschädigte auch die Betriebsgefahr seines eigenen Kraftfahrzeugs anrechnen lassen, ohne dass seinerseits ein Verschulden am Unfall vorliegt.

Die hM verallgemeinert das auf **weitere Fälle der Gefährdungshaftung.** So wird bei einer Beißerei zwischen Hunden der Ersatzanspruch des geschädigten Tierhalters (§ 833 BGB) schon wegen der Tiergefahr gemindert, die von seinem eigenen gebissenen Hund ausgegangen war. Der Geschädigte muss dabei aber nur für solche Gefahren einstehen, für die er auch als Schädiger einzustehen hätte, also nur soweit **gesetzlich** eine Gefährdungshaftung bestimmt ist. So begründet etwa eine mitwirkende „Betriebsgefahr" eines Fahrrads keine Minderung des Schadensersatzes.

3. Zurechnungszusammenhang

9 Von der in § 254 Abs. 1 BGB und anderen Vorschriften geforderten „Mitwirkung bei der Entstehung des Schadens" kann man nur sprechen, wenn die Pflichtverletzung oder die zu vertretende Gefahr (äquivalent) **kausal** für Entstehung oder Ausmaß des Schadens geworden ist. Daher bleibt zB eine Trunkenheit des geschädigten Kraftfahrers außer Betracht, die den schadensbringenden Unfall weder mit herbeigeführt noch seine Folgen verschlimmert hat.[12]

10 Darüber hinaus sind aber auch die beiden anderen Einschränkungen für den haftungsbegründenden Zurechnungszusammenhang auf § 254 BGB zu übertragen, nämlich die **Adäquanz** und die **Schutzbereichslehre** (→ § 55 Rn. 7 ff.). Daher bleibt die Nichtbeachtung von Rechtspflichten oder Obliegenheiten unerheblich, wenn die hierdurch bewirkte Erhöhung eines Schadens für einen erfahrenen Beobachter unvorhersehbar war. Auch wird der Ersatz nur für diejenigen Schäden gemindert, denen die verletzte Pflicht oder Obliegenheit vorbeugen sollte. So kann der wegen eines Kunstfehlers auf Ersatz belangte Arzt dem Patienten nicht entgegenhalten, dieser habe seine Behandlungsbedürftigkeit selbst verschuldet.[13] Eine etwa bestehende Obliegenheit zu gesundem oder risikoarmem Leben soll nämlich nicht Ärzte vor der Haftung aus Behandlungsfehlern schützen.

Deshalb ist es auch unrichtig, dass der BGH[14] die Kürzung des Schadensersatzanspruchs des Verlierers gegen die Fundbehörde wegen des Verlusts der dort verwahrten Sache (§ 967 BGB) mit dem Argument bejaht hat, dass schon das Verlieren „schuldhaft" war.

4. Handeln auf eigene Gefahr

11 Die Mitverantwortung des Geschädigten kann auch darin liegen, dass er sich ohne zwingenden Grund bewusst einer vom Schädiger geschaffenen Gefahr ausgesetzt hat, sich also „in eine Situation drohender Eigengefährdung begibt, obwohl er die besonderen Umstände kennt, die für ihn eine konkrete Gefahrenlage begründen".[15]

12 Ob und auf welche Weise ein solches **Handeln auf eigene Gefahr** iRv § 254 Abs. 1 BGB Berücksichtigung finden kann, ist strittig. Während die ältere Rspr. zunächst eine rechtsgeschäftliche Lösung über einen stillschweigenden Haftungsausschluss oder eine die Rechtswidrigkeit der Verletzung ausschließende Einwilligung des Ver-

[12] BGH NJW 2000, 3069.
[13] BGH NJW 1972, 334.
[14] BGH NJW 1990, 1230.
[15] So zuletzt BGH NJW 2013, 48 Rn. 13 mwN.

letzten suchte[16], besteht heute weitgehend Einigkeit, dass das Handeln auf eigene Gefahr als bewusste Selbstgefährdung unter § 254 Abs. 1 BGB fällt.[17] Dabei setzt das Handeln auf eigene Gefahr die Übernahme von Risiken voraus, die über das normale Maß hinausgehen. Weiter muss die Gefährdung für den Geschädigten zumindest erkennbar gewesen sein. Eine Zurechnung scheidet auch dann aus, wenn das Verhalten des Geschädigten rechtlich oder sittlich geboten war.

Wichtige Anwendungsfälle sind vor allem die bewusste Mitfahrt bei einem fahr- 13
untüchtigen Fahrer,[18] der Aufenthalt im Gefahrenkreis fremder Tiere[19] sowie die Teilnahme an Sportveranstaltungen.

Für Letztere hat die Rspr. folgende Abstufung entwickelt: Verletzungen aufgrund **regelrechten Verhaltens** fehlt schon die Rechtswidrigkeit, weil der Wettkampfteilnehmer in diese einwilligt.[20] Bei **leicht regelwidrigem Verhalten** (zB das „Standardfoul" beim Fußball) wird eine Haftung regelmäßig nach § 242 BGB *(venire contra factum proprium)* ausgeschlossen.[21] Bei der erforderlichen Abwägung iRv § 242 BGB zieht die Rspr. aber auch in Betracht, ob der Schädiger versichert ist. Wird sein persönliches Haftungsrisiko durch die Inanspruchnahme nicht erhöht, soll diese nicht treuwidrig sein.[22] In allen anderen Fällen (also etwa bei einem „groben Foul" oder gar einer Tätlichkeit im Fußball) kommt eine Mitverantwortung des Geschädigten nicht in Betracht.

In den Fällen der **Gefährdungshaftung** des Tierhalters (§ 833 S. 1 BGB) ist die Rspr. 14
hingegen sehr restriktiv. Während die Lit. etwa im Reiten eines fremden Pferdes einen Verzicht auf Ansprüche aus der Gefährdungshaftung des § 833 S. 1 BGB sieht, erkennt die Rspr. eine vollständige Haftungsfreistellung des Tierhalters nur in engen Ausnahmefällen an, in welchen sich der Geschädigte (wie zB beim Einreiten eines Pferdes oder der Teilnahme an einer Fuchsjagd) bewusst einer besonderen Gefährdung aussetzt.[23] Vielmehr kommt es auch hier zu einer Haftungsteilung nach § 254 Abs. 1 BGB unter dem Gesichtspunkt des Handelns auf eigene Gefahr. Das soll selbst dann gelten, wenn ein fremdes Pferd unbefugt geritten wird.[24]

II. Die Verantwortung des Geschädigten für Dritte

Literatur: Gernhuber, Die Haftung für Hilfspersonen innerhalb des mitwirkenden Verschuldens, AcP 152 (1952/53), 69; J. Hager, Das Mitverschulden von Hilfspersonen und gesetzlichen Vertretern des Geschädigten, NJW 1989, 1640; Henke, Die Versäumnisse Dritter und die Zurechnung als Mitverschulden des Geschädigten, JuS 1990, 30; Medicus, Zur Verantwortlichkeit des Geschädigten für seine Hilfspersonen, NJW 1962, 2081; K. Schreiber, „Kinder haften für ihre Eltern", JURA 1994, 164.

---

16 S. zB RG 18.3.1907 – Rep. IV. 358/06, RGZ 65, 313; RG 19.6.1933 – VI 74/33, RGZ 141, 262 (265); BGHZ 2, 159 (162) = NJW 1951, 916.

17 Grundlegend BGHZ 34, 355 (363) = NJW 1961, 655; zuletzt BGH NJW 2014, 2434 Rn. 7.

18 Vgl. etwa BGH NJW 1979, 2109; 1988, 2365 (Trunkenheitsfahrt); BGH NJW 1978, 421 (Schwarzfahrt).

19 Vgl. zuletzt BGH NJW 2014, 2434 mwN.

20 BGH NJW-RR 2022, 590 Rn. 20.

21 S. etwa BGHZ 63, 140 (145) = NJW 1975, 109 (Fußball); BGHZ 154, 316 (323) = NJW 2003, 2018 (Autorennen).

22 BGHZ 154, 316 = NJW 2003, 2018; 2008, 1591 Rn. 11 f.

23 BGH NJW 2013, 2261 Rn. 11 mwN.

24 BGH NJW 2013, 2261 Rn. 11.

1. Die Probleme des § 254 Abs. 2 S. 2 BGB

a) Reichweite der Verweisung

15 Nach § 254 Abs. 2 S. 2 BGB findet die Vorschrift des § 278 BGB auch im Bereich des § 254 BGB entsprechende Anwendung. Angesichts des Standorts der Regelung in § 254 Abs. 2 BGB könnte der Eindruck entstehen, dass sich die Verweisung auf § 278 BGB, mit der die Verantwortung des Geschädigten für seine Hilfspersonen geregelt werden soll, nur auf den vorangehenden Abs. 2 S. 1 bezieht, der die **Schadensminderungsobliegenheit** des Geschädigten betrifft. Dann käme eine Verantwortlichkeit für Hilfspersonen des Geschädigten bei der **Haftungsbegründung** von vorneherein nicht in Betracht. Da es aber keinen Grund für eine Sonderbehandlung gerade der dort genannten Fälle gibt, versteht man § 254 Abs. 2 S. 2 BGB allgemein **wie einen imaginären Abs. 3,** bezieht ihn also auch auf § 254 Abs. 1 BGB.

b) Rechtsgrundverweisung

16 Zweifelhaft ist auch der sachliche Gehalt dieser Verweisung. § 278 BGB spricht ja von „Schuldner" und „Erfüllung seiner Verbindlichkeit". Wenn man die Verweisung durch § 254 Abs. 2 S. 2 BGB auf den **Tatbestand** von § 278 BGB bezieht **(Rechtsgrundverweisung),** haftet der Geschädigte für Gehilfen also nur, wenn schon eine Verbindlichkeit gegenüber dem Schädiger besteht (→ § 31 Rn. 11 ff.). Man kann die in § 254 Abs. 2 S. 2 BGB angeordnete „entsprechende" Anwendung von § 278 BGB aber auch freier verstehen, nämlich so, dass bei ihr in erster Linie auf die Rechtsfolge abgestellt wird **(Rechtsfolgenverweisung).** Dann haftet der Geschädigte für seine Hilfspersonen nach § 278 BGB auch außerhalb von Sonderverbindungen.

17 Die ganz herrschende Ansicht sieht in der Verweisung eine **Rechtsgrundverweisung,** verlangt also bereits vor Eintritt des Schadens bzw. der schadenserhöhenden Obliegenheitsverletzung ein bestehendes Schuldverhältnis zwischen dem Schädiger und dem Geschädigten.[25]

Nach einer Gegenansicht handelt es sich um eine Rechtsfolgenverweisung, so dass auch ohne eine vorher bestehende Sonderbeziehung das Verschulden Dritter zugerechnet werden kann.[26] Eine vermittelnde Ansicht will bei sog. „Bewahrungsgehilfen" auf die Sonderverbindung verzichten, jedoch nicht für gesetzliche Vertreter. Für eine solch weitgehende Haftung für Dritte mögen gute Gründe sprechen. Es erscheint aber nicht gerechtfertigt, den Anwendungsbereich des § 278 BGB für den Geschädigten auf den außervertraglichen Bereich auszudehnen, während der Schädiger nur iRd § 831 BGB haftet. Der Geschädigte hat bei deliktischer Haftung des Schädigers nur in entsprechender Anwendung des § 831 BGB einzustehen, also für sein eigenes „Verschulden" bei der Auswahl oder Überwachung des Dritten.[27]

18 Für die hM spricht vor allem der hinter § 254 BGB stehende Gedanke der **Gleichbehandlung von Schädiger und Geschädigtem.** Mit diesem wäre es kaum vereinbar, wenn der Schädiger sich das Verschulden von Hilfspersonen nur nach § 831 BGB, dh mit der Möglichkeit einer Exkulpation, der Geschädigte sich aber für die

---

[25] Etwa BGHZ 1, 248 (249) = NJW 1951, 477; BGHZ 24, 325 = NJW 1957, 1187; BGHZ 116, 60 (74) = NJW 1992, 560.

[26] Vgl. etwa Deutsch, Allgemeines Haftungsrecht, 2. Aufl. 1996, Rn. 577.

[27] Looschelders SchuldR AT § 50 Rn. 24. Ähnlich die Argumentation in BGH NJW 1983, 1108 (1110): keine Rechtsfolgenverweisung, denn sonst würde die Entlastungsmöglichkeit des § 831 BGB leerlaufen.

Frage des Mitverschuldens das Verschulden seiner Hilfspersonen ohne Weiteres nach § 278 BGB anrechnen lassen müsste.

Daraus folgt, dass § 278 BGB iRd **haftungsbegründenden Mitverschuldens** nach § 254 Abs. 1 BGB nur dann zu einer Zurechnung des Mitverschuldens von Hilfspersonen und gesetzlichen Vertretern führt, wenn bereits **vor dem haftungsbegründenden Ereignis** ein Schuldverhältnis zwischen Schädiger und Geschädigtem besteht.[28] Ist das nicht der Fall, kommt eine Zurechnung nur **in entsprechender Anwendung von § 831 BGB** in Betracht. 19

Beispiel: Der beim Taxiunternehmer U angestellte Fahrer F ist in einen durch D verschuldeten Unfall verwickelt, bei welchem das von ihm gefahrene Taxi beschädigt wird. F trifft dabei ein hälftiges Mitverschulden. Da vor dem Unfall kein Schuldverhältnis zwischen U und D bestand und § 278 BGB damit tatbestandlich nicht erfüllt ist, muss sich U im Rahmen seines Schadensersatzanspruchs gegen D aus § 823 Abs. 1 BGB das Mitverschulden des F nicht nach § 278 BGB zurechnen lassen. Eine Zurechnung analog § 831 BGB kann er verhindern, wenn er den dort vorgesehenen Entlastungsbeweis hinsichtlich Auswahl, Überwachung und Anleitung des F führen kann.

Vorteile hat das iErg auch für **Kinder und Jugendliche,** die ja nach § 828 BGB für ihre eigene Mitwirkung nicht oder nur im Rahmen ihrer Verständnisfähigkeit einzustehen brauchen. Ihnen wird ein Verschulden ihrer Eltern oder anderer Aufsichtspersonen nur im Rahmen einer **Sonderverbindung zum Schädiger** angerechnet. Hierhin gehört etwa der wichtige Fall, dass ein mangelhaft beaufsichtigtes Kind vor ein Auto läuft und verletzt wird. Da zwischen dem Kind und dem Schädiger vor dem Unfall kein Schuldverhältnis besteht, kommt eine Zurechnung des Mitverschuldens der Eltern nach § 278 BGB nicht in Betracht.[29] 20

Möglich ist dann allerdings, dass die Eltern dem Kind dann neben dem Drittschädiger aufgrund ihrer Aufsichtspflichtverletzung als **Gesamtschuldner** haften; der Drittschädiger kann bei Vorliegen dieser Voraussetzung gegen die Eltern nach §§ 426, 254 BGB einen Teilrückgriff nehmen (s. dazu aber § 69 Rn. 25 zum Problem der gestörten Gesamtschuld).[30]

Besteht hingegen **vor dem schädigenden Ereignis** ein Schuldverhältnis, führt dies zu einer Zurechnung des Mitverschuldens der Eltern iRv § 254 Abs. 1 BGB, § 278 BGB. 21

S. dazu BGHZ 9, 316: Ein mit seinen Eltern reisendes Kind fällt infolge mangelhafter Beaufsichtigung durch diese aus dem Zug. Hier bestand vor dem Unfall durch den Beförderungsvertrag ein Schuldverhältnis zwischen dem geschädigten Kind und dem Bahnunternehmen.

Bei dem Mitverschulden bei der **Haftungsausfüllung** nach § 254 Abs. 2 BGB ist die Anwendung von § 278 BGB hingegen unproblematisch, weil durch das haftungsbegründende Ereignis ja bereits ein (gesetzliches) Schuldverhältnis zwischen Schädiger und Geschädigten besteht. 22

Beispiel: Bringt im **obigen Taxi-Beispiel** (→ Rn. 19) der Angestellte F des U das Taxi fahrlässig nicht rechtzeitig zur Reparatur und entsteht dadurch ein erhöhter Betriebsausfallschaden, so besteht aus dem Unfallgeschehen bereits ein gesetzliches Schuldverhältnis (aus § 823 Abs. 1 BGB) zwischen U und D. Da U den F im Rahmen seiner Schadensminderungsobliegenheit eingesetzt hat, ist ihm dessen Verschulden gem. § 254 Abs. 2 S. 2 BGB in entsprechender Anwendung von § 278 BGB zuzurechnen.

---

28 So zB im Fall BGH NJW 2013, 2268 (Falschangaben des vom Bauherrn beauftragten Architekten gegenüber dem Tragwerksplaner).

29 BGH FamRZ 1962, 424.

30 BGHZ 73, 191 = NJW 1979, 973; 2004, 2892.

23 Das gilt auch für die Zurechnung des Mitverschuldens von gesetzlichen Vertretern. So muss sich etwa ein Kind ein Verschulden seiner Eltern bei der **Schadensbeseitigung** anrechnen lassen, etwa wenn diese das Kind erst zu spät zum Arzt bringen und dadurch ein erhöhter Gesundheitsschaden entsteht.[31]

2. Der Sachbewahrungsgehilfe

24 Nach § 9 StVG, § 4 HaftPflG, § 9 StVG, § 6 Abs. 1 ProdHaftG, § 11 UmweltHG und ähnlichen Vorschriften über die Gefährdungshaftung wird bei einer Sachbeschädigung das Verschulden dessen, der die tatsächliche Gewalt über die Sache ausübt, dem Verschulden des Verletzten (also regelmäßig des Sacheigentümers) gleichgestellt. In diesem engen Bereich ist folglich die Zurechnung eines Gehilfenverschuldens **unabhängig vom Vorliegen einer Sonderverbindung** zum Schädiger. So muss sich der Eigentümer eines bei einem Unfall beschädigten Kraftfahrzeugs das Mitverschulden des Fahrers an dem Unfall anrechnen lassen. Ähnlich wirkt es, wenn für einen Anspruch wegen der Verletzung einer Sache, die mehreren Personen gehört, das Mitverschulden eines Miteigentümers auch den übrigen schaden soll.[32]

3. Die Wirkung gegen den mittelbar Geschädigten

25 Nach §§ 844, 845 BGB können Personen, die selbst nicht an Leben oder Körper verletzt sind, Schadensersatzansprüche aus der Verletzung oder Tötung eines anderen herleiten. Ein Mitverschulden dieses anderen stünde nach § 254 BGB dessen eigenem Ersatzanspruch entgegen. Um zu gewährleisten, dass mittelbar Geschädigte keine weitergehenden Ersatzansprüche haben, als sie der unmittelbar Geschädigte selbst hätte, bestimmt § 846 BGB, dass sie sich das Mitverschulden des unmittelbar Verletzten anrechnen lassen müssen. Zum Mitverschulden des unmittelbaren Vertragspartners beim **Vertrag zugunsten Dritter** → § 66 Rn. 20.

III. Die Rechtsfolge des Mitverschuldens

1. Abwägung gegenüber einem Schädiger

26 Nach § 254 Abs. 1 BGB kann das Mitverschulden des Geschädigten dessen Ersatzanspruch in Ausnahmefällen **ganz wegfallen lassen** (sog. Reduzierung „auf Null").[33] Umgekehrt kann der Anspruch durch dieses Verschulden ausnahmsweise auch vollständig unberührt bleiben. Regelmäßige Rechtsfolge des § 254 BGB ist jedoch eine **Schadensteilung,** also eine Minderung des Schadensersatzanspruchs. Hierüber entscheidet eine Abwägung von Mitwirkung, anrechenbarem Verschulden und anrechenbarer Betriebsgefahr bei Schädiger und Geschädigtem.

27 Dabei stellt § 254 Abs. 1 BGB insbesondere auf das **Vorwiegen der Verursachung** ab.[34] Hier werden also – anders als nach der Äquivalenztheorie (→ § 55 Rn. 3) – nicht alle Schadensursachen als gleichwertig aufgefasst, sondern es wird gewichtet. Maßstab dafür ist die **Wahrscheinlichkeit der Schadensherbeiführung.**[35] Eine Ursache wiegt umso schwerer, je wahrscheinlicher sie den Schaden gemacht hat. Das deckt sich regelmäßig mit der außerdem vorzunehmenden Abwägung nach der

[31] RG 21.10.1937 – VI 144/37, RGZ 156, 193 (205).
[32] BGH NJW 1992, 1095.
[33] BGH NJW-RR 2015, 1056 Rn. 10.
[34] BAG NJW 1998, 2923.
[35] BGH NJW-RR 1988, 1373.

Größe der Betriebsgefahr und dem Grad des Verschuldens. Denn je größer eine Betriebsgefahr ist, umso wahrscheinlicher macht sie einen Schaden. Auch ein Verschulden wird regelmäßig umso schwerer wiegen, je näher es einen Schaden bringt. Freilich kann man solche Wahrscheinlichkeiten in der Praxis nicht exakt berechnen. Daher bleibt hier viel Raum für ein nur beschränkt nachprüfbares Schätzungsermessen, mit welchem man über grob abgestufte Quoten (etwa 10%, 20%, 30% usw) vernünftigerweise nicht hinauskommt. Wer einen Schaden **vorsätzlich** herbeigeführt hat, hat diesen aber idR ohne Rücksicht auf die Wahrscheinlichkeit seines Ursachenbeitrags für den Schadenseintritt allein zu tragen.[36] Das gilt aber nicht unter allen Umständen, denn „der Vorsatz des Schädigers (darf) nicht schlechthin zum Freibrief für jeden Leichtsinn des Geschädigten werden".[37]

2. Abwägung gegenüber mehreren Schädigern

Sehr schwierige und streitige Fragen ergeben sich, wenn einem mitschuldigen Geschädigten mehrere Verletzer gegenüberstehen (wie häufig bei Kettenunfällen). Die ältere Rspr. hatte es hier bei einer **isolierten Einzelbetrachtung** belassen. Das Verhalten des Geschädigten wurde gegen das Verhalten jedes einzelnen Schädigers abgewogen. Der Geschädigte erhielt Ersatz in Höhe der für ihn günstigsten Einzelquote, die übrigen Schädiger hafteten mit ihrer geringeren Quote gesamtschuldnerisch daneben.[38] 28

Beispiel: G ist von S und T verletzt worden; die Verantwortlichkeit von G und S wiegt gleich, die von T ist doppelt so hoch. Dann kann G von S ½ und von T 2/3 seines Schadens ersetzt verlangen. Insgesamt erhält G aber nur 2/3, wobei S zu ½ gesamtschuldnerisch neben T haftet.

Die Rspr. hat diese Einzelbetrachtung durch eine den Geschädigten begünstigende **Gesamtschau** ergänzt.[39] Dabei werden die Verantwortungsanteile **aller Schädiger** gegen den Anteil des Geschädigten abgewogen. Jedoch muss jeder einzelne Schädiger höchstens so viel leisten, wie sich aus dem Vergleich seines Beitrags mit demjenigen des Geschädigten ergibt. Danach bestimmt die Gesamtbetrachtung, was der Geschädigte insgesamt zu fordern hat, und die Einzelbetrachtung, was der einzelne Schädiger höchstens leisten muss. 29

Beispiel: Im **Beispielsfall** (→ Rn. 28) bedeutet das: Dem Verantwortungsanteil des Geschädigten steht auf der Schädigerseite das Dreifache gegenüber; daher erhält G insgesamt ¾ (Gesamtschau). Jedoch erhält G von S höchstens ½ und von T höchstens ⅔ (Einzelbetrachtung).

Die Wirkung der Gesamtschau wurde von der Rspr. für bestimmte Fälle aber wieder eingeschränkt.[40] Es soll nämlich verhindert werden, dass dem Geschädigten die bloße Zahl der Schädiger nutzt, wenn sich deren Tatbeitrag nicht in einer Erhöhung der Gefährlichkeit ausdrückt. Diese Täter werden zu einer **Haftungseinheit** zusammengefasst, deren Kausalbeitrag demjenigen des Geschädigten als Einheit gegenübergestellt wird.[41] Eine solche Haftungseinheit soll vorliegen, wenn die Ursachenbeiträge der Schädiger sich vereinigt haben, ehe sie auf den Beitrag des Geschädigten gestoßen 30

[36] BGH NJW 2002, 1643.
[37] BGH NJW 2002, 1643.
[38] BGHZ 12, 213 (220) = NJW 1954, 875.
[39] BGHZ 30, 203 = NJW 1959, 1772; bestätigend BGH NJW 2006, 896.
[40] BGHZ 54, 283 = NJW 1971, 33; 1983, 623, dazu krit. Hartung VersR 1983, 634, einschränkend BGH NJW 1995, 1150.
[41] Erläuternd BGH NJW 1996, 2023 (2024).

sind. Der praktisch wichtigste Fall ist die Haftungseinheit zwischen dem Halter und dem Fahrer eines Kraftfahrzeugs. Die von dem Halter zu vertretende Betriebsgefahr wird ja regelmäßig erst durch den Fahrer wirksam.

Beispiel: Wenn im **Beispielsfall** (→ Rn. 28) S und T eine Haftungseinheit bilden, schulden sie dem G also gesamtschuldnerisch ⅔.

31 Gegenüber dieser sehr komplizierten Vorstellung neigt die Lit. wohl mit Recht dazu, iRd Adäquaten jedem Schädiger die Tatbeiträge der übrigen zuzurechnen und in Höhe dieses **Gesamtbeitrags gesamtschuldnerische Haftung** aller Schädiger anzunehmen.[42] Auch hierbei können jedoch die Tatbeiträge der an einer Haftungseinheit Beteiligten nicht addiert werden.

Beispiel: Danach schulden S und T dem G im **obigen Beispiel** (→ Rn. 28) gesamtschuldnerisch ¾; wenn sie eine Haftungseinheit bilden, jedoch nur ⅔.

§ 60. Überlagerungen des Schadensrechts

I. Die Sicherung der Leistungsfähigkeit des Schädigers

1 Schadensersatzansprüche erreichen vor allem bei Unfällen mit Personenschäden oft Beträge, die das Leistungsvermögen der meisten Schädiger weit übersteigen. Hier muss zunächst schon der potenzielle Schädiger selbst daran interessiert sein, sich vor der Belastung mit solchen Ansprüchen zu schützen. Dazu eignet sich die **Haftpflichtversicherung** als Mittel gegen die Inanspruchnahme aus einem bestimmten Risikobereich (zB als Fahrzeughalter, als Hauseigentümer, als Angehöriger eines bestimmten Berufs).

2 Eine solche Haftpflichtversicherung nutzt aber nicht nur dem Schädiger, sondern auch dem Geschädigten. Denn sie macht, weil die Leistungsfähigkeit der Versicherer schon durch die staatliche Versicherungsaufsicht gewährleistet wird, letzten Endes auch den Schädiger zu einem leistungsfähigen Schuldner. Solange der Abschluss einer Haftpflichtversicherung freiwillig ist, kann sich der Geschädigte aber auf diesen Schutz nicht verlassen. Daher wird der Abschluss einer solchen Versicherung immer häufiger durch Standespflichten oder durch Gesetze vorgeschrieben (zB für Kfz-Halter, Rechtsanwälte, Notare oder Jäger).

3 Den wichtigsten Fall einer solchen Rechtspflicht zur Haftpflichtversicherung bildet das **Pflichtversicherungsgesetz.** Versicherungspflichtig sind danach die **Halter von Kraftfahrzeugen** und Anhängern. Ausgenommen (§ 2 PflVG) sind bestimmte Personen meist des öffentlichen Rechts, deren Leistungsfähigkeit ohnehin als gewährleistet gilt, sowie die Halter von sehr langsamen Fahrzeugen. Flankiert wird dies durch die Tatsache, dass ohne einen Versicherungsnachweis eine Zulassung von Fahrzeugen ausgeschlossen ist (§ 23 FZV).

Der überwiegenden Nützlichkeit der Haftpflichtversicherung steht allerdings ein **möglicher Nachteil** gegenüber. Wenn die Versicherten keine eigene Ersatzpflicht mehr fürchten müssen, kann sie das zu leichtsinniger Sorglosigkeit verleiten. Dem beugt zunächst das Strafrecht bzw. das Recht der Ordnungswidrigkeiten vor. Weiter geben auch die von den Haftpflichtversicherern entwickelten Schadensfreiheitsrabatte einen Anreiz, unfallfreies Fahren zu belohnen und unfallträchtiges Fahren zu sanktionieren. Auch ist der **Versicherungsschutz** bei bestimmten besonders gefährlichen Verhaltensweisen (zB Trunkenheit am

[42] Zu den Einzelheiten MüKoBGB/Oetker § 254 Rn. 120 ff.

Steuer, Fahren ohne Fahrerlaubnis) **eingeschränkt:** Der Versicherer zahlt hier zwar an den Geschädigten (§ 117 VVG), kann aber gegen den Schädiger Rückgriff nehmen.

Den Anspruch gegen den Haftpflichtversicherer hat zunächst nur der Schädiger als Partner des Versicherungsvertrags. Der Anspruch geht auf Befreiung von der Ersatzverbindlichkeit (§ 257 BGB). Der Geschädigte muss, wenn er gegen den Versicherer vorgehen will, zunächst diesen Anspruch des Schädigers pfänden und ihn sich überweisen lassen (§§ 829, 835 ZPO). Bei der Pflichthaftpflichtversicherung für Kraftfahrzeughalter gewährt § 115 VVG dem Geschädigten einen **Direktanspruch** gegen den Versicherer. Dieser und der Schädiger sind dann Gesamtschuldner (→ § 69 Rn. 2 ff.). 4

Für einen Anspruch gegen den Versicherer muss der Geschädigte jedoch wissen, wer ihn geschädigt hat. Daran fehlt es bei **Fahrerflucht.** Auch besteht die Gefahr, dass ein unversichertes Fahrzeug am Verkehr teilnimmt. Für solche Fälle gibt es nach §§ 12 ff. PflVG einen **Entschädigungsfonds** der Haftpflichtversicherer, der für die dringendsten Ersatzansprüche haftet. Diese Haftung greift aber nur subsidiär für den Fall ein, dass der Geschädigte nicht anderweitig Ersatz erlangen kann (§ 12 Abs. 1 S. 2–4 PflVG); insbesondere gehen hier auch die Leistungen der Sozialversicherung vor.

II. Einstweilige Versorgung des Geschädigten

Unter besonderen Voraussetzungen kommt noch eine weitere (nicht subsidiäre) Versorgung nach der im SGB XIV geregelten **Sozialen Entschädigung** in Betracht. Anspruchsberechtigt ist hier ua, wer Opfer einer vorsätzlichen rechtswidrigen Gewalttat geworden ist (s. § 13 SGB XIV). 5

III. Die endgültige Schadensverteilung

Das geschilderte Eingreifen Dritter verschiebt den Schaden zunächst auf diese. Dass sie ihn endgültig tragen sollen, ist aber von den Gedanken der **Vorteilsausgleichung** her (→ § 55 Rn. 25 ff.) unangebracht. Denn der Geschädigte hat die Fortzahlung des Arbeitsentgelts durch seine Arbeit und die Leistungen von Versicherungen (Ausnahmen: die Haftpflicht- und die Insassenunfallversicherung) durch Prämienzahlungen selbst verdient. Auch die übrigen Leistungen Dritter sollen dem Opfer helfen, aber keinesfalls den Schädiger begünstigen. 6

1. Legalzessionen

Zum Ausgleich dienen häufig Legalzessionen (→ § 62 Rn. 31). Der Versorger erwirbt mit seiner Verpflichtung zur Leistung (so der Sozialversicherungsträger), spätestens mit seiner Leistung kraft Gesetzes diejenigen Ersatzansprüche, die der Geschädigte wegen des auszugleichenden oder ausgeglichenen Schadens gegen den Schädiger hat. Solche Zessionen sind angeordnet in § 6 EFZG für den Arbeitgeber, in den Beamtengesetzen für den Dienstherrn des Beamten, in § 86 Abs. 1 VVG für den privaten Schadensversicherer, in § 5 SGB XIV für die nach diesem Gesetz leistenden Behörden und - mit einigen Besonderheiten - in § 116 SGB X für den Sozialhilfeträger sowie § 120 SGB XIV für die bei → Rn. 5 erwähnte Soziale Entschädigung. 7

2. Fälle ohne Zessionsanordnung

Eine umfassende Zessionsnorm fehlt zugunsten der **Familienangehörigen,** die dem Geschädigten wegen ihrer Unterhaltspflicht geholfen haben. Hier enthält § 843 Abs. 4 BGB insoweit eine Teilregelung, als die Unterhaltspflicht und nach allgemei- 8 ner Ansicht auch die freiwillige Unterhaltsgewährung den Schadensersatzanspruch des Verletzten gegen den Schädiger nicht ausschließen. Andererseits soll aber der Verletzte unzweifelhaft nicht nach der Unterhaltsleistung auch noch den Schadensersatz behalten können. Für die wichtigste Fallgruppe (die Eltern sorgen für ihr verletztes Kind) hilft § 1648 BGB. Nach dieser Vorschrift können die Eltern vom Kind Ersatz ihrer Aufwendungen verlangen. Wegen dieses Anspruchs können sie sich aus dem Betrag, den der Schädiger an das Kind gezahlt hat, trotz § 181 BGB auch selbst befriedigen (Erfüllung einer Verbindlichkeit). In den von § 1648 BGB nicht erfassten Fällen wird man demjenigen, der Unterhalt geleistet hat, einen Bereicherungsanspruch (§ 812 Abs. 1 S. 1 Alt. 2 BGB „in sonstiger Weise“) gegen den vom Schädiger befriedigten Verletzten geben müssen **(Rückgriffskondiktion).**

3. Ausschlüsse des Rückgriffs

9 In zwei wichtigen Fallgruppen wird der Rückgriff gegen den Schädiger jedoch ausgeschlossen, so dass dieser durch das Eingreifen des Dritten endgültig von seiner Ersatzpflicht befreit ist.

10 Nach § 86 Abs. 3 VVG findet **keine Legalzession** des Ersatzanspruchs auf den Schadensversicherer statt, wenn sich der Anspruch gegen eine mit dem Geschädigten in häuslicher Gemeinschaft lebende Person richtet und diese den Schaden nicht vorsätzlich verursacht hat. Danach kann also zB der Unfallversicherer des verletzten Ehepartners keinen Rückgriff gegen den anderen nehmen, der den Unfall fahrlässig herbeigeführt hat (so zB bei Verkehrsunfällen, wenn ein Ehegatte am Steuer ist und den anderen als seinen Beifahrer verletzt).

Grund dieses Regressverbots ist nicht der Schutz des Schädigers, sondern der des Versicherten vor einer mittelbaren Belastung mit den Folgen seines eigenen Anspruchs. Der Versicherte soll „im praktischen Ergebnis nicht das, was er mit der einen Hand erhalten hat, mit der anderen wieder herausgeben“ müssen. Die Notwendigkeit einer solchen Regelung zeigt sich am deutlichsten bei der Ehe. Könnte der Unfallversicherer wegen seiner Leistungen an den verletzten Ehepartner gegen den anderen Rückgriff nehmen, so träfe das über eine Minderung des gemeinsamen Lebensstandards auch den zu begünstigende Geschädigten. Das gilt typisierend, dh es kommt nicht darauf an, ob die genannte Gefahr im Einzelfall wirklich droht. Deshalb begünstigt § 86 Abs. 3 VVG sogar denjenigen Schädiger, der durch eine Haftpflichtversicherung geschützt wird und daher den Rückgriff nicht zu spüren bekäme.[1]

11 Obwohl § 86 Abs. 3 VVG seinem Wortlaut nach nur den Rückgriff des privaten Schadensversicherers betrifft, wird er nach allgemeiner Ansicht auf andere Fälle des Rückgriffs **erweitert,** insbesondere auf den Rückgriff des **Dienstherrn nach Beamtenrecht.**[2] Für den **Sozialversicherungsträger** findet sich eine entsprechende Vorschrift in § 116 Abs. 6 SGB X.

12 Nach §§ 110 ff. SGB VII hat der Sozialversicherungsträger wegen der Folgen eines **Arbeitsunfalls** keinen Rückgriff gegen den Unternehmer, wenn dieser den Unfall nur leichtfahrlässig herbeigeführt hat. Das hängt zusammen mit dem **Haftungsausschluss** nach § 104 SGB VII. Danach können auch der von dem Arbeitsunfall betroffene Arbeitnehmer und seine Hinterbliebenen den Arbeitgeber idR nicht in Anspruch nehmen. § 105 SGB VII erweitert diesen Ausschluss auf Ansprüche gegen einen Arbeitskollegen. Das soll nicht durch eine Rückgriff des Sozialversicherungsträ-

[1] BGHZ 43, 72 (79) = NJW 1965, 907.
[2] BGHZ 43, 72 (78 f.) = NJW 1965, 907.

gers konterkariert werden. Damit ist für Arbeitsunfälle das zivile Schadensersatzrecht weitgehend ausgeschlossen. Insoweit gilt allein der Schutz durch die gesetzliche Unfallversicherung.[3]

Die Verdrängung des zivilen Schadensersatzrechts durch die gesetzliche Unfallver- 13
sicherung ist nicht auf das beschränkt, was man gemeinhin unter „Arbeitsunfällen" versteht. Vielmehr macht sich hier die **Erweiterung der gesetzlichen Unfallversicherung** auf verschiedene andere erwünschte Tätigkeiten vor allem durch §§ 104 ff. SGB VII bemerkbar. So haften etwa Schulkinder, aber auch Studierende nicht nach §§ 823 ff. BGB für eine Verletzung, die sie einem anderen im Schul- oder Universitätsbereich unvorsätzlich zugefügt hat, § 106 Abs. 1 Nr. 2 iVm § 2 Abs. 1 Nr. 8 SGB VII (sog. unechte Unfallversicherung). Wohl aber haftet nach § 110 SGB VII der Lehrer, der grobfahrlässig eine Verletzung des Schülers verursacht hat, dem Sozialversicherungsträger.[4]

[3] Zur Verfassungskonformität BVerfG NJW 1973, 502.
[4] BGH VersR 1985, 237.

8. Teil. Die Auswechslung eines Beteiligten

§ 61. Übersicht

I. Der Unterschied zwischen Gläubiger- und Schuldnerwechsel

Die Regelung von Gläubiger- und Schuldnerwechsel an benachbarten Stellen im BGB (§§ 398–413, 414–418 BGB) kann den Eindruck erwecken, beide Arten der Auswechslung seien weitgehend ähnlich. Doch überwiegen in Wahrheit die Unterschiede. Das zeigt sich bei der gesetzlichen Ausgestaltung und den praktischen Anwendungen beider Institute. 1

1. Der Gläubigerwechsel

Gläubigerwechsel bedeutet Übertragung (Zession) einer Forderung. Übertragen werden kann diese durch Rechtsgeschäft (§§ 398–411 BGB), Gesetz (§ 412 BGB) oder Hoheitsakt (§§ 828 ff. ZPO). 2

a) Rechtsgeschäftliche Abtretung (Zession)

Die **rechtsgeschäftliche Abtretung** beruht nach § 398 BGB auf einem Vertrag zwischen dem alten Gläubiger (Abtretender oder **Zedent**) und dem neuen Gläubiger (dem Abtretungsempfänger oder **Zessionar**). Da die Forderung einen Vermögenswert darstellt, ist die Abtretung häufig entgeltlich oder erfüllt Sicherungszwecke. Ein vereinbartes Entgelt oder der Sicherungszweck sind aber nicht Bestandteil der Zession selbst. Vielmehr stellt die Zession eine **Verfügung über die Forderung** dar. Sie bedarf daher – wie etwa die Übereignung von Sachen – eines **Rechtsgrunds,** dh einer wirksamen Verpflichtung zur Übertragung der Forderung **(Abstraktionsprinzip).** Andernfalls kann sie nach § 812 Abs. 1 S. 1 Alt. 1 BGB (Leistungskondiktion) zurückgefordert werden. 3

Diese Rechtsgründe können vielfältiger Natur sein. So kann der Abtretung ein **Rechtskauf** zugrunde liegen (§ 453 BGB).[1] Häufig handelt es sich auch um ein Sicherheitsgeschäft **(Sicherungsabtretung).** Dabei wird eine Forderung gegen einen Dritten an einen Gläubiger des Forderungsinhabers abgetreten, um dessen Forderung gegen den Abtretenden zu sichern. Damit wird die Forderung der Pfändung durch andere Gläubiger entzogen und als Sicherung für den Abtretungsempfänger „reserviert" (→ § 62 Rn. 25 ff.). Dabei wird eine solche Sicherungszession häufig dem Schuldner der abgetretenen Forderung zunächst nicht mitgeteilt **(„stille Zession").** Sehr oft sind solche stillen Zessionen mit einem Eigentumsvorbehalt **(„verlängerter Eigentumsvorbehalt")** verbunden.[2]

b) Gesetzlicher Forderungsübergang (Legalzession)

Der **gesetzliche Forderungsübergang** (Legalzession, *cessio legis*) erfolgt kraft gesetzlicher Regelung ohne Mitwirkung der Parteien allein durch die Erfüllung der in der Zessionsnorm bestimmten Voraussetzungen. 4

Solche Zessionsnormen sind zahlreich und kommen in den verschiedensten Zusammenhängen vor. Aus dem Schuldrecht sind besonders zu nennen das Schadensersatzrecht (→ § 60 Rn. 7), die Ablösungsberechtigung (§ 268 Abs. 3 S. 1 BGB, → § 15 Rn. 10), die Gesamtschuld (§ 426 Abs. 2 BGB, → § 69 Rn. 20) und die Bürgschaft (§ 774 BGB). Legalzessionen kommen aber mit großer Bedeutung auch außerhalb des Schuldrechts vor, etwa im **Sachenrecht** (zB §§ 1143, 1225 BGB) und im **Familienrecht** (zB § 1607 Abs. 2 S. 2 BGB, § 1615l Abs. 3 S. 1 BGB).

---

[1] S. dazu Medicus/Lorenz SchuldR BT § 18 Rn. 1 ff.

[2] Medicus/Lorenz SchuldR BT § 13 Rn. 13 ff.

5 Zweck der Legalzession ist der **Rückgriff (Regress).** Wenn jemand eine Schuld erfüllt hat, für die letztlich ein anderer aufkommen soll, kann sich der Leistende nachträglich an den durch seine Leistung befreiten Schuldner halten. Dabei bewirkt die rechtstechnische Ausgestaltung als Zessionsrückgriff, dass dieser Schuldner an den rückgriffsberechtigten neuen Gläubiger genau das leisten muss, was er dem alten Gläubiger geschuldet hatte, und das mit denselben Sicherheiten und fortlaufender Verjährung.

c) Gläubigerwechsel durch Hoheitsakt

6 Der Gläubigerwechsel durch **Hoheitsakt** dient vor allem als Mittel der **Zwangsvollstreckung.** Dabei wird der Vermögenswert, den die Forderung darstellt, deren Gläubiger (dem Vollstreckungsschuldner) entzogen und auf den vollstreckenden Gläubiger übertragen. Das geschieht durch **Pfändung und Überweisung,** die vom Vollstreckungsgericht auszusprechen sind. Die Einzelheiten sind in den §§ 828 ff. ZPO geregelt.

2. Der Schuldnerwechsel

7 Der Schuldnerwechsel ist gleichsam das Gegenstück zur Abtretung. Es wird nicht der Gläubiger, sondern der **Schuldner** ausgetauscht. Das geschieht durch die in den §§ 414 ff. BGB geregelte **Schuldübernahme.** Dabei unterscheidet man die befreiende oder privative (von lat. *privare* = berauben, befreien) Schuldübernahme, bei welcher der neue Schuldner **an die Stelle** des bisherigen Schuldners tritt, von der **kumulativen** (von lat. *cumulare* = häufen) **Schuldübernahme** (dem **Schuldbeitritt**). Bei dieser tritt ein neuer Schuldner **neben** den bisherigen. Diese zweite Art sichert den Gläubiger, weil ihm neben dem Vermögen des ursprünglich einzigen Schuldners jetzt auch noch dasjenige des Beitretenden haftet. Der **Schuldbeitritt** führt also zu keinem Schuldnerwechsel, sondern zu einer **Schuldnermehrheit** (→ § 70 Rn. 5 ff.).

8 Die §§ 414 ff. BGB regeln allein die (den Altschuldner) **befreiende Schuldübernahme.** Diese Schuldübernahme kann – anders als die Forderungsabtretung – nicht einfach durch Vertrag zwischen Alt- und Neuschuldner zustande kommen. Denn eine Auswechslung des Schuldners (und damit des dem Gläubiger haftenden Vermögens) berührt ganz wesentlich die Interessen des Gläubigers (zB an der Bonität des Schuldners). Deshalb bedarf eine befreiende Schuldübernahme stets einer Mitwirkung des Gläubigers.

II. Der Eintritt in umfassendere Positionen

9 Die §§ 398 ff., 414 ff. BGB betreffen die Auswechslung des Gläubigers oder des Schuldners bei einer **einzelnen Forderung.** Forderungen bestehen aber meist nicht isoliert, sondern bilden nur einen Teil eines umfassenderen Schuldverhältnisses (im weiteren Sinn, dazu → § 1 Rn. 12). Das ist besonders deutlich für die Forderungen und Gegenforderungen aus einem gegenseitigen Vertrag. Daher gibt es neben der Forderungsabtretung und der Zession noch die (gesetzlich nicht geregelte) **Vertragsübernahme,** welche die **gesamte Stellung als Vertragspartei** auf einen Dritten überträgt oder einen Dritten unter Verbleib der bisherigen Parteien zur Vertragspartei macht **(Vertragsbeitritt),** → § 65 Rn. 9.

§ 62. Die Forderungsabtretung: Ausführung und Abgrenzung

Literatur: Armbrüster/Ahcin, Grundfälle zum Zessionsrecht, JuS 2000, 450 mit Fortsetzungen; Coester-Waltjen, Die Abtretung, JURA 2003, 23; Coester-Waltjen, Aufrechnung bei Abtretung, JURA 2004, 391; S. Lorenz, Grundwissen – Zivilrecht: Abtretung, JuS 2009, 891; P. Meyer/von Varel, Die Sicherungszession, JuS 2004, 192.

I. Gegenstand und Beteiligte der Abtretung

1. Gegenstand

Gegenstand einer Abtretung sind nach §§ 398 ff. BGB zunächst (zivilrechtliche) 1 **Forderungen.**[1] Andere nichtkörperliche Rechte wie zB **Gesellschaftsanteile, Immaterialgüterrechte** sind zwar keine Forderungen, auf ihre Übertragung finden aber nach § 413 BGB die §§ 398 ff. BGB **entsprechende Anwendung,** sofern diese nicht spezialgesetzlich geregelt ist. Wenn spezielle Regelungen nur Vorschriften über die Form der Übertragung enthalten (so etwa § 15 GmbHG), bleibt es iÜ bei der von § 413 BGB angeordneten entsprechenden Anwendbarkeit der §§ 398 ff. BGB.

Auch **Gestaltungsrechte** wie zB das Recht zur Anfechtung (§ 143 BGB) oder zum Rücktrittsrecht (§ 323 BGB) können über § 413 BGB grds. Gegenstand einer Abtretung sein. Dabei stellt sich aber die Frage der isolierten Abtretbarkeit solcher Rechte. Sog. **unselbstständige Nebenrechte,** die von der Forderung nicht sinnvoll getrennt werden können, sind nicht isoliert übertragbar. Sie stehen dem jeweiligen Forderungsinhaber zu und gehen bei einer Abtretung ganz selbstverständlich mit auf den Gläubiger über. Dazu gehören etwa die Befugnisse zur Mahnung (§ 286 BGB) und zur Fristsetzung (§§ 281, 323 BGB). **Selbstständige Nebenrechte** wie insbesondere Gestaltungsrechte verbleiben hingegen ohne besondere Abtretung beim ursprünglichen Gläubiger, weil deren Ausübung unmittelbar in seine Vertragsbeziehungen zu dem Schuldner eingreift. So verbleibt die Ausübung des Rücktrittsrechts nach oder die Geltendmachung von Schadensersatz statt der Leistung beim ursprünglichen Gläubiger.[2] Der zu leistende Ersatz wegen Verzugs (§ 280 Abs. 2 BGB, § 286 BGB) oder statt der Leistung (§ 280 Abs. 3 BGB, §§ 281, 283 BGB) richtet sich grds. nach dem beim neuen Gläubiger entstehenden Schaden.[3] Dabei ist jedoch ein Mitverschulden nach § 254 Abs. 2 BGB denkbar, wenn der neue Gläubiger den Schuldner nicht auf einen erhöhten Verzugsschaden hingewiesen hat.

2. Beteiligte

Aktiv beteiligt sind an der Forderungsabtretung **(Zession)** nur zwei Personen: der bis- 2 herige Gläubiger **(Zedent)** und der neue Gläubiger **(Zessionar).** Bloß passiv betroffen ist der Schuldner der abgetretenen Forderung insofern, als er einen neuen Gläubiger erhält. An der Zession selbst wirkt er aber nicht mit nicht. Sie muss ihm nicht einmal mitgeteilt werden (sog. **„stille“ Zession**).

II. Voraussetzungen der Abtretung

1. Vertrag zwischen Zedent und Zessionar; Form

Die Abtretung erfolgt gem. § 398 S. 1 BGB durch einen **Vertrag zwischen Zedent** 3 **und Zessionar,** § 398 BGB. Diese müssen sich lediglich über den Übergang der Forderung einigen. Diese Einigung bedarf grds. **keiner Form.** Das gilt selbst dann, wenn die vertragliche Begründung der übertragenen Forderung oder des übertragenen

[1] Zur analogen Anwendung von §§ 398 ff. BGB auf die Abtretung öffentlich-rechtlicher Forderungen und deren Grenzen s. BGH NVwZ-RR 2011, 925 Rn. 11 mwN.

[2] BGH NJW 1986, 919.

[3] BGH NJW-RR 1992, 219; anders bei der Sicherungsabtretung: BGH NJW 2006, 1662.

Rechts (§ 413 BGB) einer Form bedarf. Allerdings gibt es von diesem Grundsatz auch Ausnahmen (so etwa § 1154 BGB für die Übertragung einer hypothekarisch gesicherten Forderung). Mit Abschluss des Abtretungsvertrags geht gem. § 398 S. 2 BGB die Forderung auf den Zedenten über.

4 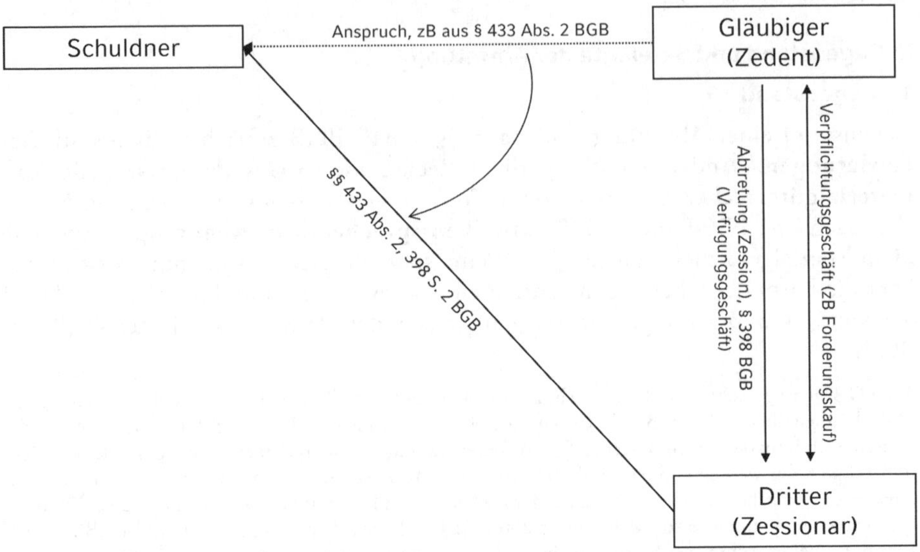

Abb. 10: Grundkonstellation der Zession

5 Da die Abtretung unmittelbar die **Inhaberschaft eines Rechts überträgt,** handelt es sich um ein (schuldrechtliches) **Verfügungsgeschäft.** Als ein solches ist die Abtretung auch **abstrakt,** dh für ihr Zustandekommen bedarf es lediglich der **Einigung über den Übergang der Forderung,** nicht aber der Einigung über einen Rechtsgrund **(Abstraktionsprinzip).** Das Fehlen einer gesetzlichen oder vertraglichen Verpflichtung zur Abtretung führt also nicht zu deren Unwirksamkeit, sondern lediglich zu einem auf Rückübertragung gerichteten Bereicherungsanspruch aus § 812 Abs. 1 S. 1 Alt. 1 BGB. Zu den unterschiedlichen Rechtsgründen → § 61 Rn. 3.

Ob man hiervon eine **Ausnahme** machen kann, wenn Grundgeschäft und Abtretung Teile einer **einheitlichen Vereinbarung** bilden iSv § 139 BGB, ist eine im Allgemeinen Teil zu behandelnde Frage. In der Regel ist das wegen des Abstraktionsprinzips zu verneinen. Allerdings können die Parteien die Wirksamkeit der Abtretung von einer Bedingung (§ 158 BGB) abhängig machen. So kann etwa eine **Sicherungszession** (→ Rn. 25) davon abhängig gemacht werden, ob die gesicherte Forderung besteht.[4] Allerdings wird man die Zession nicht ohne Weiteres (dh ohne konkrete Zweifel der Parteien am Entstehen der Forderung) um eine solche Bedingung ergänzen können.

[4] BGH NJW 1982, 275.

2. Existenz und Inhaberschaft der Forderung; Prioritätsprinzip

Die abgetretene Forderung muss **tatsächlich existieren** und der Zedent muss deren **Inhaber,** dh Gläubiger sein. Anders als das Sachenrecht (vgl. §§ 892, 932 ff. BGB) kennt das Zessionsrecht grds. **keinen gutgläubigen Erwerb** einer nichtexistenten oder gläubigerfremden Forderung. Zur Abtretbarkeit zukünftiger Forderungen → Rn. 19. 6

Leistet der (vermeintliche) Schuldner nach der Abtretung einer tatsächlich nicht existenten Forderung an den Zessionar, so richtet sich sein Bereicherungsanspruch aus § 812 Abs. 1 S. 1 Alt. 1 BGB (Leistungskondiktion) grds. gegen den Zedenten und nicht gegen den Zessionar.[5]

Der gesetzgeberische Grund hierfür liegt im fehlenden **Rechtsscheinträger:** Beim gutgläubigen Erwerb **beweglicher Sachen** (§§ 932 ff. BGB) darf der Erwerber auf den Rechtsschein des Besitzes des Veräußerers vertrauen, weil dieser auch nach außen den „handfesten" Anschein erweckt, der Veräußerer sei Eigentümer (s. § 1006 BGB). Beim gutgläubigen Erwerb **unbeweglicher Sachen** liefert der Grundbucheintrag einen entsprechenden äußeren Tatbestand (s. § 892 BGB). Wer eine Forderung, die ja nur ein rein geistiges Gebilde ist, von einem Nichtberechtigten erwirbt, vertraut hingegen nur auf die Behauptung des Veräußerers, Inhaber einer Forderung zu sein. Es fehlt aber ein äußerer Anschein, auf den sich Vertrauen stützen dürfte. 7

Hieraus erklären sich auch die (seltenen) Ausnahmefälle, in welchen das Gesetz einen gutgläubigen Forderungserwerb gestattet. So ist etwa gem. § 405 BGB die Abtretung einer **nur zum Schein eingegangenen** und damit nicht existenten Forderung wirksam, wenn der Zedent bei der Abtretung eine vom (vermeintlichen) Schuldner ausgestellte Urkunde vorgelegt hatte und der Zessionar gutgläubig war. In dieser Situation besteht ein vom Schuldner ausgehender und ihm damit zurechenbarer **Rechtsscheinträger,** auf welchen der Zessionar vertrauen darf. Deshalb gibt es auch bei **in Wertpapieren verbrieften Forderungen** wie Inhaberschuldverschreibungen (§ 793 BGB), Wechseln (Art. 16 WG) und Schecks (Art. 19, 21 ScheckG) einen weiterreichenden Gutglaubensschutz. Auch bei der Übertragung einer nichtexistenten Hypothek fingiert § 1138 BGB den Forderungserwerb. Darüber hinaus kommt ein gutgläubiger Forderungserwerb nur aus anderen, zessionsfremden Aspekten in Betracht. So kann etwa ein Dritter von einem vermeintlichen Erben gutgläubig eine Forderung aus dem Nachlass des Gläubigers erwerben, wenn die Voraussetzungen des § 2366 BGB vorliegen. Der Grund hierfür liegt aber nicht im Abtretungsrecht, sondern im Erbrecht.

Aus dem grundsätzlichen Ausschluss eines gutgläubigen Forderungserwerbs ergibt sich damit das zessionsrechtliche **Prioritätsprinzip:** Eine Forderung kann von dem Gläubiger nur einmal abgetreten werden. Denn nach einer (wirksamen) Abtretung ist dieser nicht mehr Gläubiger und nach § 398 S. 1 BGB kann eben nur der Gläubiger eine Forderung abtreten. Bei mehrfacher Abtretung ist damit nur die zeitlich erste Abtretung wirksam. Das gilt auch bei der Abtretung **zukünftiger Forderungen** (→ Rn. 20). 8

3. Abtretbarkeit der Forderung

Grundsätzlich ist jede Forderung abtretbar. Ist die Forderung (wie insbesondere eine Geldforderung) teilbar, so ist auch eine nur **teilweise Abtretung möglich.** Ein **Ausschluss** oder eine **Beschränkung** der Abtretbarkeit können sich aber aus besonderen gesetzlichen Vorschriften oder aus einem Rechtsgeschäft ergeben. 9

[5] S. dazu Medicus/Lorenz Schuldrecht BT § 72 Rn. 29.

a) Gesetzliche Abtretungsausschlüsse oder -beschränkungen

10 Das BGB selbst bezeichnet bestimmte Forderungen als nicht oder nur unter bestimmten Voraussetzungen übertragbar, so in den § 473 BGB (Vorkaufsrecht), § 711a BGB (Gesellschafterrechte) und „im Zweifel" auch in den § 613 S. 2 BGB (Dienstvertrag), § 664 Abs. 2 BGB (Auftrag). Grund hierfür ist die enge Bindung der Forderung an die Person des Gläubigers.

Eine Beschränkung der Abtretbarkeit kann sich auch aus einem Verfügungsverbot im Rahmen eines Insolvenzverfahrens ergeben (§ 21 Abs. 2 S. 1 Nr. 2 InsO, § 24 Abs. 1 InsO, § 81 Abs. 1 S. 1 InsO). Hier folgt die Unwirksamkeit einer Abtretung aber nicht aus der Forderung selbst, sondern aus der mangelnden Befugnis des Gläubigers, über diese zu verfügen.

11 Eine **allgemeine Regelung** enthält § 399 Alt. 1 BGB. Danach ist eine Abtretung ausgeschlossen, „wenn die Leistung an einen anderen als den ursprünglichen Gläubiger nicht ohne **Veränderung ihres Inhalts** erfolgen kann". Das gilt insbesondere für die – dem Zessionsrecht über § 413 BGB unterliegenden – **familienrechtlichen Ansprüche,** die aber teils schon nach § 400 BGB unabtretbar sind (→ Rn. 12). Nach § 399 Alt. 1 BGB unabtretbar ist der aus einem Vorvertrag stammende Anspruch auf Vertragsschluss. Der Vertragsschluss mit dem Neugläubiger bedeutete eine andere Leistung als derjenige mit dem Altgläubiger. Ansprüche auf Schuldbefreiung (**Freistellungsansprüche** iSv § 257 BGB) können nur an den Gläubiger der Schuld abgetreten werden, von der befreit werden soll. Sie verwandeln sich bei diesem in Ansprüche auf die geschuldete Leistung selbst, also ggf. auf Zahlung (→ § 18 Rn. 4).

Die Unabtretbarkeit einer Forderung kann sich aber auch aus der **Natur des Rechtsverhältnisses** ergeben, nämlich wenn der Anspruch **höchstpersönlicher Natur** ist. Das gilt etwa für familienrechtliche Ansprüche, die auf Beistand und Rücksichtnahme gerichtet sind (§ 1353 Abs. 1 S. 2 BGB, § 1618 BGB).

12 Nach § 400 BGB kann eine Forderung nicht abgetreten werden, soweit sie der **Pfändung nicht unterworfen** ist. Pfändungsverbote ergeben sich in erster Linie aus den §§ 850 ff. ZPO. Damit soll das Existenzminium des Forderungsinhabers gewährleistet werden. Dieses Abtretungsverbot entfällt daher, soweit der Neugläubiger dem Abtretenden wirtschaftlich gleichwertige Leistungen gewährt.[6] Deshalb können ja auch unpfändbare Unterhaltsansprüche kraft Gesetzes (§ 412 BGB) auf denjenigen übergehen, der den Unterhalt in der Vergangenheit bereits gewährt hat (etwa § 1607 Abs. 2 S. 2 BGB, § 1608 S. 3 BGB, § 1584 S. 3 BGB, § 1615l Abs. 3 S. 1 BGB).

b) Vertragliche Abtretungsverbote

13 Nach § 399 Alt. 2 BGB kann die Abtretung auch durch **Vereinbarung zwischen dem Gläubiger und dem Schuldner** ausgeschlossen oder beschränkt **(„vinkuliert")** werden (von lat. *„vinculum"* = Fessel).

Die Regelung ist **lex specialis** zu § 137 S. 1 BGB, wonach vertragliche Verfügungsverbote die Wirksamkeit einer entgegenstehenden Verfügung (also zB einer Übereignung) nicht beeinträchtigen, sondern lediglich eine nur zwischen den Parteien des Veräußerungsverbots bestehende Pflicht erzeugen, eine Verfügung zu unterlassen (§ 137 S. 2 BGB). Während also zB ein Verstoß gegen ein Veräußerungsverbot über Sachen lediglich Schadensersatzansprüche zwischen den Parteien (§ 280 BGB) hervorruft, hindert ein vertraglich vereinbartes Abtretungsverbot bereits die Wirksamkeit der Abtretung selbst.

---

[6] BGHZ 59, 109 (115) = NJW 1972, 1703.

Möglich ist auch, die Abtretung an bestimmte Bedingungen, zB an das **Einverständnis des Schuldners** zu knüpfen. 14

Vertragliche Abtretungsverbote kommen in der Praxis nicht selten vor, meist weil der Schuldner, die aus Abtretungen und besonders aus Teilabtretungen für seine Buchhaltung folgende Mehrarbeit scheut. Das verstößt, selbst wenn durch einen solchen Ausschluss Dritte geschädigt werden, regelmäßig nicht gegen die guten Sitten.[7] Ein Abtretungsverbot kann daher grds. auch durch AGB vereinbart werden. Eine spezielle Grenze setzt hier § 308 Nr. 9 Hs. 1 Buchst. a BGB. Danach kann durch AGB die Abtretbarkeit einer auf Geld gerichteten Forderung des Vertragspartners gegen den Verwender der AGB nicht ausgeschlossen werden. Damit soll erreicht werden, dass Verbraucher ihre Geldforderungen gegen Unternehmer zur besseren Durchsetzung an Dritte abtreten können.[8] 15

Die Möglichkeit eines Abtretungsverbots kann insbesondere im **Handelsverkehr** ein Störfaktor sein, weil bei Vorausabtretungen der Sicherungseffekt der Abtretung künftiger Forderungen beim verlängerten Eigentumsvorbehalt nicht mehr gegeben ist (→ Rn. 25 ff.). Deshalb sind im kaufmännischen Verkehr vertragliche Abtretungsverbote gem. § 354a HGB **relativ unwirksam,** wenn die Forderung aus einem beiderseitigen Handelsgeschäft stammt oder Schuldner die öffentliche Hand ist. In der **Zwangsvollstreckung** scheitert die Wirkung eines Abtretungsausschlusses an § 851 Abs. 2 ZPO. Pfändungen – auch Teilpfändungen – muss der Schuldner also trotz vertraglichen Abtretungsverbots hinnehmen.

Eine gegen ein Abtretungsverbot verstoßende Zession kann analog § 185 BGB durch die **Genehmigung des Schuldners** wirksam werden. Nach Ansicht der Rspr. hat eine solche Genehmigung aber **keine Rückwirkung.**[9] Die Zustimmung des Schuldners erlaube lediglich eine nur für die Zukunft wirkende vertragliche Aufhebung des Abtretungsverbots. Das gilt auch dann, wenn die Forderungsabtretung nicht gänzlich ausgeschlossen, sondern nur von einer Zustimmung des Schuldners abhängig gemacht worden ist.[10] 16

4. Bestimmtheitsgrundsatz

Wie andere Verfügungen unterliegt auch die Abtretung dem **Bestimmtheitsgrundsatz (Spezialitätsprinzip).** Da sie die Zuordnung der Forderung ändert, muss klar sein, auf welche Forderung sie sich bezieht. Das wird meist problemlos sein, wenn eine einzelne, schon bestehende Forderung abgetreten wird. Doch ist das vor allem bei der Sicherungszession (→ Rn. 25 ff.) anders. Dabei wird oft global über eine Vielzahl von überdies meist künftigen Forderungen verfügt. Das geschieht zudem „still“, dh ohne Benachrichtigung des Schuldners. Dann treten ähnliche Bestimmtheitsprobleme auf wie bei der Sicherungsübereignung von Warenlagern in ihrem gegenwärtigen und künftigen Bestand. Bei einer Mehrzahl von Forderungen muss zudem klar sein, auf welche Einzelforderung sich die Abtretung beziehen soll.[11] 17

Ausreichend für die Bestimmtheit ist es, dass die Forderung im **Zeitpunkt ihrer Entstehung** klar definiert ist. Es ist also unschädlich, dass einstweilen noch der Schuldner und der Betrag der Forderung unbekannt sind. Möglich und häufig ist insbeson- 18

[7] BGHZ 51, 113 = NJW 1969, 415.
[8] Begr. RegE BT-Drs. 19/26915, 30.
[9] BGHZ 70, 299 (303) = NJW 1969, 415.
[10] BGHZ 108, 172 (176 f.) = NJW 1990, 109.
[11] Vgl. BGH NJW 2011, 2713.

dere die Abtretung von Kaufpreisforderungen aus dem künftigen Verkauf bestimmter Sachen (so beim **verlängerten Eigentumsvorbehalt**).[12]

5. Abtretung künftiger Forderungen

19 Wie schon angedeutet, ist auch die Abtretung **erst künftig entstehender Forderungen** möglich **(Vorausabtretung).** Wirksam wird diese Abtretung aber erst, wenn die Forderung entsteht. Denn erst dann lässt sich die Anordnung des § 398 S. 2 BGB verwirklichen, nämlich dass mit dem Abtretungsvertrag der Neugläubiger an die Stelle des Altgläubigers treten soll.

Besonders relevant ist in diesem Zusammenhang die **Bestimmbarkeit** der Forderungen. Eine Vorausabtretung setzt voraus, dass die abgetretene Forderung im Zeitpunkt ihres Entstehens bestimmt ist, dh exakt identifiziert werden kann. Praktisch geschieht das häufig durch sog. **Globalzessionen:** Der Gläubiger tritt etwa alle Forderungen aus dem Weiterverkauf bestimmter Waren oder Forderungen gegen bestimmte Kunden oder aus bestimmten Geschäften an den Zessionar (meist zur Sicherung einer Forderung des Zessionars) an diesen ab. Nicht hinreichend bestimmt wäre etwa die Abtretung „sämtlicher Forderungen" bis zu einem bestimmten Höchstbetrag, weil dabei nicht erkennbar ist, welche Forderungen (gegen welche Schuldner) erfasst wären.[13]

20 Obwohl die Abtretung künftiger Forderungen erst mit dem Entstehen der Forderung wirksam wird, gilt bei einer mehrfachen Abtretung zukünftiger Forderungen ebenfalls das **Prioritätsprinzip** (→ Rn. 8), dh eine zeitlich nachfolgende erneute Vorausabtretung ist unwirksam.

Praktisch bedeutsam ist das vor allem bei der Konkurrenz von **Globalzession** und **verlängertem Eigentumsvorbehalt:** Wenn sich etwa eine Bank zur Sicherung eines Kredits sämtliche zukünftige Kundenforderungen des Kreditnehmers abtreten lässt und dieser später Waren unter verlängertem Eigentumsvorbehalt bezieht (dh unter Abtretung zukünftiger Forderungen aus dem Verkauf eben dieser Waren), so scheitert diese zweite Abtretung an den Warenlieferanten an der bereits erfolgten Vorausabtretung der Forderungen an die Bank **(Prioritätsprinzip).** Allerdings kann in einem solchen Fall unter bestimmten Voraussetzungen die zeitlich vorhergehende Globalzession an die Bank nach § 138 BGB unter dem Gesichtspunkt der Übersicherung und der Zurückstellung der Interessen des Warenlieferanten unwirksam sein.[14]

III. Rechtsfolgen

1. Forderungsübergang

21 Nach § 398 S. 2 BGB tritt der neue Gläubiger an die Stelle des bisherigen. Das gilt für alle auf dasselbe Ziel gerichteten Forderungen, auch aus verschiedenen Rechtsgründen.[15] Wird etwa ein Schadensersatzanspruch abgetreten, der sich sowohl aus § 280 Abs. 1 BGB als auch aus § 823 Abs. 1 BGB ergibt, so gilt die Abtretung für beide Anspruchsgrundlagen. Nach der Abtretung behält die Forderung alle ihre Schwächen. Der Schuldner kann also weiterhin alle Einwendungen geltend machen (§ 404 BGB, → § 63 Rn. 5 ff.). Umgekehrt behält die Forderung aber auch ihre Stärken: Nach § 401 Abs. 2 BGB stehen die Vorzugsrechte in Zwangsvollstreckung und Insolvenz auch dem Neugläubiger zu.

---

12 S. dazu Medicus/Lorenz SchuldR BT § 13 Rn. 16.

13 BGHZ 71, 75 (78 ff.) = NJW 1978, 1050.

14 BGHZ 72, 308 (310) = NJW 1979, 365; 1999, 940; s. auch BGH NJW 2005, 1192. S. dazu Medicus/Lorenz SchuldR BT § 13 Rn. 16.

15 BGHZ 140, 175 = NJW 1999, 715.

2. Übergang von Sicherheiten

Nach § 401 Abs. 1 BGB gehen mit der abgetretenen Forderung auch für sie bestellte Si- 22
cherheiten auf den Neugläubiger über. § 401 Abs. 1 BGB nennt ausdrücklich Hypotheken (zum Formerfordernis → Rn. 3), Schiffshypotheken und Pfandrechte sowie die Rechte aus einer Bürgschaft. Alle diese Rechte sind **akzessorisch,** dh das sichernde Recht „steht und fällt" mit der zu sichernden Forderung und ist deshalb von ihr nicht abtrennbar. Daher kann man § 401 Abs. 1 BGB auf andere akzessorische Sicherheiten analog anwenden, insbesondere auf die Rechte aus einer **Vormerkung** (§§ 883 ff. BGB). Ebenso gehen mit der Forderung die auf diese sich beziehenden unselbstständigen Hilfs- und Gestaltungsrechte über, wie Auskunftsansprüche und die Gestaltungsrechte zu Kündigung und Anfechtung, ein Wahlrecht oder eine Ersetzungsbefugnis. Auch Rechte aus einem Schuldbeitritt gehen nach § 401 Abs. 1 BGB auf den Zessionar über.[16]

Die sog. **fiduziarischen (= treuhänderischen) Sicherungsrechte** wie **Sicherungs-** 23
grundschuld, Sicherungseigentum, Vorbehaltseigentum und **Sicherungszession** gehen hingegen als nichtakzessorische Rechte nicht nach § 401 BGB auf den Gläubiger über. Bei ihnen hat der Gläubiger einen treuhänderisch gebundenen Überschuss an Rechtsmacht; er kann mehr, als er im Innenverhältnis tun darf. Der Berechtigte hat also eine Vertrauensstellung, derentwegen sich der in § 401 Abs. 1 BGB vorgesehene automatische Personenwechsel verbietet.

Bei nichtakzessorischen Sicherungsrechten wie zB dem Sicherungseigentum oder einer Grundschuld kann allerdings der Zedent aus dem der Zession zugrundeliegenden Kausalverhältnis (zB Forderungskauf) **schuldrechtlich verpflichtet** sein, die fiduziarische Sicherheit auf den Zessionar zu übertragen. Dies sowie die Frage, ob er dazu gegenüber seinem Sicherungsgeber berechtigt ist, ist eine solche der Vertragsauslegung im Einzelfall.[17]

3. Hilfsansprüche

Nach §§ 402, 403 BGB hat der Altgläubiger dem Neugläubiger bestimmte Hilfen zur 24
Geltendmachung der Forderung zu leisten: Auskünfte zu erteilen, Beweismittel auszuliefern und eine öffentlich beglaubigte Abtretungsurkunde auszustellen (vgl. § 410 BGB, zu deren Funktion → § 63 Rn. 26 ff.). An einem Schuldschein erwirbt der Neugläubiger bereits nach § 952 Abs. 1 S. 1 BGB automatisch Eigentum.

IV. Sonderformen und Abgrenzungen

1. Die Sicherungszession

Wirtschaftlich enorme Bedeutung hat die Sicherungsabtretung (= Sicherungszession), 25
vor allem auch iRd **verlängerten Eigentumsvorbehalts:**[18] Zur Sicherung eines Kredits werden (meist künftige) Forderungen des Kreditschuldners auf den Kreditgläubiger übertragen. Der Kreditgläubiger erhält so weitere Schuldner neben dem ursprünglichen. In dieser Konstellation nennt man den Zedenten (= Altgläubiger) auch **Sicherungsgeber** und den Zessionar (= Neugläubiger) **Sicherungsnehmer.** Die Abtretung erfolgt hier zu dem Zweck, dass der Sicherungsnehmer auf diese Forderung zurückgreifen

[16] BGH NJW 2000, 575; krit. Bartels JZ 2000, 608.

[17] BGH NJW 1981, 1554 stützt einen solchen Anspruch für einen Fall der Legalzession nach § 426 Abs. 2 BGB auf eine entsprechende Anwendung von § 401 Abs. 1 BGB.

[18] Medicus/Lorenz SchuldR BT § 13 Rn. 14.

kann, wenn der Sicherungsgeber die Forderung des Sicherungsnehmers nicht erfüllt (sog. **Sicherungsfall**).

26 Wozu der Sicherungsnehmer hinsichtlich der ihm übertragenen Forderungen im Verhältnis zum Sicherungsgeber berechtigt ist, insbesondere wann der Sicherungsnehmer sich an die Schuldner der abgetretenen Forderungen halten darf und wie die Forderungen wieder an den Sicherungsgeber zurückgelangen, wird in einer **weiteren schuldrechtlichen Vereinbarung** geregelt, die als **Sicherungsvertrag** bezeichnet wird. In diesem wird ua vereinbart, welche Forderungen des Sicherungsnehmers durch die Abtretung gesichert werden, wann er sie gegen den Schuldner der abgetretenen Forderung gelten machen darf und wann er sie zurückübertragen muss. Solche Beschränkungen der Rechtsstellung des Sicherungsnehmers wirken nur zwischen ihm und dem Sicherungsgeber, nicht aber gegenüber dem Schuldner der abgetretenen Forderung. Dieser kann also dem Sicherungsnehmer zB nicht entgegenhalten, der zu sichernde Kredit sei noch nicht fällig, so dass auch die sichernden Forderungen noch nicht verwertet werden dürften.

In der Praxis erfolgt eine solche Sicherungszession immer als sog. **„stille Zession"** (→ Rn. 2). Der Sicherungsnehmer (Zessionar) will nämlich in aller Regel die Forderung nicht selbst eintreiben, sondern diese nur dann gegen den Schuldner der abgetretenen Forderung geltend machen, wenn der Sicherungsgeber seine Verpflichtungen aus dem Kredit nicht erfüllt. Deshalb wird die Zession dem Schuldner der abgetretenen Forderung gar nicht mitgeteilt. Der Sicherungsgeber (Zedent) wird zugleich ermächtigt, die Forderung weiter **im eigenen Namen** geltend zu machen und gegebenenfalls einzuklagen (**Einziehungsermächtigung,** → Rn. 30). Denn nur so erlangt er ja die Mittel, um seinen Kredit zu tilgen.[19] Der Schuldner der sicherungshalber abgetretenen Forderung leistet dann nach §§ 362 Abs. 2, 185 Abs. 1 BGB befreiend an den Zedenten. Erst im „Krisenfall", dh wenn der Sicherungsgeber (Zedent) seine Verpflichtungen aus dem Kredit nicht mehr erfüllt, wird der Sicherungsnehmer (Zessionar) die Einziehungsermächtigung widerrufen und die Forderung selbst geltend machen. Zugleich wird er dann die Zession gegenüber dem Schuldner der abgetretenen Forderung **offenlegen,** um eine gutgläubige befreiende Leistung an den Zedenten nach § 407 BGB zu verhindern.[20]

27

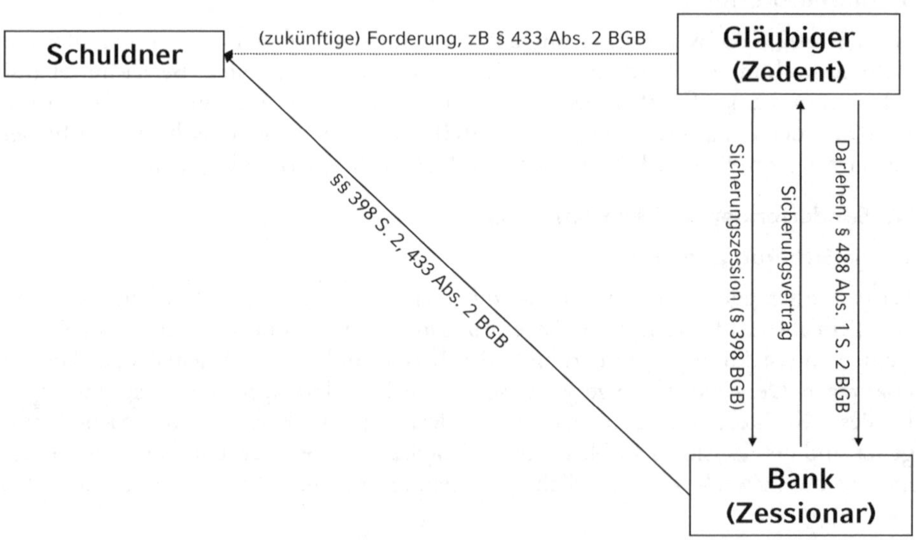

Abb. 11: Sicherungszession

[19] BGH NJW 1999, 2110.

[20] Dazu → § 63 Rn. 1 ff. sowie Medicus/Lorenz SchuldR BT § 13 Rn. 14.

2. Die Inkassozession

Bei der gewöhnlichen Zession soll der Neugläubiger dasjenige, was er aufgrund der abgetretenen Forderung erlangt hat, behalten. Eine Forderung kann aber auch deshalb übertragen werden, damit der Neugläubiger sie **im Interesse und für Rechnung** des Altgläubigers geltend macht, also das mit der Forderung Erlangte an den Altgläubiger herausgibt **(Inkassozession, unechtes Factoring).** Vom **Forderungskauf** grenzt sich dies dadurch ab, dass der Zessionar nicht das wirtschaftliche Risiko der Beitreibung der Forderung trägt.[21] Eine solche Abtretung zum Inkasso entlastet den Altgläubiger von der Geltendmachung der Forderung (das ist zB der Zweck der ärztlichen Verrechnungsstellen, wobei hier schon wegen des Arztgeheimnisses die Zustimmung des Patienten erforderlich ist[22]). Kausalgeschäft ist regelmäßig ein Geschäftsbesorgungsvertrag (§ 675 Abs. 1 BGB, § 670 BGB), der auch das Entgelt für die Inkassostelle regelt. 28

Nach § 2 Abs. 2 S. 1 RDG liegt in diesem Inkassogeschäft eine nach § 3 RDG **erlaubnispflichtige Rechtsdienstleistung.** Verfügt der Zessionar nicht über eine solche Erlaubnis, so ist nicht nur der zugrundeliegende Geschäftsbesorgungsvertrag, sondern auch die Abtretung als solche nach § 134 BGB nichtig.[23]

Dagegen ähnelt das (echte) **Factoring** einem Forderungskauf, weil der Factor dort das Risiko einer Uneinbringlichkeit der Forderung übernimmt.[24] 29

3. Die Einziehungsermächtigung

Neben der Inkassozession und mit ähnlichem Zweck lässt die ganz hM auch eine **Einziehungsermächtigung** zu. Dabei bleibt die Forderung bei dem ursprünglichen Gläubiger (also keine Zession), ein Dritter wird aber ermächtigt, die Forderung **in eigenem Namen** gegen den Schuldner geltend zu machen und notfalls einzuklagen. Der Schuldner wird nach § 362 Abs. 2 BGB, § 185 Abs. 1 BGB durch Leistung an den ermächtigten Dritten befreit (→ § 21 Rn. 4). Die **prozessrechtliche Seite** der Einziehungsermächtigung ist die (gewillkürte) **Prozessstandschaft:** Bei dieser wird ein fremder Anspruch im eigenen Namen eingeklagt. Voraussetzung dafür ist ein eigenes rechtsschutzwürdiges Interesse des Klägers an der Verfolgung des fremden Rechts.[25] 30

4. Die Legalzession

Nach § 412 BGB findet Zessionsrecht (mit Ausnahme der nicht passenden §§ 405, 411 BGB) auch bei der **gesetzlichen Forderungsübertragung** (Legalzession) Anwendung. Das hat angesichts der weiten Verbreitung der Legalzession (→ § 61 Rn. 4) erhebliche Bedeutung. Entsprechend gilt § 412 BGB für die Forderungsübertragung durch Hoheitsakt (→ § 61 Rn. 6). Wichtig ist vor allem die Geltung der Vorschriften über den Schuldnerschutz (→ § 63 Rn. 1 ff.). 31

---

21 BGH NJW 2015, 397 Rn. 7.
22 BGHZ 116, 268 = NJW 1992, 737.
23 BGH NJW 2015, 397 Rn. 7.
24 S. dazu Medicus/Lorenz SchuldR BT § 61 Rn. 16 ff.
25 BGHZ 100, 217 (218) = NJW 1987, 2018; speziell zur Sicherungszession U. Huber JuS 2010, 582 ff.

5. Die Übertragung anderer Rechte

32 Nach § 413 BGB gilt das Zessionsrecht entsprechend für die Übertragung anderer Rechte, soweit nicht das Gesetz Abweichendes vorschreibt. Damit wird § 398 BGB (Rechtsübertragung durch bloße Einigung zwischen Veräußerer und Erwerber) gleichsam zum **Modell für jede Rechtsübertragung** erhoben. Allerdings ist der Anwendungsbereich dieser Norm weniger bedeutend als die Ausnahmen durch besondere gesetzliche Bestimmungen. Insbesondere ist die Übertragung von **Sachenrechten** im 3. Buch des BGB und seinen Nebengesetzen abschließend geregelt; manche Familienrechte sowie Urheberrechte und viele Mitgliedschaftsrechte sind überhaupt nicht übertragbar. So bleiben für die Anwendung des § 413 BGB hauptsächlich **gewerbliche Schutzrechte** (etwa Patent oder Marke), der **Miterbenanteil** (§ 2033 Abs. 1 BGB) und bestimmte **selbstständige Gestaltungsrechte.**

§ 63. Schuldnerschutz bei der Forderungsabtretung

Literatur: S. die Angaben vor → § 62 sowie Haertlein, Die Rechtsstellung des Schuldners einer abgetretenen Forderung, JuS 2007, 1063; Karollus, Unbeschränkter Schuldnerschutz nach § 409 BGB?, JZ 1992, 557; Kubis, Schuldnerschutz bei Forderungsabtretung und Einziehungsermächtigung, 2012; Schwarz, Zum Schuldnerschutz bei der Aufrechnung abgetretener Forderungen, AcP 203 (2003), 241.

I. Der Grundsatz

1 Abgetreten wird eine Forderung nach § 398 S. 1 BGB durch Vertrag zwischen dem alten und dem neuen Gläubiger, also gleichsam über den Kopf des „abgetretenen Schuldners" *(debitor cessus)* hinweg. Konsequenterweise darf dessen rechtliche Stellung durch die Abtretung nicht verschlechtert werden. Das wollen außer dem Abtretungsverbot in § 399 Alt. 2 BGB (→ § 62 Rn. 13) die §§ 404, 406 ff. BGB sichern.

2 Hinzunehmen hat der Schuldner aber diejenigen Unannehmlichkeiten, die sich für ihn aus dem Gläubigerwechsel als solchem ergeben, etwa weil der neue Gläubiger weniger entgegenkommend ist als der alte. Hinzunehmen ist auch die zusätzliche Mühe, die dem Schuldner durch buchhalterische Arbeiten oder etwa die Änderung eines Dauerauftrags entsteht. Da – in den Grenzen von Treu und Glauben – auch **Teilzessionen zulässig** sind, können dem Schuldner durch die damit herbeigeführte Spaltung der Gläubigerposition sogar noch größere Mühen entstehen als durch einen bloßen Gläubigerwechsel. Auch ist denkbar, dass bei dem neuen Gläubiger aufgrund dessen wirtschaftlicher Umstände (zB wegen der Inanspruchnahme eines Bankkredits) ein größerer Verzugsschaden als beim bisherigen Gläubiger entstehen kann.[1] Auch hiergegen ist der Schuldner nicht durchgängig geschützt. Es besteht also im Zessionsrecht über die speziellen Schutzvorschriften der §§ 404, 406 ff. BGB hinaus **kein allgemeines Verschlechterungsverbot** für den Schuldner.

Wenn der Schuldner solche Unannehmlichkeiten vermeiden will, muss er mit dem Gläubiger einen Abtretungsausschluss nach § 399 Alt. 2 BGB vereinbaren (→ § 62 Rn. 13). Allerdings lassen sich Eingriffe Dritter durch Maßnahmen der Zwangsvollstreckung (Pfändung und Überweisung auch auf diese Weise nicht verhindern, § 851 Abs. 2 ZPO.

---

[1] Allerdings kommt ein Verstoß gegen § 254 Abs. 2 BGB in Betracht, wenn der neue Gläubiger den Schuldner nicht auf den infolge der Abtretung drohenden höheren Verzugsschaden hinweist, vgl. BGHZ 128, 371 = NJW 1995, 1282.

II. Einwendungen des Schuldners gegen die Wirksamkeit der Abtretung

Der Schuldner kann sich jederzeit auf die **Unwirksamkeit der Abtretung** berufen. 3
Dazu gehören insbesondere die Nichtigkeit des Abtretungsvertrags, aber auch etwa die Nichtabtretbarkeit der Forderung gem. § 399 BGB. Dagegen ist die Unwirksamkeit des der Abtretung zugrundeliegenden Kausalgeschäfts (zB Forderungskauf) für den Schuldner grds. unerheblich. Denn diese beeinflusst nach dem Abstraktionsprinzip die Wirksamkeit der Abtretung nicht (→ § 62 Rn. 5).

Eine Ausnahme hiervon regelt § 405 BGB: Auf die Unwirksamkeit der Abtretung 4
wegen eines vertraglichen Abtretungsausschlusses nach § 399 Alt. 2 BGB kann sich der Schuldner gegenüber einem redlichen Erwerber nicht berufen dürfen, wenn dieser auf eine vom Schuldner ausgestellte **Schuldurkunde** vertraut hat, die das Abtretungsverbot nicht erkennen ließ.

III. Einwendungen des Schuldners gegen die Forderung

1. Einwendungserhalt nach § 404 BGB

Die wichtigste Vorschrift des Schuldnerschutzes ist § 404 BGB. Danach behält der 5
Schuldner trotz der Abtretung **alle Einwendungen,** die zur Zeit der Abtretung gegen den bisherigen Gläubiger begründet waren.

Zu den schon zur Zeit der Abtretung begründeten Einwendungen gehört zunächst 6
alles, was **zu dieser Zeit schon** dem Altgläubiger entgegengehalten werden konnte, unabhängig ob es sich dabei im Rechtssinne um Einreden oder Einwendungen handelt.[2] Das gilt insbesondere für alle **Einwendungen gegen das Entstehen der Forderung** (zB wegen der Nichtigkeit des Vertrags, aus dem die Forderung hergeleitet wird). In Betracht kommen auch **rechtshemmende Einwendungen,** zB wegen einer schon damals eingetretenen Verjährung oder eines Zurückbehaltungsrechts nach § 273 BGB. Ebenso gehören hierhin alle **Einwendungen,** die mit der Herkunft der abgetretenen Forderung aus einem gegenseitigen Vertrag zusammenhängen, insbesondere die Einrede des nichterfüllten Vertrags nach § 320 BGB.

Darüber hinaus erfasst die Vorschrift auch **erst nach der Abtretung eingetretene** 7
Umstände, falls nur deren einwendungsbegründende Kraft für das Schuldverhältnis „in dessen Inhalt – unabhängig von der Abtretung – ihren Grund findet".[3] So genügt etwa auch eine **Verjährung,** die sich erst nach der Abtretung vollendet. Der Neugläubiger tritt also in die laufende Verjährung ein (wobei es auch in Bezug auf die subjektiven Voraussetzungen des § 199 Abs. 1 Nr. 2 BGB für den Verjährungsbeginn allein auf Kenntnis/grobfahrlässige Unkenntnis des Altgläubigers ankommt[4]). Ausreichend ist auch ein erst nach der Abtretung entstandenes **Zurückbehaltungsrecht** (§ 273 BGB), wenn die abgetretene Forderung nicht vor der Entstehung dieses Zurückbehaltungsrechts geltend gemacht werden konnte.[5] Gleiches gilt für eine zur Zeit der Abtretung bestehende Anfechtbarkeit nach §§ 119 ff. BGB.

---

2 Zu dieser Unterscheidung s. nur Köhler BGB AT § 18 Rn. 10 ff.
3 RG 8.4.1929 – VI 635/28, RGZ 124, 111 (124).
4 BGH NJW 2014, 2429 Rn. 13.
5 BGHZ 58, 327 = NJW 1972, 1193.

2. Einwendung des Scheingeschäfts (§ 405 BGB)

8 Von der Regel des § 404 BGB macht jedoch § 405 BGB eine beschränkte Ausnahme: Wenn der Schuldner über die abgetretene Forderung eine Urkunde (einen **Schuldschein**) ausgestellt hatte und die Forderung **unter Vorlage** dieser Urkunde abgetreten worden ist, kann der Schuldner gegenüber dem **gutgläubigen Zessionar** nicht mehr geltend machen, Eingehung oder Anerkennung der Forderung seien nur zum Schein erfolgt oder die Abtretung sei durch Vereinbarung ausgeschlossen. Danach bleiben also die Nichtigkeit des die Forderung begründenden Vertrags aus § 117 Abs. 1 BGB oder ein vereinbarter Abtretungsausschluss unerheblich. Hier werden die Interessen des redlichen Erwerbers denjenigen eines Schuldners vorgezogen, der wissentlich eine unrichtige Urkunde (einen **„Scheinschuld-Schuldschein"**) ausgestellt hat. Allerdings verlangt die hM für die Zurechnung dieses Rechtsscheins zu Recht, dass der „Scheinschuldner" die unrichtige Urkunde auch bewusst in den Verkehr gebracht hat.[6] Auf gestohlene oder abhanden gekommene Urkunden ist § 405 BGB also nicht anzuwenden.

Nach hM handelt es sich bei § 405 BGB um einen ausnahmsweise möglichen **gutgläubigen Erwerb** einer Forderung vom Nichtberechtigten (→ § 62 Rn. 57) und nicht lediglich um einen Einwendungsausschluss. Deshalb kommt es, wenn der erste Erwerber die Forderung weiter abtritt, auf die Voraussetzungen des § 405 BGB nicht mehr an.[7] Der Zweiterwerb ist also auch dann wirksam, wenn dieser zweite Erwerber unredlich ist oder wenn ihm die Urkunde nicht vorgelegt wurde. Allerdings leben die Einwendung aus § 117 Abs. 1 BGB nach § 242 BGB wieder auf, wenn der erste Erwerber die Forderung an den Veräußerer zurückabtritt.[8]

9 Eine **analoge Anwendung** des § 405 BGB auf andere Einwendungen als die aus § 117 Abs. 1 BGB kommt grds. nicht in Betracht. Auf das Fehlen solcher Einwendungen (etwa der Einrede des nichterfüllten Vertrags nach § 320 BGB) darf aufgrund eines hierüber schweigenden Schuldscheins nicht vertraut werden. Dagegen kann unabhängig von § 405 BGB jede Einwendung verlorengehen, wenn der Schuldner auf eine entsprechende Frage des Gläubigers die Forderung wissentlich unrichtig als einredefrei bezeichnet. Man kann das als **Verzicht** des Schuldners auf die Einrede oder als **deklaratorisches Anerkenntnis**[9] auffassen.

10 Eine analoge Anwendung von § 405 BGB ist aber anerkannt, wenn eine (tatsächlich bestehende) Forderung nur **zum Schein abgetreten** wurde, über die Abtretung eine Urkunde ausgestellt wurde und der (scheinbare) Erwerber die Forderung unter Vorlage der Urkunde weiter abtritt.[10]

IV. Erhalt der Aufrechnungsmöglichkeit (§ 406 BGB)

11 Hat der Schuldner gegen den Neugläubiger eine Gegenforderung, so kann er – unter den weiteren Voraussetzungen der §§ 387 ff. BGB – selbstverständlich diesem gegenüber aufrechnen. § 406 BGB regelt demgegenüber, ob und unter welchen Voraussetzungen dem Schuldner unter bestimmten Voraussetzungen auch die Möglichkeit er-

[6] Looschelders SchuldR AT § 52 Rn. 41; MüKoBGB/Kieninger § 405 Rn. 6.
[7] So die hM, vgl. MüKoBGB/Kieninger § 405 Rn. 8 mwN.
[8] BeckOGK/Lieder BGB § 405 Rn. 51 mwN; aA MüKoBGB/Roth/Kieninger § 405 Rn. 8.
[9] S. dazu Medicus/Lorenz SchuldR BT § 57 Rn. 13 f.
[10] RG 23.5.1917 – Rep. V. 29/17, RGZ 90, 273; Looschelders SchuldR AT § 52 Rn. 43.

halten bleibt, mit einer Forderung gegen den Altgläubiger auch **dem Neugläubiger gegenüber** aufzurechnen und die abgetretene Forderung so nach § 389 BGB zum Erlöschen zu bringen. Es handelt sich dabei um eine Ausnahme des Erfordernisses der **Wechselseitigkeit** der Forderungen bei der Aufrechnung (→ § 24 Rn. 5).

Der Unterschied zu § 407 Abs. 1 BGB besteht dabei darin, dass es nicht darum geht, ob der Neugläubiger eine gegenüber oder vom Altgläubiger erklärte Aufrechnung gegen sich gelten lassen muss (→ Rn. 17), sondern darum, ob der Schuldner mit einer Forderung gegen den Altgläubiger auch **gegenüber dem Neugläubiger** aufrechnen kann.

Die Regelung ist nicht ganz einfach zu verstehen. Sie wird aber klarer, wenn man sich 12
ihren **Zweck** vor Augen führt. Dieser besteht in allen Fallgruppen darin, dem Schuldner die Aufrechnung gegenüber dem Neugläubiger mit einer Gegenforderung gegen den Altgläubiger immer dann zu gestatten, wenn er ohne die Abtretung der gegen ihn gerichteten Hauptforderung **damit rechnen durfte, diese durch Aufrechnung tilgen zu können.**[11] Das ist dann der Fall, wenn der Schuldner schon **vor der Abtretung hätte aufrechnen können** (→ Rn. 13) oder beim Erwerb seiner Forderung gegen den Altgläubiger die bereits vorher erfolgte **Abtretung nicht kannte** und deshalb darauf vertrauen durfte, damit aufrechnen zu können (→ Rn. 14).

1. Erhalt der vor der Abtretung bestehenden Aufrechnungslage

In der ersten Fallgruppe des § 406 BGB geht es nicht um das Fehlen der Kenntnis des 13
Schuldners von der Abtretung, sondern darum, dem Schuldner die zur Zeit der Abtretung begründete **Aufrechnungslage zu erhalten.**[12] Nach § 406 BGB kann der Schuldner also auch bei Kenntnis der erfolgten Abtretung gegenüber dem Neugläubiger mit einer ihm gegen den Altgläubiger zustehenden Forderung aufrechnen. § 406 BGB ergänzt insoweit § 404 BGB.

Eine Ausnahme von der Aufrechnungsbefugnis macht § 406 BGB aE: Wenn die Forderung des Schuldners später als die abgetretene Forderung fällig geworden ist, konnte sich der Schuldner schon vor der Abtretung nicht auf die Aufrechnung gegenüber dem damaligen Gläubiger verlassen. Dieser hätte nämlich die Forderung gegen ihn geltend machen können, ohne dass der Schuldner hätte aufrechnen können (weil seine sog. Aktivforderung zu diesem Zeitpunkt noch nicht fällig war, dazu → § 24 Rn. 11). Damit hat die Abtretung die Lage des Schuldners insoweit nicht verschlechtert, weshalb er hier gegenüber dem Neugläubiger dieselbe Zahlungspflicht haben soll, mit der er auch dem Altgläubiger gegenüber rechnen musste.

2. Erwerb der Gegenforderung im guten Glauben an eine Aufrechnungslage

In der zweiten Fallgruppe des § 406 BGB kommt die mangelnde Kenntnis des 14
Schuldners von der Abtretung (auch aus einer Vorausabtretung)[13] ins Spiel. Solange diese Unkenntnis dauert, kann der Schuldner bereits nach § 407 Abs. 1 BGB noch **gegenüber dem Altgläubiger** aufrechnen (→ Rn. 18). Das setzt aber voraus, dass er zum Zeitpunkt der **Aufrechnungserklärung** die Abtretung nicht kannte. Nach § 406 BGB kann der Schuldner aber auch bei zwischenzeitlicher Kenntnis der Abtretung noch **gegenüber dem Neugläubiger** die Aufrechnung erklären, wenn er die Abtretung beim **Erwerb** der Forderung, mit der er jetzt aufrechnen will, nicht gekannt hat. Hier hat also die Aufrechnungslage bei der Abtretung noch gar nicht bestanden.

---

11 BGH NJW 2013, 2592 Rn. 12.
12 Zum Begriff der Aufrechnungslage → § 24 Rn. 3.
13 BGH NJW 2002, 2865.

Der Schuldner hat aber beim Erwerb seiner Gegenforderung gegen den Altgläubiger darauf vertrauen dürfen, mit dieser im Wege der Aufrechnung die Forderung des Altgläubigers tilgen zu können.

Auch hier passt die Ausnahme des § 406 BGB aE: Wenn die Forderung des Schuldners erst nach der Erlangung der Kenntnis (von der Abtretung) und erst später als die abgetretene Forderung fällig geworden ist, hat er nicht damit rechnen dürfen, diese zur Aufrechnung gegenüber dem Altgläubiger einsetzen zu können.

15 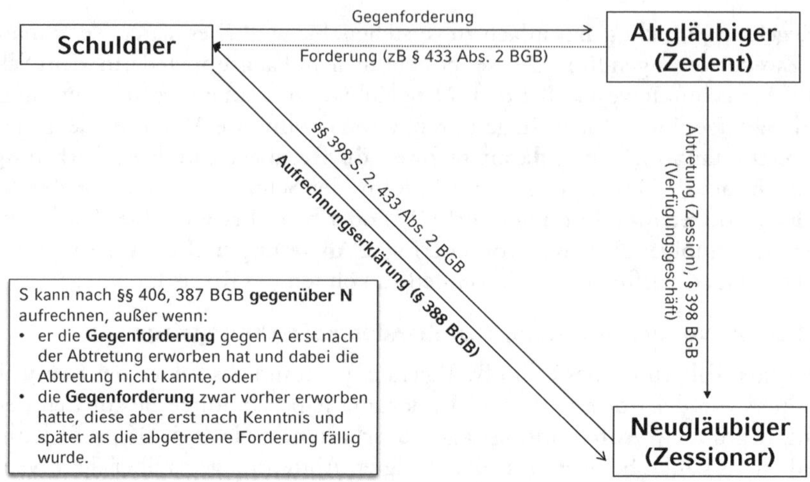

Abb. 12: Aufrechnung durch den Schuldner gegenüber dem Neugläubiger (§ 406 BGB)

V. Der Schutz des gutgläubigen Schuldners

16 Die Abtretung braucht nach § 398 BGB dem Schuldner nicht mitgeteilt zu werden. Daher besteht insbesondere die Gefahr, dass der Schuldner in Unkenntnis der Abtretung nach dieser noch an den Altgläubiger leistet. Hier und in ähnlichen Situationen gewähren die §§ 407–409 Abs. 1 BGB dem **gutgläubigen Schuldner** Schutz.

1. Befreiende Leistung an den Altgläubiger und Rechtsgeschäfte „in Ansehung der Forderung" (§ 407 BGB)

17 Leistet der Schuldner an den Altgläubiger, ohne dass dieser zur Einziehung der Forderung ermächtigt ist, so tritt weder nach § 362 Abs. 1 BGB noch nach § 362 Abs. 2 BGB Befreiungswirkung ein (→ § 21 Rn. 4 f.). Das ist dann eine evidente Härte, wenn der Schuldner in Unkenntnis der Zession an den bisherigen Gläubiger leistet. Hiervor schützt ihn § 407 BGB: Eine Leistung an den bisherigen Gläubiger hat Befreiungswirkung, sofern nicht der neue Gläubiger darlegt und beweist, dass der Schuldner bei der Leistung **positive Kenntnis** von der Abtretung hatte (auch grobe Fahrlässigkeit schadet nicht!). Es ist also im Interesse des Zessionars, den Schuldner von der Abtretung in Kenntnis zu setzen, um diesen Effekt zu verhindern.

Hat der Schuldner nach §§ 362, 407 BGB befreiend an den Altgläubiger geleistet, kann ihn der neue Gläubiger gem. § 816 Abs. 2 BGB auf Herausgabe des Erlangten in Anspruch nehmen.[14]

§ 407 BGB gilt über die Bewirkung von Leistungen hinaus auch für **Rechtsgeschäfte,** die der bisherige Gläubiger mit dem Schuldner nach der Abtretung „in Ansehung der Forderung" vornimmt. Das erfasst etwa **Stundungsvereinbarungen, Aufrechnungs-** und **Erlassverträge** oder eine **Leistung an Erfüllungs statt.** Auch **einseitige Rechtsgeschäfte** wie zB eine **Aufrechnung** zwischen Schuldner und Altgläubiger (sowohl seitens des Altgläubigers als auch des Schuldners gegenüber diesem) fallen unter § 407 Abs. 1 BGB (zur Aufrechnung gegenüber dem **Neugläubiger** → Rn. 11). 18

Nach dem Schutzzweck der Regelung werden allerdings nur **dem Schuldner günstige Rechtsgeschäfte** erfasst. Eine Mahnung oder Kündigung seitens des Altgläubigers bleiben mangels Forderungsinhaberschaft unwirksam. Auch eine Hemmung oder ein Neubeginn der Verjährung (zB durch Anerkenntnis des Schuldners gegenüber dem Altgläubiger, § 212 Abs. 1 Nr. 1 BGB) fallen nicht unter § 407 Abs. 1 BGB.

19

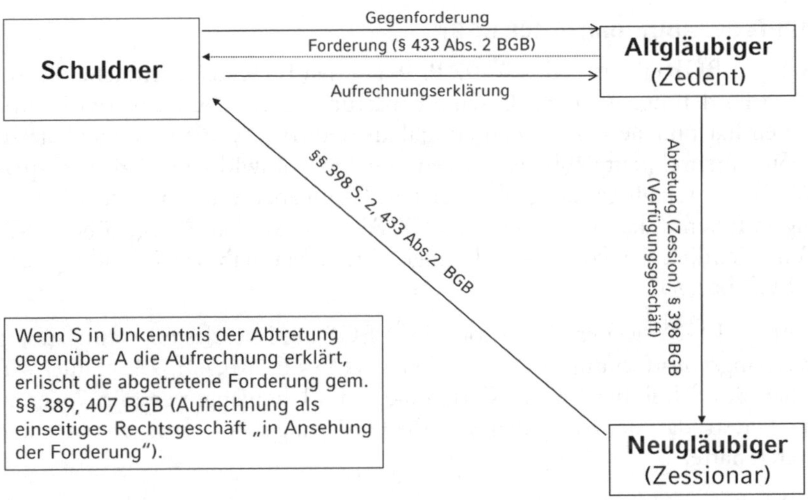

Abb. 13: Aufrechnung gegenüber dem Altgläubiger (§ 407 BGB)

§ 407 Abs. 2 BGB ergänzt diesen Schutz für die **Prozessführung.** Wenn der Schuldner, noch bevor er von der Abtretung erfahren hat, vom Altgläubiger verklagt wird, wirkt das Urteil auch gegen den Neugläubiger. Kennt dagegen der Schuldner bei der Klagerhebung die Abtretung schon, so kann er durch die Verteidigung mit eben dieser Abtretung ohne Weiteres die Klage zu Fall bringen. Denn der klagende Altschuldner hat ja aufgrund der Abtretung keinen Anspruch mehr. 20

[14] S. dazu Medicus/Lorenz SchuldR BT § 64 Rn. 18 ff.

Wird die Forderung erst nach der Klageerhebung abgetreten, so bleibt der Altgläubiger für die Prozessführung nach § 265 ZPO zuständig; die Urteilswirkung gegen den Neugläubiger folgt dann aus § 325 ZPO.[15]

21 Rechtsfolge von § 407 BGB ist in seinen beiden Absätzen jeweils, dass der Neugläubiger die genannten Umstände „gegen sich gelten lassen" muss. Daraus wird geschlossen, dass § 407 BGB nur wirkt, wenn der Schuldner sich auf dessen Rechtsfolgen beruft.[16] Somit hat der **Schuldner ein Wahlrecht:** Hat er zB vor Kenntnis von der Abtretung an den Altgläubiger gezahlt, so kann er sich entweder dem Neugläubiger gegenüber auf die Befreiung nach §§ 407 Abs. 1, 362 Abs. 1 BGB berufen (der sich dann nach § 816 Abs. 2 BGB an den Altgläubiger halten kann). Der Schuldner kann aber auch ungeachtet des § 407 Abs. 1 BGB seine Leistung an den Altgläubiger im Wege der Leistungskondiktion **zurückfordern** (§ 812 Abs. 1 S. 1 Alt. 1 BGB), muss dann aber an den Neugläubiger leisten. Diese zweite Möglichkeit wird dem Schuldner gelegen kommen, wenn er seine Verbindlichkeit gegenüber dem Neugläubiger durch Aufrechnung mit einer Forderung erledigen kann, deren Durchsetzung sonst schwierig wäre.

2. Mehrfache Abtretung (§ 408 BGB)

22 § 408 Abs. 1 BGB erweitert den § 407 BGB auf den Fall einer mehrfachen Abtretung derselben Forderung. Wenn zB G seine Forderung gegen S zunächst (wirksam) an A abgetreten hat und sie später noch einmal an B abtritt, ist diese zweite Abtretung – weil von einem Nichtgläubiger vorgenommen – unwirksam (**Prioritätsprinzip,** → § 62 Rn. 8). Gläubiger des S bleibt also A. Wenn aber S nur die (unwirksame) Abtretung an B kennt, kann er sich nach § 408 Abs. 1 BGB dem A gegenüber wegen der mit B hinsichtlich der Forderung durchgeführten Maßnahmen (Erfüllung usw) auf § 407 BGB berufen.

23 § 408 Abs. 2 BGB erweitert den § 408 Abs. 1 BGB auf Fälle des Forderungsübergangs durch Zwangsvollstreckung oder kraft Gesetzes (→ § 61 Rn. 4 ff.). Auch hier wird das Vertrauen des Schuldners in die Wirksamkeit des Übergangs geschützt, wenn diese daran scheitert, dass der erste Gläubiger die Forderung schon „still" an einen anderen abgetreten hatte.

Beispiele: G tritt seine Forderung gegen S zunächst an A ab, ohne dass S davon erfährt. Später pfändet B aufgrund eines Titels gegen G dessen Forderung und lässt sie sich überweisen; der Pfändungs- und Überweisungsbeschluss wird dem S nach §§ 829, 835 ZPO zugestellt (in diesen Vorschriften heißt S „Drittschuldner"). Hier sind Pfändung und Überweisung unwirksam, weil nicht mehr G Gläubiger war, sondern A. Trotzdem wird S bei einer Leistung an B nach § 408 Abs. 2 BGB geschützt und muss nicht nochmals an A leisten.

3. Unrichtige Abtretungsanzeige oder -urkunde (§ 409 BGB)

24 § 409 Abs. 1 BGB erstreckt den Schuldnerschutz auf eine ausdrückliche **Abtretungsanzeige** des (wahren) Gläubigers. Die Regelung behandelt gleichsam den Gegenfall zu §§ 407, 408 BGB: Während es bei §§ 407, 408 BGB darum geht, dass der Schuldner die wirksame Abtretung nicht kennt und an den Altgläubiger zahlt, geht es bei § 409 Abs. 1 BGB darum, dass dem Schuldner eine **nicht existierende** oder **unwirk-**

[15] S. dazu M. Huber JuS 2010, 582.
[16] BGHZ 52, 150 (153) = NJW 1969, 1479.

same Abtretung mitgeteilt wurde und er deshalb an einen nur **vermeintlichen Neugläubiger** bezahlt. In diesem Fall muss der Gläubiger die Anzeige gegen sich gelten lassen, wenn die Abtretung nicht erfolgt oder unwirksam ist. Wenn der Schuldner dann an den (vermeintlichen) Neugläubiger leistet, wird er nach §§ 409 Abs. 1, 362 Abs. 1 BGB befreit. Dieser Anzeige direkt an den Schuldner steht eine Urkunde gleich, die der Gläubiger dem (angeblichen) Neugläubiger ausstellt und die dieser dann dem Schuldner vorlegt.

Eine befreiende Leistung nach § 409 BGB setzt allerdings voraus, dass der (vermeintliche) Zedent tatsächlich Gläubiger der Forderung war und über diese auch verfügen konnte. Sie kommt deshalb nicht zur Anwendung, wenn der angezeigten Abtretung ein Abtretungsverbot entgegenstand oder der Gläubiger zB wegen der Eröffnung eines Insolvenzverfahrens gem. § 21 Abs. 2 Nr. 2 InsO, § 24 InsO, § 81 InsO über die Forderung nicht mehr verfügen konnte.[17]

§ 409 Abs. 1 BGB macht den Schutz des Schuldners nicht davon abhängig, ob er die **Unrichtigkeit der Anzeige oder der Urkunde kennt.**[18] Er soll eben gerade nicht zu einer Auseinandersetzung mit dem (vermeintlichen) Neugläubiger und den damit verbundenen Beweisschwierigkeiten gezwungen sein, sondern an diesen ohne Weiteres befreiend leisten dürfen.[19] 25

4. Leistung nur gegen Aushändigung einer Abtretungsurkunde oder Vorliegen einer Abtretungsanzeige (§ 410 BGB)

Da der Schuldner an der Abtretung nicht beteiligt ist und ihm diese auch nicht angezeigt werden muss, kann er, wenn er von dem neuen Gläubiger in Anspruch genommen wird, häufig nicht sicher sein, ob tatsächlich eine Abtretung erfolgt ist. Liegt sie tatsächlich nicht vor, wird er durch die Leistung an den (nur scheinbaren) Neugläubiger nicht nach § 362 Abs. 1 BGB befreit, weil er nicht an den Gläubiger geleistet hat und muss erneut leisten. Will er dieses Risiko nicht eingehen, liegt aber tatsächlich eine wirksame Abtretung vor, riskiert er ua, gegenüber dem Neugläubiger in Verzug (§ 286 BGB) zu geraten. Vor diesem Dilemma schützt ihn § 410 Abs. 1 BGB.[20] Der Schuldner muss an den neuen Gläubiger nur gegen **Aushändigung einer Abtretungsurkunde** leisten (wobei wohl eine Fotokopie derselben ausreichen dürfte).[21] Legt der neue Gläubiger diese vor, ist der Schuldner auch im Fall der Unwirksamkeit der Abtretung durch § 409 Abs. 1 S. 2 BGB geschützt. Da dieser Schutz nach § 409 Abs. 1 S. 1 BGB auch eingreift, wenn die Abtretung dem Schuldner vom Altgläubiger angezeigt wurde, ist es nur konsequent, dass der Schuldner in diesem Fall nicht die Aushändigung einer Abtretungsurkunde verlangen kann (§ 410 Abs. 2 BGB). 26

§ 410 BGB begründet aber keinen Anspruch auf Aushändigung einer Abtretungsurkunde, sondern stellt nach richtiger Auffassung eine **Einrede** des Schuldners „eigener Art" dar, die dieser geltend machen muss und welche analog § 274 BGB zur Leistung Zug-um-Zug führt. Der Neugläubiger muss also nicht etwa unaufgefordert eine Abtretungsurkunde aushändigen, um die Forderung geltend machen zu können.[22]

---

17 BGH NJW-RR 2012, 1130 Rn. 12.

18 Etwa RG 12.11.1929 – VII 188/29, RGZ 126, 183 (185); BGHZ 29, 76 (82) = NJW 1959, 431.

19 Looschelders SchuldR AT § 52 Rn. 62; zu den Gegenansichten s. BeckOGK/Lieder BGB § 409 Rn. 35 ff mwN.

20 BGH NJW 2012, 3426 Rn. 13.

21 BAG WM 1968, 1047 (1049); offen gelassen in BGH NJW 2012, 3426 Rn. 16; zur Gegenansicht s. BeckOGK/Lieder BGB § 410 Rn. 17 mwN.

22 BGH NJW 2007, 1269.

Die Erhebung der Einrede durch den Schuldner kann im Einzelfall treuwidrig sein (§ 242 BGB), wenn dessen anderweitige Inanspruchnahme durch den Zedenten nach Lage des Falles sicher ausgeschlossen ist.

27 Ebenfalls aus der geschilderten Ungewissheit des Schuldners erklärt sich § 410 Abs. 1 S. 2 BGB. Danach ist eine Kündigung oder Mahnung des Neugläubigers nach § 410 Abs. 1 S. 2 BGB unwirksam, wenn dieser dabei keine Abtretungsurkunde vorlegt und der Schuldner die Kündigung bzw. Mahnung aus diesem Grund unverzüglich zurückweist.

§ 64. Die Schuldübernahme

Literatur: Grigoleit/Herresthal, Die Schuldübernahme, JURA 2002, 393; S. Lorenz, Grundwissen Zivilrecht: Schuldübernahme, Erfüllungs- und Vertragsübernahme, JuS 2019, 424; Rimmelspacher, Schuldübernahmetheorien und Anfechtbarkeit der befreienden Schuldübernahme, JR 1969, 201.

I. Zustandekommen

1. Mitwirkung des Gläubigers

1 Eine **befreiende Schuldübernahme** (auch: privative Schuldübernahme) kann nicht einfach parallel zur Forderungsabtretung (§ 398 BGB) durch Vertrag zwischen dem Altschuldner und dem Übernehmer vereinbart werden. Da der Wert einer Forderung auch und gerade von der Person des Schuldners abhängt, werden durch dessen Auswechslung auch die Interessen des Gläubigers berührt. Daher bedarf es zur Schuldübernahme einer Mitwirkung des Gläubigers. Für diese kennt das BGB zwei Formen.

a) Vertrag zwischen Gläubiger und Übernehmer (§ 414 BGB)

2 Nach § 414 BGB kann die Schuldübernahme durch Vertrag **zwischen dem Gläubiger und dem neuen Schuldner** (Übernehmer) vereinbart werden. Der bisherige Schuldner verliert dann seine Schuldnerstellung **ohne eigene Beteiligung an diesem Rechtsgeschäft.** Vor dem Hintergrund, dass der Übernehmer auch gegen den Willen des Schuldners dessen Verbindlichkeit gegenüber dem Gläubiger begleichen könnte (§ 267 BGB), ist das zumindest konsequent.

Daher lässt sich ein Zurückweisungsrecht des bisherigen Schuldners auch nicht in Analogie zu §§ 333, 2176 BGB begründen.[1] Die Zurückweisung durch den Schuldner würde nämlich dem Gläubiger den schon erworbenen Anspruch gegen den Schuldübernehmer wieder entziehen.

3 Der Vertragsschluss ist grds. **formlos** möglich. Bestehen aber für das betreffende Schuldverhältnis selbst Formvorschriften, so gelten diese zumindest dann auch für die Schuldübernahme, wenn die Form der **Warnung oder dem Schutz vor Übereilung** dient.[2] Die Übernahme der Pflicht zur Übereignung eines Grundstücks (nicht aber zur Zahlung des Kaufpreises!) bedarf daher der Form des § 311b Abs. 1 BGB, die Übernahme der Pflicht aus einem Schenkungsvertrag unterliegt der Form des § 518 BGB.

b) Vertrag zwischen Altschuldner und Übernehmer (§ 415 BGB)

4 Die Schuldübernahme kann auch **zwischen dem Altschuldner und dem Übernehmer** vereinbart werden. In der Praxis ist diese Form der Schuldübernahme häufiger anzutreffen. Ihre Wirksamkeit verlangt dann aber eine **Genehmigung des Gläubi-**

[1] Str., ebenso etwa MüKoBGB/Heinemeyer § 414 Rn. 36.
[2] MüKoBGB/Heinemeyer § 414 Rn. 10 mwN.

gers, § 415 Abs. 1 S. 1 BGB, § 182 BGB, § 184 BGB. Dabei haben es die Schuldner in der Hand, wann sie die zur endgültigen Wirksamkeit führende Genehmigung des Gläubigers herbeiführen wollen. Nach § 415 Abs. 1 S. 2, 3 BGB kann der Gläubiger nämlich den Übernahmevertrag zwischen den Schuldnern nicht schon genehmigen, wenn er irgendwie davon erfahren hat. Vielmehr bedarf es zunächst einer (bis zur Genehmigung nicht bindenden) **Mitteilung** durch den Schuldner oder den Übernehmer. § 415 Abs. 2 S. 2 BGB gestattet es überdies, durch Fristsetzung eine rasche Entscheidung des Gläubigers über die Genehmigung herbeizuführen. An die Bejahung eines konkludent erklärten Einverständnisses des Gläubigers sind strenge Anforderungen zu stellen.[3]

Für den praktisch bedeutsamsten Fall der befreienden Schuldübernahme erleichtert § 416 BGB die Herbeiführung der Genehmigung des Gläubigers. Wenn ein Grundstück verkauft und übereignet wird, welches mit einer **Hypothek** zur Sicherung einer Verbindlichkeit des Veräußerers belastet ist, wird der Erwerber die durch die Hypothek gesicherte Schuld häufig unter Anrechnung auf den Kaufpreis übernehmen wollen, um den aufzubringenden Kaufpreisteil niedriger zu halten. Weil die Verbindlichkeit meist schon durch die Hypothek hinreichend zuverlässig gesichert ist, kommt es dem Gläubiger auf die Person des Schuldners oft nicht mehr wesentlich an. Daher fingiert § 416 Abs. 1 S. 2 BGB die Genehmigung des Gläubigers, wenn dieser 6 Monate lang schweigt. Diese Frist beginnt mit einer schriftlichen, auf die Rechtslage hinweisenden Mitteilung des Veräußerers, die nach der Eintragung des Erwerbers ins Grundbuch erfolgen muss. Wegen der Gleichheit der Interessenlage kann man die in § 416 BGB auf die Hypothek beschränkte Regelung auf die **Sicherungsgrundschuld** entsprechend anwenden.[4] 5

Nach hM ist die Mitteilung bei § 415 Abs. 1 S. 2 BGB, § 416 BGB eine **rechtsgeschäftsähnliche Handlung;** die Vorschriften über Willenserklärungen gelten entsprechend. Für die Genehmigung durch den Gläubiger gelten diese Vorschriften direkt. 6

Heftig umstritten ist, unter welchen Voraussetzungen der vom Altschuldner arglistig getäuschte Übernehmer die Schuldübernahme nach § 123 BGB anfechten kann, wenn diese bereits vom Gläubiger genehmigt wurde. Die hM lässt hier eine Anfechtung unabhängig von der Einschränkung des § 123 Abs. 2 BGB zu.[5] Die (zutreffende) Gegenansicht will dagegen die Anfechtung davon abhängig machen, ob der Gläubiger die Täuschung durch den Altschuldner kannte oder kennen musste (§ 123 Abs. 2 BGB).[6] Sie begründet dies ua damit, dass auch bei einer Schuldübernahme nach § 414 BGB die Anfechtung nur bei Bösgläubigkeit des Gläubigers möglich sei. 7

2. Schuldübernahme und Grundgeschäft

Die Schuldübernahme enthält nach richtiger Ansicht neben einer Verpflichtung des Neuschuldners eine **Verfügung des Gläubigers** über die Forderung, weil der Schuldnerwechsel eine Inhaltsänderung der Forderung bewirkt.[7] Bei der Schuldübernahme 8

[3] BGH NJW 1983, 678.
[4] MüKoBGB/Heinemeyer § 416 Rn. 4 mwN auch zur Gegenansicht.
[5] BGHZ 31, 321 (327 f.) = NJW 1960, 621; Looschelders SchuldR AT § 53 Rn. 16.
[6] Grigoleit/Herresthal JURA 2002, 400.
[7] Looschelders SchuldR AT § 53 Rn. 2.

nach § 414 BGB nimmt der Gläubiger diese Verfügung selbst vor. Bei der Schuldübernahme nach § 415 BGB verfügt der Altschuldner als Nichtberechtigter, und diese Verfügung wird dann nach § 185 Abs. 2 S. 1 Fall 1 BGB durch die Genehmigung des berechtigten Gläubigers wirksam.

9 Der Schuldübernahme wird idR ein Verpflichtungsgeschäft zwischen Alt- und Neuschuldner zugrunde liegen. In dem wichtigen Fall von § 416 BGB ist das die Verrechnungsabrede in dem Kaufvertrag (zB: Der Kaufpreis beträgt 300.000 EUR; da der Käufer eine Schuld des Verkäufers von 100.000 EUR übernimmt, bleiben nur noch 200.000 EUR zu zahlen).

10 Das **Verhältnis zwischen** dem **Grundgeschäft** und der **Verfügung** wird ebenso wie bei der Forderungsabtretung durch das **Abstraktionsprinzip** bestimmt. Die Unwirksamkeit des Grundgeschäfts (zB die Nichtigkeit des Grundstückskaufs mit der Verrechnungsabrede) allein beeinträchtigt die Schuldübernahme nicht. In diesem Sinn sagt auch § 417 Abs. 2 BGB noch ausdrücklich, dass aus dem Grundverhältnis zwischen Alt- und Neuschuldner keine Einwendungen gegenüber dem Gläubiger hergeleitet werden können. Vielmehr muss dann der Neuschuldner vom Altschuldner den Wert der Befreiung, die dieser rechtsgrundlos erlangt hat, nach § 812 Abs. 1 S. 1 Alt. 1 BGB, § 818 Abs. 2 BGB ersetzt verlangen.

Nach der Rspr. kann eine nach § 415 Abs. 1 S. 1 BGB vorgenommene Schuldübernahme zusammen mit dem Grundgeschäft ein **einheitliches Geschäft** bilden, so dass die Unwirksamkeit des Grundgeschäfts nach § 139 BGB auch die Schuldübernahme ergreift.[8] Allerdings lässt sich eine solche Ausnahme vom Abstraktionsprinzip nicht ohne Weiteres bejahen. Zu prüfen bleibt aber (wie stets im Verhältnis Verpflichtung – Verfügung) **Fehleridentität;** nämlich ob derselbe Grund, der die Wirksamkeit der Verpflichtung hindert, auch der Verfügung entgegensteht. Das war in dem vom BGH entschiedenen Fall wohl zu bejahen, weil dort die arglistige Täuschung des Neuschuldners durch den Altschuldner auch die Mitwirkung des Neuschuldners an der Verfügung bewirkt hatte.

II. Wirkungen

1. Übergang der Schuldnerstellung

11 Die Schuldübernahme bewirkt, dass der **Neuschuldner an die Stelle des Altschuldners** tritt und damit dem Gläubiger dasselbe schuldet, was bis dahin der Altschuldner geschuldet hat. Daher kann nach § 417 Abs. 1 S. 1 BGB der Neuschuldner dem Gläubiger auch die **Einwendungen des Altschuldners** entgegensetzen. Allerdings darf der Neuschuldner nach § 417 Abs. 1 S. 2 BGB nicht mit einer dem Altschuldner zustehenden Forderung aufrechnen. Denn hierdurch würde sich der Neuschuldner nämlich mit Mitteln des Altschuldners befreien, was durch das Grundverhältnis der Schuldübernahme nicht gedeckt ist.

12 Stets berufen kann sich der Neuschuldner auf **Mängel der Schuldübernahme** selbst (bei Vorliegen solcher Mängel ist er eben nicht Schuldner geworden). Zudem kann der Neuschuldner **eigene Einwendungen** gegen den Gläubiger haben, zB mit einer ihm gegen den Gläubiger zustehenden Forderung aufrechnen oder deswegen ein Zurückbehaltungsrecht ausüben.

[8] Etwa BGHZ 31, 321 (323) = NJW 1960, 621.

2. Erlöschen von Sicherheiten

Nach § 418 Abs. 1 S. 1, 2 BGB **erlöschen** die für die Forderung bestellten **Bürgschaften** und **Pfandrechte. Hypotheken** werden wie bei einem Verzicht (§ 1168 Abs. 1 BGB) **vom Eigentümer** erworben (und werden damit gem. § 1177 BGB zu **Eigentümergrundschulden**). Das erklärt sich aus der Interessenlage des Sicherungsgebers. Dieser hat nämlich das Risiko der Sicherheit im Hinblick auf die Person eines bestimmten Schuldners übernommen. Wechselt dieser, so darf das geänderte Risiko dem Sicherungsgeber nicht zugemutet werden. Wegen der identischen Interessenlage ist § 418 Abs. 1 S. 1 BGB auf **nichtakzessorische Sicherheiten (Sicherungseigentum, Sicherungsgrundschuld, Sicherungsabtretung)** analog anzuwenden.[9] Dieser Rücksicht bedarf es nicht, wenn die Sicherheit von dem Alt- oder dem Neuschuldner selbst stammt (so bei § 416 BGB) oder wenn der Sicherungsgeber in die Schuldübernahme einwilligt (§ 418 Abs. 1 S. 3 BGB). Ein mit der Forderung verbundenes Vorrecht in der Insolvenz erlischt nach § 418 Abs. 2 BGB hingegen zwingend. 13

Strittig ist, ob man § 418 Abs. 1 BGB auf **gesetzliche Sicherheiten** (sie sind nicht „bestellt"!) erweitern kann. Das sollte bejaht werden, wenn der Sicherungsgeber – ebenso wie bei „bestellten" Sicherungen – in der Wahl des Schuldners frei ist (zB bei § 566 Abs. 2 BGB, § 578 BGB).[10]

III. Die Erfüllungsübernahme

Wenn der Gläubiger eine zwischen Alt- und Neuschuldner vereinbarte Schuldübernahme nicht genehmigt, kann der Altschuldner nicht befreit werden. Gemäß § 415 Abs. 3 BGB ist dann aber „im Zweifel" (Auslegungsregel!) der (verhinderte) Übernehmer dem (bleibenden) Schuldner gegenüber zur Befriedigung des Gläubigers verpflichtet (sog. **Erfüllungsübernahme**). Diese Verpflichtung erfüllt er, indem er gem. § 267 BGB als Dritter an den Gläubiger leistet. § 329 BGB stellt für eine solche vereinbarte Erfüllungsübernahme klar, dass dem Gläubiger daraus kein eigener Anspruch gegen den (verhinderten) Übernehmer erwächst. Es liegt also gerade kein echter Vertrag zugunsten Dritter vor (→ § 66 Rn. 11). Gleiches gilt für die durch Umdeutung gewonnene Erfüllungsübernahme in § 415 Abs. 3 BGB. Der Gläubiger muss sich eben entscheiden: Wenn er einen Anspruch gegen den Übernehmer will, mag er genehmigen, verliert dabei aber den Anspruch gegen den bisherigen Schuldner. Genehmigt er nicht, wirkt die Erfüllungsübernahme nur im Innenverhältnis zwischen Schuldner und (gescheitertem) Übernehmer. 14

IV. Schuldbeitritt (kumulative Schuldübernahme)

Bei dem – gesetzlich nicht geregelten – **Schuldbeitritt (kumulative Schuldübernahme,** von lat. *„cumulare"* = anhäufen) tritt der neue Schuldner nicht an die Stelle des bisherigen Schuldners, sondern übernimmt zusätzlich zu diesem die Verbindlichkeit als Gesamtschuldner. Dies dient der Kreditsicherung und wird deshalb bei → § 70 Rn. 5 ff. erörtert. 15

[9] Looschelders SchuldR AT § 53 Rn. 13.

[10] So MüKoBGB/Heinemeyer § 418 Rn. 2, verneinend Looschelders SchuldR AT § 53 Rn. 13.

§ 65. Die Vertragsübernahme

Literatur: Dörner, Anfechtung und Vertragsübernahme, NJW 1986, 2916; Emmerich, Die Anfechtung der Vertragsübernahme, JuS 1998, 495; Klimke, Die Vertragsübernahme, 2010; S. Lorenz, Grundwissen Zivilrecht: Schuldübernahme, Erfüllungs- und Vertragsübernahme, JuS 2019, 424; Wagemann, Die gestörte Vertragsübernahme, AcP 205 (2005), 547; E. Wagner, Form und Beschränkung der Vertragsübernahme sowie der Einwilligung hierzu, JuS 1997, 690.

I. Die Vertragsübernahme und das BGB

1 Vor allem in gegenseitigen Verträgen steht jedem Partner eine Rechtsposition zu, die Forderungen, Verbindlichkeiten und womöglich auch Gestaltungsrechte umfasst. Die Übertragung dieser Position im Ganzen, also die **Auswechslung eines Vertragspartners,** ist im Allgemeinen Schuldrecht nicht geregelt. Nach einer solchen Auswechslung besteht aber ein erhebliches praktisches Bedürfnis. Insbesondere bei einer Geschäftsübernahme wird der Übernehmer meist in die sich auf das Geschäft beziehenden Verträge (zB Miete, Warenlieferung) eintreten und der Veräußerer wird aus diesen Verträgen entlassen werden wollen. Dieses Bedürfnis hat das BGB in mehreren speziellen Fällen anerkannt und eine **gesetzliche Vertragsübernahme** angeordnet (s. § 566 BGB für das Mietrecht, § 613a BGB für den Betriebsübergang oder etwa § 95 VVG bei Veräußerung einer versicherten Sache).

2 Wenn der **Vermieter** (oder entsprechend der Verpächter, § 581 Abs. 2 BGB) das vermietete Grundstück nach der Überlassung an den Mieter an einen Dritten **veräußert,** „so tritt der Erwerber anstelle des Vermieters in die sich während der Dauer seines Eigentums aus dem Mietverhältnis ergebenden Rechte und Pflichten ein“ (§ 566 Abs. 1 BGB, § 578 BGB). Die §§ 567b, 578 BGB erweitern das auf die Veräußerung vor Überlassung, wenn der Erwerber gegenüber dem Vermieter die Erfüllung der Vermieterpflichten übernimmt. Hier erhält also der Vertrag Erwerber – Vermieter Wirkung auch für den Mieter.

Allerdings wird nach § 566 Abs. 2 BGB der Vermieter zunächst nicht völlig aus seinen Vertragspflichten entlassen, sondern er haftet für Schadensersatzansprüche des Mieters wie ein selbstschuldnerischer Bürge. Aber auch diese Haftung erlischt, wenn der Mieter auf eine Mitteilung des Vermieters von dem Eigentumsübergang hin nicht zum nächstmöglichen Termin kündigt. Mit dem Unterlassen dieser Kündigung zeigt der Mieter nämlich, dass ihm das Fortbestehen des Mietverhältnisses wichtiger ist als die Person des Vermieters.[1]

3 Nach § 613a Abs. 1 BGB gilt Ähnliches bei der **Veräußerung eines Betriebs oder Betriebsteils** hinsichtlich der dort bestehenden Arbeitsverhältnisse. Der Erwerber tritt in die Rechte und Pflichten aus den Arbeitsverhältnissen ein. Auch hier haftet der Veräußerer in bestimmtem Umfang weiter. Zudem kann der Arbeitnehmer nach § 613a Abs. 6 BGB durch einen Widerspruch den Übergang seines Arbeitsverhältnisses hindern.

4 Schließlich kennt § 1251 Abs. 2 BGB noch den gesetzlichen Übergang eines gesetzlichen Schuldverhältnisses. Der Erwerber der durch ein **Mobiliarpfand** gesicherten Forderung erwirbt nicht bloß das sichernde Pfandrecht (§ 1250 Abs. 1 BGB). Vielmehr tritt er mit der Erlangung des Besitzes an der Pfandsache auch statt des Veräußerers „in die mit dem Pfandrechte verbundenen Verpflichtungen gegen den Verpfänder ein“ (das sind die Pflichten aus den §§ 1214 ff. BGB).

---

[1] Zu Einzelheiten Medicus/Lorenz SchuldR BT § 29 Rn. 15 ff.

II. Die allgemeine Vertragsübernahme

Angesichts dieser gesetzlichen Regelungen wird eine Vertragsübernahme **durch Rechtsgeschäft** für zulässig gehalten.[2] Auch hierbei handelt es sich um ein **schuldrechtliches Verfügungsgeschäft** mit den bereits bei der Schuldübernahme geschilderten Konsequenzen (→ § 64 Rn. 8). Dabei ist die Vertragsübernahme weit mehr als eine Kombination von Abtretung und Schuldübernahme. Es geht vielmehr um den vollständigen Übergang der Position des Vertragspartners, also des Schuldverhältnisses „im weiteren Sinn" (→ § 1 Rn. 14). 5

Dafür kann (wie schon bei der Schuldübernahme) nicht schon die Einigung zwischen zwei Beteiligten genügen. Denn in den gesetzlich nicht geregelten Fällen werden ja die Interessen des dritten Beteiligten (also des verbleibenden Vertragspartners) nicht durch das Gesetz gewahrt. Daher müssen an einer rechtsgeschäftlichen Vertragsübernahme immer **alle drei Beteiligten** mitwirken. Das erfolgt entweder durch den Abschluss eines **dreiseitigen Übernahmevertrags** oder aber (in Analogie zu § 415 Abs. 1 S. 1 BGB) durch einen **Vertrag zwischen dem Ausscheidenden und dem Übernehmer,** den der in dem Vertrag bleibende Partner (formlos) **genehmigt.**[3] Ebenso ist eine vorherige Einwilligung denkbar. Die Genehmigung und Einwilligung sind formlos möglich (§ 182 Abs. 2 BGB). Im Hinblick auf dritte Sicherungsgeber ist § 418 BGB (→ § 64 Rn. 13) analog anzuwenden.[4] Für die **Form der Vertragsübernahme** gilt das → § 64 Rn. 3 zur Schuldübernahme Ausgeführte. 6

Beispiel: U will das von M in den Räumen des V betriebene Ladengeschäft und insbesondere auch den Mietvertrag V–M übernehmen. Dann genügt zur Übernahme des Mietvertrags die Vereinbarung U–M, wenn V sie (entsprechend § 415 Abs. 1 S. 2, 3 BGB) auf eine Mitteilung durch U oder M hin genehmigt. Doch kann V auch schon im Mietvertrag sein Einverständnis mit der Übertragung auf einen neuen Mieter erklären.

Die Vereinbarung der Vertragsübernahme muss auch ergeben, ob der Erwerber zugleich die **in der Vergangenheit** schon entstandenen Forderungen und Verbindlichkeiten übernehmen will. Zu vermuten ist das nicht. 7

Scheitert eine Vertragsübernahme am Einverständnis des verbleibenden Vertragspartners, so ist nach der Rspr. des BGH auch die Auslegungsregel des § 415 Abs. 3 BGB entsprechend anwendbar. Der gescheiterte Übernehmer des Vertrags bleibt also im Zweifel im Wege einer **Erfüllungsübernahme** gegenüber dem Ausscheidungswilligen zur Befriedigung von dessen Vertragspartner verpflichtet (→ § 64 Rn. 14).[5] 8

In der Lit. wird gegen eine solche Analogie zu § 415 Abs. 3 BGB nicht zu Unrecht eingewendet, dass es meist nicht dem Parteiinteresse entspreche, dem (gescheiterten) Übernehmer die Pflicht zur Freistellung des Vertragsschuldners aufzuerlegen, ohne dass ihm zugleich die Vorteile aus dem Vertrag zukommen.[6] Allerdings handelt es sich bei § 415 Abs. 3 BGB um eine Auslegungsregel, die nur „im Zweifel" Anwendung findet. Bei einem widersprechenden Parteiinteresse bestehen solche Zweifel gerade nicht, so dass es dann gerade nicht zu einer Erfüllungsübernahme kommt.

---

[2] S. etwa BGHZ 95, 88 (94 f.) = NJW 1985, 2528.
[3] BGH NJW-RR 2005, 958.
[4] Looschelders SchuldR AT § 53 Rn. 20.
[5] BGH NJW 2012, 1718.
[6] BeckOGK/Mäsch BGB § 329 Rn. 10 mwN.

III. Vertragsbeitritt

9 Neben der Vertragsübernahme gibt es auch einen – im BGB nicht allgemein geregelten – Vertragsbeitritt.[7] Bei diesem tritt neben den ursprünglichen Vertragspartner auf derselben Vertragsseite zu gleichen Rechten und Pflichten ein weiterer (zB neben einen Mieter einer Wohnung tritt ein neuer Mitbewohner dem Mietvertrag bei). Nötig ist dazu das Einverständnis aller drei Beteiligter, also insbesondere auch des Beteiligten auf der anderen Vertragsseite. Denn ihm kann es nicht gleichgültig sein, dass ihm nun ein weiterer Berechtigter gegenübersteht.

[7] Dazu Nörr/Scheyhing/Pöggeler, Sukzessionen/K. W. Nörr, 2. Aufl. 1999, S. 220.

9. Teil. Beteiligung weiterer Personen

§ 66. Der Vertrag zugunsten Dritter

Literatur: W. Bayer, Der Vertrag zugunsten Dritter, 1995; Hadding, Der Bereicherungsausgleich beim Vertrag zu Rechten Dritter, 1970; Hadding, Zur Auslegung des § 335 BGB, AcP 171 (1971), 403; Hadding, Schuldverhältnis und Synallagma beim Vertrag zu Rechten Dritter, FS Gernhuber, 1993, 153; S. Lorenz, Grundwissen Zivilrecht: Der Vertrag zugunsten Dritter, JuS 2021, 393; F. Peters, Zu den bereicherungsrechtlichen Folgen eines mangelhaften Vertrages zu Rechten Dritter, AcP 173 (1973), 71; Raab, Austauschverträge mit Drittbeteiligung, 1999.

I. Grundlagen

1. Vertrag zugunsten Dritter und Typenverträge

Ein Schuldverhältnis kann in der Weise vereinbart werden, dass der Schuldner nicht 1
an den Vertragspartner leisten soll, sondern an einen Dritten. So kann etwa bei einem Kaufvertrag vereinbart werden, dass die Leistung nicht an den Käufer, sondern direkt an einen Dritten erfolgen soll. Im Verhältnis zwischen dem Gläubiger und dem Dritten kann dahinter eine Schenkung stehen (zB bei der Bestellung einer Sache im Internetversandhandel, das als Geschenk direkt an den Dritten versendet werden soll), aber auch ein entgeltliches Geschäft (zB wenn ein Verkäufer die gekaufte Sache selbst erst besorgen muss, diese bei einem Dritten kauft und ihn anweist, direkt an seinen Käufer zu liefern). Bei (Risiko-)Lebensversicherungen soll ebenfalls ein Dritter mit dem Tod des Versicherungsnehmers gegen den Versicherer einen eigenen Anspruch auf die Versicherungssumme erwerben.

Eine solche Vereinbarung ist grds. bei **jedem Vertragstyp** denkbar. Der in §§ 328 ff. 2
BGB geregelte Vertrag zugunsten Dritter ist daher **kein eigenständiger Vertragstyp** wie Kauf, Miete etc, sondern eine Modifikation eines Vertrags, die für alle Typenverträge und auch für atypische Verträge vereinbart werden kann. Daher steht der Vertrag zugunsten Dritter auch nicht neben den anderen Vertragstypen im Besonderen Schuldrecht, sondern zutreffend im Allgemeinen Schuldrecht. Das BGB spricht in der Überschrift des 3. Titels sachlich klarer vom „Versprechen der Leistung an einen Dritten".

Verträge **zu Lasten Dritter,** die also gegen den Dritten ohne dessen Mitwirkung einen Anspruch begründen, gibt es verständlicherweise nicht. Auch beschränken sich die §§ 328 ff. BGB auf die Zuwendung einer **schuldrechtlichen Forderung** an den Dritten. **Verfügungsverträge** zugunsten Dritter (also etwa eine Übereignung oder eine Abtretung) sind **nicht zulässig.**[1] Das gilt auch für schuldrechtliche Verfügungsverträge wie etwa einen Forderungserlass, dazu → § 25 Rn. 2.

2. Abgrenzung zur Stellvertretung

Vom Vertrag zugunsten Dritter abzugrenzen ist der Fall, dass der „Dritte" selbst Ver- 3
tragspartner werden soll und lediglich beim Vertragsschluss durch einen anderen vertreten wird.

Diese Abgrenzung ist vor allem beim Auftreten von **Eltern für ihre Kinder** nicht leicht. Wenn etwa die Mutter M (vgl. § 1629 Abs. 1 S. 4 BGB) für ihr minderjähriges Kind K einen Arzt A ruft, liegt ein Vertrag zugunsten Dritter vor, wenn M **im eigenen Namen** mit A kontrahiert hat. Anders dagegen, wenn M **als**

[1] BGH NJW-RR 1986, 848 (849); NJW 2010, 64 Rn. 16.

gesetzliche Vertreterin des K aufgetreten ist. Dann besteht zwischen K und A ein gewöhnlicher Vertrag auf Leistung an den Vertragspartner K.

4 Die Entscheidung hängt jeweils davon ab, ob die Handelnden ihren Willen zum Auftreten in fremdem Namen **nach außen deutlich** gemacht haben (vgl. § 164 Abs. 2 BGB). Im Zweifel ist also Handeln im eigenen Namen anzunehmen, so dass man zum Vertrag zugunsten Dritter kommt.

3. Die Beteiligten und ihre Rechtsverhältnisse

a) Vertragsparteien

5 In den §§ 328 ff. BGB wird der Schuldner der Leistung als **„Versprechender"** bezeichnet. Sein Vertragspartner ist der **„Versprechensempfänger"**. Derjenige, der die geschuldete Leistung erhalten soll, ohne Vertragspartei zu sein, ist der **„Dritte"**.

Beispiel: VE hat D eine Sache verkauft, die er erst selbst beschaffen muss. Er schließt seinerseits einen Kaufvertrag mit V und vereinbart mit diesem, dass V direkt an D liefern und D einen entsprechenden Anspruch gegen V haben soll. VE ist in dieser Situation „Versprechensempfänger", V „Versprechender", D ist der Dritte.

b) Rechtsverhältnisse

6 Nicht im BGB selbst, aber **sonst allgemein** verwendet werden auch technische Bezeichnungen für die Rechtsverhältnisse zwischen den verschiedenen Beteiligten.

7 **aa) Das Verhältnis zwischen Versprechendem und Versprechensempfänger (Deckungsverhältnis).** Als **Deckungsverhältnis** wird das Rechtsverhältnis zwischen dem Versprechenden und dem Versprechensempfänger bezeichnet. Es hat seinen Namen daher, dass der Versprechende für die Leistung, die er an den Dritten erbringen soll, eine „Deckung", dh eine wirtschaftliche Grundlage haben muss. Diese Deckung ergibt sich meist aus einem entgeltlichen Vertrag.

8 **bb) Das Verhältnis zwischen dem Versprechensempfänger und dem Dritten (Valutaverhältnis).** Das Rechtsverhältnis zwischen dem Versprechensempfänger und dem Dritten wird als **Valutaverhältnis** (Zuwendungsverhältnis) bezeichnet. Aus diesem Verhältnis ergibt sich, warum der Versprechensempfänger dem Dritten (über das Deckungsverhältnis) etwas zuwendet. Es bildet damit den **Rechtsgrund** der Leistung, die der Versprechensempfänger an den Dritten erbringt (über den Versprechenden als Erfüllungsgehilfen iSv § 278 BGB).[2] Das kann eine Schenkung, eine Gegenleistung aus einem gegenseitigen Vertrag, aber auch eine gesetzliche Pflicht sein.

Beispiel: Im **obigen Beispiel** (→ Rn. 5) ist das Valutaverhältnis zwischen VE und D ein Kaufvertrag. Seine Verpflichtung zur Eigentums- und Besitzverschaffung (§ 433 Abs. 1 BGB) erfüllt VE durch V als seinen Erfüllungsgehilfen (§ 278 BGB).

9 **cc) Das Verhältnis zwischen dem Versprechenden und dem Dritten (Zuwendungsverhältnis).** Für das Verhältnis zwischen dem Versprechenden und dem Dritten hat sich keine feste Bezeichnung etabliert. Gelegentlich wird es (insbesondere im

[2] Im Bereicherungsrecht wird insoweit von einem „Leistungsmittler" gesprochen, s. dazu Medicus/Lorenz SchuldR BT § 72 Rn. 14.

Zusammenhang mit dem Bereicherungsrecht[3] als **Zuwendungsverhältnis** oder (gleichbedeutend) als **Vollzugsverhältnis**[4] bezeichnet. Zwar resultiert beim echten Vertrag zugunsten Dritter der Anspruch des Dritten gegen den Versprechenden aus einem Vertrag (dem Deckungsverhältnis), an diesem ist der Dritte aber nicht beteiligt. Da aus diesem Vertrag zwischen dem Versprechenden und dem Dritten aber nicht nur Ansprüche, sondern auch Schutzpflichten (§ 241 Abs. 2 BGB) resultieren, kann man insoweit von einem **vertragsähnlichen Schuldverhältnis** sprechen.[5]

10

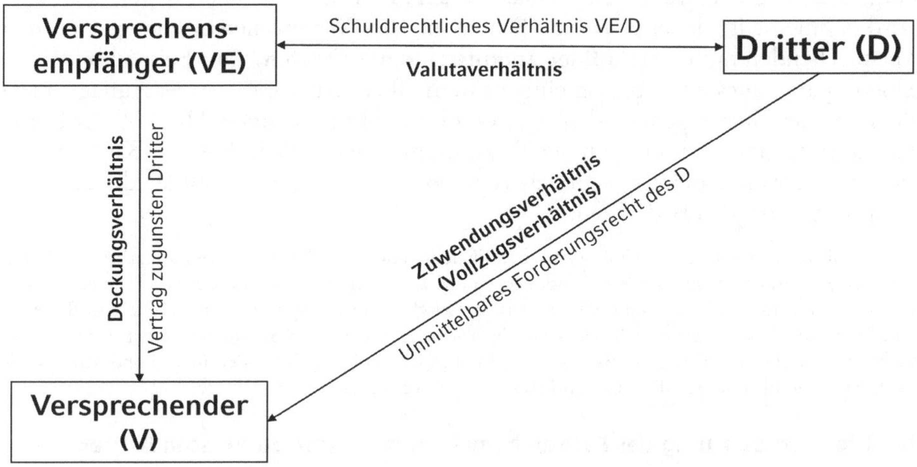

Abb. 14: Rechtsverhältnisse beim Vertrag zugunsten Dritter

II. Echter und unechter Vertrag zugunsten Dritter; Erfüllungsübernahme

Die wichtigste Unterscheidung beim Vertrag zugunsten Dritter betrifft das soeben genannte Verhältnis zwischen dem Versprechenden und dem Dritten **(Zuwendungsverhältnis).** Beim echten Vertrag zugunsten Dritter hat **der Dritte** gegen den Versprechenden **einen eigenen Anspruch** auf die Leistung (deshalb spricht man auch vom „berechtigenden" Vertrag zugunsten Dritter). Der Dritte erwirbt, wie § 328 Abs. 1 BGB es formuliert, „unmittelbar das Recht, die Leistung zu fordern". Wenn ein solcher Anspruch des Dritten fehlt und nicht er selbst, sondern nur der Versprechensempfänger vom Versprechenden verlangen kann, dass an den Dritten geleistet wird, spricht man von einem **unechten Vertrag zugunsten Dritter.** 11

Welche Art des Vertrags zugunsten Dritter im Einzelfall vorliegt, ist eine Frage der **Auslegung.** § 328 Abs. 2 BGB verweist hierfür auf die **Umstände,** insbesondere auf **den Zweck des Vertrags.** Im Folgenden gibt das Gesetz dann einige konkretere Auslegungsregeln: So gewährt die **Erfüllungsübernahme** (→ § 64 Rn. 14) gem. § 329 BGB im Zweifel dem Gläubiger der zu erfüllenden Verbindlichkeit **keinen** eigenen Anspruch gegen den Übernehmenden. Dagegen erhält nach § 330 BGB bei Lebensversicherungs- und Leibrentenverträgen sowie bei Abfindungen für Dritte in Ver- 12

[3] S. dazu Medicus/Lorenz SchuldR BT § 72 Rn. 14.
[4] So Looschelders SchuldR AT § 51 Rn. 14.
[5] BGHZ 9, 316 (318) = NJW 1953, 977; 2005, 3778; Looschelders SchuldR AT § 51 Rn. 14.

mögens- oder Gutsübernahmeverträgen der Dritte im Zweifel einen eigenen Anspruch. Hier geht es überwiegend um Leistungen mit Versorgungscharakter, und diese Versorgung ist am sichersten gewährleistet, wenn der Dritte die Leistung selbst fordern kann. Insbesondere ist das nötig, soweit die Versorgung nach dem Tod des Versprechensempfängers gewährt werden soll, dessen Erben aber möglicherweise an der Erfüllung nicht interessiert sind.

13 § 330 BGB nennt daneben noch den etwas anders liegenden Fall, dass „bei einer unentgeltlichen Zuwendung dem Bedachten eine Leistung an einen Dritten auferlegt" wird. Gemeint ist dabei etwa eine Schenkung des Versprechensempfängers an den Versprechenden mit einer **Auflage zugunsten eines Dritten.**[6] Ein Beispiel bildet die Übertragung eines Betriebs von einem Elternteil auf das Kind mit der Auflage, nach dem Tod des Übertragenden den anderen Elternteil zu versorgen. Hier soll der Dritte (der überlebende Elternteil) an der Zuwendung, die der Bedachte (das Kind) erhält, in einer rechtlich möglichst gesicherten Form teilnehmen, nämlich durch einen Anspruch gegen den Bedachten.

Ganz ähnlich wurde aus einem Vertrag zwischen Eheleuten über eine heterologe Insemination ein eigener Unterhaltsanspruch des so erzeugten Kindes gegen den Ehemann der Mutter abgeleitet.[7] Ein echter Vertrag zugunsten Dritter ist auch ein Chartervertrag zwischen einer Fluggesellschaft und einem Reiseveranstalter[8]: Aus diesem Vertrag soll der Reisende die Fluggesellschaft einen eigenen Anspruch auf Beförderung haben, dazu auch → Rn. 21. Auch Reiseverträge, die ein Reisender für sich und Mitreisende bucht (zB Freunde oder Familienangehörige) sind echte Verträge zugunsten Dritter.[9]

III. Die Rechtsstellung des Dritten beim echten Vertrag zugunsten Dritter

1. Unmittelbarer Forderungserwerb; Reichweite

14 Beim echten Vertrag zugunsten Dritter erwirbt der Dritte den Anspruch gegen den Versprechenden **„unmittelbar"**, § 328 Abs. 1 BGB. Gemeint ist damit „ohne eigenes Zutun", dh dass der Dritte den Erwerb der Forderung nicht annehmen muss. Der Dritte braucht von dem Forderungserwerb noch nicht einmal zu wissen. Nach § 333 BGB kann er den Erwerb aber durch Erklärung an den Versprechenden zurückweisen, womit dieser rückwirkend entfällt. Da der Dritte die Leistung selbst fordern kann, kann er auch Erfüllungssurrogate annehmen, aufrechnen, eine Stundung vereinbaren, die Forderung abtreten oder erlassen.

15 Das Forderungsrecht des Dritten besteht dabei nicht nur hinsichtlich der Primärleistungspflicht, sondern auch in Bezug auf **sekundäre Leistungspflichten** wie insbesondere Schadensersatzansprüche bei Verspätung oder Ausbleiben der Leistung und mangelhafter Leistung.[10] So kann der Dritte einen (eigenen) Verspätungsschaden (§ 280 Abs. 1, 2 BGB, § 286 BGB) oder bei der Verletzung von Nebenpflichten Schadensersatz nach § 280 Abs. 1 BGB, § 241 Abs. 2 BGB geltend machen. Heftig umstritten ist allerdings, ob der Dritte auch Rechte geltend machen kann, die den Bestand oder den Inhalt des Vertrags (an dem er ja nicht Partei ist!) berühren, also etwa Schadensersatz statt der ganzen Leistung verlangen, zurücktreten oder mindern kann.

---

[6] Medicus/Lorenz SchuldR BT § 26 Rn. 35 f.
[7] BGH NJW 1995, 2028.
[8] BGHZ 93, 271.
[9] BGH NJW 2010, 2950 Rn. 14.
[10] BGH NJW 2010, 2950 Rn. 15.

Die hM verneint dies mit dem Argument, dass die Geltendmachung solcher Rechte eine Parteistellung im Vertrag voraussetzt.[11] Der Dritte habe aber diese Stellung nicht, sondern erwerbe lediglich ein **abgespaltenes Forderungsrecht.**[12] Über das Schicksal des Vertrags, dh über Schadensersatz statt der ganzen Leistung, Rücktritt oder Minderung entscheide aber allein der Versprechensempfänger als Vertragspartner. Dieser Ansicht hat sich nunmehr auch der BGH angeschlossen.[13] Allerdings kann in dem Vertrag zwischen Versprechensempfänger und Versprechenden ausdrücklich oder konkludent vereinbart werden, dass das Rücktrittsrecht im Falle von Leistungsstörungen dem Dritten zustehen soll. Möglich sei auch, dass der Versprechensempfänger sein Rücktrittsrecht an den Dritten abtritt (§§ 398, 413 BGB) oder diesen zur Ausübung des Rücktrittsrechts ermächtigt. Erklärt der auf diese Weise befugte Dritte den Rücktritt, so entsteht das Rückgewährschuldverhältnis aus § 346 BGB aber zwischen den Vertragsparteien, also dem Versprechenden und dem Versprechensempfänger, sofern die Parteien auch insoweit nichts anderes vereinbart haben.[14]

Die Möglichkeit zum Schadensersatz statt der Leistung im Fall der **Unmöglichkeit** 16
kann man dem Dritten aber in jedem Fall zubilligen, weil hier der Anspruch auf die Leistung bereits gem. § 275 Abs. 1 BGB von Gesetzes wegen erloschen ist. Der Versprechende und der Versprechensempfänger haften dem Dritten dann als Gesamtschuldner.[15]

Beispiel: Wenn im **obigen Beispiel** (→ Rn. 5) nach Vertragsschluss die Leistung aufgrund eines von V zu vertretenden Umstands unmöglich wird, haftet V dem D aus dem Vertrag zugunsten Dritter aus § 280 Abs. 1, 3 BGB, § 283 BGB auf Schadensersatz statt der Leistung. VE wiederum haftet dem D ebenfalls aus § 280 Abs. 1, 3 BGB, § 283 BGB auf Schadensersatz statt der Leistung aus dem Kaufvertrag mit D (Valutaverhältnis), da er sich das Vertretenmüssen des V im Verhältnis zu D nach § 278 BGB zurechnen lassen muss. VE und V haften gegenüber D als Gesamtschuldner.

2. Zeitpunkt, Aufhebbarkeit und Änderbarkeit

Wann das Recht des Dritten entstehen soll und ob die Parteien des Vertrags das Recht 17
des Dritten wieder aufheben können, ist nach § 328 Abs. 2 BGB wiederum eine Frage des Parteiwillens. Die Vertragsparteien können also insbesondere eine widerrufliche, aber auch eine unwiderrufliche Berechtigung des Dritten vereinbaren.

In diesen Kontext gehört auch die Vermutungsregelung des § 331 BGB über den **Ver-** 18
trag zugunsten Dritter auf den Todesfall. Haben die Parteien vereinbart, dass die Leistung an den Dritten erst nach dem Tod des Versprechensempfängers erfolgen soll, erwirbt der Dritte den Anspruch hierauf im Zweifel (erst) mit diesem Tod, vorher kann die Vereinbarung jederzeit aufgehoben werden.

Beispiel: Wenn ein Großelternteil ein Sparbuch auf den Namen seines Enkelkinds anlegt und mit der Bank vereinbart, dass das Sparguthaben nach seinem Tod an das Enkelkind ausgezahlt werden soll, so erwirbt dieses den Anspruch gegen die Bank erst mit dem Tod des Großelternteils. Vor diesem Zeitpunkt

[11] Grüneberg/Grüneberg BGB § 328 Rn. 5; Gottwald JZ 1985, 575 (576); Staudinger/Klumpp, 2020, BGB § 328 Rn. 81 ff.; BeckOGK/Mäsch BGB § 328 Rn. 48 ff.

[12] BGH NJW 2005, 3778.

[13] BGH NJW 2023, 1444 Rn. 26 mit ausf. Darstellung der verschiedenen Ansichten. Zur Gegenansicht s. MüKoBGB/Gottwald § 335 Rn. 19 mwN.

[14] S. dazu etwa MüKoBGB/Gottwald § 335 Rn. 20.

[15] BGHZ 93, 271 = NJW 1985, 1457.

kann die Berechtigung aufgehoben werden.[16] Ein solcher Vertrag zugunsten Dritter wirft iÜ in Bezug auf das Valutaverhältnis zwischen Großelternteil und Enkel Abgrenzungsprobleme zu § 2301 BGB (Schenkungsversprechen von Todes wegen) auf. Nach hM liegt im Valutaverhältnis eine **Schenkung unter Lebenden** vor, so dass das formunwirksame Schenkungsversprechen auch noch nach dem Tod des Großelternteils durch Vollzug (Erwerb der Sparforderung mit dem Tod des Großelternteils) nach § 518 Abs. 2 BGB geheilt werden kann.[17]

19 § 332 BGB regelt den Fall, dass sich der Versprechensempfänger (zB in einem Versicherungsvertrag, vgl. § 159 VVG) das Recht zu einseitiger **Ersetzung des Begünstigten** durch einen anderen vorbehalten hat. Dieses Recht kann er dann im Zweifel auch durch Verfügung von Todes wegen ausüben. Diese Vorschrift räumt das Bedenken aus, eine solche Verfügung (insbesondere ein Testament) stelle ja keine an den anderen Vertragsteil – nämlich den Versprechenden – gerichtete Willenserklärung dar.

Im Übrigen gibt es zu solchen (nicht seltenen) Zuwendungen auf den Tod des Versprechensempfängers eine ganze Reihe von **Streitfragen.** Sie hängen mit den §§ 2301, 518 BGB und letzten Endes damit zusammen, dass hier durch Geschäfte unter Lebenden erbrechtliche Erfolge erreicht und damit möglicherweise die Formvorschriften und Rangordnungen des Erbrechts unterlaufen werden können. Diese Problematik lässt sich aber sinnvoll im Zusammenhang mit dem Erbrecht behandeln.[18]

3. Einwendungen des Versprechenden gegen den Dritten (§ 334 BGB)

20 Da der Dritte zwar einen Anspruch gegen den Versprechenden erwirbt, nicht aber dessen Vertragspartner ist, könnte der Versprechende dem Anspruch des Dritten an sich keine Einreden aus seinem Vertragsverhältnis mit dem Versprechensempfänger entgegenhalten (etwa die Einrede aus § 320 BGB, weil der Versprechensempfänger die aus dem Deckungsverhältnis geschuldete Gegenleistung nicht erbracht hat). Da der Dritte aber aus dem Vertrag grds. keine stärkere Rechtsstellung als der Versprechensempfänger erlangen soll, kann der Versprechende nach § 334 BGB dem Dritten sämtliche Einwendungen „aus dem Vertrag" (dh aus dem Deckungsverhältnis mit dem Versprechensempfänger) entgegenhalten. Der Versprechende kann sich also gegenüber dem Anspruch des Dritten auf die Nichtigkeit des Vertrags berufen, bei einem gegenseitigen Vertrag kann er insbesondere die **Einrede des nichterfüllten Vertrags** (§ 320 BGB) auch gegen den Dritten erheben. Im Fall von Leistungsstörungen kann der Versprechende über § 334 BGB auch ein **Mitverschulden des Versprechensempfängers** (§ 254 BGB) einwenden.

21 Allerdings ist § 334 BGB dispositives Recht, dh die Parteien des Vertrags zugunsten Dritter können diesen – auch stillschweigend – abbedingen.

Beispiel: Das wird regelmäßig im **Reisevertragsrecht** angenommen: Wenn ein Reisender bei einem Reiseveranstalter (§ 651a Abs. 1 BGB) eine Pauschalreise bucht (Valutaverhältnis), werden die Verträge, welche der Reiseveranstalter mit seinen „Leistungserbringern" (§ 651b Abs. 1 BGB), zB einer Fluggesellschaft schließt, um seine Verpflichtungen aus dem Reisevertrag gegenüber dem Reisenden zu erfüllen, regelmäßig als Vertrag zugunsten des Reisenden ausgestaltet (Deckungsverhältnis). So erwirbt der Reisende als Dritter einen direkten Anspruch auf Beförderung durch die Fluggesellschaft. Hat der Reiseveranstalter den Flugpreis nicht an die Fluggesellschaft gezahlt, könnte diese gem. § 334 BGB auch dem Reisenden die Einrede aus § 320 Abs. 1 BGB entgegenhalten und die Beförderung verweigern (Einwendung aus dem Deckungsverhältnis). Der BGH nimmt hier aber im Wege der Auslegung einen konkludenten Ausschluss von § 334 BGB zwischen Reiseveranstalter und Fluggesellschaft an.[19]

---

[16] BGH NJW 2005, 980.
[17] BGH NJW 1984, 480.
[18] S. dazu iE Brießmann/Lorenz JuS 2023, 392.
[19] BGHZ 93, 271 = NJW 1985, 492. S. dazu auch Medicus/Lorenz SchuldR BT § 46 Rn. 11.

Mängel des **Valutaverhältnisses** zwischen dem Versprechensempfänger und dem Dritten gehen den Versprechenden regelmäßig nichts an. So kann im Beispiel des Reisevertrags (→ Rn. 21) die Fluggesellschaft nicht einwenden, der Reisevertrag zwischen dem Reiseveranstalter und dem Reisenden sei unwirksam. In einem solchen Fall findet vielmehr eine bereicherungsrechtliche Rückabwicklung zwischen dem Versprechensempfänger und dem Dritten statt: Der Versprechensempfänger hat dann nämlich (über den Versprechenden als „Leistungsmittler") eine rechtsgrundlose Leistung iSv § 812 Abs. 1 S. 1 Alt. 1 BGB erbracht. 22

Umstritten ist dagegen die Frage, gegen wen sich ein Bereicherungsanspruch des Versprechenden richtet, wenn das **Deckungsverhältnis,** dh der Vertrag zugunsten Dritter selbst, unwirksam ist. Wenn sich im **obigen Beispiel** (→ Rn. 21) des Reisevertrags nach dem Transport des Reisenden herausstellt, dass der Vertrag zwischen dem Reiseveranstalter und der Fluggesellschaft unwirksam ist, hat die Fluggesellschaft nämlich (auch) an den Reisenden eine rechtsgrundlose „Leistung" iSv § 812 Abs. 1 S. 1 Alt. 1 BGB erbracht. Allerdings hat sie durch den Transport des Reisenden zugleich eine (vermeintliche) Verpflichtung aus dem Vertrag mit dem Reiseveranstalter erfüllen wollen und damit auch an diesen rechtsgrundlos geleistet (→ Rn. 23). Nach richtiger Auffassung hat die Fluggesellschaft (Versprechender) hier einen Anspruch aus Leistungskondiktion nur gegen den Reiseveranstalter (Versprechensempfänger).[20]

IV. Die Rechtsstellung des Versprechensempfängers

Beim **unechten Vertrag zugunsten Dritter** (→ Rn. 11) muss selbstverständlich der Versprechensempfänger Leistung an den Dritten fordern können. Denn da der Dritte selbst keinen Anspruch hat, könnte sonst überhaupt niemand die Leistung verlangen. Aber auch beim echten Vertrag zugunsten Dritter soll dem **Versprechensempfänger** nach § 335 BGB **im Zweifel** ein **eigenes Forderungsrecht** (auf Leistung an den Dritten) zustehen. Dieses Recht erstreckt sich auch auf Schadensersatz statt der Leistung und Verzugsschaden. 23

V. Der Bereicherungsausgleich bei einem unwirksamen Vertrag zugunsten Dritter

1. Unwirksames Valutaverhältnis

Ist der Vertrag zwischen dem Versprechensempfänger und dem Dritten **(Valutaverhältnis)** unwirksam oder nicht existent, so berührt dies weder das Rechtsverhältnis zwischen dem Versprechensempfänger und dem Versprechenden (Deckungsverhältnis) noch das Verhältnis zwischen dem Versprechenden und dem Dritten. Ein Bereicherungsanspruch (**Leistungskondiktion,** § 812 Abs. 1 S. 1 Alt. 1 BGB) besteht lediglich zwischen dem Versprechensempfänger und dem Dritten.[21] 24

Beispiel: So kann im **obigen Beispiel** der Flugreise (→ Rn. 21) die Fluggesellschaft gegenüber dem Reisenden nicht die Unwirksamkeit des Reisevertrags zwischen dem Reiseveranstalter und dem Reisenden einwenden. Denn solange der als Vertrag zugunsten Dritter ausgestaltete Beförderungsvertrag wirksam ist, besteht der Anspruch des Reisenden. Lediglich der Reiseveranstalter hat einen Bereicherungsanspruch aus § 812 Abs. 1 S. 1 Alt. 1 BGB gegen den Reisenden in Höhe des Werts der Flugreise (§ 818 Abs. 2 BGB).

---

[20] S. dazu Medicus/Lorenz SchuldR BT § 72 Rn. 24 ff. sowie eingehend S. Lorenz JuS 2003, 839 (840 f.).

[21] Zu den Einzelheiten Medicus/Lorenz SchuldR BT § 72 Rn. 24 ff.

2. Unwirksames Valutaverhältnis

25 Komplizierter ist die Lage, wenn der Vertrag zugunsten Dritter selbst (Deckungsverhältnis) unwirksam ist und der Versprechende die Leistung bereits an den Dritten erbracht hat. Da der Versprechende aufgrund eines (vermeintlichen) eigenen Anspruchs des Dritten diesem einen Vermögensvorteil zuwendet, liegt auch eine „Leistung" iSv § 812 Abs. 1 S. 1 Alt. 1 BGB des Versprechenden an den Dritten vor. Zugleich aber leistet der Versprechende dabei an den Versprechensempfänger auf seine Verpflichtung aus dem Deckungsverhältnis, denn auch der Versprechensempfänger hat ja gem. § 335 BGB einen Anspruch gegen den Versprechenden auf Leistung an den Dritten. Wegen der Vergleichbarkeit dieser Situation mit einer bereicherungsrechtlichen Anweisungslage[22] hat der Versprechende aber nur gegen den Versprechensempfänger einen Anspruch aus Leistungskondiktion. Ein Anspruch gegen den Dritten wegen Bereicherung „in sonstiger Weise" (§ 812 Abs. 1 S. 1 Alt. 2 BGB) scheidet wegen des Vorrangs der Leistungsbeziehung zwischen dem Versprechensempfänger und dem Dritten aus.[23]

Beispiel: Ist im **Beispiel** der Flugreise (→ Rn. 21) der Vertrag (Deckungsverhältnis) zwischen dem Reiseveranstalter (Versprechensempfänger) und der Fluggesellschaft (Versprechender) unwirksam und hat die Fluggesellschaft die Leistung bereits gegenüber dem Reisenden erbracht, so besteht damit ein Anspruch der Fluggesellschaft aus § 812 Abs. 1 S. 1 Var. 1 BGB nur gegen den Reiseveranstalter.

§ 67. Der Vertrag mit Schutzwirkung für Dritte

Literatur: Canaris, Die Haftung des Sachverständigen zwischen Schutzwirkungen für Dritte und Dritthaftung aus culpa in contrahendo, JZ 1998, 603; Kersting, Die Dritthaftung für Informationen im Bürgerlichen Recht, 2007; Lorenz, Der Vertrag mit Schutzwirkung für Dritte, JuS 2021, 817; Neuner, Der Schutz und die Haftung Dritter nach vertraglichen Grundsätzen, JZ 1999, 126.

I. Funktionen

1. Vertragliche Schadensersatzansprüche vertragsfremder Dritter

1 Beim (echten) Vertrag zu Gunsten Dritter erwirbt der Dritte einen Anspruch auf eine Leistung gegen eine der Vertragsparteien eines von Dritten geschlossenen Vertrags (den sog. Versprechenden). Damit hat er bei Leistungsstörungen Ansprüche auf Schadensersatz aus § 280 nicht nur in Bezug auf Verletzungen der Leistungspflicht, also etwa einen Anspruch auf (kleinen) Schadensersatz statt der Leistung bei deren Ausbleiben (§ 280 Abs. 1, 3 BGB iVm §§ 281, 283 BGB oder § 311a Abs. 2 BGB) oder Verzögerung (§ 280 Abs. 1, 2 BGB iVm § 286 BGB), sondern auch einen Anspruch auf Ersatz der Verletzung von nicht leistungsbezogenen Pflichten aus § 241 Abs. 2 BGB.

2 Wenn es das Gesetz somit durch die §§ 328 ff. BGB zulässt, einem vertragsfremden Dritten **primäre vertragliche Leistungsansprüche** zu verschaffen, muss es auch möglich sein, dass lediglich die Schutzpflichten iSv § 241 Abs. 2 BGB aus einem Vertrag auf einen Dritten erstreckt werden mit der Folge, dass dieser zwar keine primären Leistungsansprüche aus dem Vertrag erwirbt, bei Verletzung einer Pflicht aber einen eigenen vertraglichen Schadensersatzanspruch gegen den Schuldner aus §§ 280

[22] S. dazu Medicus/Lorenz SchuldR BT § 72 Rn. 11 ff.
[23] Zu den Einzelheiten Medicus/Lorenz SchuldR BT § 72 Rn. 25.

Abs. 1, 241 Abs. 2 BGB erwirbt. Das dient – ähnlich wie die Haftung aus *culpa in contrahendo* (→ § 40 Rn. 1 ff.) – vor allem dem Ausgleich der Schwächen des Deliktsrechts. Dadurch, dass dem Dritten ein **vertraglicher Schadensersatzanspruch** verschafft wird, kann das Verschulden von Gehilfen nach § 278 BGB zugerechnet werden, während eine deliktsrechtliche Haftung des Schädigers häufig an der Exkulpationsmöglichkeit des § 831 BGB scheitern würde.

In einem vom RG entschiedenen Fall[1] hatte im Winter 1914 ein Kloster einen Arzt benötigt. Der Beklagte übernahm es gegen Entgelt, den klagenden Arzt mit einem Pferdeschlitten zu dem Kloster zu fahren. Auf dieser Fahrt wurde der Kläger durch ein Verschulden eines Gehilfen des Beklagten verletzt. Der Beklagte konnte sich aber für diesen Gehilfen nach § 831 Abs. 1 S. 2 BGB exkulpieren. Daher kamen nur vertragliche Ersatzansprüche in Betracht. Solche hatte das Berufungsgericht verneint, weil der Beklagte die Beförderung nur mit dem Kloster vereinbart hatte. Auch habe der Kläger aus diesem Vertrag keinen eigenen Anspruch auf die Beförderung erwerben sollen (also kein echter Vertrag zugunsten Dritter). Folglich könne der Kläger den Schaden aus der schlechten Beförderung nicht vom Beklagten ersetzt verlangen.

Das RG hat dem entgegengehalten, die Ersatzpflicht des Beklagten dürfe nicht davon 3 abhängen, ob der Kläger gegen diesen einen eigenen Anspruch auf Beförderung gehabt habe. Allerdings lässt die Entscheidung dann offen, ob der Ersatzanspruch dem klagenden Arzt (als dem Geschädigten) oder dem Kloster (als dem Vertragspartner des Beklagten) zustehen solle. Ein Ersatzanspruch des Klosters hätte, wenn dieses nicht seinerseits dem Kläger ersatzpflichtig ist, eine Drittschadensliquidation bedeutet (→ § 55 Rn. 269 ff.). Nach heutigem Verständnis würde es aber für eine solche an der erforderlichen **zufälligen Schadensverlagerung** (→ § 55 Rn. 32) fehlen, denn das Kloster selbst konnte ja den hier eingetretenen Schaden (Körperverletzung) selbst gar nicht erleiden. Deshalb hat sich die weitere Rechtsentwicklung in vergleichbaren Fallgruppen **gegen** die Annahme einer **Drittschadensliquidation** entschieden.[2] Damit war eine neue, heute allgemein anerkannte Vertragsart geboren: der **Vertrag mit Schutzwirkung für Dritte.** Dabei handelt es sich nicht um einen Vertrag zugunsten Dritter, weil der Dritte aus dem Vertrag keinen Anspruch auf die Leistung selbst erwirbt. Jedoch erstrecken sich die **vertraglichen Schutz- und Obhutspflichten** aus § 241 Abs. 2 BGB auch auf ihn. Werden sie verletzt, erwirbt der Dritte einen **eigenen vertraglichen Schadensersatzanspruch** gegen den Schuldner aus §§ 280 Abs. 1, 241 Abs. 2 BGB.

Dass einem vertragsfremden Dritten ein eigener vertraglicher Schadensersatzanspruch 4 aus §§ 280 Abs. 1, 241 Abs. 2 BGB zugesprochen wird, hat neben der Möglichkeit einer Zurechnung des Verschuldens von Hilfspersonen (§ 278 BGB) den weiteren Vorteil, dass auch der Ersatz bloßer primärer Vermögensschäden in Betracht kommt, für welche § 823 Abs. 1 BGB keinen Ersatz gewährt.

Beispiel:[3] Rechtsanwalt R berät seinen Mandaten M bei der Abfassung eines Testaments. M will seine Kinder maximal begünstigen, seine Ehefrau so weit wie möglich von der Erbfolge ausschließen. Aufgrund eines Beratungsfehlers gelingt dies nicht, so dass die Kinder weniger erben. Wenn der Beratungsvertrag zwischen R und M Schutzwirkung zu Gunsten der Kinder entfaltet, haben diese in Bezug auf das entgangene Vermögen einen Schadensersatzanspruch aus §§ 280 Abs. 1, 241 Abs. 2 BGB gegen R. Deliktsrechtlich wären sie über § 823 Abs. 1 BGB nicht geschützt, weil sie nicht in einem der dort genannten Rechte verletzt sind, sondern lediglich einen (primären) Vermögensschaden erlitten haben.

---

[1] RG 18.11.1915 – Rep. IV. 178/15, RGZ 87, 289.
[2] Vgl. RG 10.2.1930 – VI 270/29, RGZ 127, 218 (222 ff.).
[3] BGH NJW 1995, 51.

5 Von der **Drittschadensliquidation** grenzt sich der Vertrag mit Schutzwirkung für Dritte in mehrfacher Hinsicht ab. **Wichtigstes Kriterium** ist, dass es sich bei der Drittschadensliquidation um Fälle einer aus der Sicht des Schädigers **zufälligen Schadensverlagerung** handelt. Dem Schädiger wird dadurch also kein höheres Haftungsrisiko aufgebürdet, wenn er einen Schaden zu ersetzen hat, der nur einmal eintreten kann und der – aus seiner Sicht – zufällig nicht bei seinem Gläubiger, sondern bei einem Dritten eingetreten ist. Beim **Vertrag mit Schutzwirkung für Dritte** riskiert der Schuldner hingegen, mehreren Personen oder – wie im Beispielsfall bei → Rn. 4 – für einen Schaden zu haften, der bei seinem Vertragspartner gar nicht eintreten kann und **erhöht damit sein Haftungsrisiko** (sog. **Schadenskumulation**). In der **Rechtsfolge** besteht der entscheidende Unterschied darin, dass der Dritte einen **eigenen Anspruch** erwirbt, während bei der Drittschadensliquidation der Vertragspartner den Schaden des Dritten geltend machen kann. Schlagwortartig kann man also sagen, dass bei der Drittschadensliquidation der „Schaden zum Anspruch gezogen wird" (→ § 55 Rn. 33), während beim Vertrag mit Schutzwirkung für Dritte der „Anspruch zum Schaden gezogen wird."

2. Erstreckung von Haftungsprivilegien auf Dritte

6 Der Vertrag mit Schutzwirkung für Dritte kann aber nicht nur die soeben geschilderte Funktion haben, vertragsfremden Dritten (eigene) vertragliche Schadensersatzansprüche aus §§ 280 Abs. 1, 241 Abs. 2 BGB zu verschaffen. Er kann auch die gleichsam umgekehrte Funktion haben, vertragsfremde Dritte **vor einer eigenen Haftung zu schützen,** indem bestimmte Haftungsprivilegien aus einem Vertrag (zB vertragliche oder gesetzliche Haftungsmilderungen oder kürzere Verjährungsfristen) auf sie erstreckt werden.

Beispiel:[4] Die (deliktsfähigen) Kinder eines Mieters verursachen einen Brand in der Mietwohnung. Über sechs Monate nach Beendigung des Mietverhältnisses und Rückgabe der Wohnung macht der Vermieter Ansprüche wegen der Verletzung seines Eigentums gegen Kinder aus § 823 Abs. 1 BGB geltend. Da der Mietvertrag Schutzwirkung für die Kinder des Mieters entfaltet, können auch diese sich auf die kurze sechsmonatige Verjährung des § 548 Abs. 1 BGB berufen (die auch auf konkurrierende deliktische Ansprüche anwendbar ist).[5]

II. Voraussetzungen des Drittschutzes

1. Die Problematik

7 Offenbar darf der Drittschutz nicht einfach jedem gewährt werden, der irgendwie durch die mangelhafte Erfüllung eines Vertrags beeinträchtigt wird. Denn sonst würden die Grenzen unterlaufen, die durch die Relativität des Schuldverhältnisses (→ § 3 Rn. 17 ff.), die Beschränkung der Deliktstatbestände und das Dogma vom Gläubigerinteresse gezogen werden (→ § 55 Rn. 29). Auch die strikte Begrenzung der Drittschadensliquidation auf Fälle der „zufälligen" Schadensverlagerung (→ § 55 Rn. 30) würde entwertet, wenn jeder geschädigte Dritte aus einem fremden Vertrag eigene Ansprüche herleiten könnte. Daher bedarf es ähnlich wie bei der Drittschadensliquidation auch für den vertraglichen Drittschutz enger Kriterien.

---

[4] BGH NJW 2007, 2399.

[5] Vgl. die ganz ähnliche Konstellation (Erstreckung einer vertraglichen Haftungsmilderung auf Angestellte des Schuldners) in BGH JZ 1962, 570.

Für den Vertrag mit Schutzwirkung für Dritte ist die Begrenzung sogar noch nötiger. 8
Denn bei der Drittschadensliquidation handelt es sich um Fälle der (aus Schädigersicht) zufälligen **Schadensverlagerung,** weil der beim Vertragspartner zu erwartende Schaden zufälligerweise nicht bei diesem, sondern einem Dritten eintritt. Für den Schuldner ändert sich dann also im Wesentlichen bloß die Person des Geschädigten, nicht aber das von ihm übernommene und erkennbare Haftungsrisiko. Dagegen werden beim Vertrag mit Schutzwirkung für Dritte für den Schuldner **Risiken gehäuft,** dh das Risiko des Schuldners, ersatzpflichtig zu werden, vergrößert sich mit der Zahl der in den Schutzbereich einbezogenen Personen.

Beispiel: Die Gefahr für den Vermieter eines Hauses mit einem schadhaften Treppengeländer, vertraglich für eine Körperverletzung wegen eines hierdurch verursachten Unfalls aufkommen zu müssen, ist umso größer, je mehr Personen im Schutzbereich des Mietvertrags die Treppe benützen.

Um diese Haftung für den Schuldner nicht unkalkulierbar auszudehnen, sind an 9
die Einbeziehung von Dritten in den vertraglichen Schutz strenge Anforderungen zu stellen.[6]

2. Die Herleitung: Vertragsauslegung oder Gewohnheitsrecht?

Vielfach wird versucht, den Vertrag mit Schutzwirkung für Dritte direkt auf den Par- 10
teiwillen zu stützen, dh dem Vertrag im Wege der auf das Prinzip von Treu und Glauben (§ 242 BGB) gestützten **ergänzenden Auslegung** eine Abrede der Parteien zu entnehmen, die Schutz- und Obhutspflichten aus § 241 Abs. 2 BGB auf bestimmte vertragsfremde Personen zu erstrecken.[7] Daran ist sicherlich richtig, dass die Parteien aufgrund der Vertragsfreiheit die Möglichkeit haben, eine solche Vereinbarung zu treffen. Wenn es nämlich die §§ 328 ff. BGB erlauben, Leistungspflichten iSv § 241 Abs. 1 BGB zugunsten Dritter zu vereinbaren, muss dies erst recht für bloße Schutzpflichten nach § 241 Abs. 2 BGB möglich sein. Allerdings wird mit der Annahme einer rechtsgeschäftlichen Vereinbarung eines Drittschutzes im Wege der Vertragsauslegung in den allermeisten Fällen der Parteiwille überstrapaziert. Auch lässt er sich weder mit einer Analogie zu § 328 BGB noch generell mit dem Grundsatz von Treu und Glauben (§ 242 BGB) begründen.[8] Zumindest aber lässt sich das Rechtsinstitut des Vertrags mit Schutzwirkung für Dritte heute auf eine gesicherte **richterliche Rechtsfortbildung** sowie auf **Gewohnheitsrecht** stützen,[9] das im Zuge der Schuldrechtsreform des Jahres 2002 durch die Einführung von § 311 Abs. 3 BGB mittelbar auch eine gewisse Anerkennung durch den Gesetzgeber erfahren hat (→ Rn. 18). Das hindert die Parteien aber selbstverständlich nicht, Schutzwirkungen für Dritte auch in Fällen zu vereinbaren, in welchen die sogleich darzulegenden gewohnheitsrechtlichen Voraussetzungen nicht oder nicht vollständig vorliegen. Nur muss sich dann eben ein solcher Parteiwille eindeutig ermitteln lassen.[10]

Der Streit über die dogmatische Begründung des Rechtsinstituts hat zumindest keine praktischen Auswirkungen, da über die sogleich zu erörternden Voraussetzungen des Drittschutzes im Wesentlichen Einigkeit besteht.

---

6 BGH NJW-RR 2017, 889 Rn. 15.

7 Vgl. dazu aus jüngerer Zeit etwa BGH NJW-RR 2017, 889 Rn. 15; NJW 2014, 2345 Rn. 9 mwN.

8 S. dazu zutreffend Neuner JZ 1999, 126 (128), der das Rechtsinstitut auf das Sozialstaatsprinzip stützt.

9 So BGH NJW 1996, 2927 (2928).

10 Vgl. dazu auch Zenner NJW 2009, 1030 (1034) (keine „Willensfiktion aus Billigkeitsgründen").

3. Die Voraussetzungen im Einzelnen

a) Leistungsnähe des Dritten

11 Der Dritte muss den Gefahren einer Leistungsstörung etwa ebenso intensiv ausgesetzt sein, wie der Gläubiger selbst, weil er mit der vertraglich geschuldeten Leistung **bestimmungsgemäß in Berührung kommt** (sog. **Leistungsnähe**).

Beispiel: Das ist zB für Schadensersatzansprüche gegen einen Vermieter im Falle einer Verletzung durch einen Mangel der Mietsache zu bejahen für alle Personen, die ständig mit dem Mieter in der Mietwohnung zusammenwohnen, nicht dagegen für einen gelegentlichen Besucher.

b) Gläubigerinteresse am Schutz des Dritten (Gläubigernähe)

12 Der **Gläubiger muss ein besonderes Interesse am Schutz des Dritten** haben. Dieses Erfordernis wird häufig auch als **Gläubigernähe** bezeichnet. Eine zur Begrenzung des Drittschutzes als Ansatz nützliche Rspr. hatte hierfür die Formel entwickelt, der Gläubiger müsse „sozusagen für das **Wohl und Wehe** des Dritten mitverantwortlich sein, weil dessen Schädigung auch ihn trifft, indem er ihm gegenüber zu Schutz und Fürsorge verpflichtet ist".[11] Dies war insbesondere der Fall, wenn zwischen Gläubiger und Drittem eine Rechtsbeziehung mit personenrechtlichem Einschlag, zB ein familien-, arbeits- oder mietvertragliches Verhältnis bestand und betraf zunächst vor allem Personenschäden, später aber auch Vermögensschäden.

Eingeleitet wurde diese Entwicklung durch den sog. **Testamentsfall:**[12] Der spätere Erblasser hatte einen Rechtsanwalt zu sich bestellt, um in einem Testament seine Tochter zur Alleinerbin einzusetzen. Der Rechtsanwalt verspätete sich schuldhaft, so dass der Erblasser vor Errichtung des Testaments verstarb und die Tochter nicht Alleinerbin wurde. Der BGH sah den Rechtsanwalt verpflichtet, der Tochter den daraus entstandenen Schaden zu ersetzen, da sie in den Schutzbereich des Vertrags einbezogen sei.

13 Der BGH hat aber in der Folgezeit auf die strengen Voraussetzungen der „Wohl und Wehe-Formel" verzichtet und lediglich nach allgemeinen Auslegungsgrundsätzen geprüft, ob die Vertragsparteien den Willen hatten, zugunsten eines Dritten eine Schutzpflicht zu begründen.[13] Danach können auch ferner stehende Personen in den Schutzbereich eines Vertrags einbezogen werden, wenn ein **Interesse des Gläubigers** an deren Schutz besteht.

So hat etwa BGH[14] auch den (zukünftigen) Geschlechtspartner einer Frau in den Schutzbereich eines auf Schwangerschaftsverhütung gerichteten Arztvertrags einbezogen und diesem Schadensersatz für die ihm aus der Geburt eines Kindes erwachsene gesetzliche Unterhaltsverpflichtung zugesprochen. Verneint wurde hingegen das Interesse des Gläubigers am Schutz des Dritten in einem Fall, in welchem ein Werkunternehmer eine Außenlampe falsch angeschlossen hatte und deshalb ein anderer Werkunternehmer bei späteren Arbeiten am Haus durch einen Stromschlag schwer verletzt wurde.[15]

14 Nicht unproblematisch ist dabei, dass die Rspr. auch die **Haftung von Experten** gegenüber Dritten für **unrichtige Wertgutachten und Testate,** die diesen vom Auftraggeber vorgelegt werden, auf den Vertrag mit Schutzwirkung für Dritte stützt.[16]

[11] So etwa BGHZ 51, 91 (96) = NJW 1969, 269.
[12] BGH JZ 1966, 141 mAnm W. Lorenz.
[13] Etwa BGH JZ 1985, 951; VersR 1986, 814; 1987, 262; 1989, 375.
[14] BGH NJW 2007, 989.
[15] BGH NJW-RR 2017, 888.
[16] S. dazu BGH NJW 2014, 2345 Rn. 12 ff. mwN.

Hier werden also auch dem Gläubiger fernerstehende Personen in den Schutzbereich eines Vertrags einbezogen. Das betrifft vor allem Dritte, die an einer beruflich gegebenen Auskunft interessiert sind. Diese Dritten können zahlreich und namentlich noch unbekannt sein.[17] Insbesondere beim Vertrauen Dritter auf eine berufliche (sachverständige) Auskunft soll der Dritte sogar dann geschützt werden können, wenn seine **Interessen** denen des Gläubigers **gegenläufig** sind, so dass dem Gläubiger am Schutz des Dritten eigentlich nichts gelegen ist.[18] Denn der Gläubiger hat ein Interesse an einem für ihn möglichst günstigen Wertgutachten, während der Dritte ein Interesse an einem möglichst zutreffenden Wertgutachten hat. Insbesondere *Canaris* hat hier zu Recht dafür plädiert, solche Fälle mit der Haftung aus *culpa in contrahendo* über § 311 Abs. 3 BGB zu lösen (dazu bereits → § 40 Rn. 32).[19] Durchgesetzt hat sich dieser Gedanke allerdings bislang noch nicht.

In diesem Zusammenhang stellt sich auch die Frage, inwieweit der zum Schadensersatz Verpflichtete gegenüber dem Dritten ein Mitverschulden der anderen Vertragspartei einwenden kann. Nach dem Rechtsgedanken des § 334 BGB (→ § 66 Rn. 20) muss sich dann auch der Dritte ein solches Mitverschulden grds. zurechnen lassen.[20] Allerdings hat die Rspr. dies in den Gutachterfällen unter Hinweis auf die Möglichkeit einer (auch konkludenten) Abbedingung von § 334 BGB sowie unter Heranziehung von § 242 BGB verneint. Da der Wertgutachter wisse, dass sein Gutachten zur Vorlage bei Dritten bestimmt sei und dessen Bedeutung für deren Entscheidungsfindung kenne, widerspreche es Treu und Glauben, wenn er sich dem Dritten gegenüber auf ein Mitverschulden des Auftraggebers berufe.[21] Auch dies zeigt, dass die sog. „Gutachter-Fälle" wesentlich besser auf § 311 Abs. 3 BGB zu stützen sind.

c) Erkennbarkeit für den Schuldner

Da der Vertrag mit Schutzwirkung für Dritte eine erhebliche Erweiterung des Haftungsrisikos für den Schuldner darstellt, müssen ihm die dargelegten Erfordernisse der Leistungs- und Gläubigernähe bei Abschluss des Vertrags, dessen Schutzwirkung in Frage steht, **erkennbar** gewesen sein. Denn nur dann kann der Schuldner das ihm zugemutete höhere Haftungsrisiko kalkulieren. 15

d) Schutzbedürftigkeit des Dritten

Die Einbeziehung Dritter in den Schutzbereich eines Vertrags stellt eine Ausnahme vom Grundsatz der Relativität von Schuldverhältnissen dar und führt zu einer erheblichen Erhöhung des Haftungsrisikos des Schuldners (→ Rn. 5). Um diese Ausnahme auf die wirklich notwendigen Fälle zu begrenzen und eine uferlose Ausdehnung der in den Schutzbereich eines Vertrags einbezogenen Personen zu vermeiden, setzt eine Einbeziehung des Dritten über das Vorliegen der vorgenannten drei Voraussetzungen (Leistungsnähe, Gläubigernähe und Erkennbarkeit) weiter voraus, dass der Dritte **schutzbedürftig** ist.[22] Das ist dann der Fall, wenn dem Dritten für den erlittenen Schaden keine **eigenen, im Wesentlichen gleichwertigen vertraglichen Ansprüche** gegen den Schuldner oder eine andere Person zustehen. Begründet wird das mit dem Zweck und dem Ausnahmecharakter des Vertrags mit Schutzwirkung für Dritte: Dieser diene dazu, dem Dritten einen vertraglichen Anspruch zu verschaffen, wenn er 16

[17] BGH NJW 2004, 3035.
[18] BGHZ 127, 378 = NJW 1995, 392; 2014, 2345 Rn. 13; 1998, 1059.
[19] Canaris JZ 1995, 441; so vereinzelt auch BGH NJW 2001, 514.
[20] BGH NJW 2011, 139 Rn. 29 mwN.
[21] Grundlegend BGHZ 127, 378 = NJW 1995, 392.
[22] StRspr, vgl. etwa BGH NJW 2011, 2577 Rn. 11.

einen solchen ansonsten nicht hätte, nicht aber dazu, dem Dritten einen weiteren Anspruch oder Vertragsschuldner zu beschaffen.

Beispiel: So hat etwa der BGH[23] die Einbeziehung eines geschädigten Untermieters in den Schutzbereich des Hauptmietvertrags und damit einen Schadensersatzanspruch gegen den Vermieter verneint, weil er aus dem Untermietverhältnis gegen den Hauptmieter vertragliche Schadensersatzansprüche hatte.[24] Ganz ähnlich hat der BGH[25] eine Einbeziehung des Halters eines Kfz, das bei einem behördlich angeordneten Abschleppen durch den Abschleppunternehmer beschädigt wurde, in den Schutzbereich des zwischen der Behörde und dem Abschleppunternehmer geschlossenen Vertrags verneint, weil der Halter insoweit Amtshaftungsansprüche aus öffentlich-rechtlicher Verwahrung gegen die Behörde hatte (die für das Verschulden des Unternehmers analog § 278 BGB einzustehen hatte).

4. Ausdehnung auf vorvertragliche Schuldverhältnisse (§ 311 Abs. 3 BGB)

17 Die Rspr. hat in der Folge unter denselben Voraussetzungen wie bei einem Vertrag mit Schutzwirkung für Dritte auch den Schutzbereich des (vorvertraglichen) Schuldverhältnisses der Vertragsanbahnung auf Dritte ausgedehnt.

Beispiel: Dafür steht der bereits unter → § 40 Rn. 30 erwähnte **Gemüseblatt-Fall:**[26] Eine minderjährige Tochter hatte ihre Mutter zum Einkaufen in einen Supermarkt begleitet, und war dort auf einem am Boden liegenden Gemüseblatt ausgerutscht und hatte sich am Knie verletzt. Obwohl die Tochter selbst keinerlei Kaufabsicht hatte, sprach ihr der BGH eigene Schadensersatzansprüche aus *culpa in contrahendo* (heute: §§ 280 Abs. 1, 311 Abs. 2, 241 Abs. 2 BGB) gegen den Supermarktbetreiber zu. Der besondere Vorteil dieser Konstruktion besteht darin, dass sich der Supermarktbetreiber ein Verschulden seiner Gehilfen nach § 278 BGB zurechnen lassen muss. Im Rahmen eines der Tochter auch zustehenden deliktsrechtlichen Anspruchs aus § 831 BGB wäre ihm wiederum die dortige Exkulpationsmöglichkeit zugutegekommen.

18 Das ist seit 2002 in § 311 Abs. 3 BGB kodifiziert. Damit hat auch der Vertrag mit Schutzwirkung für Dritte zwar keine gesetzliche Regelung, aber doch mittelbar eine gewisse gesetzliche Anerkennung erfahren.

Auch iÜ erfordert die Erstreckung von Schutzpflichten auf Dritte nicht zwingend einen Vertrag. Ausreichend ist vielmehr jede **schuldrechtliche Sonderverbindung.** So hat etwa der BGH[27] dem durch die Teilnahme an einem Reitturnier begründeten Schuldverhältnis (**Auslobung,** § 657 BGB) Schutzwirkung zugunsten des Eigentümers des von einem Teilnehmer gerittenen Pferdes angenommen.

19 Auch deshalb wäre es vorzugswürdig, die Haftung von Sachverständigen (und ähnlichen Personen) als gesetzliche Haftung nach § 311 Abs. 3 S. 2 BGB zu begreifen: Der Sachverständige, zumal wenn er amtlich bestellt oder gar vereidigt ist, nimmt ja für sich besonderes Vertrauen in Anspruch. Ihm muss auch bewusst sein, dass er durch sein Gutachten den Inhalt eines daraufhin abgeschlossenen Vertrags erheblich beeinflussen kann, → Rn. 14.

Darauf weisen auch die Gesetzesmaterialien hin: Nach der Begründung des Regierungsentwurfs zu § 311 Abs. 3 S. 2 BGB soll diese Vorschrift nämlich der Rspr. aufzeigen, dass „diese Fälle auch auf diesem Weg zu lösen sind".[28]

---

[23] BGHZ 70, 327 (330) = NJW 1978, 883.
[24] Vgl. auch BGHZ 133, 168 (173 f.) = JZ 1997, 358 mAnm W. Lorenz.
[25] BGH NJW 2011, 2577.
[26] BGHZ 66, 52 = NJW 1976, 712.
[27] BGH NJW 2011, 139 Rn. 13.
[28] Vgl. BT-Drs. 14/6040, 163.

§ 68. Gläubigermehrheiten

Literatur: Hadding, Zur Mehrheit von Gläubigern nach § 432 BGB, FS E. Wolf, 1985, 107; Hadding, Zur Abgrenzung von Gläubigermehrheiten und Bruchteilsgemeinschaften an einer Forderung, FS Canaris, Bd. I, 2007, 379; Langenfeld, Das Innenverhältnis bei den Gläubigermehrheiten nach §§ 420 bis 432 BGB, 1994; Medicus, Mehrheit von Gläubigern, JuS 1980, 697; S. Meier, Die Gesamtgläubigerschaft – ein unbekanntes Wesen?, AcP 205 (2005), 858.

I. Abgrenzungen und Bedeutung

Schon beim echten Vertrag zugunsten Dritter (§ 328 BGB) kann es zu einer Gläubigermehrheit kommen, wenn sowohl der Dritte die Leistung an sich selbst wie auch nach § 335 BGB der Versprechensempfänger die Leistung an den Dritten verlangen darf. In diesem Fall geht die Leistung jedoch nur **an eine Person.** Die beiden Gläubiger haben also eine verschiedene Stellung: Der erste Gläubiger kann Leistung an sich und der zweite nur Leistung an den ersten verlangen. Das verhält sich anders bei den in §§ 420–432 BGB geregelten Gläubigermehrheiten. Dort ist nach außen die **Stellung der mehreren Gläubiger gleich.** 1

Die **praktische Bedeutung** der Gläubigermehrheiten ist zwar nicht ganz so groß wie die der Schuldnermehrheiten (→ § 69 Rn. 1 ff.), aber immer noch sehr erheblich. Der hauptsächliche Anwendungsfall ist, dass auf einer Seite eines Vertrags mehrere Personen stehen. Das kann schon beim Vertragsabschluss der Fall sein, zB wenn eine Erbengemeinschaft ein Haus vermietet oder mehrere Personen gemeinsam eine Wohnung mieten oder ein Bankkonto eröffnen, von dem jede Person allein abheben dürfen soll (sog. „Oderkonto“)[1]. Eine Gläubigermehrheit kann aber auch erst später eintreten, zB wenn die Einzelperson, die vermietet oder ein Bankkonto eröffnet hat, stirbt und von mehreren Personen beerbt wird. Zudem ist eine Gläubigermehrheit auch **kraft Gesetzes** möglich, zB wenn mehrere Schadensersatz wegen unerlaubter Handlung fordern können. 2

Das Gesetz regelt in den §§ 420 ff. BGB die Gläubigermehrheiten gemeinsam mit den Schuldnermehrheiten. Dabei regeln die §§ 420 ff. BGB nicht, wann eine solche Gläubigermehrheit besteht, sondern setzen eine solche voraus und regeln nur deren Rechtsfolgen insbesondere für Fragen der Erfüllung und des Ausgleichs im Innenverhältnis. 3

II. Überblick über die gesetzlichen Typen der Gläubigermehrheit

1. Teilgläubigerschaft

Wenn mehrere eine **teilbare Leistung** zu fordern haben, ist nach § 420 BGB im Zweifel jeder Gläubiger nur zu einem **gleichen Anteil** berechtigt. Daraus ergibt sich zunächst, dass die Forderung als solche geteilt wird. Jeder Gläubiger hat also eine eigene, auf einen Teilbetrag lautende Forderung. Folglich muss auch der Schuldner jedem Gläubiger, den auf diesen entfallenden Teilbetrag leisten. Die Gläubiger sind hier nur durch zwei Umstände miteinander verbunden: Ein Rücktrittsrecht kann nach § 351 BGB nur einheitlich ausgeübt werden und nach § 320 Abs. 1 S. 2 BGB hat der Schuldner beim gegenseitigen Vertrag jedem Gläubiger gegenüber die Einrede des nichterfüllten Vertrags, wenn nicht die ganze Gegenleistung erbracht wird. 4

---

[1] Dazu BGH NJW 2009, 2054.

Dem Teilgläubiger nützt es also nichts, dass er den auf ihn entfallenden Teil der Gegenleistung schon erbracht hat, wenn auch nur einer seiner Mitgläubiger noch säumig ist.

5 Aber auch iÜ ist diese Art der Gläubigermehrheit **für den Schuldner ungünstig.** Denn er muss die Leistung in Teilen erbringen (zB bei einer Geldschuld mehrere Überweisungsaufträge ausfüllen und bei einer Warenbringschuld Teile der Ware zu mehreren Gläubigern transportieren). Außerdem ergibt sich für den Schuldner auch ein **Verteilungsrisiko,** denn die gleiche Höhe der Anteile gilt ja bei § 420 BGB nur „im Zweifel". Sie träte also zB nicht ein, wenn die Teilgläubiger Miteigentümer zu verschieden hohen Anteilen oder Miterben mit unterschiedlichen Erbquoten wären. Hier müsste der Schuldner, um richtig verteilen zu können, das Innenverhältnis der Gläubiger kennen. Zwar bleibt als letztes Hilfsmittel die Hinterlegung nach § 372 S. 2 BGB (→ § 23 Rn. 1 ff.). Da diese aber voraussetzt, dass die Ungewissheit über die Person des Gläubigers nicht auf einer Fahrlässigkeit des Schuldners beruht, muss dieser sich zunächst einmal um Kenntnis von dem Innenverhältnis bemühen.

6 Wegen dieser Nachteile der Teilgläubigerschaft für den Schuldner wird deren Anwendungsbereich über eine **enge Interpretation der Teilbarkeit** der Leistung (→ Rn. 11) **erheblich eingeschränkt.**

2. Gesamtgläubigerschaft

7 Bei der **Gesamtgläubigerschaft** kann gem. § 428 S. 1 BGB jeder Gläubiger **die ganze Leistung** verlangen. Der Schuldner hingegen kann gem. § 428 S. 2 BGB nach seinem Belieben **an jeden Gläubiger leisten,** und zwar auch an einen anderen als den, der von ihm die Leistung verlangt oder ihn sogar darauf verklagt hat. Die Forderungen bleiben damit ungeteilt. Der Ausgleich zwischen demjenigen Gläubiger, der die Leistung erhalten hat, und den übrigen ist dann Sache des Innenverhältnisses, wobei gem. § 430 BGB im Zweifel jedem ein gleicher Anteil zusteht. Nach § 429 Abs. 3 BGB, § 425 BGB wirken dabei rechtsändernde Umstände, die zwischen dem Schuldner und einem der Gläubiger eintreten (zB Schuldnerverzug, Verjährung, rechtskräftiges Urteil), grds. nicht auch für die übrigen Gläubiger. Diese Umstände haben also nur **Einzelwirkung.** Ausnahmsweise **Gesamtwirkung** zuerkannt wird vom Gesetz bloß dem Gläubigerverzug (§ 429 Abs. 1 BGB), der Konfusion (§ 429 Abs. 2 BGB), der Erfüllung und ihren Surrogaten (§ 429 Abs. 3 S. 1 BGB, § 422 BGB). Auch ein Erlass kann Gesamtwirkung haben (§ 429 Abs. 3 S. 1 BGB, § 423 BGB).

8 In ihren Wirkungen bildet die Gesamtgläubigerschaft gewissermaßen das Gegenstück zur Teilgläubigerschaft. Sie ist **für den Schuldner bequem** und für die Gläubiger gefährlich. Die Bequemlichkeit für den Schuldner ergibt sich daraus, dass er an einen – noch dazu von ihm auszusuchenden – Gläubiger die ganze Leistung erbringen kann, sich also um das Innenverhältnis nicht zu kümmern braucht. Dagegen ergeben sich die Gefahren für die Gläubiger daraus, dass jeder von ihnen fürchten muss, der Schuldner werde nicht an ihn leisten, sondern an einen anderen Gesamtgläubiger. Zwar haben diejenigen Gläubiger, die leer ausgegangen sind, dann Ausgleichsansprüche, aber diese Gläubiger tragen die Last und das Risiko der Durchsetzung.

3. Mitgläubigerschaft

Haben mehrere Gläubiger eine **unteilbare Leistung** zu fordern, so kann der Schuldner nach § 432 BGB **nur an alle Gläubiger gemeinschaftlich** leisten. Dagegen können nicht etwa bloß alle Gläubiger gemeinschaftlich die Leistung fordern. Vielmehr kann jeder einzelne Gläubiger **Leistung an alle** oder Hinterlegung für alle oder die Ablieferung an einen gerichtlich bestellten Verwahrer verlangen. Rechtsändernde Umstände in der Person eines Gläubigers (zB Mahnung, Verzug) haben dabei nach § 432 Abs. 2 BGB nur Einzelwirkung. Diese Art der Gläubigermehrheit wird als **Mitgläubigerschaft** oder **Gesamtleistungsgläubigerschaft** bezeichnet. 9

Diese Art der Gläubigermehrheit gleicht die Interessen des Schuldners und diejenigen der Gläubiger fast optimal aus. Der Schuldner muss nur einmal leisten und braucht sich um die Verteilung des Leistungsgegenstandes nicht zu kümmern. Andererseits braucht aber auch kein Gläubiger zu fürchten, die Leistung werde an ihm vorbei bloß an einen seiner Mitgläubiger gehen. 10

III. Der Anwendungsbereich der gesetzlichen Typen

1. Teilgläubigerschaft

Teilgläubigerschaft tritt nach § 420 BGB bei **Teilbarkeit der Leistung** ein. Dabei könnte man als „teilbar“ jede Leistung verstehen, die oder deren Gegenstand sich derart zerlegen lässt, dass die Teile zusammengenommen ohne Wertminderung das Ganze ergeben. So verstanden ist die große Mehrzahl aller Leistungen teilbar, nämlich wenn der Leistungsgegenstand in Geld oder einer Mehrzahl von vertretbaren Sachen besteht. Aber auch die Leistung einer an sich unteilbaren Sache (zB eines Hauses) könnte insofern geteilt werden, als sie in Quoten zu Mitbesitz übergeben und zu Miteigentum übertragen werden kann. Auch Dienstleistungen sind gleichfalls oft in dem Sinn teilbar, dass zunächst nur ein Teil der Arbeit verrichtet (zB erst die Hälfte des Gartens umgegraben) wird. Danach müsste die Teilgläubigerschaft also einen sehr weiten Anwendungsbereich haben. 11

Tatsächlich sieht die hM das Erfordernis der Teilbarkeit aber wesentlich **enger.** Denn man berücksichtigt für dieses Merkmal nicht lediglich allein den Leistungsgegenstand, sondern auch das **Verhältnis der Gläubiger untereinander.** Eine an sich teilbare Leistung wird auch dann für unteilbar gehalten, wenn dieses Verhältnis einer Teilung entgegensteht. Als unteilbar gelten daher alle Forderungen auf Leistung an eine **Gesamthandsgemeinschaft** (Gütergemeinschaft, Erbengemeinschaft, BGB-Gesellschaften). Denn diese Forderungen stehen **der Gesamthand als solcher** ungeteilt zu. Aber auch bei der **Bruchteilsgemeinschaft** (§§ 741 ff. BGB), wird immer dann Unteilbarkeit angenommen, wenn die Einziehung der Forderung zur **Verwaltung des gemeinschaftlichen Gegenstandes** gehört und diese Verwaltung den Teilhabern nach § 744 Abs. 1 BGB nur gemeinschaftlich zusteht. So liegt etwa Unteilbarkeit vor bei einer Mietforderung aus der Vermietung eines Hauses, das Miteigentümern gehört.[2] 12

Da zwischen mehreren Gläubigern fast immer eine Gesamthands- oder eine Bruchteilsgemeinschaft besteht, verliert die Teilgläubigerschaft durch die enge Auslegung 13

[2] BGH NJW 1958, 1723.

der „Teilbarkeit" den größten Teil ihres denkbaren Anwendungsbereichs. Übrig bleiben im Wesentlichen diejenigen Fälle, in denen **mehrere nicht miteinander verbundene Personen** sich eine Leistung versprechen lassen. Hier kann allerdings die Auslegung ergeben, dass mehrere voneinander getrennte Verträge gewollt waren und insbesondere die Vorteile für den Schuldner nach den § 320 Abs. 1 S. 2 BGB, § 351 BGB nicht gelten sollen. Auch dann scheidet die Teilgläubigerschaft aus. In der Praxis kommt daher eine Teilgläubigerschaft fast nie vor.

2. Gesamtgläubigerschaft

14 Für die **Gesamtgläubigerschaft** nennt das BGB ausdrücklich nur einen einzigen, selten vorkommenden Anwendungsfall im **Vermächtnisrecht** (§ 2151 Abs. 3 BGB). Einen etwas größeren Anwendungsbereich hat die Rspr. in **Schadensersatzfällen** eröffnet, in denen der Schuldner das Innenverhältnis zwischen mehreren Ersatzgläubigern zumutbarerweise nicht beurteilen konnte.[3] Auch das gemeinschaftliche Oderkonto zB von Ehegatten steht der Gesamtgläubigerschaft nahe (nur muss die Bank hier an denjenigen leisten, der die Auszahlung verlangt). Die größte Bedeutung hat die Gesamtgläubigerschaft im Fall des § 1357 BGB. Die gemeinsame Berechtigung der Ehegatten nach § 1357 Abs. 1 BGB aus den dort genannten Geschäften zur Deckung des Lebensbedarfs bedeutet nach der wohl vorzugswürdigen Ansicht eine leicht modifizierte Gesamtgläubigerschaft. Diese Modifikation besteht darin, dass der Schuldner allein an denjenigen Ehegatten leisten kann, mit dem er kontrahiert hat. Denkbar wäre auch eine vertragliche Vereinbarung einer Gesamtgläubigerschaft.[4]

3. Mitgläubigerschaft

15 Als Anwendungsbereich der **Mitgläubigerschaft** scheinen nun alle diejenigen Fälle nahezuliegen, in denen weder Teilgläubigerschaft noch Gesamtgläubigerschaft besteht. Insbesondere müssten hierhin die Gesamthandsgemeinschaften von Gläubigern gehören, bei denen die Leistung ja als rechtlich unteilbar angesehen wird (→ Rn. 12). Dazu passt anscheinend, dass § 2039 BGB für die Erbengemeinschaft den § 432 Abs. 1 BGB fast wörtlich wiederholt. Allerdings gehört bei der Gütergemeinschaft die Geltendmachung von Forderungen des Gesamtguts zu dessen Verwaltung, deren Regelung sich nach § 1421 BGB ergibt. Daher hat die hM die **Gesamthandsgemeinschaften** ganz aus § 432 BGB herausgenommen und sie zu **Gläubigergemeinschaften eigener Art** gemacht. Soweit diese Gemeinschaften selbst als Rechtspersönlichkeit haben (wie jetzt die rechtsfähige BGB-Gesellschaft (§ 705 Abs. 2 BGB), scheiden diese Fälle sogar völlig aus dem Bereich der Gläubigermehrheit aus. Dann gibt es nur einen einzigen Gläubiger, nämlich die rechtsfähige Gesellschaft (s. § 713 BGB).

16 Für die Mitgläubigerschaft bleiben, wenn man also von den Gesamthandsgemeinschaften absieht, insbesondere die **Bruchteilsgemeinschaften** nach §§ 741 ff. BGB, soweit dort die Einziehung der Forderungen zur gemeinschaftlichen Verwaltung gehört. Weiter unterfallen der Mitgläubigerschaft die (seltenen) Fälle einer schon im natürlichen Sinn unteilbaren Leistung, die mehreren geschuldet wird.

---

[3] BGHZ 28, 68 = NJW 1958, 1588, dazu Medicus JuS 1980, 697 (701).
[4] Vgl. dazu sowie zu den AGB-rechtlichen Grenzen BGH NJW 2007, 438.

§ 69. Schuldnermehrheiten

Literatur: Flöck, Grundfälle zur Gesamtschuld, JuS 2022, 9 und JuS 2022, 109; S. Meier, Gesamtschulden – Entstehung und Regress, 2010; S. Meier, Schuldnermehrheiten im europäischen Vertragsrecht, AcP 211 (2011), 435; Pfeiffer, Gesamtschuldnerausgleich und Verjährung, NJW 2010, 23; Selb, Mehrheit von Gläubigern und Schuldnern, 1984; Wacke, Der Erlass oder Vergleich mit einem Gesamtschuldner, AcP 170 (1970), 42; Winter, Teilschuld, Gesamtschuld und unechte Gesamtschuld, 1985.

I. Überblick

Praktisch viel bedeutsamer als die Gläubigermehrheit sind die Fälle der **Schuldnermehrheit.** Das BGB stellt dabei für die Schuldnermehrheiten zwei Typen bereit, nämlich die **Teilschuld** (§ 420 BGB) und die **Gesamtschuld** (§§ 421–427, 431 BGB). Aber auch bei den Schuldnermehrheiten hat die Lehre für manche **Gesamthandsgemeinschaften** noch einen weiteren Typ herausgearbeitet. Wie schon bei den Gläubigermehrheiten ist auch bei den Schuldnermehrheiten die Bedeutung der Teilschuld nach § 420 BGB viel geringer, als es dem häufigen Vorkommen von in natürlichem Sinn teilbaren Leistungen entspricht. Insgesamt überwiegt bei den Schuldnermehrheiten in der Praxis eindeutig die **Gesamtschuld.** 1

II. Die Gesamtschuld

1. Charakteristik

Nach der Definition in § 421 BGB muss jeder der Gesamtschuldner die ganze Leistung bewirken. Der Gläubiger kann sie daher auch von jedem beliebigen der Gesamtschuldner ganz oder zT fordern. Natürlich erhält er sie dabei insgesamt nur einmal. 2

Beispiel: Wenn zB A, B und C dem G gesamtschuldnerisch 1.000 EUR schulden, kann G zunächst von jedem 1.000 EUR verlangen (§ 421 S. 1 BGB). Sobald aber einmal – gleich von welchem der Schuldner – 1.000 EUR gezahlt worden sind, werden auch die übrigen Schuldner dem G gegenüber frei (§ 422 Abs. 1 S. 1 BGB). Ist ein geringerer Betrag bezahlt worden, so tritt diese Befreiung nur verhältnismäßig ein. Welchen Teil der Forderung der einzelne Gesamtschuldner im Innenverhältnis zu seinen Mitschuldnern aufzubringen hat (→ Rn. 16), braucht den Gläubiger bei seinem Vorgehen nicht zu interessieren.[1]

Damit ist die Gesamtschuld die **für den Gläubiger sicherste Form** der Verpflichtung mehrerer. Denn solange auch nur einer der Schuldner leistungsfähig ist, wird der Gläubiger befriedigt, weil ihm das Vermögen jedes einzelnen Schuldners für den vollen Betrag seiner Forderung haftet. 3

2. Anwendungsbereich

a) Gesetzliche Gesamtschuldanordnungen

Sehr häufig bestimmt das Gesetz **ausdrücklich** das Vorliegen einer Gesamtschuld. Im **rechtsgeschäftlichen Bereich** ist der wichtigste Fall die **gemeinschaftliche vertragliche Verpflichtung** zu einer **teilbaren Leistung** (§ 427 BGB). Daher haften etwa Ehepaare als Gesamtschuldner, wenn sie gemeinsam eine Wohnung mieten oder einen Kredit aufnehmen.[2] Zu gesamtschuldnerischer Haftung führt nach § 54 S. 2 BGB auch das Auftreten mehrerer für einen nicht rechtsfähigen Verein. 4

---

[1] Vgl. BGH NJW 1991, 1289.

[2] Dabei kann bei Eheleuten eine Gesamtschuld nach § 1357 BGB auch dann entstehen, wenn nur ein Ehegatte handelt.

Darüber hinaus findet sich die gesetzliche Anordnung einer Gesamtschuld auch in Fällen, in welchen **Verträge nicht gemeinschaftlich abgeschlossen** worden sind, sondern getrennt. Das gilt nach § 769 BGB für **Mitbürgen** und nach § 78 Abs. 1 VVG für **mehrere Versicherer** desselben Interesses (Mehrfachversicherung). Eine Gesamtschuld entsteht schließlich auch bei vertraglichem oder gesetzlichem Vertrags- oder Schuldbeitritt (→ § 70 Rn. 10).

5 Im Bereich der **Deliktshaftung** bestimmt § 840 BGB eine gesamtschuldnerische Haftung, wenn mehrere aus einer unerlaubten Handlung **nebeneinander verantwortlich** sind. Das hat praktische Bedeutung besonders bei den vielen Verkehrsunfällen, aus denen mehrere Personen haften (zB Halter und Fahrer).[3]

Zudem lässt das Gesetz in vielen **weiteren Fällen einer Pflichtverletzung** die Beteiligten gesamtschuldnerisch haften, so das BGB etwa in § 42 Abs. 2 S. 2 BGB, § 53 BGB, § 1664 Abs. 2 BGB, § 1826 Abs. 2 BGB, § 2219 Abs. 2 BGB. Dazu kommen noch mehrere Vorschriften außerhalb des BGB. Praktisch wichtig ist etwa die gesamtschuldnerische Haftung des Pflichthaftpflichtversicherers neben dem Fahrzeughalter nach § 115 Abs. 1 S. 4 VVG.

6 In weiteren Fällen kommt es auch im Zusammenhang mit **Gesamthandsgemeinschaften** zur Gesamtschuld. So haften nach § 2058 BGB Miterben gesamtschuldnerisch. Gleiches gilt ebenso nach § 721 BGB für BGB-Gesellschafter, nach §§ 126, 161 Abs. 2 HGB für die Gesellschafter einer OHG und KG (Kommanditisten regelmäßig nur iRd § 171 Abs. 1 HGB). Weniger wichtig sind die Fälle der § 1437 Abs. 2 S. 1 BGB, § 1459 Abs. 2 S. 1 BGB, § 1480 BGB bei der ehelichen Gütergemeinschaft.

7 Gesamtschuldnerische Haftung gilt nach § 431 BGB unabhängig vom Rechtsgrund der Schuld immer dann, wenn mehrere eine **unteilbare Leistung** schulden. Der Anwendungsbereich dieser Regelung ist allerdings gering, weil häufig schon aus einem anderen Grund gesamtschuldnerisch gehaftet wird (zB nach § 427 BGB). § 431 BGB passt überhaupt nicht, wenn ein einzelner Schuldner die Leistung gar nicht erbringen kann (zB ein einzelner Musiker das Spiel eines ganzen Orchesters). Dann schuldet jeder nur die Mitwirkung an der gemeinsamen Herbeiführung des Leistungserfolgs (→ Rn. 28). Anders aber liegt es bei dem Rückgabeanspruch des Vermieters (§ 546 Abs. 1 BGB) gegen eine Mehrheit von Mietern: Hier schuldet jeder Mieter auch die Rückgabe durch die übrigen.[4]

b) Weitere Gesamtschuldfälle

8 Über die eben erörterten einzelnen Gesamtschuldanordnungen hinaus sieht die hM in § 421 BGB eine **generelle Gesamtschuldanordnung.** Gesamtschuld liege immer vor, wenn mehrere nach Wahl des Gläubigers die ganze Leistung schuldeten, der Gläubiger diese aber insgesamt nur einmal zu fordern berechtigt sei.[5] § 421 BGB wird damit gleichsam als **allgemeiner Entstehungstatbestand** einer Gesamtschuld begriffen. Dabei müssen die Ansprüche gegen die verschiedenen Schuldner nicht zwingend auf einem einheitlichen Schuldgrund beruhen. Maßgebend ist allein, ob sie auf die Befriedigung desselben **Leistungsinteresses** des Schuldners gerichtet sind.

9 § 421 BGB nennt nach hM aber lediglich die Mindestvoraussetzungen für das Vorliegen einer Gesamtschuld. Zusätzlich zu den dort genannten Voraussetzungen be-

[3] S. dazu Medicus/Lorenz SchuldR BT § 90 Rn. 8 ff.
[4] BGH NJW 1996, 515 (516 f.).
[5] Looschelders SchuldR AT § 54 Rn. 20 f.

darf es eines weiteren Merkmals: Die mehreren Verpflichtungen müssen **„gleichstufig“** oder **„gleichrangig“** sein.[6] So liegt es zB, wenn mehrere als Verursacher desselben Schadens haften. Daher kann etwa § 840 BGB durch Analogie auf den Fall erweitert werden, dass von mehreren Schädigern lediglich einer aus Delikt haftet, der andere dagegen nur aus Vertrag.[7] Demgegenüber fehlt die Gleichstufigkeit insbesondere, wenn der eine Schuldner als Schadensverursacher haftet, der andere jedoch als „Versorger“ (zB als den Lohn fortzahlender Arbeitgeber, als Sozialversicherungsträger) oder einer der Schuldner lediglich für die Leistungsfähigkeit des anderen einstehen soll und daher – wie zB ein **Bürge** – nur subsidiär haftet

Dass in solchen Fällen die Gesamtschuldregeln nicht passen, wird vor allem an § 843 Abs. 4 BGB deutlich. Danach berührt hier die Unterhaltsleistung den Schadensersatzanspruch des Geschädigten gegen den Schädiger nicht, dh die Erfüllung hat nicht die in § 422 BGB bestimmte Gesamtwirkung (→ Rn. 12). Aber auch in anderen „Versorgungsfällen“ gibt es Spezialvorschriften für den Rückgriff des Versorgers gegen den Schädiger, vor allem durch **Legalzessionsanordnungen** (→ § 61 Rn. 4). Sie zeigen, dass der Gesetzgeber selbst hier nicht mit der Anwendung des § 426 BGB gerechnet, also keine Gesamtschuld angenommen hat. Man sollte daher in solchen Fällen nicht einmal von einer „scheinbaren“ Gesamtschuld sprechen.

Der BGH hat in Bezug auf eine Schadensersatzverpflichtung wegen eines Baumangels eine Gesamtschuld auch zwischen dem fehlerhaft arbeitenden **Bauunternehmer** und dem seine Aufsichtspflicht verletzenden **Architekten** angenommen.[8] Das erstaunt zunächst deshalb, weil beide sich – anders als nach § 427 BGB – in verschiedenen Verträgen verpflichtet haben und unterschiedliche Leistungen schulden. Auch schuldet der Bauunternehmer bei mangelhafter Ausführung nach § 635 Abs. 1 BGB zunächst Nacherfüllung, während der Architekt bei Planungs- und Überwachungsfehlern sofort Schadensersatz in Geld zu leisten hat. Da Architekt und Bauunternehmer aber – wenngleich in unterschiedlicher Weise – denselben Schaden verursacht haben, liegt auf der Ebene des Schadensersatzes **Identität des Leistungsinteresses** und damit eine Gesamtschuld vor. Seit 2018 ist eine solche Gesamtschuld durch § 650t BGB gesetzlich bestätigt. 10

Gesamtschuldner können auch mehrere Unternehmer mit verschiedenen Gewerken sein, wenn deren Mängel nur einheitlich behoben werden können.[9] Gleichstufigkeit auf der Ebene des Schadensersatzes wurde auch bejaht zwischen dem Verkäufer eines mangelhaften Pferdes und dem Tierarzt, der den Mangel bei einer Untersuchung vor dem Kauf übersehen hatte.[10]

3. Das Außenverhältnis

a) Gesamtschuld und Akzessorietät

Zwischen dem Gläubiger und jedem Gesamtschuldner besteht ein Rechtsverhältnis (zB ein Vertrag oder ein Anspruch auf Schadensersatz aus § 823 BGB). Die Gesamtheit dieser Verbindungen zum Gläubiger bezeichnet man als das **Außenverhältnis** der Gesamtschuldner. Die wichtigste Frage ist insoweit, ob Veränderungen im Verhältnis zwischen dem Gläubiger und einem der Gesamtschuldner auch auf die übrigen Gesamtschuldner wirken, dh sog. **Gesamtwirkung** haben oder bloß sog. 11

[6] BGH NJW 2007, 1208 Rn. 17 f.
[7] Medicus/Lorenz SchuldR BT § 90 Rn. 10.
[8] BGHZ 43, 227 = NJW 1965, 1175; BGHZ 51, 275 = NJW 1969, 653.
[9] BGH NJW 2003, 2984.
[10] BGH NJW 2012, 1070.

Einzelwirkung zwischen dem Gläubiger und dem jeweiligen Gesamtschuldner entfalten.

Davon ist zu unterscheiden eine andere Verknüpfungsform, die das BGB zB bei der **Bürgschaft** anwendet, nämlich die **Akzessorietät** (von lat. *accessio* = Nebensache, Nebenverpflichtung).[11] Bei ihr stehen zwar auch mehrere Forderungen nebeneinander, die auf die Befriedigung desselben Gläubigerinteresses gerichtet sind. Aber bei der **Akzessorietät** ist eine Forderung die Hauptsache (sog. Leitforderung). Sie bestimmt, was dem Gläubiger zusteht. Dagegen ist die andere Forderung (oder sind auch mehrere andere Forderungen) bloß an diese Leitforderung **angelehnt** (ihr gegenüber akzessorisch). Ihr Bestand und ihre Durchsetzbarkeit hängen von ihr ab. Bei der Bürgschaft ist Leitforderung die „Hauptforderung" des Gläubigers gegen den Hauptschuldner. Sie bestimmt die Forderung des Gläubigers gegen den Bürgen insofern, als der Bürge nur für die Erfüllung der Hauptforderung einzustehen verspricht (§ 765 Abs. 1 BGB). Auch Umfang und Geltendmachung der Bürgenschuld richten sich im Wesentlichen nach der Hauptschuld (§§ 767, 768, 770 BGB).[12] In diesen Fällen der Akzessorietät liegt also **keine Gesamtschuld** vor.

b) Einzel- und Gesamtwirkung

12 Im Schuldverhältnis können sich **Veränderungen** ergeben. Der Eintritt von Schuldnerverzug etwa führt zu einer Haftungsverschärfung (§ 287 BGB) und bei Geldschulden zu einer Verzinsungspflicht (§ 288 Abs. 1 BGB). Bei Vorliegen einer Gesamtschuld wird dann fraglich, ob eine solche Veränderung sich auf den unmittelbar betroffenen Schuldner beschränkt oder ob sie auch die übrigen Schuldner erfassen soll. Im ersten Fall spricht man von **Einzelwirkung,** im zweiten von **Gesamtwirkung.** Das ist in den §§ 422–425 BGB geregelt. Nach § 422 Abs. 1 BGB haben **Gesamtwirkung** die **Erfüllung,** die **Leistung an Erfüllungs statt,** die **Hinterlegung** und die erklärte **Aufrechnung.** Letztere kann nach § 422 Abs. 2 BGB aber nur derjenige Gesamtschuldner erklären, dem die Forderung zusteht, mit der aufgerechnet werden soll. Die Gesamtwirkung ergibt sich in diesen Fällen zwingend daraus, dass der Gläubiger gem. § 421 S. 1 BGB die Leistung insgesamt nur einmal erhalten soll. Ist dies geschehen, kann er also seine Forderungen gegen die übrigen Schuldner nicht behalten (was nicht zwangsläufig deren Erlöschen bedeutet, dazu → Rn. 20 zu § 426 Abs. 2 BGB).

13 Ähnlich kann nach § 423 BGB der Gläubiger auch durch einen **Erlass** gegenüber einem Gesamtschuldner alle seine Forderungen aufgeben, was allerdings einen entsprechenden Parteiwillen voraussetzt. Wird der Erlass nur mit Wirkung gegenüber einem Gesamtschuldner vereinbart, so verspricht der Gläubiger nur, diesen Gesamtschuldner nicht in Anspruch zu nehmen. Nimmt er einen anderen Gesamtschuldner in Anspruch, berührt der Verzicht nicht den Innenausgleich nach § 426 BGB (→ Rn. 17 ff.). Auch der **Gläubigerverzug** hat nach § 424 BGB Gesamtwirkung. Denn da die Erfüllung durch den anbietenden Gesamtschuldner nach § 422 BGB auch die übrigen gegenüber dem Gläubiger befreit hätte, soll ihnen in gleicher Weise zugutekommen, dass der Gläubiger durch seinen Verzug diese Erfüllung verhindert hat.

14 In allen anderen Fällen dagegen soll nach § 425 Abs. 1 BGB **im Zweifel nur Einzelwirkung** eintreten. Dafür nennt § 425 Abs. 2 BGB die wichtigsten Beispiele: **Kündigung** (womit bloß eine die Fälligkeit herbeiführende und nicht auch die vertrags-

[11] Vgl. Habersack JZ 1997, 857.
[12] S. dazu Medicus/Lorenz SchuldR BT § 54 Rn. 16 ff.

lösende Kündigung gemeint ist), **Schuldnerverzug, Verschulden** (bei Leistungsstörungen haftet also auf Schadensersatz regelmäßig nicht derjenige Gesamtschuldner, der diese Störung nicht zu vertreten hat), **Unmöglichkeit,** die **Verjährung** mit Hemmung und Neubeginn, die **Konfusion** und das **rechtskräftige Urteil.** Prozesse des Gläubigers gegen die Gesamtschuldner können also verschieden ausgehen. Das erklärt sich materiell-rechtlich schon daraus, dass eben rechtsverändernde Umstände nach § 425 Abs. 1 BGB bloß Einzelwirkung haben, so dass sich die Forderungen des Gläubigers gegen die einzelnen Gesamtschuldner verschieden entwickeln können.

4. Das Innenverhältnis

Der Gläubiger kann gem. § 421 BGB nach seiner Wahl auf jeden einzelnen Gesamtschuldner zugreifen. Damit ist aber nicht auch festgelegt, dass der so in Anspruch genommene Schuldner das in der Leistung liegende Opfer im Verhältnis zu den anderen Gesamtschuldnern endgültig tragen muss. Vielmehr entscheidet über diese endgültige Verteilung das **Innenverhältnis** zwischen den Gesamtschuldnern. 15

a) Der Verteilungsmaßstab

Für den Verteilungsmaßstab sieht § 426 Abs. 1 S. 1 BGB **Gleichheit der Anteile vor,** „soweit nicht ein anderes bestimmt ist". Vor der Annahme von Gleichverteilung ist also nach einem abweichenden Maßstab zu suchen. Er findet sich in der großen Mehrzahl der Fälle: Bei vertraglich begründeter Gesamtschuld kann eine Abrede über die interne Lastenverteilung vorliegen, zB zwischen mehreren Personen, die gemeinsam ein Ferienhaus mieten. Auch das Unterhaltsrecht kann die Verteilung regeln: Wenn Ehegatten gemeinsam eine Wohnung mieten, wird im Innenverhältnis nach § 1360 S. 2 BGB der allein verdienende Ehegatte auch allein für die Miete aufzukommen haben. Spezielle gesetzliche Verteilungsvorschriften finden sich etwa in den § 840 Abs. 2, 3 BGB, § 841 BGB, § 78 Abs. 2 VVG. Bei Schadensersatzansprüchen ist besonders wichtig die **entsprechende Anwendung von § 254 BGB.** Die Verteilung zwischen den Schädigern richtet sich dabei nach deren Ursachen- und Verschuldensanteilen an der Schädigung (→ § 59 Rn. 1 ff.). Danach kann also uU auch einer der Schädiger den Schaden allein zu tragen haben. Diese interne Verteilung entsprechend § 254 BGB ist vom Gesetzgeber in die § 13 HPflG, § 17 StVG übernommen und damit bestätigt worden. 16

b) Ausgleichsansprüche

aa) Anspruch aus § 426 Abs. 1 BGB. § 426 Abs. 1 S. 1 BGB gibt nicht bloß den Verteilungsmaßstab an, sondern stellt – was sich dem Wortlaut nicht ohne Weiteres entnehmen lässt – auch eine **eigene Anspruchsgrundlage** für den Ausgleichsanspruch des vom Gläubiger in Anspruch genommenen Gesamtschuldners dar. Dieser Anspruch auf Ausgleich entsteht nicht erst dann, wenn ein Gesamtschuldner an den Gläubiger geleistet hat, sondern bereits **mit dem Entstehen der Gesamtschuld** selbst.[13] Er ist zunächst auf **Mitwirkung der anderen Gesamtschuldner** an der Befriedigung des Gläubigers gerichtet (**Befreiungsanspruch** iSv § 257 BGB, dazu → § 18 Rn. 3) gerichtet. Hat ein Gesamtschuldner an den Gläubiger geleistet, wandelt er seinen Inhalt zu einem (anteiligen) **Zahlungsanspruch.**[14] Der Anspruch ver- 17

[13] BGH NJW 2012, 3777 Rn. 13.
[14] BGHZ 181, 310 Rn. 12 = NJW 2010, 60; 2010, 62 Rn. 21.

jährt damit in seinen beiden Gestaltungen einheitlich nach der Regelverjährung gem. §§ 195, 199 BGB. Die auf Ausgleich in Anspruch genommenen Gesamtschuldner haften ihrerseits nicht als Gesamtschuldner, sondern als **Teilschuldner** (→ Rn. 27).

Beispiel: A, B und C sind Gesamtschuldner des G; im Innenverhältnis haben A und B je 1/4 und C 1/2 zu tragen. G nimmt den A auf das Ganze in Anspruch. A hat dann gegen B einen Ausgleichsanspruch iHv ¼ der von ihm beglichenen Forderung, gegen C iHv 1/2. B und C haften dabei jeweils nur für ihren Teil der Forderung.

18 Der Ausgleich zwischen den Gesamtschuldnern funktioniert nur reibungslos, wenn jeder Schuldner seinen Anteil tragen kann. Fehlt es daran, so ist nach § 426 Abs. 1 S. 2 BGB der **Ausfall bei einem Mitschuldner** von den übrigen zur Ausgleichung verpflichteten Schuldnern zu tragen sein. Entgegen der möglicherweise missverständlichen Formulierung bedeutet das nicht, dass sich der ausgleichsberechtigte Schuldner nicht an dem Ausfall zu beteiligen hat. Der Ausfall ist vielmehr auf alle leistungsfähigen Schuldner im Verhältnis ihrer internen Schuldbeteiligung zu verteilen.

Beispiel: Ist im **Beispiel** von → Rn. 17 B leistungsunfähig, so ist das bei ihm ausfallende Viertel im Verhältnis 1 zu 2 auf A und C zu verteilen: A kann von C 1/2 + 2/12 = 2/3 verlangen; 1/3 trägt A selbst. Ist dagegen C leistungsunfähig, so ist dieser Ausfall von A und B zu gleichen Teilen zu tragen: A kann von B 1/2 verlangen.

19 Kommt der zunächst leistungsunfähige Schuldner wieder zu Geld, so hat ein neuer Ausgleich stattzufinden: Der bisher nicht beteiligte Schuldner hat seinen Mitschuldnern das zu ersetzen, was diese zunächst nach § 426 Abs. 1 S. 2 BGB zusätzlich übernehmen mussten.

20 **bb) Legalzession gem. § 426 Abs. 2 BGB.** Zusätzlich zum Anspruch aus § 426 Abs. 1 S. 1 BGB geht nach § 426 Abs. 2 BGB die Forderung des Gläubigers gegen die übrigen Schuldner (teilweise) auf denjenigen über, der den Gläubiger befriedigt hat. Der Forderungsübergang ist dabei auf den Umfang beschränkt, in welchem der Leistende nach § 426 Abs. 1 BGB Ausgleich verlangen kann. Im Übrigen, dh in Höhe des Haftungsanteils des leistenden Schuldners, erlischt sie durch Erfüllung (§ 362 Abs. 1 BGB).

Beispiel: Im **Beispiel** von → Rn. 18 geht gem. §§ 426 Abs. 2, 412 BGB die Forderung des G gegen B iHv ¼, diejenige gegen C iHv ½ auf A über. Diese Ansprüche aus übergegangenem Recht stehen neben dem Ausgleichsanspruch aus § 426 Abs. 1 BGB. Selbstverständlich kann A nur einmal Befriedigung verlangen.

21 Der Vorteil dieser **Legalzession** gegenüber dem Anspruch aus § 426 Abs. 1 BGB besteht darin, dass sie dem Ausgleichsberechtigten nach §§ 412, 401 BGB auch für die Forderung bestehenden akzessorischen Sicherheiten verschafft. Andererseits bleiben den anderen Gesamtschuldnern – anders als beim Anspruch aus § 426 Abs. 1 BGB – Einreden und die Aufrechnungsmöglichkeit gegen die Forderung erhalten (§§ 412, 404, 406 BGB). Nachteilig kann sich auch auswirken, dass der bereits vor der Zession verstrichene Teil der Verjährungsfrist gegen den Ausgleichsberechtigten wirkt. Auch kann für den übergegangenen Anspruch schon ursprünglich eine kürzere Verjährung gelten (zB nach § 438 BGB).

Nach § 426 Abs. 2 S. 2 BGB kann der Forderungsübergang nicht zum Nachteil des Gläubigers geltend gemacht werden. Das kann dann von Bedeutung sein, wenn ein Gesamtschuldner nur einen Teil der Forderung des Gläubigers begleicht und durch auf ihn mit der Forderung übergehende Sicherheiten (zB eine Bürgschaft oder eine Hypothek) die Sicherheit des Gläubigers mindern.

5. Störungen des Gesamtschuldnerausgleichs

a) Das Problem

Bei Schadenszufügungen kann die Entstehung eines Gesamtschuldverhältnisses dadurch verhindert sein, dass einer der Schädiger dem Geschädigten wegen eines gesetzlichen oder vertraglichen Haftungsausschlusses nichts schuldet. Dann scheint auch ein Gesamtschuldnerausgleich nach § 426 BGB nicht in Betracht zu kommen. Man spricht in diesem Fall auch von einer **gestörten Gesamtschuld.** 22

Beispiel: G wird von S aus Gefälligkeit in dessen Pkw mitgenommen. Beide vereinbaren einen (wirksamen) Haftungsausschluss. Durch jeweils hälftiges Verschulden des S und des entgegenkommenden Kraftfahrers D kommt es zu einem Zusammenstoß. Dabei wird G verletzt. Ohne den Haftungsausschluss wären S und D dem G gegenüber Gesamtschuldner (§ 840 BGB). Wegen des Haftungsausschlusses haftet S aber nicht, so dass bereits das Vorliegen einer Gesamtschuld zweifelhaft ist. Wenn D den G voll befriedigen müsste, würde sein Rückgriff gegen S also an dem ohne seine Beteiligung zwischen S und G vereinbarten Haftungsausschluss scheitern. Der Haftungsausschluss zwischen G und S würde damit zu Lasten des D wirken. Verträge zu Lasten Dritter kann es aber nicht geben. Würde man mit diesem Argument einen Rückgriff des D gegen S nach § 426 BGB, § 17 StVG bejahen, wäre andererseits dessen Haftungsausschluss gegenüber G de facto wirkungslos.

b) Lösungen

Zur Lösung des Problems gibt es zwei denkbare Ansätze: Entweder man stellt sich auf den Standpunkt, dass der vertragliche Haftungsausschluss nicht gegenüber einem Dritten wirken kann und fingiert ein **Gesamtschuldverhältnis** für den Rückgriff. Dann kann D gegen S genauso Rückgriff nehmen, als ob das Haftungsprivileg nicht bestünde.[15] Dagegen spricht aber, dass S den Vorteil aus dem Haftungsverzicht (ohne den S den G vielleicht nicht mitgenommen hätte) über den Rückgriff des D wieder verliert. Auch kommt man so zu dem paradoxen Ergebnis, dass S bei Alleinverantwortlichkeit für den Unfall besser stünde als bei bloßer Mitverantwortlichkeit. Denn bei Mitverantwortlichkeit ist er dem Teilregress des D ausgesetzt, während er diesen bei Alleinverantwortlichkeit nicht zu fürchten braucht. Dann haftet D dem G nicht und hat folglich auch keinen Rückgriff gegen S. 23

Daher hat Medicus[16] einen **anderen Ausweg** vorgeschlagen, den in einzelnen Fallgruppen auch die Rspr. anwendet.[17] Diesem liegt der Gedanke zugrunde, dass der Geschädigte durch den Haftungsausschluss gegenüber allen Gesamtschuldnern auf den Haftungsanteil seines Vertragspartners verzichtet. Damit wird der Anspruch des Geschädigten gegen den Drittschädiger von vornherein um den Betrag gekürzt, für den der Dritte ohne den Haftungsausschluss nach § 426 BGB regressberechtigt wäre.[18] Denn bei dieser Lösung fällt der Haftungsausschluss konsequent demjenigen zur Last, der auf die Haftung verzichtet hat. 24

---

15 So etwa BGHZ 12, 213 = NJW 1954, 875; BGHZ 35, 317 = NJW 1961, 1966; dazu Schmieder JZ 2009, 189.

16 Medicus JZ 1967, 398.

17 Etwa BGHZ 51, 37 = NJW 1969, 236; BGHZ 94, 173 = NJW 1985, 2261; BGHZ 110, 114 (117) = NJW 1990, 1361; BGHZ 155, 205 (211 ff.) = NJW 2003, 2984; dazu Unberath JuS 2004, 662; BGH NJW 1987, 2669; VersR 1987, 781; ZIP 2003, 1604.

18 Ebenso Looschelders SchuldR AT § 54 Rn. 36; Brox/Walker SchuldR AT § 37 Rn. 23 f.; einschränkend für § 831 BGB BGHZ 157, 9 = NJW 2004, 951; 2005, 239; 2005, 3144.

Beispiel: Im **Beispiel** von → Rn. 22 bedeutet diese Lösung, dass G von D lediglich den dem Verschuldensanteil des D entsprechenden Teil seines Schadens, dh die Hälfte des Schadens ersetzt verlangen kann. S haftet dem G nicht und ist auch keinem Ausgleichsanspruch des D ausgesetzt. Damit bleibt der Haftungsausschluss zwischen S und G wirksam, ohne sich zu Lasten des D auszuwirken.

25 Diese Lösung ist grds. auch auf **gesetzliche Haftungsmilderungen** (zB §§ 104 f. SGB VII, dazu → § 60 Rn. 13) übertragbar. Lediglich beim Haftungsprivileg der Eltern aus § 1664 Abs. 1 BGB ist die Rspr. einen anderen Weg gegangen.[19] Der Drittschädiger soll den Schaden ganz und ohne Rückgriffsmöglichkeit tragen. Denn anders als bei einem vertraglichen Haftungsausschluss, der eine nach § 840 BGB angeordnete Haftung mehrerer Schädiger gleichsam korrigiere, wachse in den Fällen, in denen die Mithaftung an § 1664 BGB scheitert, der so „privilegierte" Mitschädiger schon gar nicht in die Regelung des § 840 Abs. 1 BGB hinein. Es fehle damit schon an den Grundlagen für ein Gesamtschuldverhältnis, das „gestört" werden konnte.[20]

Beispiel:[21] Im Fall war ein Kind auf einem Spielplatz schwer verunglückt, weil einerseits die den Spielplatz betreibende Stadt diesen nicht ausreichend gegen Unfälle gesichert hatte und andererseits der Vater des Kindes seine Aufsichtspflicht verletzt hatte. Wegen § 1664 Abs. 1 BGB haftete der Vater im konkreten Fall aber nicht für einfache Fahrlässigkeit. Der BGH bejahte die volle und alleinige Haftung der Stadt ohne einen Ausgleichsanspruch gegen den Vater.

26 Begründen lässt sich das (besser) damit, dass man § 1664 Abs. 1 BGB auch als Schutznorm für die Familie im Außenverhältnis (und nicht nur als Schutznorm für die Eltern im Innenverhältnis) versteht.[22] Entsprechendes muss dann wohl auch für § 1359 BGB gelten.

III. Die Teilschuld (§ 420 BGB)

27 Nach § 420 BGB liegt **Teilschuld** vor, wenn mehrere eine teilbare Leistung schulden. Der Gläubiger kann dann von jedem Schuldner nur einen (im Zweifel gleichen) Teil verlangen. Fragen des Ausgleichs zwischen den Schuldnern bleiben damit vermieden, das Risiko der Insolvenz eines Teilschuldners liegt beim Gläubiger. Allerdings wird § 420 BGB insbesondere durch die nach §§ 427, 840 BGB auch bei teilbarer Leistung eintretende Gesamtschuld weitgehend verdrängt. Als wichtige Anwendungsbereiche bleiben für § 420 BGB Unterhaltsschulden (§ 1606 Abs. 3 S. 1 BGB) und die privilegierte Erbenhaftung nach der Nachlassteilung (§ 2060 BGB). Teilschulden entstehen auch beim Ausgleich zwischen Gesamtschuldnern nach § 426 BGB (→ Rn. 17), jedoch gilt dort nach § 426 Abs. 1 S. 2 BGB eine abweichende Verteilung des Insolvenzrisikos (→ Rn. 18).

IV. Die gemeinschaftliche Schuld (Gesamthandsschuld)

28 Nicht besonders im BGB geregelt ist die **gemeinschaftliche Schuld** (→ Rn. 1). Sie (und kein Fall von § 431 BGB) liegt dann vor, wenn die mehreren Schuldner die Leistung **nur durch ihr Zusammenwirken** erbringen können, wenn also der einzelne Schuldner allein zur Leistung außerstande ist. So kann es sich bei Teamarbeit verhalten. Zum anderen kommen hier aber auch Fälle in Betracht, in denen Leistungen aus einem **Gesamthandsvermögen** (zB die Übereignung einer Sache) geschuldet

19 BGHZ 103, 338 (346 ff.) = NJW 1988, 2667; bestätigt durch BGH NJW 2004, 2892.
20 BGHZ 103, 338 (346) = NJW 1988, 2667.
21 BGHZ 103, 338 = NJW 1988, 2667.
22 Hager NJW 1989, 1640 (1649).

sind und deshalb nur durch das Zusammenwirken aller Gesamthänder möglich sind (dann spricht man auch von **Gesamthandsschuld**). Allerdings können hier neben oder anstatt dieser gemeinschaftlichen Schuld die einzelnen Gesamthänder auf Schadensersatz in Geld haften; insoweit sind sie dann Gesamtschuldner (→ Rn. 6).

Beispiel: Eine (ungeteilte) Erbengemeinschaft verkauft ein zum Nachlass gehörendes Grundstück. Die Verpflichtung zur Übereignung des Grundstücks können die Erben nach § 2040 Abs. 1 BGB nur gemeinsam erfüllen. Insoweit liegt eine **Gesamthandsschuld** vor. Verlangt der Käufer bei Nichterfüllung der Übereignungspflicht nach §§ 280 Abs. 1, 3, 281 BGB Schadensersatz statt der Leistung oder Ersatz eines Verspätungsschadens nach §§ 280 Abs. 1, 2, 286 BGB, so haften die Erben hierfür nach § 427 BGB als **Gesamtschuldner.**

§ 70. Übersicht zur Kreditsicherung. Besondere Gründe gesamtschuldnerischer Haftung

Literatur: Bartels, Die Sicherungsgesamtschuld als akzessorische Kreditsicherheit?, JZ 2000, 608; Grigoleit/Herresthal, Der Schuldbeitritt, JURA 2002, 825; Habersack, Die Akzessorietät – Strukturprinzip der europäischen Zivilrechte …, JZ 1997, 857; Hoffmann, Sicherungsgemeinschaften im System einer differenzierenden Gesamtschuldlehre, AcP 211 (2011), 703; Paulus, Grundfragen des Kreditsicherungsrechts, JuS 1995, 185.

I. Die Typen der Kreditsicherung

1. Der Realkredit

Der Gläubiger ist für seine Befriedigung auf das Vermögen seines Schuldners angewiesen. Die Chancen des Gläubigers vermindern sich also, wenn Gegenstände aus dem Schuldnervermögen ausscheiden, sei es, weil diese Gegenstände von anderen Gläubigern in Anspruch genommen werden, sei es, weil der Schuldner sie veräußert. Danach liegt es nahe, dem Gläubiger zur Sicherung einen bestimmten Gegenstand aus dem Schuldnervermögen zu reservieren. Dieser Gegenstand muss dann nicht nur vor dem Zugriff anderer Gläubiger abgeschirmt werden, sondern es muss auch eine Veräußerung durch den Schuldner verhindert oder doch wenigstens für den zu sichernden Gläubiger unschädlich gemacht werden. 1

Eine derartige Sicherung ergibt sich, wenn dem Gläubiger Sachen des Schuldners **verpfändet oder zur Sicherung übereignet** werden. Dann kann sich nämlich der Gläubiger gegen fremde Pfändungen nach §§ 805, 771 ZPO wehren und hat bei Insolvenz des Schuldners die Absonderungsrechte nach §§ 49 ff. InsO. Rechtmäßige Veräußerungen durch den Schuldner sind bei der Sicherungsübereignung ausgeschlossen (weil er nicht mehr Eigentümer ist). Bei den Pfandrechten bleiben zwar Veräußerungen möglich, doch lassen sie idR das Pfandrecht unversehrt, weil dieses als dingliches Recht auch gegen den Erwerber wirkt. Den so **durch einen Gegenstand des Schuldnervermögens gesicherten Kredit** nennt man **Realkredit** (von lat. *res* = Sache). Er spielt vor allem über die Grundpfandrechte Hypothek und Grundschuld eine beherrschende Rolle. Auf ihm ruht weithin die Baufinanzierung. 2

2. Der Personalkredit

Der Realkredit erfordert, dass der Schuldner über geeignete und noch nicht zu stark vorbelastete Vermögensstücke verfügt oder ein Dritter diese als Sicherheit zur Verfügung stellt. Zudem verursacht vor allem die Kreditsicherung durch Grundpfandrechte Kosten. Daher spielt auch heute noch eine andere Art der Sicherung eine wich- 3 tige Rolle: **Dem Gläubiger wird der Zugriff in das Vermögen einer weiteren Person** (oder auch mehrerer Personen) **eröffnet.** Der Grundtyp dieser Kreditsicherung durch Personen **(Personalkredit)** ist die **Bürgschaft.** Der Bürge haftet akzessorisch neben dem Hauptschuldner, dh er muss also genau das leisten, was der Hauptschuldner (noch) schuldet. Rechtstechnisch etwas anders wird die personale Sicherung auch bei der **Gesamtschuld** verwirklicht. Der Gläubiger erhält die Leistung, soweit auch nur einer der mehreren Schuldner zu ihr vermögend ist.

4 In gewissem Sinn auf der Grenze zwischen der realen und der personalen Kreditsicherung steht die **Sicherungszession** (→ § 62 Rn. 25). Einerseits sondert sie ein bestimmtes Stück – nämlich die abgetretene Forderung – aus dem Vermögen des Schuldners aus und reserviert es dem Gläubiger. Andererseits aber wird über diese Forderung dem Gläubiger der Zugriff in das Vermögen eines weiteren Schuldners eröffnet. Allerdings fehlt bei der Sicherungszession eine zugunsten des Schuldners der abgetretenen Forderung wirkende Festlegung des Sicherungszwecks. Dieser Schuldner kann sich gegenüber dem Sicherungsnehmer weder auf das Fehlen der zu sichernden Forderung noch zB auch darauf berufen, sie sei noch nicht fällig. Der Schuldner der abgetretenen Forderung und der Schuldner der zu sichernden Forderung (also der Sicherungsgeber) sind auch nicht etwa Gesamtschuldner. Wegen dieser Eigenarten braucht man für die Sicherungszession am ehesten eine **eigene Kategorie.**

II. Der rechtsgeschäftliche Schuldbeitritt

1. Inhalt und Zustandekommen

5 Das BGB regelt in den §§ 414–418 BGB nur die befreiende Schuldübernahme. Bei dieser tritt ein neuer Schuldner an die Stelle des bisherigen Schuldners (→ § 64 Rn. 1 ff.). Im Rahmen der schuldrechtlichen Vertragsfreiheit (§ 311 Abs. 1 BGB) ist aber zweifelsfrei auch möglich, dass der neue Schuldner nicht den bisherigen ersetzt, sondern als Gesamtschuldner neben ihn tritt. Man spricht dann von **kumulativer Schuldübernahme** (von lat. *cumulare* = häufen), **Schuldmitübernahme** oder von **Schuldbeitritt** (→ § 61 Rn. 7). Der Schuldbeitritt geschieht meist durch **Vertrag** zwischen dem Beitretenden und dem Gläubiger (wie bei § 414 BGB). Möglich ist aber auch ein Vertrag zwischen dem ursprünglichen und dem beitretenden Schuldner als echter Vertrag zugunsten des Gläubigers (§ 328 BGB). Im Unterschied zu § 415 BGB ist hier eine Genehmigung des Gläubigers unnötig, weil dieser nichts verliert. Wenn der Gläubiger den Anspruch gegen den Beitretenden nicht will, hat er das Zurückweisungsrecht nach § 333 BGB.

2. Form

6 Da es für den Schuldbeitritt keine Formvorschrift gibt, ist er grds. **formlos** möglich. Aus Gründen des **Verbraucherschutzes** unterliegt ein Schuldbeitritt allerdings der Form des § 492 BGB, wenn ein Verbraucher oder Existenzgründer (§ 513 BGB) den Schuldbeitritt zu einer Forderung aus einem Darlehensvertrag oder einem Vertrag über eine Finanzierungshilfe iSv § 506 BGB mit einem Unternehmer vereinbart.[1]

[1] BGHZ 133, 71 (74 f.) = NJW 1996, 2156; 2003, 2742 (2743); 2006, 431 (432).

3. Abgrenzung zur Bürgschaft

Durch die grundsätzliche Formlosigkeit des Schuldbeitritts droht ein Widerspruch zu dem Rechtsgedanken von § 766 S. 1 BGB, nach dem ein **Bürgschaftsversprechen** der **Schriftform** bedarf.[2] Denn der Schuldbeitritt ist nur in einer Hinsicht weniger gefährlich als die Bürgschaft, weil sich die Bürgenschuld nachträglich ohne Zutun des Bürgen erhöhen kann (§ 767 Abs. 1 S. 2, Abs. 2 BGB), während beim Schuldbeitritt die in § 425 BGB angeordnete Einzelwirkung gilt. Im Übrigen aber ist der Schuldbeitritt für den Beitretenden deutlich gefährlicher als eine Bürgschaft. Der beitretende Schuldner hat nämlich abweichend von § 768 Abs. 1 S. 1 BGB nicht ohne Weiteres die Einwendungen des ursprünglichen Schuldners. Auch hat er abweichend von § 770 BGB keine Befugnisse aus Gestaltungsrechten des anderen Schuldners (vgl. § 422 Abs. 2 BGB). Schließlich steht ihm in keinem Fall die den Bürgen schützende Einrede der Vorausklage zu (§§ 771 ff. BGB). Daher bedarf der Beitretende kaum weniger eines Übereilungsschutzes, als er dem Bürgen durch § 766 S. 1 BGB gewährt wird. Hierauf muss die **Abgrenzung zwischen Schuldbeitritt und Bürgschaft** Rücksicht nehmen. 7

Begrifflich ist der Unterschied zwischen Schuldbeitritt und Bürgschaft deutlich. Der Bürge verspricht das Einstehen für fremde Schuld, während der Beitretende eine eigene Schuld übernimmt. Wenn sich die Parteien klar ausdrücken und sich des Wortlauts ihrer Vereinbarung bewusst sind, bestimmen sie allein, ob eine Bürgschaft oder ein Schuldbeitritt vereinbart wird. Wenn sich aber die Parteien dieses Unterschieds nicht bewusst sind und aus dem Wortlaut ihrer Erklärungen kaum Folgerungen gezogen werden können, bedarf es der Abgrenzung im Wege der Auslegung. Daher hat sich die ganz hM mit Recht für ein **wirtschaftliches Abgrenzungskriterium** entschieden.[3] 8

Schuldbeitritt wird dann angenommen, wenn der Mithaftende ein **eigenes unmittelbares wirtschaftliches Interesse** an der Erfüllung der (mit-)übernommenen Verpflichtung hat. Dieses eigene Interesse gibt zugleich den Grund dafür, dass der Beitretende nicht des Übereilungsschutzes entsprechend § 766 S. 1 BGB bedarf. Liegt ein solches Eigeninteresse nicht vor, ist im Zweifel von einer Bürgschaft auszugehen. Wird diese nicht in der Form des § 766 S. 1 BGB erklärt, ist sie nach § 125 S. 1 BGB nichtig und kann wegen dessen weitergehenden Wirkungen auch nicht nach § 140 BGB in einen (formlos möglichen) Schuldbeitritt umgedeutet werden.[4] 9

Danach liegt zB Schuldbeitritt vor, wenn das Versprechen eine Zwangsvollstreckung des Gläubigers in eine Sache abwenden soll, die der Beitretende selbst nutzt.[5] Für Schuldbeitritt spricht es auch, dass der Versprechende die Insolvenz eines Dritten abwenden will, die seinen geschäftlichen Ruf beeinträchtigen würde.[6] Dagegen kommt nur Bürgschaft in Betracht, wenn das Versprechen einen Verwandten des Versprechenden vor wirtschaftlichen Schwierigkeiten bewahren soll: Denn selbst wenn die Not dieses Verwandten einen Unterhaltsanspruch gegen den Versprechenden auslösen sollte, bedeutet das Interesse an dessen Vermeidung doch nur ein mittelbares wirtschaftliches.

---

2 Medicus/Lorenz SchuldR BT § 54 Rn. 11 ff.

3 Medicus/Lorenz SchuldR BT § 54 Rn. 14.

4 Zum umgekehrten Fall der Umdeutung eines unwirksamen Schuldbeitritts in eine Bürgschaft s. BGH NJW 2008, 1070 Rn. 27 f.

5 RG 23.11.1906 – II. 200/06, RGZ 64, 318.

6 BGH BB 1985, 2127, eher einschränkend aber OLG Hamm NJW 1988, 3022.

4. Rechtsfolgen

10 Der Beitretende und der ursprüngliche Schuldner **haften** dem Gläubiger **gesamtschuldnerisch,** also nach den §§ 421 ff. BGB. Der Regress des Beitretenden gegen den ursprünglichen Schuldner richtet sich nach § 426 BGB (→ § 69 Rn. 17 ff.). Freilich kommt ebenso wie bei der Bürgschaft[7] ein weiterer Anspruch auf Aufwendungsersatz aus Auftrag (§ 670 BGB) in Betracht, wenn der ursprüngliche Schuldner den neuen zum Beitritt beauftragt hatte.

III. Gesetzlicher Schuldbeitritt

11 An mehreren Stellen bestimmt auch der Gesetzgeber selbst, ein neuer Schuldner solle neben den alten treten. Diese gesetzliche Wirkung wie bei einem Schuldbeitritt findet sich etwa in den § 2382 BGB, §§ 25, 27 Abs. 1 HGB, § 28 HGB.

---

[7] Medicus/Lorenz SchuldR BT § 50 Rn. 31.

Stichwortverzeichnis

Die **fett gesetzten Ziffern** verweisen auf die Paragrafen dieses Buches, die mageren auf deren Randnummern.